中华当代学术著作辑要

摄论学派研究

圣凯 著

創于1897
商務印書館
The Commercial Press

中华当代学术著作辑要

出版说明

学术升降，代有沉浮。中华学术，继近现代大量吸纳西学、涤荡本土体系以来，至上世纪八十年代，因重开国门，迎来了学术发展的又一个高峰期。在中西文化的相互激荡之下，中华大地集中迸发出学术创新、思想创新、文化创新的强大力量，产生了一大批卓有影响的学术成果。这些出自新一代学人的著作，充分体现了当代学术精神，不仅与中国近现代学术成就先后辉映，也成为激荡未来社会发展的文化力量。

为展现改革开放以来中国学术所取得的标志性成就，我馆组织出版“中华当代学术著作辑要”，旨在系统整理当代学人的学术成果，展现当代中国学术的演进与突破，更立足于向世界展示中华学人立足本土、独立思考的思想结晶与学术智慧，使其不仅并立于世界学术之林，更成为滋养中国乃至人类文明的宝贵资源。

“中华当代学术著作辑要”主要收录改革开放以来中国大陆学者兼及港澳台地区和海外华人学者的原创名著，涵盖文学、历史、哲学、政治、经济、法律、社会学和文艺理论等众多学科。丛书选目遵循优中选精的原则，所收须为立意高远、见解独到，在相关学科领域具有重要影响的专著或论文集；须经历时间的积淀，具有定评，且侧重于首次出版十年以上的著作；须在当时具有广泛的学术影响，并至今仍富于生命力。

自1897年始创起，本馆以“昌明教育、开启民智”为己任，近年又确立了“服务教育，引领学术，担当文化，激动潮流”的出版宗旨，继上世纪八十年代以来系统出版“汉译世界学术名著丛书”后，近期又有“中华现代学术名著丛书”等大型学术经典丛书陆续推出，“中华当代学术著作辑要”为又一重要接续，冀彼此间相互辉映，促成域外经典、中华现代与当代经典的聚首，全景式展示世界学术发展的整体脉络。尤其寄望于这套丛书的出版，不仅仅服务于当下学术，更成为引领未来学术的基础，并让经典激发思想，激荡社会，推动文明滚滚向前。

商务印书馆编辑部

2016年1月

序

前段时间在撰写一篇关于2000年至2004年宗教学研究影响力评估的论文。论文是根据南京大学“中国社会科学研究评价中心”所提供的相关资料，对近几年来我国宗教学研究的热点、动向及学者、论文、著作、期刊的影响力进行简要评析。在该篇论文“2000—2004宗教学在CSSCI发文最多的前50位学者”一栏，圣凯名列其中，且居第五位。虽然论文数量不能说明全部问题，但足见在这段时间里圣凯笔耕之勤。

圣凯原毕业于中国佛学院研究生班，2000年考取南京大学宗教学专业硕士生，2002年提前攻博，2005年研究生毕业并取得博士学位。在南京大学攻读硕、博士学位期间，圣凯研读了大量原始佛典及中外哲学原著，打下了较扎实的专业基础，并撰写了不少具有一定影响力的著作和论文，在南京大学哲学系研究生中第一个被推选为“创新人才”，其博士论文亦获得“创新人才”专项基金赞助。

圣凯的博士论文以“摄论学派研究”为题，在我国以往的佛学研究中，南北朝诸学派是相对薄弱的一环，而摄论学派更是其中一个涉及面较广、研究难度较大的课题。圣凯从研读原典入手，搜集了大量原始资料，发掘出不少敦煌文献及日本僧人著作中有关摄论学派的著述与资料；在对如来藏思想与唯识学、唯识古学与唯识今学等进行认真细密的比较研究、揭示其特质与异同的基础上，又注意吸收西方语言哲学、现象学等研究成果，对摄论学派的思想进行了现代诠释；通过比较研究，对摄论学派代表人物真谛的思想进行较深入的剖析与论述，指出真谛的思想是妄心向真心的过渡，是一种“中间路线”，而其基本立场仍是瑜伽行派。

论文对于唯识古、今学异同之探讨，对于摄论学派思想的解读，对于真谛思想的剖析等，都颇具新意，获得评阅专家和答辩委员们的一致好评，有七位专家给予论文“特优”的评价。国内佛学研究的著名学者黄心川、楼宇烈、方立天、杨曾文、陈兵、方广锠、麻天祥等，在他们的学术评语中都对论文给予充分的肯定和较高的评价，认为“文章体大思精、析理透彻、逻辑严密、新见迭出，达到当代国际佛学研究的一流水平”“填补了摄论研究的空白或不足”“是近年来佛教研究领域不可多得的优秀论文”等。

当然，专家们对于论文的评价多少带有鼓励新进、奖掖后学的成分，丝毫不表示论文已经很周密，很完善。相反，由于这一研究具有一定的开创性，其中的一些资料、观点或论点等，随着各项研究的进一步深入，今后可能都会有一个不断修正、完善的过程，这几乎是学术研究中一个规律性的东西。因此，真诚希望圣凯把这一研究成果作为新的起点，在不断完善本课题研究的基础上，再“闭关”几年，对整个南北朝学派作一个较系统、深入的研究。

论文付梓之前，圣凯要我写个序，遂对圣凯及其论文的有关情况作一简要介绍，是为序。

赖永海

丙戌年春于南京大学

目　　录

引言　研究史与方法论

一　问题的提出

印度瑜伽行派的唯识学传入中国，以三大翻译家——菩提流支、真谛、玄奘为中心，从而形成地论学派、摄论学派、唯识宗[①]，前二者称为“旧译”，后者称为“新译”。摄论学派以传习、弘扬《摄论》而得名，其学者称“摄论师”。从唯识思想来看，摄论学派祖述无著、世亲之学而加以推阐，是为“古学”；玄奘则是继承陈那、护法的思想，是为“今学”。[②]从印度瑜伽行派的传承来看，属于“唯识古学”系统的有亲胜、火辨、难陀、安慧等。吕澂曾经对“唯识古学”文献佚失，加之真谛思想受到玄奘及其门下排斥，以致是非淆然难知，而表示非常遗憾，他说：“古学于此，殆已难言，而无著世亲之学亦随之失实不少。”[③]吕澂又说：

---

① “学派”与“宗派”的共同特点在于：二者具有两大基本因素——宗义与师承。二者的不同在于：“学派”的派别意识微细，而“宗派”则形成专宗寺院、组织制度与强烈的派别、宗祖、道统意识等因素。或者可以说，“学派”只有教义体系，“宗派”除了教义体系之外，还有教团等现实因素。针对二者的区分，汤用彤提出“学派”与“教派”之别，见《汤用彤全集》第二卷，石家庄：河北人民出版社，2000年，第394—410页；颜尚文提出“学派式宗派”与“教派式宗派”之别，见《隋唐佛教宗派研究》，台北：新文丰出版公司，1998年，第9页。

② 演培以安慧为唯识古学，以护法为唯识今学；以菩提流支与真谛为旧译唯识，以玄奘为新译唯识。见《唯识思想演变史略》，载《唯识学的发展与传承·唯识学专集之二》，《现代佛教学术丛刊》第24册，台北：大乘文化出版社，1978年，第253页。（丛刊出版于1976—1979年，后皆从略标注。）在本书中，我们以安慧、真谛为唯识古学，护法、玄奘为唯识今学。凡涉及“旧译”一词，皆指真谛所译的唯识典籍。

③ 吕澂：《论庄严经论与唯识古学》，载《吕澂佛学论著选集》卷一，济南：齐鲁书社，1991年，第73页。

“无著世亲之学，存于难陀等及真谛所传者更多，寻绎真谛等译籍更易得实在。此不关译文之精当与否，彼此各有学说渊源，实不容轻相是非也。”[①]前辈先贤对真谛唯识思想的渊源与意义之揭示，激励我们深入探讨其丰富的思想体系，弘扬唯识古学。

本书以摄论学派为研究对象，真谛的唯识思想是研究重点。首先，必须梳理唯识思想的发展脉络与谱系，理解唯识古学与今学之差异，才能真正明白真谛唯识思想的特色。我们将整个唯识思想体系分为三大部分：阿黎耶识缘起、影像门唯识、三性三无性。依此三门，考察弥勒、无著、世亲、安慧、真谛、护法、玄奘等唯识学者的思想发展与同异。其次，考察真谛思想体系的最大特色——“解性”“阿摩罗识”的提出及其在佛性、一乘思想方面的难解之处。最后，利用日本佛教文献及敦煌文献中所存摄论师著作，对摄论师的思想进行诠释，期望能够展现摄论学派中国化的历程。

真谛(499—569)与安慧同属唯识古学，二者的思想在“虚妄唯识”方面具有很大的一致性；而在“真实唯识”方面，真谛融合瑜伽行派与如来藏，与安慧明显不同。对于二者的学术传承，学界意见不一，或主张真谛受安慧之影响，或认为二者没有关系。[②]我们从思想层面考察唯识古学，探讨二者之间的同异。

真谛与玄奘(600？—664)同属伟大的佛教翻译家，玄奘对真谛所

---

① 吕澂：《论庄严经论与唯识古学》，载《吕澂佛学论著选集》卷一，济南：齐鲁书社，1991年，第87页。汤用彤先生亦认为“然南方真谛，实得无著、世亲之真传”，见汤用彤：《汉魏两晋南北朝佛教史》下册，北京：中华书局，1983年，第615页。

② 吕澂认为真谛受到安慧、陈那影响，而安慧的学说基本上继承了难陀的精神，同时吸收陈那之所长。见《中国佛学源流略讲》，载《吕澂佛学论著选集》卷五，济南：齐鲁书社，1991年，第2664页；《印度佛学源流略讲》，载《吕澂佛学论著选集》卷四，济南：齐鲁书社，1991年，第2224—2226页。岩田谛静接受Erich Frauwallner的观点，认为安慧的生卒年代为510—570年，所以真谛并没有受到安慧的影响。见《真諦の唯識説の研究》，东京：山喜房佛书林，2004年，第271页。

译的许多典籍都进行了重译。诠释学家加达默尔曾经说,"翻译始终是解释的过程,是翻译者对先给予他的语词所进行的解释过程",同时加达默尔强调"前见"对解释的重要性,他说,"在重新唤起本文意义的过程中解释者自己的思想总是已经参与了进去",于是形成所谓"视域融合"。[①]因此,在不同的体系中,由于不同的"前见",对同一文本形成截然不同的解释,这正体现了解释者的智慧。通过梵、藏及不同汉译本的对照,我们发现真谛译《摄大乘论释》(后文简称《摄论释》)确实存在大量增补现象,其实即使是玄奘本人亦有此种做法。我们必须理解翻译家的苦心及其内在的动机、思想,从诠释学的角度,公正地对待真谛的译本。

古今诸多学者皆将真谛的思想体系界定为如来藏缘起[②],玄奘一系则对其加以斥谬。我们将真谛的思想界定为"从始入终之密意",真谛的思想在虚妄与经验层面,是纯正的瑜伽行派的"阿黎耶识缘起",属于"始教";在转依的果位上,其主张"性相融即""智如合一"与唯识今学主张"性相永别""智如二分"明显不同,具有"终教"的特点。真谛的思想是妄心派向真心派的过渡,是一种"中间路线",但是其基本立场仍然是瑜伽行派。

对于唯识古学与今学的差异,自唐代以来便有所涉及,但皆语焉不详。学术界谈唯识必以护法–玄奘为宗,对真谛所传唯识甚缺关注。我们期望通过自己的努力,为解决这一思想迷案增加一点曙光,恢复真谛在唯识思想史上的地位。同时,南北朝佛教学派为隋唐佛教宗派的创立提供了理论条件,但是目前学界对南北朝佛教学派的研究尚处

---

① 汉斯–格奥尔格·加达默尔著,洪汉鼎译:《真理与方法——哲学诠释学的基本特征》下卷,上海:上海译文出版社,2004年,第496、502页。

② 世光:《法相唯识学中国所传》,载《唯识学的发展与传承·唯识学专集之二》,《现代佛教学术丛刊》第24册,第326页。

于起步阶段，主要原因在于文献资料的缺乏。陈寅恪说："一时代之学术，必有其新材料与新问题。取用此材料，以研求问题，则为此时代学术之新潮流。治学之士，得预此潮流者，谓之预流。"[①]佛教典籍的电子化方便了我们的检索，敦煌遗书的发现、整理、研究的深入，国际交流的频繁，使我们有机会接触到前人所未触及的文献。我们希望以《摄论学派研究》为起点，持续推进地论学派、涅槃学派、成实学派等研究，使南北朝佛教思想研究有更进一步的提升。

二　研究史的回顾

20世纪以来，随着对唯识思想的关注，学界逐渐将研究视野扩展到真谛及摄论学派的唯识思想。而且，一些唯识典籍的梵文本、藏译本的发现、研究，特别是安慧的注释本，使我们能够从更全面的角度来审视唯识思想的发展。学者通过唯识典籍异译本的比较，对"唯识""虚妄分别""转依"等一些关键用语进行溯源性的语言学考察，为思想的诠释提供了重要的基础。同时，一些印度佛教史、中国佛教史的研究著作中，也会涉及有关真谛唯识思想及摄论学派的介绍。

对新译与旧译所传唯识思想的不同，从初唐开始，便有人进行辨析、归纳。灵润曾经"造一卷章，辨新翻《瑜伽》等与旧经论相违"[②]，日本最澄从中整理归纳出十四点新译与旧译的不同之处。1924年，欧阳竟无将圆测《解深密经疏》中保存的十多种真谛亡佚注疏，逐条引录，为后代研究真谛思想提供了方便。[③]1931年，梅光羲依灵润的观点，

---

① 陈寅恪：《陈垣敦煌劫余录序》，载《金明馆丛稿二编》，北京：生活·读书·新知三联书店，2001年，第266页。

② 《法华秀句》卷中，《日本大藏经》第77册，第98页上。

③ 欧阳渐：《解节经真谛义》，南京：金陵刻经处，1924年。

撰成《相宗新旧两译不同论》一文。[①]此文在当时引起很大的反响，太虚、守培、印顺等一批学者加入讨论，论争持续达三年之久。[②]国际学界较早对真谛进行综合性研究的应该是宇井伯寿，他对真谛所译的一系列唯识典籍进行研究，并且取得重大成果。[③]1936—1937年，苏公望先生对真谛的生平、译述进行专门考察，提出真谛翻译经论五十一部，一百六十一卷；所述义疏共二十三部，一百五十卷；译述不明者二部，四卷。[④]同时，魏善忱亦发表《真谛留华年谱》，简单考察了真谛的生平。[⑤]1938年，汤用彤在其名著《汉魏两晋南北朝佛教史》一书中，考察了真谛的生平、弟子及《摄论》北传经过，认为“南方真谛，实得无著、世亲之真传”。[⑥]1939年，福善发表《地摄两派与奘系法相》一文，考察地论学派、摄论学派与玄奘所传唯识思想的不同。[⑦]

1946年，世光将中国所传唯识分为三个时期：菩提流支所传作为

---

① 梅光羲：《相宗新旧两译不同论》，《海潮音》第12卷第4期，1931年；收入《唯识学问题研究·唯识学专集之六》，《现代佛教学术丛刊》第28册。

② 太虚：《相宗新旧两译不同论书后》，《海潮音》第12卷第4期，1931年；守培：《读唯识新旧两译不同论后的一点意见》，《海潮音》第12卷第9期，1931年；印顺：《评破守培师之读唯识新旧两译不同论后的一点意见》，《海潮音》第13卷第4期，1932年；守培：《驳印顺评破读唯识新旧两译不同论后的意见》，《海潮音》第13卷第10期，1932年；印顺：《答守培师驳评破读唯识新旧两译不同论后的意见》，《海潮音》第14卷第2期，1933年。这些文章都收入《唯识学问题研究·唯识学专集之六》，《现代佛教学术丛刊》第28册。

③ 宇井伯寿：《摂大乗論研究》，东京：岩波书店，1935年；《印度哲學研究》第6卷，东京：岩波书店，1931年。

④ 苏公望：《真谛译述考》，《微妙声》第2—6期，1936—1937年；收入《佛典翻译史论》，《现代佛教学术丛刊》第38册。苏公望：《真谛年谱》，《微妙声》第1卷第7—8期，第2卷第1期，1937年；收入《中国佛教史论集·四·汉魏两晋南北朝篇》下，《现代佛教学术丛刊》第13册。

⑤ 魏善忱：《真谛留华年谱》，《微妙声》第2期，1936年；收入《佛教人物史话》，《现代佛教学术丛刊》第49册。

⑥ 汤用彤：《汉魏两晋南北朝佛教史》，北京：中华书局，1983年。根据书后之“跋”，此书初印于1938年。

⑦ 福善：《地摄两派与奘系法相》，《海潮音》第21卷第7期，1939年；收入《唯识学的发展与传承·唯识学专集之二》，《现代佛教学术丛刊》第24册。

中国唯识学的萌芽时期，真谛所传是唯识学增长时期，玄奘所传作为唯识学弘扬时期。[①]同年，芝峰在《摄大乘论与摄论宗》一文中介绍了《摄论》的作者、所依经论、组织，还有地论学派、摄论学派的传承历史及其唯识义。[②]1951年，上田义文在《佛教思想史研究》一书中，详细探讨旧译与新译所传思想的不同。[③]1952—1953年，宇井伯寿出版了《安慧、护法唯识三十颂释论》《四译对照唯识二十论研究》两书，通过译本的比照、译语的对勘、详细的注记，从文献与语言的角度揭示了旧译与新译的不同。[④]1954年，罗香林发表《摄论宗传授源流考》一文，梳理真谛的生平、弟子及有关《摄论》注疏，为我们考察摄论学派的传承历史提供了方便。1956年，坂本幸男在《华严教学之研究——特以慧苑大师教判论为中心》一书中，对真谛的三法轮判教进行研究，列举种种异说。[⑤]1964年，正果将菩提流支、真谛关于第七识、第八识的解说与新译唯识进行比较，归纳出八点分歧。[⑥]

从20世纪30年代到50年代，学界对真谛的研究主要集中在对其生平、译著的介绍和对新译、旧译唯识思想差异的简单比较上，但是，对真谛所译唯识典籍与唯识思想本身的研究则显得薄弱。1961年，胜又俊教首次对真谛的唯识思想进行研究，考察了真谛的阿陀那识、阿梨耶识等思想和其九识学的思想背景，探讨了《转识论》《显识论》《三

---

① 世光：《法相唯识学中国所传》，《海潮音》第27卷第6—7期，1946年；收入《唯识学的发展与传承·唯识学专集之二》，《现代佛教学术丛刊》第24册。

② 芝峰：《摄大乘论与摄论宗》，《海潮音》第27卷第7—8期，1946年；收入《唯识典籍研究(二)·唯识学专集之八》，《现代佛教学术丛刊》第30册。

③ 上田义文：《仏教思想史研究》，京都：永田文昌堂，1951年第1版，1958年改订版。

④ 宇井伯寿：《安慧護法唯識三十頌釈論》，东京：岩波书店，1952年第1版，1979年第2版；《四訳対照唯識二十論研究》，东京：岩波书店，1953年第1版，1979年第2版。

⑤ 坂本幸男：《華厳教学の研究》，京都：平乐寺书店，1956年；另见释慧岳中译本，台北：中华佛教文献编撰社，1971年。

⑥ 正果：《在唯识学上新旧两译关于第七第八两识论点的分歧》，《现代佛学》，1964年；收入《唯识学问题研究·唯识学专集之六》，《现代佛教学术丛刊》第28册。

无性论》三书与《无相论》的关系，并且对摄论学派的传承、敦煌残卷《摄大乘论章》(后文简称《摄论章》)的心识思想进行研究。[①]这为我们深入探讨真谛的唯识思想提供了重要启示。1962年，结城令闻在《唯识学典籍志》一书中对真谛所译的唯识典籍进行目录学研究，考察不同的译本、翻译时间、参加译者、译场、现存状况，再加上自己的注解；同时，考察各种典籍的各家注疏。[②]这为我们了解真谛所译唯识典籍及其注疏情况提供了文献基础。1967年，上田义文将唯识思想分为护法与世亲、安慧、真谛两系，考察两系在虚妄分别与唯识无境上的不同；最后，指出护法的唯识思想为"观念论"，世亲、安慧、真谛一系为"存在论"，而且对于后者来说，"唯识"与"无识"是没有差别的。[③]

1972年，印顺出版了《大乘起信论讲记》《摄大乘论讲记》两书，《起信论》《摄论》与真谛渊源极深，印顺精通唯识诸家义理，对旧译唯识思想孤明独发，时有精辟见解，为后学者提供了重要启示。印顺还发表了《论真谛所传的阿摩罗识》《阿陀那与末那》两文，前者指出"九识品"是《决定藏论》的"心地品"，推断《九识章》是昙迁的作品，而且归纳出阿摩罗识的意义是转依、自性清净心；后者指出真谛以阿陀那为第七识，其实是源自唯识古义。[④]同年，岩田良三在《摄大乘论与九识说》一文中，推断真谛译《摄论》及《摄论世亲释》中虽然没有出

---

① 胜又俊教：《仏教における心識説の研究》，东京：山喜房佛书林，1974年。

② 结城令闻：《唯識學典籍志》，东京：大藏出版，1962年第1版，1985年第2版。

③ Yoshifumi Ueda, Two Main Streams of Thought in Yogacara Philosophy, *Philosophy East and West*, vol.17, no.1, 1967, pp.155-165.

④ 印顺：《大乘起信论讲记》，载《妙云集》上编之七，台北：正闻出版社，1972年第1版，1990年第11版。《摄大乘论讲记》，载《妙云集》上编之六，台北：正闻出版社，1972年第1版，1990年第12版。《以佛法研究佛法》，载《妙云集》下编之三，台北：正闻出版社，1972年第1版，1990年第12版。

现阿摩罗识译语，但是九识说的思想确实存在。[①]岩田良三在另一文《真谛之三性说》中指出，真谛持“性”的五义说与三性异门说，因此《转识论》中分别、依他两性“未曾相离”为真实性，与《唯识三十论》远离二性为真实性不同；同时，真谛将分别性、依他性摄入世俗谛，将真实性归为胜义谛；并将前二性称为方便唯识，作为真实性的阿摩罗识称为正观唯识；因此，真谛的三性思想并非以依他性为中心，而是以作为正观唯识的阿摩罗识——真实性为中心。[②]1974年，叶阿月对《中边分别论》安慧注的梵文本，与真谛、玄奘译本进行比较研究，以《中边分别论》为中心，探讨唯识经论的心性清净说；指出《中边分别论》的心性清净说，是为修行与解脱而成立杂染性与清净性，而且强调不染不净中道；真谛译《摄论》采用如来藏思想而明确地说明心性清净是如来藏，真谛的增补文说明法身的五义并解释识界为阿黎耶识与如来藏之义，表示其思想与如来藏系经论一样主张法身、如来藏与阿黎耶识是不一不异的；《十八空论》《三无性论》是站在唯识说的立场来解释心性清净是阿摩罗识的。[③]1975年，叶阿月出版《唯识思想研究——以作为根本真理的三性说为中心》，对唯识典籍的三性说、流转缘起的心识说、作为还灭缘起的空性说，以及《中边分别论》的空性特质、空性的同义语、空性的差别、心性清净、三性说等，都进行了详细的考察；而且通过梵本与藏、汉诸译本的比较，对真谛的唯识思想有所涉及。[④]

1976年，小川弘贯在《中国如来藏思想研究》一书中，将汉译如

---

① 岩田良三：《攝大乘論と九識説について》，《印度學佛教學研究》第20卷第2号，1972年。

② 岩田良三：《真諦の三性説について》，《印度學佛教學研究》第21卷第1号，1972年。

③ 叶阿月：《以中边分别论为中心比较诸经论的心性清净说》，《文史哲学报》第23期，1974年；收入《唯识思想论集(三)·唯识学专集之九》，《现代佛教学术丛刊》第43册。

④ 叶阿月：《唯識思想の研究：根本眞實としての三性説を中心にして》，东京：国书刊行会，1975年。

来藏系经论分为如来藏说的经典群、如来藏说的经论群、如来藏阿黎耶识说的经论群，第三类所包括的经论为《楞伽经》《密严经》《摄论》《摄论释》《大乘庄严经论》《起信论》；同时，探讨了真谛所译唯识典籍的阿罗耶识、阿摩罗识、阿梨耶识等思想。[①]1977年，武邑尚邦对《佛性论》进行深入研究，从文献学的角度探讨了《佛性论》《大乘法界无差别论》《宝性论》的形态，并且对《佛性论》进行注释性的研究，书末所附日僧贤洲《佛性论节义》是不可多得的资料。[②]牟宗三在其名著《佛性与般若》一书中，对《摄论》中"界"的解释、出世清净种生起种、本性住种姓、《佛性论》的理性佛性进行考察，并且探讨真谛所译《决定藏论》《转识论》《三无性论》《十八空论》诸论书中的阿摩罗识思想；但是，他往往以《成唯识论》为参照系，而不能客观看待真谛唯识思想融合如来藏思想的独特性。[③]1978年，马定波《中国佛教心性说之研究》一书对真谛的唯识思想及摄论师的传承情况进行考察，探讨阿陀那识为第七识、阿梨耶识在真谛译书中的含义、第九识说的成立等。[④]1979年，吕澂在《中国佛学源流略讲》一书中，考察了真谛的生平、译著、弟子分布情况，指出真谛之学有两个重要特点：第一，在八识外还建立了第九识。第二，强调依他性与遍计一样，也应该断灭；同时，他还推测真谛可能受到陈那、安慧的影响，其学说接近无著、世亲、难陀、安慧所传唯识古学。[⑤]

1980年，霍韬晦对安慧《三十唯识释》梵文本进行翻译、注解。[⑥]

---

① 小川弘贯：《中国如来蔵思想研究》，东京：佛教书林中山书房，1976年。

② 武邑尚邦：《仏性論研究》，京都：百花苑，1977年。

③ 牟宗三：《佛性与般若》，台北：学生书局，1977年第1版，1997年修订版。

④ 马定波：《中国佛教心性说之研究》，台北：正中书局，1978年第1版，1980年第2版。

⑤ 吕澂：《论庄严经论与唯识古学》，载《吕澂佛学论著选集》卷一，济南：齐鲁书社，1991年；《中国佛学源流略讲》，载《吕澂佛学论著选集》卷五，济南：齐鲁书社，1991年。

⑥ 霍韬晦：《安慧〈三十唯识释〉原典译注》，香港：香港中文大学出版社，1980年。

这为我们研究真谛唯识思想提供了重要的文献资料，通过梵文原语与旧译、新译的对照，我们更可以发现真谛翻译的价值，以及真谛与安慧所传唯识思想的相通之处。1981年，高崎直道引证各家的研究成果，探讨了真谛的三性、阿摩罗识、阿陀那识等思想的特色。[①]木村邦和对圆测《解深密经疏》中所引用真谛的学说进行考察、分类，辨别其与新译唯识的不同。[②]池田鲁参探讨了天台智顗与地论学派、摄论学派的关系，指出智顗在语释和教义解释的资料、心识说、教判、修行论、行位说等方面都参考、引用了地论、摄论学派的思想。[③]印顺在《如来藏之研究》一书中，指出真谛的思想有五个独特之处：一、如来藏学与瑜伽学的糅合；二、阿梨耶识通二分；三、如来藏我；四、转依；五、阿摩罗识。[④]高崎直道等著《唯识思想》一书，探讨了无相唯识与有相唯识，同时简单介绍了中国唯识思想的发展历史，考察了真谛的唯识思想。[⑤]高崎直道等著《如来藏思想》一书，探讨有关如来藏、佛性教义的发展，并且从法身与智、如来藏与阿黎耶识两个方面考察了如来藏思想与唯识说之交涉，同时关注真谛所传之如来藏说。[⑥]方东美从业惑缘起论出发，指出中国早期大小乘佛学无法解决业惑缘起论存在的困惑，提出不仅需要讲唯识，更需要讲唯智，对安慧、真谛的唯识思想给予很高的

---

① 高崎直道：《真諦三蔵の思想》，载《大乗仏教から密教へ：勝又俊教博士古稀記念論集》，东京：春秋社，1981年。

② 木村邦和：《真諦三蔵の学説に対する西明寺円測の評価——解深密経疏の場合》，《印度學佛教學研究》第30卷第1号，1981年。

③ 池田鲁参：《天台智顗の地論摂論学について》，《印度學佛教學研究》第30卷第2号，1981年。

④ 印顺：《如来藏之研究》，台北：正闻出版社，1981年第1版，1992年修订第1版。

⑤ 高崎直道等著，李世杰译：《唯识思想》，《世界佛学名著译丛》第67册，台北：华宇出版社，1985年。

⑥ 高崎直道等著，李世杰译：《如来藏思想》，《世界佛学名著译丛》第68册，台北：华宇出版社，1986年。

评价。[1]1984—1985年，木村邦和对敦煌出土《摄论疏章》的阿摩罗识、解性思想进行集中研究，探讨了该疏章与真谛思想的相同与不同处。[2]岩田谛静对《摄论世亲释》的藏译本、汉译三本进行比较研究，依藏译本推测，本来《摄论世亲释》在注释时有引用《摄论》的语句，但是并没有插入《摄论》全部论文；但是，汉译三本都插入全部论文，而且真谛译本附加其自身的唯识学说，笈多译本沿袭真谛译本的附加部分，玄奘译本是整理最好的汉译本。[3]在欧美学术界，戴安娜·保罗（Diana Paul）对《转识论》进行研究与翻译，但西方评论认为，她在历史和哲学语境上的尝试有严重的缺陷，她的译文误读了《唯识三十颂》的多个部分。[4]

1988年，任继愈主编《中国佛教史》（第三卷）一书考察了真谛的传略、译述及其唯识思想，并且剖析了《摄论》思想。[5]赖永海《中国佛性论》一书对佛性思想的研究，对我们研究摄论学派的佛性思想极具启迪意义。[6]1989年，杨惠南在《吉藏》一书中，探讨了摄论师的心识说与三性三无性说，指出摄论宗主张阿黎耶识的本质是虚妄的有为心识，其"真"的一分乃是它所依靠的第九阿摩罗识所流变而列存下

---

① 方东美：《华严宗哲学》，台北：黎明文化，1981年；《中国大乘佛学》，台北：黎明文化，1984年第1版，1991年第4版。

② 木村邦和：《敦煌出土〈摂大乗論疏章〉に見られる唯識説(一)》，《印度學佛教學研究》第32卷第2号，1984年。《敦煌出土〈摂大乗論疏章〉に見られる唯識説(二)》，《印度學佛教學研究》第34卷第1号，1985年。

③ 岩田谛静：《世親造〈攝大乗論釋〉の漢訳形態について》，《印度學佛教學研究》第33卷第2号，1985年。

④ Diana Paul, *Philosophy of Mind in Sixth-Century China: Paramartha's* 'Evolution of Consciousness', Stanford University Press, Stanford, 1984. 见丹·鲁索斯（Dan Lusthaus）著，魏德东译：《20世纪西方唯识学研究回顾》，《法源》第20期，2002年。

⑤ 任继愈主编：《中国佛教史》第三卷，北京：中国社会科学出版社，1988年。

⑥ 赖永海：《中国佛性论》，上海：上海人民出版社，1988年；北京：中国青年出版社，1999年。

来的。[①]

1990年，织田显祐考察了敦煌本《摄论抄》，推断其有可能为法常的著作。[②]镰田茂雄在《中国佛教通史》第四卷中，对真谛的生平、译经活动、摄论学派的传承与发展进行详细考察。[③]1991年，陈一标探讨了旧译、新译对“虚妄分别”的不同看法，玄奘认为乱识只是虚妄分别的一部分，真谛则认为乱识就是虚妄分别，二者一致认为乱识应该被灭，如此才能得到解脱；并指出虚妄分别应该兼摄依他性与分别性。[④]赖贤宗将《佛性论》与《宝性论》、《摄论释》、《辩中边论》、《瑜伽师地论》(后文简称《瑜伽论》)及其他论书进行对比研究，由此分析《佛性论》如何完成唯识与如来藏的交涉；赖氏尤其关心的是，《摄论释》“二分依他之特义”如何转移到《佛性论》的“三性摄如来性尽”上，《佛性论》“智境一如”所包含的“不断断”之圆教论意有着何种特殊性，以及《佛性论》如何运用了《宝性论》如来藏说的理论内涵，却在架构上内塑于弥勒以来之唯识古学的基本架构。[⑤]1992年，赖贤宗在《如来藏与唯识的交涉——〈中边分别论·相品〉及〈佛性论·显体分〉所呈现的“境的思路”》一文中，指出《佛性论》当被视为“世亲学”以“唯识说”收摄“如来藏说”之作，同时延续着《中边分别论·相品》的论理方向，从而以“三性摄如来性尽”的“境的思路”完成“如来藏与唯识的交涉”。[⑥]1994年，韩镜清在《唯识学的两次译传——〈大乘起信

---

① 杨惠南:《吉藏》，台北：东大图书，1989年。

② 织田显祐:《敦煌本〈摂大乗論抄〉について》,《印度學佛教學研究》第38卷第2号，1990年。

③ 鎌田茂雄著，佛光出版社译:《中国佛教通史》第四卷，高雄：佛光出版社，1993年。

④ 陈一标:《唯识学“虚妄分别”之研究》,《国际佛学研究》创刊号，1991年。

⑤ 赖贤宗:《如来藏与唯识的交涉——以〈佛性论〉为中心的比较研究》,《国际佛学研究》创刊号，1991年。

⑥ 赖贤宗:《如来藏与唯识的交涉——〈中边分别论·相品〉及〈佛性论·显体分〉所呈现的“境的思路”》,《国际佛学研究》第2期，1992年。

论〉为昙延所造》一文中，探讨了唯识学在中国的译传经过，考察玄奘至印度学习唯识的原因，并且推断《起信论》为昙延的作品。[①]陈一标在《真谛的“三性”思想——以〈转识论〉为中心》一文中，厘清了“唯识”的两个梵文原语与“显现”的意义，并且指出真谛的三性思想具有“境识同一”“智如合一”的特点。[②]廖明活考察了摄论师的判教学说，指出真谛有三法轮、四教、顿渐二教等判教思想，其中又以三法轮为中心。[③]

1996年，吉村诚考察了隋末唐初摄论学派的状况，提出当时的摄论学者大都是从地论南道系转入摄论学派，地论北道系在《摄论》北传以前大约已经消失了；而玄奘在成都跟从道基学习，道基为地论南道系的摄论学者。[④]1997年，释恒清在《佛性思想》一书中，探讨了《宝性论》的如来藏思想、《佛性论》的佛性说，指出这两部论皆与真谛有千丝万缕的关系，并且有人认为《佛性论》的作者即真谛。[⑤]曹志成探讨了护法、玄奘一系与真谛一系唯识学的思想性格以及“闻熏习”理论的思想意涵，指出真谛的唯识并不是“真心派”的思想，而是“意识无我论”之思想，其“解性黎耶”并不是“能安立”的超越主体，而是与“闻熏习”融合为一的“无为真如智”；对闻熏习的来源，真谛一系则采取“如理如量通三无性”之“法界流出说”。[⑥]1999年，韩廷杰考察了摄

---

① 韩镜清：《唯识学的两次译传——〈大乘起信论〉为昙延所造》，《佛学研究》，1994年。

② 陈一标：《真谛的“三性”思想——以〈转识论〉为中心》，《东方宗教研究》第4期，1994年。

③ 廖明活：《地论师、摄论师的判教学说》，《中华佛学学报》第7期，1994年。

④ 吉村诚：《摂論学派における玄奘の修学について》，《印度學佛教學研究》第45卷第1号，1996年。

⑤ 释恒清：《佛性思想》，台北：东大图书，1997年。

⑥ 曹志成：《“护法－玄奘”一系与真谛一系唯识学的“闻熏习”理论的思想意涵之探讨》，《法光学坛》第1期，1997年。

论师的传承及其哲理，探讨了第八识、第九识的特点。[①]张志强以“虚妄分别”为中心，集中探讨了唯识学古、今学说的异同，指出古学由于未能从因缘变现义中区分出所缘境相的不同性质，因而对虚妄分别因缘变现的所缘境相持“所缘无”的观点，主张“唯计无义”的唯识说，以依他性、分别性同为虚妄分别，没有给予依他性独立地位；古学的这几项特征，也为真谛的唯识学所继承。[②]

2001年，大竹晋探讨了真谛译《摄论释》中的一识说、二识说、三识说、四识说，指出真谛唯识思想的特色在于，阿黎耶识缘十八界，八识之体为一。[③]岩田谛静在《真谛唯识说的特色》一文中指出，真谛的思想是综合相互对峙的两大思想体系——唯识说与佛性如来藏说，从而创造出阿摩罗识说；并且在基于五性各别说的种子思想中，采取“一切众生悉有佛性”的立场。[④]杨维中在《心性与佛性——中国佛教心性论及其相关问题研究》一书中指出，真谛之学特色有三：其一，以解性、果报、染污三义释阿黎耶识；其二，在八识之上开列第九阿摩罗识；其三，与前二者相关联，真谛对第七识有独特的看法。同时，他还指出摄论学派欲借阿摩罗识统一理体与心体而未能成功，因此，其论众生心体仍须以第八阿黎耶识为旨归而持真妄和合之立场。[⑤]2002年，方立天在《中国佛教哲学要义》一书中指出，摄论师以阿黎耶识为妄，并在八识外别立第九阿摩罗识为真；摄论师以阿黎耶识为依持，又以第九

---

① 韩廷杰：《唯识宗简史简论》，上海：上海佛学书局，1999年。

② 张志强：《略论唯识古、今学的分野——以虚妄分别为中心》，《佛学研究》第8期，1999年。

③ 大竹晋：《真諦訳〈摂大乗論釈〉における一識説・二識説・三識説・四識説について》，《印度學佛教學研究》第49卷第1号，2000年。

④ 岩田谛静：《真諦の唯識説の特色について》，《印度學佛教學研究》第50卷第1号，2001年。

⑤ 杨维中：《心性与佛性——中国佛教心性论及其相关问题研究》，高雄：佛光山文教基金会，2001年。

阿摩罗识为一切法的本原。[①]赖贤宗考察了唯识学中之转依二义，阐释了转依的佛教知识论与佛性存在论含义，转依二义之交涉说明了纵中有横的佛教体用义。此中，转依的纵贯义是转所依，是转依的佛性存在论的侧面；转依的横摄义是依所转，是转依的佛教知识论的侧面；转依的二重义、真谛的唯识学阐述的“依他起通染净二分的转依说”、真谛译《起信论》的“一心开二门”都说明了唯识学与如来藏说的体用纵横义。[②]释仁宥对摄论学派进行综合研究，考察了真谛以后摄论学派的唯识思想。[③]洪修平在《国学举要·佛卷》一书中，简单介绍了摄论学派的历史及思想。[④]2003年，李四龙在《天台智者研究》一书中，探讨了摄论师的佛性说，并且考察了智𫖮对此的继承与批判。[⑤]2004年，岩田谛静出版了《真谛唯识说之研究》一书，对真谛唯识思想进行研究，他主要运用语言学、文献学的方法，通过藏、汉译本对照，以《摄论世亲释》为中心，兼及其他论书，探讨真谛的种子、阿陀那识、阿黎耶识、阿摩罗识、三性等思想。[⑥] 2012年，船山彻将“真谛三藏及其时代”研究班的研究成果结集出版，大大地推进真谛的著作与摄论学派的文献研究。[⑦]

我们以编年的形式，回顾了学界对摄论学派的研究成果。由于资料收集存在很大困难，所以仍然有一些好的研究成果未能进入研究视野。另外，一些唯识方面的研究成果，也是研究摄论学派的重要参考。综上所述，20世纪初至50年代，学界主要集中于对真谛的生平和翻译

① 方立天：《中国佛教哲学要义》，北京：中国人民大学出版社，2002年。

② 赖贤宗：《“转依”二义之研究》，《中华佛学学报》第15期，2002年。

③ 释仁宥：《摄论宗思想之研究——以心识说为中心》，台湾“中国文化大学”哲学研究所2002年硕士论文。

④ 洪修平：《国学举要·佛卷》，武汉：湖北教育出版社，2002年。

⑤ 李四龙：《天台智者研究》，北京：北京大学出版社，2003年。

⑥ 岩田谛静：《真諦の唯識説の研究》，东京：山喜房佛书林，2004年。

⑦ 船山彻编：《眞諦三藏研究論集》，京都：京都大学人文科学研究所，2012年。

活动、摄论学派的传承进行考察，同时简单介绍旧译、新译唯识思想的差异。从60年代开始，以胜又俊教、印顺、牟宗三、高崎直道、上田义文为代表，他们重视对真谛唯识思想的研究，倾向于概括其思想重点，突出思想的独特性。大陆学界韩镜清、方立天、杨维中等人，对唯识古学的思想亦有所关注。90年代以来，台湾一批中生代学者，如释恒清、陈一标、曹志成、赖贤宗、释仁宥等，对真谛的某一方面思想进行细致、具体的研究，取得丰硕成果。但是，从摄论学派的整体研究来说，目前仍处于起步阶段；唯识古学与今学的比较研究，更是鲜有学者涉足。所以我们希望在前贤先辈的指引下，对摄论学派进行综合、具体的深入研究，以唯识古学与今学的比较为中心，探讨摄论学派思想的特色。

三 “综合式研究方法”和“解脱诠释学”

方法的抉择会决定研究的路向，进而影响研究的重心与成果。吴汝钧曾经将现代佛学研究的方法归纳为文献学方法、考据学方法、思想史方法、哲学方法、实践修行法。[①]汤用彤强调在“文字考证”之外，必须有“同情之默应”“心性之体会”。[②]任何方法都是“进入”研究对象的路径，故皆有其特定的作用及不足。为了更好地“进入”研究对象，必须综合运用各种研究方法，此之谓“综合式研究方法”。我们所提倡的“综合式研究方法”，包括语言文献、历史考证、思想史、哲学诠释学、解脱诠释学。我们将在研究过程中，依不同的场合运用不同的方法。

语言文献学是近代欧美和日本非常流行的研究方法，需要精通多种语言，具备语言学与目录学的功夫。我们在研究摄论学派时，首先，

① 吴汝钧：《佛学研究方法论》上册，台北：学生书局，1996年，第94页。

② 汤用彤：《汉魏两晋南北朝佛教史》下册，北京：中华书局，1983年，“跋”。

对一些重要名词如识、了别、显现、虚妄分别、佛性、如来藏、种性等进行"概念史"的考察，利用梵文原典、藏译、汉译本的对照，考察概念的原意及其后来的意义。其次，通过不同译本的对照，可以发现不同翻译中存在的"前见"或"前理解"。最后，广泛搜集与利用新文献。摄论学派的研究之所以一百年以来很难有突破，文献的佚失是主要原因。我们收集文献资料有三种方法：第一，利用电脑检索《大正藏》，将所有有关真谛以及摄论师的零散资料进行整理，如吉藏、智𫖮、圆测等人的著作中所保存的资料。第二，充分利用日本的佛教文献。隋唐时期大量的日本僧人到达中国，在其著作中，保存了摄论学派的一些文献，如最澄《法华秀句》中所保存的灵润的资料、凝然《华严孔目章发悟记》所保存的道基《摄论章》。第三，利用敦煌文献中的《摄论》章疏，尤其是《大正藏》第85册所保存的资料，通过文献的校勘以及对照，确定一些卷子的作者。但是，本书在资料搜集方面仍有遗憾：目前还有一些摄论学派的敦煌卷子未及校勘，而无法利用；对日本佛教文献的利用仍显不足，且尚未利用当时新罗的文献。

历史考证学以可靠的客观的历史资料为基础，来确定事态的真相，这是与文献学紧密相关的。我们在研究摄论学派时，必须注重摄论学派的传播及发展，尤其是北地摄论师的形成，需要利用历史地理学的知识加以研究。同时，敦煌文献中《摄论》章疏作者的考证，亦必须利用《高僧传》等资料，才能更好地确认。

思想史方法是我们研究摄论学派的重要方法。为了探讨摄论学派的思想特色，首先，必须对瑜伽行派的唯识思想进行溯源性的考察，甚至追溯到原始佛教；其次，必须比较唯识古学与今学的思想差异，尤其是真谛与护法－玄奘的不同；最后，由于北地摄论师受到地论学派的影响，必须考察摄论师与真谛思想的不同，如此才能展现摄论学派中国化的历程。

哲学诠释学是通过哲学概念的分析来把握思想的一种研究方法。加达默尔说："解释属于理解所具有的本质的统一性。"[①]通过与真谛所译文本的对话，方能把握其思想的中心——以瑜伽行派为前提的"中间路线"，理解其"中间路线"的特色及可能存在的陷阱，以及其思想体系走向如来藏缘起的必然性。真谛思想体系中的真如与阿黎耶识，是一种"立体式""对立而又否定"的存在关系；而《起信论》中不生不灭的真如理体与有生有灭的妄识，是一种"平面式""体用而和合"的关系。二者的微妙差别背后，是两大思想体系的差异。同时，我们希望对唯识思想进行现代意义的诠释，于是利用语言哲学、现象学、存在主义、诠释学等现代西方哲学思潮，进行古今哲学的对话与沟通。

我们将三性分为语言、现象、实性三个层面，以涵盖语言论、认识论、存在论三个范畴。同时，强调佛教的存在论是一种"过程存在论"[②]，以区别于西方的存在论。在现象界，存在论与认识论无法分开，对瑜伽行派而言尤其如此：安慧、真谛是以存在论为中心，建构存在世界的成立与相续不断；护法则从存在论转向认识论，以认识论为中心，建构"观念论"。唯识思想在经验内省以及心理分析的诠释方式下，走向唯识今学，可以说是必然的。

唯识思想并不单纯是存在论、认识论、语言哲学等，而是以瑜伽行或禅观为中心，从而将观法、实践所得的体验，加以理论建构与集成。瑜伽行派的理论建构，是以三性说作为依据，将身心净化的过程，构筑

---

① 汉斯-格奥尔格·加达默尔著，夏镇平、宋建平译：《哲学解释学》，上海：上海译文出版社，2004年，第58页。

② Florin Giripescu Sutton提出存在论(ontology)有两种：一、实在(substance)、不变性(immutability)、是(being)的哲学；二、过程(process)、动态改变与转化(dynamic change and transformation)、生成(becoming)的哲学。见*Existence and Enlightenment in the Laṅkāvatara-sūtra: A Study in Ontology and Epistemology of the Yogācārā School of Mahāyāna Buddhism*, State University of New York Press, Albany, 1991, p.26。

在以止观为精髓的菩萨道修行体系——瑜伽阶梯之上。[①]以三性说为基础，而诠释实践唯识观法的瑜伽阶梯，于是才有瑜伽行派。[②]所以，研究唯识不能仅依存在论、认识论，而必须还涉及唯识的实践论和解脱论。[③]于是，我们提出“解脱诠释学”，以强调佛教哲学的实践论与解脱论特色。在“解脱诠释学”的观照下，阿摩罗识即自我与绝对真理合一的状态，这体现了转依的主体性与实践性，是一种“过程”的存在。修道者依“一切法唯识”的原则，在从迷到悟、从染到净的转换过程中，在从“阿黎耶识”到“阿摩罗识”的转变过程中，实现了解脱的终极意义。所以，“过程存在论”与“解脱诠释学”是紧密相连的。[④]

“解脱诠释学”的核心是“性修不二”的矛盾结构，它揭露了真理与修行的关系问题，这在印度、中国、日本等国的大乘佛教中都有不同的体现。我们正是在“解脱诠释学”的方法论指导下，提出了如来藏系是“从上还下”的诠释模式，即从悟到迷、从净到染、从慈悲到智慧——这是一种“还相”的慈悲模式；真谛及瑜伽行派则是“从下往上”的诠释模式，即从迷到悟、从染到净、从智慧到慈悲——这是一种“往相”的智慧模式。真谛的“中间路线”之所以能会通两大体系，其契入点在于以“真实唯识”、真实性、智如合一、阿摩罗识去衔接“如来藏缘起”。

---

① 北条贤三认为，瑜伽作为精神修道法，并不是由佛教独自展开的，而是被其他哲学学派给予了很大影响。见《勝論学派の瑜伽観》，载関口真大编：《仏教の実践原理》，东京：山喜房佛书林，1977年，第45—46页。唯识观的起源与发展，参考阿理生：《瑜伽行と唯识说》，载日本佛教学会编：《仏教における修行とその理論的根拠》，京都：平乐寺书店，1980年，第73—85页。

② 早岛理：《唯识的实践》，载高崎直道等著，李世杰译：《唯识思想》，《世界佛学名著译丛》第67册，台北：华宇出版社，1985年，第206—207页。

③ 卡尔·雅斯贝尔斯说：“佛教思想的本质决定了，佛教总在哲学与神学之间、理性自由与宗教权威之间，从未出现过分裂。哲学本身就是宗教行动。因为这样的一个基本原则一直未变：知识本身就是解脱和拯救。”见卡尔·雅斯贝尔斯著，李雪涛主译：《大哲学家》，北京：社会科学文献出版社，2005年，第109—110页。

④ 本书提出“过程存在论”与“解脱诠释学”作为佛学研究方法，但未及系统论证，这一工作有待将来完成。

第一章　传承历史与文献考证

摄论学派以研究与弘扬真谛所传的唯识学为中心，其所依典籍主要是《摄论》及世亲《摄论释》。北魏佛陀扇多亦曾译出《摄论》，但未翻译世亲的释论，故其译本流传不广。真谛一生译经事业坎坷曲折，弟子辈立誓弘扬其学，亦颇受排挤。后传往北方，才得以广为传布，这是北地摄论师的功劳。摄论学派的文献中，真谛所译的典籍留存相对较多，所出义疏则基本不存；摄论师的著作现存只有一些序、记，幸而日本佛教文献及敦煌遗书中保存了一些《摄论》注疏，甚为珍贵，值得重视。

第一节　真谛的生平与译著

一　真谛的生平

有关真谛的传记资料，僧宗《行状》、曹毗《别历》、智敫《翻译历》皆已散失；现存有慧恺《大乘唯识论后记》《摄论序》《俱舍论序》《律二十二明了论后记》等，这些资料亦是残缺不全。最完备的资料是道宣《续高僧传·拘那罗陀传》，其余如费长房《历代三宝纪》、道宣《大唐内典录》、靖迈《古今译经图纪》等亦记载其生平及译经过程。现代学者专门研究真谛生平者，不乏其人，如苏公望、汤用彤、镰田茂雄等。[①]

---

① 见引言。

真谛(Paramārtha，499—569)，西印度优禅尼婆罗门族，原名拘那罗陀(华言亲依)。少时博访众师，学通内外，尤精于大乘之说。他以弘道为怀，泛海南游，到达扶南国(今柬埔寨)。大同年间(535—545)，梁武帝派直后(官名)张汜送扶南国的使者返国，访求名德和大乘诸论、《杂华》等经。扶南国于是请真谛来华，真谛欣然同意，于中大同元年(546)八月到达南海郡(今广东省南部)，当时已经四十八岁，可见他抱着极大的弘法热忱和希望。但是时运不济，他在中国的二十三年，一半时间都消耗在奔波流离中。

真谛北上京城，至太清二年(548)八月才到建业(今江苏南京)。梁武帝深加敬礼，敕住宝云殿。真谛刚要开始翻译，恰逢“侯景之乱”，不能实现愿望。太清四年(550)他到了富春(今浙江富阳)，县令陆元哲迎住私宅，并召集沙门宝琼等二十余人，开始翻译《十七地论》，刚翻五卷，即因世乱而中止。天保三年(552)，他应侯景之请回到建业，住于台城。不久侯景兵败被杀，梁元帝即位，改元承圣，建业地方秩序逐渐恢复，他迁住正观寺，和愿禅师等二十余人一起翻译《金光明经》。

其后，从承圣三年到敬帝太平二年(554—557)，他历住豫章(今江西南昌)宝田寺、新吴(今江西奉新)美业寺、始兴(今广东曲江)建兴寺，还到过南康(今江西赣县西南)。陈武帝永定二年(558)，他再到豫章，住栖隐寺，又转往晋安(今福建晋江)住佛力寺。在这一时期内，他转徙各地，生活极不安定，但仍随方翻译讲习，未尝中止。虽年已六十，仍与法侣僧宗、法准、法忍等重新核定所翻诸经论。此时，他已经有离华之意。

文帝天嘉二年(561)，从晋安搭乘小船到了梁安郡(今广东惠阳一带)，住建造寺译讲《解节经》等。三年(562)九月，译事告一段落，遂泛海西行，拟还本国，不料风向转变，十二月间又漂回广州。刺史欧阳頠请他为菩萨戒师，迎住制旨寺(即今光孝寺)。陈宣帝太建元年(569)正月十一日逝于广州，时年七十一岁。

真谛一生弘扬佛法，却一直没有固定寺院及善缘，种种不如意，致其有舍生的念头。其实，这除了社会动乱、生活奔波之外，与其学说一直得不到皇室与上层社会的重视，亦不无关系。弟子僧宗、慧恺曾想送他回建康(今江苏南京)，但是遭到当时建康学者的反对，《续高僧传·拘那罗陀传》说："会杨辇硕望，恐夺时荣，乃奏曰：岭表所译众部，多明无尘唯识；言乖治术，有蔽国风，不隶诸华，可流荒服。帝然之。"[①]梁陈两朝的建康学风，崇尚般若、三论、成实，真谛之学说难以得到建康佛教界的承认。且建康学者唯恐真谛回建康，影响他们的名声与既得权势。种种波折，致使真谛一生的译经事业屡受冲击，其学说亦不能广为传播。

二　真谛与正量部[②]

大乘佛教兴起后，部派佛学中只有说一切有部和正量部能与大乘佛学相抗衡。正量部的梵名有sāṃmitīya和sāṃmatīya，汉译为"一切所贵部"，音译为"沙摩帝""三弥底""式摩""三密底耶"。[③]正量部兴起于3世纪后半叶至4世纪后半叶，正量部从龙树时代起逐渐抬头，

---

① 《续高僧传》卷一，《大正藏》第50册，第430页中。印顺推测，是法朗等三论学者拒绝真谛到扬都来。见《三论宗风简说》，载《佛法是救世之光》，《妙云集》下编之十一，台北：正闻出版社，1989年，第137页。

② 本节为修订新增，初稿曾以《真谛三藏与"正量部"研究》为题发表于《华东师范大学学报(哲学社会科学版)》2018年第2期。2012年，京都大学人文科学研究所船山徹先生在其主编《真諦三藏研究論集》一书中，对真谛与正量部的关系有简单论述。本节内容即受船山徹先生的启发，在本书初版的基础上，对真谛所属部派、真谛的译籍等进一步深入探讨，以完善摄论学派的整体研究。

③ 并川孝仪：《インド仏教教团 正量部の研究》，东京：大藏出版，2011年，第40—41页。《舍利弗问经》中出现"沙摩帝部"，《三弥底部论》即论名"三弥底部"，《出三藏记集》出现"式摩"(或称"三摩提")、"三密底耶经"，《文殊师利问经》出现"一切所贵"。真谛在《律二十二明了论》《部执异论》《显识论》《随相论》中使用"正量部"后，隋唐佛教皆使用"正量部"。

直到玄奘、义净去印度的时候还很兴盛。玄奘、义净说到当时小乘佛学四大部，都以正量部和上座等并举。

有关正量部的研究，由于现存文献有限，一直无法取得很大的进步。K. Venkata Ramanam和本多至成对《三弥底部论》进行研究[①]，在西藏大藏经中发现12世纪Daśabalaśrimitra的著作《有为无为抉择》(藏语题名'dus byas dang 'dus ma byas rnam par nges pa，东北No.3897、大谷No.5865)，其中第十六章到第二十一章详细解说了正量部的教义。[②]最近几年，日本学者冈野洁发现正量部一部作品的尼泊尔梵文写本"Mahāsaṃvartanīkathā"(世界破坏期的大史话，简称MSK)，并且校订出版，进行了系列研究，取得举世瞩目的成就。[③]MSK是文体华丽的古典梵语文学作品(kāvya)，全篇是韵文，由三百九十个诗节构成，巧妙地运用了十六种韵律；共六章，各章分四节(viśrāma)。MSK的大部分内容是讲述世界从发生到毁灭为止的过程，即成劫、住劫、坏劫、空劫的历史宇宙论。《有为无为抉择》第八章引用了MSK的底本，而作品名不详，冈野洁暂定名为"文献X"。我们正是在冈野洁、并川孝仪等学者对正量部文献的研究基础上，深入探讨真谛三藏与正量部的关系，

---

① K.Venkata Ramanam, Sāṃmitīyakāya Śāstra, *Viśvabharati Annals*, vol.4, 1953, pp.152–243. 本多至成：《正量部の業思想》，京都：同朋舍，2010年。

② 有关研究见Peter Skilling, The Saṃskṛtāsaṃskṛta-viniścaya of Daśabalaśrimitra, *Buddhist Studies Review*,vol.4, no.2, 1987, pp.3–23；并川孝仪：《インド仏教教团 正量部の研究》，东京：大藏出版，2011年(该书的第二大部分即对《有为无为抉择》所引正量部内容的日译)。

③ Kiyoshi Okana: *Sarvarakṣitas Mahāsaṃvartanīkathā*. Ein Sanskrit-Kāvya über die Kosmologie der Sāṃmitīya-Schule des Hīnayāna-Buddhismus, Tohoku-Indo-Tibetto-Kenkyūsho-Kankokai, Monograph Series I, Tohoku University, 1998. 有关MSK研究，冈野洁发表了数十篇论文，如《Sarvaraksita作Mahāsaṃvartanīkathā校定テクスト (3) 》，《哲学年報》第74号，2015年，第13—47页；《Sarvaraksita作Mahāsaṃvartanīkathā校定テクスト(2)》，《哲学年報》第73号，2014年，第1—36页；《Sarvaraksita作Mahāsaṃvartanīkathā校定テクスト (1)》，《哲学年報》第72号，2013年，第47—80页。

试图揭示真谛三藏所属部派。

1. 真谛所游历诸国与正量部

《历代三宝纪》卷十一说:“西天竺优禅尼国三藏法师波罗末陀,梁言真谛。”[①]《续高僧传·拘那罗陀传》说:“拘那罗陀,陈言亲依;或云波罗末陀,译云真谛,并梵文之名字也。本西天竺优禅尼国人焉。”[②]道宣所记载的真谛的名字有两个,其根据何在?真谛的弟子慧恺《摄大乘论序》说:“有三藏法师,是优禅尼国婆罗门种,姓颇罗堕(Bhāradvāja或Bharadvāja)[③],名拘罗那他(Kulanātha),此土翻译称曰亲依。”[④]可见,道宣是吸收了费长房和慧恺的记载,故列出两个名字。慧恺是真谛的弟子,参与真谛的译场,其记载应是最可靠的。拘罗那他(Kulanātha)经过la音(罗)和na(那)的“音位转换”,“他”又变为“陀”,正好成为“拘那罗陀”。[⑤]梵文nātha是“守护者”的意思,Kula是“亲”或“家”,故合起来为“亲依”或“家依”。

真谛的出生地为优禅尼国,优禅尼国的区域,《历代三宝纪》《续高僧传》皆记为“西天竺”。道基《摄大乘论释序》则说:“南身毒优禅尼国有真谛三藏。”[⑥]但是,《续高僧传·拘那罗陀传》附录记载了亦从优禅尼国来华翻译经典的月婆首那,“时有中天竺优禅尼国王子月婆首那,陈言高空,游化东魏”[⑦],《历代三宝纪》卷九也称“中天竺优禅尼国

---

① 《历代三宝纪》卷十一,《大正藏》第49册,第99页上。

② 《续高僧传》卷一,《大正藏》第50册,第429页下。

③ 有关“颇罗堕”梵文的转写,见船山徹:《眞諦の活動と著作の基本的特徴》注13,载船山徹编:《眞諦三藏研究論集》,京都:京都大学人文科学研究所,2012年,第69页。

④ 慧恺:《摄大乘论序》,《大正藏》第31册,第112页下。

⑤ 船山徹:《眞諦の活動と著作の基本的特徴》,载船山徹编:《眞諦三藏研究論集》,京都:京都大学人文科学研究所,2012年,第4页。

⑥ 道基:《摄大乘论释序》,《大正藏》第31册,第152页中。

⑦ 《续高僧传》卷一,《大正藏》第50册,第430页下。

王子月婆首那”[①]，明确记载优禅尼国属于“中天竺”。因此，探讨优禅尼国在印度的真实区域及其佛教传播情况，是非常有必要的。

优禅尼国即玄奘《大唐西域记》中提到的“邬阇衍那国”：

> 从此东南行二千八百余里，至邬阇衍那国(南印度境)。邬阇衍那国周六千余里，国大都城周三十余里。土宜风俗，同苏剌侘国。居人殷盛，家室富饶。伽蓝数十所，多以圮坏，存者三五。僧徒三百余人，大小二乘，兼功习学。天祠数十，异道杂居。王，婆罗门种也，博览邪书，不信正法。去城不远有窣堵波，无忧王作地狱之处。[②]

根据季羡林等校注，优禅尼国(Ujjayanī、Ujjainī)的领土范围大体相当于现代马尔瓦、尼马尔(Nimār)以及中央邦(Madhya Pradesh)部分地区，国都优禅尼城(乌阇衍那城)即现今中央邦的乌贾因(Ujjain)，此城是印度古代十六大国中的阿槃底(Avantī)之西部分国的首都；另有人主张阿槃底有南北两个分国，南国以摩醯昔摩地(Māhiṣatī)为国都，北国以优禅尼为首都。佛陀时代，阿槃底是印度四大强国之一，后来曾被并入摩揭陀国；阿育王公元前3世纪初登位之前，曾任优禅尼总督；后来，优禅尼的超日王(旃陀笈多二世)曾驱逐塞人于印度之外，并称霸印度的大部分。[③]可见，优禅尼国的领土广阔，横跨西天竺、南天竺和中天竺，故不同史书会有不同的记载。

真谛出家后，“群藏广部，罔不厝怀。艺术异能，偏素谙练。虽遵

① 《历代三宝纪》卷九，《大正藏》第49册，第87页上。

② 《大唐西域记》卷十一，《大正藏》第51册，第936页下—937页上。

③ 季羡林等校注：《大唐西域记校注》，北京：中华书局，1985年，第923页。

融佛理，而以通道知名。远涉艰关，无惮夷险，历游诸国，随机利见”[①]。可见，真谛少时博访众师，学通内外，云游各国，弘法利生。我们确实无法了知真谛游学的具体区域，但是以优禅尼为中心，大约可以推测到其游学的一些区域，这些地方大部分应该是正量部的弘法区域。[②]在玄奘《大唐西域记》中，记载正量部有十九个处所，而说一切有部有十四个处所，可见正量部的兴盛。《大唐西域记》的有关记载，如下表所示：

表1.1 《大唐西域记》中关于正量部的记载

印度区域	国名	内容	出处
中印度	恶醯掣呾逻国	玩道笃学，多才博识，伽蓝十余所，僧徒千余人，习学小乘正量部法。天祠九所，异道三百余人，事自在天涂灰之侣也。	卷四，第892页下—893页上
	劫比他国	风俗淳和，人多学艺。伽蓝四所，僧徒千余人，并学小乘正量部法。天祠十所，异道杂居，同共遵事大自在天。	卷四，第893页上
		城西二十余里有大伽蓝……僧徒数百人，学正量部法，数万净人宅居其侧。	
	阿耶穆佉国	人淳俗质，勤学好福。伽蓝五所，僧徒千余人，习学小乘正量部法。天祠十余所，异道杂居。	卷五，第897页上
	鞞索伽国	气序和畅，风俗淳质，好学不倦，求福不回。伽蓝二十余所，僧众三千余人，并学小乘正量部法。天祠五十余所，外道甚多。	卷五，第898页下
	室罗伐悉底国	虽多荒圮，尚有居人，谷稼丰气序和，风俗淳质，笃学好福。伽蓝数百，圮坏良多，僧徒寡少，学正量部。天祠百所，外道甚多。	卷六，第899页上

① 《续高僧传》卷一，《大正藏》第50册，第429页下。

② 日本学者春日井真也推测，真谛幼时修学于佛教研究中心伐腊毗，然后游学摩腊婆、阿点婆翅罗等地。见《眞諦三藏のアビダルマ學》，《印度學佛教學研究》第3卷第2号，1955年，第653页。

续表

印度区域	国名	内容	出处
中印度	劫比罗伐窣堵国	伽蓝故基千有余所，而宫城之侧有一伽蓝，僧徒三千余人，习学小乘正量部教。天祠两所，异道杂居。	卷六，第900页下
	婆罗痆斯国	伽蓝三十余所，僧徒三千余人，并学小乘正量部法。	卷六，第905页中
		婆罗痆河东北行十余里至鹿野伽蓝，区界八分，连垣周堵，层轩重阁，丽穷规矩。僧徒一千五百人，并学小乘正量部法。大垣中有精舍。	
	吠舍厘国	伽蓝数百，多已圮坏，存者三五，僧徒稀少……宫城西北五六里至一伽蓝，僧徒寡少，习学小乘正量部法。	卷六，第908页中
	伊烂拏钵伐多国	伽蓝十余所，僧徒四千余人，多学小乘正量部法。	卷十，第926页下
东印度	羯罗拏苏伐剌那国	伽蓝十余所，僧徒二千余人，习学小乘正量部法。天祠五十余所，异道寔多。别有三伽蓝不食乳酪，遵提婆达多遗训也。	卷十，第928页上
西印度	摩腊婆国	五印度境两国重学，西南摩腊婆国，东北摩揭陀国。贵德尚仁，明敏强学，而此国也，邪正杂信。伽蓝数百所，僧徒二万余人，习学小乘正量部法。	卷十一，第935页下
	伐腊毗国	伽蓝百余所，僧徒六千余人，多学小乘正量部法。	卷十一，第936页中
	阿难陀补罗国	伽蓝十余所，僧徒减千人，习学小乘正量部法。	卷十一，第936页下
	信度国	学不好博，深信佛法。伽蓝数百所，僧徒万余人，并学小乘正量部法。大抵懈怠性行弊秽。其有精勤贤善之徒，独处闲寂，远迹山林，夙夜匪懈，多证圣果。	卷十一，第937页上一中

续表

印度区域	国名	内容	出处
西印度	阿点婆翅罗国	其俗淳质，敬崇三宝，伽蓝八十余所，僧徒五千余人，多学小乘正量部法。	卷十一，第937页下
	臂多势罗国	而风俗犷暴，语异中印度，不好艺学，然知淳信。伽蓝五十余所，僧徒三千余人，并学小乘正量部法。	卷十一，第938页中
	阿耆荼国	言辞朴质，不尚学业，然于三宝守心淳信。伽蓝二十余所，僧徒二千余人，多学小乘正量部法。	卷十一，第938页中

根据《大唐西域记》的记载，7世纪前半叶的正量部主要集中在中印度和西印度，化区非常广大，佛法传播亦兴盛。中印度流行的正量部，是以犊子国(Vatsa)拘舍弥为中心，而流行于恒河、阎浮那河中上流域的，学习正量部的僧徒有一万八千人。东印度学习正量部的僧徒有两千人，西印度则达四万八千僧徒之多；摩偷罗出土的铭文，也有属于正量部的。[①]正量部更向西南进入分别说系的故乡摩腊婆、伐腊毗；同时深入西北沿海地区，如信度、阿点婆翅罗、臂多势罗、阿耆荼。[②]除此之外，随着古印度碑塔铭文的发现，已知Sarnath、Kosambī、Mathurā等地区皆曾是正量部的弘化区域。[③]

《三藏法师行状》[④]、《慈恩法师传》[⑤]皆提到，当时南印度老婆罗门般若毱多(智护)阐述正量部的思想，撰《破大乘论》七百颂，为各派小乘师所一致推崇，戒日王为他举办辩论大会。那烂陀寺戒贤论师答应

① 并川孝仪：《インド仏教教団 正量部の研究》，东京：大藏出版，2011年，第48页。

② 印顺：《初期大乘佛教之起源与开展》，台北：正闻出版社，1992年，第432—433页。

③ 本多至成：《正量部の業思想》，京都：同朋舍，第163—164页。

④ 《大唐故三藏玄奘法师行状》，《大正藏》第50册，第217页上—中。

⑤ 《大唐大慈恩寺三藏法师传》卷四，《大正藏》第50册，第244页下—245页下。

戒日王的请求，派海慧、智光、师子光、玄奘四人前往参加辩论。除了玄奘以外的另外三位印度大德都丧失了自信，这也可说明正量部在当时的巨大影响力。其后虽然经过玄奘《制恶见论》的破斥，且其破斥又有过曲女城无遮大会的扩大宣传，但它的势力依然存在。

公元7世纪后半叶，义净去印度时，记录了印度与南海的部派佛教：

摩揭陀则四部通习，有部最盛。罗荼[①]、信度则少兼三部，乃正量尤多。北方皆全有部，时逢大众。南面则咸遵上座，余部少存。东裔诸国，杂行四部。师子洲并皆上座，而大众斥焉。然南海诸洲有十余国，纯唯根本有部，正量时钦，近日已来，少兼余二……南至占波，即是临邑，此国多是正量，少兼有部。西南一月，至跋南国，旧云扶南，先是裸国，人多事天，后乃佛法盛流。[②]

根据义净的记载，西印度的正量部最兴盛；同时，南海诸洲间混杂流行大众部、上座部、根本说一切有部与正量部，而临邑盛行正量部。

玄奘与义净的记载同时表明，正量部在西印度流传的时间比较长。与优禅尼相毗邻的几个城邦，如摩腊婆国、伐腊毗国、阿难陀补罗国等，皆是正量部弘化的区域。尤其是伐腊毗(Valabhī)国，其位置大约是当今卡提阿瓦半岛(Kāthiāwār)。[③]依据《大唐西域记》卷十一的记

① 《大唐西域记》里没有提到"罗荼"。罗荼一名，梵名是Lāṭa，古代铭文和文献中出现过多次，地理位置在今天印度古吉拉特(Gujarat)马希河(Mahi R.)与基姆河(Kim R.)两河之间，这与信度国所在的印度河中下游地区正相连接，都属于西印度。见王邦维：《唐高僧义净生平及其著作论考》，重庆：重庆出版社，1996年，第86—87页。

② 《南海寄归内法传》卷一，《大正藏》第54册，第205页中。

③ 伐腊毗的遗址已于近代发现，在卡提阿瓦半岛东岸，包纳加尔(Bhavnagar)西北18英里处，即北纬21度52分、东经71度57分。《大唐西域记校注》强调，今名瓦密拉普罗(Vamilapura)，显然是伐腊毗城(Valabhipura)一名的讹转。见《大唐西域记校注》，北京：中华书局，1985年，第913页。

载，伐腊毗国物资富饶，四方奇货多聚于此。而且，德慧、坚慧二菩萨，曾在此处造论。伐腊毗国是西印度的小乘佛教学术中心，可与大乘佛教中心那烂陀相提并论。义净《南海寄归内法传》卷四记载，当时佛教徒欲求深造，都得去伐腊毗国和那烂陀。[①]真谛译《随相论》，题名"德慧法师造"，显然与德慧有密切的关联。所以，真谛所游历的诸国，尤其以优禅尼为中心的西印度，包括扶南诸国，刚好是正量部的流行地区。

真谛所翻译的典籍中，除了瑜伽行派以外，另有多部正量部的著作。

2. 真谛译籍与正量部文献

正量部具备独立的经律论三藏，《三藏法师传》记载玄奘曾由印度带回正量部的经律论十五部。[②]玄奘并未译出正量部的典籍，而且这些经律论早已散失。依吕澂先生的研究，正量部的经藏即是四《阿含》里面的重要义类，律藏即《律二十二明了论》，论藏以《舍利弗阿毗昙》为根本。[③]《三藏法师传》卷四记载，玄奘在北印度钵伐多国学习正量部《根本阿毗达磨》《摄正法论》《教实论》。[④]《摄正法论》或者即是宋译的《诸法集要经》，原系观无畏尊者将《正法念处经》所说集成颂文，阐明罪福业报，此恰是正量部的中心主张，而唐人也认为《正法念处经》是正量部所宗。《教实论》即是《圣教真实论》，瞿沙所造，没有译

---

① 《南海寄归内法传》卷四："然后函丈传授，经三二年，多在那烂陀寺，中天也；或居跋腊毗国，西天也。斯两处者，事等金马石渠、龙门阙里，英彦云聚，商搉是非。"见《大正藏》第54册，第229页上。

② 《大唐大慈恩寺三藏法师传》卷六，《大正藏》第50册，第252页下。

③ 吕澂：《略述正量部佛学》，载《吕澂佛学论著选集》卷四，济南：齐鲁书社，1991年，第2369页。

④ 《大唐大慈恩寺三藏法师传》卷四，《大正藏》第50册，第244页上。

本，相传是发挥“有我”的道理，为犊子部根本典据。[①]

现存正量部的文献有梵语、巴利语、藏语、汉语等庞大的文献群，许多汉译文献与真谛翻译相关。[②]真谛译《律二十二明了论》《立世阿毗昙论》等是正量部的典籍，而《十八部论》《部执异论》等阐释部派分裂史，《显识论》[③]、《随相论》[④]等皆言及正量部。

现存汉译正量部文献中，《三弥底部论》是在真谛之前传到汉地，译者不详，题为“失译人名，今附秦录”[⑤]。印顺根据归敬辞“归命一切智”的体例与后魏瞿昙般若流支的译品相似，又因瞿昙般若流支所译的《正法念处经》一向有“正量部诵”的传说，故推定《三弥底部论》为瞿昙般若流支所译。[⑥]三弥底部(sāṃmatīya)即是正量部的音译，全论主要在讨论命终后的转生与业之关系。[⑦]

《律二十二明了论》是正量部的律论，首题“正量部弗陀多罗多法师造，陈天竺三藏真谛译”[⑧]，末尾记载：“此论是佛陀多罗多阿那含法师所造。为怜愍怖畏广文句人故，略摄律义。”[⑨]有关本论的传译，卷末后记云：“陈光大二年，岁次戊子，正月二十日，都下定林寺律师法泰，

---

① 吕澂：《略述正量部佛学》，载《吕澂佛学论著选集》卷四，济南：齐鲁书社，1991年，第2370页。

② 并川孝仪：《インド仏教教団 正量部の研究》，东京：大藏出版，2011年，第21—29页。

③ 《显识论》，《大正藏》第31册，第880页下。宇井伯寿认为，《显识论》或许不是真谛的译本，是其弟子的作品；或者正文是真谛翻译，解释部分是弟子造或弟子笔记。见《显识论》，《印度哲學研究》第6卷，东京：岩波书店，1965年，第364页。

④ 《随相论》，《大正藏》第32册，第161页下、166页上。

⑤ 《三弥底部论》卷上，《大正藏》第32册，第462页上。《开元释教录》卷四，《大正藏》第55册，第518页下—519页上。

⑥ 印顺：《说一切有部为主的论书与论师之研究》，台北：正闻出版社，1992年，第467—468页。

⑦ 有关正量部的业思想研究，参考本多至成《正量部の業思想》，京都：同朋舍，2010年。

⑧ 《律二十二明了论》，《大正藏》第24册，第665页中。

⑨ 《律二十二明了论》，《大正藏》第24册，第672页下。

于广州南海郡内，请三藏法师俱那罗陀翻出此论，都下阿育王寺慧恺谨为笔受，翻论本得一卷，注记解释得五卷。”[①]《律二十二明了论》主要是以二十二首偈颂，列出律藏中的名目，并以散文体解释其义。陈光大二年(568)，法泰在广州请真谛译出，慧恺任笔受。真谛在翻译论本时，边翻边讲，所以有《注记》五卷，已经散佚不传。《大唐内典录》卷五提到“《律二十二明了论》，亦云《明了论》并《疏》五卷”[②]。道宣《四分律删繁补缺行事钞》中共九次引用《明了论疏》，可见道宣曾见到《明了论疏》。根据道宣的引用，《明了论疏》主要是一些词语的解释和戒律作法的规定，如“一拘卢舍，《明了论疏》云：一鼓声间”[③]，又如羯磨“翻为业也，所作是业，亦翻为所作”[④]。

在《律二十二明了论》中，叙述了犊子外道来见佛，闻法，证阿罗汉果，为佛所赞，这部分内容篇幅长达全书七分之一，为其他律部所未见，可见正量部与犊子部的关系之密切。在论述正量部的修行体系时，《律二十二明了论》说：“修三学者，于诸佛正法，正学有三，谓依戒学、依心学、依慧学。此三学生起，位在忍、名、相、世第一见地修地中。”[⑤]在说一切有部的修行体系中，顺抉择分的四善根位是暖、顶、忍、世第一，与正量部明显不同。《异部宗轮论》《十八部论》《部执异论》阐释犊子部的四善根位是忍、名、相、世第一[⑥]，与正量部相同。这是因为正量部和犊子本宗关系比较密切，正量部所有的新主张最初都被看作犊

---

① 《律二十二明了论》，《大正藏》第24册，第672页下。

② 《大唐内典录》卷五，《大正藏》第55册，第273页中。

③ 《四分律删繁补缺行事钞》卷上，《大正藏》第40册，第7页上。

④ 《四分律删繁补缺行事钞》卷上，《大正藏》第40册，第11页上。

⑤ 《律二十二明了论》，《大正藏》第24册，第665页下。

⑥ 《异部宗轮论》，《大正藏》第49册，第16页下；《十八部论》，《大正藏》第49册，第19页下；《部执异论》，《大正藏》第49册，第21页下。有关正量部四善根位的具体思想，见并川孝仪：《インド仏教教団 正量部の研究》，东京：大藏出版，2011年，第151—160页。

子变化之说，并不以正量部的名义出现。[①]在婆薮跋摩造、真谛译《四谛论》中，提到三十七助觉(即三十七菩提分法)，而且将三十七助觉配合修行阶位："四念处观是初发行位，即解脱分，四正勤名忍位，四如意足是名位，五根名相位，五力名第一法位。此四通名决了位。八圣道名见位，七觉分名修位，尽智无生智名究竟位。"[②]《四谛论》的四善根位亦是正量部的修行体系，可见与正量部有一定的关联。真谛译《显识论》提到熏习的四种方便——忍、名、相、世第一[③]，与四善根位的结构一致，可见真谛所传唯识古学对正量部思想的融摄。

真谛译《立世阿毗昙论》，依《历代三宝纪》卷九、《开元录》卷七的记载，是于永定三年(559)译出的。[④]在此论"小三灾疾疫品"夹注中则出现"至梁末己卯年，翻度此经"[⑤]，梁朝的"己卯"就是陈朝的"永定三年"，当时梁实际上已经为陈所灭。全书十卷，共含二十五品，旨在阐明佛教之宇宙论，主要是叙述天地世界之建立及有情世间之相状，内容与《长阿含·世记经》《俱舍论·世间品》等略同。印顺推测，《立世阿毗昙论》可能属于犊子部。[⑥]日本学者冈野洁则通过详细的论证，强调该论是正量部的论书。[⑦]

---

① 吕澂先生指出，在《大毗婆沙论》编纂的时代(公元2世纪)，犊子部的主张只有和一切有部不同的六七条(见《大毗婆沙论》卷二)，到了龙树著作《中论》时(公元3世纪)，便说犊子部更有"生生"等十四种俱生法和"不失法"之说，这些都是正量部分出以后的新说，而仍旧归于犊子名下。见《略述正量部佛学》，载《吕澂佛学论著选集》卷四，济南：齐鲁书社，1991年，第2368页。

② 《四谛论》，《大正藏》第32册，第399页中。

③ 《显识论》，《大正藏》第31册，第879页中。

④ 《历代三宝纪》卷九，《大正藏》第49册，第87页下；《开元释教录》卷七，《大正藏》第55册，第545页下。

⑤ 《立世阿毗昙论》卷九，《大正藏》第32册，第215页中。

⑥ 印顺：《说一切有部为主的论书与论师之研究》，台北：正闻出版社，1992年，第141页。

⑦ 冈野洁：《インド正量部のコスモロジー文献、立世阿毘曇論》，《中央学術研究所紀要》第27号，1998年，第55—91页。

冈野洁从MSK和文献X的研究中，得出正量部非常重要的三大教义：(1)现在劫是第九劫；(2)到劫末还有七百年；(3)以胡麻、甘蔗、凝乳等分别做成的胡麻油、甘蔗汁、奶油等可能于劫末消失。在《有为无为抉择》第八章(3-8)(3-9)中，可以发现相应的记载：

> 如来涅槃后第八百年，由Bhūtika与Buddhamitra结集了该部派的诸传承，这被称为正量部的第五次结集。Bhūtika与Buddhamitra两人说道："这是谷子出现以来，开展的第九劫。"若要说[他们的话的]主要的意义的话——就现在而言，于胡麻、甘蔗、凝乳等中，现在分别，虽然仅有少量，但产生有胡麻油、甘蔗汁、奶油等精髓。应该知道胡麻油等是由于众生所尽有的福报力，现在仍然存在着。[①]

这是正量部的"劫末意识"。所谓劫末是指人寿由现在的百岁递减到十岁的时候，那时将有三种小灾难发生，以迎接现在劫(第九劫)的终了，而现在距离其终了尚余七百年。这种劫末前残余时间的主张是在其他佛教经典中所未见的，是正量部宇宙历史说的最大特色。[②]

这种"劫末意识"在《立世阿毗昙论》中出现：

> 是二十小劫世界起成已住者，几多已过，几多未过？八小劫已过，十一小劫未来，第九一劫现在未尽。此第九一劫，几多已

① 并川孝仪：《インド仏教教団 正量部の研究》，东京：大藏出版，2011年，第362—363页。

② 冈野洁：《正量部の歴史的宇宙論における終末意識》，《印度學佛教學研究》第49卷第1号，2000年，第402—406页；《正量部における現在劫の終末意識をめぐる問題点》，《印度學佛教學研究》第51卷第1号，2002年，第388—393页。

过？几多在未来？未来定余六百九十年在。(至梁末己卯年翻度此经为断。)[1]

《立世阿毗昙论》提到距第九劫终了仍有“六百九十年”，与距离劫末七百年的说法略有差别。这种差别的产生，据真谛所说，“至梁末己卯年，翻度此经为断”，是因为他以翻译此论的时间作为计算劫末前残余时间的节点，故而有意将七百年缩短为六百九十年。此或亦可作为推测《立世阿毗昙论》成书年代的证据，只是一则距离劫末七百年应为正量部通说，与此论成书的具体年代无关，二则此论翻出距离真谛来华已超过十年，因此，缩减十年的改动并不是精准计算的结果。

《立世阿毗昙论》接受“现在是第九劫”的说法，此说与论中其他特有的宇宙观，证明该论是正量部的论书。[2]同时，真谛本人亦接受与传播这种说法。如遁伦《瑜伽论记》卷第十上记载：

真谛云：成坏空劫皆无佛出，唯于住劫有佛出世。于二十劫中，前十劫中有佛出世，后十劫无。前十劫中，前之五劫亦无佛出，第六劫中，拘留孙佛出世，第七劫那含牟尼佛出世，第八劫中迦叶佛出，第九劫中释迦出，第十劫中弥勒佛出。[3]

释迦佛出现就是现在劫，即第九劫。可见，真谛不仅译出《律二十二明了论》《立世阿毗昙论》等正量部论书，同时亦认同与传播正量部的思想。

---

① 《立世阿毗昙论》卷九，《大正藏》第32册，第215页中。

② 具体论证参考冈野洁：《インド正量部のコスモロジー文献、立世阿毘曇論》，《中央学術研究所紀要》第27号，1998年。

③ 《瑜伽论记》卷第十上，《大正藏》第42册，第524页下。

所以，我们推测真谛所属部派为正量部。但是，真谛的唯识思想与正量部的关联，仍有相当大的研究前景，有待进一步深入探讨。

三　真谛的译著

真谛来华共二十三年，译经众多。《续高僧传・拘那罗陀传》说：“余有未译梵本书并多罗树叶，凡有二百四十甲(夹)。若依陈纸翻之，则列二万余卷。今见译讫，止是数甲(夹)之文。”[①]道宣提及真谛未译的梵本，已写在多罗树叶的有二百四十夹，如果完全译出，则多达两万余卷。若真谛完全实现其译经愿望，将会对中国佛教界造成多大影响，是无法测知的。

而玄奘从印度回来，旧译大受排斥，《续高僧传・法冲传》说：“三藏玄奘不许讲旧所翻经。冲曰：君依旧经出家，若不许弘旧经者，君可还俗，更依新翻经出家，方许君此意。奘闻遂止。”[②]玄奘因思想之差异而歧视旧译。真谛的译述在唐初遭受此次打击，便一蹶不振。千余年来，少人问津。

1. 真谛的译著年表

真谛的译经，保存下来的约只有三分之一，其余大半散佚。而真谛自己的撰述，皆已经佚失不传，这对中国佛教界来说，无疑是非常大的损失。据《续高僧传・拘那罗陀传》，真谛共译经论记传六十四部，二百七十八卷。[③]苏公望总结真谛的作品，共出经论义疏七十六部，三百一十五卷；现存总共三十部，九十一卷；佚亡四十六部，二百二十四卷。其中翻译的经论共五十一部，一百六十一卷；撰述的

① 《续高僧传》卷一，《大正藏》第50册，第430页中。

② 《续高僧传》卷二十五，《大正藏》第50册，第666页下。

③ 《续高僧传》卷一，《大正藏》第50册，第430页中。

著作共二十三部，一百五十卷；又译述不明的有二部，四卷。[①]我们结合苏公望、镰田茂雄、汤用彤的研究成果[②]，就真谛的译著列表如下：

表1.2　真谛的译著年表

书名	卷数	翻译时间	地点	备注	现存情况
十七地论	5	太清四年(550)	富春陆元哲宅	宝琼等二十余人助译，玄奘时其本已佚。	早佚
中论 中论疏	1 2	太清四年(550)	富春陆元哲宅	为《中论·观因缘品》。	早佚
如实论 如实论疏	1 3	太清四年(550)	富春陆元哲宅		《大正藏》第32册所收《如实论·反质难品》
三世分别论	1	太清四年(550)	富春陆元哲宅		早佚
涅槃经本有今无偈论	1	太清四年(550)	富春陆元哲宅	在"诸行无常偈"后有"三藏阇梨解旨云"，混入真谛注。	《大正藏》第26册
决定藏论	3	太清四年(550)	富春陆元哲宅	相当于《瑜伽论》卷五十一至五十四。	《大正藏》第30册
金光明经	7	承圣元年(552)至二年二月二十五日，三月二十日讫	扬州正观寺，后移至建康县长凡里杨雄宅别阁道场	一说真谛只译出四品，补北凉译本的不全；一说真谛实译出七卷。依日本发现的天平写经，有此经真谛译本第一卷，有僧隐的序文。故知确译出七卷。	现存唯有《合部金光明经》"三身分别""业障灭""陀罗尼最净地""依空满愿"四品及天平写经一卷

① 苏公望：《真谛三藏译述考》，《现代佛教学术丛刊》第38册，第108页。

② 镰田茂雄著，佛光出版社译：《中国佛教通史》第四卷，高雄：佛光出版社，1993年，第37—72页。汤用彤：《汉魏两晋南北朝佛教史》下册，北京：中华书局，1983年，第615—625页。

续表

书名	卷数	翻译时间	地点	备注	现存情况
金光明疏	13	承圣二年(553)		著录为六卷，十三卷是经七卷与疏六卷综合之数。	智𫖮《金光明经疏》及圆测《解深密经疏》曾引用，约在北宋末叶佚亡
弥勒下生经	1	承圣三年(554)		慧显等十余名高僧助译。	
仁王般若经	1	承圣三年(554)	豫章宝田寺	圆测《仁王经疏》云："真谛一本，隐而不行。"	早佚
仁王般若经疏	6	承圣三年(554)	豫章宝田寺	圆测《仁王经疏》或引用"真谛云""真谛三藏云""本记云"。	早佚
九识义记	2	承圣三年(554)	新吴美业寺	或称《九识章》《九识玄义》《九识论》①，昙迁亦撰有《九识章》②。	早佚
转法轮义记	1	承圣三年(554)	新吴美业寺	真谛有转、照、持三法轮③。	早佚
求那摩底随相论 随相论中十六谛疏	1 2	绍泰元年(555)至绍泰二年(556)	始兴郡	现存《随相论》为真谛注解的仅有《随相论中十六谛疏》。	《大正藏》第32册

① 《华严宗章疏并因明录》："《九识论》二卷，真谛三藏述。"见《大正藏》第55册，第1133页上。《新编诸宗教藏总录》卷三："《九识章》三卷，真谛述。"见《大正藏》第55册，第1177页下。

② 印顺认为，圆测《解深密经疏》《仁王经疏》引用的《九识章》为昙迁《九识章》，而非真谛著作。见印顺：《论真谛三藏所传的阿摩罗识》，载《以佛法研究佛法》，《妙云集》下编之三，台北：正闻出版社，1990年，第269—273页。鎌田茂雄认为，昙迁的《九识章》是以真谛的《九识义记》为蓝本，而圆测所引用正是真谛的著作。见《中国佛教通史》第四卷，高雄：佛光出版社，1993年，第53页。我们倾向于前者的观点，九识说为北地摄论师的学说，而非真谛本人的思想。

③ 圆测《仁王经疏》卷上末(《大正藏》第33册，第367页中—下)曾有引用；智𫖮：《仁王护国般若经疏》卷二，《大正藏》第33册，第263页中。

续表

书名	卷数	翻译时间	地点	备注	现存情况
无上依经 无上依经疏	2 4	绍泰三年、太平二年(557)	南康净土寺		《大正藏》第16册，疏早佚
大空论	3	永定二年(558)	豫章栖隐寺		早佚
中边分别论 中边分别论疏	2 3	永定二年(558)	临川郡	圆测《解深密经疏》卷七有引用。	《大正藏》第31册，疏早佚
正论道理论 正论释义	1 5	永定二年(558)	晋安佛力寺		早佚
立世阿毗昙论	10	永定三年(559)	广州及始兴	又称《天地记经》。	《大正藏》第32册
解节经 解节经疏	1 4	天嘉二年(561)	梁安郡建造寺	《解节经》四品与菩提流支所译《深密解脱经》卷一之四品相同，余则未译。	经存《大正藏》第16册，欧阳渐曾辑《解节经疏》[①]
金刚般若波罗蜜经 金刚般若疏	1 10	天嘉三年(562)五月一日至九月二十五日	梁安郡建造寺	圆测《解深密经疏》曾引《真谛金刚般若记》《真谛般若疏》《真谛般若记》《真谛七事记》，或指本疏或《仁王般若疏》，已不可考。	经存《大正藏》第8册
大乘唯识论 大乘唯识论义疏 注记	1 2 2	天嘉四年(563)	广州制旨寺	慧恺《大乘唯识论后记》云"此论本有义疏，翻得两卷"，此疏是瞿波论师所造，真谛译。注记为真谛撰，慧恺笔受。	论存《大正藏》第31册，疏、注记早佚

① 欧阳渐:《解节经真谛义》，南京：金陵刻经处，1924年。

续表

书名	卷数	翻译时间	地点	备注	现存情况
摄论本 摄论释 摄论义疏	3 15 8	天嘉四年(563)三月到十月，译毕，再与梵对校，全部完成在天嘉五年(564)	广州制旨寺	义疏早佚。	论及论释存《大正藏》第31册
广义法门经	1	天嘉四年(563)十一月十日	广州制旨寺		《大正藏》第1册
俱舍释论 俱舍论偈 俱舍论义疏	22 1 53	天嘉五年(564)	广州制旨寺 南海郡	义疏早佚。	释论存《大正藏》第29册，疏早佚
律二十二明了论 明了疏	1 5	光大二年(568)	南海郡	为正量部的律论。	论存《大正藏》第24册，疏佚，传在宋以后
部异执论 十八部论疏	1 10			又称《执部异论》《部执论》《部执异论》。	论存《大正藏》第49册，疏佚，曾传入日本
四谛论 四谛论疏	4 3				论存《大正藏》第32册，疏佚
堕负论				吉藏《百论疏》曾引用。	早佚
反质论	1			《开元录》说："今疑即藏中《如实论》，是故彼题《如实论反质难品》。"①	早佚

① 《开元释教录》卷七，《大正藏》第55册，第546页上。

续表

书名	卷数	翻译时间	地点	备注	现存情况
僧涩多律	1				早佚
修禅定法 禅定义	1 1	陈代			早佚
佛性论 佛性义	4 3	陈代		《佛性义》早佚。	论存《大正藏》第31册
金七十论	3	陈代		或作《僧佉论》。	《大正藏》第54册
宝行王正论	1			从佛教的立场述说对国王的训诫。	《大正藏》第32册
成就三乘论	1	陈代			早佚
意业论	1	陈代			早佚
破我论疏				可能是《俱舍论·破我品》的注释。	早佚
婆薮槃豆传	1			译文与注解混排。	《大正藏》第50册
众经通序		陈代		集诸经之经序。	早佚
翻外国语	7	陈代		一名《杂事》，一名《俱舍论因缘事》。	早佚
三无性论	2		广州制旨寺	与《显扬圣教论·无自性品》相当。	《大正藏》第31册
显识论	1	与《三无性论》同时译出		除论文外，并有解释。	《大正藏》第31册
转识论	1			为《唯识三十颂》异译，真谛加入注释。	《大正藏》第31册
解拳论	1			为陈那著作。	《大正藏》第31册
无相思尘论	1			为陈那著作，与玄奘所译《观所缘缘论》为同本异译。	《大正藏》第31册

续表

书名	卷数	翻译时间	地点	备注	现存情况
佛阿毗昙经	2			或为九卷。叙述佛陀成道与早期弟子的出家、受戒等。	《大正藏》第24册，欠上卷首部
大涅槃经论	1		广州		早佚
遗教论	1			后人将真谛所译误为伪妄《遗教经论》(可能是鸠摩罗什注释)。	早佚
十八空论	1			宇井伯寿考证此论为《中边分别论》注释书之残本。	《大正藏》第31册

依上表，真谛译著共六十九部。由于他翻译时住处不定，所以前后的译文、义理，都无法统一。在广州翻译时，由于僧宗、慧恺、法泰等人助译，又经过一再校对，翻译质量较高。

真谛来华，遭受社会动乱，生活诸多磨难，迁徙流离，但是仍然译经甚多，而且教育、培养弟子十分勤奋，“禀学夙夜匪懈，无弃寸阴”[①]。正是在这种精神的感召下，其弟子辈誓愿弘扬其学，形成摄论学派。

2.《无相论》考

《无相论》不见于真谛的译著，《历代三宝纪》以下的诸经录亦未见录。《续高僧传·靖嵩传》记载，靖嵩(537—614)向法泰学习《摄论》《俱舍论》后，“自《佛性》《中边》《无相》《唯识》《异执》等论四十余部，皆总其纲要”[②]。但是，未知《无相论》为何书。现存《大正藏》中，《转识论》后有注记“从《无相论》出，陈代真谛译”[③]，但是宋、元、明三本以及旧宋本、知恩院本都没有“从《无相论》出”这条注。《三无性

① 《摄大乘论序》，《大正藏》第31册，第113页上。
② 《续高僧传》卷十，《大正藏》第50册，第501页下。
③ 《转识论》，《大正藏》第31册，第61页下。

论》亦有注记“出《无相论》”，卷上是明本无此注，卷下则是宋、元、明三本以及旧宋本、圣本都无此注。[①]《显识论》一卷亦有注记“从《无相论》出”，而且宋、元、明、旧宋本在开头处都有“显识品”三字。[②]可见，《转识论》《三无性论》《显识论》都与《无相论》有很大的关系。

唐代圆测、窥基、慧沼、法藏、文备等的著作中，都出现《无相论》的引文。慧沼《成唯识论了义灯》卷四本在说明本识的十八名时，引用了《无相论》五次。[③]其中，“九、名显者，《无相论》云：为显五根、四大等，皆于此显也”。这是从《显识论》中，取“显识”意。[④]又“十五、名识，《无相论》云：分别事识也”。以“分别事识”为本识的异名，并不是《显识论》的观点。《楞伽经》的“分别事识”、《显识论》的“分别识”，都是指染污意与六识，并不是指本识。[⑤]窥基及慧沼以“分别事识”为本识，这是错误的看法。[⑥]又“第三，宅者，《无相论》云：是种子之宅舍故”。这是引用《转识论》的说法。[⑦]

法藏《大乘起信论义记》中说：“如《无相论》云，问：此识何相何境界？答：相及境界不可分别，一体无异。”[⑧]这是引自《转识论》[⑨]，二者的文字，完全相同。窥基《大乘法苑义林章》中说：“虽《无相论》说：

---

① 《三无性论》卷上、下，《大正藏》第31册，第867页中、873页上。

② 《显识论》，《大正藏》第31册，第878页下。

③ 《成唯识论了义灯》卷四本，《大正藏》第43册，第729页中—下。

④ 《显识论》云：“显识者，即是本识，此本识转作五尘、四大等。”见《大正藏》第31册，第878页下。

⑤ 《显识论》云：“何者分别论？即是意识。”见《大正藏》第31册，第878页下。三种译本《楞伽经》之说，见《大正藏》第16册，第483页上、522页上、593页中。

⑥ 胜又俊教：《仏教における心識説の研究》，东京：山喜房佛书林，1974年，第752—753页。

⑦ 《转识论》云：“亦名宅识，一切种子之所栖处。”见《大正藏》第31册，第61页下。

⑧ 《大乘起信论义记》卷中末，《大正藏》第44册，第262页下。

⑨ 《转识论》云：“问：此识何相何境？答：相及境不可分别，一体无异。”见《大正藏》第31册，第61页下。

第二执识通皮肉烦恼，见修所断。”[①]这是说明阿陀那识的烦恼断除情况——在见道位、修道位断除此识及其相应法，取意于《转识论》。[②]

遁伦《瑜伽论记》卷一上说：“备师又云：昔传引《无相论》阿摩罗识，证有九识。彼《无相论》即《显扬论・无性品》。”[③]文备与圆测相同，都是引《无相论》的阿摩罗识说，作为第九识存在的证据，而且明确说《无相论》即《显扬圣教论・无性品》，此即《三无性论》的新译。窥基《大乘法苑义林章》说：“依《无相论》同性经中，若取真如为第九者，真俗合说故。”[④]以真如为阿摩罗识，《三无性论》说：“唯阿摩罗识是无颠倒，是无变异，是真如如也。”[⑤]可见，《无相论》即是《三无性论》。

因此，在唐代诸家著作中，以《无相论》指称《显识论》《转识论》《三无性论》。另外，胜又俊教又将敦煌本《摄论章》卷一(S.2435)、大屋德城氏所藏《摄大乘义章》卷四、《华严孔目章发悟记》所引道基的《摄论章》中所引《无相论》的文字，与《显识论》《转识论》《三无性论》一一对照，发现完全一致。[⑥]

从诸家著作引用来看，《无相论》即是《显识论》《转识论》《三无性论》。但是，关于后三部论被称为《无相论》的原因，学界说法不一。鎌田茂雄认为，此三论原来形态是《无相论》的三品——显识品、转识

---

① 《大乘法苑义林章》卷二末，《大正藏》第45册，第285页上。

② 《转识论》云：“此识及相应法，至罗汉位，究竟灭尽；及入无心定，亦皆灭尽。若见谛害烦恼识及心法，得出世道十六行，究竟灭尽。余残未尽，但属思惟，是名第二识。”见《大正藏》第31册，第62页上。

③ 《瑜伽论记》卷一上，《大正藏》第42册，第318页上。

④ 《大乘法苑义林章》卷一末，《大正藏》第45册，第261页中。

⑤ 《三无性论》卷上，《大正藏》第31册，第872页上。

⑥ 胜又俊教：《仏教における心識説の研究》，东京：山喜房佛书林，1974年，第757—762页。

品、三无性品，所以三论皆被称为《无相论》。[①]镰田的观点很难成立，因为与新译唯识论书相比，《转识论》即是《唯识三十颂》的异译及注释，《三无性论》即是《显扬圣教论·无性品》的异译。三部论的思想虽然没有什么矛盾，但是毕竟有不同的来源，所以绝不是同一论的不同品。苏公望推测，《无相论》是真谛摘取各论有裨自家学说之部分而成为一书，并且以己意译之。[②]但是，《无相论》作为书名，隋唐诸家经录皆无著录，真谛所译《十八空论》明确称《三无性论》[③]，而不是《无相论》。隋《历代三宝纪》《法经录》《彦琮录》、唐《静泰录》《大唐内典录》《古今译经图纪》中录有《三无性论》，而未录《显识论》与《转识论》，至《大周录》《开元录》开始收录后二论。从著录方式来说，《无相论》都是被记载于"出《无相论》"的注记中，而且《显识论》《转识论》《三无性论》三者都是被分开著录，可见三者在经录家的心目中是不同的论书。

所以，我们比较同意胜又俊教的观点，即由于这三部论的思想比较一致，翻译时间、地点相同，而且都是比较小的论书，所以真谛及弟子们合称之为《无相论》，以方便流通。[④]这原是摄论师内部的说法，后随着摄论学派的扩大，逐渐成为固定的通称。

第二节　摄论学派传承史

真谛的唯识学为当时南北朝佛学界注入了新鲜的血液，虽然其译经事业一直坎坷，但是仍然受到一些学者的欢迎。而且，其与弟子之

① 镰田茂雄：《中国佛教通史》第四卷，高雄：佛光出版社，1993年，第71页。

② 苏公望：《真谛三藏译述考》，《现代佛教学术丛刊》第38册，第104页。

③ 《十八空论》说："具如《三无性论》中广释也。"见《大正藏》第31册，第864页中。

④ 胜又俊教：《仏教における心識説の研究》，东京：山喜房佛书林，1974年，第762—763页。

间的感情十分融洽，在慧恺死后，他与弟子共同发誓："令弘《摄》《舍》两论，誓无断绝。皆共奉旨，仰无坠失。"[1]在陈朝时，其学说虽然不流行于建康等地，但是在广东以至江西、湖南等地，则传播兴盛。到了隋唐时期，在建康、长安等地，更是盛极一时，蔚然成风，终成一大学派——摄论学派。

一 摄论学派第一代弟子群

真谛的弟子有慧恺、法泰、曹毗、智敫、道尼、法准、僧宗、僧忍、慧旷、法忍、知休、明勇、法海、智文、警韶等人。这些弟子在未师事真谛之前，都已经是当时的宗匠大师。[2]真谛正是得到这些弟子的帮助，才能在广州完成其译经事业，这是他不幸中之万幸！

慧恺(518—568)，比真谛年轻十九岁，却早他一年去世，是真谛最赏识的弟子。他俗姓曹，真谛翻译《摄论》和《俱舍论》时任笔受，而且帮助真谛撰《摄论疏》二十五卷。光大二年(568)，僧宗等人又请慧恺于智能寺讲《俱舍论》，未讫而卒，时年五十一岁，葬于广州西阴寺。真谛为慧恺的去世深感悲痛，第二年即逝。慧恺的著作不存，现存有《俱舍论序》(567年作)、《摄论序》(564年作)和《大乘唯识论后记》(563年作)、《律二十二明了论后记》。日僧普寂《摄论略疏》曾在《真谛疏》之外，列有《智恺(慧恺)疏》。[3]但慧恺笔受真谛《摄论疏》，不大可能在《真谛疏》之外，另撰独立的注疏。

---

① 《续高僧传》卷一，《大正藏》第50册，第431页下。

② 《续高僧传·法泰传》说："释法泰，不知何人。……住杨都大寺，与慧恺、僧宗、法忍等，知名梁代，并义声高邈，宗匠当时。"见《大正藏》第50册，第431页上。

③ 《摄大乘论略疏》卷一说："此论传译以来，制疏者盖向数十家，谓真谛《疏》、智恺《疏》、慧颐《疏》、昙迁《疏》、法护《指南》、道基《疏》、僧辩《章疏》、慧休《疏》、灵润《义疏》、智俨《疏》、神廓《疏》等，载在史传。而其书都无流此邦者。"见《大正藏》第68册，第123页下。

法泰，生卒年不明，与慧恺、僧宗、法忍等同住扬都大寺，知名梁代。真谛来广州后，法泰与僧宗、慧恺等在广州制旨寺笔受文义。法泰曾协助真谛翻译《律二十二明了论》，并疏五卷，严谨奉行。陈太建三年(571)法泰回到建康，开讲《摄论》《俱舍论》等经论，但是当时建康盛行般若、三论，故根本没人接受。而静嵩(537—614)为避北周法难至建康，随侍法泰而精通《摄论》《俱舍论》。

曹毗，真谛受菩萨戒的弟子，慧恺的侄子；跟随慧恺到广州，从真谛学《摄论》。太建三年(571)，曹毗请建光寺僧正明勇法师继续讲《摄论》，随学名僧五十余人。后于江都(今扬州市江都区西南)白塔寺开讲《摄论》等。著有《真谛别历》，亦称《真谛传》。曹毗的主要弟子有禅定寺僧荣、日严寺法侃等。[①]僧荣门下有慧琎(574—634)，出满德、善智、道懿、敬道等人，弘扬《摄论》[②]。法侃(551—623)，从渊法师学习《十地论》《地持论》，可见原属地论学派一系；在江都安乐寺从曹毗学习《摄论》，后来在日严寺弘法，充当十大德之一，晚年移住兴善寺。弟子道抚亦精通《摄论》。[③]

智敫(？—601)，年轻的时候，从延祚寺的道、缘二师学习《成实》，又跟随北土沙门学《金刚般若论》，而且向希、坚二师学习《婆沙》《中论》。真谛翻译《俱舍论》时，同席学习，听慧恺《俱舍论》讲义，与道尼等二十人共同掇拾文疏。慧恺、真谛殁后，自己续讲《俱舍论》。后来，着力学习《涅槃论》，曾任广、循二州僧正。晚年专门讲《摄论》，著《(真谛)翻译历》。弟子巩山瞰等，亦有盛名。[④]

---

① 镰田茂雄认为曹毗师事禅定寺僧荣、日严寺法侃，事实上二者师承关系完全相反。不知是作者的错误，还是翻译的问题。见《中国佛教通史》第四卷，高雄：佛光出版社，1993年，第381页。

② 《续高僧传》卷二十二，《大正藏》第50册，第615页上—下。

③ 《续高僧传》卷十一，《大正藏》第50册，第513页上—下。

④ 《续高僧传》卷一，《大正藏》第50册，第431页下—432页上。

道尼，九江人，跟从真谛学习《摄论》《俱舍》，弘扬《摄论》，声名远扬。开皇十年(590)，入长安大兴善寺，讲《摄论》。与昙迁一样，是《摄论》北传的有功之人。道宣说："自是南中，无复讲主；虽云敷说，盖无取矣！"说明当时摄论学派北传，在南方一带则逐渐衰落。弟子有道岳(568—633)、慧休(548—645)、智光等。[①]

僧宗、法准、僧忍，都是当时建业佛教界的宗匠，一起到广州学习《摄论》。真谛殁后，僧宗、法准一起持经论归庐山。僧宗曾撰《摄论义疏》"心胜相"(即"所知依")以后的部分，著《(真谛)行状》，广行于世。[②]法准有弟子净愿(537？—609)，三十岁出家，通《四分律》，学习《十地论》及《华严》，后从法准学习《摄论》。后来，净愿入京师，住宝刹寺，"正时《摄论》，晚夜《杂心》，或统解《涅槃》，或判销《四分》"。可见，净愿的思想十分庞杂。[③]

智休，生平不详，《续高僧传》说："少时遗诀，严正勖示因果，书传累纸，其文付弟子智休。"[④]真谛将遗文付嘱给他，可见师徒情感之深。

慧旷(534—613)，十二岁出家，师事江陵(今湖北江陵)宝光寺澄法师，后与僧宗、慧恺、法准等投真谛学《摄大乘》《唯识》等论，及《金光明》等经。真谛死后，与同学僧宗等回庐山，"州宰鄱阳、长沙二王，俱敦师资之教。后与湘、郢二州累载弘道"。后移居兴国寺，隋炀帝时期，敕住丹阳栖霞山寺。大业九年(613)五月殁，世寿八十岁。[⑤]智顗曾在慧旷门下学习戒律及各类大乘经典[⑥]，可见慧旷在师事真谛之前，已

---

① 《续高僧传》卷一，《大正藏》第50册，第432页上。
② 《续高僧传》卷一，《大正藏》第50册，第430页中。
③ 《续高僧传》卷十，《大正藏》第50册，第504页中—下。
④ 《续高僧传》卷一，《大正藏》第50册，第430页中。
⑤ 《续高僧传》卷十，《大正藏》第50册，第503页中—下。
⑥ 《止观辅行传弘决》卷一之一，《大正藏》第46册，第142页下。

是名匠。

警韶(508—583),是有名的《成实》《涅槃》学者,四十七岁时在豫章时碰到真谛,常与真谛谈论佛法。真谛感叹说"吾游国多矣,罕值斯人",并为警韶翻译、讲授《金光明经》《唯识论》《涅槃中百句长解脱十四音》等。[①]

智文(509—599),专门弘扬戒律,著作颇多。于晋安碰到真谛,学习《金光明经》《遗教经论》。

慧偘(524—605),原来在邺都弘法,后来到广州,向真谛学习禅法。后逝于蒋州大归善寺。

另外,真谛门下的弟子,如慧忍、法海等,弘扬真谛的学说,生平不详。

真谛在世时,由于生活的奔波,其学说反而在福建、广西、广东一带开始流传,其中慧恺的功劳巨大。汤用彤曾经概括说:

> 真谛之学先布闽、越、广州,智恺之功为首。及其死后,法泰传之建业,僧宗、道尼等弘之九江,曹毗传法于江都,智敫宣讲于循广。而靖嵩之北止彭城,道尼之入居长安,《摄论》固已北被矣。但北方《摄论》大师,靖嵩而外,实为地论学者之昙迁。[②]

道尼是开皇十年(590)到达长安,与靖嵩回归江北同时,但道尼之前已至北方。而昙迁于开皇七年(587)便到达长安。

当时北方地论学派的势力非常大,北地摄论师受其影响;而在南方一带的摄论师,包括北上的第一代弟子如道尼等,则能比较好地继承真谛的思想传统。9世纪的日僧圆珍《授决集》中,在"梁《摄论》及

---

① 《续高僧传》卷七,《大正藏》第50册,第479页下—480页中。
② 汤用彤:《汉魏两晋南北朝佛教史》下册,北京:中华书局,1983年,第626页。

真谛师等说九识义，更有九识家明九识义”此一句下加注说：“摄家南北及新译家，或执八及九，互不相许，如诸文具之，今更不记。”[①]可见当时摄论师有南、北之分，加上玄奘新译《摄论》，各家或执八识说，或执九识说，明显有互不相让的情形。真谛死后，摄论师确实存在南北之分。但是，南方摄论师以建业、九江为中心，在隋代已经走向衰微，道尼北上后，“自是南中，无复讲主”。同时，摄论学派的第一代弟子，少有对《摄论》的注疏，这可能与南方的清谈学风有关。

二　北地摄论师与地论学派

摄论学派的北传，主要归功于三人——昙迁、道尼、静嵩，北地摄论师继承此三者而成为三大系。

1. 昙迁一系的传承

昙迁，俗姓王，博陵饶阳(今河北饶阳县)人，学习《周易》《老》《庄》。后来，向曲李寺慧荣学习佛法，二十一岁依定州贾和寺昙静律师出家学《胜鬘经》。受具足戒后，归邺都，向昙遵学佛法纲要。隐居林虑山黄花谷净国寺，精研《华严经》《十地经论》《维摩经》《地持经》《起信论》等。《昙迁传》记载：“尝寻《唯识论》。”此《唯识论》应该是指菩提流支所译《唯识论》。因为他在未遇《摄论》之前，便能与同伴“谈唯识义”。周武灭齐，避难到寿阳曲水寺，后住扬都道场寺，与慧晓、智璀及高丽僧智晃等结交。在金陵滞留期间，于桂州刺史蒋君之宅获《摄论》，如获至宝。学习地论学派唯识思想时的滞碍之处，由此豁然贯通。隋代兴起，昙迁带着《摄论》离开建业，到达彭城。有檀越施宅为慕圣寺，于是在此寺讲述《摄论》《楞伽》《起信》《如实》等

---

① 《授决集》卷上，《大正藏》第74册，第288页上。

论。“《摄论》北土创开，自此为始也。”[1]后顺道往广陵，在开善寺宣讲《摄论》。

开皇七年(587)，昙迁四十六岁，应文帝之请，与洛阳慧远(六十五岁)、魏都慧藏(六十六岁)、清河僧休、济阴宝镇、汲郡洪遵(五十八岁)同集长安，共为“六大德”，住大兴善寺。开讲《摄论》时，受业者众，净影慧远亦前往听讲。《昙迁传》说：

> 众以《摄论》初辟，投诚请祈，即为敷弘，受业千数。沙门慧远领袖法门，躬处坐端，横经禀义。自是传灯不绝，于今多矣。虽则寰宇穿凿，时有异端，原其解起，莫非祖习。[2]

昙迁对《摄论》的弘扬居功甚伟，至道宣的时代，其法裔仍有许多。但是，昙迁完全是自学《摄论》与《摄论释》的，并没有得到真谛或其弟子的亲授。如此一来，以他地论学派的背景，便很容易对《摄论》的唯识思想出现理解的偏差。也正因为未得亲授，《昙迁传》中出现了真谛授记传说，即所谓《真谛传》云：“不久有大国，不近不远，大根性人，能弘斯论。”面对他人对其唯识思想正统性的质疑，昙迁或其弟子只能求助于授记，这是不得已的做法。

大业三年(607)十二月六日，昙迁年六十六岁，殁于禅定寺。他著有《摄论疏》十卷；又撰《楞伽》《起信》《唯识》《如实》等疏、《九识》《因明》等章，及《华严明难品玄解》等，计二十余卷。

昙迁作为《摄论》北传之功臣，对《摄论》进行了一些创造性的诠释，北方学者以其为正宗摄论学派，从而形成“北地摄论师”的特色。镰田茂雄总结昙迁的弟子有三大系统：第一，师事涅槃师昙延学习《涅

---

① 《续高僧传》卷十八，《大正藏》第50册，第572页中。
② 《续高僧传》卷十八，《大正藏》第50册，第572页下。

槃》，后从昙迁学《摄论》的有慧海、道愻、玄琬、法常等；第二，师事地论师净影慧远学习《地论》，再受业于昙迁学《摄论》的有净业、净辩、静藏、静相等；第三，直接向昙迁学习的有道哲、道英、道琳、静凝、明驭等。[①]所以，"北地摄论师"是在涅槃学派、地论学派等思想背景下，对《摄论》进行重新诠释。

我们将昙迁一系的传承，列表如下(只标《续高僧传》卷数及《大正藏》页、栏)：

表1.3　昙迁一系传承情况表

学者	学派关系(师承)	弘化经历	著作	弟子	出处
慧海(550—606)	涅槃师昙延	至陈听闻《摄论》，长安静法寺。			卷十一，第509页下—510页中
道愻(556—630)	涅槃师昙延	以《涅槃》《摄论》为心要。		道基、海顺	卷十四，第532页下—533页下
玄琬(562—636)	涅槃师昙延	向昙迁学《摄论》，并钻研《法华》《大集》《楞伽》《胜鬘》《地论》《中论》《百论》等。	《赏罚三宝法》《安养苍生论》《三德论》	僧伽	卷二十二，第616页上—617页下
法常(567—645)	涅槃师昙延	研究《成实》《毗昙》《华严》《十地》之同异。原讲《涅槃》，后专弘《摄论》，玄奘曾向其学习。	《摄论义疏》五卷，《玄章》五卷，《涅槃》《维摩》《胜鬘》之疏记	德逊	卷十五，第540页下—541页中
净业(564—616)	地论师慧远	入慧远门下学《涅槃》，晚年学《摄论》于昙迁。			卷十二，第517页中—下

① 镰田茂雄：《中国佛教通史》第四卷，高雄：佛光出版社，1993年，第384—385页。

续表

学者	学派关系(师承)	弘化经历	著作	弟子	出处
净辩(?—617)	地论师慧远	初学禅，师事慧远，“从迁尚受《摄大乘》，积岁研求，遂终此业”。	《感应传》十卷		卷二十六，第676页下—677页上
静藏(571—626)	地论师慧远	遍求《摄论》《十地》，敕住终南山玉泉寺。		道删(至相寺)	卷十三，第523页中
辩相(555—627)	地论师慧远	善《十地》《摄论》，后住净影寺、胜光寺。	《摄论疏》五卷①	灵润	卷十二，第520页下—521页上
道哲(564—635)	明及法师(从学《地论》《地持论》)	师事昙迁学《摄论》，“研味至理，晓悟其文”，后住长安大庄严寺。	《百识观门》五卷、《智照自体论》六卷、《大乘闻思论》		卷二十，第588页下—589页上
道英(557—636)	并州智炬(从学《华严》)	599年入太行山栢梯寺修行止观，后从昙迁听《摄论》，“而英简时问义，惟陈止观，无相思尘”，住胜光寺、蒲州普济寺，讲述《起信论》。			卷二十五，第654页上—下
静琳(565—640)	昙猛、觉、炬诸师(从学《十地》《华严》《楞伽》)	专习禅观，“学大乘诸无得观，离念唯识，弥所开宗”，后遇昙迁，“一闻如旧慧不新闻”。607年，于长安明轮、妙象寺讲《摄论》。晚年弘《四分律》。			卷二十，第590页上—591页中

① 《续高僧传·灵润传》说：“有辩相法师，学兼大小，声闻于天。《摄论》初兴，盛其麟角，住净影寺，创演宗门，造《疏》五卷。”见《大正藏》第50册，第545页下。

续表

学者	学派关系（师承）	弘化经历	著作	弟子	出处
静凝	昙迁	学《地论》《摄论》，以修止观及讲筵为业。			卷二十六，第675页中
明驭	昙迁	初学涅槃，后习《摄论》，推寻理源，究括疑滞。晚游邺下谘访未闻，隐义重玄，皆所披览。开皇八年(588)，来仪帝里，更就迁师询求《摄论》。后住济州禅定寺。			卷二十六，第674页中—下

从上表可以看出昙迁一系的特点：一、跟随昙迁学习《摄论》者，大都出于地论学派、涅槃学派，所以其摄论学派特征不明显，具有融合性，这是北地摄论师的最大特征；二、重视唯识观的修习，如净辩、道哲、道英、静凝等人，《摄论》严密的观行体系，无疑对他们非常具有吸引力；三、仁寿年间敕送舍利，有利于《摄论》的传播；四、摄论师从事留学僧教育事业，促进《摄论》的国际传播。

2. 道尼一系的传承

道尼作为真谛直传弟子，亲承真谛的学说。《续高僧传·道岳传》说："有九江道尼者，创始《摄论》，海内知名。以开皇十年至自杨都来化京辇，亲承真谛，业寄传芳。"[①] 道尼门下有道岳、慧休、智光。道尼一系的传承，列表如下：

---

① 《续高僧传》卷十三，《大正藏》第50册，第527页中。

表1.4　道尼一系传承情况表

学者	学派关系（师承）	弘化经历	著作	弟子	出处
道岳（568—633）	志念、智通（从学《成实》《杂心》）	从道尼受法，曾谓“《毗昙》《成实》学知非好，《摄论》诚乃清微”，于广州显明寺获真谛《俱舍疏》《十八部记》。大业八年(612)，住大总持寺，弘扬《俱舍》。	《俱舍疏》二十二卷、《十八部论疏》	僧辩、玄会	卷十三，第527页上—528页下
僧辩（568—624）	智凝	605年于芮城讲《摄论》，听讲道岳之《俱舍论》，而抄出三百余纸。	《摄论》《中边分别论》《唯识论》《思尘论》《佛性论》《无性论》章疏		卷十五，第540页上—下
玄会（582—640）	专志《涅槃》	武德初，为慈悲寺主。师事道岳学《俱舍》。	《涅槃义章》四卷		卷十五，第542页下—543页上
慧休（548—645）	灵裕（听《华严》）、明彦（听《成实》）、志念（听《婆沙》）	从昙迁、道尼学《摄论》，并撰章疏，门人灵范在弘福寺弘扬《摄论》。	《摄论》章疏	道杰、神照、昙元、灵范	卷十五，第544页中—545页中
道杰（573—627）	广学《毗昙》《成实》《十地》《涅槃》《地持》《四分》	开皇十九年(599)，于邺都听慧休讲《摄论》。			卷十三，第529页上—530页上

续表

学者	学派关系(师承)	弘化经历	著作	弟子	出处
神照	慧休(听讲《摄论》)	慧休称其为“河南一遍照”，通《涅槃》《成实》《杂心》《能断金刚般若》。			卷十三，第528页下—529页上
智光	道尼	跟随道尼到长安，开讲《摄论》。			卷二十六，第671页中—下

道尼一系由于直接传自真谛，其特点如下：一、受《毗昙》《成实》影响较深，同时由于志念归属于地论北道派，与地论北道派有关系。二、重视《俱舍》，以真谛《俱舍疏》为依据。三、从政治关系来说，此系与上层社会的关系比较疏远，因此其影响不如昙迁一系大；道尼与昙迁同在长安，昙迁在当时的社会影响力极大，道尼是从南方到长安，二者的势力自然悬殊。

3. 靖嵩一系的传承

昙迁与道尼是以长安为中心，弘扬《摄论》；而靖嵩一系则是以彭城(今江苏徐州)为中心，其门下有智凝、善慧、道基、法护、道因等，人才辈出。

靖嵩(537—614)，俗姓张，涿郡固安人，十五岁出家，其同学靖融，通晓大小乘经论，尤精《杂心》。靖嵩受靖融的启发，来到京邺。向大齐国统法上的弟子融智学《涅槃经》和《十地经论》。周武帝灭佛期间，他与同学法贵、灵侃等三百多僧人来到南地江左(今长江以东)，陈宣帝迎接。靖嵩在此向法泰学习《摄论》和《俱舍论》，下数年苦功，终于精通这两部论，且对《中边分别论》等四十余部大乘论典，都能会通纲要。开皇十年(590)，靖嵩和灵侃等二百余僧回到江北，大开讲席。靖嵩著有《摄论疏》六卷、《杂心疏》五卷，又撰《九识》《三藏》《三聚戒》《二生死》等，并行于世。他不仅继承真谛传统，弘扬《摄论》，并曾攻研《十地经论》，因而不仅是摄论师，也是地论师。卒于大业十年(614)，时年七十八岁。

靖嵩与昙迁原为地论师，都是因避难来到南方，后来又回到北方弘扬《摄论》，二者的经历有许多相似之处。二者的差异在于：昙迁以长安为弘法中心，靖嵩则一直以彭城为弘法处，殁于彭城崇圣寺，而其门下远传四川。昙迁的《摄论》思想有更多的地论学派背景；靖嵩亲承法泰的教诲，其思想更具有真谛传统的特色。①

靖嵩一系的传承，列表如下：

表1.5　靖嵩一系传承情况表

学者	学派关系(师承)	弘化经历	著作	弟子	出处
智凝(562—609)	靖嵩(从学《摄论》)	靖嵩讲至第一胜相，便辞而自制疏。曾与明及法师辩论，主张阿黎耶识灭。居京师辩才寺。		灵觉、道卓、智则、道积	卷十，第504页下—505页上
智则	智凝	在辩才寺听凝法师《摄论》四十余遍。			卷二十五，第655页上—中
道积(568—636)	法朗禅师(从求心学)、普兴法师(从学《涅槃》)、明及法师(从学《地论》)	依辩才寺智凝法师《摄论》，于十义熏习、六分转依、无尘唯识，一期明悟。先讲《涅槃》，后敷《摄论》，偏弘《地持》。			卷二十九，第695页下—696页上

① 《续高僧传》卷十，《大正藏》第50册，第501页中—502页上。

续表

学者	学派关系（师承）	弘化经历	著作	弟子	出处
善慧（587—635）	诵《法华经》于徐州彭城崇圣寺，听闻《摄论》	大业末年（617），听吉藏讲《法华经》。住蓝田县津梁寺。			卷二十八，第688页中—下
法护（576—634）	志念（从学《毗昙》）、法彦（听《成实》）	至靖嵩座下学《摄论》，于内道场讲《中观》《涅槃》《摄论》。	《摄论指归》等二十余篇		卷十三，第530页中—下
道因（587—657）	通《涅槃经》	师承靖嵩，住益州多宝寺。宝暹亦前来学。后参加玄奘译场，担任证义。		玄凝	《宋高僧传》卷二，第716页下—717页中
道基（577—637）	靖嵩（从学《摄论》）	大业五年（609），奉诏至慧日道场。后往蜀地弘扬《摄论》。	《杂心玄章并抄》八卷、《摄论义章》十卷		卷十四，第532页中—下
慧熙	精通《摄论》《杂心》	曾难道基尘唯识义，初问以小乘，道基以大乘通之；熙笑曰："大无不摄，但失小宗。"			卷二十，第594页下

靖嵩一系以徐州为中心，向全国辐射，其门下远传四川，形成蜀地摄论学派的兴盛。如智凝的弟子灵觉、道卓，"并蜀土名僧，依承慧解，擅迹京室，晚还益都，弘赞厥宗。故岷、洛《摄论》，由之而久矣"[①]。灵

① 《续高僧传》卷十，《大正藏》第50册，第505页上。

觉、道卓在长安跟从智凝学习后，便回到四川弘扬《摄论》。

与道基同时代在蜀地弘扬《摄论》者，有道因、宝暹、慧景等人。道因避难至蜀，开讲《摄论》，《宋高僧传·道因传》说：

> 未几，因避难三蜀，居于多宝寺。好事者素闻道誉，乃命开筵《摄论》《维摩》，听者千数。时有宝暹法师，东海人也。殖艺该洽，尤善大乘。昔在隋朝英尘久播，学徒来请，接武磨肩。暹公傲尔其间，仰之弥峻。每至因之论席，肃然改容，沉吟久之，方用酬遣。因抗音驰辩，雷惊波注，尽妙穷微，藏牙折角。[1]

道因在多宝寺讲《摄论》，宝暹前来辩论，可见当时摄论学派的自由学风。从年龄上说，道因比宝暹年轻，但是宝暹对他却十分尊敬，可见道因精通《摄论》，非同一般。

蜀地摄论学派的兴盛，其现实原因在于隋末唐初的战乱，许多学者在四川避难。《续高僧传·道基传》说：

> 时彭门蜀垒复有慧景、宝暹者，并明《摄论》，誉腾京国。景清慧独举，诠畅玄津，文疏抽引，亟发英采。暹神志包总，高岸伦俦，谈论倚伏，态出新异；数术方艺，无学不长。自预比肩，莫有沦溺。末年耽滞偏驳，遂掩徽猷，故不为时匠之所班列。[2]

慧景、宝暹都是隋末有名的摄论师，慧景的文采非常好，宝暹则学识渊博。慧景曾著有《摄论章》三卷[3]，现不存。

---

① 《宋高僧传》卷二，《大正藏》第50册，第717页上。
② 《续高僧传》卷十，《大正藏》第50册，第532页下。
③ 《东域传灯目录》，《大正藏》第55册，第1156页下。

靖嵩一系后来参与玄奘译场，而且继续传播旧译的学说。道因参与玄奘译场，校定梵本，担任“证义”。慧景学习玄奘所译《瑜伽师地论》，而且注释《瑜伽师地论》。其《瑜伽疏》虽已散佚，但是遁伦《瑜伽论记》有大量引用。[①]

此系受地论学派影响较少，大都是《涅槃经》或者《成实论》的学者。相比深受地论学派影响的昙迁系，靖嵩系与道尼系比较接近。

4. 道奘、灵润与隋末唐初《摄论》学者

在昙迁、靖嵩、道尼三系之外，隋末唐初仍有大批的摄论师，他们以弘扬旧译《摄论》为宗。其中，以道奘、灵润一系最为有名，因为灵润后来参与玄奘译场，而且与神泰进行佛性论争。《续高僧传》没有道奘独立的传记，《续高僧传·道宗传》说：

> 释道宗，俗姓孙氏，莱州即墨人。少从青州道藏寺道奘法师，学通经论。奘明达识慧，标举河海，名播南北。立四种黎耶、闻熏、解性、佛果等义，广如《别传》。宗受业《智论》《十地》《地持》《成实》《毗昙》，大小该博。[②]

道奘是非常有名的摄论师，立四种阿黎耶识等义。道宗(563—623)向道奘学习《摄论》，以及《智论》《十地》《地持》《成实》《毗昙》等。可见，道奘亦是知识渊博的地论师、成实师。道宗后来“常讲《成实》”，住京师胜光寺。从这些特点来看，道奘比较接近道尼一系。因为道尼一系有地论北道派的背景，且多精通《地论》《成实》《毗昙》等。

---

① 检索《瑜伽论记》，发现“景云”有908次。胜又俊教指出，《瑜伽论记》引用慧景的学说共计1270次。见《仏教における心識説の研究》，东京：山喜房佛书林，1974年，第815页。

② 《续高僧传》卷十一，《大正藏》第50册，第512页上。

灵润曾从道奘学习，《续高僧传 · 灵润传》说："有道奘法师，擅名海岱，讲《摄大乘》。又往寻焉，时未具戒，早飞声采。周流法席，文义圆通，问难深微，称传元宰。预是同席，心共揖之。既承师有本，即奉奘以为和上。"[①]可见，道奘确实是有名的摄论师，但是其生平则无从知晓。

道奘建立"四种黎耶""闻熏""解性""佛果"等义，后文会有专门讨论。《瑜伽论记》记载道奘有《三性义章》：

> 三性之义，古来大德种种解释，乃有多途。且如奘法师出《三性义章》，最明为好。彼立三性以三门分别：一、情事理门，二、尘识理门，三、染净通门。……依《瑜伽》文，但初门是，余二即非，以新译经论上下但有情事门。[②]

"奘法师"以三门分别三性，但这是新译唯识所不能同意的，因为新译经论只有"情事理门"。可见，"奘法师"是旧译摄论师，是遁伦批判的对象。《瑜伽论记》又说："今奘法师云：西方诸师释二喻所说同，但欲令明了本义，故须二喻。"[③]从译语与内容来看，这一句里的"奘法师"是指玄奘。而撰写《三性义章》而遭到遁伦批判的"奘法师"属于摄论学派，从目前的资料来看，所指唯有道奘。而且，道奘可能有类似《摄论义章》的著作，《三性义章》则为其中一章，另外还有"四种黎耶""闻熏""解性""佛果"等义。因他是道宗(563—623)、灵润的师父，胜又俊教推测其生卒年代为590—670年，约6世纪末至7世纪中。[④]

① 《续高僧传》卷十五，《大正藏》第50册，第545页下。
② 《瑜伽论记》卷十九之下，《大正藏》第42册，第758页下。
③ 《瑜伽论记》卷二十之下，《大正藏》第42册，第773页中。
④ 胜又俊教：《仏教における心識説の研究》，东京：山喜房佛书林，1974年，第782—783页。

灵润，俗姓梁，河东虞乡(今山西虞乡)人。灵润依止灵粲师住兴善寺，十三岁开始学《涅槃经》，后向道奘学《摄论》。二十三岁返回京城，向志念学小乘论，向辩相学大乘论和小乘论，而且与空藏、慧琎、智信、智光等，共同隐居修行。后在净影寺弘扬《摄论》，并造疏五卷。前后讲《涅槃》七十余遍，《摄论》三十余遍，并各造义疏十三卷、玄章三卷，至于《维摩》《胜鬘》《起信》等，有机会便讲，各有疏部。弟子智衍，住蓝田法池寺，弘扬《摄论》和《涅槃经》。另外一名弟子净元，住在长安。[①]灵润对新译唯识亦非常精通，而且与神泰论争，维护旧译的思想传统。

除道奘、道宗、灵润以外，《续高僧传》中仍然有近二十名《摄论》学者。虽然其传承不明，但这是隋末唐初中国佛教界对《摄论》研究重视的体现。我们列表如下：

表1.6 《续高僧传》中的《摄论》学者情况表

学者	学派关系(师承)	弘化经历	著作	弟子	出处
慧重		通《摄论》《十地论》。			卷十，第506页中
智正(559—639)	与昙迁同门	住胜光寺，讲《华严》《摄论》《楞伽》《胜鬘》《唯识》。	《华严经疏》十卷	智现	卷十四，第536页中—下
智赞	智舜(533—604)	综博《摄论》《涅槃》。			卷十七，第570页中
志超(571—641)	与灵润、智信、智光等同住	讲《摄论》《维摩》《起信》等。隋唐两代亲度出家者，近一千人。			卷二十，第591页下—592页下

① 《续高僧传》卷十五，《大正藏》第50册，第545页中—547页上。

续表

学者	学派关系（师承）	弘化经历	著作	弟子	出处
慧思（588—642）	道晔（听《摄论》）				卷二十，第593页中—下
普明（533—618）	道逊（从学《涅槃》《四分》《摄论》）	讲《涅槃》八十余遍，《摄论》《胜鬘》遍数难记。			卷二十，第598页下
智实（601—638）		参与唐初佛道论争，究《涅槃》《摄论》《俱舍》《毗昙》深义，住大总持寺。			卷二十四，第634页下—636页上
普应		住大总持寺，通《涅槃》《摄论》。			卷二十四，第636页上—中
慈藏（永徽中卒）		新罗僧，讲《摄论》一夏。			卷二十四，第639页下
弘智（595—655）		于终南山至相寺讲《华严》《摄论》。			卷二十四，第642页上—中
明诞		住长安胜光寺，律仪行务，通《十地》《地持》，弘演《摄论》。			卷二十六，第668页下
道璨		住长安胜光寺，研究《摄论》《十地》《华严》。			卷二十六，第669页下
法周		住长安胜光寺，留心《涅槃》《摄论》。			卷二十六，第671页上—中
慧诞	涅槃师昙延	学究《涅槃》，通《摄论》。			卷二十六，第671页中

续表

学者	学派关系(师承)	弘化经历	著作	弟子	出处
昙遂		住真寂寺，后味唯识，研精《摄论》，选其幽理。每言三界虚妄，但是一心，追求外境，未悟难息。			卷二十六，第672页中—下
慧远		益州成都人，于长安精《摄论》《成实》《婆沙》，还益州讲授。			卷二十八，第686页下
宝相		长安人，专听《摄论》，深惟妄识之难伏。			卷二十八，第690页中

从历史地理来看，摄论学派北传后，因昙迁、道尼、靖嵩三人的努力，形成三大中心：一、徐州，这是靖嵩的弘法中心；二、四川，道基、道因、宝暹、慧景、慧熙等人曾在此弘法；三、长安，这是摄论学派最集中的地方，在长安，胜光寺、大总持寺、辩才寺为弘扬《摄论》的重镇。另外便是终南山，灵润、志超、慧琎、智信、智光等人隐居此地；终南山至相寺亦是摄论学派的寺院，道删、弘智、智正都曾住此寺。随着隋代敕送舍利，大批摄论师至全国各地弘扬《摄论》，于是摄论学派思想终于弘至全国。

从学派关系来说，昙迁一系与地论学派、涅槃学派的关系密切，是受如来藏思想影响比较大的一系；这一系没有亲承真谛或其弟子，其思想自由创造的地方，亦比其他两系多。道尼系、靖嵩系与地论学派、成实学派、涅槃学派都有关联，但其思想亲承真谛与法泰，更为接近真谛的思想传统。

依现在的资料，从传承来看，真谛于中大同元年(546)来华，在太清四年(550)译出《十七地论》,道因(587—657)可能是摄论学派的最后人物,摄论学派存续总共一百年左右。而玄奘译出《成唯识论》以后,学者对唯识思想的兴趣转向《成唯识论》;玄奘师徒努力创建自宗,批判旧译,故摄论学派之堕,亦是自然之事。

摄论学派的创立与传播,无疑为唐代唯识宗创造了思想基础。玄奘在去印度之前,曾依慧景、道基、宝暹、慧休、道岳、法常、僧辩、玄会等《摄论》学者学习。[①]玄奘回国后,道因、灵润曾任其译场证义。同时,摄论学派亦与华严宗的创立有密切的关系。昙迁是促进北方《华严》与南方《摄论》相融合的重要代表,道英、智正都继承了这种融合《华严》《摄论》的学风。[②]终南山至相寺是华严宗的祖寺,二祖智俨住此寺,向智正学习《华严经》。

第三节　摄论学派现存文献

日本佛教文献及敦煌遗书中保存了一些《摄论》注疏,甚为珍贵。《大正藏》第85册校录了一批《摄论》章疏,尤其值得重视。我们在前人的基础上搜索汇集,一一考证,冀古学重辉。

一　道基《摄论章》

《续高僧传·道基传》记载,道基有《杂心玄章并抄》八卷,《摄论抄》八卷。[③]而《义天录》记载道基述《摄论义章》十卷[④],《东域录》记

① 吉村诚:《摂論学派における玄奘の修学について》,《印度學佛教學研究》第45卷第1号,1996年,第48—50页;汤用彤:《隋唐佛教史稿》,北京:中华书局,1982年,第141—142页。

② 魏道儒:《中国华严宗通史》,南京:江苏古籍出版社,1998年,第96页。

③ 《续高僧传》卷十四,《大正藏》第50册,第532页中—下。

④ 《新编诸宗教藏总录》卷三,《大正藏》第55册,第1176页下。

载其有《摄论章》四卷[①],《诸宗章疏录》记载其有《摄论章》三卷[②]。可见,道基确实有《摄论章》三卷或四卷,只是分卷不同。

日本佛教于隋唐时期派遣大量的留学僧前来中国学习,这些留学僧回国时,带回丰富的佛教文献。其中一些在中国已经散佚,但是在日本佛教文献中得以保存下来。凝然《华严孔目章发悟记》卷十四、十五、十六、十八[③]中,有大量道基(577—637)《摄论章》的引文,胜又俊教加以结集,成为研究摄论学派弥足珍贵的文献。[④]《华严孔目章发悟记》卷十四说“道基法师《摄论义章》第一、二、三有九识义”[⑤],可见其中还有其余的章义。而且,凝然说:“如此举已,道基法师依《庄严论》及《无相论》,立其九识,广如彼《章》第一、第二、第三卷说。”[⑥]又《华严孔目章发悟记》在引用《摄论章》时,有“《摄论章》第一云”“《摄论章》第三云”“彼《章》第三云”之语,可见凝然所引用的道基《摄论章》,即是《摄论义章》。

《大正藏》第85册保存的大屋德城所藏敦煌写本《摄大乘义章》卷第四,是否为道基的著作?《义天录》记载道基《摄大乘义章》十卷、法常《摄论略章》四卷[⑦];《东域录》记载道基《摄论章》四卷、景法师《摄论章》三卷、神廓《摄论章》三卷[⑧]。唯道基有题名“摄大乘义章”的著作,凝然提及《摄论章》(《摄论义章》)卷一、二、三,此敦煌写本刚好是《摄大乘义章》第四卷。《摄论章》前三卷可能是“九识义”,《摄

---

① 《东域传灯目录》,《大正藏》第55册,第1156页下。

② 《诸宗章疏录》卷二,载《佛教书籍目录第一》,《大日本佛教全书》第1册,第34页。

③ 《华严孔目章发悟记》卷十四、十五、十六、十八,《大日本佛教全书》第122册。

④ 胜又俊教:《仏教における心識説の研究》,东京:山喜房佛书林,1974年,第790—795页。

⑤ 《华严孔目章发悟记》卷十四,《大日本佛教全书》第122册,第354页。

⑥ 《华严孔目章发悟记》卷十六,《大日本佛教全书》第122册,第388页。

⑦ 《新编诸宗教藏总录》卷三,《大正藏》第55册,第1176页下。

⑧ 《东域传灯目录》,《大正藏》第55册,第1156页下。

大乘义章》卷四则说“断结义”“三性义”，二者主题连续，实在是因缘巧合。

从内容上说，二者亦完全相应。如道基《摄论章》：“三藏所说第一净识，如如为体，颇有此理；言如如智，理亦不然。”[①]道基与真谛的九识次第，皆以阿摩罗识为第一识。道基认为，真谛所说的“阿摩罗识”是以“如如”为体，而不是以“如如智”为体。而敦煌《摄大乘义章》卷四说“第一净识体是如如”[②]，二者的说法相同。

就引用而言，道基《摄论章》引用《大乘庄严经论》，建立九识说；敦煌本《摄大乘义章》卷四，引用《大乘庄严经论》三次[③]；且二书都称其为“大庄严论”，称呼一致。《大乘庄严经论》由唐代波罗颇蜜多罗译出，翻译时间有二说：一、贞观四年至七年(630—633)，二、贞观元年(627)。[④]道基在去世之前，有可能见到该论。

道基年轻时便游学彭城，“年甫十四，负帙游于彭城，博听众师，随闻成德”[⑤]，向靖嵩学习《摄论》。彭城佛学历来非常兴盛。鸠摩罗什的弟子僧嵩居彭城，善《成实》《毗昙》。[⑥]在陈代，世称“《毗昙》老子”的慧嵩住在彭城，弘扬《毗昙》。当时，玄奘到成都，向道基学习，所学便是《毗昙》。且道基撰《杂心玄章并抄》八卷，可见道基对《成实》《毗昙》等的造诣。敦煌《摄大乘义章》卷四在阐明各种观点时，将之

---

① 道基：《摄论章》，载凝然：《华严孔目章发悟记》卷十五，《大日本佛教全书》第122册，第371页。

② 《摄大乘义章》卷四，《大正藏》第85册，第1036页下。

③ 《摄大乘义章》卷四，《大正藏》第85册，第1036页中，1039页上、下。

④ 结城令闻：《唯識學典籍志》，东京：大藏出版，1985年，第50页。

⑤ 《续高僧传》卷十四，《大正藏》第50册，第532页中。

⑥ 《高僧传》卷七：“时中兴寺复有僧庆、慧定、僧嵩，并以义学显誉。(僧)庆善三论为时学所宗，(慧)定善《涅槃》及《毗昙》，亦数当元匠。(僧)嵩亦兼明数论。”见《大正藏》第50册，第373页上。汤用彤指出，彭城佛学之盛，由于关中佛学之受摧残。徐州实为北魏义学重地。见《汉魏两晋南北朝佛教史》下册，北京：中华书局，1983年，第598页。

分成三种：一、萨婆多宗；二、成实论宗；三、大乘，即摄论学派。其思想背景与道基一致。

道基《摄论章》在介绍别人的学说时，都是以"或有法师""或有人云""或有说云"的形式表述。敦煌本《摄大乘义章》卷四，出现"或有法师"两次，"或法师言""或有人云""或有说云"各一次[①]，二者是同一形式。

综上，敦煌本《摄大乘义章》卷四的作者当为道基。胜又俊教推测，敦煌本《摄大乘义章》卷四是道基《摄大乘义章》十卷的第四卷，而《华严孔目章发悟记》所引用的是十卷本中卷一、卷二、卷三的文字。[②]如此，则《摄大乘义章》有"九识义""断结义""三性义"，可能有"佛性义"等，且《摄论章》与《摄大乘义章》即同一书。但是，考虑到有关道基《摄论章》三卷或四卷本的记载，若二者确为一书，则可能是分卷不同；但也有可能二者并非一书，《摄论章》乃是十卷《摄大乘义章》的略本。事实究竟如何，目前仍无法断定。

二　灵润与《摄论章》卷第一(S.2435)及《摄论章》(S.6715)

灵润是唐初非常有名的摄论师，他参加玄奘的译场，担任证义，并与同在译场担任证义的神泰就新旧唯识佛性思想的不同进行论争。灵润曾注解《涅槃》《摄论》各十三卷，并为此二者各撰《玄章》三卷；《维摩》《胜鬘》《起信论》等，"随缘便讲，各有疏部"[③]。灵润的著作散佚，《续高僧传·灵润传》曾引用他的一些说法，如阿黎耶识有真谛和俗谛，

---

① 《摄大乘义章》卷四，《大正藏》第85册，第1037页上、中，1040页上，1041页中，1044页下。

② 胜又俊教：《仏教における心識説の研究》，东京：山喜房佛书林，1974年，第795页。

③ 《续高僧传》卷十五，《大正藏》第50册，第546页下。

"真即无念性净，俗即不守一性"。灵润还提出"两重唯识观"：第一，前七处舍外尘邪执，得意言分别；第二，第八处内推唯识想，得真法界。[①]这是依唯识观的修习，于初地入"唯识无境"与"境识俱泯"，其所依观法即是"无相""无生"二观。

另外，灵润参加玄奘译场，发现新旧唯识的不同。在最澄《法华秀句》卷中，曾记载灵润"造一卷章，辨新翻瑜伽等与旧经论相违"[②]。最澄说的"一卷章"，不知具体所指。而新旧相违的"十四门义"即：

1. 众生界内立有一分无性众生。
2. 二乘之人入无余涅槃永不入大。
3. 不定性声闻向大乘者，延分段生行菩萨道。
4. 三乘种性是有为法，法尔本有不从缘生。
5. 一切诸佛修成功德实有生灭。
6. 须陀洹人但断分别身见，不断俱生。
7. 五法一向不摄分别性，正智唯是依他性摄。
8. 十二入十八界摄法周尽。
9. 十二因缘二世流转。
10. 唯明有作四谛，不明无作四圣谛。
11. 于大乘中别立心数不同小乘。
12. 心与心数但同一缘，不同一行。
13. 三无性观但遣分别，不遣依他。
14. 立唯识有三分，或言有四分。[③]

---

① 《续高僧传》卷十五，《大正藏》第50册，第546页下—547页上。

② 《法华秀句》卷中，《日本大藏经》第77册，第98页上。

③ 释恒清曾对灵润与神泰之间的佛性论争进行详细研究。见《佛性思想》，台北：东大图书，1997年，第231—252页。

这“十四门义”是新译唯识不同旧译之处，如新译唯识主张“众生界内立有一分无性众生”，旧译唯识则主张“一切众生皆悉成佛”。灵润依此“十四义”，对新译唯识展开批评。[①]

《大正藏》第85册所存《摄论章》卷第一(S.2435)，写本首残，根据写本首部现存内容判断，应为“十胜相第一”，按照“第一释名”“第二辨体性”“第三明次第”等九门解释“十胜相”。保存完整的部分是“《摄论》三识义第二”“四惑义第三”“熏习义第四”。[②]后面可能还有“三性义”[③]、“佛性义”。

《摄论章》卷第一引用的经论有《地论》《涅槃经》《净名经》《成实论》《地持论》《摄论》《解节经》《马鸣论》《楞伽经》《无相论》《胜鬘经》《外国传》《中边分别论》《杂心论》，《马鸣论》有时又被称为《起信论》。从所引经论来看，作者的学术倾向是地论学派，且对《起信论》非常重视。敦煌本《摄论章》卷第一“三识义”在解释“八识”时，以十一门分别“三识”：一、释名义；二、辨体相；三、真妄分别；四、解惑分别；五、心意识分[④]别；六、善恶无记分别；七、三性分别；八、摄四识；九、摄八、九二识；十、摄十一识；十一、大小乘分别。[⑤]这种解释方法，与净影慧远《大乘义章》“八识义”的十门分别相似。[⑥]

《摄论章》卷第一对“识”的定义为：“此等诸识就识生灭门，缘述

---

① 《法华秀句》卷中，《日本大藏经》第77册，第98—110页。

② 《敦煌宝藏》第19册，第396页上—411页上。

③ 《摄大乘论章》卷一说：“如《三性章》中当广分别。”见《大正藏》第85册，第1016页中。

④ “分”，《大正藏》校为“心”，今改。

⑤ 《摄大乘论章》卷一，《大正藏》第85册，第1013页上。

⑥ 《大乘义章》卷三末：“十门分别：释名一，辨相二，根尘有无三，大小有无四，真妄依持五，真妄熏习六，迷悟修舍七，迷悟分齐八，修舍分齐九，对治邪执十。”见《大正藏》第44卷，第524页上。

方了；就识真如门，体是神知，名之为了。”[①]以“生灭门”“真如门”解释“识”，以《起信论》《楞伽经》为解释依据，这与慧远也是一致的。慧远说：“所言识者，乃是神知之别名也。”又说：“一是用相，谓六识心了别六尘事相境界，于事分齐。六识正是神知之体，是故此六亦是体相。”[②]慧远主张了别六尘境界是识的“用”，又说前六识“正是神知之体”，表示“神知”无非即是了别。他对“识”的界定与《摄论章》卷第一相同。《摄论章》卷第一对三识进行“真妄”的诠释：“初言理事分别者，本识生灭分齐，名之为妄；真如分齐，目之为真。……世谛门中，阿梨耶识名曰依他性；第一义中，名无生真实。”[③]作者以理事、真妄、世俗谛、胜义谛解释心识，是其最大的特色。从学术背景、解释方法到思想，《摄论章》卷第一与地论学派都有很大的关系，特别是与慧远有密切的关系。

依“摄论章”的题名来看，摄论师中有净愿《摄论纲纽章句》，法常《摄论义疏》八卷，道基《摄大乘义章》十卷、《摄论章》三或四卷，慧景《摄论章》三卷，灵润《摄论义疏》十三卷、《玄章》三卷，慧休《摄论疏(章)》，慧赜《摄大乘筌释章部》。《续高僧传·灵润传》记载：

> 至如《摄论》黎耶义该真俗，真即无念性净，诸位不改；俗即不守一性，通具诸义。转依已后，真谛义边即成法身，俗谛义边成应化体；如未来转依作果报体，据于真性无灭义矣，俗谛自相有灭不灭。以体从能，染分义灭；分能异体，虑知不灭。[④]

---

① 《摄大乘论章》卷一，《大正藏》第85册，第1013页中。
② 《大乘义章》卷三，《大正藏》第44册，第524页中、526页中。
③ 《摄大乘论章》卷一，《大正藏》第44册，第1014页中。
④ 《续高僧传》卷十五，《大正藏》第50册，第546页下。

《灵润传》的记载与《摄论章》卷第一完全相同，可以确定此《摄论章》与灵润具有一定的联系，因而此《摄论章》有可能是灵润《摄论玄章》三卷。

但是，灵润的老师是道奘、辩相。道奘立“四种黎耶说”，而且有《三性义章》。我们无从知晓道奘是否有《摄论章》。辩相(555—627)是慧远的门下，后从昙迁学习《摄论》，著有《摄论疏》五卷，《东域录》记载有《古论疏》七卷。而敦煌本《摄论章》是以“章”的形式，所以不可能是辩相的著作。因此，《摄论章》有可能是道奘、灵润师徒的作品，而且更有可能是灵润的著作。①

庆幸的是，我们在敦煌遗书中发现了S.6715卷子，首尾残，字迹清楚。这是《摄论章》的另一写本，与《摄论章》卷第一(S.2435)的书法相似，应该是同一抄经僧所抄，且二者注释方式完全相同。S.6715有“四无量义三门分别”“一乘义五门分别”“五浊义五门分别”“十二部经义八门分别”“六十二见义四门分别”“三转法轮义八门分别”“十八不共法义三门分别”“五蕴义略以六门分别”“四无畏义三门分别”，首残部分应该是“四禅义”。

尤为重要的是，《摄论章》(S.6715)中出现了玄奘和新译经论，如“大唐三藏玄奘法师译云十二分教”②、“《显扬论》云”、“《瑜伽论》云”③。唯一的可能性便是作者的生活年代一直到初唐，对新译经论非常熟悉。如此，便可以排除道奘，确认敦煌本《摄论章》卷第一(S.2435)和《摄论章》(S.6715)是灵润的作品，即三卷本《摄论玄章》。

---

①　胜又俊教推测《摄大乘论章》接近于灵润的学说，见《仏教における心識説の研究》，东京：山喜房佛书林，1974年，第810页。

②　《敦煌宝藏》第50册，第632页上。

③　《敦煌宝藏》第50册，第633页上。

三　智凝与《摄论章》卷第一(S.2048)

《大正藏》第85册所收《摄论章》卷第一(S.2048)[①]，从内容上说包括"三宝义"(首残)、"二障义"、"不住道义"、"三藏义"、"篇聚义"等部分。单从内容很难判断卷子的性质，但是写本的最后有题记："仁寿元年八月二十八日，瓜州崇教寺沙弥善藏，在京辩才寺写《摄论疏》，流通末代，比字校竞。"[②]题记说明了此本《摄论章》是隋文帝仁寿元年(601)沙弥善藏在长安辩才寺抄写，依年代及地点推测，此本与当时住持辩才寺的智凝有关。

摄论学派北传后，在长安形成三大中心——胜光寺、大总持寺、辩才寺。而辩才寺的创建者便是智凝(562—609),《长安志》卷十说："本孝王亮隋代旧宅，亮子司空淮安王神通，以开皇十年为沙门智凝立此寺于群贤坊。以智辩才不滞，因名寺焉。武德二年，徙于此。"[③]辩才寺是隋代淮安王在开皇十年(590)，将隋孝王的旧宅舍为寺，而且因为智凝的辩才无碍，故取名"辩才寺"。武德二年(619)，迁到怀德坊。

《续高僧传·智凝传》记载智凝在靖嵩门下学习，只听完《摄论》的"初胜相"，便欲自己制疏。靖嵩害怕他未能理解《摄论》深义，而智凝则辞别靖嵩，"著疏既了，剖决词宗，依而讲解"[④]。可见，智凝对《摄论》造诣颇深，且相当自负。《续高僧传·智凝传》说：

> 后赴京辇，居于辩才，引众常讲，亟传徽绪。隋文法盛，屡兴殿会，名达之僧，多参胜集。唯凝一人，领徒弘法，至于世利，曾

---

① 敦煌本的原迹，见《敦煌宝藏》第15册，第514页上—527页下。

② 《摄论章》卷第一,《大正藏》第85册，第1036页上;《敦煌宝藏》第15册，第527页下。

③ 宋敏求:《长安志》卷十,《四库全书》本。

④ 《续高僧传》卷十,《大正藏》第50册，第505页上。

不顾眄。所以学侣成德，实异同伦。后住禅定，犹宗旧习。大业年中卒于住寺，春秋四十有八。①

道宣只提到智凝到达长安后，住在辩才寺，一心培养教育弟子，弘扬《摄论》，不参加当时皇室所举行的殿会。

依《长安志》的记载，开皇十年(590)辩才寺建立，当时智凝二十九岁。所以，他应该是在二十九岁以前到达长安。长安名德云集，昙迁于开皇七年(587)住大兴善寺，弘扬《摄论》；道尼亦于开皇十年(590)到达长安。与他们相比，智凝根本不可能有同等的影响力与荣誉。道宣提到一个对智凝一生具有转折性影响的人物——明及法师，《智凝传》说：

初凝传法关东，无心京讲。有明及法师者，《摄论》嘉名，宗绩相师。凝当其绪，年事衰顿，仍令学士延凝。既达相见，一无余述。但问云：黎耶识灭不？凝曰：灭矣。及乃勇身起坐，抚掌大庆，不久而卒。凝因承及绪，故学者不移其宗。兼行洁清严，风霜不变，六时自课，福智无歇。故辩才一寺，躬事修营，汲灌树植，平坦僧院，初无有缺。长打将了，便就元席。说法既竟，还依福事。章疏之务，手不执文。②

明及法师应该是地论学派大德，当时在长安很有影响力。道哲(564—635)跟随他学习《十地》《地持》③，道积(568—636)“至十八年(598)入

① 《续高僧传》卷十，《大正藏》第50册，第505页上。

② 《续高僧传》卷十，《大正藏》第50册，第505页上。

③ 《续高僧传·道哲传》说：“释道哲，姓唐，齐郡临邑人。初投颍川明及法师，学《十地》《地持》。”见《大正藏》第50册，第588页下。

于京室，供宝昌寺明及法师谘习《地论》，又依辩才智凝法师《摄论》”[①]。可见，明及法师在宝昌寺弘扬《地论》。智凝到达长安时“无心京讲”，其实是无法开展其讲学活动。由于明及法师的邀请，他才开始在长安弘法。明及问智凝：“阿黎耶识是否灭？”智凝回答说：“灭。”明及对智凝的回答非常满意。在明及去世后，他的学生跟从智凝学习。而且，因为明及法师的推荐与介绍，智凝才有机会得到淮安王的敬重，而将其旧宅舍为辩才寺。因为是旧宅，必须在建筑方面进行修葺，以及植树、平坦庭院，智凝事必躬亲。

智凝对《摄论》的理解十分透彻，撰述章疏时，不必依本。仁寿元年(601)，善藏于辩才寺抄写《摄论章》，此时智凝正在辩才寺开讲《摄论》，撰述章疏。所以，此本《摄论章》极有可能就是智凝的著作。智凝在辩才寺常讲《摄论》，达四十余遍或者更多。[②]僧辩(568—624)曾参加其讲筵。《续高僧传·僧辩传》说：

> 受具已后，专寻经论。时有智凝法师，学望京华，德隆岳表。辩从问知津，乃经累载。承席覆述，允合同伦。遂复旁疏异解，曲有正量。识者佥悟，击其大节。大业初岁，召入大禅定道场。[③]

僧辩在智凝门下学习，经常“复讲”，智凝还让他研究不同的《摄论疏》与不同的观点，僧辩能够掌握《摄论》的正义。仁寿元年(601)，僧辩三十四岁，智凝四十岁。从年龄来说，僧辩亦有可能撰写《摄论》章疏。但是，依佛教的尊师观念，僧辩即使有章疏，亦会在离开智凝后，才开

---

① 《续高僧传》卷二十九，《大正藏》第50册，第696页上。

② 《续高僧传·智则传》说：“释智则，姓凭，雍州长安人。二十出家，止辩才寺，听凝法师《摄论》四十余遍。”见《大正藏》第50册，第655页上。

③ 《续高僧传》卷十五，《大正藏》第50册，第540页中。

始流通。且智凝是辩才寺的寺主，外来参学者皆慕其名，抄写他所著《摄论章》而流通的可能性最大。

从《续高僧传》的记载来说，与辩才寺有关的摄论师，还有道积(568—636)。道积于开皇十八年(598)入长安，先依明及法师学习《地论》，然后在明及法师殁后，依智凝学习《摄论》。"于十义、熏习、六分转依、无尘惟识，一期明悟。仁寿二年，又往并州武德寺沙门法棱所，听采《地持》。"[①]道积在仁寿二年(602)前，跟随智凝学习《摄论》。此处提到智凝的学说有"十义、熏习、六分转依、无尘惟识"。

"熏习""无尘惟识"是摄论师的通义，"六分转依"是离染还净的层次，即益力损能转、通达转、修习转、果圆满转、下劣转、广大转。[②]所谓"十义"，应该包括敦煌本《摄论章》卷第一所说的"三宝义""二障义""不住道义""三藏义""篇聚义"，后面或许有"九识义""三性义""佛性义"等。因此，从内容，尤其是"十义"来判断，亦可以推出《大正藏》第85册所收《摄论章》卷第一(S.2048)是智凝的著作。

四　敦煌写本中的其他文献

在敦煌遗书中，仍然有一些摄论师文献无法确定其作者，非常遗憾。在此标列出来，尽量加以利用，对之进行思想研究与哲学诠释。[③]

---

① 《续高僧传》卷二十九，《大正藏》第50册，第696页上。仁寿二年或为三年，宋、元、明三本及宫本均作三年。

② 真谛译：《摄大乘论》卷下，《大正藏》第31册，第129页中。

③ 木村邦和对其中一些卷子的思想进行研究。见木村邦和：《敦煌出土〈摂大乗論疏章〉に見られる唯識説(一)》，《印度學佛教學研究》第32卷第2号，1984年；木村邦和：《敦煌出土〈摂大乗論疏章〉に見られる唯識説(二)》，《印度學佛教學研究》第34卷第1号，1985年。

1.《摄论疏》卷五、卷七(S.2747)

《大正藏》第85册保存的《摄论疏》卷五、《摄论疏》卷七，标为“S.274”，其实这份写本是S.2747，《大正藏》可能是在排版时出现错误。其次，S.2747有正反两面，其正面尾题“《摄论义记第七》”[①]，背面尾题“《摄大乘疏第五》”[②]。从抄写的书法看，二者是同一写本，但是书名不同。《大正藏》的编纂者按照同一部注疏进行编排，于是成为《摄论疏》卷五、卷七。

从注释形式来看，二者是相同的。其一，二者都是对《论》和《释论》进行分别注释。在注释《论》时，采取“论本云……者”句式；在注释《释论》时，采取“释论曰……者”句式。其二，二者都是采用跳跃式的注释方法，对重点的难解句子进行解释。这大概是因为真谛译《摄论释》本身就有十五卷，若全部注释，则篇幅过于庞大，亦无此必要。其三，二者在注释时，很少引用其余经论。从思想来看，二者倾向于如来藏思想，可能是具有地论学派背景的北地摄论师所著。

2. 敦煌本《摄论抄》

《大正藏》第85册保存的敦煌本《摄论抄》，是拟题。首尾缺，不知是斯坦因还是伯希和本。[③]《摄论抄》的特点在于对《摄论》涉及的概念进行解释。其引用的文献，主要有《地论》《地持论》《如实论》《摄论》，依此很难窥见其中的端倪。依思想史的方法考察，《摄论抄》开头的段落，与智俨《搜玄记》十分相似。如《摄论抄》说：“第二，次明藏摄分齐者，然显理□□□，乃有尘沙。今且据要而论，对所诠三故，教

---

① 《敦煌宝藏》第23册，第99页上。《摄大乘论疏》卷七的末尾亦有“《摄大乘论义记》第七”的题记，见《大正藏》第85卷，第999页中。

② 《敦煌宝藏》第23册，第109页上。《摄大乘论疏》卷五，《大正藏》第85册，第990页中。

③ 结城令闻：《唯識學典籍志》，东京：大藏出版，1985年，第223页。

则为三；约所为二故，教则为二。”[①]智俨《搜玄记》亦有相同的叙述[②]，二者都是“所诠三故，教则为三”“所为二故，教则为二”，形式相同。[③]

从判教的方法上看，在声闻藏内建立“立性教”“破性教”，后面第三段则换为“执性宗”“破性宗”。《大乘义章》“二谛义”说：“言分宗者，宗别有四：一、立性宗，亦名因缘；二、破性宗，亦曰假名；三、破相宗，亦名不真；四、显实宗，亦曰真宗。”[④]《摄论抄》“立性(执性)”“破性”之说，与慧远的“立性宗”“破性宗”十分相似。但是，《摄论抄》对菩萨藏的分齐为“显示教”“秘密教”，与慧远有很大的区别。从《摄论抄》的思想上看，其最独特之处，在于以“二谛”和“佛性”分别总括《摄论》。

仅依思想确定作者，带有很大的偶然性，织田显祐曾推测《摄论抄》的作者为法常，但是明显缺乏证据。[⑤]因为法常的思想很难找到旁证。可以肯定的是，《摄论抄》与华严宗智俨有很密切的关系，而且亦有地论学派的背景。

---

① 《摄大乘论抄》，《大正藏》第85册，第999页下。

② 《大方广佛华严经搜玄分齐通智方轨》卷一之上：“第二，明藏摄分齐者，斯之玄寂，岂容言哉！但以大悲垂训，道无私隐故，致随缘之说，法门非一，教别尘沙，宁容限目？如约以辨，一化始终教门有三：一曰渐教，二曰顿教，三曰圆教。初门渐内所诠三故，教则为三；约所为二故，教则为二。”见《大正藏》第35册，第13页下。

③ 织田显祐：《敦煌本〈摂大乗論抄〉について》，《印度學佛教學研究》第38卷第2号，1990年，第228—229页。

④ 《大乘义章》卷一，《大正藏》第44册，第483页上。

⑤ 织田显祐：《敦煌本〈摂大乗論抄〉について》，《印度學佛教學研究》第38卷第2号，1990年，第223—224页。

结　语

摄论学派以研究与弘扬真谛所传的唯识学为中心，其所依典籍主要是《摄论》及世亲《摄论释》。真谛一生译经事业颇为坎坷、曲折。在陈朝时，其学说在广东以至江西、湖南等地传播广泛。摄论学派北传后，因昙迁、道尼、靖嵩三人的努力，形成三大中心：一、徐州，这是靖嵩的弘法中心；二、四川，道基、道因、宝暹、慧景、慧熙等人在此弘法；三、长安，这是摄论学派最集中的地方，昙迁、道尼与靖嵩三系都曾在此弘法。同时，摄论学派北传，引起南北摄论师的分化。从思想上看，昙迁一系与地论学派、涅槃学派的关系密切，是受如来藏思想影响比较大的一系；道尼系、靖嵩系与地论学派、成实学派、涅槃学派有关联，其思想亲承真谛与法泰，倾向于维持传统。

我们借助文献学、历史学等方法，对摄论学派现存文献进行考察，确认《无相论》是《显识论》《转识论》《三无性论》的通称，但并不是同一部论书。《华严孔目章发悟记》引用的道基《摄论章》，为卷一、卷二、卷三；而大屋德城所藏敦煌写本《摄大乘义章》卷第四，能与前者相接。关于灵润的著作，最澄《法华秀句》提及的“一卷章”引人注目。除此之外，《摄论章》卷第一(S.2435)与《摄论章》(S.6715)亦是灵润的著作。依《摄论章》卷第一(S.2048)后面的题记，可以判断此写本为智凝的著作。另外，《摄论疏》卷五、卷七(S.2747)与地论学派有很大的关系；敦煌本《摄论抄》与华严宗智俨有很密切的关系，而且亦有地论学派的背景。

第二章　识体与八识

真谛心识论的基础是唯识学三大理论之一——阿黎耶识缘起，包含了一种七现的一意识论、通第七识的阿陀那识、解性和合的正闻熏习说等方面，从而表现出与玄奘所传唯识学的不同展开。

第一节　一种七现与八识现行

心识论主要讨论心的主体、性质、状态、作用，西方佛教学者称之为"伦理性心理学"（ethical psychology）或"心理性伦理学"（psychological ethics），但是佛教的心识论不仅具有伦理意义，也具有宗教和哲学的意义。[①]佛教徒通过禅观的体验，对自身心理进行反思，探究从表面心理到深层心理的变化。随着原始佛教、部派佛教、瑜伽行派的发展，出现了从六识说到八识说的发展历程。同时，部派佛教的"多意识师"与"一意识师"之争论，延续到瑜伽行派，形成"诸识差别"与"一心论"，以及"八识现行"与"一种七现"的心识论。真谛继承"一种七现"的一心论，提出以意识为中心的"一意识论"。

一　认识作用与精神主体

心（citta）是从词根$\sqrt{\text{cit}}$（思）而来，$\sqrt{\text{ci}}$（积、集）作为其俗语源的意

① 水野弘元著，释惠敏译：《佛教教理研究》，《水野弘元著作选集》二，台北：法鼓文化，2000年，第383页。

义是后世才有的，并被唯识学广泛使用。意(manas, mano)是从词根$\sqrt{\text{man}}$(思量)而来。识(vijñāna)是从动词vi-jñā(知道)而来，指知道、识别的认识"作用"。在原始佛教的根本教理——五蕴、十二处、十八界、缘起说中，都可以发现心识说，但是六识或识似乎本来只是指心之认识作用而已。而且从根(主观)、境(客观)生之"识"，也是指对客观存在的认识作用。"识"虽然本来指认识作用，但是后来将它看成作为识体的心之"体"。[①]

心、意、识，从语源上说，虽然有不同的意思，但都是指同一的基本心理作用，因而逐渐出现心、意、识三者结合的用法。《杂阿含经》卷十二说："彼心、意、识日夜时克，须臾转变，异生异灭。犹如猕猴游林树间，须臾处处，攀捉枝条，放一取一。"[②]三者作为认识作用，时刻变化，可见其无常的性质。同时，在原始佛教中，也出现了主张心常住性的倾向。有一分常住、一分无常论者，"称此眼、耳、鼻、舌、身之此我，皆是不恒常、不坚固、非常住、有转变性。反此，称此心、意、识之此我，皆是恒常、坚固、常住、不转变性，唯如是常恒而住"[③]。此处心、意、识作为同义语，指精神主体，是常住不变的。

心意识既然作为精神主体，亦应该能够作为生命形态的"潜在力"。《梵志颎波罗延问种尊经》说："佛言：人类种皆从心意识出，心意识施行善者，生天上人间；心意识恶者，入虫、兽、畜生、鬼、神、地狱道中。"[④]我们的心意识生起善恶业，继续保存在心意识中，成为推动生命形态变化的潜在力量，这就是后来所谓的"无表业"或"种子"。

---

① 水野弘元著，释惠敏译：《佛教教理研究》，载《水野弘元著作选集》二，台北：法鼓文化，2000年，第386页。

② 《杂阿含经》卷十二，《大正藏》第2册，第81页下。

③ 《梵网经》，《汉译南传大藏经·长部经典一》，高雄：妙林出版社，1994年，第20页。

④ 《梵志颎波罗延问种尊经》，《大正藏》第1册，第877页上。

因此，原始佛教只是将心意识作为认识作用或精神主体，从而建构了六识说。但是，对心、意、识三者之间的关系并没有涉及。到了部派佛教，论师们开始探究三者关系，尤其是三者之体的同异问题，进而影响了后来瑜伽行派的心识论。

二　名异体一与名异体异

部派佛教心意识说的发展，主要体现在安立三者名称的差异性上，但是仍然继承了原始佛教以三者为精神主体总称的做法。如《阿毗达磨品类足论》说："心云何？谓心、意、识。此复云何？谓六识身，即眼识、耳识、鼻识、舌识、身识、意识。"[①]《阿毗昙心论》直接从名与体的角度进行了说明："心者意，意者识，实同而异名。"[②]心意识三者名异体一，从体上说，三者无分别；但就不同的功能而言，可安立差异；所以六识身都可以名为心、意、识。世亲《俱舍论》卷四说："集起故名心，思量故名意，了别故名识。复有释言：净不净界种种差别故名为心，即此为他作所依止故名为意，作能依止故名为识。故心意识三名所诠，义虽有异而体是一。"[③]世亲亦主张心意识名异体一，即心意识三者的体性是同一的，不过在意义上有种种的差别。他还继承了《阿含经》以来的传统，与阿毗达摩论师同样坚持六识说。《俱舍论》中的另外一种解释，说明心有分别，有引起杂染、清净诸法种种差别的强有力作用，这已经是后来称为"种子心识"的雏形。"意"与"识"有不同的作用，前者为后者的依止，这也是瑜伽行派心识论的基本特征。

《大毗婆沙论》卷七十二详细列举了心意识的种种含义：(1) 心意识之名有差异；(2) 过去名意，未来名心，现在名识；(3) 界中、处中施设

---

① 《阿毗达磨品类足论》卷一，《大正藏》第26册，第692页中。

② 《阿毗昙心论》卷一，《大正藏》第28册，第810页中。

③ 《阿毗达磨俱舍论》卷四，《大正藏》第29册，第21页下。

意，蕴中施设识；(4)心是种族义，意是生门义，识是积聚义；(5)从业的差别来说，远行是心业，前行是意业，续生是识业；(6)彩画是心业，归趣是意业，分别是识业；(7)滋长是心业，思量是意业，分别是识业；(8)胁尊者说，心是滋长、分割义，意是思量、思惟义，识是分别、解了义，其中，滋长、思量、分别是有漏心的作用，分割、思惟、解了是无漏心的作用。[①]《五事毗婆沙论》卷下，也有类似的说法。[②]《杂阿毗昙心论》从名、义、业、世、施设五点解释心意识的差别，其顺序是《大毗婆沙论》的(1)(7)(5)(2)(3)。[③]心意识这些不同的含义，宽泛复杂，很难统一，这与阿毗达磨注重法相分别的学风有关。由以上解释来看，名异体异的心意识说也非常盛行。

部派佛教在对心意识进行精细分析的同时，又不断探索深层意识，建立"细意识""细心"，是为阿黎耶识思想的前驱。[④]

三　诸识差别与八识现行

瑜伽行者基于对人类深层心理的体验，延续部派佛教关于六识体异或体一的"多意识师"与"一意识师"之争，在心识论上出现诸识差别与一心论的不同主张。

《解深密经·心意识相品》揭开了心意识的秘密：

> 于中，最初一切种子心识成熟展转和合，增长广大，依二执受：一者，有色诸根及所依执受，二者，相名分别言说戏论习气执

① 《阿毗达磨大毗婆沙论》卷七十二，《大正藏》第27册，第371页上。

② 《五事毗婆沙论》卷下，《大正藏》第28册，第993页上—中。

③ 《杂阿毗昙心论》卷一，《大正藏》第28册，第872页中。

④ 有关各部派的心识论，参考印顺：《唯识学探源》，台北：正闻出版社，1989年，第48—124页。

> 受……广慧！此识亦名阿陀那识，何以故？由此识于身随逐执持故；亦名阿赖耶识，何以故？由此识于身摄受藏隐，同安危义故；亦名为心，何以故？由此识色声香味触等积集滋长故。广慧！阿陀那识为依止，为建立故，六识身转，谓眼识、耳、鼻、舌、身、意识……广慧！齐此名为于心、意、识一切秘密善巧菩萨……阿陀那识甚深细，我于凡愚不开演，一切种子如瀑流，恐彼分别执为我。[①]

《解深密经》在六识以外预想作为轮回主体的特殊深层意识，以统一六识，执持身心，并将这些功能的主体称为一切种子心识、阿陀那识、阿黎耶识、心。心被作为阿黎耶识的异名，理由在于积集滋长色等诸法的种子。这一切种子心识，类似于近代西方哲学的绝对主体性，是一切经验可能性的先验条件。从梵文语源来看，心(citta)的语源为$\sqrt{\text{cit}}$(思)和$\sqrt{\text{ci}}$(积、集)。[②]《解深密经》从语源解释出发，结合阿黎耶识的能藏、所藏，将心与阿黎耶识视为同一，这是心意识说历史上重要的里程碑。[③]但是，意与染污意(kliṣṭamanas)、末那识并没有建立联系。虽然经中最后偈颂有“分别阿陀那识为我”，这种心理作用主体的概念已经呼之欲出，然而这种秘密义毕竟并没有揭示出来，所以无法建构心、意、识分别代表阿黎耶识、末那识、六识的八识结构。但是，《解深密经》抛弃了心意识体一名异的六识说，而且提出了六识的根本——一切种子心识，为后来建立八识思想体系奠定了基础。同时，《解深密经》说明有情身分最初生起时，没有提到器世间，却说到了执受名言戏论

---

① 《解深密经》卷一，《大正藏》第16册，第692页中。

② 荻原云来：《汉译对照梵和大辞典》上册，台北：新文丰出版公司，1978年，第468、469页。

③ 胜又俊教：《仏教における心識説の研究》，东京：山喜房佛书林，1974年，第327—328页。

习气；在阿黎耶识的执受了别中有种子，可见是注重阿黎耶识现行的。[①]

“心意识相品”如其品名所暗示的，是总结之前有关心意识的学说，以奠立瑜伽行派的理论基础。《解深密经》之后的初期唯识学，对心意识差别的区分逐渐明确，《瑜伽论·本地分》便提出：“云何意自性？谓心、意、识。心谓一切种子所随依止性、所随(依附依止)性、体能执受、异熟所摄阿赖耶识。意谓恒行意及六识身无间灭意。识谓现前了别所缘境界。”[②]“心”是指阿黎耶识，“识”指六识，这一点与《解深密经》相同。但是《本地分》更将“意”区分为恒行意与六识无间灭意，其中“无间灭意”是《俱舍论》等阿毗达磨论书中经常提到的，“恒行意”(染污意、末那识)是首次创立，其特点则不明确。《抉择分》则对染污意的特点加以说明：“末那名意，于一切时执我我所及我慢等，思量为性。”[③]另外，如《阿毗达磨集论》卷一说：

> 云何建立识蕴？谓心、意、识、差别。何等为心？谓蕴、界、处、习气所熏，一切种子阿赖耶识，亦名异熟识，亦名阿陀那识，以能积集诸习气故。何等为意？谓一切时缘阿赖耶识，思度为性，与四烦恼恒相应，谓我见、我爱、我慢、无明。此意遍行，一切善、不善、无记位，唯除圣道现前，若处灭尽定及在无学地。又六识以无间灭识为意。何等为识？谓六识身，眼识、耳识、鼻识、舌识、身识、意识。[④]

---

① 印顺：《印度佛教思想史》，台北：正闻出版社，1994年，第274—275页。
② 《瑜伽师地论》卷一，《大正藏》第30册，第280页中。
③ 《瑜伽师地论》卷六十三，《大正藏》第30册，第651页中。
④ 《大乘阿毗达磨集论》卷一，《大正藏》第31册，第666页上。

这与上面所引《抉择分》的内容基本相似，详细说明心、意、识三者功能的差别。心的异名有一切种子识、阿黎耶识、异熟识、阿陀那识，其主要功能在于积集习气。意与四大烦恼相应，思量执取阿黎耶识；另外，为意识生起作等无间缘，亦称为“意”。这就是染污意与无间灭意，二者在八识中的作用区别十分明显。综上，《瑜伽论》对心意识进行明确区分，尤其“二种意”的提出，完成了八识差别的建构，完善了“诸识差别”的心识论。

世亲《唯识三十颂》以《解深密经》对本识现行性的偏重为依据，继承《摄论》及《瑜伽论·摄抉择分》的思想，同时又有所创新与发挥。世亲依“诸识差别”发展出“八识现行”，即八识各有其相分与见分。阿黎耶识分为现行阿黎耶识和种子阿黎耶识，现行阿黎耶是见分，其相分为根身、器世间、种子，它能了别并执受三者；末那识能了别阿黎耶识，并且执其为我；六识能了别六尘。这样，能变现的便有三种，成为三能变的八识现行。[①]

四 一心论与一意识论

另一系瑜伽行派论师继承和发展了部派佛教对于心意识三者名异体一的解释传统，提出一心论。[②]印顺曾经指出《摄论》的心识论是一心论，同于《大乘庄严经论》，但已有转向多心论的趋势。[③]

---

① 牟宗三认为，世亲头脑明晰，喜分析，但是缺乏理想主义的情调，喜作能所之分别，与宋明理学的朱熹相似。而且，重八识现行，是将八识的“能”“所”义突出。见《佛性与般若》上册，台北：学生书局，1997年，第410页。

② 周贵华认为，在弥勒诸颂所代表的无为依唯识学中，心、意、识概念是不区分的，而且诸识皆以显现为相，也是平等对待的。这是无为依唯识学建立心显现的唯心说的前提。见《唯心与了别——根本唯识思想研究》，北京：中国社会科学出版社，2004年，第328页。

③ 印顺：《摄大乘论讲记》，载《妙云集》上编之六，台北：正闻出版社，1990年，第11页。

这种一心论的立场，在真谛翻译《中边分别论》时，即有充分显现。《中边分别论・相品》第三偈，梵文、真谛译文、玄奘译文如下：

> artha-satvātma-vijñapti-pratibhāsaṃ prajāyate |
> vijñānaṃ nāsti cāsyārthas tad-abhāvāt tad apy asat ||

> （梵文汉译今译：外境、有情、我、了别由识似现而生。然而，这些境是不存在的，因为境不存在，所以识也不存在。）

> ［真］尘根我及识，本识生似彼；但识有无彼，彼无故识无。
> ［玄］识生变似义，有情我及了；此境实非有，境无故识无。[①]

从以上对照来看，梵文 vijñāna，藏译为 rnam par śes pa，玄奘译为"识"，真谛译的特色在于将其译为"本识"，而且指出即"阿黎耶识"。[②]窥基对此提出非难：

> 旧云根尘我及识，本识生似彼者。不然。所以者何？非是本识能缘变我及与识也。若许变者。即违彼旧论长行……旧颂说非，长行乃是。然真谛法师似朋一意识师意，所以颂中但言本识。[③]

---

① 有关《中边分别论》的梵文、藏译本，包括译本对校，均引自叶阿月《唯識思想の研究：根本眞實としての三性説を中心にして》一书中的"资料编"，东京：国书刊行会，1975年，第8页。梵文的现代汉译，参考叶阿月的日译。另有英文翻译及解释，见 Thomas A. Kochumuttom: *A Buddhist Doctrine of Experience: A New Translation and Interpretation of the Works of Vasubandhu the Yogācārin*, Motilal Banarsidass Publishers, Delhi, 1999, pp.46-56。

② 真谛在译长行时，增补了"本识者，谓阿黎耶识；生似彼者，谓似尘等四物；但识有者，谓但有乱识"。见《中边分别论》卷一，《大正藏》第31册，第451页中。

③ 《辩中边论述记》卷上，《大正藏》第44册，第3页中。

窥基不同意真谛的翻译，而且强调真谛的思想同于“一意识师”，即属于一心论，可谓一针见血。

无著《摄论》在成立唯识义时，记载了“多识者”与“一意识者”的争论。我们将真谛译、玄奘译对照如下：

> [真] 论曰：诸师说此意识，随种种依止生起，得种种名。释曰：诸师谓诸菩萨，成立一意识，次第生起。意识虽一，若依止眼根，生得眼识名；乃至依止身根，生得身识名。此中更无余识，异于意识，离阿黎耶识。此本识入意识摄，以同类故，此意识由依止得别名。①
>
> [玄] 释曰：一类菩萨，欲令唯有一意识体，彼复次第安立显示……意识亦尔，虽复是一，依眼转得眼识名，如是乃至依身转生得身识名。非离意识，别有余识，唯除别有阿赖耶识。②

真谛与玄奘在解释“一意识师”的基本立场时观点一致，认为依其观点，五识是意识多方面的活动。虽然五识有不同的名字，但还是一个意识，不过随所依的根而了别不同的境，所以安立不同的名称。但是，有关一意识以外是否还有阿黎耶识存在，二者发生了分歧。玄奘译《摄论释》主张在一意识以外另有阿黎耶识的存在；而真谛主张意识含摄阿黎耶识，因为二者是同类的。依真谛此处的“一意识说”而推展，即真谛译《显识论》的三品意识。

《显识论》将有身者识与受者识称为分别识。有身者识为我见贪爱所隐覆，执阿黎耶识为我，为生死根本，所以受六趣生而为生死身。

---

① 真谛译：《摄大乘论释》卷五，《大正藏》第31册，第185页上。

② 玄奘译：《摄大乘论释》卷四，《大正藏》第31册，第339页下。

如果有这个识，那么就有身识(身识即五根)；如果身者识灭尽，那么生死身也灭尽，也就没有三界身，所以有身者识是生死的关键。对于受者识，《显识论》说：

> 意界名受者，识即三品意识：一谓阿梨耶识，是细品意识，恒受果报，不通善恶，但是无覆无记；二陀那识，是中品意识，但受凡夫身果报；三者谓常所明意识，是粗品意识，通善、恶、无记三性果。五识亦尔。此三品意识，通能受用果报。[①]

阿黎耶识虽是无覆无记，却是凡夫所遍计分别为我的处所，由阿陀那识执著阿黎耶识而变起我的境界；有能执作用的正是阿陀那识，也就是第七识，第七识是我见所依的体。

慧沼《成唯识论了义灯》卷四本引用真谛的阿黎耶识十七个释名，其中“六、意识，体是意根，故名识故”[②]。所以，真谛的一心论思想，包含有“一意识说”，也即真谛译《摄论释》及其余论书的“一识说”。

另外，《显识论》解释显识与分别识的关系：

> 如是缘显识，分别识得起。是分别若起，安立熏习力于阿梨耶识。由此熏力，本识未来得生；缘此未来显识，未来分别识得起。以此因义，是故生死无有前后。为显此义，佛于《解节经》中说偈言：显识起分别，分别起熏习，熏习起显识，故生死轮转。[③]

显识作为能显现的显现者，显现生起分别识；分别识生起后，分别显识

---

① 《显识论》,《大正藏》第31册，第879页上—中。

② 《成唯识论了义灯》卷四本,《大正藏》第43册，第729页下。

③ 《显识论》,《大正藏》第31册，第878页下。

所摄的九识，同时又熏习成种子；又分别识所熏习成的种子，在未来生起本识。同样，在未来缘显识而生起分别识，于是转起生死轮回。这是“因果异时”的种熏，与《成唯识论》的“因果同时”不同，显示出真谛唯识思想的特色。[①]

《显识论》将八识都归摄入意识，成立三品意识，充分显示了其作为“一意识师”的立场。《显识论》的心识论图示如下：

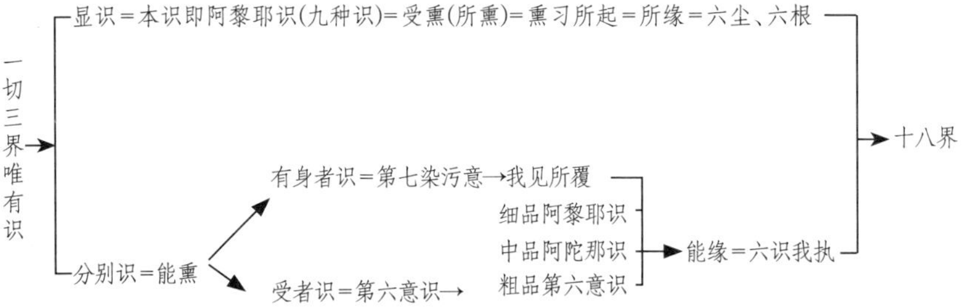

真谛基于八识一体，以一意识统摄八识，此中有两种阿黎耶识——本识、细品意识。同时，真谛强调阿黎耶识通过意识缘十八界。[②]圆测《解深密经疏》卷十一引用真谛的三种阿黎耶识说，其中第二为：“二、果报梨耶，缘十八界。故《中边分别》偈云：根尘我及识，本识生似彼。依彼论等说第八识缘十八界……依安慧宗作如是说。”[③]按照安慧的解释，阿黎耶识的所缘分为两种，一是内执受表别——遍计所执自性妄执习气、诸色根、根依处及名，二是器世间表别。[④]两种所缘可以合为十八界。这样，阿黎耶识需要以意识为见识，缘十八界。所以窥基批

---

① 岩田谛静：《真諦の唯識説の研究》，东京：山喜房佛书林，2004年，第116页。

② 大竹晋：《真諦訳〈摂大乗論釈〉における一識説・二識説・三識説・四識説について》，《印度學佛教學研究》第49卷第1号，2000年，第356页。

③ 欧阳渐：《解深密经圆测疏引存真谛说录余》，载《解节经真谛义》附录，南京：金陵刻经处，1924年，第1页。

④ 霍韬晦：《安慧〈三十唯识释〉原典译注》，香港：香港中文大学出版社，1980年，第42页。

评持相同观点的真谛为“一意识师”。

部派佛教开始探索心、意、识三者含义的差异，从而逐渐认识到三者在体上的差别，所以出现了主张名异体异的“多意识师”和名异体一的“一意识师”。瑜伽行派完善部派佛教的六识说而建立八识，也有“诸识差别”与“一心论”的不同主张。前者强调阿黎耶作为一种识，有其所依、所缘、心所相应等，尤其种子作为其所缘时，就必须区分“现行阿黎耶识”与“种子阿黎耶识”，也就不得不有现行的八识；后者则强调阿黎耶识作为种子识的侧面，现行的只有前七识。所以，就产生了“八识现行”与“一种七现”的差异。[①]主张“八识现行”的经论有《瑜伽论·本地分》《解深密经》《抉择分》《三十颂》《成唯识论》，这可说是弥勒亦是世亲晚年的唯识学；主张“一种七现”的是《大乘庄严经论》《中边分别论》《摄论》，属于无著及世亲作《摄论释》时的唯识说。[②]

印顺曾经论述了“一种七现”的思想要点：心是一切种子心识，从种子现起染末那与六识。心、意、识不是平列的八识，而是一种七转。这不但在这心、意、识的分解中是这样，所知相中说阿黎耶识为种子，生起身者(染意)及能受的七识。安立义识段，说阿黎耶是义识(因)，所依(意)及意识是见识。十种分别中的显识分别，也是所依意与六识。总之，从种生起(即转识，转即是现起)的现识，只有七识，本识是七识的种子，是七识波浪内在的统一。它与转识有着不同，这不同，像整个

---

① 牟宗三认为，“八识现行”与“一种七现”的差别，并非本质的，只是偏重点不同。见《佛性与般若》上册，台北：学生书局，1997年，第409页。我们认为这种差别来源于《解深密经》的模糊性。《解深密经》持诸识差别的立场，其阿黎耶识具有现行的侧面；但未明确提出第七末那识，若将阿陀那识一分取性现行成末那识，也可以理解成“一种七现”。

② 陈一标整理印顺的唯识思想，将唯识论书分为这两类。见《印顺导师对新旧译唯识的定位与评析》，载《印顺思想：印顺导师九秩晋五寿庆论文集》，台北：正闻出版社，2000年。

的海水与起灭的波浪，却不可对立地平谈八识现行。[①]

真谛继承“一种七现”的一心论思想，在《中边分别论·相品》第三偈中将vijñāna译为“本识”；而玄奘则将其译成“诸识”，坚持“八识现行”的观点，显示出二者不同的立场。有关一意识以外是否存在阿黎耶识，二者亦有分歧。玄奘译《摄论释》主张，在一意识以外，另有阿黎耶识的存在。而真谛主张，意识含摄阿黎耶识，因为二者是同类的。依真谛的“一意识”而推展，即《显识论》的三品意识：(1)细品意识，即阿黎耶识；(2)中品意识，即末那识；(3)粗品意识，即平常所说意识。真谛基于八识一体，以一意根统摄八识。初期唯识的“一种七现”思想注重以阿黎耶识为中心，真谛则将初期唯识的一心论演绎成“一意识说”，强调以“意根”为中心，这是其唯识思想独特之处。

第二节　阿陀那识与末那识

真谛以第六意识为中心，建立了“一种七现”的一心论，其心识论的特色之一是以阿陀那识为第七识。按照玄奘所传唯识学，阿陀那识作为第八阿黎耶识的异名，具有执持的作用，执持根身为自己的生命躯体，执取山河大地的器世界为自己的对象；而第七识为末那识，以我为认识的对象，充分表现生命的自我性，是为根本的自我意识。阿陀那识作为瑜伽行派心识论的重要成分，其含义随着唯识思想的发展而变迁。本节通过对梵文原语的追溯与译本对照，总结唯识思想史上阿陀那识意义的变化，探索阿陀那识的两种作用，考察真谛所译论书中有关阿陀那识的种种说法，分析旧译、新译在对阿陀那识的理解上产生分歧的原因。

① 见印顺：《摄大乘论讲记》，载《妙云集》上编之六，台北：正闻出版社，1990年，第59页。

一　阿陀那与执受

1.《解深密经》“七八未分”的思想

阿陀那识，梵文原语为ādāna-vijñāna。ādāna是从动词语根 $\sqrt{\text{dā}}$ 而来，$\sqrt{\text{dā}}$ 是“给予”的意思，ā $\sqrt{\text{dā}}$ 则有“取”的意思。从瑜伽行派的经论来看，《解深密经》最早提出“阿陀那识”之名。《唯识三十颂安慧释》引用了《解深密经》偈颂“阿陀那识甚深细，一切种子如瀑流，我于凡愚不开演，恐彼分别执为我”，其中“阿陀那识”的梵文原语为ādāna-vijñāna。[①]玄奘译《解深密经》云：“此识名为阿陀那识，何以故？由此识于身随逐执持故。”[②]依Lamotte从藏文《解深密经》还原的梵文本，阿陀那识的梵文为ādāna-vijñāna，而“随逐”“执持”对应于gṛhīta和ātta，都有“执取”的意思；经文中另一表示阿陀那识功能的概念“执受”，梵文为upādānā。[③]upā有“亲近”“靠近”的意思，upādānā汉译为取、所取、近取、取著、摄取、受、诸受、执受、摄受。[④]综上，“阿陀那识”的字面意义和功能，主要为执持、执受、执取。[⑤]

《解深密经》对本识摄持诸法的功能进行了详细论述，以一切种子心识为中心，从它的作用出发，安立种种异名。对于阿陀那识的作用，《解深密经》提出四点：一、执受有色诸根及所依；二、执受相、名、分

---

① 霍韬晦：《安慧〈三十唯识释〉原典译注》附录“梵文原典”，香港：香港中文大学出版社，1980年，第88—89页。

② 《解深密经》卷一，《大正藏》第16册，第692页中。

③ *Sajdhinirmocana Sutra*, Lamotte(ed.), p.55；转引自陈一标：《有关阿赖耶识语义的变迁》，《圆光佛学学报》第4期，1999年，第91页。

④ 荻原云来：《汉译对照梵和大辞典》上册，台北：新文丰出版公司，1979年，第277页。

⑤ 太虚将阿陀那识的功能分为三方面：(1)执受色根依处，(2)执持诸法种子，(3)执取结生相续。但是他坚持阿陀那识为第八识的观点。见太虚：《阿陀那识论》，《现代佛教学术丛刊》第25册，第45—57页。太虚的这种分法，其实是《成唯识论》《成唯识论述记》的分法。

别、言说戏论习气；三、于身随逐执持；四、为建立六识的依止。[①]“执受”就是摄持、取的意思，执持而取受不令失坏。阿陀那识一方面摄持诸根及其所依，另一方面摄持戏论习气不令散失，通过受熏，更增长相、名、分别、言说等虚妄表现，显示出阿陀那识的现行性、主体性、见性。“于身随逐执持”的“身”或应理解为广义的身心整体，如此则“执取身”也就等同于前面的两种执受；一切种子心识即入胎识，其成熟也即与父精母血结合成为羯逻蓝，阿陀那识的执受作用使得名色持续增长，此即身体与精神作用的成长。[②]

后世对《解深密经》的理解出现分歧，导致出现“阿陀那识”为第七识或第八识的争论。首先，关于“有色诸根及所依”，有色诸根是五根，争议点在于“所依”。按照圆测《解深密经疏》的解释，“执受五根及彼所依色香味触为所依止”[③]，所依就是五根所依的扶尘根——色、声、香、味、触；窥基明确指出：“根通五根，唯自身者，依处即或诸扶根。”[④]按照圆测与窥基的解释，“有色诸根”是指五净色根，而“所依”即指扶根尘。但是，释如定引用《摄论》中的“身者识”，认为身者识即是根身的所依，亦即染污意，因此《解深密经》中“有色诸根及所依”的“所依”也应该指第七染污意。[⑤]分歧的焦点在于对“所依”理解的

---

① 《解深密经》卷一说：“于中，最初一切种子心识成熟展转和合，增长广大，依二执受：一者，有色诸根及所依执受；二者，相名分别言说戏论习气执受……广慧！此识亦名阿陀那识，何以故？由此识于身随逐执持故；亦名阿赖耶识，何以故？由此识于身摄受藏隐，同安危义故；亦名为心，何以故？由此识色声香味触等积集滋长故。广慧！阿陀那识为依止，为建立故，六识身转，谓眼识，耳、鼻、舌、身、意识……广慧！齐此名为于心、意、识一切秘密善巧菩萨……阿陀那识甚深细，我于凡愚不开演，一切种子如瀑流，恐彼分别执为我。”见《大正藏》第16册，第692页中。

② 陈一标：《有关阿赖耶识语义的变迁》，《圆光佛学学报》第4期，1999年，第91页。

③ 《解深密经疏》卷三，《卍续藏》第34册，第729页下。

④ 《成唯识论述记》卷三本，《大正藏》第43册，第316页下。

⑤ 释如定：《阿陀那识之研究》，载《大专学生佛学论文集(九)》，台北：华严莲社，1999年，第369页。

不同。从生理结构来说，五根具有发识取境的作用，依附在眼球、耳穴、鼻梁等血肉(肉团)之内部，这些肉体为五根的“所依”，即住处；而《摄论》的“身者识”，是从染污意(阿陀那识)执持根身的意思来说，二者的含义并不一致。从《解深密经》前后文来看，“所依”应该指扶根尘。

其次，对“阿陀那识为依止，为建立故，六识身转”，圆测解释说：“此中应说末那俱转而不说者，举初举后，略而不说。”[①]圆测认为阿陀那识作为六识生起的依止，应该即末那识。印顺从经文脉络和义理分析出发，主张在《解深密经》中，本识一而转识有六，本末合论唯七心。以阿陀那识执持身根故，能生起六识，所以阿陀那识即是末那识之异名。[②]但是，若从阿陀那识作为一切种子识的异名来看，六识依止阿陀那识所摄持的种子而生起，亦无不可。

《解深密经》对心意识差别的表述具有模糊性，其第七识与第八识处于一种整体的状态，不同的功能分别由阿陀那识、阿黎耶识、心等不同异名承担，阿陀那识的功能可以归纳为三点：一、执受有色诸根及所依；二、执受相、名、分别、言说戏论习气；三、为建立六识的依止。

2. 七识、八识分明

继承《解深密经》的阿陀那识思想，瑜伽行派开始对第七识、第八识进行区分，于是在“八识现行”与“一种七现”的不同体系下，阿陀那识的功能开始分别由第七识和第八识承担。如《瑜伽师地论·摄抉择分》说：

> 云何建立所缘转相？谓若略说阿赖耶识，由于二种所缘境转，一由了别内执受故，二由了别外无分别器相故。了别内执受者，

---

① 《解深密经疏》卷三，《卍续藏》第34册，第733页上。

② 印顺：《阿陀那与末那》，载《以佛法研究佛法》，《妙云集》下编之三，台北：正闻出版社，1990年，第363—364页。

谓能了别遍计所执自性妄执习气，及诸色根、根所依处，此于有色界；若在无色，唯有习气执受了别。了别外无分别器相者，谓能了别依止，缘内执受阿赖耶识故。①

又如《成唯识论》说：

此识行相所缘云何？谓不可知执受处了。了谓了别，即是行相，识以了别为行相故。处谓处所，即器世间，是诸有情所依处故。执受有二，谓诸种子及有根身。诸种子者，谓诸相名分别习气。有根身者，谓诸色根及根依处。此二皆是识所执受，摄为自体、同安危故。②

以能执持诸法种子，及能执受色根依处，亦能执取结生相续，故说此识名阿陀那。③

《瑜伽师地论·摄抉择分》《成唯识论》对第八识所缘境的界定，与《解深密经》基本相同。三者提及的第八识执受的对象，列表如下：

表2.1 《解深密经》《摄抉择分》《成唯识论》中第八识执受对象表

经论	根身	种子	器界
《解深密经》	有色诸根及所依	相名分别言说戏论习气	
《摄抉择分》	诸色根、根所依处	了别遍计所执自性妄执习气	了别外无分别相
《成唯识论》	诸色根、根依处	诸种子——诸相名分别习气	处——器世间

① 《瑜伽师地论》卷五十一，《大正藏》第30册，第580页上。
② 《成唯识论》卷二，《大正藏》第31册，第10页上。
③ 《成唯识论》卷三，《大正藏》第31册，第14页下。

依《唯识三十颂》，asamviditakopādisthānavijñaptikaṃ ca tat，此句原意为“彼有不可知：执受、处表别”，玄奘译为“不可知执受、处、了”。按照世亲的思想，一切存在，包括种种施设状态的我、法现象，都是识的转化；第八阿黎耶识拥有一切种子，同时也为一切杂染法的所依，所以识转化最后都要归结到第八识。因此，第八识是现象的本源和依据，它要创生现象，至少转化出两类现象：一、个体生命的存在；二、客观世界的存在。另一方面，存在都是表别的(vijñapti)，所谓“创生现象”即是第八识必须转化出这两种表别。玄奘将不可知的情形分别为三种——执受、处、了，《成唯识论》说“了谓了别，即是行相，识以了别为行相”，理解为识的取境活动。霍韬晦认为，依世亲的思想，把我、法现象分别收为两种表别，则这两种表别在存在性格上即各自代表了我、法，世亲把诸色根、根依处、习气称为“执受”，器世间称为“处”，表示了二者的距离。所以“执受”应该是意指一个主体性的存在，简言之，“执受”就是个体生命的呈现。[①]当然，除转化出个体生命之外，第八识的种子还同时转化出客观的存在世界。

同时第八识作为主体性的存在，除了存在层面的转化以外，还有认知和感受上的关联。第八识虽是心识，却不是经验世界的认知主体，经验世界的认知心识有能把握的内容，而第八识不必有像一般认知心识的认知意义，所以是“不可知”。

阿陀那识作为第八识的异名，承担了第八识存在层面的作用，《瑜伽论》《成唯识论》注重其执受根身、习气的作用，并将建立六识的依止作用转移到第七识。阿陀那识作为主体性的存在、个体生命的呈现，其中心是立足于作为个体生命存在的“我”，这才是阿陀那识执受义的

---

① 霍韬晦：《绝对与圆融——佛教思想论集》，台北：东大图书，1994年，第324—325页。

关键。个体生命的存在，从身心的整体来说，不能离开有色诸根及根依处，更需要以名言、分别习气为根本；此外，个体生命与客观的存在世界，二者不可相离。

二 染污意与结生识

生命的个体性体现是以“自我观念”为中心的，这种自我观念是内在的、深藏的、无间的，此“自我观念”的虚构主体，即是第七识染污意(kliṣṭa-manas)。在现存的梵文文献中，染污意(kliṣṭa-manas)常被称为意(manas)。《大乘庄严经论·述求品》长行“意谓一切时染污意”，其梵文为“mano yat kliṣṭaṃ sarvadā”[①]；“功德品”中亦说：“意谓与我见等四惑相应，缘阿梨耶识者。”[②]染污意，即是“污染了的意识”。意识的作用是与前五识俱起以综合前五识所收摄的影像，并进而提出名言以安立“法境”，此即“思量”(manas)的含义。换言之，意识是一建构性的认识主体，我们通过它的活动，产生认知。这种思量活动在“我痴”等烦恼心所的影响之下，便虚构出“自我观念”，这是被烦恼心所染污了的意识，即为“染污意”，从而与向外取境的意识分开。虽然后期唯识家将染污意列为第七识[③]，但是在初期唯识思想中，染污意与意识在存在上是一体的。

在《中边分别论·相品》第三偈中，本识变现出四境，其中之一便是“似我”，偈文与译文对照如下：

---

① 《大乘庄严经论》卷五，《大正藏》第31册，第614页上。Sylvain Lévi (ed.), *Mahāyānasūtrālaṇkāra*, Paris, 1907, p.65.

② 《大乘庄严经论》卷十三，《大正藏》第31册，第656页中。Sylvain Lévi (ed.), *Mahāyānasūtrālaṇkāra*, Paris, 1907, p.174.

③ 通过梵文复合词的训释，可见染污意与意识的不同：末那识是持业释，“识即意故”；第六意识是依主释，“识依意故”。

[梵文]ātma-pratibhāsaṃ kliṣṭaṃ manaḥ | ātma-mohādi saṃprayogāt ||

[真]似我者，谓意识与我见无明等相应故。

[玄]变似我者，谓染末那与我痴等恒相应故。[①]

依安慧的解释，相应我的显现，是具有染污的识；而且它是有覆无记的，有覆是因与烦恼相应而说。[②]

在早期唯识思想的一心论中，"心""意""识"三者体一名异。《中边分别论》中的"kliṣṭa-manas"，真谛意译为"意识"，玄奘直译为"染末那"。同时，第10偈长行"nayanād vijñāneṇopapatti-sthāna-saṃprāpaṇāt"，真谛译为"将因者，由本识及意识能令众生往受生处故"，玄奘译为"将导因故者，谓有取识引诸有情至生处故"。[③]十二缘起的"识缘名色"，部派佛教以后即用胎生学来说明，把"识"看成入胎刹那的结生识，以名色为胎内胎儿肉体与精神的产生阶段，以六处为胎儿六根的产生阶段。[④]《中边分别论》阐述生命的杂染原因也即"将导故"(nayanāt)时，主张"由识使到生死故"，表示十二支中的第三支"识"的作用是保持后有种子的习气，而引导生命从死处至生死。这里的vijñāna，真谛译为"本识及意识"，玄奘译为"有取识"，其意都是表示

① 叶阿月：《唯識思想の研究：根本眞實としての三性説を中心にして》"资料编"，东京：国书刊行会，1975年，第8—9页。吕澂对"似我"的解释为"于此根身再加分别，即执有自己之'我'在"。若如其所释，则应是第七识与第八识未分的状态。见《辩中边论讲要》，载《吕澂佛学论著选集》卷二，济南：齐鲁书社，1991年，第859页。

② 山口益译注：《安慧阿遮梨耶造中辺分別論积疏》，名古屋：破尘阁书房，1935年，第23页。

③ 叶阿月：《唯識思想の研究：根本眞實としての三性説を中心にして》"资料编"，东京：国书刊行会，1975年，第39页。

④ 详见水野弘元著，释惠敏译：《佛教教理研究》，载《水野弘元著作选集》二，台北：法鼓文化，2000年，第45—46。

引导生处的结生识(prati-saṃdhi-vijñāna)。依据玄奘的译法，他承认本识是结生识。[①]但真谛在承认本识是结生识以外，认为染污意识也具有结生识的作用，这是二者的相异点。

染污意识具有结生识的作用，在《摄论》中有充分的体现。《摄论》依第八阿黎耶识成立生杂染之义，真谛译《摄论释》说：

> 论曰：复次，云何生杂染，此义不成？结生不成故。若人于不静地退堕，心正在中阴，起染污意识，方得受生。此有染污识于中阴中灭。是识托柯罗逻，于母胎中变合受生。
>
> 释曰：此生若谢，由业功能，结后报接前报，此义则不成就。何以故？不静地退前生堕后生，故名退堕。受生有二种：或有中阴，或无中阴。今偏说受中阴者。若在中阴，将欲受生，必先起染污识，方得受生。此中阴染污识，缘生有为境，此识于中阴中灭。何以故？生阴无染污故。是识即是意识，于一时中，与柯罗逻相应故，言托柯罗逻。此果报识异前染污识，故言变。由宿业功能起风，和合赤白，令与识同故言合，即名此为受生。[②]

玄奘译本比较简单，论中有“依中有位意起，染污意识结生相续”，释有“染污意识，即是烦恼俱行意识”，[③]依此能够更好地理解染污意识的特质。

“自我观念”是生命原初就有的，对于现世生命而言，入胎那一刹

① 叶阿月推想，玄奘不承认本识是结生识。见《唯识思想的十二缘起说：以〈中边分别论〉为中心》，《哲学论评》第4期，1981年，第67页。根据窥基的解释，此结生识就是第八识，而不是其余七识，所以他对真谛译为“本识及意识”提出非难。见《辩中边论述记》卷上，《大正藏》第44册，第5页中。

② 真谛译：《摄大乘论释》卷三，《大正藏》第31册，第169页中—下。

③ 玄奘译：《摄大乘论释》卷三，《大正藏》第31册，第331页下—332页上。

那，“自我观念”也就进入了生命本身。按照玄奘的翻译，在中有位，依意根而生起染污意识，而且作结生相续的活动，染污意识缘生有境而起嗔或爱；染污意识是与烦恼俱时活动的意识。真谛译本对染污意识没有进行解释。在真谛的唯识思想中，意根与染污意是一体的，所以不能说依意根而生起染污意；进入生有位，异熟识揽父精母血为所依，而摄受自体，完成结生相续的工作。按照《摄论》的思想，结生识于最初一刹那即有染污意识。因此，真谛所说的“本识及意识”不是两识，而是“结生识”的同义语，只不过指出“结生识”的心识内涵。[①]

《摄论》强调与羯逻蓝和合的入胎识是第八识，称此为阿黎耶识或一切种子识，而不是意识。有关受生以后的情况，真谛《摄论释》说：

> 论曰：是故此识托生变异，成柯罗逻，非是意识。但是果报，亦是一切种子，此义得成。复次若众生已托生，能执持所余色根，离果报识则不可得。
>
> 释曰：此识即是阿梨耶识，不得名此为意识。从种子生故，称果报识。能摄持种子故，亦名种子识。若作此说，义乃得成。前已明正受生义，今更明受生后义。前已明众生在胎中，今明众生出胎外故。言众生已托生，众生若已托生，则定有三义：一、执持无废，二、通摄持诸根，三、体是果报无记。若离阿梨耶识，此三义不可得。[②]

---

① 山口益亦称，染污意的结生识不是阿黎耶识的别体。见山口益译注：《安慧阿遮梨耶造中辺分別論釈疏》，名古屋：破尘阁书房，1935年，第68页注5。

② 真谛译：《摄大乘论释》卷三，《大正藏》第31册，第170页中。藏译本《摄大乘论》说：“由非等引地殁者意住中有时，由染污意识结合相续，此染污意识即于中有中灭，而母胎中识更与卵体和合。”见吕澂：《西藏传本摄大乘论》，《现代佛教学术丛刊》第30册，第252页。

有情受生以后的色根，在一期生命中能够保持不烂不坏。这是因为阿黎耶识的作用，真谛将其作用增补为三点，他所说的其实是第八识的异名——阿陀那识的功能。

玄奘将“结生识”译为“有取识”，实际上即阿陀那识，“取”即“阿陀那”。《阿毗达磨杂集论》卷四说：“能生支者，谓爱取有，由未永断欲等爱力，于欲等中爱乐。妙行、恶行差别为先，发起贪欲。以有有取识故，于命终位将与异熟随顺贪欲，随一业习气现前有故。”[①]因此，真谛的“本识及意识”即阿陀那识，阿陀那识含有染污意识的功能，因为作为结生识的染污性即来自染污意识。

真谛译《摄论》对阿陀那识的定义为：

> 云何此识或说为阿陀那识？能执持一切有色诸根，一切受生取依止故。何以故？有色诸根，此识所执持，不坏不失，及至相续后际。又正受生时，由能生取阴故。故六道身皆如是取，是取事用识所执持故，说名阿陀那。[②]

在《摄论》中，阿陀那识具有两种作用：⑴执受色根，五色根能够在一期生命中活泼存在，并且能引起觉受，这是因为阿陀那识的执持，使之无有失坏；⑵执持自体，在生命的前后轮转中，能够摄受生命的相续，摄取父精母血的羯逻蓝，与彼和合。

总之，染污意作为虚构“自体观念”的主体，在生命的相续中，一直保持不失。真谛以其“一意识师”的立场，将“染污意”直接译为意识。同时，玄奘将“结生识”译成“有取识”，实际上即阿陀那识；而真

① 《大乘阿毗达磨杂集论》，《大正藏》第31册，第711页下。

② 真谛译：《摄大乘论》卷上，《大正藏》第31册，第114页上。

谛则理解为“本识及意识”，正好说明了阿陀那识包含有染污意的染污性。《摄论》对结生相续的考察，也说明结生识的染污性来自染污意。受生以后，阿陀那识则具有执受色根、执取自体的意义。《解深密经》以阿陀那识执受根身、摄持种子，阿黎耶识与根身同安危。但是，《摄论》却以阿陀那识与有色诸根同安危，摄持种子的功能由阿黎耶识承担。

三　染污意与无间灭意

在结生相续时，我们可以看到阿陀那识的染污性即是染污意。不但如此，阿陀那识与意根的功能有许多相合之处。《摄论》将“意”分为两种——染污意、无间灭意：

> 论曰：意有二种。一、能与彼生次第缘依故，先灭识为意，又以识生依止为意。二、有染污意，与四烦恼恒相应——一、身见；二、我慢；三、我爱；四、无明。
>
> 释曰：若心前灭后生，无间能生后心，说此名意。复有意能作正生识依止，与现识不相妨。此二为识生缘，故名为意。正生者名识，此即意与识异。此欲释阿陀那识，何者四烦恼？我见是执我心，随此心起我慢；我慢者由我执起高心，实无我起；我贪说名我爱。此三惑通以无明为因，谓谛实因果心迷不解，名为无明。[①]

“无间灭意”的概念源自部派佛教。[②]结合真谛译《显识论》的三品意

① 真谛译：《摄大乘论释》卷一，《大正藏》第31册，第158页上—中。

② 唯圆指出，部派佛教以色法或心法为意根，以色法为意根，是意识的不共所依；在以心法为意根中，说一切有部以过去意为意根，即“无间灭意”；大众部以现在意为意根，即六识以外的细心，是唯识本识思想的渊源。见唯圆：《依意生识之研究》，《现代佛教学术丛刊》第30册，第279—283页。

识说，此处无间灭意作为意根，能为诸识共依。无间灭去的前念意根，为后念生起的助缘。“染污意”即恒时被四烦恼所染污的意识。

相比于玄奘译本，真谛增补了两点：第一，真谛解释了“意”与“识”的差别，而且提出“意”作为正生识的依止不与现识相碍。正生识就是正在生起的诸识，“现识”指现行的诸识。部派佛教将“意”分为过去意与现在意，作为正生识依止的即是现在意。[①]这个“现在意”能为诸识生起的依止，即是指本识——阿黎耶识。这样，在对“无间灭意”的解释中，真谛将“意”区分为作为等无间缘的“无间灭意”与作为阿黎耶识的“现在意”。[②]第二，真谛用阿陀那识来解释染污意，这说明在他看来，阿陀那识的染污性即是染污意。在《摄论》所说的“十一识”中，世亲把“身者识”解释为染污意，而“身者识”的本意是根身的所依体，应该是指能够执受根身的阿陀那识。所以，真谛以阿陀那识解释染污意，乃是直接继承了世亲的思想。

从《解深密经》到《摄论》，总结阿陀那识的功能有四：一、执持根身；二、执受种子；三、结生相续与执受自体；四、建立六识的依止。我们整理真谛译书中“意”的功能亦有四：一、结生相续时的结生识；二、诸识生起的无间灭意；三、执持根身的身者识；四、为正生识依止的现在意。二者的功能对照如下：

---

① 印顺指出，真谛将这段文字解释成两个意：一无间灭意，二现在意。《摄论》本身没有发生这种见解的可能。现在意本身可以成立，如说细心，又如说六识外存在同时意界，但又与染污意混杂了。见《摄大乘论讲记》，载《妙云集》上编之六，台北：正闻出版社，1990年，第47页。

② 岩田谛静将无间灭意解释成阿黎耶识。见《真諦の唯識説の研究》，东京：山喜房佛书林，2004年，第72页。

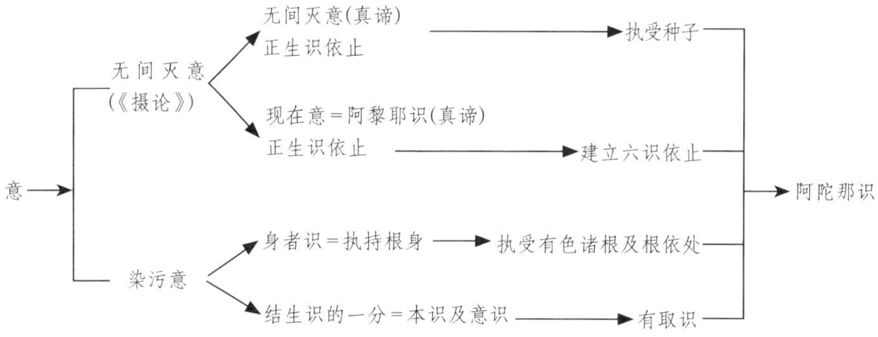

所以，二者功能有重合相通之处，但是必须注意二者的不同之处。其一，无间灭意为正生识依止，是从种子生起方面而言，而阿陀那识的功能是执受种子。其二，作为阿黎耶识的现在意是诸识生起的依止，阿陀那识为现行六识之依止。其三，身者识只能作五色根的所依，阿陀那识执持五色根及根依处，即阿陀那识有执持肉体的功能，染污意没有。

真谛在解释阿陀那识时，并没有直接说阿陀那识即是染污意。对早期唯识学而言，这一判断更不可能存在，因为在六识以外，只有一类细识。依种识合一的见地来说，则种子是识的，识是种子识的，细心是一味而不可分析的。但是，从细心的作用可以分别心、意的不同：细识摄持一切种子，称为心；具有执持根身、摄取自体的作用，就是第八识异名的阿陀那识；细识摄取种子为自我，为六识的所依，就称为意。因此，可以说意是本识的现行；从种现分别上说，染污意就是阿陀那。所以，真谛将染污意解释为阿陀那识，正是遵循唯识古学思想的结果，并非误译。

真谛将其独有的解释贯彻到他所译的论书中。《转识论》说："次明能缘有三种：一、果报识，即是阿梨耶识；二、执识，即阿陀那识；三、尘识，即是六识。"[①]论中明说第七识称为执识，即是阿陀那识。若

① 《转识论》,《大正藏》第31册，第61页下。

以阿黎耶识为第一识，阿陀那识即为第二识。同时，论中还详细地说明了阿陀那识的体性。[1]阿陀那识是依缘阿黎耶识而生，以执著作为体性，它与无明、我见、我慢、我爱四种烦恼相应。因为有四烦恼相应的缘故，其性类是有覆无记。执识比较粗，所以它及相应法至阿罗汉位究竟灭尽，及入无心定亦皆灭尽，这与《唯识三十论颂》所说"阿罗汉灭定，出世道无有"[2]相同，其余残习未尽者，但属于思惟。在《显识论》中，真谛将意识分为三品，阿陀那识是中品意识，但受凡夫身果报，可见即染污意。

四　心体第三与意体第一

真谛继承第七识、第八识未分的传统，在解释《摄论》"心""意""识"三者的关系时，也显示出了独特立场。《摄论释》说：

[真]论曰：此识是余烦恼识依止。此烦恼识，由第一依止生，由第二染污。由缘尘及次第能分别，故此二名意。

释曰：此染污识，由依止第一识生，由第二识染污。次第已灭，说名意。余识欲生，能与生依止故。第二识名染污识，烦恼依止故。若人正起善心，亦有此识。以能取尘故名识，能与他生依止故名意。第二识是我相等，或依止能分别故名意。[3]。

[玄]论曰：此即是识杂染所依，识复由彼第一依生，第二杂染了别境义故。等无间义故，思量义故，意成二种。

释曰：复由彼第一依生，第二杂染者，谓无间灭识说名为意，

① 《转识论》,《大正藏》第31册，第62页上。
② 《唯识三十论颂》,《大正藏》第31册，第60页中。
③ 真谛译：《摄大乘论释》卷一，《大正藏》第31册，第158页中。

与将生识容受处所，故作生依；第二染污意为杂染所依，以于善心中，亦执有我故，了别境义故。等无间义故，思量义故，意成二种者，谓于此中，由取境义说名为识，由与处义，名第一意；由执我等，成杂染义，名第二意。[1]

从真谛与玄奘的译本来看，真谛将阿黎耶识看成第一识，染污识依止阿黎耶识而生，称为第二识；阿黎耶识与阿陀那识皆为无间灭意，因其次第灭为生之依止。阿陀那识又因分别功能，称为染污意。[2]而玄奘是从识的生起依缘来看，诸识是由无间灭意作为等无间缘而生，无间灭意为第一识；染污意是识的杂染所依，所以染污意是第二识。

这种分歧在解释心、意、识三体时，变得更加明显。《摄论释》说：

［真］论曰：寻第二体，离阿梨耶识不可得。是故阿梨耶识成就为意，依此以为种子余识得生。

释曰：第二识缘第一识起我执，若离第一识，此识不得起。故知有第一识，今成就第二识，为显第一识故。离第一识，无别识体为第二识因，及生起识因。佛说心名，此名目第二识。佛说识名，此名目六识。佛说意名，此名目第一识。何以故？第二识及生起识，若前已灭，后识欲生，必依第一识生及能生自类故，说名意根。[3]

［玄］论曰：心体第三，若离阿赖耶识，无别可得。是故成就阿赖耶识，以为心体，由此为种子、意及识转。

① 玄奘译：《摄大乘论释》卷一，《大正藏》第31册，第325页中。

② 高崎直道认为，二种意其实成为阿黎耶识与阿陀那识。见《真諦三蔵の思想》，载《大乗仏教から密教へ：勝又俊教博士古稀記念論集》，东京：春秋社，1981年，第712—713页。

③ 真谛译：《摄大乘论释》卷一，《大正藏》第31册，第159页上—中。

释曰：心体第三，若离阿赖耶识，无别有性。由此为因，意及转识皆得生起。见取转识，当知亦即取第二意。所以者何？彼将灭时，得意名故。[①]

“心体第三”是玄奘译本、笈多译《摄论释》、玄奘译《摄论无性释》、藏译《摄论释》共同的译法[②]，可见这是《摄论》的原语。但是，真谛竟然译成“寻第二体”，并且加以自己的解释。许多学者都认为这是真谛的误译，也有学者承认这是真谛独有的学说。[③]

“心体第三”的解释思路，是从识、意、心的次第逆数上去，所以“心体”为第三，即是第八阿黎耶识。依真谛的独特思想，阿黎耶识为第一识，第二识以第一识为分别的对象，从而生起我执，因此第二识即是染污意。离开作为第一识的阿黎耶识，就没有别的识体能够作为染污意及生起识(前六识)的因。同时，真谛直接以“心”“意”“识”概念进行排序：意为第一识，心为第二识，识即六识。真谛在解释时，都以“佛说”为接头语，心及六识的生起都必须依第一识，才能够相续生起自类，即发挥等无间缘的作用。《转识论》的心意识顺序亦与此相同：“本识如流，五法如浪，乃至得罗汉果，此流浪法，亦犹未灭，是名第一识。依缘此识，有第二执识……是名第二识。第三尘识……”[④]《转识论》的解释，更加清楚、明白。

---

① 玄奘译：《摄大乘论释》卷一，《大正藏》第31册，第326页中。

② 诸译对照，参考岩田谛静：《真諦の唯識説の研究》，东京：山喜房佛书林，2004年，第67—69页。

③ 持误译观点的学者，有宇井伯寿：《摂大乗論研究》，东京：岩波书店，1966年，第243页；袴谷宪昭：《Mahāyānasaṃgrahaにおける心意識説》，《東洋文化研究所紀要》第76册，1978年，第198—204页。承认这是真谛独有学说的，如岩田谛静，见《真諦の唯識説の研究》，东京：山喜房佛书林，2004年，第69—75页。

④ 《转识论》，《大正藏》第31册，第62页上。

两种排列顺序，列表如下：

表2.2　玄奘、真谛学说中“心”“意”“识”顺序对照表

	心、意、识顺序(从第一识至第三识)	备注
玄奘	转识→意→心(阿黎耶识)	
真谛	阿黎耶识(意/意根)→染污意(心)→生起识(前六识)	《转识论》同此顺序

所以，真谛所谓“寻第二体”，即是指染污意，也即阿陀那识，或者可以称之为“心”。这样，“寻第二体”与“心体第三”其实并没有区别，只是从不同的进路来解释心意识。真谛是“一意识师”，以意根为中心，这是广义的进路；玄奘以阿黎耶识为中心，是狭义的进路。所以，“寻第二体”并非真谛的误译，而是真谛依自己的思想进路而附加的解说。

在胡塞尔的现象学思想中[①]，阿黎耶识相当于其所说的“纯粹自我”。纯粹自我的本质中包含着一种本原的自身把握、“自身感知”的可能性，胡塞尔把这种对纯粹自我的反思性理解为一种原本的自身直观行为，“人格自我”即由此产生。[②]其实，这种自身感知或自身直观的行为，即是染污意的作用，而这种自身感知是纯粹自我的本质中所包含的。染污意相当于“自我意识”，是指意识在一定的发展阶段上会内在地把握到一个统一的自我的存在。所以，染污意本身即是纯粹自我的一种功能，或者说是一种“反思”。这样我们也可以说，染污意本身亦是阿黎耶识的一种功能，早期唯识学只是对这种功能进行描述，而

① 唯识学的意识理论与现象学的意识理论是世界文化中罕见的两种专门探讨人类意识结构的学说。在缺乏交流与沟通的情况下，二者具有十分相似的意识结构，这引起学界的高度重视，并且已经有一些研究成果出现。Iso Kern(耿宁)积年研究唯识学与现象学的理论关系，作有《从现象学的角度看唯识三世(现在、过去、未来)》(载《中国现象学与哲学评论》第一辑，1995年)、《试论玄奘唯识学的意识结构》(汉译载《禅学研究》第二辑，1994年)；张庆熊：《胡塞尔现象学与熊十力哲学》，上海：上海人民出版社，1996年；蔡瑞霖对唯识学与现象学的比较研究已经取得一些成果。

② 倪梁康：《自识与反思——近现代西方哲学的基本问题》，北京：商务印书馆，2002年，第426—436页。

没有对二者的体进行区分，护法、玄奘则加以明确区分。

真谛保留了初期唯识的古义，依阿陀那识原有的执取性来说明染污意的功能。[①]同时，真谛提到染污意以阿黎耶识为所取之对象，显示染污意内执取的意义，由此说明“自我观念”的构成，这与安慧的观点是相同的。[②]后期的论书将阿陀那识的含义进行区分，将阿陀那识的一分执取性、染污性立为末那识，而以阿陀那识的作用为执持根身，并对二者作严密而详尽的解说与定位。护法、玄奘一系的这种做法，虽然违背了早期《解深密经》对阿陀那识的定义，但是使整个唯识系统在义理、组织结构上更趋严谨与圆熟。真谛则继承唯识古义，以染污意为阿陀那识，显示出其“一意识师”的立场。所以，真谛、玄奘各有所宗，二者的歧异体现了唯识思想发展的不同脉络。

第三节　阿黎耶识的成立
——具有认识论意义的存在论

识具有主体意义，心、意、识都是主体观念。原始佛教虽主无我，但不能不在经验的层面说明主体的活动，亦不能不交代生命的来源，于是产生具有认知能力的六识和十二因缘的识支。部派佛教对主体观念作深一步研究，发觉在生命流转的过程中，必须建立统一主体，否

---

① 印顺：《阿陀那与末那》，载《以佛法研究佛法》，《妙云集》下编之三，第366页；释如定：《阿陀那识之研究》，载《大专学生佛学论文集(九)》，台北：华严莲社，1999年，第384页。

② 安慧《唯识三十释》说：“缘彼者，即以彼阿赖耶识为所缘。”见霍韬晦：《安慧〈三十唯识释〉原典译注》，香港：香港中文大学出版社，1980年，第64页。《成唯识论》卷四对染污意的所缘，举四家说法：(1)难陀等，双缘第八识的心王、心所；(2)火辨等，双缘第八识的见分、相分；(3)安慧等，双缘第八识的现种；(4)护法，但缘第八识的见分为我。见《大正藏》第31册，第21页下—22页上。若以第八识为种现不分的存在，则玄奘的转述与安慧原释一致。

则无法交代记忆的保持问题、业果的承担问题、自我的责任问题；换言之，在道德的公平原则之下，必须预设自我的延续，预设作业者与果报者的统一，这也就是“业”观念的要求；而“无我”说无疑为这种统一带来困难。为了消除业与无我之间的冲突，部派佛教提出了许多特殊的主体观念，如说一切有部的“命根”、犊子部的“胜义补特伽罗”、化地部的“穷生死蕴”、分别论者的“细心”、上座部的“有分识”、大众部的“根本识”等。同时，连带到知识的累积、记忆的保持、业力的传递等问题，于是又有无表色、无表业、不失坏、随眠、种子等观念产生以作中介。部派佛教是在无我的观念背景下，成立一个特殊的主体观念及联结前因后果的媒介概念，以解决轮回主体及业力相续的问题。

瑜伽行派的兴起，使这两个问题得到统一处理。瑜伽行派首先提出以阿黎耶识作为轮回主体，又用种子学说来交代业力相续，但阿黎耶识与种子并非不同的存在，而是一整体。阿黎耶识是总名，它的内容就是种子，舍种子外，阿黎耶识并无内容，所以阿黎耶识别名“种子识”，它摄持一切种子。种子一方面是未来诸法生起的根据，另一方面又是过去经验活动熏生的结果，无论来者、去者都以阿黎耶识为集散过转之地。所以，阿黎耶识的重要功能是贮存，以使过去的经验活动(业)不散失。《解深密经》中阿陀那识执持种子、根身的功能，说明阿黎耶识逐渐成为主体。这样，阿黎耶识在后世发展出三个意义——能藏、所藏、执藏。这是沿着轮回问题、行为问题、因果问题、生命现象问题所建立起来的阿黎耶识的主体观念，基本上是存在论及伦理学的进路。阿黎耶识相当于现象学中的“纯粹自我”。纯粹自我是意识的一种功能，是意识活动的“执行者”或承担者。它是关系中心，是极点也即意向的出发点。据此，它也成为个体的意识流的统一。每一个体验都在体验流中产生和消失，但在此体验中，“出场”和“退场”的纯粹自我却不因此而产生和消失。它伴随着每一个现时的体验活动，并因此而构成整个体验流的统一。

阿黎耶识是瑜伽行派最根本与最重要的概念。随着瑜伽行派的发展及其与各种思想的碰撞与交流，阿黎耶识的含义也发生了许多变化。真谛对阿黎耶识的诠释，继承了唯识古学的种种观点，同时也有自己的解释。在真谛所传译的诸论书中，阿黎耶识的名称和意义各有不同。《转识论》译为阿黎耶识，异名本识、宅识、藏识；《显识论》译为阿梨耶识，异名显识、本识；《决定藏论》译为阿罗耶识；《佛性论》译为阿梨耶识；《三无性论》译为类，此“类”即阿黎耶识，异名本识、乱识；《摄论》和《摄论释》译为阿黎耶识，异名一切种子识、阿陀那识和心等。梵文ālayavijñāna，真谛译为阿黎耶识、阿梨耶识或阿罗耶识，译语之不统一，原因在于其特殊的翻译背景。真谛来华时，恰值中国南方变乱，流离转徙，未尽所怀，以至于屡欲西反。[①]加之笔受者不同，很难做到译语的统一。

一　能藏、所藏与执藏

ālaya是从动词ā- $\sqrt{\text{lī}}$ (ālayate)而来，动词词根 $\sqrt{\text{lī}}$ 是黏著、执著、定著、留的意思，ālaya是ā- $\sqrt{\text{lī}}$ -a的名词形式，其意思十分丰富，从粘著、执著的原意出发，可以引申出爱著、贪著、执著、欲贪等意思；而从隐、定著、留的意思，可以引申出家宅、住居、隐居所、贮藏所等意思。[②]由于ālaya丰富的内涵意蕴，阿黎耶识的含义不断得以充实，对其依、缘、相应、性类、断舍等特点的辨别亦越来越明晰。在原始佛教乃至部派时代，“阿黎耶”一词是执著、爱著这种心理学式的意义，或者说是所执著的对象——五种感官对象或取蕴。瑜伽行派一开始并未采用此

---

① 汤用彤：《汉魏两晋南北朝佛教史》下册，北京：中华书局，1983年，第616页。

② 月轮贤隆：《小乘典籍に於ける阿頼耶》，《密教研究》第26卷，1927年，第64页。

义，《解深密经·心意识相品》强调阿黎耶识对身体的“摄受、藏隐、同安危”[①]，这是将阿黎耶识诠释为“隐藏在肉体中的识”。它或许是瑜伽师在禅定实践中所直观到的实践主体，隐藏在肉体中，以肉体为其所依，当然与肉体安危同一。这似乎也不能否定其有执受根身的作用，只是从语源诠释来看，在《解深密经》中，其第一义是“隐藏”，而后才是“执受”；而此时阿陀耶识不但具有执受义，与执持种子的功能关系亦较密切。[②]

依安慧的解释，阿黎耶识称为ālaya的原因，在于一切杂染法的种子以其为“住处”，这样阿黎耶识为一切法之因；同时，一切法以果的状态藏于阿黎耶识中，系属于阿黎耶识。[③]《成唯识论》指出阿黎耶识具有能藏、所藏、执藏三义，而尤其强调执藏义。[④]《摄论》中没有出现这三义，但是在阐述阿黎耶识的名字及得名原因时，引用《阿毗达磨经》说：

> ［玄］由摄藏诸法，一切种子识，故名阿赖耶，胜者我开示。[⑤]
>
> ［真］诸法依藏住，一切种子识，故名阿黎耶识，我为胜人说。[⑥]
>
> ［藏译］chos kun bon thams cad paḥi rnam par ses pa kun gshi ste
> de bas kun gshi rnam śes te dam pa dog la ṅas bśad do

---

① 《解深密经》卷一，《大正藏》第16册，第692页中。

② 陈一标：《有关阿赖耶识语义的变迁》，《圆光佛学学报》第4期，1999年，第106页。

③ 霍韬晦：《安慧〈三十唯识释〉原典译注》，香港：香港中文大学出版社，1980年，第40页。

④ 《成唯识论》卷二说：“初能变识大小乘教名阿赖耶，此识具有能藏、所藏、执藏义故。谓与杂染互为缘故，有情执为自内我故。”见《大正藏》第31册，第7页下。

⑤ 玄奘译：《摄大乘论》卷上，《大正藏》第31册，第133页中。

⑥ 真谛译：《摄大乘论》卷上，《大正藏》第31册，第114页上。此外，隋代笈多译“诸法所依住”，北魏佛陀扇多译“一切诸法家”。汉译各家的第一句均与藏译有差别。

[藏译重译]诸法一切种，识以为依处，由是为藏识，我开示圣者。[1]

玄奘将“依藏住”译为“摄藏”，从种识“非一非异”出发，主张一切种子识在相续的识流中具有能生的功能，能作诸法的摄藏，给一切法作所依处，即从“一切种子识”的功能来定义阿黎耶识。现代学者在还原“摄藏”的梵文时，将其还原为ālaya和ālīya，可译为“被摄藏”“被隐藏”“被内藏”。[2]

《摄论》中阿黎耶识的意义和《解深密经》中的相比，发生了变化，着重探讨诸法与阿黎耶识的关系。[3]无著、世亲对阿黎耶识的功能进行了详细论述和解释，真谛译《摄论释》说：

论曰：一切有生不净品法，于中隐藏为果故。此识于诸法中，隐藏为因故。复次诸众生，藏此识中。由取我相故，是故名阿黎耶识。

释曰：一切谓三世，三世中取正生，能生不净品法，谓翻五种净品名不净品。诸法谓阿黎耶识果，即不净品等，阿黎耶识藏住此果中为因。藏者以执义，约阿陀那识及意识。说众生名，何以

---

① 吕澂：《西藏传本摄大乘论》，《现代佛教学术丛刊》第30册，第243页。

② 陈一标整理现代学者的理解与汉译如下：(1) vijñāna storing all dharmas：摄藏（玄奘）、埋没（高崎直道）——及物动词主动态，主词为阿赖耶识，受词为诸法。(2) vijñāna in which all dharmas hide：依识住（真谛）、所依住（笈多）——不及物动词主动态，主词为诸法，藏住的地点是阿赖耶识。(3) vijñāna which is the house or receptacle of all dharmas：家（佛陀扇多）、藏处（山口益）——一般名词，住处、所藏处之意。(4) vijñāna which is hidden in all dharmas：被内藏（长尾雅人）——及物动词被动态，主词为阿赖耶识，被藏的地点是诸法。见《有关阿赖耶识语义的变迁》，《圆光佛学学报》第4期，1999年，第97—98页。

③ 《解深密经》以阿陀那识能摄持种子，阿黎耶识与根身同安危；而《摄大乘论》以阿陀那识与有色诸根同安危，阿黎耶识具有摄持种子的功能。

故？一切众生无无我执。我执若起，缘何境缘本识起，微细一类相续不断故。[1]

玄奘将“隐藏”译为“摄藏”，而且译出阿黎耶识为诸法的“因性”“果性”。[2]真谛译《摄论释》与玄奘相比，有增补的部分。阿黎耶识具有二义：(1)隐藏义，这与安慧的解释相同，一切杂染法以结果的状态，被内藏于阿黎耶识中；同时，阿黎耶识以原因的状态，被内藏于一切杂染法中。“隐藏”或“摄藏”，自然也就具有了《成唯识论》所说能藏、所藏的含义。(2)执藏义，玄奘译本只说到“有情摄藏此识为自我”，并没有清楚地叙述此中执藏的主体、对象及其原因，而真谛则加以详细解释。由于本识一类相续，恒常不断，成为体验流中的统一性，所以阿陀那识(即染污意)借其统觉的综合作用，把念念种子综合起来，将之看成属同一的无数点，执此属同一的无数点为我。这是下意识中的事，我相仍未具体显现，到意识分别，我执生起，我相即得其具体显现了。因此，真谛是将阿陀那识(即染污意)与意识作为执藏的主体，而护法、玄奘一系只是将染污意作为执藏的主体，这是二者的不同之处。从无著、世亲、安慧、真谛一系来说，种子与本识融为一体，这样阿黎耶识与杂染法只是一重能所的摄藏或隐藏关系。如《转识论》以譬喻称阿黎耶识：“名宅识，一切种子之所栖处；亦名藏识，一切种子隐伏之处。”[3]这是与《摄论》一样，从种子与本识不分的立场，来探讨阿黎耶识的意义。

---

① 真谛译：《摄大乘论释》卷一，《大正藏》第31册，第157页上—中。

② 玄奘译《摄大乘论释》卷一说：“论曰：一切有生杂染品法，于此摄藏为果性故，又即此识于彼摄藏为因性故，是名说名阿赖耶识。或诸有情摄藏此识为自我故，是故说名阿赖耶识。释曰：一切有生者，诸有生类皆名有生。杂染品法者，是遮清净义。于中转故，名为摄藏。或诸有情摄藏此识为自我者，是执取义。”见《大正藏》第31册，第324页中。

③ 《转识论》，《大正藏》第31册，第61页下。

但是，从种识不一的立场出发，则可能有两重因果的解释。无性在解释《阿毗达磨经》的偈颂时，就建立了“辗(展)转摄藏”的思想：

能摄藏诸法者，谓是所熏，是习气义，非如大等显了法性，藏最胜中。阿赖耶识摄藏诸法，亦复如是。为简彼义，是故复言一切种子识，与一切种子俱生俱灭故。阿赖耶识与诸转识互为缘故，展转摄藏，是故说名阿赖耶识。非如最胜即显了性，显自简劣故。……一切杂染库藏所治，种子体性之所摄藏，能治彼故，非互相违，为因果性。是正道理，然得为所依。若处有所治，亦有能治故。于此摄藏者，显能持习气。由非唯习气名阿赖耶识。要能持习气，如彼说意识。或诸有情摄藏此识为自我者，是执取义。[①]

无性的解释有两个特点：第一，通过熏习与习气，来建立阿黎耶识与杂染法的摄藏关系。阿黎耶识为所熏法，诸杂染法为能熏法，阿黎耶识能够摄藏杂染法的习气。在通过熏习建立的一种能所关系的基础上，阿黎耶识所摄藏的种子能生杂染法，阿黎耶识是能藏，种子是所藏，又建立了显现的另一种能所关系。第二，由此二种能所关系出发，建立阿黎耶识与一切杂染法的“互为缘”，即辗(展)转摄藏。

护法、玄奘、窥基继承了无性的观点[②]，玄奘门下的圆测却持相左意见。慧沼《了义灯》卷三说：“能藏所藏等，西明三释：第一，八现望余现；第二，以杂染种为能藏，种能持果故；第三，现种俱能藏。意取第

① 无性：《摄大乘论释》卷一，《大正藏》第31册，第383页上—中。

② 《成唯识论述记》卷二末说：“能持染法种种名所藏，此识是能藏；是杂染法所熏，所依染法名能藏，此识是所藏。”见《大正藏》第43册，第300—301页。《同学钞》卷二记载窥基的思想：“受熏熏之边是所藏义也，持种边是能藏也，我爱缘执是执藏义也。”见《大正藏》第66册，第153页下。

二,《要集》亦取第二为正。”[①]护法、玄奘一系重视阿黎耶识作为“识”的角色,从而将“本识”区分为种子与现行阿黎耶识,并且依十门详细阐述阿黎耶识的性格。[②]圆测所提到的三种解释,都肯定现行阿黎耶识的存在。他认同第二种解释,主张杂染种是能藏;因为种子能摄持诸果法,所以种子是能藏,诸法是所藏;反过来说,现行诸法熏习种子,所以诸法是能藏,种子是所藏。[③]圆测通过种子来建立阿黎耶识与诸杂染法的两重因果,玄奘、窥基则通过现行阿黎耶识,二者的立足点不同。

从《摄论》中阿黎耶识的“摄藏”义出发,护法、玄奘一系建立了“互为摄藏”,这当然不符合无著的本义。但是,沿着“摄藏”的思路,确有建立“互为摄藏”的可能性。印顺坚决反对阿黎耶识与诸杂染法之间的“互为摄藏”,强调阿黎耶识作诸法的“依住”与统摄机构,二者之间只能互为因果。[④]

理解这一争端,必须追溯瑜伽行派建立阿黎耶识的本意。阿黎耶识作为主体观念,必须对诸法的生起作出存在的说明。但是,唯识学的存在论,不仅是对存在作出自己的诠释,更注重改变有情的世界观,以彰显其实践论与认识论的意义,因而是“具有认识论意义的存在

---

① 《成唯识论了义灯》卷三,《大正藏》第43册,第717页上。

② 《三十颂》第二颂至第四颂前半,叙述阿赖耶识的性格,《成唯识论述记》卷二末将其分科为:一、自性;二、果相;三、因相;四、所缘;五、行相;六、相应;七、五受;八、三性;九、因果譬喻;十、伏断位次。见《大正藏》第43册,第300页中—下。

③ 圆测排斥其他两种说法,因为现行的本识之体对杂染品法之种子而言,但是所依,无因缘义,所以不能就第八现行与种子说能所藏(针对第三种解释);再则,第八现行对现行前七识,亦无因缘义,所以不能就第八现行与前七现行说能所藏(针对第一种解释)。见《成唯识论了义灯》卷三,《大正藏》第43册,第717页上。

④ 印顺:《摄大乘论讲记》,载《妙云集》上编之六,台北:正闻出版社,1990年,第39页。

论”。[1]因此，依本识而安立一切法，只有一重能所关系是不够的，阿黎耶识与一切杂染法“互为摄藏”之说的提出，根源在于此说具有实践论与认识论上的意义。至于真谛继承无著、世亲的思想，建立一重摄藏的能所关系，而且指明执藏阿黎耶识的主体是阿陀那识与意识，既有创新的地方，也是其“一意识师”立场的表现。

二　因相、果相与自相

《成唯识论》将阿黎耶识的能藏、所藏、执藏三义称为阿黎耶识的“自相”，将异熟识称为果相，一切种子识则为因相。《决定藏论》依“八相”对阿黎耶识的性质进行详细阐释[2]，可见“三相”是略说。[3]真谛译《摄论释》说：

> 论曰：立自相者，依一切不净品法习气，为彼得生，摄持种子

---

① 对于唯识思想是否具有存在论(ontology)，一向有争议。Thomas A. Kochumuttom认为唯识思想只是“经验的解释”，属于“主观建构”，而不是存在的体系。见*A Buddhist Doctrine of Experience: A New Translation and Interpretation of the Works of Vasubandhu the Yogācārin*, Motilal Banarsidass Publishers, Delhi, 1999 , pp.5-11。Florin Giripescu Sutton极力反对这一观点，认为瑜伽行派在终极意义上，反对双重性或多重性的存在；然而依超越的立场和概念化的方式来阐述存在，从认识论或精神学的背景出发，可以将唯识学归纳为“尚未证实的唯心一元论”。同时，诸法都是无常、非永恒的，因此可以在无常意义上建立多元论。见*Existence and Enlightenment in the Laṅkāvatāra-sūtra: A study in Ontology and Epistemology of the Yogācārā School of Mahāyāna Buddhism*, State University of New York Press, Albany, 1991, pp.xvi-xvii。我们同意Sutton的观点，将以阿黎耶识为中心的存在论，称为“认识论意义的存在论”。

② 阿黎耶识八相：执持、本、分明、种本、非常事、身受、无识定、非气绝者。见《决定藏论》卷上，《大正藏》第30册，第1018页下—1019页上。另外，见《瑜伽师地论》卷五十一，《大正藏》第30册，第579页上—中。

③ 真谛译《摄大乘论释》卷二说：“《决定藏论》中，明本识有八相，异彼广说，故言略说三种。”见《大正藏》第31册，第162页。真田英范曾经对《摄大乘论》中的“三相”进行简单考察，见《摂大乗論における阿黎耶識の三相について》，《印度學佛教學研究》第31卷第1号，1982年，第128—129页。

作器，是名自相。立因相者，此一切种子识，为生不净品法，恒起为因，是名因相。立果相者，此识因种种不净品法无始习气，方乃得生是名果相。

释曰：自相义云何？依一切不净品法，熏习此识最胜，为彼得生功能。此功能相复云何？谓摄持种子。云何摄持？熏习成一故言摄持。八识中随一识不净品法所熏习，已得功能胜，异为生彼法，后转成因，是名因相。依止三种不净品法熏习，后时此识得生，为摄藏无始熏习故，是名果相。[①]

自相(梵文 svalaṣkaṇa, 藏文 raṇ gi mtshan ñid)是深细而不易了知的，但可以从因果关联中去认识。依贪、嗔、痴等杂染法的熏习，阿黎耶识与转识俱生俱灭，接受现行的熏习，从而生起识的胜功能。[②]同时，阿黎耶识接受熏习后，又能使熏习而成的习气不失，成为杂染法生起的原因，所以称为“摄持”。这就是阿黎耶识的“自相”。《成唯识论》立足于种识不一的立场，以现行阿黎耶识来说明自相，称为能藏、所藏、执藏。[③]《摄论》及世亲的《摄论释》并没有提到这三者的名目。但是，阿黎耶识能接受熏习并能摄持种子，即能藏、所藏；同时，“藏者以执义”，显示了执藏是与能藏、所藏相通的。所以，在《摄论》及世亲的《摄论释》中，阿黎耶识的自相虽然没有三藏的名称，却已经具备这样的意思了。而以种子或现行阿黎耶识，又或种识不分为立足点，来对自相进行阐释，则属于不同的思想进路。

---

① 真谛译：《摄大乘论释》卷二，《大正藏》第31册，第162页中。

② 功能即是能力之意，即种子的异名。唯识思想以种种现象都以功能为因，而得生起。一切功能潜隐在现象界的背后，而为其根本。《俱舍论》卷四说：“此中何法名为种子，谓名与色，于生自果，所有展转邻近功能。”见《大正藏》第29册，第22页下。

③ 《成唯识论》卷二说：“此识具有能藏、所藏、执藏义故……此即显示初能变识所有自相，摄持因果为自相故。”见《大正藏》第31册，第7页下。

因相(藏文rgyu ñid kyi mtshan ñid)，玄奘译《摄论释》说："此中安立因相者，谓即次前所说品类一切种子，阿赖耶识由彼杂染品类诸法熏习，所成功能差别为彼生因，是名安立此识因相。"[①]由杂染法熏习成的种子，是杂染法生起的原因。真谛译本则强调"八识中随一识不净品法所熏习"[②]，这应该是指阿黎耶识受到八识中任何一转识的熏习，所成就的功能是杂染不净品法生起的原因，称为因相。果相是从受熏方面而安立的。依能熏习不净品法，从无始时来所熏成的习气，在阿黎耶识的后后相续而生中，引起本识内在的潜移变化。

无著、世亲的立场基本上是依种识不分来阐明阿黎耶识的三相。真谛译《转识论》虽然没有集中概括阿黎耶识的三相，但是整理《转识论》中有关阿黎耶识的文句，仍然可以发现一些相应的说法。"此识能生一切烦恼、业、果报事"，说明阿黎耶识是一切烦恼、业、果报的集合体，此即阿黎耶识的"自相"。"果报识者，为烦恼业所引，故名果报"，说明阿黎耶识是烦恼及业成熟后所感的果报体，即异熟识，此为其"果相"。"是一切种子识者，是阿黎耶识，为诸法种子及所余七识种子，并能生自类无量诸法故，通名一切法种子识也"，说明阿黎耶识是一切种子识，种子能生无量差别诸法，此为其因相。[③]所以，真谛是继承无著、世亲的观点，从本识来说明阿黎耶识的三相。

从无性开始，护法、玄奘、窥基依现行阿黎耶识来说明三相，使阿黎耶识的性质发生了很大的变化。玄奘作为忠实的翻译家，很少对译

---

① 玄奘译：《摄大乘论释》卷二，《大正藏》第31册，第327页下。

② 叶阿月将这句话解读为：八识之中的任何一识，受不净品法熏习，从而得到胜功能，生起杂染法。这种解读方式从一识的立场来说明八识与阿黎耶识的功能不一不异，将八识都看作所熏。见《唯識思想の研究：根本眞實としての三性說を中心にして》，东京：国书刊行会，1975年，第146页。我们不同意这种解读方法，一识的立场是对的，但并不是八识中的任何一识都可以受熏。真谛继承唯识古学的思想，主张八识"同体别用"，但是他对八识功能的区分仍然比较清楚，只有第八识才可以受熏，这也是瑜伽行派的基本观点。

③ 以上文句散见于《转识论》，《大正藏》第31册，第61页下—62页下。

本进行增补，但他为了说明自己的立场，在所译《摄论释》中增补了一段藏译本及其他汉译本没有的文字：

> 此中自相是依一切杂染品法，无始熏习为彼生因，摄持种子识为自性，果性因性之所建立。此中因相，是彼杂染品类诸法熏习所成，功能差别为彼生因，唯是因性之所建立。此中果相，是依杂染品类诸法无始熏习，阿赖耶识相续而生，唯是果性之所建立。[①]

在唯识思想的发展过程中，"八识现行"与"一种七现"的思想差异一直存在。对于弥勒、无著、世亲三大论师来说，不同的著作往往表现出其本身思想的差异性，如世亲在《摄论释》中主张第八识种识不分，而在晚年所作的《唯识三十颂》中则主张"八识现行"。护法、玄奘坚持"八识现行"，从而对以前的唯识思想进行批判与完善。玄奘一生以继承与弘扬护法所传承下来的唯识学为己任，因而在一些与护法一系观点不同的地方，会加上自己的解释。他将自相、因相、果相称为自性、因性、果性，特意解释了自性依因性、果性建立的性质。粗看此段文字，他对三性的说明似乎是对自相、因相、果相的简单总结。但是，其中确有不同之处。

在《摄论释》中，世亲强调"能生于彼功能差别识为自性"，"摄持种子相应"，"摄持种子者，功能差别也"。[②]从种识不分的立场看，本识的自性或自相即种子，阿黎耶识(即种子)是一切法的所依。但是，玄奘强调"摄持种子识为自性"，即阿黎耶识的自性是摄持种子，接受杂染

---

① 玄奘译：《摄大乘论释》卷二，《大正藏》第31册，第327页下。叶阿月曾将真谛译、玄奘译、藏译有关三相的解释进行比较，见《唯識思想の研究：根本眞實としての三性説を中心にして》，东京：国书刊行会，1975年，第144—148页。

② 玄奘译：《摄大乘论释》卷二，《大正藏》第31册，第327页下。

法的熏习。他将种子从阿黎耶识中分离出来，而因性、果性都是依现行阿黎耶识而建立的。所以，沿着玄奘的思想进路，“相”是指种子与现行法的关系，“性”是指现行阿黎耶识与杂染法的关系。因相是指功能差别为杂染法的生因，但是这种“相”的关系之成就，仰赖于现行阿黎耶识能够摄持种子，即因性。至于果相、果性，在玄奘的翻译中比较一致。印顺提出，玄奘译《摄论》中“此识续生而能摄持无始熏习，是名果相”一句，会使人生起别体的印象。[①]其实这是他的真实思想，果相、果性就是指现行阿黎耶识接受熏习。玄奘增补“三性”来说明“三相”，旨在引导种识不分的“三相”说，走向以现行阿黎耶识为中心的“三性”说。后来，玄奘门下各依种子与现行阿黎耶识来解释三藏，根源都在玄奘的体系本身。

三　异熟与无覆无记

“覆”的梵文为nivṛta，是“逆转”“退转”的意思。《成唯识论》说：“覆谓杂法，障圣道故，又能蔽心，令不净故。”关于“记”，《成唯识论》说：“记谓善、恶，有爱、非爱果及殊胜自体可记别故。”[②]因为经验上的善、恶活动，将来必分别招致可爱果与非可爱果，是为记别活动。对阿黎耶识的性类，安慧说：“由意地客尘随烦恼所不覆故，即为无覆；是异熟性故，对异熟不可记别善与不善，所以无记。”[③]阿黎耶识自身不是染性，对成佛的圣道不会构成障碍，因此称为“无覆”。阿黎耶识由于异熟性，不能记别果，所以称为“无记”。

---

① 印顺：《摄大乘论讲记》，载《妙云集》上编之六，台北：正闻出版社，1990年，第76页。

② 《成唯识论》卷三，《大正藏》第31册，第12页上。

③ 霍韬晦：《安慧〈三十唯识释〉原典译注》，香港：香港中文大学出版社，1980年，第57页。

胜吕信静从阿黎耶识(ālaya)的语源出发，认为阿黎耶识最初的意义，是与烦恼结合的，是杂染法，为了成立染、净法，才由异熟无记发展到无覆无记。[①]在瑜伽行派最早的文献中，阿黎耶识与异熟这两个概念已经结合，如《瑜伽论·本地分》说："一切种子，执受所依；异熟所摄，阿赖耶识。"[②]《摄抉择分》将阿黎耶识规定为无覆无记，但是相应的异译《决定藏论》里并无"无覆"，只有"无记"。[③]《摄抉择分》又说："异熟于一切处，当言唯是无覆无记。"[④]阿黎耶识作异熟果，其性类是无覆无记也是理所当然的。同时，阿黎耶识还承担着染净法之成立根据的功能。在《瑜伽论》《辩中边论》或《大乘庄严经论》中，还未出现阿黎耶识是染净法之统一的说法。[⑤]但是，《摄论》已经明确规定，世间杂染法与出世间清净法，都是基于阿黎耶识而成立的，而且指出阿黎耶识是无覆无记。无覆无记才能使阿黎耶识接受染、净法的熏习，而持有与迷、悟相对的中性性质。

安慧将无覆理解为客尘烦恼所不覆，这是把烦恼视为外来的东西，即是说阿黎耶识是一非烦恼性的存在，但是这不能代表阿黎耶识是清净的。[⑥]其实，阿黎耶识是"杂"法而非"染"法，原因在于它是无记的。

---

① 胜吕信静：《唯识说的体系之成立——特以〈摄大乘论〉为中心》，载高崎直道等著，李世杰译：《唯识思想》，《世界佛学名著译丛》第67册，台北：华宇出版社，1985年，第146—151页。

② 《瑜伽师地论》卷一，《大正藏》第30册，第279页上。

③ 《瑜伽师地论》卷五十一说："六识身无覆无记，异熟所摄，类不可得。"见《大正藏》第31册，第579页中。《决定藏论》卷上说："于六识中，若有一无记识，而独是执所摄持者，无有是处。"见《大正藏》第31册，第1018页下。

④ 《瑜伽师地论》卷六十六，《大正藏》第31册，第664页下。

⑤ 胜吕信静：《唯识说的体系之成立——特以〈摄大乘论〉为中心》，载高崎直道等著，李世杰译：《唯识思想》，《世界佛学名著译丛》第67册，台北：华宇出版社，1985年，第148—149页。

⑥ 霍韬晦将"非烦恼性的存在"等同于"阿黎耶识自身清净"。见《安慧〈三十唯识释〉原典译注》，香港：香港中文大学出版社，1980年，第58页。

关于“异熟”,《成唯识论述记》[①]指出异熟有三义:(1)变异熟,果是由变异而成熟的,即经过“转化”;(2)异时熟,结果与原因不是同一时成熟的;(3)异类熟,结果与原因在性类上是不同的。说一切有部主张“异类熟”,经部主张“变异熟”。瑜伽行派亦主张“异类熟”,因为从前的善恶活动成熟后,转化为现实的存在,经过消解转化,存在本身已经没有善恶色彩,异熟故无记。《成唯识论》还列举出两条阿黎耶识为“异类熟”的理由:一者善染依,二者所熏性。善恶活动都会影响到生命的存在形态,作为受熏主体必须容受,所以是非善恶性的;同时,熏习的进行,已经设定了阿黎耶识的存在是无记性的。因此,作为阿黎耶识的存在,含有一种隐性的价值意义。

真谛译《转识论》只是指出阿黎耶识是“自性无记”[②],而没有指出它是无覆无记。但是,《摄论释》明言“果报识”定是无覆无记。[③]可见,阿黎耶识是无覆无记,乃是瑜伽行派共同的观点。这是瑜伽行派继承自部派佛教的传统,阿黎耶识作为过去的善恶业之果报必定是无记;同时,作为善法种子和恶法种子的摄持者,也必须是无记的;而肉体必须是无记的。这三种“无记”共同构成了阿黎耶识的“无记”。

四　缘识与用识

在《中边分别论》及《摄论》中,阿黎耶识有一异名为“缘识”(pratyayavijñāna),前六识或七识被称为“用识”“受者识”。《中边分别论·相品》第九偈说:

---

① 《成唯识论述记》卷一本,《大正藏》第43册,第238页下。

② 《转识论》,《大正藏》第31册,第62页上。

③ 真谛译:《摄大乘论释》卷四,《大正藏》第31册,第181页上—中。

［梵文］ekaṃ pratyaya-vijñānaṃ dvitīyam aupabhogikaṃ | upabhoga-pariceheda-prerakās tatra caitasāḥ ||

［今译］一则是缘识，第二是有受用。受用、分别与起作，这些是心所。

［真］第一名缘识，第二是用识；于尘受分别，引行谓心法。

［玄］一则名缘识，第二名受者，此中能受用，分别推心所。[①]

按照安慧的解释，阿黎耶识被称为缘识的原因，在于其为一切有漏法种子所系属，又是其余转识生起的因缘。[②]阿黎耶识具有三方面的特质：一、摄藏种子；二、显现有情及器世间等；三、由异熟性故无记。所以，缘识主要是就阿黎耶识能够摄藏种子这方面特质而言的。

转识(pravṛttivijñāna)是由本识生起、现起的，所以又可以称为"生起识""受用识"。[③]对于转识，安慧、窥基注释为七识[④]，《摄论》引用此偈，《摄论无性释》及真谛译《摄论释》注释为"六转识"[⑤]。受用识是从本识现起的能取能受用者，这种作用可以分为受、分别、引行三种。真谛译《中边分别论》说："于尘受者，谓领尘苦等，说名受阴。分别者，谓选择尘差别，是名想阴。引行者，能令心舍此取彼，谓欲思惟及

① 叶阿月：《唯識思想の研究：根本眞實としての三性説を中心にして》"资料编"，东京：国书刊行会，1975年，第31页。

② 山口益译注：《安慧阿遮梨耶造中辺分別論釈疏》，名古屋：破尘阁书房，1935年，第53页。

③ 玄奘译《摄大乘论释》说："受用是生起义。"见《大正藏》第31册，第330页中。

④ 山口益译注：《安慧阿遮梨耶造中辺分別論釈疏》，名古屋：破尘阁书房，1935年，第52页。《辩中边论述记》卷上说："即七转识皆名受者，以受用境，受数用胜。识从俱时之受，立受者名，即邻近释。皆非根本，并名受者。"见《大正藏》第44册，第5页上。

⑤ 无性《摄大乘论释》卷二说："能受用者即六转识，为受用故，从缘而生，所缘境界可分别故。"见《大正藏》第31册，第390页中。真谛译《摄大乘论释》卷三说："此六识云何说名生起识。"见《大正藏》第31册，第167页上。

作意等，名为行阴。如是受等，名为心法。”[①]受用就是能够领纳、受用五尘的苦乐，为受蕴；分别是能取境界相貌，而安立言说的想蕴；引行（即“推”）是推动、引导心的力量，即是行蕴。无性在注释此偈时，也将这三种作用称为受蕴、想蕴、行蕴。[②]但是，玄奘译《辩中边论》将这三种作用称为三种心所，即受用为受心所，分别为想心所，引行为思心所、作意心所。[③]玄奘的翻译，与梵文相同，即五遍行中除触以外的四种心所。

真谛译《摄论释》在继承《中边分别论》的基础上，增补了下面一段：

> 二说名受识者。其余诸识前说名生起识，今说名受识。能缘尘起，于一一尘中能受用苦乐等，故名受识，即是受阴。了受名分别者，此三受若有别心能了别，谓此受苦、此受乐、此受不苦不乐，此识名分别识，即是想识。起行等心法者，作意等名起行，谓此好彼恶等；思故名作意，此作意能令心舍此受彼，故名起行，起行即是行阴。六识名心，从此初心，生后三心，故名心法。[④]

印顺认为真谛的解释有点杂乱，他根据《大乘庄严经论·述求品》[⑤]指

---

① 《中边分别论》卷上，《大正藏》第31册，第452页上。

② 无性《摄大乘论释》卷二说：“如是三蕴皆能助心，受用境界，故名心法。”见《大正藏》第31册，第390页。

③ 《辩中边论》卷上，《大正藏》第31册，第465页上。

④ 真谛译：《摄大乘论释》卷二，《大正藏》第31册，第167页上—中。玄奘译《世亲释》没有对应的内容。

⑤ 《大乘庄严经论》卷五说：“偈曰：所取及能取，二相各三光，不真分别故，是说依他相。释曰：此偈显示依他相，此相中自有所取相及能取相。所取相有三光，谓句光、义光、身光。能取相有三光，谓意光、受光、分别光；意谓一切时染污识，受谓五识身，分别谓意识。”见《大正藏》第31册，第613页下—614页上。

出此三心法分别指前七识。(1)“能受用”是前五识，依于五根，受用五尘境界，具有感受的意义。(2)“分别”是第六识，不但有自性分别，而且有随念、计度二种分别。(3)“推”(即引行，《大乘庄严经论》谓“意”)是第七识，推度、妄执第八为我。[①]《大乘庄严经论》基于“一种七现”的立场，依种子识而成立唯识。这三心法作为受用的转识，是本识现起的作用，可说是本识的心所法。[②]印顺的解释，对于《大乘庄严经论》来说，是通顺而且正确的。玄奘译《辩中边论》也明确将这三心法解释为“三心所法”。但是，对于《中边分别论》和真谛译《摄论释》来说，这一解释则显得曲折，且未必符合原意。

真谛将“受识”称为“生起识”，即是转识或六识；“受识”又称为“受阴”，则又成为心所，这是第一难解之处。“了受名分别者”，称为分别识或想，有将受用与分别合为一种识的嫌疑，这是第二难解之处。《中边分别论》和真谛译《摄论释》的相关名目如下：

表2.3 《中边分别论》与真谛译《摄论释》“识”之名目对照表

《中边分别论》		真谛译《摄论释》	
用识	转识	生起识	受识
受	受阴	受识	受阴
分别	想阴	分别(了受)	分别识(想识)
引行	行阴	起行	行阴

① 印顺：《摄大乘论讲记》，载《妙云集》上编之六，台北：正闻出版社，1990年，第107页。

② 印顺：《摄大乘论讲记》，载《妙云集》上编之六，台北：正闻出版社，1990年，第107页。印顺将“心所”理解为“从心所生”“心现起的各种作用”。水野弘元认为，“心所”(caitasikā)是从形容词“心的”而来，在成为名词“被心所有的、为心所有者”之后，被称为“心所”；因此，不能将心所法称为“心的作用”，说成“心的属性”较贴切。见释惠敏译：《佛教教理研究》，载《水野弘元著作选集》二，台北：法鼓文化，2000年，第335页。

这里的关键处有两点：第一，分别两种受识。真谛所谓“其余诸识前说名生起识，今说名受识”，按照牟宗三的解释，意为六识或生起识的“受识”是“受用主”，强调对六尘的分别性；而受蕴的“受识”是能受用性，受用苦乐等。[①]第二，“了受名分别者”，这是指对“受”的了别或分别，即想蕴的作用。《中边分别论》说“分别者，谓选择尘差别，是名想阴”，所以分别即是想蕴。

真谛说：“六识名心，从此初心，生后三心，故名心法。”生起识为六识，又可以称为“心”；而受、分别、引行是六识的作用，由六识所生，所以称为“心法”，即是心所。这三种心所法常与阿黎耶识和用识俱起，每刹那都辗转生起，构成虚妄分别的作用。真谛在解释《摄论》时，仍然是按照世亲的思想，将用识或生起识的三种作用理解为心(所)法。但是，真谛并没有将染污意纳入转识的范围，这体现了早期唯识思想的特色。

同时，阿黎耶识具有能藏、所藏、执藏的作用，从而与受用识构成相互的因果关系。《摄论》引用《阿毗达磨经》偈颂：“诸法于识藏，识于法亦尔，此二互为因，亦恒互为果。”真谛译《摄论释》说：

> 释曰：此言欲显本识及受用识互为因果，以《阿含》为证，与《阿含》不相违则定可信。又若不作此言，未知此证从何而出，为是圣言，为非圣言，故作此说。诸法于识藏，识于法亦尔者。若本识作识法因，诸法为果，必依藏本识中。若诸法作本识因，本识为果，必依藏诸法中。此二互为因，亦恒互为果者，若本识为彼因，

① 牟宗三不同意印顺的解释，他指出，诸转识之所以得名曰“受者”，因为它们是“受用主”。三心所中的“能受用”就是此“受用主”的能受用性(受蕴)，“分别”就是“受用主”的分别性(想蕴)，“推”即“受用主”的推度造作性(行蕴即思蕴)，所以此三心法就是三心所。见《佛性与般若》上册，台北：学生书局，1997年，第399—401页。

彼为本识果；若彼为本识因，本识为彼果。如此因果理，有佛无佛，法尔常住。[①]

转识就是一切杂染不净法，一切杂染法都以本识为体。转识望于阿黎耶识摄藏的种子，现行诸法都是从种子所生，所以是阿黎耶识的所生果，阿黎耶识是诸法的因，这是从"能藏"义而说的。就"所藏"而言，阿黎耶识望于现行诸法的熏习，阿黎耶识是现行诸法的果，诸法又是阿黎耶识的因。因此，真谛基于种识不分的立场，以阿黎耶识的能藏、所藏，建立了阿黎耶识与转识之间互为因果的密切关系。

引文开头的画线部分，藏译、玄奘译、笈多译《摄论释》中都没有，唯独与《摄论无性释》"此中为显阿赖耶识与诸转识更互为缘，引阿笈摩，令其坚固故"[②]一句有相通之处。《杂阿含经》卷十二有"识有故名色有，识缘故有名色有"[③]一句，说明识与名色的相互因果关系。但是，依《摄论》及世亲、无性的原意，其不可能引用《杂阿含经》类似的话，而只可能引自《阿毗达磨大乘经》。[④]

《摄论无性释》同时又引用《瑜伽论·摄抉择分》的一段文字，来说明阿黎耶识与诸转识的相互缘起关系。[⑤]真谛译《决定藏论》卷上，

① 真谛译：《摄大乘论释》卷二，《大正藏》第31册，第167页中。

② 无性：《摄大乘论释》，《大正藏》第31册，第390页中。

③ 《杂阿含经》卷十二，《大正藏》第2册，第80页下。

④ 唯识论书多处引用《阿毗达磨大乘经》，学界一般承认其确实存在。唯识思想可溯源至《解深密经》与《阿毗达磨经》。前者流入《瑜伽师地论》，形成一大流派，产生《阿毗达磨集论》《显扬圣教》《三无性论》，而进入《成唯识论》。后者经由《大庄严论》《摄大乘论》《摄大乘论释》，又归于《成唯识论》。这两大系统的前驱是《十地经》。见保坂玉泉：《唯识诸经论组织系统》，载《佛典研究·续编》，《世界佛学名著译丛》第28册，台北：华宇出版社，1989年，第73—77、158页。

⑤ 无性：《摄大乘论释》卷二，《大正藏》第31册，第390页中—下；《瑜伽师地论》卷五十一，《大正藏》第30册，第580页中。

亦指出“阿罗耶识与余诸识互为因缘”，各有二义。[①]阿黎耶识为转识的因缘，有二义：第一，种本。善、不善、无记等诸转识的生起，都是依阿黎耶识作为种子的根本。第二，依托。由于阿黎耶识执持五根身，五识得以生起；同时，依阿黎耶识有染污意，依止染污意，意识得以生起。六识为阿黎耶识的因缘，亦有二义：第一，现转增长种本。诸识生起善、不善、无记，念念熏习阿黎耶识，未来生起的诸识力量转盛，增长善恶。第二，未来欲生之时令受报。由于诸识的善、不善的力量，在未来世令阿黎耶识受果报。

从能藏、所藏、执藏到自相、因相、果相，建立了根本识与诸转识之“互为缘性转相”；通过种子与熏习的作用，保持了生命的连续性与体验流的统一。但是，生命的显现必须建立“阿黎耶识与诸识等俱转”，这样的生命才是有生机的。[②]在阿黎耶识与诸转识互为因果、辗转互起的过程中，受、分别、引行三种心所法常与阿黎耶识与用识俱起，构成虚妄分别的作用。同时，真谛在解释《摄论》时，按照世亲的思想，将用识或生起识的三种作用理解为心(所)法，建立了“相应转相”。

瑜伽行派将一切杂染法的存在，都归因于阿黎耶识。因此，成立阿黎耶识的主体观念，是一种建设性的现象学，即为描述性的现象与存在，找到一个根据与起因，从而建立“具有认识论意义的存在论”。从种识不分的立场看，阿黎耶识因熏习所以有转变，说明了人是不断流转、不断积累、不断更新的过程性总体，其存在具有时间性和历史性。[③]胡塞尔现象学所说的“纯粹自我”相当于现行阿黎耶识，它保持

---

① 《决定藏论》卷上，《大正藏》第31册，第1019页中—下。

② 方东美将虚妄唯识分为四个层次：所缘转相、相应转相、互为缘性转相、阿黎耶识与诸识等俱转。见《中国大乘佛学》，台北：黎明文化，1991年，第634—641页。

③ 吴学国认为阿黎耶识不是永恒的先验意识，也不是纯粹自我。见《境界与言诠——唯识的存有论向语言层面的转化》，上海：上海人民出版社，2003年，第74页。

体验流的统一，恰如护法、玄奘一系以现行阿黎耶识摄持种子，建立生命的流转。

第四节　种子与熏习

瑜伽行派将阿黎耶识作为缘起论的中心，在于其具有摄持种子的功能。我们对过去世界的理解和经验，会以某种潜在的形式（种子）储存在阿黎耶识之内。正是种子与阿黎耶识的存在，使得我们的生命保持了连续，使过去成为一种永无穷尽的"竭尽可能性"的来源。阿黎耶识中的种子随着熏习的相续进行而不断变化、更新，从而使阿黎耶识成为生生不息的流动的历史性的主体。生命的染污与清净，全在于种子性质的转变，在于接受相应的熏习。生命的向上提升与可能性的发展，亦在于此。瑜伽行派的种子理论，承载着生命转化与提升的可能性与现实性。

种子（梵文 bīja），原指植物种子，借喻为现象生起之根据。世间的种种行为在发生过后尚有余势潜在地存留，并成为未来行为生起的原因，或影响未来的行为。初期佛教将促使善恶业及其果报连续不绝的潜在功能譬喻为种子。部派佛教时代，经部提出种子概念，认为业与果报的媒介物是思的种子，即由思的活动熏成。种子刹那相续，到成熟时，便生起名色果报。不过有关种子的贮存问题，经部并未了解到需有一底层意识的存在，所以只归于色心互持。瑜伽行派则以种子构成及维持阿黎耶识，并以之为生起现行的功能。

智𫖮曾引用真谛的种子思想："若阿黎耶中，有生死种子，熏习增长，即成分别识。若阿黎耶中，有智能种子，闻熏习增长，即转依成道后真如，名为净识。若异此两识，只是阿黎耶识，此亦一法论三。”[①]真谛把种子分成两类：一、生死种子，熏习成就分别识；二、智能种子，闻熏习而转依成就净识。真谛继承弥勒、无著、世亲的种子思想，同时为了能够克服瑜伽行派本身在转识成智理论上的困难，而引入如来藏思想，并且对其进行融摄与会通。

一　种子六义与生死种子

《成唯识论》规定种子是“本识中亲生自果功能差别”[②]，种子是阿黎耶识亲生自果的一种能力、原因。种子要成为具有功能的存在，必须具备一定的条件，这就是种子六义。[③]我们依真谛译《摄论释》加以解释[④]：(1)念念灭(玄奘译“刹那灭”)，种子在刹那中才生即灭，而非常住。种子如此，则种子所生起的表相世界亦然，因而世界是一种流动性、历史性的过程。(2)俱有(玄奘译“果俱有”)，种子与所生之现行(即表相)同时出现，现行还熏新种亦同时进行，三法辗转，因果同时，这是在刹那灭观点下建立的因果关系。(3)随逐至治际(玄奘译“恒随转”)，种子在第一刹那中才生即灭，第二刹那种子再起，中无间隙，而前后两种子相类，一直到金刚心道。(4)决定(玄奘译“性决定”)，种子的性质，如有漏、无漏、善、恶、无记等，与所生现行相同，现行与所熏生的种子亦性质相同。这是为了维持因果的一致，若因果性质不同，不可能相生。但种子性质不变化，会导致本有种子很难发生改变，瑜伽行派于

① 《妙法莲华经玄义》卷五下，《大正藏》第33册，第744页中—下。

② 《成唯识论》卷二，《大正藏》第31册，第8页上。

③ 《瑜伽师地论》从因、缘、果三方面推论，建立七义，是种子六义的前身。见雨昙：《唯识学上之种子义》，《现代佛教学术丛刊》第25册，第64页。

④ 真谛译：《摄大乘论释》卷二，《大正藏》第31册，第165页下。有关种子六义注释的翻译，诸本内容相同。

是成立“五性各别”。真谛在《摄论释》中引入《佛性论》等的佛性如来藏思想，否定五性各别。(5)观因缘(玄奘译“待众缘”)，种子生起为现行，须待条件。种子自身是因缘，但仍需有等无间缘、所缘缘及增上缘的牵引，始能生起。(6)能引显自果(玄奘译“引自果”)，每一种子只能生起自现行，而不会生起不同内容的现行，如此则现象界的因果内容不乱。由上述六义，可见瑜伽行派对世界构造问题的处理是一种功能原子论的进路[①]，即将世界分解为片片表相，然后收入种子，种子与表相一一对应。

从种识不分的立场来说，种子六义也应该适用于阿黎耶识。同时，阿黎耶识作为所熏，还必须具备所熏的条件——所熏四义。真谛译《摄论释》说：

> 以阿黎耶识具前六义：一、念念生灭；二、与生起识俱有；三、随逐乃至治际穷于生死；四、决定为善恶等因；五、观福非福不动行为因，于爱憎二道成熟为道体；六、能引显同类果。一切生起识，虽具六义得为种子，但与熏习四义相反。由阿黎耶识具种子六义，及熏习四义故，能受熏习转为种子，余识则不尔。[②]

一切生起识(六识)虽然亦具有种子六义，但是与熏习四义相反；阿黎耶识既具备种子六义，又具有熏习四义，所以能够接受熏习，成就种子。

真谛将转识称为受用识、生起识、分别识，对于受用识的生起，真谛增补了自己的解释：

---

① 霍韬晦：《唯识五义》，《华冈佛学学报》第6期，1983年，第319页。

② 真谛译：《摄大乘论释》卷二，《大正藏》第31册，第166页上。

论曰：所余识异阿黎耶识，谓生起识一切生处及道，应知是名受用识。释曰：此六识云何说名生起识？自有二义：本识中种子由此识生起故，此六识是烦恼业缘起故。一能熏习本识令成种子。种子自有二能——一能生，二能引。由此二能，六识名生起。由果有二能故，因得二名。二者本识中因熟时，六识随因生起，为受用爱憎等报故，此识名生起识，亦名受用识，由宿因所生起，令受用果报故。得生起、受用二名，此生起识一切受身，四生六道处，能受果报故，应知此名受用识。①

六识之所以被称为生起识，原因有二：其一，本识中的种子由六识生起，即六识能够熏习阿黎耶识而生起种子。种子具有两种功能——能生、能引，“生起”之名也就归于作为种子之因的六识。其二，六识是由烦恼业的助缘而生起，在一切受身如四生、六道，能够受用果报，所以又称为受用识。但是，真谛译《摄论释》在引用《中边分别论》时，将“受用识”称为“受识”，同时受蕴也是受识，于是便有广义与狭义之分。

六识作为生起识，其主要作用在于分别，《中边分别论》《摄论释》都以受、分别、推(即引行)为六识虚妄分别相应的心所作用，而且以“分别”为中心。所以，分别识(即想心所、想蕴)是六识作用的中心。同时，识的本义即是分别，分别识也可以指六识本身。因此，广义的分别识是指六识，狭义的分别识是指想心所。真谛译《摄论释》说：

论曰：不受相者，名言熏习种子。释曰：此本识在生死中，受用无尽，(不)同业种子，由是有相续，不断因故，名不受相。不受

① 真谛译：《摄大乘论释》卷二，《大正藏》第31册，第167页上。

相其体云何？谓名言熏习种子，先以音声同一切法为言，后不发言，直以心缘先音声为名，此名以分别为性。[①]

种子感果的情况不同，有支熏习的业种子，助感异熟果，感果的力量尽了以后，所感的异熟果也结束，所以是有受尽相的种子。而名言熏习种子，是由语言、概念作用在阿黎耶识中所熏成的种子。名言熏习种子，从无始时来，有种种戏论名言的熏习，在生死流转中，不会有受尽的现象，所以不同于业种子。瑜伽行派以名言种子是现实存在的根源，生起整个我、法世界。名言种子复分两类：一、表义名言种子，由具体的语言现象熏生，唯第六意识有。二、显境名言种子，由人的认识活动熏生，通前七识心、心所；但若从我、法世界的提供上说，八识种子都是名言种子。业种子，则为决定引生来世名言种子的力量。人生各有不同的命运就是受业种子牵引。业种子由第六意识中的思心所发出善恶性的身、语、意业熏生，而贮存于阿黎耶识中，对来生的阿黎耶识的名言种子有牵引作用。其实，业种子是名言种子中的一类。种子若能引生自现行，即作因缘义，便是名言种子；若只是牵引果位的其他的名言种子起现行，即作增上缘用，便是业种子。

名言熏习种子的形成，是以"名"为本，"名"就是分别。众生在生死流转中，依名言熏习种子不断生起现行，现行又熏习种子，于是生死轮回而不得解脱。名言熏习种子是生死的根本原因，所以称为"生死种子"。所以，智颛传真谛所说的"若阿黎耶中，有生死种子，熏习增长，即成分别识"一句中，生死种子就是指名言熏习种子，名言熏习种

---

① 真谛译：《摄大乘论释》卷四，《大正藏》第31册，第180页上—中。宫内省图书寮本(旧宋本)真谛译《摄大乘论释》，在"同业种子"之前有"不"字，据之增补。岩田谛静认为"同业种子"即"生死种子"，既误解了名言熏习种子与业种子的关系，也误解了真谛所说的"生死种子"。见《真諦の唯識説の研究》，东京：山喜房佛书林，2004年，第31页。

子以分别为性，随着熏习增长，在业种子的帮助下生起六识，即“成分别识”。

真谛将名言熏习种子称为“生死种子”，为我们指出现实世界的根本在于语言。“名言种子”是语言的概念，阿黎耶识即是人类的语言意识。加达默尔认为语言和世界的关系绝不是单纯符号和其所指称或代表的事物的关系，而是摹本与原型的关系。正如摹本具有使原型得以表现和继续存在的功能一样，语言也具有使世界得以表现和继续存在的作用。加达默尔写道：

> 语言并非只是一种生活在世界上的人类所拥有的装备，相反，以语言为基础并在语言中得以表现的乃是：人拥有世界。对于人类来说，世界就是存在于那里的世界……但世界的这种存在却是通过语言被把握的。这就是洪堡从另外角度表述的命题的真正核心，即语言就在于世界观。①

名言熏习种子生起世界，并由于不间断的现行维持世界的继续存在。因为，“能够理解的存在就是语言”，世界进入语言，才能表现为我们的世界。我们的世界是“分别识”的世界，由于虚妄分别活动，熏习成名言种子，于是“沉沦”进入海德格尔所说“非本真”的状态。我们沉沦于世界，就是消散在共处之中，消散在“闲言”之中。因此，非本真状态这种在世的存在完全被“世界”以及常人中的他人的共同此在所攫获。②

---

① 汉斯-格奥尔格·加达默尔著，洪汉鼎译：《真理与方法——哲学诠释学的基本特征》下卷，上海：上海译文出版社，2004年，第574页。

② 海德格尔著，陈嘉映、王庆节译：《存在与时间》，北京：生活·读书·新知三联书店，1999年，第204页。海德格尔强调沉沦是日常存在的存在方式，是存在论、生存论上的结构。但是，此在之沉沦的原因在于语言，语言即“生死种子”。

二　种子假实与相续

《摄论》立足于种识不分，如此定位阿黎耶识和种子的关系，则成为一道难题。种子分内外，外种只是假名，内种是真实的，因为一切法是以识为本的。[①]《摄论》强调阿黎耶识与种子"非一非异"。真谛译《摄论释》提到阿黎耶识与种子是不一不异的关系，其关键在于"能依是假无体，所依是实有体，假实和合异相难可分别，以无二体故"[②]。种子是能依，是假，是无体；而阿黎耶识是所依，是实，是有体。又因二者是同一体，所以假实和合，难以分别。种子与阿黎耶识是一种混沌难分的状态，如米麦中的种子，二者并非别体。类似的关系还可见于苦集二谛，真谛说："譬如苦集二谛，苦谛实有，果报五阴为体；集谛是假名，依苦谛得显，无有别体，假说为因。五阴虽难分别而非不异，识与种子亦尔。"[③]集谛依苦谛的五阴果报而假立名称，得以显现，并无别体。

安慧也主张种子是假法。护法、玄奘一系主张种子是实有的，阿黎耶识与种子是体用关系。《成唯识论》说：

> 此中何法名为种子？谓本识中亲生自果功能差别。此与本识及所生果不一不异，体用、因果理应尔故，虽非一异而是实有，假法如无，非因缘故。此与诸法既非一异，应如瓶等，是假非实。[④]

种子是指本识中亲生自果的胜功能，由于所生果不同，功能亦有差异。种子与本识及所生果法是不一不异，体用、因果亦是如此。不过，虽然

---

① 真谛译：《摄大乘论释》卷二，《大正藏》第31册，第165页下。玄奘译本称外种为世俗，内种为胜义，见玄奘译：《摄大乘论释》卷二，《大正藏》第31册，第329页中。

② 真谛译：《摄大乘论释》卷二，《大正藏》第31册，第163页上。

③ 真谛译：《摄大乘论释》卷二，《大正藏》第31册，第163页上。

④ 《成唯识论》卷二，《大正藏》第31册，第8页上。

不一不异，却是实有，因为如果种子是假法，便如同无法一般，不能算是因缘。而安慧主张，种子既然与诸法是不一不异的，应该如瓶等一样，是假法而不是实法，从而遭到护法的反对。[①]

护法一系以境假识有成立唯识[②]，而真谛主张境识俱泯的唯识义[③]。护法一系认为识实有，所以种子也是实有，识的存在完全依于种子来支撑。而在真谛看来，识的有(存在)不只依种子来支撑，因为识根本上依真如的随缘而成立，其存在的所依是种子和真如。[④]护法与真谛都承认在阿黎耶识中种子成熟的变化——变异。二者都承认过去、未来是假的，现在是实有的，但是立足点不同。护法一系以种熏的理论主张现在有，"观现在法有引后用，假立当果对说现因；观现在法有酬前相，假立曾因对说现果"[⑤]，过去、未来都是于现在假立的。真谛认为，诸法是依于真如而成立，诸法和真如融即在现在成立。时间依"超越时间"的真如、法身而安立，现在即时间和真如的接点。诸识即诸法和真如的融即，亦即时间和常住(超越时间)的融即，因而只在现在的这一刹那有。[⑥]

护法与真谛在种子假实问题上产生分歧的第二个原因，在于护法、玄奘一系主张诸识差别，阿黎耶识与种子是不同的存在，所以种子必须是实有的，才能生起现行的阿黎耶识。真谛继承唯识古义，主张种

---

① 窥基认为"是假非实"是安慧的观点，见《成唯识论述记》卷二末，《大正藏》第43册，第303页上。

② 《成唯识论》卷一说："外境随情而施设，故非有如识；内识必依因缘生，故非无如境。由此便遮增减二执。境依内识而假立，故唯世俗有；识是假境所依事，故亦胜义有。"见《大正藏》第31册，第1页中。

③ 《转识论》说："何者立唯识义？意本为遣境遣心，今境界既无，唯识又泯，即是说唯识义成也。"见《大正藏》第31册，第62页中。

④ 上田义文：《仏教思想史研究》，京都：永田文昌堂，1958年，第325—326页。

⑤ 《成唯识论》卷三，《大正藏》第31册，第13页上。

⑥ 上田义文：《仏教思想史研究》，京都：永田文昌堂，1958年，第337—338页。

子与本识不分，因此种子是本识的功能假立。这种思想的差别，可见于玄奘与真谛对《摄论释》种子六义中“引自果”的不同翻译。玄奘译为“唯能引自果者，谓自种子但引自果，如阿赖耶识种子唯能引生阿赖耶识”，真谛译为“是自种子能引生自果，若阿黎耶识能引生阿黎耶识果”，笈多译为“如阿梨耶识还引生阿梨耶识”，藏译本为“自种子能生自种子的果，阿黎耶识能生同样的阿黎耶识性”。[①]只有玄奘译本提到阿黎耶识的种子生阿黎耶识。

真谛立足于种子与本识不分的立场，种子的相续是依阿黎耶识的相续成就，从而建立三世相续。真谛译《摄论释》说：

> 论曰：谓色界静心一切种子，果报识次第传来，立为因缘。
>
> 释曰：无始生死中所得，非至定及四定熏习，本识以为种子，为本识所摄持，次第相续传来，于今不灭故，得立此为色界静心因缘。色界静心若生，即从此自种子生，是故不同汝所执无有因缘。若以宿世种子为因缘，现在所修闻思慧，此复何用。[②]

色界静心的一切种子是由果报识次第相续传来，未有断灭，若此色界静心生时，即说从此种子生，不是无有因缘的。若不以果望因，而以宿世种子为因缘，则现在所修闻思慧，不是就成无用了吗？正是因为阿黎耶识的无间相续，成就了种子的相续，所以现行法得以相续生起。

《决定藏论》说明三世的建立：“种子相续已生于果，故说此义，

---

① 玄奘译：《摄大乘论释》卷二，《大正藏》第31册，第329页下；真谛译：《摄大乘论释》卷二，《大正藏》第31册，第166页上；笈多译：《摄大乘论释论》卷二，《大正藏》第31册，第277页下；藏译本转引自岩田谛静：《真諦の唯識説の研究》，东京：山喜房佛书林，2004年，第27页。

② 真谛译：《摄大乘论释》卷三，《大正藏》第31册，第172页上。

是名过去；欲生之者，种子相续是名未来；现在诸种果未断者，是现在界。”[①]种子相续已产生果，名为过去；将要产生的，名为未来；有种而果未断，则称现在。由此可见，真谛主张种子的相续是依于阿黎耶识的相续，即果报识的次第相续传来的；而且依现法因果同时，来安立前为已生果，后为欲生，建立过现未三世。真谛不主张种子生种子，种子自己不可能产生次刹那的种子。[②]因为是果俱有，所以现在的识只能从现在种子生，而不是从过去的种子生。总之，真谛是借由因果都在同一刹那而说现在，由此安立前后而成三世，以说明识的相续。

护法一系针对种子的相续，建立了种子生种子的异时因果；而种子生现行，则是没有前后的同时因果。《成唯识论》解释“果俱有”说：

> 谓与所生现行果法俱现和合，方成种子。此遮前后及定相离。现种异类，互不相违；一身俱时，有能生用。非如种子自类相生，前后相违，必不俱有。虽因与果有俱不俱，而现在时可有因用，未生、已灭无自体故，依生现果立种子名，不依引生自类名种。故但应说与果俱有。[③]

这是把种子分成两大类：一类为“种子”，与现行法俱现和合；另一类为“种类”，自类相生，前念种子与后念种子不俱有。同时，《成唯识论》说明种子与种类的不同，建立不同的因果关系：“能熏生种，种起现行，如俱有因得士用果。种子前后自类相生，如同类因引等流果。此二于果是因缘性，除此余法皆非因缘，设名因缘应知假说。”[④]种生现、现熏种

① 《决定藏论》卷上，《大正藏》第30册，第1023页上。

② 上田义文：《仏教思想史研究》，京都：永田文昌堂，1958年，第66—68页。

③ 《成唯识论》卷二，《大正藏》第31册，第9页中。

④ 《成唯识论》卷二，《大正藏》第31册，第10页上。

是俱有因、士用果之间的关系，即是俱时因果[①]；种生种则是同类因、等流果之间的关系，是异时因果。

护法一系的两种因果是对《瑜伽论》思想的发挥。《成唯识论》卷四说："然种自类因果不俱，种现相生决定俱有。故《瑜伽》说：无常法与他性为因，亦与后念自性为因，是因缘义。自性言显种子自类，前为后因。他性言显种与现行互为因义。"[②]这是《瑜伽论》所说"七种因相"当中的第二、第三种，《成唯识论》以其中的"与他性为因"配种子六义中的"果俱有"义，说种现、现种之间是同时因果；以"与后自性为因，非即此刹那"配六义中的"恒随转"义，说种子自类相生是异时因果。如此，种子只成了五义，另外的"恒随转"成了种类才具有的。这与无著《摄论》的原意是相违背的，也与《瑜伽论》的本义不合。[③]其实《瑜伽论》的本义是就诸法的前后相生与俱有因说的。种子本来具足六义，因为唯识学者将种生现与种生种二类，配合俱有义与恒随转义，所以就不具六义了。[④]

"种类"之说是玄奘一系的特殊见解，虽不符种子六义中的果俱有，但是以其能生后果来说亦属种子。护法、玄奘一系之所以加入不具足六义的"种类"，原因在于主张种子实有。因为实种子生起实有的现行识，未来之果的生起必须有"种类"。反观无著、真谛一系，其依识

---

① 俱有因，又作共有因、共生因，为俱有果之因，亦分二种：(1)辗转同时互为因果者，称为互为果俱有因，如三杖之互相依持而立；(2)多法同时为因而得同一果者，称为同一果俱有因，如三杖互相依持以支持一物。此因所得之果称士用果。

② 《成唯识论》卷四，《大正藏》第31册，第19页下。《瑜伽师地论》卷五说："又虽无常法为无常法因，然与他性为因，亦与后自性为因，非即此刹那。又虽与他性为因，及与后自性为因，然已生未灭方能为因，非未生已灭。"见《大正藏》第31册，第302页中。

③ 杨惠南：《论俱时因果在成唯识论中的困难》，《哲学论评》第4期，1981年，第225页。

④ 印顺：《摄大乘论讲记》，载《妙云集》上编之六，台北：正闻出版社，1990年，第96—97页。

假立种子，依种子与识的因果关系而说现在，基于现在安立过未以明相续，并满足种子六义中的刹那灭与果俱有义。

综上，真谛从种识不分的立场，主张种子是假而无体，阿黎耶识是实而有体，种子的相续即是阿黎耶识的相续，而不承认种子生种子。护法一系从诸识差别的立场，主张种子与阿黎耶识都是实有的，建构了种子生种子的异时因果与种生现、现熏种的同时因果。

三　本有与新熏

种子的形成，在于现行诸转识的熏习。阿黎耶识是意识流或体验流的统一，语言的产生则是来自经验的理解，转识的分别成就了熏习。语言的普遍性与理性的普遍性同步，如果一切理解都与其可能的解释处于一种必需的等值关系，即理解根本没有界限，那么理解在解释中所经验到的语言性把握也必然会在自身中具有一种克服一切限制的无限性。[①]确如加达默尔宣称的，语言是世界的摹本，具有无限性，因而追溯语言的来源其实与追溯世界的起源一样困难。这种困难在瑜伽行派处，表现为种子本有与新熏之争。现实的世界是语言的存在，超越的世界则是不可言说的存在，但是瑜伽行派强调通过对语言的反省，进入无相方便相。[②]为了追求解脱，瑜伽行派必须解决成佛的问题。从现实生命反溯，每一期阿黎耶识的存在都是前期善恶业的异熟，现行熏种子，种子生现行，语言的无限性能够对现实世界作出合理解释。

---

① 汉斯–格奥尔格·加达默尔著，洪汉鼎译：《真理与方法——哲学诠释学的基本特征》下卷，上海：上海译文出版社，2004年，第518—519页。

② 从《大乘庄严经论》来说，进入唯识观的核心是“入无相方便相”，要断灭对主体、客体的执著，即应反省“语言”的概念作用或人的思维活动，从而离开对“语言”的执著。所以，从根本上讲，必须改变“语言”，才能从“迷的世界”进入“悟的世界”。见早岛理：《唯识的实践》，载高崎直道等著，李世杰译：《唯识思想》，《世界佛学名著译丛》第67册，台北：华宇出版社，1985年，第228—245页。

但是，众生修行实践至见道位，出世心的生起，必须有无漏种子。探讨这一念出世心的无漏种子，出现了种子本有与新熏的不同说法。

对于种子的本有与新熏，不同的唯识典籍有不同的主张。根据印顺的总结，《瑜伽论·本地分》《大乘庄严经论》《中边分别论》是主张种子本有的，《瑜伽论·摄抉择分》《摄论》是主张种子新熏的，《唯识三十颂》《成唯识论》则主张本有、新熏合说。[①]从论师来说，护月主张本有说，难陀、胜军主张新熏说，戒贤、护法主张本有新熏合说。[②]我们从有漏种方面来考察真谛对种子起因的看法。

真谛的唯识思想是以《摄论》为中心，《成唯识论》中"新熏说"的四个教证，有三个来自《摄论》，而且印顺更在其著作中再三强调《摄论》主张"新熏"。但是，《摄论》偈颂"无始时来界"亦被"本有说"引用作为教证。[③]因此，出现了《摄论》同时被"本有说"和"新熏说"引用为教证的矛盾情形，而解决矛盾的一种可能性在于，《摄论》主张"本有新熏合说"。[④]

本有的种子称为"本性住种"，新熏的种子称为"习所成种"，从有漏种来说，二者都是对起源之无限性的追求。《成唯识论》对二者的定义充分说明了这一点：

> 一者本有，谓无始来异熟识中，法尔而有，生蕴处界功能差别。世尊依此说：诸有情无始时来有种种界，如恶叉聚，法尔而有。余所引证广说如初。此即名为本性住种。二者始起，谓无始来数数

① 印顺：《摄大乘论讲记》，载《妙云集》上编之六，台北：正闻出版社，1990年，第10—12页。

② 雨昙：《唯识学上之种子义》，《现代佛教学术丛刊》第25册，第66—75页。

③ 《成唯识论》卷二，《大正藏》第31册，第8页上—下。

④ 郭翠兰主张《摄大乘论》是"本有新熏合说"，见《〈摄大乘论〉"种子起因说"之探究》，《中华佛学研究》第1期，1997年，第47—82页。

> 现行熏习而有。世尊依此说：有情心染净诸法所熏习故，无量种子之所积集。诸论亦说染净种子由染净法熏习故生。此即名为习所成种。①

本性住种无始来在阿黎耶识中，是自然而有的，具有生起五蕴、十二处、十八界等差别的胜功能；习所成种是无始来由无量数的现行法所熏习而有的。二者的区别看似十分明显，即先验与经验的差别，但是就“本有”之“无始来”而言，“诸有情无始来有种种界，如恶叉聚，法尔而有”是通过对经验的观察得出的判断，是实然的事，而非当然的理。所以，“本有”是作经验的肯定，“本有”也是经验义。②从有漏种来看，在经验无限性的意义上，本有与始起是没有差别的。

真谛译《摄论释》解释阿黎耶识的四种差别，第一种即引生种类差别，也即“熏习新生”③差别，说明所引生者是“新熏”业种。同时，真谛将名言熏习种子称为“生死种子”，无始时来有种种戏论名言的熏习，成为生死流转中转起名言戏论的种子。然而真谛译《摄论释》又说：“论曰：始生名言熏习生起亦不得成。释曰：若离先名言熏习，今时、未来时未曾有，而有此名言熏习则不得成。”④这里出现了“先名言熏习”（玄奘译为“旧熏习”）和“始生名言熏习”（玄奘译为“新起名言

---

① 《成唯识论》卷二，《大正藏》第31册，第8页中—下。

② 吴汝钧认为无漏种子的本有是一种经验义，从而指出《成唯识论》在转识成智上的困难。这种困难，同样适用于有漏种子的本有。见《佛教的概念与方法》，台北：台湾商务印书馆，2000年，第128—133页。

③ 真谛译：《摄大乘论释》卷四，《大正藏》第31册，第178页下。

④ 真谛译：《摄大乘论释》卷四，《大正藏》第31册，第180页中。玄奘译《摄大乘论释》卷三的翻译更清楚：“无受尽相谓名言熏习种子者，如名言熏习差别中已说。无始时来种种戏论流转种子故者，谓无始时来共言说因故。若无，如是阿赖耶识新起名言熏习生起，应不得成。何以故。若无旧熏习，今名言亦无故。若于世间本来无者，本无今有不应道理。”见《大正藏》第31卷，第337页中—下。

熏习”）两种“名言熏习”，指出“始生”说的困难和熏习在起源上的无限性。如印顺所说，假使没有“本有名言种子”，就没有名言的现行，后起的名言熏习也就无从完成。[①]“始生名言熏习”不能在新熏说中独自成立，其发生需以“本性住种”的存在为前提。因此，无著、世亲在“有漏种”上主张“本有新熏合说”。

《摄论》的“新熏说”是针对无漏种而言，在有漏种上则是“本有新熏合说”。因为，有漏种是指经验与现实的层面，即使存在着本有种，也不会与“新熏说”存在矛盾。真谛继承无著的思想，主张种子“新熏”说，与安慧相同[②]，但在有漏种方面，存在“本有新熏合说”的倾向。

第五节　真妄与心识
——摄论师的心识思想

真谛的思想体系传到北方，受到《楞伽经》《起信论》影响，因而产生了一些新的解释。灵润《摄论章》卷第一（S.2435）引用的心识思想文献，除了《摄论释》《无相论》《中边分别论》以外，多为《起信论》《楞伽经》。现存有关摄论师的文献，涉及心识思想的还有道基《摄论章》第一。我们将依此二者，探讨摄论师的心识思想。

一　大小乘心识差别

随着大乘经论的翻译，中国佛教逐渐认识到大乘佛教的独立与优越，于是开始关心大乘教义与小乘教义的差别。北魏末年大乘思想的

---

① 印顺：《摄大乘论讲记》，载《妙云集》上编之六，台北：正闻出版社，1990年，第174页。

② 安慧认为，由于无始时来对我等作分别和对法等作分别的习气增长，我等施设和色等法施设无始时来虚妄而起。见霍韬晦：《安慧〈三十唯识释〉原典译注》，香港：香港中文大学出版社，1980年，第19页。

兴隆，尤其《摄论》与《十地经论》的翻译，促进了大乘思想作为教理权威的流行。[①]而南方真谛的译经，与之形成相互呼应的态势，于是才有中国佛教大乘意识的觉醒，为大乘宗派的兴起奠定了基础。瑜伽行派的心识思想是继承原始佛教、部派佛教而来，摄论师在诠释与建构本学派的心识思想时，对以前的心识思想进行概括、综合，并且辨别其中的差异。

灵润《摄论章》卷第一(S.2435)将大小乘心识差别概括为十点[②]，列表如下：

表2.4　灵润《摄论章》卷第一中大小乘之心识差别表

差别项目	小乘	大乘
依止与因果道理	六识	本识
染净、有无、三性道理	六识	三识，即本识、阿陀那识、前六识
唯识观	六识	三识及真识门
因果	声闻六度、人无我观	菩萨六度
修行位次差别	小乘十地[③]	菩萨十地
戒学	三种戒门：别解脱戒、定共戒、道共戒	三聚戒：律仪戒、摄善法戒、摄众生戒
定学	八禅地定：四禅、四空	四定：大乘光定、集福德王定、贤护定、首楞伽摩定
慧学	人无我慧辨十智	人法二无我智辨三智
灭果	烦恼障无数灭无为	三障无处数灭无为
智果	人无我门尽智无生智	三无性真如智门

① 横超慧日：《中国仏教の研究》，京都：法藏馆，1958年，第308页。

② 《摄大乘论章》卷一，《大正藏》第85册，第1012页中—下。

③ 小乘十地分为声闻十地、辟支佛十地，见北周阇那耶舍译：《大乘同性经》卷下，《大正藏》第16册，第650页上。

灵润不但以八识与六识说明大小乘心识论的差别，而且在说明唯识观时，提出“真识门”，明显受到地论师和《起信论》的影响。他通过展现大小乘在心识论、实践论、解脱论等方面的差别，彰显大乘的优越与独立。此外，他在继承《摄论》的大乘思想时，对《摄论》之外的教义亦进行大小乘的判别，如将成实学派摄入小乘。[①]

依凝然《华严孔目章发悟记》，道基《摄论章》第一说：

> 若依小乘毗昙、成实，但说六识——一、眼识，二、耳识，三、鼻识，四、舌识，五、身识，六、意识，不说第七陀那、第八黎耶、第九净识。以第七、第八体性微细，第九净识甚深法空，是故小乘不说此三。若依大乘，有三藏昙无谶及罗什法师，同小乘中，但说六识。流支三藏唯说七识，加陀那识而为第七，非八非九。有诸法师或说八识，如佛陀扇多三藏，但说八识，加阿黎耶识，不在第一无垢净识。或有法师具说九识。[②]

道基将《毗昙》《成实》都归入小乘，认为其心识论以六识为中心。但是，六识并不是小乘的独有特征，如昙无谶、鸠摩罗什都只说六识，而其仍然属于大乘。所以，在大乘佛教内部，心识论亦有差别——菩提流支加阿陀那识而说七识，佛陀扇多加阿黎耶识而说八识，真谛加阿摩罗识而说九识。

---

① 《摄大乘论章》卷一说：“小乘就彼八禅地定以辨心学，谓四禅、四空等，如“定品”广说；成实论家就九禅定门以辨定学，如“禅品”广说；大乘就彼四定以辨定学。”见《大正藏》第85册，第1012页中。

② 道基：《摄论章》，载凝然：《华严孔目章发悟记》卷十六，《大日本佛教全书》第122册，第388页。

摄论师以心识论为大小乘差别的关键，探讨南北朝至唐初期中国佛教的心识思想，从而突出自己的学派特色，体现了其大乘意识与学派意识。

二 三识与一心二门

灵润《摄论章》卷第一(S.2435)的“三识义”，以十一门分别“三识”：一、释名义；二、辨体相；三、真妄分别；四、解惑分别；五、心意识分别；六、善恶无记分别；七、三性分别；八、摄四识；九、摄八、九二识；十、摄十一识；十一、大小乘分别。这种解释方法，与净影慧远“八识义”的十门分别相似，亦是北方佛学的特色。

1. 识生灭门与识真如门

灵润《摄论章》卷第一说：“言梨耶识者，此方正翻名无没识，此有二义：一、识生灭门，能受净熏，终能转依成应身功德，名为无没；二、就识真如门，终可显了成就法身，名为无没。”[①]他将阿黎耶识意译为“无没识”，引人关注。从解脱论来说，“无没识”具有二门：一、识生灭门，这是从转染成净的“转依”意义上说，由于闻熏习的作用，依众生的分别事识而现起胜妙境界，所以是应身功德；二、识真如门，这是本有、真实的超越性真心，最终得以显现，成就法身。从存在论上说，阿黎耶识即是生灭妄识与不生不灭之真如的和合，即成为“真妄和合识”。

“无没识”是南北朝末、隋唐时期，非常流行的用法。唐代慧沼在《成唯识论了义灯》中，引用《无相论》证成“无没识”。[②]法藏《大乘起

---

① 《摄大乘论章》卷一，《大正藏》第85册，第1013页上。

② 《成唯识论了义灯》卷四本说：“初无没识者，《无相论》云：一切诸种无所隐没，故无没也。”见《大正藏》第43册，第729页中。

信论义记》，直接指出真谛三藏译阿黎耶识为无没识。[①]现存真谛的译典中，并没有发现“无没识”译语。但是，隋代三大师——智𫖮、吉藏、慧远的著作中，都有引用。[②]这些用法可以归纳为两方面：第一，阿黎耶识作为种子的栖息处，即《转识论》所说“一切种子隐伏之处”[③]，以使过去的经验活动（业）不散失，所以称为“无没识”；第二，指超越的理体、真心，虽然在无明不觉中，但是心性不泯，也可以称为“无没识”。智𫖮、吉藏都是基于种子识的层面来使用此译语，而慧远则是以“无没识”指心性不泯。灵润明显综合了这两种用法，并且通过《起信论》“一心二门”的方法予以建构，依“识生灭门”转依成应身，依“识真如门”转依成法身，这是其特有的解释。同时，根据道宣的记载，灵润还主张阿黎耶识具有世俗、胜义二谛。[④]胜义谛即是真如，转依以后，“道后真如”即是法身的自性；世俗谛表示阿黎耶识是依他性，转依成无分别后得智，具有利生的功用，成为应化身的体。

2. 阿黎耶识之异名

随着瑜伽行派典籍的不断传入，阿黎耶识的名称越来越多，后来唯识学者必须进行总结与概括。灵润《摄论章》卷第一列出十六种异

---

① 《大乘起信论义记》卷中本说：“又阿梨耶及阿赖耶者，但梵言讹也，梁朝真谛三藏训名翻为无没识。”见《大正藏》第44册，第255页下。

② 《妙法莲华经玄义》卷二下，《大正藏》第33册，第699页下。《妙法莲华经玄义》卷五下，《大正藏》第33册，第744页中。《维摩诘经玄疏》卷五，《大正藏》第38册，第552页上。《金光明经玄义》卷上，《大正藏》第39册，第4页上。《中观论疏》卷八本说：“无没识，无是不之异名，没是失之别目故，梨耶犹是不失法。又梨耶体是果报无记，能持一切善恶种子。”见《大正藏》第42册，第119页上。《大乘起信论疏》卷上之下说：“此翻名为无失没识。虽在生死，性不失没。故名无没。”见《大正藏》第44册，第182页下。《大乘义章》卷三末说：“阿梨耶者，此方正翻名为无没，虽在生死，不失没故。”见《大正藏》第44册，第524页下。《大乘义章》卷三末说：“阿梨耶识，此云无没，即前真心，随妄流转，体无失坏，故曰无没。”见《大正藏》第44册，第530页中。

③ 《转识论》，《大正藏》第31册，第61页下。

④ 《续高僧传》卷十五，《大正藏》第50册，第546页下。

名，据其自述，除无没识外，依《摄论》有种子识、执持识、根本识、穷生死蕴、梨耶、质多、果报识、有分识八种名称，依《楞伽经》有藏识、圣识、第一义识三种名称，依《起信论》有真识、真如识、家识、宅识四种名称。[①]净影慧远晚年亦研究《摄论》,《大乘义章》列出的阿黎耶识异名有十一种。[②]摄论师道基列举出十六种异名。[③]我们将三人的说法，考查经典出处，列表如下：

表2.5　灵润《摄论章》、慧远《大乘义章》、道基《摄论章》之阿黎耶识异名表

灵润《摄论章》卷第一	净影慧远《大乘义章》	道基《摄论章》	出处(综合说法)
		阿陀那识	真谛译《摄论》
无没识(正翻)	无没识(正翻)		
种子识		种子识	真谛译《摄论》
执持识			同上
根本识		根本识	同上
穷生死蕴		穷生死蕴	同上
梨耶		阿黎耶识	同上
质多		质多	同上
果报识		果报识	同上
有分识		有分识	同上
藏识	藏识	藏识	四卷本《楞伽经》、《胜鬘经》、《转识论》

① 《摄大乘论章》卷一,《大正藏》第85册，第1013页上—中。

② 《大乘义章》卷三末,《大正藏》第44册，第524页下。吉津宜英考查慧远所述阿黎耶识异名的经典来源，见《大乘義章八識義研究》,《駒澤大學佛教學部研究紀要》第30号，1972年，第144页。

③ 道基:《摄论章》，载凝然:《华严孔目章发悟记》卷十六,《大日本佛教全书》第122册，第392—393页。

续表

灵润《摄论章》卷第一	净影慧远《大乘义章》	道基《摄论章》	出处(综合说法)
圣识	圣识		《楞伽经》
第一义识	第一义识		四卷本《楞伽经》
真识	真识		四卷本《楞伽经》、《起信论》
真如识	真如识		《起信论》
宅识	宅识	宅识	《转识论》、真谛译《摄论》
家识	家识		佛陀扇多译《摄论》
	本识	本识	十卷本《楞伽经》、真谛译《摄论》
	净识		《胜鬘经》
	无垢识		《胜鬘经》
		缘识	真谛译《摄论》《中边分别论》
		显识	真谛译《显识论》
		现识	真谛译《摄论释》卷一
		转识	《楞伽经》、真谛译《摄论》
		第一识	真谛译《摄论》

从上面的表格中可以清楚看出三者的差异。净影慧远列出的阿黎耶识异名中，家识、本识引自佛陀扇多、真谛译《摄论》，其余可考者均出自《楞伽经》《胜鬘经》《起信论》，说明他是以如来藏思想为本来理解阿黎耶识的。慧远所理解的阿黎耶识，是在轮回生死中常无失没的识体，即如来藏。它涵具恒沙佛法功德，具有出生佛陀大圣的功用，为第一义的最殊胜心识。它一方面是完全清净、无有垢秽、真实无妄、无所破亦无所立的真如；另一方面又是生死虚妄法所依之处所（“家”），

为虚妄心识活动的根本。慧远的所谓阿黎耶识，与自性清净心没有分别，与瑜伽行派的阿黎耶识则有很大的差别。[①]

灵润是以《摄论》为主，将论中所载大小乘对阿黎耶识的各种说法汇合起来，同时参照《楞伽经》《起信论》。灵润的阐述集中于真谛译《摄论》及《摄论释》，对真谛的其他译典则不加关注。道基则完全继承了真谛的阿黎耶识思想，汇集真谛的所有译典中有关阿黎耶识的名称，而不吸收《起信论》《楞伽经》的说法。

窥基《成唯识论掌中枢要》[②]及慧沼《成唯识论了义灯》所列阿黎耶识的十八种名称，与道基所列基本相同；而且，慧沼所举"准旧人释名有十七"[③]，其中的"智相识""真相识"，可能出自受到地论学派影响的北地摄论师。从此，亦能看出摄论学派对新译唯识的影响。

灵润对"识"的定义为："此等诸识就识生灭门，缘述方了；就识真如门，体是神知，名之为了。"[④]识在经验层面，是以事相为对象的"了别"；在超越层面，则是有"神知"的深层了别。这与慧远对"识"的界定相近，慧远说"所言识者，乃是神知之别名也"，又说"一是用相，谓六识心了别六尘事相境界，于事分齐，六识正是神知之体，是故此六亦是体相"。[⑤]慧远主张，了别六尘境界是六识的"用"，且六识"正是神知之体"，则"神知"无非即了别。所以，慧远强调六识具有了别功能，具有灵妙之神知作用；而七、八识是"神知之性""了别之体"。[⑥]

---

① 廖明活：《净影慧远思想述要》，台北：学生书局，1999年，第44页。

② 《成唯识论掌中枢要》卷二本，《大正藏》第43册，第634页下。

③ 《成唯识论了义灯》卷四本，《大正藏》第43册，第729页中—下。

④ 《摄大乘论章》卷一，《大正藏》第85册，第1013页中。

⑤ 《大乘义章》卷三，《大正藏》第44册，第524页中、526页中。

⑥ 《大乘义章》卷三说："后二虽无随事了别之用，而是众生神知之性，了别之体，故名为识。"见《大正藏》第44册，第531页下。

3. 阿陀那识之异名

真谛依阿陀那识原有的执取性来说明染污意的功能，并在事实上认同染污意即阿陀那识，这是摄论学派独有的。但是，后来的摄论师对阿陀那识的解释，因受地论师的影响，与此有所差别。

灵润《摄论章》卷第一对阿陀那识的解释，与《大乘义章》大致相同。灵润以《摄论》的"执识""七识"为先，然后列出《起信论》中的七种异名、《十地经论》中的"集识"，以及正翻的"无解识"。道基《摄论章》举出阿陀那识的七种异名。[1]我们将这三种分类法，考查经典依据，综合列表如下：

表2.6 灵润《摄论章》、慧远《大乘义章》、道基《摄论章》之阿陀那识异名表

灵润《摄论章》卷第一	净影慧远《大乘义章》	道基《摄论章》	出处(综合说法)
执识	执识	执识	真谛译《摄论》《转识论》
七识			真谛译《摄论》
妄识	妄识		《起信论》
无明识	无明识		《起信论》

① 依凝然引述："(且如第七识名者)《摄论章》第一云：阿陀那名字，经论有七。一阿陀那者，亦天竺音，此翻无解，明阿陀那四使恒迷，无无漏解，故言无解。二名执识，阿陀那起我执，阿黎耶似我起，故名曰执识。《无相论》云：缘此本识有第二执识，著我为体故，名执识。《摄大乘论》亦有此名，功能为称。三名烦恼识，明阿陀那以有四使烦恼相应，名烦恼识。《无相论》云：烦恼识即阿陀那识，此以相应得名。《摄大乘》中亦有此名。四名分别识，唯是阿陀那起四烦恼分别，黎耶亦名分别识。《无相论》云：分别识者即烦恼识，即阿陀那识，约相应功能为名。五名染污识，明此陀那为彼同时四使烦恼所染污故，名曰染污。《摄大乘》云：此第二识名染污识，烦恼依止故，斯乃过失为名也。六名转识，以阿陀那能起我见，变阿黎耶，名曰转识。复次，此阿陀那识从本识中种子转生，故名转识。《十地论》云：亲转识者，即陀那识，如经得合空三昧故。以用为名，斯乃推陀那与黎耶同归无生，名曰合空。七名第二识，以八识中阿陀那识居在第二，名第二识。故《摄论》云：第二识及生起识，欲生之时，依第一识生。《无相论》互有此名，约数立目耳。……(道基法师既依真谛三藏所翻故，次第七为阿陀那。)"见《华严孔目章发悟记》卷十六，《大日本佛教全书》第122册，第393页。

续表

灵润《摄论章》卷第一	净影慧远《大乘义章》	道基《摄论章》	出处(综合说法)
业识	业识		《起信论》
转识	转识		《起信论》
现识	现识		《起信论》
智识	智识		《起信论》
相续识	相续识		《起信论》
集识			《十地经论》
无解识(正翻)	无解识(正翻)	无解识(正翻)	
		烦恼识	真谛译《摄论》《显识论》
		分别识	《显识论》
		染污识	真谛译《摄论》
		转识	真谛译《摄论》《十地经论》
		第二识	真谛译《摄论》《转识论》

三者对阿陀那识之理解的相同处在于：第一，三者皆视阿陀那识为"第七识"；第二，三者皆将之意译为"无解识"，灵润《摄论章》说"以与四惑常相应故"，慧远说"体是无明痴暗心故"，道基说"明阿陀那四使恒[①]迷，无无漏解，故言无解"，三者都认为"阿陀那识"是愚痴暗昧的，没有无漏的"解悟"性，与四种烦恼恒常相应，本质上是无明；第三，三者皆提到"执识"，阿陀那识有迷妄性，执取内识为自我，执取识所变现的虚妄事相为真实。三者的不同处在于：灵润《摄论章》与慧远《大乘义章》都引用《起信论》的七识名称；而道基所述基本是概括

① "恒"，原为"洹"，今改。

自真谛译典，如《摄论》《摄论释》《转识论》《显识论》《中边分别论》等，即使是引用《十地经论》，也只是为了增加证据。相比之下，灵润受到地论师影响，是显而易见的。

灵润《摄论章》与慧远《大乘义章》都以阿陀那识对应《起信论》中的“意”，他们引以为阿陀那识异名的“业识”“转识”“现识”“智识”和“相续识”，在《起信论》中是指意的“不觉而起”“能见”“能现”“能取境界”“起念相续”五个方面。[①]最初是阿黎耶识因无明的插入而起动态，妄心现起即有动，动即是业，即有生灭心，称为“业识”；“转识”是依“业识”之动，转成能见之分别心。又因依“转识”分别心所起之见，心现种种无边境界，犹如明镜映现种种色像，称为“现识”。由“转识”的能见作用，而有“现识”的一切境界，内心与外境相接触，所起分别染净的心即“智识”。每一“智识”分别染净，善恶的念都构成一种影像留于心识中，念念相应不断，故称为“相续识”。它一方面能保持过去无量世的善恶业令其不失，另一方面因自身中的念力能引发现在未来的苦乐业报。从玄奘所传的唯识学体系来看，“业识”为阿黎耶识的自证分，“转识”为阿黎耶识的见分，“现识”为阿黎耶识的相分，“智识”注重分别染净执著，“相续识”注重受熏持种、执持根身。[②]所以，《起信论》的“意”含摄了第七识与第八识的内容，与摄论学派“七八未分”的传统是一致的。因此，以《起信论》的五“意”解释阿陀那识，也是恰当的。

4. 六识之异名

灵润《摄论章》卷第一对六识的解释，与道基《摄论章》比较一

---

① 《大乘起信论》，《大正藏》第32册，第577页中。

② 印顺：《大乘起信论讲记》，载《妙云集》上编之七，台北：正闻出版社，1990年，第182页。

致①，列表比较如下：

表2.7　灵润《摄论章》与道基《摄论章》之六识异名表

灵润《摄论章》卷第一	道基《摄论章》	出处
生起识	生起识	真谛译《摄论》
受用识	受用识	真谛译《摄论》《中边分别论》
	分别识	《显识论》
	分别事识	《楞伽经》
	尘识	《转识论》《显识论》
六识	六识	《转识论》《显识论》
事识		《起信论》
广集识		《楞伽经》

《起信论》的“事识”与《楞伽经》的“分别事识”是具有同一意义的，但是道基并没有引用《起信论》。从以上阿黎耶识、阿陀那识、六识的译名比较来说，道基综合、概括真谛所有的译典，全面继承了真谛的心识论概念，即使引用《楞伽经》《十地经论》，亦是选取其与虚妄唯识相应的一面；而灵润在以摄论学派为主的同时，融合了地论师的心识思想，可以看出与慧远有很大的关联。

---

① 依凝然引述：“《摄论章》第一云：而此六识依诸经论，总有六名。一生起识，明斯六识现行能熏，熏本识成种，其种能生未来果报，名生起识故。《摄论》云：此六识能熏本识，云成种子。种子二能：一者能生，二者能引。由此二能，六识名生起。果有二能，因得二名。复次本识中，因熟时，六识随因生起，名生起识。二名受用识，六识起时，于六尘中受用爱憎，能生苦乐，名受用识。故《摄论》云：本识中其因熟时，六识受用爱憎等报，亦名受用识。《中边论》云：亦说名受识。此生起识，于一一尘中受用苦乐等，故名受用。三名分别识，明斯六识分别一切内外诸尘，名分别识。《无相论》云：分别识即是六识能分别，此异彼故，名分别识。四名分离事识，亦云分别事识。《楞伽经》云：有八种识，略说有二：一者了别识，二者分别事识，功能为名。五名尘识，明斯六识能了诸尘，名曰尘识。《无相论》云：尘识者，即是六识，诸识转似尘，受成六识，故名尘识。就境得名，亦名六识，约数为名也。”见《华严孔目章发悟记》卷十六，《大日本佛教全书》第122册，第395页。慧远《大乘义章》没有六识的异名。

三　真妄与心识

灵润《摄论章》卷第一吸收《起信论》的心识论，一方面表现为在解释阿黎耶识、阿陀那识、六识的过程中融摄《起信论》的概念，另一方面表现为以“识真如门”“识生灭门”作为心识论的主体结构。《起信论》的心识论，从染污的生灭缘起而言，是依心生起意，依意起意识，由细而粗，展现人的心性作用；而且，三识实是一心，与众生心的真如面有不一不异的关系。[①]但是，《摄论》以及真谛是坚持“虚妄唯识”的。如何诠释心识的真妄，从而会通摄论学派与地论学派及《起信论》，这成为北地摄论师的中心课题。

对真谛而言，从存在论出发，境识俱泯即是阿摩罗识；从解脱论来说，阿摩罗识即是境智无差别、智如合一、如如智、转依。阿摩罗识体现了“转依”的主体性与实践性，是自我与绝对真理合一的状态。但是，摄论师受到地论学派和《起信论》的影响。

灵润《摄论章》卷第一建立“识真如门”“真识门”“净识”，用来解释“阿摩罗识”。《摄论章》说：

> 初言摄真门者，摄彼净识以入本识，不立净识故。《马鸣论》云：不生灭法与生灭和合，名为梨耶。不生是真，生灭是妄，共为本识，名为和合。二言简真者，简取生灭以为本识真如之门，属彼净识故，《无相论》云：无相无生，即是摩罗究竟净识。三摄净者，此障生灭门中本识之中摄净、不净品，以能持染净两种种子故；故《缘生章》云：善恶种子二姓，明了染净为二。业惑种子，名之为染；闻熏种子，名之为净。[②]

---

① 释恒清：《佛性思想》，台北：东大图书，1997年，第226页。

② 《摄大乘论章》卷一，《大正藏》第85册，第1013页下。

灵润虽然引用了《起信论》“不生不灭与生灭和合，名为梨耶”一句，但他所谓“和合”是通过摄净识入本识而实现的，因而其本识仍然是虚妄识，并非“真妄和合识”。《起信论》的阿黎耶识是具有清净本觉的一分。在灵润这里，阿黎耶识与真如是对立、否定而同一的关系，“不立净识”正表现了阿黎耶识的迷染性，这是转依之前的凡夫状况；在出世转依位，遣除阿黎耶识的杂染性，智如合一，成为“净识”。而且，灵润还引用《三无性论》作为证据。他对转染成净过程的描述，依然是用闻熏习、转依，而不是用“本觉”，这与《起信论》绝对不同。灵润主张阿黎耶识持染、净两种种子，所以于他而言，清净出世心的生起仍然是一种有为的同类的“他缘现”，并非《起信论》的“自缘现”[①]。

灵润将“净识”和“识真如门”解释为真如，符合真谛的原意。他引用地论师和《起信论》的概念，但表述的内容属于摄论学派。这种情况的出现，可能的原因是，灵润原来出身于摄论学派，具有传统与扎实的摄论学派背景，后来到了北方，对北方佛学，尤其是地论学派的思想作出本学派的诠释。他依“摄真门”“简真门”对阿陀那识、六识进行诠释，以无生真谛为真，以生灭俗谛为妄，阿陀那识、六识即是俗谛，而且“俗谛有乱因”[②]。阿陀那识与六识亦是生灭与不生灭的和合。在出世转依位，无生真谛即是净识，亦即阿摩罗识；阿陀那识、六识作为生灭俗谛，则已灭去乱因，转染依他为净依他。阿黎耶识与阿陀那识及六识之间是本末关系，依本起末，摄末归本，从而展开了经验层面的现象界。这种诠释架构是地论学派的，但其对象却是摄论学派，因为地论师是以事识、妄识、真识为诠释对象。[③]

---

① 有关“他缘现”与“自缘现”，参考吴汝钧：《印度佛学的现代诠释》，台北：文津出版社，1995年，第181—182页。

② 《摄大乘论章》卷一，《大正藏》第85册，第1014页上。

③ 《大乘义章》卷五，《大正藏》第44册，第526页上。

灵润始终以“分别无相，依他无生”为中心，对三识进行“真妄”的诠释。《摄论章》说：

> 初言理事分别者，本识生灭分齐，名之为妄；真如分齐，目之为真。陀那六识，亦复如是。故《无相论》云：无相无生，即是阿摩罗究竟净识。世谛生灭，名之为妄；第一义谛，称之为真。故《分别章》云：分别无相，依他无生。世谛门中，七识、六识是分别性；第一义中，名无相真实。世谛门中，阿梨耶识名曰依他性；第一义中，名无生真实。①

灵润以经验的、有漏的、生灭无常的现象界为事、妄、俗谛；以超越的、无漏的、恒常的真理为理、真、真谛。真如是现象界的存在根据，当转依后，分别性无相、依他性无生，即是真实性，即是真谛、第一义谛。在现象界，七识、六识为分别性，阿黎耶识为依他性，构成能所、识境的对立同一的关系。

再来审视《续高僧传·灵润传》的记载：

> 至如《摄论》黎耶义该真俗，真即无念性净，诸位不改；俗即不守一性，通具诸义。转依已后，真谛义边即成法身，俗谛义边成应化体；如未来转依作果报体，据于真性无灭义矣，俗谛自相有灭不灭。以体从能，染分义灭；分能异体，虑知不灭。②

超越的真理界是远离语言、本性清净、恒常不变的，而现象界的俗谛则有种种差别，如八识差别。转依以后，智如无差别成为法身的自性，无

① 《摄大乘论章》卷一，《大正藏》第44册，第1014页中。
② 《续高僧传》卷十五，《大正藏》第50册，第546页下。

分别后得智则成为应化身的自性，因为遣除虚妄性，成就净识，所以有灭、不灭的差别。《灵润传》的记载与《摄论章》卷第一完全一致。

摄论学派传到北方后，受到地论师等影响，出现两种情况：一、以地论学派为主，以本学派为辅，这其实是融入了地论学派；二、借助地论学派的概念和架构，对本学派的思想进行“适应性”的诠释，实现本学派的转化，灵润《摄论章》卷第一即是如此。另外一些摄论师，则坚持本学派的传统，而且引用《楞伽经》《十地经论》作为自己的思想的依据，道基是典型代表。

结　语

原始佛教将心意识看作认识作用或精神主体，从而建构了六识说。但是，对心、意、识三者之间的关系并没有涉及。部派佛教开始探索心、意、识三者含义的差异，并注意到三者在体上的一异问题，所以出现了主张名异体异的“多意识师”和主张名异体一的“一意识师”。瑜伽行派完善部派佛教的六识说而建立八识，也有“诸识差别”与“一心论”的不同主张。前者强调阿黎耶识作为一种识，有其所依、所缘、心所相应等；尤其种子作为其所缘时，必须区分“现行阿黎耶识”与“种子阿黎耶识”，也就不得不有现行的八识。后者则强调阿黎耶识作为种子识的侧面，现行的只有前七识。此即“八识现行”与“一种七现”的差异。

真谛继承“一种七现”的“一心论”思想，在《中边分别论・相品》第三偈中将vijñāna译为“本识”；而玄奘坚持“八识现行”的观点，将之译成“诸识”。对于一意识以外是否还有阿黎耶识存在，二者亦有分歧。玄奘译《摄论释》主张，在一意识以外，另有阿黎耶识的存在；而真谛主张，意识含摄阿黎耶识。依真谛的“一意识”而推展，即其所译《显识论》的三品意识：(1)细品意识，即阿黎耶识；(2)中品意识，即末那识；(3)粗品意识，即平常所说意识。真谛基于八识一体，以一意根统摄八识。初期唯识的“一种七现”思想注重以阿黎耶识为中心，真谛则将初期唯识的一心论演绎成“一意识说”，强调以“意根”为中心，这是其唯识思想的独特之处。

真谛保留了初期唯识的古义，依阿陀那识原有的执取性来说明染污意的功能。同时，真谛提到染污意以阿黎耶识为所取之对象，显示染污意内执取的意义，由此说明“自我观念”的构成，这与安慧的观点是相同的。后期的论书将“阿陀那识”的含义进行区分，将“阿陀那识”的一分执取性、染污性立为“末那识”，而以“阿陀那识”的作用为执持根身，并对二者作严密而详尽的解说与定位。护法、玄奘一系的这种做法，虽然违背了早期《解深密经》对“阿陀那识”的定义，但是使整个唯识系统在义理、组织结构上更趋严谨与圆熟。真谛则继承唯识古义，以染污意为阿陀那识，显示出其“一意识师”的立场。所以，真谛、玄奘各有所宗，二者的歧异体现了唯识思想发展的不同脉络。

从《摄论》中阿黎耶识的“摄藏”义出发，护法、玄奘一系建立了“互为摄藏”，这当然不符合无著的本义。但是，沿着“摄藏”，完全有建立“互为摄藏”的可能性。真谛继承了无著、世亲的思想，建立一重摄藏的能所关系，而且指明执藏阿黎耶识的主体是阿陀那识与意识，这是其创新的地方，也是其“一意识师”立场的表现。真谛与玄奘一样，将阿黎耶识视为果报识，其性类是无覆无记。真谛并没有将染污意纳入转识的范围，体现了早期唯识思想的特色。

真谛将名言熏习种子称为“生死种子”，为我们指出现实世界的根本在于语言。他基于种识不分的立场，主张种子是假而无体，阿黎耶识是实而有体，种子的相续即是阿黎耶识的相续，而不承认种子生种子。护法一系从诸识差别的立场，主张种子与阿黎耶识都是实有的，建构了种子生种子的异时因果与种生现、现熏种的同时因果。在种子起因上，真谛主张种子“新熏”说，与安慧相同；但在有漏种方面，存在着“本有新熏合说”的倾向。

瑜伽行派成立阿黎耶识的主体观念，是一种建设性的现象学，即为描述性的现象与存在找到一个根据与起因，从而建立“具有认识论意义的存在论”。名言熏习种子生起世界，并由于不间断的现行维持世界的继续存在。因为，“能够理解的存在就是语言”，世界进入语言，才能表现为我们的世界。我们的世界是“分别识”的世界，由于虚妄分别活动，熏习成名言种子，于是“沉沦”进入海德格尔所说“非本真”的状态。

摄论学派传到北方后，受到地论师等影响，出现两种情况：一、以地论学派为主，以本学派为辅，这其实是融入了地论学派；二、借助地论学派的概念和架构，对本学派的思想进行“适应性”的诠释，实现本学派的转化，灵润《摄论章》卷第一即是如此。另外一些摄论师，则坚持本学派的传统，而且引用《楞伽经》《十地经论》来为自己的思想作证据，道基是典型的代表。

摄论师以心识论为大小乘差别的关键，探讨南北朝至唐初期中国佛教的心识思想，从而突出自己的学派特色，体现了其大乘意识与学派意识。灵润《摄论章》受到《起信论》“一心二门”的影响，依“无没识”而建构“识生灭门”和“识真如门”。灵润以真谛与俗谛、真与妄、不生灭与生灭来诠释真理界与现象界的关系。在转依之前，以真如为中心，八识为本末结构。转依之后，分别无相、依他无性即是真实性，也即阿摩罗识，智如无差别成为法身的自性；八识的了别作用成为无分别后得智，成为应化身的自性。从阿黎耶识、阿陀那识、六识的异名来说，道基综合、概括真谛所有的译典，全面继承了真谛的心识论概念，即使引用《楞伽经》《十地经论》，亦是选取其与虚妄唯识相应的一面；而灵润在以摄论学派为主的同时，融合地论师的心识思想，可以看出其与慧远有很大的关联。

第三章　无相唯识与有相唯识

瑜伽行派建构阿黎耶识，依据两种进路：第一，存在论的进路，以阿黎耶识摄持种子，作为一切法生起的根据，生起个体生命(执受根身)和“客观”世界(器世界)；阿黎耶识是异熟识，以总报为依，六识生起认知、感受活动，于是产生别报、异熟生。这样，一切主体活动和对象世界的存在都被统摄入阿黎耶识，此即阿黎耶识缘起。这种进路，我们称之为“具有认识论意义的存在论”。第二，认识论的进路，瑜伽行派发现不能有离开认知主体而独立存在的外境，一切对象都是主体所提供的，于是产生“识转化”说，把一切存在都理解为本识中种子所现行的表相或影像，只有表相或影像才是真实的存在，这就是“唯识无境”。解释表相的来源，把表相统摄入阿黎耶识，亦可谓是阿黎耶识缘起，我们称之为“具有存在论意义的认识论”。所以，强调现象世界是由主观所产生，属于阿黎耶识缘起，即“迷妄”的世界构造；而强调现象世界与主体的心识同质，现象界不实在，属于“唯识无境”，即“觉悟”的世界构造。

依“解脱诠释学”，“唯识无境”是瑜伽行者在唯识的观照下所觉悟的。现实世界依然杂染，我们在思想的迷执性与迷乱性的影响下，依然产生种种迷执，这就是“虚妄分别”。通过自我的反思，了知现实的存在是虚妄分别，才能理解到种种虚幻的所谓“真实”，都是我们心识中的表相或影像，进入“唯识无境”，这是唯识学三大理论之一——影像门唯识。

《摄论》以三种方式成立唯识：一、一切法唯是虚妄分别的乱识，没有似义显现的所取义，所取义是没有实体的；二、虽然唯是一识，但在乱识现起的时候，就有一分所取的相和一分能取的见二性差别现前，这相和见都是识，所以称为“相识”“见识”；三、在能所交涉的心境上，有种种的行相现起，所以虽唯是一识，却成为千差万别的不同现象。[①]

在“影像门唯识”理论中，初期唯识经过陈那的转化，至护法、玄奘一系，确实对“境”的辨析与描述更为精致与完善，从而产生重法相的唯识思想。真谛继承无著、世亲的唯识古义，坚持“一意识论”，强调乱识的虚妄分别。同时，唯识古学与今学对“境”的看法也不同，有无相唯识与有相唯识的差别。这些复杂与微妙的问题，都值得我们深入探讨。

第一节　唯识无境与虚妄分别
——以概念史与语言学的考察为中心

瑜伽行派为了建构“唯识无境”，通过许多非常复杂的概念加以阐释，如识、唯识、显现、虚妄分别等。而且，不同的翻译家基于不同的理解，所用译语不同，加深了对这些概念的混淆。梵文唯识典籍的发现，为通过语言学的考察这些概念的原语及其不同含义提供了便利，汉译本与藏译本中不同译语的比较亦是重要的研究路径。

一　识与了别

汉译唯识典籍中的“识”，对应的梵文有vijñāna和vijñapti，同义词

---

① 玄奘译《摄大乘论本》卷中说：“复次云何安立如是诸法成唯识性，略由三相：一、由唯识，无有义故；二、由二性，有相有见二识别故；三、由种种，种种行相而生起故。”见《大正藏》第31册，第138页下。

有识别、了别等。vijñāna和vijñapti都是来自词根$\sqrt{\text{jñā}}$，$\sqrt{\text{jñā}}$有“知、认识”等义，加上一个表示增加清晰性、区分性等义的前缀vi，vi-jñā即“识别、区分、知道、认识”等义，vi-jñā加上ana，成为名词vijñāna，表示识对境的分别与辨识。vijñāna的汉译、藏译都比较确定，藏译是rnam par śes pa，汉译是“识”。

vijñāna作为“认识作用”，其性质和使用方式，有以下三种：(1)和眼等感觉器官连用，形成“眼识”和“意识”等；但是和色、声、香、味、触、法等被认识的对象形成复合词则是vijñapti。[①](2)“于所缘境了别为性”[②]，即对“所缘境”的了别(vijñapti)作用，也即对对象的认识作用，这是vijñāna具有普遍性的定义。[③](3)作为心(citta)、意(manas)的同义词，在原始佛教时，三者作为认识作用是整体，vijñāna也具有深层心理作用；随着瑜伽行派的发展，心、意、识区分开来，vijñāna成为前六识的代表。vijñāna除认识作用以外，还有认识主体和认识内容的意思。[④]vijñāna作为认识主体，通常是表示人的精神主体，如十二缘起的“识”，或者与心、意等同义；同时，表示认识作用的主体，如六识。vijñāna作为认识内容或认识结果，则与vijñapti具有相同的意思。

vijñapti是将vi-jñā的使动形式(vijñapayati，令知)的过去被动分词(vijñapta，使被知道)，改为名词形式。vijñapti的意思是境被了了分别认识，也即使境在心识上清晰明了地显现。vijñapti藏译为rnam

---

① 陈一标：《真谛的“三性”思想——以〈转识论〉为中心》，《东方宗教研究》第4期，1994年，第11页。

② 《大乘五蕴论》说：“云何识蕴？谓于所缘境了别为性。”《大正藏》第31册，第849页下。

③ 叶阿月：《“识”(vijñāna)和“表识”(vijñapti)的研究：以唯识思想为中心》，《文史哲学报》第29期，1980年，第78页。

④ 胜吕信静：《唯识说的体系之成立》，载高崎直道等著，李世杰译：《唯识思想》，《世界佛学名著译丛》第67册，台北：华宇出版社，1985年，第125页。

par rig pa。vijñāna强调对境的认识作用，即能动性的把握；vijñapti则是心识缘境后呈现的行为与结果，倾向于认识内容或认识结果。[①]高崎直道和胜吕信静等人认为，vijñapti是“表相”，不含有主体，“唯识”(vijñaptimātra)是指“世界的一切存在都是表相，都是不存在的”，这样唯识思想便成为“观念论”。[②]vijñapti的确不具有“识”(主体)的意思。[③]但是，将唯识思想理解成“观念论”，并不符合初期唯识思想，尤其对于无著、世亲、安慧、真谛来说，虚妄分别是表相得以出现的显现活动，如似尘识、似我识等，这种认识论具有存在论的意义，所以我们认为唯识思想在能所、主客关系上是一种具有存在论意义的认识论。[④]

vijñapti的汉译十分复杂，在古代唯识典籍中有四种译法：了别(略为了)、识、表(显)、缘，“了别”的译法为直译，其他为意译。[⑤]在现代学术研究中，则有“表象”“表别”“表相”“了别”等译法。[⑥]综合vijñāna和vijñapti的含义，对比如下：

---

① 有关现代学者对“识”的两个梵文原语——vijñāna和vijñapti的各种见解，参考陈一标：《识的诠释——vijñāna与vijñapti》，《圆光佛学学报》第6期，2001年，第107—120页。

② 高崎直道等著，李世杰译：《唯识思想》，《世界佛学名著译丛》第67册，台北：华宇出版社，1985年，第9、128页。

③ 持此观点的还有宇井伯寿，见《安慧護法唯識三十頌釈論》，东京：岩波书店，1979年，第300页。

④ 吴学国将“虚妄分别”“显现”理解成存在论，而否定认识论，显然是不恰当的。见《境界与言诠——唯识的存有论向语言层面的转化》，上海：上海人民出版社，2003年，第103页。

⑤ 周贵华：《唯心与了别——根本唯识思想研究》，北京：中国社会科学出版社，2004年，第390页。

⑥ 霍韬晦将vijñapti译为“表”“表别”，见《安慧〈三十唯识释〉原典译注》，香港：香港中文大学出版社，1980年，第16、28页；后来，他又改译为“表相”，见《唯识五义》，《华冈佛学学报》第6期，1983年，第313页。

表3.1　vijñāna与vijñapti对照表

vijñāna(识)		vijñapti(了别)
认识主体	精神主体	
	认识作用的主体	
认识作用		认识作用(了别)
认识结果或认识内容		认识表相

可以看出，二者最大的不同在于vijñapti不可能成为认识主体。所以，将二者都译成“识”是明显不妥的。vijñāna应译作“识”，而vijñapti可译作“了别”“表相”。

二　唯识与唯表

vijñāna和vijñapti既然有别，那么vijñānamātra和vijñaptimātra的意思也应该有差别。根据上面的辨析，vijñānamātra应该译成“唯识”，vijñaptimātra则应译为“唯了别”或“唯表”。与此相关联的，还有唯心(cittamātra)，唯识与唯心经常被视为具有同等意义。在西藏唯识学中，“唯识”译为sems-tsam，对应的可能即是cittamātra。但是，从目前发现的梵文唯识典籍来看，瑜伽行派很少用cittamātra。与唯识思想有关联的“唯心”说，可见于《十地经》，在该经中，cittamātra指向精神主体，特别是实践上的主体。安慧《三十唯识释》说：“为了向那些执有人、法的存在，而对唯心(cittamātra)义不能如实了知的人，显示人、法二无我，使之渐次悟入唯识果，故造此论。”①此处用唯心(cittamātra)，是就止观实践而言的。“渐次悟入唯识果”，梵文原文为saphale vijñaptimātre 'nupūrveṇa praveśa，直译即是“依有果的唯识，渐次悟

① 霍韬晦：《安慧〈三十唯识释〉原典译注》，香港：香港中文大学出版社，1980年，第15页。

入”。[①]世亲的思想，将我们所知的世界统摄为“表相”的世界，“表相”是从识(vijñāna)的转化而来。因此，我们所知世界的存在并无独立性，识才是我们存在之根，由此“唯表”义才进入“唯心”，这种观念成为瑜伽行者修持实践的理论根据。

心、意、识三者在初期唯识典籍中是同义语。[②]但是瑜伽行派创造了vijñaptimātra，“识”也就从认识主体转向表相，而唯心(cittamātra)逐渐成为止观实践的境界。因此，vijñaptimātra的真正意思是“唯表”，强调识有不同的机能，而识所了别的境也是由能取识转出，这正如《解深密经》所说的“识所缘唯识所现”[③]。vijñapti代表这些境，一方面它有存在的意义，另一方面它被识所取，但是不能将之理解为纯是识的分别作用所虚构的，否则vijñapti将与梦境无异。[④]将vijñaptimātra译为“唯识”，重视“境”是由“识”转出，只能表现其认识论的意义，而忽视了其存在论的意义。因此，应该将vijñaptimātra译成“唯表”，表现其存在论与认识论的意义。

三　显现与虚妄分别

1. 显现——“可见”与“无”

vijñapti的基本意思，是使境在心识上清晰明了地显现。“显现”对应的梵文有ābhāsa、pratibhāsa、avabhāsana、avabhāsatva，四者的词根都是动词bhās，有发亮、照耀、显现等义。在汉译佛典中，四者常被译为

---

① 霍韬晦：《安慧〈三十唯识释〉原典译注》，香港：香港中文大学出版社，1980年，第16页。

② 胜吕信静：《唯识说的体系之成立》，载高崎直道等著，李世杰译：《唯识思想》，《世界佛学名著译丛》第67册，台北：华宇出版社，1985年，第127页。

③ 《解深密经》卷三，《大正藏》第16册，第698页中。

④ 霍韬晦：《绝对与圆融——佛教思想论集》，台北：东大图书，1994年，第234页。

“似……”“似……现”“显现”，即现代汉语“显得像……”。[①]唯识的思想，是从瑜伽的定慧修持经验而来的。因为，修行瑜伽禅定的时候，心中会显现出种种影像或表相，由此出现表相与心并无不同，故非心外之实在物的思想。《解深密经》卷三说：

> 诸毗钵舍那三摩地所行影像，彼与此心当言有异？当言无异？佛告慈氏菩萨曰：善男子！当言无异。何以故？由彼影像唯是识故。善男子！我说识所缘，唯识所现故。世尊！若彼所行影像，即与此心无有异者，云何此心还见此心？善男子！此中无有少法能见少法，然即此心如是生时，即有如是影像显现。[②]

定中所现的影像是由内心所现起的，纯是内心显现的产物，与心识无有差别。这是从禅定的经验中发现的，如《摄论》说：“诸瑜伽师于一物，胜解种种各不同；种种所见皆得成，故知所取唯有识。”[③]禅定的境界对于世俗世界来说，毕竟是难以理解的事情。所以，在定慧经验外，又用其他例子加以说明。因此，“唯识无境”是瑜伽师在禅定修行中所证明的。但是，在《解深密经》中，并没有论及vijñapti、“显现”和“唯识无境”之间的关系，这表示影像门唯识与三性并没有结合起来。[④]

在“唯识无境”的经验里，“显现”说明了识与境的关系，即能显现

---

① 周贵华：《唯心与了别——根本唯识思想研究》，北京：中国社会科学出版社，2004年，第294—295页。

② 《解深密经》卷三，《大正藏》第16册，第698页上—中。

③ 玄奘译：《摄大乘论本》卷上，《大正藏》第31册，第137页中。

④ 胜吕信静：《唯识说的体系之成立》，载高崎直道等著，李世杰译：《唯识思想》，《世界佛学名著译丛》第67册，台北：华宇出版社，1985年，第130页。

的心识与所显现的影像之关系。《大乘庄严经论》[①]说：

偈曰：无体及可得，此事犹如幻。

释曰：无体及可得此事犹如幻者，一切诸法无有自性，故曰无体，而复见有相貌显现，故曰可得……譬如幻等实无有体而显现可见，诸法无体可得亦尔。[②]

“显现”一词的藏文snaṅ ba，汉译为“可得”“可见”，现代汉译为“被见闻觉知”，因此“显现”最主要的作用是描述事物的相状。事物作为心识显现的“影像”，是可以被我们看到的。“影像”的梵文是nirbhāsa，指一种不真实的、模拟的显现。

初期唯识继承了中观“假”的思想，而且有所发展。中观的性空假名论，彻底消解与解构形而上学的实在论，从而破除了对脱离于言诠之实有的执著，也使语言不再具有一种实在的指称结构；其次，作为此过程的结果，世间万有皆为一种通过言诠假立施设的存在，因此事物都是语言性的。[③]初期唯识以“识”作为媒介，以语言性的虚假施设

① 《大乘庄严经论》是由偈颂与长行释文所组成。唐代波罗颇蜜多罗的汉译本将偈颂与长行都归为无著的作品。在西藏的传承中，本论的偈颂独立为一书，以弥勒为作者；而偈颂附长行构成另一书，以世亲为作者。关于本论作者，有四种代表性的观点：一、S. Lévi：偈颂与长行皆为无著所作。二、宇井伯寿：偈颂是弥勒所作，长行是世亲所作。三、A.Wayman：否定偈颂是无著所作，至于长行的作者为无著、世亲中的哪一个，持保留态度。四、山口益、吕澂、Lamotte：偈颂是无著所作，长行是世亲所作。以上观点见吕澂：《论庄严经论与唯识古学》，载《吕澂佛学论著选集》卷一，济南：齐鲁书社，1991年，第64—65页；小谷信千代：《大乘荘厳経論の研究》，京都：文荣堂，1984年，第10页；释惠敏、关则富：《大乘止观导论——梵本〈大乘庄严经论·教授教诫品〉初探》，台北：法鼓文化，1997年，第4页。

② 《大乘庄严经论》卷六，《大正藏》第31册，第622页下。

③ 吴学国：《境界与言诠——唯识的存有论向语言层面的转化》，上海：上海人民出版社，2003年，第142页。有关龙树与解构主义的比较，参考Ian W. Mabbett, Nāgārjuna and deconstruction, *Philosophy East and West*, vol.45, no.2, 1995, pp.203–225。

万法为中心，成立了世俗谛以及从世俗谛到胜义谛的转换。因此，诸法是“无体”的存在，种种现象的差别皆是来自“识”的显现。瑜伽行派通过对“识”的建构，成立了现象的存在根据，从而解决了中观“解构”实在论后所产生的虚无主义、相对主义等问题，同时仍然在一定程度上肯定诸法假名有的意义。

“显现”突出了现象为可得、可见的对象，这种观点与英国经验主义哲学家贝克莱的著名论题“存在就是被感知”有相似之处。但是，贝克莱否定了“心外的、有形的实体”，却并不否认“无广袤的、不可分的实体”[①]，于是他必须在人的意念之外，推论出上帝的意念。唯识学与英国经验主义相比，更为彻底，否定任何实体的存在。尤其后期唯识学发展出彻底的“观念论”。唯识学的“显现”是从认识论的角度来阐释现象的相状，因而是一种“具有存在论意义的认识论”。

因此，“可见”和“无”是“显现”的基本特征。但是从凡夫境界上说，只要有相貌显现，便以为其存在，“无”而“可见”是很难了解的。从能、所两方面来看，“显现”表示了“所缘为能缘所见”，而且“显现”的主语是“所缘”。当追寻“显现”的原因时，必须回溯到“能缘”的特点，即识的“虚妄分别”。由于心识作为虚妄分别，唯是错乱性，无外境显现为外境。vijñāna即是虚妄分别，属于“能缘”；vijñapti的特点是“可见”“无体”，属于所缘。这样，可以清楚看到vijñāna和vijñapti二者的区别。同时，“显现”是一种描述性的用语，只是说明“境”的状态；而“虚妄分别”则含有价值判断，强调“识”的自我否定性。[②]

---

① 贝克莱著，关文运译：《人类知识原理》，北京：商务印书馆，1962年，第34、60页。

② 在唯识古学，“虚妄分别”是一种价值判断，指出识的虚妄性，所以真谛称之为“乱识”；但是，护法一系的唯识今学将否定的对象指向实能取、实所取的我、法，而不否定虚妄分别，虚妄分别也就成为一种“事实判断”。

2. 虚妄分别——显现二取

瑜伽行派与中观学派既有思想上的差异,也有诠释方法上的不同。中观派唯"遮"不"表",瑜伽行派"遮""表"双运。当中观"解构"万有,使之成为一种语言的存在,其问题在于语言符号是最抽象的,而且也为人们留下了"任意性"的世界。[①]瑜伽行者从其禅定经验中努力建构世界的具体性,为世界的存在寻找根据。于是,在对名言世界之"显现"的观照下,"反思"到显现的主体——显现者,即心识的虚妄分别。

识(vijñāna)以了别(vijñapti)为相,这是从"境"方面而言的;同时,识(vijñāna)还以分别(vikalpa)为相,这是就对"境"的认识而言的,注重识的能动性。在部派佛教中,"虚妄分别"作为一个完整概念尚未出现。[②]《瑜伽论》逐步从名言世界的构造过程,建立了建构性的观念作用(constructive ideation)——虚妄分别(abhūtaparikalpa)。初期唯识思想的虚妄分别是"无体"的,即在"空"之中发现建构性的观念作用。因此,初期唯识将虚妄分别摄入"唯识无境"的影像门,从而成为中介,建立了影像门与三性三无性门的关联。

关于虚妄分别的性质,《辩中边论·相品》说:"三界心心所,是虚妄分别,唯了境名心,亦别名心所。"[③]虚妄分别摄尽一切心、心所法,亦即是作为识的自性。站在唯识的立场,此虚妄分别也担负了宇宙一切法的缘起流转,换言之,一切法的显现须依赖于虚妄分别。以下是一些有关虚妄分别的解释:

---

① 现代语言学的创始人索绪尔认为,施指与所指结合而成的一个符号是任意的,此即"任意性原则"。见陈嘉映:《语言哲学》,北京:北京大学出版社,2003年,第74—75页。

② "虚妄"与"分别"连用,已经出现了,但并不是唯识学意义上对心识特点的形容,而是用虚妄来形容"分别",如《阿毗昙毗婆沙论》卷四说:"苦法忍、苦法智生时,断此虚妄分别颠倒险恶断见。"见《大正藏》第28册,第28页中。

③ 《辩中边论》卷上,《大正藏》第31册,第465页上。

A. 弥勒《辨法法性论》:“如所显现二及名言虚妄分别是为法相。无而现者,是为虚妄;分别者谓于一切无义,唯计度耳。”[①]

B. 安慧《中边分别论疏》: abhūtam asmin dvayaṃ parikalpyate 'nena vety abhūtaparikalpaḥ | “abhūta” vacanena ca yathāyaṃ parikalpyate grāhy-grāhakatvena tathā nāstiti pradarśayati | “parikalpa” vacanena tv artho yathā parikalpyate tathārtho na vidyata iti pradarśayati ||[②]

Stcherbatsky 英译: The term “creator of phenomena” means that one in whom division does not exist or that one by whom it is constructed. The word “phenomena” (or unreality, not genuine reality) suggests that the form in which reality here appears to us, the form divided into an object grasped and a subject grasping it does not (ultimately so exist). The word “constructor” suggests that the objects does not exist in that form into which they are converted (by creative imagination).

汉译今译:“虚妄分别”的意思是,非真实的存在或是被(识, vijñāna)建构出来的境。根据“虚妄”(abhūta, 非真实)一词是表示显现在我们面前的存在,是由能取、所取所构成的形式,它不是(如此究极地)存在的。根据“分别”(parikalpa)一词,乃是表示作为被(识体, vijñāna)建构出来的境(对象或事物,所取部分),这境是不存在的。[③]

① 法尊译:《辨法法性论》,《现代佛教学术丛刊》第30册,第199页。

② 转引自叶阿月:《唯識思想の研究: 根本眞實としての三性説を中心にして》,东京:国书刊行会,1975年,第110—111页。

③ 现代汉译参考英译、日译而成,见山口益译注:《安慧阿遮梨耶造中辺分別論釈疏》,名古屋:破尘阁书房,1935年,第18页。

C. 真谛译《摄论释》:“分别是识性,识性何所分别,分别无为有,故言虚妄。分别为因,虚妄为果,由虚妄果得显分别因。”①

D. 窥基《辩中边论述记》:“能取所取,遍计所执,缘此分别,乃是依他。以是能缘非所执故,非全无自性,故名为有,即所取能取之分别。依士释名,非二取即分别。持业立号,然此但约染分说妄分别有即依他,非依他中唯妄分别,有净分别为依他故。”②

在梵文唯识典籍中,虚妄分别(abhūtaparikalpa),有时称为asatkalpa、parikalpa、vikalpa;英译有imagination、constructor of the phenomena、creator of appearance、creator of the phenomenal worlds、creator of the world-illusion、creator of a transcendental illusion。③在汉译中,真谛与玄奘都将abhūtaparikalpa译为虚妄分别。

窥基通过“六合释”的依主释和持业释两方面来解释“虚妄分别”。④《辨法法性论》、真谛译《摄论释》以及窥基解释的前半部分,可归于依主释。弥勒、真谛都认为,“二取”是虚妄的结果,而此结果的产生来自“分别”或者识(vijñāna)。安慧也有与此相同的解释。⑤虚妄分

① 真谛译:《摄大乘论释》卷五,《大正藏》第31册,第181页中—下。

② 《辨中边论述记》卷上,《大正藏》第44册,第2页中。

③ F. Th. Stcherbatsky (trans.), *Madhyānta-vibhanga: discourse on discrimination between middle and extremes ascribed to Bodhisattva Maitreya and commented by Vasubandhu and Sthiramati*, Moscow, 1936, p.11.

④ 依主释,亦称为依士释、属主释、即士释。即复合词中的前节之语,作为名词,或视同名词,而对后节之语有“格”(格,梵文文法之一,有八种格)之关系者,如“山寺”,即“山之寺”之意。前节之语为于格,后节之语为属格(所有格)。持业释,前节之语对后节之语,有形容词、副词,或同格名词之关系者,故后节之语常为名词或形容词。如“高山”,即“很高之山”之意。陈一标亦将有关虚妄分别的解释分成依主释与持业释,见《唯识学“虚妄分别”之研究》,《国际佛学研究》创刊号,1991年,第192—194页。

⑤ 陈一标:《唯识学“虚妄分别”之研究》,《国际佛学研究》创刊号,1991年,第192页。

别含摄“能取”与“所取”两部分，所取即是分别性(玄奘译为遍计所执性)。“虚妄分别”即是虚妄之分别，既摄“虚妄”，又摄“分别”。这只是一层心识结构，其中并没有护法一系所主张的，以见、相二分作为依他的本质性结构，因此为“无相唯识”。

窥基对“虚妄分别”的解释含有两层心理结构：第一层的主体为“分别”，是能缘的依他，这是依他性；第二层的主体为“虚妄”，也即“二取”，这是分别性。这样，“虚妄分别”即是“依他起性对二取(遍计所执性)作了分别”。同时，依主释的“主”(所依)为“分别”，即是“能缘的依他起”。窥基依据“依主释”的规则，简别“二取”和“分别”之体不同，虚妄分别只能摄依他性，不能摄分别性。这样，在心识的分别认识活动中，必须建构一层心理结构，即见分、相分或能缘、所缘，成立一种依他性的本质结构，即是“有相唯识”。

安慧《中边分别论疏》和窥基解释的后半部分，可归于持业释。安慧将“虚妄”与“分别”看成同格词，含摄二取的“虚妄”最终是不存在的，同时由识体建构出来的“境”或所取也是不存在的。因此，“虚妄”与“分别”都是不真实的。安慧的解释，与上面依主释中弥勒、真谛的解释相同。[①]但是，窥基的持业释将“虚妄”或“二取”看作形容词，以形容“分别”，“分别”是心识的特性，是依他性。这样，“虚妄分别”就是“虚妄的依他性”，而且只是“依他性”的一部分内容，因为还有“净依他”。

莫蒂称瑜伽行派的“虚妄分别”是一种超验的、动态的“识流”，由其自身创造出一切现象、实体(我)、法，甚至是主体、客体等。一切的“关系”均不出于虚妄分别，虚妄分别建构了“主客关系”的现象世界，

---

①　这与解释方法有关系，因为广义上的依主释含有持业释与带数释，即凡是依前节之语而限制后节之语的复合词，皆称依主释。

因此现象界不可能是独立的存在，而是不真实的，处于一种名言施设的状态。[①]但是，唯识古学与今学在虚妄分别的性质与结构上出现分歧，即是无相唯识与有相唯识的差异。

“显现”具有“无”与“可见”的特质，“虚妄分别”是以“二取”作为自性的。而“虚妄分别显现”说明了“识”(vijñāna)作为能缘，构造出“境”(vijñapti)的时候，“境”是以“二取”形式成为所缘的。《中边分别论》说：

(颂曰)显现似二种，如显不实有……(论曰)诸义显现有二：一、显所执，二、显能执，由二相生故，如是无所有。[②]

(安慧释)：作为二种所取能取性显现者是什么[在显现]呢？是依他起性。何故[显现]？是具有所取所能取的种子之缘故。又这种显现的意味是什么呢？因此说，彼[二取的]行相生故。所取能取的行相生故作为所取能取的体显现。这就有如将水晶放在坐垫上。这(坐垫)的色却不能染(水晶)。[③]

按照安慧的解释，识或虚妄分别作为二取的“显现者”，是依他性。一切法本来是指“二取”，但是现在作为“所缘”，虚妄分别作为“能缘显现”，这样“能缘显现”即是能所二取显现。如此，能缘即是二取，能缘所缘是一，真谛译为“诸义显现”正是表明这样的立场。安慧以“水晶”作比喻，水晶本身是无色透明物，若无其他颜色映照于其中，水

---

① T. R. Murti著，郭忠生译：《中观哲学》下，《世界佛学名著译丛》第65册，台北：华宇出版社，1984年，第514—515页。但是，莫蒂认为虚妄分别是真实的，是非概念性的。即使承认虚妄分别是真实的，也不是圆成实性，因为它仍然是二元对立的染著。

② 《中边分别论》卷下，《大正藏》第31册，第461页下。

③ 山口益译注：《安慧阿遮梨耶造中辺分別論釈疏》，名古屋：破尘阁书房，1935年，第344页。

晶则无法为人所见；水晶的显现是因为周围颜色，这样，水晶显现、水晶和显现的色彩都是同一的。所以，安慧说“所取能取的行相生故作为所取能取的体显现”，“识”本来是属于“能缘”，“能缘”就不是“所缘”，但是“识显现”却又以“二取”的形式显现，这样“能缘”即又成了“所缘”，于是“识”具有“自我否定”的性格。①识的自我否定性，成立了“唯识无境”，说明了识本身在认识活动过程中的自我建构与“异化”，莫蒂称“识”是“纯粹行为”的绝对主义，正是说明了境识的“同一性”。②

但是，对于识的自我建构的诠释存在不同进路，唯识古学是基于一层建构，为“无相唯识”；唯识今学则有两层建构，是“有相唯识”。在唯识古学里，虚妄分别既是一种缘起的世界，也是名言的世界，于是语言获得了与世界的本然统一性，从而实现了语言哲学向存在论层面的转化。③但是，在护法一系，虚妄分别只能是缘起的世界，分别性则成了语言的世界，因而隔绝了语言与存在之间的转化。

第二节　识转变与因果同时、异时

瑜伽行派认为境(vijñapti)是一种存在，它的内容是由识(vijñāna)的状态转化(pariṇāma)而来，才得以呈现的。所以，识是境存在的依据，也即现象的根源。在我们的实际经验中，认识内容绝不仅仅是

---

① 陈一标：《真谛的“三性”思想——以〈转识论〉为中心》，《东方宗教研究》第4期，1994年，第23页。

② 莫蒂认为“识”与“梵”都是纯粹存在，二者并没有区别；但是，“梵”是被动性的依据，让一切杂染添附其上。见T. R. Murti著，郭忠生译：《中观哲学》下，《世界佛学名著译丛》第65册，第515—516页。

③ 吴学国：《境界与言诠——唯识的存有论向语言层面的转化》，上海：上海人民出版社，2003年，第151页。

一种事后发生之反思的对象，相反，认识活动与认识内容始终是一个统一体的两个方面。正是通过主体的认识活动，才产生了认识内容，从而完成了认识活动。随着唯识学的进一步发展，瑜伽行者对识的内部结构的解析逐渐清晰，于是在虚妄分别(abhūtaparikalpa)、显现(pratibhāsa)之外，引进了转变(pariṇāma)。因为，作为虚妄分别的"识"毕竟是缘起法，是一种存在的状态；而虚妄分别显现为"二取"，是一种认识的状态。当瑜伽行者深刻观照识的内部结构，发现唯有建构识的内部活动——识转变，才能更好地成立"二取"。同时，种子与现行法之间的互熏、种子的刹那相续，无不是处于"转变"状态之中。这样，世亲将整个唯识学建立在"识转变"之上。于是，在认识活动方面，唯识学发生了从"虚妄分别显现"到"转变"的转向，即由"无相唯识"发展成"有相唯识"。

一 识转变——存在论向认识论层面的转化

世亲将识的认识活动称为转变(pariṇāma)，玄奘译为"识变""识所变""识转变"，真谛译为"转""变异"。译语的不同，表现出二者思想的差异。Pariṇāma一词，最先使用者为数论。数论以为生命原有不变清净的本体，即"神我"；其余一切心理物质现象亦有一本体，即"自性"(prakṛti)。自性与神我相合，于是转变(pariṇāma)生起万有。万有不出二十三事，再加上神我、自性，即是二十五谛。自性因为神我的缘故而转变，神我误认此转变之心色诸法为自身，而被系缚；如果能够了然与己绝然无关，即获解脱。[①]世亲在未学大乘佛教之前，曾学数论，

① 汤用彤：《印度哲学史略》，载《汤用彤全集》第三卷，石家庄：河北人民出版社，2000年，第85—92页。

而且为数论的重要典籍《金七十论》作释。[①]根据真谛译《婆薮槃豆法师传》,则世亲曾著《七十真实论》以破数论。[②]由此可见,世亲思想与数论有密切联系,沿用了pariṇāma概念来解释种种我、法的生起。

但是,我们不能认为世亲的转变(pariṇāma)思想来自数论,佛教内部有其源头。佛教所说的坏苦(vipariṇāma-duḥkha), vipariṇāma汉译为"变易"或"坏",与pariṇāma同义,都是表示现象存在的状态。从佛教的立场阐释"坏苦"和"识转变",并不以探究心的构造和存在的形态为最终目的,而是为了脱离由"识转变"产生的种种"苦"。现代学者指出,"识转变"的直接先驱思想,是《俱舍论》的"相续转变差别"(saṃtati-pariṇāma-viśeṣa)。[③]《俱舍论》说:

> 此中何法名为种子?谓名与色于生自果所有展转邻近功能,此由相续转变差别。何名转变?谓相续中前后异性。何名相续?谓因果性三世诸行。何名差别?谓有无间生果功能。[④]

"相续转变差别"是表示由业而熏习于色心的种子,经过一段时间,到生果为止,种子在其中所经过的潜在的过程状态。这里提到两点:一者,名、色都有转变,能生后名、色;二者,种子即是于名、色相续转变上安立的生果功能,或者说种子指名、色能生果的转变差别。前者即影响到世亲在了别境中提出"识转变",后者影响到他提出"种子转

---

① 《成唯识论述记》卷一末,《大正藏》第43册,第252页中。《金七十论》有真谛的译本,收于《大正藏》第54册。

② 《婆薮槃豆法师传》,《大正藏》第50册,第189页中。

③ 周贵华:《唯心与了别——根本唯识思想研究》,北京:中国社会科学出版社,2004年,第428—429页。

④ 《阿毗达磨俱舍论》卷四,《大正藏》第29册,第22页下。

变”。[1]“相续”是指带有“业”影响的色心(即种子)在刹那生灭地存在着;“转变”是指“相续转变”,即种子的相续是一种前后刹那变化的状态;“差别”即“转变差别”,种子于次刹那变成能生结果之特殊力量(功能),其结果即相对出生之前的转变。

“相续转变差别”(saṃtati-pariṇāma-viśeṣa)是基于经量部的“色心互熏说”成立的,或以其本来的形式,或以除掉saṃtati后的pariṇāma-viśeṣa形式,可见于《大乘成业论》《唯识二十论》《大乘庄严经论》《唯识三十颂》《中边分别论释疏》。[2]《唯识二十论》说:

[梵文]yadi svasaṃtanapariṇāmaviśesād eva satvānām arthapratibhāsā vijñaptaya utpadyante narthaviśeṣāt[3]

[今译]若诸有情由自相续转变差别,似境识起,不由外境为所缘生。[4]

在《俱舍论》的“相续转变差别”(saṃtati-pariṇāma-viśeṣa)前加上“自”(sva),表明阿黎耶识中种子的转变、差别,此即“种子转变”的前身。[5]此处转变(pariṇāma)与显现(pratibhāsa)意义相通,显现表示具体的、现实的认识作用,二者的同时出现,表明心识的潜在、深层的过程及显在的、表层的过程,都可以用“转变”来表示。

---

① 周贵华:《唯心与了别——根本唯识思想研究》,北京:中国社会科学出版社,2004年,第429页。

② 横山纮一:《世亲的识转变》,载高崎直道等著,李世杰译:《唯识思想》,《世界佛学名著译丛》第67册,台北:华宇出版社,1985年,第167页。

③ 转引自横山纮一:《世亲的识转变》,载高崎直道等著,李世杰译:《唯识思想》,《世界佛学名著译丛》第67册,台北:华宇出版社,1985年,第168页。

④ 《唯识二十论》,《大正藏》第31册,第76页下。

⑤ 横山纮一:《世亲的识转变》,载高崎直道等著,李世杰译:《唯识思想》,《世界佛学名著译丛》第67册,台北:华宇出版社,1985年,第169页。

从概念史的角度来看，“识转变”源自“转变”。“转变”本质上就是在缘起的基础上说明“苦”的根源，因此“识转变”之说不是以究明心识构造和存在形态为最终目的，而是为求解脱由“识转变”所生的种种苦所不得不说的道理。经量部用种子说和“相续转变差别”阐明刹那生灭性，并归结于种子的相续不断性(自身持续存在)以及种子的因果决定性。在唯识思想史上，由“业的相续”到“识相续”的观念发展是重要的改变，而识的相续作用仍是由种子来担当。《唯识二十论》强调识有转变的殊胜功能，器世间与内界(即外在实在世界与意识自身的活动)都是由识转变成的。《成业论》中称为“异熟果识”的能维持种子之阿黎耶识，《唯识三十颂》归结为“一切种子识的转变”义，用来说明我法为“假说”的“分别”，只是依言语而假借施设的认识作用。于是，分析我法的产生，便从认识论的“视域”进入存在论的“视域”。这一诠释过程，是由存在论进入认识论，又转回存在论。首先，依阿黎耶识缘起追寻世间万法意义的源流，从而有“识转变”的建构；其次，剖析识转变的内部结构，有“因转变”与“果能变”；最后，为此建构寻找根源性的意义，便是“唯识无境”。

世亲“识转变”从存在论向认识论层面的转化，主要体现在《唯识三十颂》第一及第十八、十九颂：

第一颂

[梵文]ātmadharmopacāro hi vividho yaḥ pravartate | vijñāna-pariṇāme ’sau pariṇāmaḥ sa ca tridhā ||

[玄]由假说我法，有种种相转，彼依识所变，此能变唯三。

[真]转识有二种：一转为众生，二转为法，一切所缘不出此二。此二实无，但是识转作二相貌也。次明能缘有三种。

第十八颂

[梵文]sarvabījaṃ hi vijñānaṃ pariṇāmastathā tathā | yātyanyon yavaśād yena vikalpaḥ sa sa jāyate ||

[玄]由一切种识，如是如是变，以展转力故，彼彼分别生。

[真]又说唯识义得成者，谓是一切法种子识，如此如此造作回转，或于自、于他，互相随逐，起种种分别及所分别。

第十九颂

[梵文]karmaṇo vāsanā grāhadvayavāsanayā saha | kṣīṇe pūrvavipāke 'nyadvipākaṃ janayanti tat ||

[玄]由诸业习气，二取习气俱，前异熟既尽，复生余异熟。

[真]由二种宿业熏习及二种习气，能为集谛，成立生死。[1]

在存在论的层面，弥勒、无著以及世亲的前中期思想体系，以“显现”成立“唯识无境”。能显现之了别作用使似外境显现，此显现是颠倒错乱的，所显现是分别性。而在《唯识二十论》与《唯识三十颂》中，世亲以“转变”取代了“显现”，来阐释唯识无境的思想。

施设(upacāra)指一种概念的设定，玄奘译为“假说”[2]，真谛则将之融汇入其所意译的句子中。所谓“唯识无境”，即是能够存在的唯是“识”，种种客体之存在的呈现即是“识”的显现或转变。而

---

① 韩廷杰：《梵本〈唯识三十颂〉研究》，《法源》第18期，2000年，第56—73页。其中有些排版及转写错误，已纠正。

② 霍韬晦认为，玄奘所译“假说”容易使人误会为虚假之义，以为我、法都是自毕竟空无中生出。见《安慧〈三十唯识释〉原典译注》，香港：香港中文大学出版社，1980年，第20页。窥基解释“施设”说：“言施设者，安立异名，即假说义。此意显示随诸世间横计种种我法等缘，施设我法；随诸圣教证得种种无为等缘，即施设为圣教我法。转者，起义。随彼彼缘，起彼种种我法相故。”见《成唯识论述记》卷一本，《大正藏》第43册，第240页中。

我、法等识心上的执著，是依于所呈现的存在而施设的。“识转变”(vijñānapariṇāme)是于格语尾，因此横山纮一用“场”来表示，说明“识转变”作为场域(依处，adhiṣṭhāna，ādhāna)，是用来总说世间一切现象的缘起性质，即其不过是基于假说诠表而存在的。[①]世亲对现象之依据的探索，由“有色等想事”进至“依他性”，再进至“虚妄分别”，最后形成“我法假说依识转变”的独特看法，于是才开展了识的三类转变说，成立八识体系的初始形态。

翻译是一种理解与诠释的过程，因此离不开“前理解”或“前见”。真谛与玄奘的唯识思想体系各不相同，他们代表唯识古学、今学的不同立场，这从二者的翻译亦可见一斑。第一颂最后一句，世亲是将识转变的存在层面分解为三种，最后回归识自身。玄奘所译“此能变唯三”，将识转变的存在层面导向识自身，强调识的能变，包含了识的内部结构的变化，恰如《成唯识论》说，“识所变相虽无量种，而能变识类别唯三”[②]。因为玄奘强调识转变出似我、似法的见、相二分，再遍计执为实我、实法，这是两层心理结构，属于“有相唯识”。而真谛译出“能缘有三种”和我、法为所缘，只有一层心理结构，是“无相唯识”。

“唯识无境”是觉悟世界的体验，因此必须从存在论走向认识论层面的诠释，才更好为瑜伽行者所理解与接受。横山纮一推测世亲重视识转变的理由是：一、阿黎耶识种子从未熟状态变化为已熟状态的结果，从种子出生现实的分别活动，是瑜伽行唯识学的基本见解，为成立阿黎耶识，世亲非得强化“相续转变差别”中转变一语的意义不可。二、“识转变”可以解释种子与现行在变化过程中的因果关系，以及转

---

① 横山纮一：《世亲的识转变》，载高崎直道等著，李世杰译：《唯识思想》，《世界佛学名著译丛》第67册，台北：华宇出版社，1985年，第176页。

② 《成唯识论》卷二，《大正藏》第31册，第7页中。

识与阿黎耶识互为因果的关系。[①]阿黎耶识的转变，是以转识的转变(分别)为因，使种子由未熟而变化为已熟状态的功能(种子自身的变化)；相对地，以种子变化为因，而在认识上起分别的转变，这是“转识的转变”(现行)。识转变原只是分别，说种子识是转变的生起因，就有偏重从因“生”果，从种子“生”诸法(分别、诸转识)的意思。从颂文本身来看，“识转变”只是表示阿黎耶识中种子的变化，并没有种子生现行的意思。但是，由于世亲没有进一步进行解释，给后代论师们的诠释留下很大发挥的余地。

认识世界是为了能够了解到世界的真实，从而断除流转杂染，所以世亲“识转变”的第三层转化在于认识论向存在论层面的回归，即识转变是分别，真正进入“唯识无境”的体验。《唯识三十颂》第十七颂：

第十七颂

[梵文]vijñānapariṇāmo ’yaṃ vikalpo yadvipyate | tena tannāsti tenedaṃ sarvaṃ vijñaptimātrakam ||

[玄]是诸识转变，分别、所分别，由此彼皆无，故一切唯识。

[真]如此转识不离两义：一能分别，二所分别。所分别既无，能分别亦无。无境可取，识不得生。以是义故，唯识义得成。何者立唯识义？意本为遣境遣心。今境界既无，唯识又泯，即是说唯识义成也，此即净品，烦恼及境界并皆无故。[②]

因此，从存在论进入认识论，再回归到存在论，世界之“识转变”的意义经历了三个阶段：“一切种子识的转变”→“识即转变”→“识转变

① 横山纮一：《世亲的识转变》，载高崎直道等著，李世杰译：《唯识思想》，《世界佛学名著译丛》第67册，台北：华宇出版社，1985年，第180—182页。

② 韩廷杰：《梵本〈唯识三十颂〉研究》，《法源》第18期，2000年，第65—66页。

即分别”。但是，这一过程只是“种子受熏习而异熟”。若依世亲可能的“当谓”[①]，识转变也应可包含“种生现”的意思，因为种子(因)受熏而异熟，此异熟无非就是“果”的生现。

本来，唯识古学以“现熏种”“种生现”来诠释阿黎耶识缘起，以“虚妄分别显现”诠释影像门唯识理论。但是，世亲以“识转变”取代了“显现”，而且统摄了“现熏种”“种生现”，从而依“识转变”建立了整个唯识体系，将阿黎耶识缘起、影像门唯识、三性三无性三大理论统一起来。[②]

二　因转变与果转变

世亲对“识转变”的诠释是开放性的，安慧从中发掘出世亲思想中的深层意蕴，护法则批判地超越其思想中的局限性。从诠释层次来看，安慧停留在“当谓”层次，护法则处于“必谓”层次。[③]

1. 安慧、真谛与护法之不同

安慧将“识转变”分为“因能变”与“果能变”，他的观点如下：

---

① “当谓”是傅伟勋“创造诠释学”的第四层次，追究原思想家本来应当说些什么。诠释学者设法在原思想家教义的表面结构底下发掘深层结构，据此批判地考察在“蕴谓”层次所找到的种种可能意蕴或蕴涵，运用自己的诠释学洞见从中发现最有诠释理据或强度的深层意蕴或根本义理，这已非“意谓”层次的表层分析或“蕴谓”层次的平板而无深度的诠释可比。见《从创造的诠释学到大乘佛学》，台北：东大图书，1999年，第11页。

② 因为三性门的中心是在依他起性，依他起性、遍计所执性可以摄入影像门唯识理论。

③ 蔡瑞霖区分安慧与护法对“识转变”解释，认为安慧以“识转变是识由因与缘而生的关系”作解释，来说明“识=转变”的因果性，较接近世亲的本义，为“含蓄的解释”。如果强化这一个相互因果性，如《成唯识论》或《述记》在说“现行熏种子”与“种子生现行”外，更加上特殊的“种子生种子”义而再行引申，未必就违背世亲原义，但可说是“强调的解释”，此即护法、玄奘、窥基一系的立场。见《世亲“识转变”与胡塞尔“建构性”的对比研究——关于唯识学时间意识的现象学考察》，《国际佛学研究》创刊号，1991年，第163页。

复此，此[识转化]又有因性和果性的不同。此中因[性]转化，即是阿赖耶识中异熟[习气]和等流习气的增长。果[性]转化，则是在宿业牵引圆满时，由于异熟习气的活动，使阿赖耶识自余众同分中生；复由于等流习气的活动，使诸转识及染污意自阿赖耶识中[差别而]生。此中善、不善转识，向阿赖耶识存放异熟习气及等流习气；无记[转识]和染污意，则只[向阿赖耶识]存放等流习气。[①]

因性转化是指等流习气和异熟习气在阿黎耶识中的“增长”。种子以其熏习的气分(势用)，转变为现行诸转识的活动，其余力还熏阿黎耶识，使识中种子功能增盛。这是继承《俱舍论》以来“种子相续转变差别”的思想。他在《中边分别论疏》也说：“阿赖耶识中，善、不善、无记法的习气转变或差别，依此力量相互相异，而显现生起识。”[②]异熟习气是由善恶六识生长，等流习气是由诸识生长。果性转变是指从果位上看，二习气已经到达果性阶段的转化，异熟习气在前世业的牵引圆满之时而成熟了，于是使阿黎耶识在某一界趣或某一同类众生中以总报的形态出现；等流习气成熟时，生起转识与染污意，这是“七识现行”。

安慧“果性转化”偏重阐明“种子生现行”，有余势力回还熏习新种子使成熟的分别、活动之作用。安慧的这一解释判定世亲“识转变”思想的根基与整个义理架构的本质，从而诠释出世亲思想中所应该包含的思想，因此安慧诠释的层次为“当谓”。当前世业牵引圆满之际，

① 霍韬晦：《安慧〈三十唯识释〉原典译注》，香港：香港中文大学出版社，1980年，第35页。

② 山口益译注：《安慧阿遮梨耶造中辺分別論釈疏》，名古屋：破尘阁书房，1935年，第24—25页；Sthiramati, *Madhyāntavibhāga-Ṭikā, exposition systématiqune du Yogācāravijñaptivāda,* ed. by 山口益(Susumu Yamaguchi), Librairie Hajinkaku, Nagoya, 1934; Suzuki Research Foundation, Tokyo, 1966;(下文简称为MAVṬ)p.17。

当下即生起诸识的现行，也生出在现在和引向未来作用的阿黎耶识。这样的“种现熏生”关系，实际上正紧扣“每刹那”同时包含识转变的因与果进行说明。

护法一系对“因能变”与“果能变”的看法，如《成唯识论》卷二说：

> 能变有二种：一、因能变，谓第八识中等流、异熟二因习气。等流习气由七识中善、恶、无记熏令生长，异熟习气由六识中有漏善、恶熏令生长。二、果能变，谓前二种习气力故，有八识生，现种种相。等流习气为因缘故，八识体相差别而生，名等流果，果似因故。异熟习气为增上缘，感第八识，酬引业力，恒相续故，立异熟名。感前六识，酬满业者，从异熟起，名异熟生；不名异熟，有间断故。即前异熟及异熟生名异熟果，果异因故。[①]

在护法一系的“有相唯识”中，“因能变”是指等流与异熟的二种习气，这些习气借着善、恶、无记的七识与有漏的善、恶二性的六识之熏习而成长。因此，“因能变”是指因的状态的能变，或作为因的能变，即是习气。习气在阿黎耶识中，由现行的识的熏习之“返回”而增长，称为“变”。《成唯识论》解释《唯识三十颂》第十八颂时说：“此识中种，余缘助故，即便如是如是转变，谓从生位转至熟时。”[②]依此，则“因能变”是指阿黎耶识中种子的转易变熟，而不是安慧所说的“现行熏种子”。[③]对于“现熏种”是否能够称为“因能变”，玄奘后学提出了自己的看法。窥基《成唯识论述记》说：“因者，即所由故，谓种子也。辨体生现，为

① 《成唯识论》卷二，《大正藏》第31册，第7页下。
② 《成唯识论》卷七，《大正藏》第31册，第40页上。
③ 上田义文：《梵文唯識三十頌の解明》，东京：第三文明社，1987年，第37页。

现行生之所由也。此名唯望现果为名。据理而言，应名果变，种及现行所引生故。”[①]能够称为“因”的，一定是阿黎耶识中的种子，而不是现行法，因此“现熏种”不能称“因能变”。但是，《成唯识论》的“因能变”其实包括“现熏种”，毕竟等流习气与异熟习气的生长是因为转识的熏习，而玄奘后学主张“因能变”唯指种子的转易变熟，是为了成立“种子生种子”的异时因果。[②]

护法的“果能变”是指由等流习气作为亲因缘，异熟习气作为增上缘，从而生起八识，同时又现起种种相。“现种种相”是护法独有的解释，窥基《述记》对此进一步解释：

> 即前二因，所生现果，谓有缘法能变现者，名果能变。非因所生皆名为果，不尔种子应名果变，自相生故。此果能变，即自证分能变现生见、相分果。此言变者，与前不同，是有缘变，变现为义，识中种子，果之所变，识所变故，由前等流能变力故。[③]

如果将“现种种相”理解为“八识体相差别而生”，即生起八识体相的种种差别，也符合护法的本意与安慧的解释。但是，窥基作出创造性的诠释，将之解释为自证分变现生起见分、相分。这一思路即二取习气→八识→自证分变现二分，是对护法思想的延伸解释。

---

① 《成唯识论述记》卷二末，《大正藏》第43册，第298页下。慧沼《成唯识论了义灯》卷三说：“因变但种子，果变唯现行。设现熏种，不名因变，何以故？《论》但云：一、因能变，谓第八识中，等流、异熟二因习气。既言第八识中二因习气，七现能熏，非在八中，亦非习气，不同三相。”见《大正藏》第43卷，第716页下。

② 胜又俊教认为，护法对因转变的解释，是结合安慧对因能变的解释与现行熏种子的说明。见胜又俊教：《仏教における心識説の研究》，东京：山喜房佛书林，1974年，第216页。

③ 《成唯识论述记》卷二末，《大正藏》第31册，第299页上—中。

真谛对“转变”这一译语特别忌讳，因为他在翻译数论《金七十论》时，已经使用过“转变”；他在翻译唯识典籍时，仅使用过一次，即《显识论》“能转变本识成种子识”[①]，但绝非“识转变”意义上的“转变”。真谛在《唯识三十颂》的第十八颂中，将pariṇāma译为“回转造作”；在第一颂中，译为“转作”，二者是同义的；在第十七颂中，将识转变(vijñānapariṇāma)译为“转识”。

对于“因能变”与“果能变”，在《显识论》中，真谛将识分为“显识”与“分别识”两种：

> 如是缘显识，分别识得起。是分别若起，安立熏习力于阿梨耶识。由此熏力，本识未来得生；缘此未来显识，未来分别识得起。以此因义，是故生死无有前后。为显此义，佛于《解节经》中，说偈言：显识起分别，分别起熏习，熏习起显识，故生死轮转。所言熏习者，一、执著分别性，二、观习真实性，以此二义，故名熏习。第一熏习者，增长阿梨耶识，阿梨耶识被增长，具足诸能，能生六道，受生诸识，以是义故，生死圆满。[②]

显识是指本识、种子识、阿黎耶识，真谛主张种识不分。依显识中的种子，生起分别识。分别识生起，即熏习阿黎耶识，成就熏习力量。依此熏习力量即习气，从而在未来生起本识，然后生起分别识。

因此，真谛以“显识生分别识”，即种子生现行作为“果能变”；分别识安立熏习于阿黎耶识作为“因能变”，而且熏习有增长阿黎耶识的作用。《显识论》解释“熏习力”，提出六识造作善恶业，于是留下熏习力在本识中，能够招感未来的果报，所以又称为“种子”。

---

① 《显识论》，《大正藏》第31册，第881页下。
② 《显识论》，《大正藏》第31册，第878页下。

真谛主张“同时因果”，“如是……是”说明显识、分别识、熏习力三法同时，即前种、现行法、后种三者同时，所以真谛强调“生死无有前后”。而且，他引用《解节经》作为教证，成立“同时因果”。真谛将因分为“前因”和“同时因”，并破斥“前因”，如外道主张之自在天能生或从世性微尘等生。他依“同时因果”成立“生死无有前后”，对于种种生死异见，如生死有前分，即生死有开始，则通过无不作有本、不见离欲众生、修行梵行无功用、前因不成因等加以破斥。[①]

有关安慧、真谛与护法对“因能变”“果能变”解释的同异，列表如下：

表3.2　安慧、真谛、护法对因能变与果能变解释之同异表

	因能变	果能变
相同	1.指第八识中的“等流、异熟二因习气”。 2.异熟习气由善恶六识生长。 3.等流习气由前七识生长。	1.指第八识中的二因习气生起八识。
差异	1.安慧、真谛有“二习气”的“增长”义，护法一系没有。 2.护法一系的“因能变”主要有“转易变熟”的意思，安慧、真谛的“因能变”则是以“转异”“增长”为性，注重果生。 3.护法将前七识都称为“转识”；安慧将“前六识”称为转识，染污意在转识之外；真谛称前七识为“分别识”。 4.护法强调“种子生种子”的异时因果，安慧、真谛无有此义。 5.护法、真谛主张同时因果，安慧主张异时因果。	1.护法一系“果能变”是“自证分变现生见、相分果”的“三分说”，安慧、真谛没有此义。 2.护法一系认为由于等流习气的因缘，“八识体相差别而生”，属“八识现行”的说法；安慧、真谛一系则认为“由于等流习气的活动，使转识和染污意自阿赖耶识中生”，属“七识现行”的看法。 3.护法一系把“等流习气”作为“亲因缘”，“异熟习气”作为“增上缘”；安慧、真谛没有。

① 《显识论》，《大正藏》第31册，第881页上—下。

从以上的比较可以看出，安慧、真谛、护法对于“因能变”与“果转变”的基本解释向度是相同的，安慧、真谛一系与护法一系的差异是由唯识思想的根本差异所导致的。虽然安慧、真谛的唯识思想比较接近，但是安慧主张“异时因果”，真谛主张“同时因果”，从而有不同的展开。

安慧、真谛以存在论为中心，建构存在世界的成立以及相续不断；护法则以认识论为中心，从存在论转向认识论，而且转变成“观念论”。[1]从诠释的向度与深度来说，安慧是立足于世亲原有的立场，诠释出世亲应该含有的思想深度，即“当谓”层次；护法则对世亲的思想进行反省与创造，同时也意味着对世亲的背离与对《瑜伽论·本地分》的回归，即“必谓”层次。

蔡瑞霖将世亲“识转变”与胡塞尔现象学进行解释对比：第一，早期胡塞尔、布伦塔诺及麦侬，与世亲的小乘立场类似，同样是由经验的心理学性格转向描述的心理学立场，同样批评实在论者，对于心灵的意向活动有纯粹的描述及分析。第二，前期胡塞尔的现象学符合世亲的成熟立场，也可以说就是安慧解释的立场。前期胡塞尔如《逻辑研究》及《时间讲稿》，近于晚期世亲如《二十论》《成业论》及《三十颂》(及安慧释)。第三，就世亲、安慧释向护法释的转向，可以借用胡塞尔的“超越建构性”之出现，来简别其间差异，后期胡塞尔如《观念》第一册及《笛卡尔式沉思》，近于护法《成唯识论》及窥基《述记》等。[2]总之，虽然安慧与护法对“识转变”的解释不同，但是从诠释学上看，都是对世亲思想的诠释与发展，而护法一系强化心识的主体性，不但

---

① Yoshifumi Ueda(上田义文)认为世亲、安慧、真谛一系对识转变的分析是一种存在论，而护法则是观念论，见Two Main Streams of Thought in Yogacara Philosophy, *Philosophy East and West*, vol.17, no.1, 1967, p.165。

② 蔡瑞霖：《世亲“识转变”与胡塞尔“建构性”的对比研究——关于唯识学时间意识的现象学考察》，《国际佛学研究》创刊号，1991年。

是对《瑜伽论·本地分》的回归，也是一种创造性的诠释。

2. 同时因果与异时因果之争

“种现熏生”是本识与转识互为因果，是阿黎耶识的刹那生灭的动态过程。前一刹那已生的现行有熏习力令习气(种子)增长，使既有的种子趋于异熟；另一方面，当习气异熟之际，即生现行而回熏阿黎耶识令次刹那习气增长。因此，每一刹那都具足这同一过程的两方面。但是，习气增长而“趋于异熟之前”与“既届异熟之际”，是否为同一刹那？这是一个非常复杂的问题，中外学者对此都有自己的立场，于是出现了“因果同时”与“因果异时”的不同观点，护法、真谛主张同时因果，安慧主张异时因果。

世亲“识转变”所留下的诠释空间，不仅导致了安慧与护法等十大论师及真谛的解释各不相同，在当今学界也是争论颇多。问题起源于安慧对转变(pariṇāma)的解释：

> [梵文]ko'yaṃ pariṇāmo nāma | anyathātvaṃ | kāraṇakṣaṇanirodhasamakālaḥ kāraṇakṣaṇavilakṣaṇaḥ kāryasyātmalābhaḥ pariṇāmaḥ ||
>
> [今译]此可谓“转化”是何义？即以变异为性。[亦即]在因刹那灭的同时，成就与因刹那相相异的果体，就是“转化”。[1]

依安慧的解释，在刹那生灭相续中，作为因的现前刹那灭，同时便有与之不同相的果体生。这是针对前刹那因果关系(即识转变)如何生起而言。日本学界对此问题有不同理解，上田义文以“异时因果”说明转变，横山纮一、长尾雅人、平川彰主张“同时因果”。而且，上田义文的

① 梵文原文及汉译，见霍韬晦：《安慧〈三十唯识释〉原典译注》，香港：香港中文大学出版社，1980年，第154、19页。

观点在日本学界被视为“异说”。[①]

长尾雅人探讨“种子生长”的原因，认为“现熏种”是“因能变”的本义，而“果转变”则是转变而成现行，即“种生现”的过程。他主张“因果同时”，其观点如下[②]：

(1) 重视安慧释中的“同时”一词，认为“因灭”和“果生”是同时的，因此是“同时因果”的关系。同时指出“转变”具有三种性质：第一，因灭同时；这不是一般“异时”次第移转变化的转变义，而是永远同时变化。第二，与因相异；虽是同时，因相必成为果相，但若非异相，即非转变。第三，得果体；和因异相的缘故，这一定是对应于因的果体。

(2) 认为“因能变”是由增长或生长(paripuṣṭi)来显示的，“增长”即指染污意与转识置习气于阿黎耶识中；此若以玄奘所传唯识来说，即是“现行熏种子”。

(3) 提出“果能变”有两种：第一，指在宿业牵引圆满时，由于异熟习气的活动，阿赖耶识自余众同分中生，异熟习气为因，阿黎耶识为果，这是种子生现行阿黎耶识。第二，指由于等流习气的活动，诸转识及染污意自阿赖耶识中生，作为因的等流习气刹那灭的同时，就得作为异相的转识及染污意，这是种子生现行七转识。

(4) 把安慧的“识转变”解为“同时因果”，并且宣称这和《成唯识论》“三法展转因果同时”是一样的；批评窥基区分“因能变”为“生变”，“果能变”为“变现”过于烦琐。

长尾雅人将“识转变”解释为“变异性”，包含因灭之同时、异于因的相、得果的自体三个要素，也即同时性、异相性、副词描述词三义。

---

① 陈一标亦主张“识转变”是“识的前后刹那之因果关系”。见《真谛唯识思想之研究》，东海大学1992年硕士论文。转引自陈一标：《真谛的“三性”思想——以〈转识论〉为中心》，《东方宗教研究》第4期，1994年，第10页。

② 长尾雅人：《中观と唯識》，东京：岩波书店，1978年，第347—350页。

上田义文认为，“识转变”之变异性，涉及异刹那的不同。因此是就时间的前后关系，以及识的存在状态之变异性而言，指现在刹那的识，异于前刹那的识。[①]因此，安慧所说“在因刹那灭的同时，成就与因刹那相相异的果体”是指两方面的异时：一、就种子言，其生长变化，使种子的现刹那与次刹那相异；二、就现识言，现在刹那的现识从前一刹那生，二刹那之识相彼此相异。安慧既说“生起与因刹那相异的果体”，说的若是“生起与前一刹那状态相异的，成为次刹那另一状态的结果”的“变异”的意思，那么转变的确是“异时”的。不仅因转变中，种子受习气熏习而生长、变化(而异熟)，此一增长而熟，是前后刹那的相异性；果转变也一样，诸识之生起也是前后刹那相异。

上田义文的解释有如下特点：一、识转变是刹那刹那生灭的，此刹那刹那生灭形成了时间的相续(流)；二、现在一刹那与前一刹那是异时的二刹那；三、前刹那是因，现刹那是果，而果的特质异于因的特质；四、识转变指这前后刹那之识的变异性，指“前刹那诸识灭，现在刹那诸识生”；五、前刹那诸识从种子而生，是种子的“果俱有”义，因果虽同一刹那俱时存在，却必于次刹那出现；六、识转变=识即转变=识的二刹那之变异性=异时之因果关系；七、总之，因果必须涉及异刹那，“同时因果”不符合安慧的转变义。[②]

横山纮一的观点类似长尾雅人，他指出阿黎耶识的转变是以转识的转变即“分别”为原因，是种子从未成熟的状态变化为已成熟的状态；与此相对，转识的转变是以其种子的变化为原因而“分别”。因此，“转变”可以分为种子的变化和转识的分别。他说：“所谓的转变，在深层里(因转变)，是种子成长、发展；在深层与表层的关系(果转变)来说，是

① 上田义文：《仏教思想史研究》，京都：永田文昌堂，1958年，第389页。

② 蔡瑞霖：《世亲“识转变”与胡塞尔“建构性”的对比研究——关于唯识学时间意识的现象学考察》，《国际佛学研究》创刊号，1991年，第170页。

从种子生现行；在表层上，所生的现行乃是‘分别’的意思。”[①]而且，横山纮一对上田义文提出批评[②]：

(1) 把安慧“识转变”解释成“涉及异刹那的因与果之不同”，过于狭窄；转变是因果相续的缘起义，是包含因果异时与同时之缘起的总括定义。

(2) 若如上田所说“涉及于前后二刹那的识的不同即是转变”，亦即以前刹那之识为因，现刹那之识为果，则前刹那之识就是等无间缘，而缘起是正因缘生果的意思。

(3) 因与果特质的不同，并非上田所说识的内容不同，而是种子与现行之特质的不同。

上田义文回应横山纮一的批评，强调安慧使用“因刹那灭的同时，……果体生”，很明显的是表明“因的刹那”（前一刹那）已灭，存在的只是现在的刹那，所以因与果跨越两刹那，“同时因果”无法成立。同时，将他所解释的“因刹那灭的同时”之“因”视为等无间缘是太过狭隘的理解，是对刹那灭立场的时间之流的构造未十分理解所导致的。[③]

这场争论的实质在于时间观的不同。曹志成认为，长尾雅人与横山纮一的“因果同时”，接近“意识有我论”的时间观；上田义文的“因果异时”，接近萨特“意识无我论”的时间观。他们都强调前一刹那(在已的过去)与现在刹那(为已的意识)之间的“出已性”与“异质性”。[④]

---

① 横山纮一：《世亲的识转变》，载高崎直道等著，李世杰译：《唯识思想》，《世界佛学名著译丛》第67册，台北：华宇出版社，1985年，第192页。

② 横山纮一：《世亲的识转变》，载高崎直道等著，李世杰译：《唯识思想》，《世界佛学名著译丛》第67册，台北：华宇出版社，1985年，第198—202页。

③ 上田义文：《梵文唯識三十頌の解明》，东京：第三文明社，1987年，第51页。

④ 曹志成：《护法-玄奘一系与安慧一系对识转变之解释的比较研究》，《圆光佛学学报》第2期，1997年，第89页。

蔡瑞霖认为，识转变的前后刹那的因果关系，就是在说明阿黎耶识的流转缘起特性(特别是“业”的相续执如何唯识而有)。约种子识与现行(转识)的熏生而言，胡塞尔的“垂直意向性”(或“流”的横向的切面之瞬间)足以说明其中的“同时因果”(现行刹那即具足三世)，而“水平意向性”(“流”的直向的诸瞬间之连续性)亦恰好说明其中的“异时因果”(现行与种子刹那刹那熏生不断)。[①]

3. 同时因果与异时因果之抉择

解决同时因果与异时因果的争论，理应回到文本与传统，寻找不同时间观下的诠释方法。部派佛教有两种不同的时间观。其一是有部、经部的时间观，有部主张“刹那四相”，经部主张“相续四相”，它们都以为：“刹那”或“现在”有前后的延续性。其二是大众部的“过未无体论”，它主张：只有现在，没有过去与未来。[②]

护法一系《成唯识论》的时间观，是建立在种生现、现熏种的种熏论上。它接受了大众部的时间观，并依此建立起种熏论的俱时因果说。护法一系针对种子的相续，建立了种子生种子的异时因果；而种子生现行，则是没有前后的同时因果。另外一系唯识学者，如胜友、难陀等，虽然亦主张“过未无体”，但是又主张刹那相续的异时因果，因此遭到护法一系的批评。在《成唯识论》及《述记》中，除了提到胜友、难陀以外，还论及经量部及上座(室利逻多)[③]，后者因为观点非常相似，故一起遭到驳斥。

---

① 蔡瑞霖：《世亲“识转变”与胡塞尔“建构性”的对比研究——关于唯识学时间意识的现象学考察》，《国际佛学研究》创刊号，1991年，第171—178页。

② 杨惠南：《成唯识论中时间与种熏观念的研究》，载《佛教思想新论》，台北：东大图书，1982年，第271—276页。

③ 《成唯识论》称为“上座部”，应是“上座——室利逻多”之误。因为，上座部是主张“三世实有”的部派，与说一切有部、正量部相同。室利逻多是经量部的一代大师，主张过未无体、异时因果等，见印顺：《说一切有部为主的论书与论师之研究》，台北：正闻出版社，1992年，第564—565页。

《述记》在解释种子六义中的“果俱有”时，对胜军的观点有所说明：“有说：种生现行之时，必前后念，非此刹那。如何解此？彼师意说，如上座部心有二时，即因在生、果在灭，故同在现在，亦不相违。此即胜军假明上座，非实用之。”[①]此中“上座部”即上座——室利逻多，主张“现在”有二时，因在前一时，果在后一时，因与果虽不同时，却同在“现在”。上座主张“现在”是有前后延续性的，因此，因与果也必然是异时的关系。如把这种时间观应用在种熏上面，那么种生现和现熏种也都变成了前后异时的因果关系，而不是《成唯识论》所说的俱时因果。胜军的理论与上座的说法大同小异，所以说“假明上座，非实用之”。

《成唯识论》卷三叙述上座的时间观说：“有余部说，虽无去来而有因果恒相续义。谓现在法极迅速者，犹有初后生灭二时；生时酬因，灭时引果。时虽有二而体是一。前因正灭，后果正生，体相虽殊，而俱是有。”[②]“有余部”是指室利逻多，《述记》解释说：“此中亦同胜军论师种子等法前果后因俱时而生。”[③]心法的活动虽只有现在一刹那，但是却具有前后二时。《述记》引用胜军的观点说：“彼谓因果恐有断过，……复以大乘，假说现在之三相用不同时起。前法至生后法未起，至住之时后法未生，至异之时后果方生，恐因果断故。”[④]胜军亦认为，现在刹那虽然很短暂，但是实际上仍有前后的二时或三时存在。这种因果异时与种熏论结合，种生现是异时因果，现熏种也是异时因果。

另外，难陀、胜子亦主张因果异时，《述记》说：“言果俱有者，此前后俱也。俱生俱灭，二法俱有生有灭也，非谓因果同一时生同一时灭。”

---

① 《成唯识论述记》卷三本，《大正藏》第43册，第309页下。

② 《成唯识论》卷三，《大正藏》第31册，第13页上。

③ 《成唯识论述记》卷三末，《大正藏》第43册，第339页下。

④ 《成唯识论述记》卷三末，《大正藏》第43册，第340页上。

难陀、胜子引用《大乘阿毗达磨集论》的"无种已生"，来证成其观点。[①]阿罗汉快要入无余依涅槃的时候，其五蕴的种子已经灭去，而其五蕴却依然现在，因此称为"无种已生"。可见种子与现行之间不是俱时因果，而是异时因果。

在瑜伽行派的思想中，对于种现之间"同时因果"与"异时因果"，各有主张者。《瑜伽论》说：

> 复次，种子云何？非析诸行别有实物名为种子，亦非余处。然即诸行如是种性，如是等生，如是安布，名为种子，亦名为果。当知此中果与种子不相杂乱，何以故？若望过去诸行即此名果，若望未来诸行即此名种子。如是若时望彼名为种子，非于尔时即名为果；若时望彼名果，非于尔时即名种子。是故当知，种子与果不相杂乱。[②]

种子与现行果不能杂乱，当称为种子的时候，这一刹那不能直接称为现行果；反过来说，种子已经生现行后的现行果，这一刹那也不能称为种子。由此看来，《瑜伽论》也有异时因果的倾向。

"同时因果"与"异时因果"的争论，根本在于现在这一刹那是否有延续性。经量部及难陀、胜军等唯识学者强调现在刹那有"生住灭"三相，是一种"延续性"的现在。护法一系主张时间只是一刹那的存在，过去、未来都是依现存一刹那法的"引后用""酬前相"而方便假立，现在刹那是一种"非延续性的"现在。但是，二者都是主张"过未无体论"。

---

① "无种已生"是《大乘阿毗达磨集论》卷二所说二十四种已生中的第十三个，见《大正藏》第31册，第668页中。

② 《瑜伽师地论》卷五十二，《大正藏》第30册，第588页下。

按照胡塞尔现象学的时间论，每一现在体验，即使它也是一个新出现的体验的“开始位相”，必须有其“在前边缘域”；同时，它必须具有一个已过去的现在的意义，后者在此形式中包含着一种过去的东西、一种过去的体验。然而，每一现在体验也具有必然的“在后边缘域”。胡塞尔强调体验流是一无限统一体，而每一现在体验都具有一个体验边缘域，它也具有同样的“现在”原初性形式，并这样构成了纯粹自我的“一个原初性边缘域”，即它的完全原初性的“现在意识”。胡塞尔指出，“每一体验不只是按时间相续性观点而且也按同时性观点存于一种本质上封闭的体验联结体中”。[①]胡塞尔强调时间的同时性和连续性，平川彰亦指出，“识转变”是基于缘起的转变，强调因与果之间的“连续”与“断绝”。[②]“连续”是指因果之间在时间上的延续性，“断绝”是指二者性质与体相的不同。

在同时性和连续性视野下审视因果问题，可见：

第一，依“刹那际”来说，刹那与刹那是无间性的，前后相次不断无间义为“同时”。这样，识转变在此刹那之际，种子异熟而现行生起，种子得其异熟果识之名，而现行起熏习力之用，正是“因果同时”。同时，次刹那无间生起，种子及现行复就其“名”与“用”，使次刹那“变”为本刹那。无间(无瞬间性、在历时之间而又非历时的当下活现)是直接就“种子识”的当相而说的，当相就是现行转识刹那“灭”之际，灭灭之际其相竟不可得！但是，这样的“无间性”毕竟是就前后刹那而言

① 胡塞尔著，李幼蒸译：《纯粹现象学通论》，北京：商务印书馆，1992年，第206—207页。

② 平川彰认为安慧主张同时因果，见《インド仏教史》下卷，东京：春秋社，1981年，第142—144页。

的，因此成立“因果异时”，也是理所当然的。[①]

第二，依“刹那相续”，一刹那有“生、住、灭”，或“在前、现在、在后”。在这种意义上，所谓的“因果同时”是指在刹那之初起时，现行已生(现行有熏习力为能熏)，正熏种子(种子受熏而有习气)。现行熏种既盛，新种受熏亦强，种子生长趋向成熟，故刹那将灭时，现行的熏习势力将尽，种子的习气已届异熟，只要本刹那未灭(次刹那虽将生而未生)，则熏习势力未用尽，本有习气还必持住(即“住相”)。因此，虽然在一刹那之间，前种子、现行、后种子三法同时，成立“因果同时”。但是，依“刹那相续”成立异时因果似乎比同时因果更有说服力。在刹那的“在前边缘域”，种子生起现行；现行果在“现在位”增强势力，从而在“在后边缘域”，现行具有熏习新种的“意向性”；在次刹那真正成就新熏种。[②]

无论是依“刹那际”还是“刹那相续”，“因果异时”的成立都没有任何困难。但是，依“刹那相续”成立“因果同时”十分勉强，新种与旧种之间的性质必须有变化，在一刹那的不同位相成立新种与旧种，这是难以成立的。因为“刹那”没有任何前后的延续性，护法一系成立“因果同时”，必须依“刹那际”的无间性，所以护法说种生现、现熏种“如秤两头，低昂时等”或“如炷生焰，焰生焦炷”。

对于世亲的“识转变”，同时因果与异时因果的理解，都是可能的。但是“因果异时”可以解决“因果同时”所带来的困难。[③]因此，将“识

---

① 蔡瑞霖以现象学意义上的“前瞻”与“回顾”来阐释因果同时与异时，见《世亲“识转变”与胡塞尔“建构性”的对比研究——关于唯识学时间意识的现象学考察》，《国际佛学研究》创刊号，1991年，第171—172页。

② 蔡瑞霖：《世亲“识转变”与胡塞尔“建构性”的对比研究——关于唯识学时间意识的现象学考察》，《国际佛学研究》创刊号，1991年，第172页。

③ 杨惠南曾经分析俱时因果的困难，从而主张成立“异时因果”，这其实是一种进路。另外，真谛引进如来藏，是解决此困难的另一进路。见杨惠南：《论俱时因果在成唯识论中的困难》，载《佛教思想新论》，台北：东大图书，1982年，第316—326页。

转变”解释成异时因果，是一种稳妥的思路。鉴于二者都是可能的解释，我们不能将“识转变”固定理解为同时因果或异时因果中的一种。如上田义文坚持“识转变”是异时因果，而不注意后代解释者特有的“立场”与“前见”，这无疑是一种普遍主义的诠释态度。

真谛在翻译《摄论释》时，以“变异”翻译pariṇāma，从而将“识转变”引入其思想体系。《摄论释》说：

> 论曰：本识识，所余生起识，种种相貌故，复因此相貌生故。
>
> 释曰：一识谓一本识，本识变异为诸识，故言识识。今不论变异为根尘，故但言识识。所余即阿陀那识，生起即六识，变异为七识，即是本识相貌。以七识熏习本识为种子，此种子复变异本识为七识，后七识即从前相貌种子生。[①]

“变异”在真谛唯识思想中，相当于“显现”。本识变异七识，即是依本识中的种子生起前七识。

真谛以“变异”取代“显现”，是为了能够引入“种现熏生”的概念，同时说明“同时因果”：

(1) 本识变异为七识(种子生现行)

(2) 七识熏习本识为种子(现行熏种子)

(3) 此种子复变异本识为七识(种子生现行)

关键是“后七识即从前相貌种子生”，上田义文将“从前相貌种子生”理解为“异时因果”。[②]其实，应该分为两个层次：第一，(1)和(2)，本识中的种子生起七识，同时七识熏习本识形成种子，这是“因果同时”；第

---

① 真谛译：《摄大乘论释》卷五，《大正藏》第31册，第188页上—中。玄奘译相应段落，见《摄大乘论释》卷四，《大正藏》第31册，第340页中。

② 上田义文：《摂大乗論講読》，东京：春秋社，1981年，第91—92页。

二,(1)(2)和(3),“复变异”表示已经进行第二次“变异”,其来源为第一次所熏习成的种子,同时表示这次生现行的种子并不是第一次新熏的种子,而是经过若干刹那的等流。第二次“变异”生起的现行七识是第一次“变异”所熏成的种子成熟后而生起,所以称为“从前相貌种子生”,仍然蕴含着“同时因果”。真谛“同时因果”的“前见”或“前理解”,影响着他对所有文本的诠释,这是其特有的“视域”。[①]

回到安慧的文本,“在因刹那灭的同时,成就与因刹那相相异的果体”是指以前一刹那识的活动为因,后一刹那之呈现为果。因为识能转化出种种我、法等内容,必须以前一刹那的展现为依据。所以,安慧在解释第十七颂时,指出“识是从前[一刹那]已灭的同类识生,而不是从外境生”[②]。因此,识的转变或生起是涉及两刹那的。同时,我们必须再次强调,安慧、真谛坚持种识不分的立场,种与种之间的“异时因果”根本不存在。因此,安慧强调因能变的“转异”,而护法强调“转异变熟”。

第三节　无相唯识与有相唯识

世亲以“识转变”建立整个唯识学体系,护法进一步提出“果能变”是“变现见分、相分”,安慧、真谛则继承唯识古学的“显现”,同时真谛思想也有吸收“转变”的痕迹。于是,唯识学发生了从“虚妄分别显现”到“转变”的转向,即由“无相唯识”发展成“有相唯识”。在心识内部结构的阐释中,后代论师们观点各不相同,如安慧一分说、难陀二分说、

---

① 岩田谛静不加辨别地吸收上田义文的观点,认为真谛的“变异”强调时间的前后。见岩田谛静:《真諦の唯識説の研究》,东京:山喜房佛书林,2004年,第326—327页。

② 霍韬晦:《安慧〈三十唯识释〉原典译注》,香港:香港中文大学出版社,1980年,第112页。

陈那三分说、护法四分说，又有见分相分同种、异种之辩。

一　显现与二取

“显现”是从认识论的视角阐释现象“可见”和“无”的特征。“能缘”与“所缘”(或能取、所取)是主词，“显现”表示了二者的平等与“同一性”。“识境同一”的“无相唯识”是以“显现”为中心的初期唯识的主要特征。心识既是缘起法，也是名言施设的主体，“显现”突出心识施设名言的功能。于是，“唯识无境”可以依显现者、二取、一切法三者之间的关系得到诠释。一切法无非了别境，并进一步归摄到能取、所取，通过“显现”的作用否定二取的存在，最后建立“唯识无境”。在这种虚妄分别显现的过程中，是否存在似能取、似所取，则是分歧所在。

《大乘庄严经论》指出，在虚妄分别的“熏习因”——阿黎耶识中，现起了“能取及所取，二相各三光”。依世亲的解释，显现为所取相的，是句光(器世间)、义光(尘)、身光(根)；显现为能取相的，是意光(染污意，论中称“一切时染污识”)、受光(前五识)、分别光(意识)。[①]光(bhāsa)即是显现的意思，一切依种子识而显现，成为一心论的“一识转变”。这种一心论的立场，在真谛翻译《中边分别论》时，有充分表现。《中边分别论·相品》第三偈：

[梵文]artha-satvātma-vijñapti-pratibhāsaṃ prajāyate |
vijñānaṃ nāsti cāsyārthas tad-abhāvāt tad apy asat ||

[今译]外境、有情、我、了别由识似现而生。然而，这些境是不存在的，因为境的不存在，所以识也不存在。

[真]尘根我及识，本识生似彼；但识有无彼，彼无故识无。

---

① 《大乘庄严经论》卷五，《大正藏》第31册，第613页下—614页上。

[玄]识生变似义，有情我及了；此境实非有，境无故识无。[1]

从以上的对照来看，梵文vijñāna，藏译为rnam par śes pa，玄奘译为“识”，真谛译的特色在于将其译为“本识”，而且指出即“阿黎耶识”。[2]其实，在《中边分别论·相品》中，真谛都是坚持这样的译法。[3]窥基指出真谛这种译法属于一心论。

玄奘将pratibhāsa译为“变似”，而真谛译为“似……”，藏译为snaṅ ba，即显现之义。世亲解释说：“变似义者，谓似色等诸境性现”[4]，“变”并非转变的意思，而是“似……现”的意思。可见，真谛与藏译符合梵文的原意，玄奘坚持“有相唯识”的立场，强调“识转变”，而生似义的影像。

按照真谛的翻译，本识生起时，就变现“似尘、似有情、似我、似了”四境。“似尘”是指“色等诸境”，即作为五识对象的色、声、香、味、触、法。“似根”是指“自他身五根”。“似我”是指“染污意”，因染污意恒与我痴、我慢、我见、我爱等相应，故为“我”；同时，染污意为本识所变现，故为“似我”。“似了”是指六识。因此，本识与诸转识，构成“一种七现”的关系。[5]如下图所示：

---

① 叶阿月：《唯識思想の研究：根本眞實としての三性説を中心にして》“资料编”，东京：国书刊行会，1975年，第8页。梵文的现代汉译，参考叶阿月的日译。另有英文翻译及解释，参考Thomas A. Kochumuttom: *A Buddhist Doctrine of Experience: A New Translation and Interpretation of the Works of Vasubandhu the Yogācārin*, Motilal Banarsidass Publishers, Delhi, 1999, pp.46-56。

② 真谛在译长行时，增补了“本识者，谓阿黎耶识；生似彼者，谓似尘等四物；但识有者，谓但有乱识”。见《中边分别论》卷一，《大正藏》第31册，第451页中。

③ 参考叶阿月：《唯識思想の研究：根本眞實としての三性説を中心にして》，东京：国书刊行会，1975年，第205—206页。

④ 《辩中边论》卷上，《大正藏》第31册，第464页下。

⑤ 牟宗三认为，“一种七现”是弥勒的本意。见《佛性与般若》上册，台北：学生书局，1997年，第403页。

本识(能取相)→所取相→ ┬→ 似尘识
　　　　　　　　　　　├→ 似根识
　　　　　　　　　　　├→ 似我识(染末那)
　　　　　　　　　　　└→ 似识识(前六识)

第三偈后半说明“唯识无境”，世亲的注释grāhakaṃ vijñāna asat，现代汉译为“能取识亦不存在”，真谛译为“能取乱识亦复是无”，玄奘译为“能取诸识亦非实在”。但是，从梵文语法来看，vijñāna与artha-satvātma-vijñapti-pratibhāsaṃ同格，而且vijñāna似现而起后四者，即似尘识、似根识、似我识、似识识。

真谛特别注重显现的过程，即从活动方面说明识的执著性、散乱性，所以称为“乱识”。安慧采取狭义的解释：“外境”与“有情”相应于阿黎耶识而显现，异熟故无记；“我”的显现与染污意相应，染污意是有覆无记，有覆故与烦恼相应；“了别”的显现，与眼等六识相应，故是善、不善、无记。所以，外境、有情、我、了别的显现，都与八识相应，为集谛所摄，以阿黎耶识为因，相应地在五趣中生起。在阿黎耶识中，善、不善、无记法的习气转变或差别，由于这种力量，相异显现而识生起。同时，安慧将“我”与“了识”作为能取，“外境”与“有情”作为所取，外境、有情的显现无，染污意、六识的能取也就不存在了。[①]

安慧与窥基都用“三转变”来说明尘等四种境的显现，强调八识都有显现尘等四种境的能力。[②]玄奘对同一品中的vijñāna，在偈颂中直译为“识”，在长行中译为“诸识”，其实就是指“八识”。玄奘的译

---

① 山口益译注：《安慧阿遮梨耶造中辺分別論釈疏》，名古屋：破尘阁书房，1935年，第23—25页。

② 《辩中边论述记》卷上说：“论曰：变似了者至了相粗故。述曰：明第三识生变似所了，虽前二识亦变所了，以相细故，唯此得名。虽第六识亦变为我与我痴等，非恒俱故，独七得名。虽余六识亦变根器，非是本故，不相续故，行相粗故，唯八得名。”见《大正藏》第44册，第3页下。

法，可能是因为从“八识现行各有所取”推出四境为八识所取境，如下所示：

似义、似有情→阿黎耶识所取
似我→染污意所取
似了→前六识所取

但是，安慧主张诸识是依阿黎耶识在五趣中生起。《瑜伽论》卷五十一强调诸识具有了别、器、业等四种作用，以证明阿黎耶识的存在，因为阿黎耶识能够生起诸根、根所依处以及转识等，是有情世间与器世间生起的根本。[1]阿黎耶识又称为“根本识”，以“八识”作为显现者，不如以“阿黎耶识”作为显现者。所以，真谛在《中边分别论·相品》第三偈中将vijñāna译为“本识”，是有其根据的，而且与安慧的解释具有相同的立场。[2]按照安慧的观点，本识生起所取相(似根识、似尘识)、能取相(似我识、似识识)，唯识义由此成立。如下图所示：

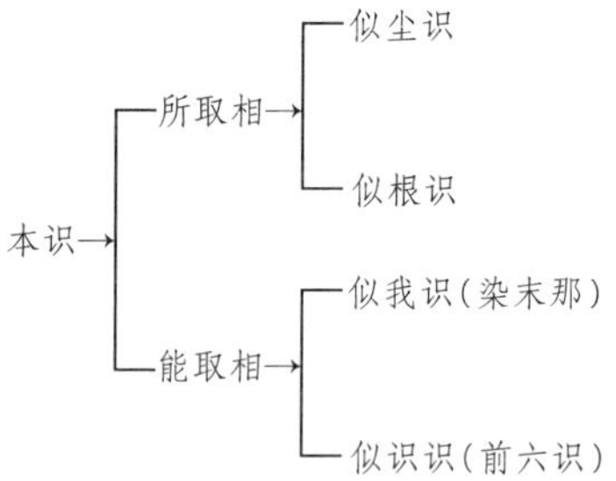

① 《瑜伽师地论》卷五十一说：“阿赖耶识是一切杂染根本，所以者何？由此识是有情世间生起根本，能生诸根、根所依处及转识等故，是器世间生起根本。”见《大正藏》第30册，第581页上。

② 印顺认为，真谛的译本最符合本颂的真义。见《摄大乘论讲记》，《妙云集》上编之六，台北：正闻出版社，1990年，第223页。

虽然安慧与窥基都引用“三转变”，但是安慧、真谛强调同体别用的一心论，玄奘、窥基强调八识别体，因而两系立场不同。同时，真谛继承世亲的“一种七现”的观点，以本识为能取相，这又是与安慧不同的地方。

识的显现过程，实际也是其“自我否定”的过程，如《中边分别论》说：

> [真]颂曰：是故识成就，非识为自性，不识及与识，由是义平等。
>
> 论曰：所识诸尘既无有体，是故识性无理得成。不识者，由自性不成就，是故非识。此法真实无所有性，而能显现似非实尘，故说为识。[①]
>
> [玄]颂曰：由识有得性，亦成无所得，故知二有得，无得性平等。
>
> 论曰：唯识生时，现似种种虚妄境故，名有所得。以所得境无实性故，能得实性亦不得成，由能得识无所得故。所取能取二有所得，平等俱成无所得性。[②]

真谛与玄奘是在不同的架构下，探讨识的“显现”。abhūtārtha-pratibhāsatayā tūpalabdhir ity ucyate，真谛译为“而能显现似非实尘，故说为识”，这是与梵文本、藏文本一致的。玄奘译本则有一些增补语。[③]

玄奘强调心识的主体性与能动性，摄境归识，因此依心识显现种种虚妄境，说明识的有所得；能取与所取是虚妄不实的，因此心识本性亦是无所得。玄奘重视识的缘起性，识显现的似能取、似所取即有所

① 《中边分别论》卷上，《大正藏》第31册，第451页下。

② 《辩中边论》卷上，《大正藏》第31册，第465页上。

③ 叶阿月：《唯識思想の研究：根本眞實としての三性説を中心にして》“资料编”，东京：国书刊行会，1975年，第26—27页。

得，称为“二有所得”；在胜义谛上，二者都是没有真实自体的，因此二者“平等俱成无所得性”。真谛主张“境识同一”，识之自性即显现为境，当识自我否定成境时，此时的识称为“似尘识”，即显现似二取的识。这样，所识的东西同时就是能识的东西。真谛主张，在世俗谛上，虚妄显现的种种事物，没有真实自体，所以是无得；同时，识是有得；在胜义谛上，识亦是无所得，所以境的无得与识的有得俱成“无所得”。

“有相唯识”与“无相唯识”的区别不仅在于心识的二重结构与一重结构，即心识内部结构上的差异。在认识论上，“无相唯识”强调心识生起时，心识无义但显现为义，这种“义”的显现是“无”增益为“有”，即心识(无义)→显现→义(外境)；在汉译中，经常指“似义显现”，即心识生起→似义性→显现→义(外境)。“有相唯识”系统强调心识与心识所显现的影像是“有所得”，即心识→显现→似义→义(外境)，凡夫执“似义”为“义”，于是现起遍计所执。

从诠释方法上看，“无相唯识”以“显现”为核心，即心识(无义或似义)显现为“义”的一重认识结构。“有相唯识”融摄“显现”与能所二重结构，所以世亲在《唯识三十颂》中以“识转变”为核心，心识显现为“似义”(即见分、相分)，为第一重认识结构；凡夫不知似义的虚妄性，执著“似义”为“义”，为第二重认识结构。世亲正是看到“显现”无法涵括二重认识结构的意义，所以用“转变”加以取代。[①]玄奘为了维护“有相唯识”的立场，在翻译“无相唯识”系统的典籍时，有时将“似义”“现似义”或“似义显现”改译为“变似义”，加入转变(pariṇāma)，

① 冲和史以“无相唯识说”为自我认识只有纯粹的认识作用，每个人的认识所附带的形象是“非实在的”；“有相唯识”是自我认识除了显现出来的形象之外没有其他东西，把“认识作用”与“其形象”截然分开。见《无相唯识与有相唯识》，载高崎直道等著，李世杰译：《唯识思想》，《世界佛学名著译丛》第67册，台北：华宇出版社，1985年，第256页。

从而使其思想发生一些根本性的变化。[①]

依“有相唯识”的诠释，“唯识无境”是指识的境实际上是从识所变现的，并非识之外的其他东西，这是把对象看作内在于意识的东西。因此，阿黎耶识为根源性的识，而康德哲学中的“物自身”并不存在。[②]对于个人而言，阿黎耶识所变现出来的依然是内在的。每个人的世界、所有的存在、认识的主观与客观，都由他的阿黎耶识所变现，因此每个人各自生活在自身的世界中，其世界是相互独立的。但是，如何以他人之世界作为自己之识的疏所缘缘，则很难说清楚。

而依“无相唯识”的思想，“唯识无境”指境不外是识本身，境和识不能对立而并存。境无自体，以识作为自己的体，表示识之外无境而只有识，同时也表示境和识是一体的。境以否定为媒介，而被含摄于识之中。境(所见)不是识(能见)，境与识一体却又不失境的意味，则在此一体当中，必然就包含识的否定。识完全不会将自己“对象化”(用“无境”一词来表示)，能将自己作为主体如实地认识。

二　显现与变异

在“无相唯识”的显现中，可以看到有“无义显现”与“似义显现”两种情形。“似义显现”的出现，为“无相唯识”向“有相唯识”的过渡，提供了理论上的依据。在识(能识=vijñāna)自身之外，无有任何的境(所识=vijñeya)，识一直似现为某种境。“似现”的“现”是“显现”，是对主体“显现”，亦即变成为主体“所见”之意。所谓“似”就是所见为无，不像它所被看到那样实在。因此，“似现”包含两个方面，一是识

① 周贵华:《唯心与了别——根本唯识思想研究》，北京：中国社会科学出版社，2004年，第299—300页。

② 上田义文著，陈一标译:《大乘佛教思想》，台北：东大图书，2002年，第91页。

（能识），二是诸法（境＝所识），这两方面合而为一，成为相互否定的关系。因为是唯识，所以有的只是能识，没有所识。存在于此的全体就是识（能识），境是被否定的。但是，从现象界存在的诸法来说，存在于此的是所识，它已经不是识。因此，识以“非识”为自性。总之，识与境相互否定，而完全隐没于彼此之中。这即是“境识俱泯”的唯识义。

显现作为能所认识上的展开，能所取是无有，但是否有似二取的两种显现，在瑜伽行派的典籍中则有不同的说法。《大乘庄严经论》主张“无相唯识”，一方面强调“无义显现”，另一方面又隐约含有能所对立的“似义”。如《大乘庄严经论》说“色识为迷因，识识为迷体，色识因无故，识识体亦无”[①]，此中，色识、识识的“识”即是“了别”（vijñapti），分别为“色了别”与“识了别”，二者分别显现为色与识。色了别是错乱显现的所依因，而识了别是错乱显现当体，即色了别似色显现时，识了别执之为外境色。这种认识的展开，可以图示如下：

识→了别→┌色了别→色
　　　　　└识了别→识了别

《大乘庄严经论》对能所取的规定，其实隐含着依他性似现能所，分别迷执实有能所。[②]《大乘庄严经论》说：

> 自界及二光，痴共诸惑起，如是诸分别，二实应远离。
>
> 释曰：自界及二光，痴共诸惑起者，自界谓自阿梨耶识种子，二光谓能取光、所取光。此等分别，由共无明及诸余惑故得生起。如是诸分别，二实应远离者，二实谓所取实及能取实，如是二实染

① 《大乘庄严经论》卷五，《大正藏》第31册，第612页中。

② 吕澂：《论庄严经论与唯识古学》，载《吕澂佛学论著选集》卷一，济南：齐鲁书社，1991年，第85页。

污应求远离。[1]

光(bhāsa)即显现,《大乘庄严经论》将世间诸法存在的语言性归根于名言分别,即是"意言",这是以言辞为根据的心识活动。而从世间存在的展开看,这是由名言分别所熏成的"意言种子"生起现行分别,而显现似能取、似所取。同时,意言分别在烦恼的滋润下,显现实能取、实所取,这是痴迷的分别性。

在"无相唯识"的思想架构里,识是通过否定自身才能生成世间存在。这种否定与分别是同一的,分别所产生的实能取、实所取与识的显现是同一的。所以,当远离实能取、实所取,所依依他的似能取、似所取亦远离。因此,真谛后来称此为"乱识",表现出识的"迷乱性"。图示如下:

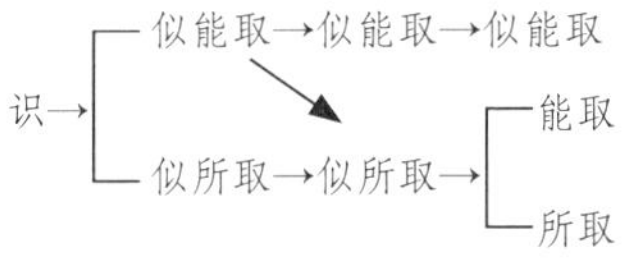

无著《摄论》完整地提出了依了别(vijñapti,藏文rnam par rig pa),建立相识、见识。按照《摄论》的思想,有三种方式成立唯识:一、一切法唯是虚妄分别的乱识,没有似义显现的所取义,所取义是没有实体的;二、虽然唯是一识,但在乱识现起的时候,就有一分所取的相、一分能取的见二性差别现前,这相、见都是识,所以称为"相识""见识";三、在能所交涉的心境上,有种种的行相现起,所以虽唯是一识,而成为千万别的不同现象。[2]但是,无著是以"显现"为中心,成立相了别、

① 《大乘庄严经论》卷五,《大正藏》第31册,第613页上。

② 玄奘译《摄大乘论本》卷中说:"复次云何安立如是诸法成唯识性,略由三相:一、由唯识无有义故;二、由二性有相有见,二识别故;三、由种种种种行相而生起故。"见《大正藏》第31册,第138页下。

见了别，这与《大乘庄严经论》是相同的。

但是，世亲以“转变”代替“显现”，表示识的内部结构的变化，而真谛将“转变”引入其唯识体系中。真谛除了将pariṇāma译为“转作”以外，我们在其所译其他唯识典籍中，发现另一个译语“变异”，这才是他真正使用的译语。[①]真谛译《大乘唯识论》、玄奘译《唯识二十论》及梵文本的比较如下：

[梵文]vijñānasyaiva tat karmabhis tathā pariṇāmaḥ kasmannéṣyate | kiṃ punar bhūtānikalpyante ||

[真]何故不许由识起？业识有变异，而说是四大有此变异。

[玄]何缘不许识由业力如是转变，而执大种。[②]

在《大乘唯识论》中，真谛将pariṇāma译为“变异”。真谛将pariṇāma(变异)广泛引入《摄论释》中，从而将“变异”与“显现”结合起来。

“无相唯识”以“显现”为中心，而似义显现的“无相唯识”系统将向“有相唯识”过渡。无著主张“一种七现”，与《中边分别论》《大乘庄严经论》属于同一系统，都强调“无相唯识”。世亲将“转变”引入对《摄论》的解释，是否引起原有思想上的变化？在《摄论释》中，真谛将pariṇāma译为“变异”，玄奘译为“变似”，是否有思想上的差别？

《摄论》本身的心识论极其庞杂，大竹晋曾对真谛译《摄论释》作

---

① 真谛在《摄大乘论释》中除了将pariṇāma译为“变异”以外，还将saṃmūrcchita(凝结、和合，藏文为brgyal ba)、vikāra(变化，藏文为ḥgyur ba)都译为“变异”。见岩田谛静：《真諦の唯識説の研究》，东京：山喜房佛书林，2004年，第313—316页。

② 宇井伯寿：《四訳対照唯識二十論研究》，东京：岩波书店，1979年，第20—21页。《大乘唯识论》，《大正藏》第31册，第71页中；《唯识二十论》，《大正藏》第31册，第75页上。

过整理，考察了一识说、二识说、三识说、四识说[①]，我们增加十一识说，加以综合研究。

“一意识说”是从认识论的立场，安立唯识。但是，对外境的显现则尚未解明。所以，需要从存在论的角度，即从本识种子现起一切境，成立唯识。真谛译《摄论释》说：

> 论曰：是处安立本识为义识，此中一切识说名相识，意识及依止识应知名见识。何以故？此相识由是见生因，显现似尘，故作见生依止事。
>
> 释曰：是本识于二识中，可得安立为相识及见识，不是安立本识为尘识。此中一切识说名相识，本识可得安立于相、见二识处。此本识以意识及依止识为见识，以眼识等识及一切法为相识，为此生因，由缘缘故。于彼处中，是见生因故，于彼法为见，显现似尘，故意识见相续住不断因故，作此识依止事。[②]

“义识”是真谛与玄奘共同的译语，按照牟宗三的解释，“义”是观念性的“境”之意，言其非实境；“义识”是取总持义，即本识所似现者皆“义”。所以，本识不只是一现行之觉了活动(识相)，同时亦即一切杂染

① 大竹晋：《真諦訳〈摂大乗論釈〉における一識説・二識説・三識説・四識説について》，《印度學佛教學研究》第49卷第1号，2000年，第354—356页。

② 真谛译：《摄大乘论释》卷五，《大正藏》第31册，第185页下。玄奘译说：“论曰：若处安立阿赖耶识识为义识，应知此中余一切识，是其相识。若意识识及所依止，是其见识，由彼相识，是此见识生缘相故。似义现时，能作见识生依止事，如是名为安立诸识，成唯识性。释曰：于阿赖耶识亦得安立相见二识，谓阿赖耶识以彼意识及所依止为其见识，眼等诸识为其相识，以一切法皆是识故。由彼相识者，谓眼等诸识。是此见识生缘相故者，是见生因，由所缘性名见生因。似义现时，能作见识生依止事者，能于彼见故名见识。即此见识似义现时，彼诸相识与意见识，能作相续不断住因，是故说名生依止事。”见《摄大乘论释》卷四，《大正藏》第31册，第340页中。

存在法(一切义境)之根源。[1]印顺推测：赖耶为种子，是依遍计种种诸法而熏成的，这名言戏论的遍计种子，就从新熏得名为义。[2]两种解释比较起来，牟宗三的解释较妥，但其主张“本识是现行觉了活动”，则有违原意，真谛增补的“不是安立本识为尘识”，刚好指出其中的错误。

《摄论》主张，第六意识及其所依止的染污意是本识所变似的“见识”，而其余的一切识(即前五识等)则是本识所变似的“相识”。见识是主观的主体性，相识是客体性。第六识、第七识本身是见识，但是亦有其境相。所以，见识与相识也可以说都是本识所似现而分化的相。《摄论》注重一切种子识，从一切种子识而现起一切识时，本识的一分取性，就转为六识所依止的意，成为阿黎耶识的见识。所以，真谛主张阿陀那识为第七识，是有其根据的。依本识显现见识、相识，即真谛继承《摄论》的心识论而提出的“二识说”。

但是，既然识是有的，而所识是分别性，是非有的，那么为什么会出现见识和相识？相识既然是识，是否为依他性？若是依他性，是否与真谛所传“无相唯识”相矛盾？真谛译《摄论释》说：

> 论曰：广解缘生体相者，如偈说言，熏习所生诸法，此从彼如。此果报识，及以生起识。由更互因生。广解释依因缘已生诸法实相者，诸法者谓生起识为相有相，及见识为自性。
>
> 释曰：外尘分别所生，本识中熏习种子故，称言说熏习。一切余法以此为因得生，谓生起识为性，言说熏习以诸法为因故。言此法从彼生，由此言说已显本识，与生起识更互为因。是诸法有相有见为自性，生起识为相，应如此知诸法有两体：若尘识以相为

---

① 牟宗三:《佛性与般若》上册，台北：学生书局，1997年，第396页。

② 印顺:《摄大乘论讲记》，载《妙云集》上编之六，台北：正闻出版社，1990年，第220页。

体，若识识以见为体，从因缘生果法。[①]

果报识(阿黎耶识)与生起识互为因缘，因缘生的诸法以生起识为特质，亦即因缘生的诸法不外是依他性的识。世亲强调因缘生的诸法不外就是生起识，此生起识是拥有相(nimita)与见的识。由于“相”有所见之相貌的意味，所以称“相识”为“尘识”；由于“见”是能见、能缘，所以见识也称为“识识”。于是，“唯识”中有相、见二识。

唯识当中“相”“见”二识的思想，可追溯到《解深密经》。无著在《摄论·应知胜相品第二》的开头引用《解深密经》的经文作为唯识的圣教量之一，经中说定心有定体与定境二分，于是定心便以二识的相貌生起，一取能分别(能缘)的相貌，另一取所分别(所取)的相貌。[②]而世亲强调“此体及境本是一识，一似能分别起，一似所分别起”[③]，世亲以二者本是一识，来解决唯识的逻辑矛盾。而初期唯识的“似义显现”、识以非识为自性，无疑是更加完美的解决方案。这种解决方案，与后期唯识护法一系“识体转变出相分与见分”的“转变”不同，这是站在一分说的立场——所见是分别性，只有能见是依他性。[④]识“似义显现”，就是指识(能见)变成所见，能见与所见虽然是一个识，但是分成能见与所见，所以说识以“非识”为自性。“非识”是识的自性，依他性的因缘有是以无性(即是“生无性”)为自性，这不外就是缘生即无性、无性即缘生。上田义文指出，“非识”的“非”有两种意义：一方面是否定识之有，意指识之无，即是“生无性”；另一方面则是否定识的“能缘”

---

① 真谛译:《摄大乘论释》卷六,《大正藏》第31册，第195页上—中。

② 真谛译:《摄大乘论》卷上,《大正藏》第31册，第118页中—下。

③ 真谛译:《摄大乘论释》卷五,《大正藏》第31册，第182页下。

④ 上田义文著，陈一标译:《大乘佛教思想》，台北：东大图书，2002年，第134—135页。

意，意指非能缘者亦即所缘(境)，这是识“作为境的似现”。[1]所以，识以“非识”为自性显示了识与境之间的自我同一性，这一方面意味着有与无的融即，另一方面也表示能缘与所缘的平等。因此，唯识(唯有见)中亦即有相和见。

沿着“二识说”，探索“相识”与“见识”的种子来源，则讨论到熏习。真谛译《摄论释》说：

> 论曰：此识自言熏习为种子。释曰：如说根尘名，数习此名，熏习于本识，以为种子。由此种子，后时意识，似根似尘而起，名为色识。
>
> 论曰：及一切识言熏习为种子。释曰：如说六识名，数习此名，熏习本识为种子。由此种子，意识后时似六识而起，名为识识。
>
> 论曰：何者别义说名依他？从熏习种子生，系属他故。释曰：熏习有三种：一、名言熏习、识熏习；二、色识熏习、识识熏习、见识熏习；三、烦恼熏习、业熏习、果报熏习。[2]

有关熏习的解释，玄奘译《摄论释》中都没有，可以看出是真谛自己增补的。真谛所说的三种熏习，第一种熏习成就表义名言、显境名言，第三种成就惑、业、苦，第二种为“三识”熏习成就色识、识识、见识。意识缘五根、六尘，因此熏习成色识种子；另外，意识作为能分别，熏习本识成为种子。意识依这两种种子而生起，似根、似尘而起称为色识，似六识而起称为识识。依一意识师的观点，一意识总摄六识，六识分别都有似义显现的缘相；同时，色识、识识都是阿黎耶识的相识，

---

① 上田义文著，陈一标译：《大乘佛教思想》，台北：东大图书，2002年，第135页。

② 真谛译：《摄大乘论释》卷五，《大正藏》第31册，第187页上、下。

因此又有见识。此即色识、识识、见识的“三识说”。

因为“色识”包括根、尘，所以可以分为《中边分别论》所说的似根识、似尘识；“识识”应该包括六识与染污意，可以分为似识识(六识)、似我识(末那识)。这样，即成为《中边分别论》所说的“四识”。真谛译《摄论释》说：“所生一切识识，即是本识所生果，谓七识，即是分别性。相识，即是器世界及六尘，亦是本识果，亦是分别性。”[①]真谛强调“识识”包括第七染污意，而且作为相识的器世界与六尘都具有分别性。因七识等是见，能够分别影像；六尘等一切法是相，是似义影像。虽然都是依本识而生起，但是七识与器世界、六尘之间也有相互缘生的意义，“似义影像”本身即说明六尘具有分别性。

“四识”广说则为“十一识”[②]，真谛译《摄论释》卷五详细列举了十一识的名称。[③](1)身识是眼等五界，即五色根，与“似根识”相当。(2)身者识，为染污意，与“似我识”相当。(3)受者识，即无间灭意。(4)应受识，玄奘译为“彼所受识”，就是所取的六尘，与“似尘识”相当。(5)正受识，玄奘译为“彼能受识”，即能取的六识，与“似识识”相当。(6)世识，是相续不断的时间。(7)数识，是一、二、三、四等数目。(8)处识，即器世界，是有情的住处。(9)言说识，是依见、闻、觉、知而起的语言。(10)自他差别识，是有情间自他各各的差别。(11)善恶两道生死识，玄奘译为“善趣恶趣死生识”，是在善恶趣中的死生流转。宇宙间种种差别的相状，把它归纳成十一种，这十一种都是以识为自性而明

---

① 真谛译：《摄大乘论释》卷八，《大正藏》第31册，第207页中。

② 真谛译《摄大乘论释》卷五说：“虚妄分别若广说有十一识，若略说有四种识：一、似尘识，二、似根识，三、似我识，四、似识识。”见《大正藏》第31册，第181页下。

③ 真谛译：《摄大乘论释》卷五，《大正藏》第31册，第181页下。真谛译、玄奘译、藏译三本对照，基本相同。真谛将“阿黎耶识”译为“本识”，藏译为kun gshi rnam par śes pa (ālaya-vijñāna)；另外，真谛将前三识译为身识、身者识、受者识，玄奘译为身、身者、受者识，藏译为lus daṅ za ba poḥi rnam par rig pa (deha-dehi-bhoktṛ-vijñapti)。见岩田谛静：《真諦の唯識説の研究》，东京：山喜房佛书林，2004年，第244—248页。

了显现的，所以一切都叫识。这十一种识，都是由本识中种子所生，从身识到言说识的九识是由言说(即名言)熏习种子所生，自他差别识由我见熏习种子所生，善恶两道生死识是有分(即有支)熏习种子所生。因此，阿黎耶识作为显现者，依种子的缘起性，显示了依他性的特点。

同时，身者识与受者识，即“意根”，再加上“身识”，即是十八界的“六根”(即内六界)；正受识，是十八界的“六识界”，应受识是六外界。这样，十一识的前五识为“十八界”。十八界是有情的一切，这五种识已经含摄了一切法的自性。其余诸识是依这五种识的作用而安立，是这五种识的差别。①

另外，真谛译《显识论》也同样阐明了“十一识”。《显识论》主张“一切三界但唯有识”，并将识区分为显识与分别识两种。《显识论》说：

> 一切三界但唯有识，何者是耶？三界有二种识：一者显识，二者分别识。显识者，即是本识，此本识转作五尘、四大等。何者分别识？即是意识，于显识中分别作人天长短大小男女树藤诸物等，分别一切法。此识聚分别法尘，名分别识。②

显识即是本识、阿黎耶识，转现生起五尘、四大等法。分别识即意识，分别长短大小等事物，论中特别提出“此识聚分别法尘，名分别识”，值得关注。本识生起世间的种种形象，包括：(1)身识，(2)尘识(即应受识)，(3)用识(即正受识)，(4)世识，(5)器识(即处识)，(6)数识，(7)四种言说识(即言说识)，(8)自他异识(即自他差别识)，(9)善恶生死识(即善恶两道生死识)。这九种识都是本识所转现的种种差别，故称为“显识”。

① 真谛译：《摄大乘论释》卷五，《大正藏》第31册，第182页中。
② 《显识论》，《大正藏》第31册，第878页下。

真谛译《摄论释》的心识说，图示如下：

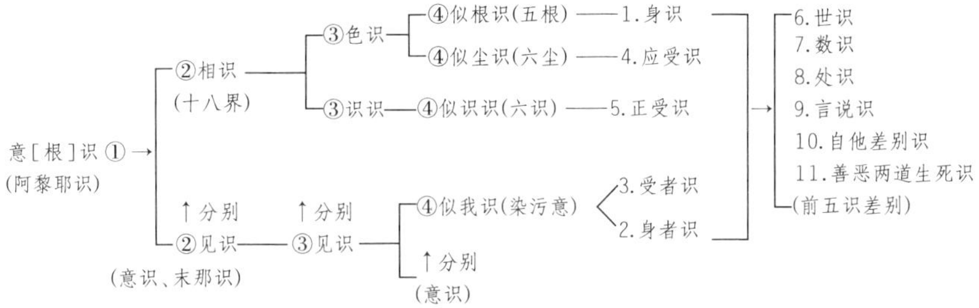

真谛以“一意识”为中心，依“一种七现”的心识结构，将宇宙万法归摄于识的自性中。但是，这种心识结构是“显现”无法阐明的，因为“显现”只涉及“能缘—所缘”的关系，所以必须将“转变”引入《摄论》系统中。

在真谛译《摄论释》中，他以“变异”代替“显现”：

> ［真］论曰：唯有二，谓相及见识所摄故。
>
> 释曰：若能通达世等六识，一分成相，一分成见，名入唯二。此义云何？诸识中随一识，一分变异成色等相，一分变异成见，故名唯二……是一眼识，如所应成一分能起种种相，一分能取种种相。[1]
>
> ［玄］释曰：由二性者，由于一识安立相见，即此一识一分成相，第二成见。眼等诸识即于二性安立种种，谓一识上如其所应，一分变似种种相生，第二变似种种能取。[2]

对照藏文本，我们可以发现真谛将ḥgyur译为“变异”，而玄奘译为“成”；

---

① 真谛译：《摄大乘论释》卷五，《大正藏》第31册，第184页中—下。

② 玄奘译：《摄大乘论释》卷四，《大正藏》第31册，第339页下。

真谛将ḥbyun bar ḥgyur(梵文utpattavya)译为“成”，玄奘则译为“变似”。从ḥgyur和ḥbyun bar ḥgyur的本义看，译为“成”是最正确的。真谛与玄奘都将“转变”的意思加入，使整个意思发生巨大的改变，但是二者仍然有不同的展开。

在不同的语境与思想架构里，原本语词的精神和对其复述的精神之间永远存在距离。在真谛“无相唯识”的思想体系里，心识因无始的熏习力，显现境与心的二分，即是“变异”。若没有相分，也就没有见分，所以成了“二性”，但不是有心、境判然不同的体性，仍然是识。于是，在心境的关系上，见闻觉知的行相有种种的差别，这些差别同样“唯识”。玄奘以“有相唯识”的“变似”为中心，心识转变成见分、相分，同时在相分上又转变显现种种行相差别，而见分则转变显现种种能取差别。我们可以看出，真谛与玄奘有不同的展开，图示如下：

所以，真谛的“变异”与“显现”基本一致，即是“似义显现”，只有一重心理结构；虽然相分现起种种相的差别，但是“能取”仍然是见分。而玄奘的“变似”则是“显现”与“执取”的结合，心识现起见分、相分，这是“显现”层面的心识结构；由于相分现起种种相，相应地见分也转变种种能取，来缘取种种相，这是“执取”层面的心识结构。所以，真谛是“无相唯识”系统，而玄奘是“有相唯识”体系。

心识不仅变异相分、见分的差别，而变异出十一识的差异。真谛译《摄论释》说“由本识能变异作十一识，本识即是十一识种子”[1]，这十一类识是从阿黎耶识中的种子而生起，都是以“虚妄分别”为自性，

① 真谛译:《摄大乘论释》卷五,《大正藏》第31册,第181页中。

是非真实义的所依。对真谛而言，“变异”与“显现”的意思仍然有区别。《摄论释》说：

> 论曰：非有虚妄尘显现依止，是名依他性相。
>
> 释曰：定无所有，故言非有。非有物而为六识缘缘，故言虚妄尘。似根尘我识，生住灭等心变异明了，故言显现。此显现以依他性为因，故言依止。譬如执我为尘，此尘实无所有，以我非有故，由心变异显现似我故，说非有虚妄尘。显现此事，因依他性起故，依他性为虚妄尘显现依止，说此为依他性相。①

“唯识无境”表示离心以外实有的尘，根本没有独立的自体，是分别心现起似尘的影像。无所有的尘，是以虚妄分别心为依而显现的。真谛为了能够更好地说明“无尘显现似尘”，因此引入“变异”；或者说，依他性是“显现”，分别性是“变异”，但二者都是虚妄分别所摄。真谛试图在“似义显现”的无相唯识中，更好地说明见分、相分与能取、所取的关系，于是引入“变异”。在“无相唯识”的唯识古学中，“变异”虽然强调心识变异出见分、相分，但这仍是“似义显现”，并没有护法一系的“三分说”。

“似义显现”表明作为认识主体的自己与作为客体的存在，都不过是“识之流”，是被假构出来的东西，认识主体与认识客体是在相同的层面，二者具有“同一性”。日常生活中由语言来表示的东西，都是思维的假构(变异)，都是识上显现的表象。思维上的假构，说明了只具有表象的那些名称和概念，并没有相应的实在物。

---

① 真谛译：《摄大乘论释》卷五，《大正藏》第31册，第182页上。

三　一分说与三分说

思维的根本，在于无限过去的经验余习；而概念的虚妄性，来自思维。无著与世亲建构了唯识学的存在论与认识论，而陈那(Dignāga，480—540左右)进一步考察思维的机能，他未谈到自我意识(染污意)与潜在意识(阿黎耶识)，纯粹以知识论的观点，阐明思维的机能和概念的特质。[①] 正是因为陈那的思想，后期唯识发生了重大的转向。

“识转变”不仅涉及种子与现行，更强调分别即转变。但是，考察分别的过程，追究心识的内部结构，则会发现不同的进路。从认识论意义上说，分别是主体对客体进行收摄的活动，这种收摄的结果，即虚构出客体的形相以成执；从存在论而言，则是说明客体的存在，是从识转化出来。心识的分别活动是向外收摄的，这样识转变便会分裂为二：一、能知心识的存在；二、所知对象的存在。在初期唯识中，尤其是“似义显现”的思想中，即有似所取、似能取的出现；在《摄论》及《摄论释》中已经出现了见分、相分的能所对立结构。因此护法一系将“识转变”理解为自证分转变成见分、相分，也是理所当然的。

后期唯识思想之所以出现这种转向，在于陈那将经部的“带相”“自证”理论吸收了进来。[②]经部以为通过感觉、知觉不能了解境界本身，只有通过自己重变出来的“变相”才能认识，此即后来的“疏所缘”。陈那以自证分来论证见分与相分的同一性，当认识持有某一形象而生起的同时，认识自身被自觉到，这即是认识的自身认识，称为“自证分”。

---

① 服部正明著，吴汝钧译：《陈那之认识论》，载《佛学研究方法论》下册，台北：学生书局，1996年，第418页。

② 吕澂：《印度佛学源流略讲》，载《吕澂佛学论著选集》卷四，济南：齐鲁书社，1991年，第250—251页。

对于自证分、见分、相分等概念的划分，不同的唯识体系有不同的观点。按照玄奘、窥基的总结，有安慧一分说(仅立自证分)、难陀二分说(立见、相二分)、陈那三分说(立见、相、自证三分)、护法四分说(立见、相、自证分、证自证分)等。

安慧以识转变是由言说戏论习气增长，所以有我、法等种种影像产生，这都是虚妄分别幻现为有。安慧《三十唯识释》说："由于这种分别，于是把这些我等影像和色等影像执如外有，乃至我等施设和色等施设无始时来虚妄而起，[实质上]并无外在的我和[外在的]诸法。"[①]安慧的解释中并没有出现见分、相分、自证分这些用语，安慧以我等影像和色等影像都是虚妄分别而有，八识遍计有种种相现。所以，安慧是在"似义显现"的无相唯识系统中，坚持"一分说"。[②]

安慧的"一分说"把经验上的一切法都归入识的分别作用下的存在(即所分别)，而最后归摄入"识转变"，因为分别即是转变。《成唯识论》说："或转变者，谓诸内识转似我法外境相现。此能转变，即名分别。虚妄分别为自性故，谓即三界心及心所。此所执境，名所分别，即所妄执实我法性。"[③]对于这一段，《述记》解释为难陀的"二分说"，而

---

① 霍韬晦：《安慧〈三十唯识释〉原典译注》，香港：香港中文大学出版社，1980年，第19页。

② 窥基解释安慧观点，与此相近，其进路是从"三分说"反观"无相唯识"。《成唯识论述记》卷一本说："安惠解云：变，谓识体转似二分。二分体无，遍计所执。除佛以外，菩萨已还，诸识自体即自证分。由不证实，有法执故，似二分起；即计所执，似依他有。二分体无，如自证分相貌亦有，以无似有。……识体如何转似二分？答：相、见俱依自证起故，由识自体虚妄习故，不如实故，或有执故，无明俱故，转似二分。二分即是相及见分，依识体起，由体妄故，变似二分。二分说依自证而起，若无识体，二分亦无，故二分起由识体有。"见《大正藏》第43册，第241页中。

③ 《成唯识论》卷七，《大正藏》第31册，第38页下。

印顺解释为安慧的“一分说”。[①]难陀是依《摄论》的见识、相识说，强调心识变似见、相分，而在相分上执取种种境界，从而生起能取、所取。从《摄论》的思想来说，唯识与二性是相通的，因此“一分”与“二分”也是相同的，只有很微小的差异。图示如下：

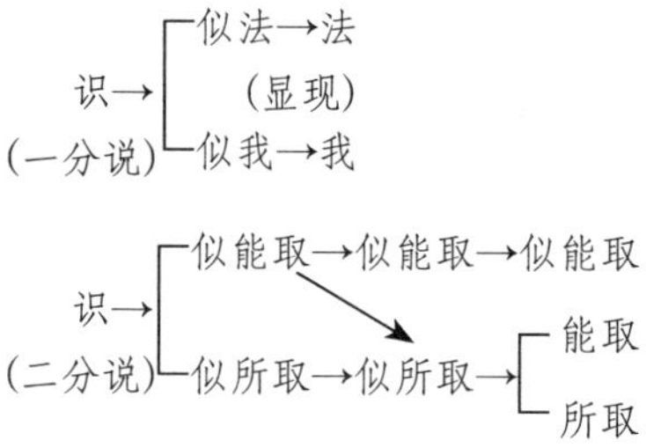

无论“一分说”还是“二分说”，二者都是“无相唯识”系统。[②]“无相唯识”是以“显现”为中心，其中“无义显现”是绝对的一分，不去剖析心识的内部结构，只是以所分别的外境是无体的分别性，一切唯是识——分别的显现。所以，安慧的“一分说”是绝对的一分。难陀的“二分说”是相对的一分，因为属于“似义显现”，《大乘庄严经论》《摄论》都有这样的思想。心识生起似义性，而显现为“义”。真谛译《摄论释》继承唯识古学，属于“似义显现”的二分说，与难陀相近。

在“无相唯识”的心识结构中，识成为境，表示在境之外与境相对的主观的识，不再是这种外在的主观，而是能与境合而为一，亦即能从境之内在去认识境。因此，境不再被主观对象化并进而主观化，而能

① 《成唯识论述记》卷七末说：“言转变者，即前三能变内见分识，能转依他相分，似外境相现。唯有见、相之内识，都无所变之外境，外境通有能取、所取。此依《摄论》等说唯二义，不说自证分师义。……其能取、所取，皆是心所变相分上妄执别有，设执见分为我为法。亦于心所变上执，故无非所缘故。以是诸识有转似外境之功，名为转变。”见《大正藏》第43册，第487页中—下。印顺：《印度佛教思想史》，台北：正闻出版社，1994年，第338页。

② 印顺以难陀、火辨等的二分说，为“有相唯识”。见《印度佛教思想史》，台北：正闻出版社，1994年，第339页。

够依其原有的相貌被认识。能够认识此境的识，是没有任何对象而能去认识事物的识。因此，“似义显现”的识与境仍然属于相互否定的二者，本质上是一。二者既是一，同时又相互否定，因此形成矛盾的结构。主体不将自己对象化而依照主体原有的相貌去认识主体自身，这是要与事物(诸法)不被对象化而能够如实地被认识合而为一时，才能够成立的。而作为虚妄分别的识，是借着对象化去认识事物，由其所认识的东西，带有妄分别的主观化，不是如实相的存在，因此是“分别性”。

无论“三分说”或“四分说”，都属于“有相唯识”，强调两种层面的心识建构，即自证分转变生起见分与相分，凡夫执取二分为实有的能取、所取。《成唯识论》说：“变，谓识体转似二分，相、见俱依自证起故。依斯二分施设我法，此二离此无所依故。”[①]这是陈那所建构的认识体系，他将唯识的“认识论”导向“知识论”，重视对外部世界及认识的分析。陈那认为，凡是认识必有所认识的境相——相分，能取相是见分，二者都是识所显现的。在能取所取时，识自体能知对境的了解，此为自证分；正是由于自证分的自知取境，才有认识结果的产生。陈那的三分说中，自证分能够证知见分。由于自证分不能自知，所以护法以证自证分来证知前者。同时，为了解决无穷的过失，护法采取“证自证分”与“自证分”互相证知的思路，于是坚持了“识不自知”的原则。

另一方面，陈那对认识客体提出条件：一、它使表象生起；二、它具有与表象相同的形象。陈那《观所缘缘论》说：“外境虽无，而有内色似外境现，为所缘缘。许眼等识带彼相起，及从彼生，具二义故。”[②]表象(内色)是在认识中显现出来的对象的形象，对象(外境)则把自身的形象，给予认识(变相)，通过这种过程，对象即在内容方面限定认识

① 《成唯识论》卷一，《大正藏》第31册，第1页上—中。
② 《观所缘缘论》，《大正藏》第31册，第888页下。

了。这样的外境，必须具有与表象相同的形象。因此，心识的内在世界有两重。[①]由此，后来出现了见分与相分同种、异种之辨。[②]

对于自我主体性的考察，瑜伽行派与胡塞尔现象学的进路是相同的，即“自我”作为意识行为主体的内知觉的自明性进路。而维特根斯坦的进路是对自我及其意识行为进行语言分析，罗伊斯、哈贝马斯等的进路是从社会关系和行为出发探讨自我。[③]耿宁(Iso Kern)先生曾经将心识结构的四分，依现象学的思路进行考察，分别为客体化行为(见分)、客体现象(相分)、自我意识(自证分)、自我意识的意识(证自证分)。[④]从胡塞尔现象学来说，意识的基本结构是“意向作用(Noesis)—意向对象(Noema)”，意向作用总是指向意向对象，它们之间互为依存。同时，瑜伽行派与胡塞尔现象学的意识结构有相同之处：(1)意识是对某种东西的意识，因而意识有一个互为依存的相关结构：意向作用和意向对象；(2)意向作用意向地指向对象，换句话说，意向对象不是任何别的内容，而是意向的(所虑)内容；(3)意向作用和意向对象内在于意

---

① 舍尔巴茨基依此分析陈那观念论的主要原则：认识活动的对象(相分)是内在地被我们内省力(见分)所认识的对象，并且只是表现为仿佛是外在的。因而，最终的实在就是“观念”(表象，vijñapti)。逻辑中的外在之点，物自体(自相)在此只是内在的“观念”。主体与客体都是内在的，内在世界便有两重。见舍尔巴茨基著，宋立道、舒晓炜译：《佛教逻辑》，北京：商务印书馆，1997年，第606页。

② 相见同种、别种问题，在民国年间已经有过一次激烈的争论，当时主张同种的是景昌极，主张别种的是缪凤林。两家反复辩难，唐大圆、太虚法师等诸人相继卷入争论。见《现代佛教学术丛刊》第28册所收诸文：景昌极《见相别种辨》、唐大圆《见相别种释疑》、景昌极《见相别种未释之疑》、唐大圆《释景幼南见相别种未释之疑》、太虚《见相别种辨释难》及《现代佛教学术丛刊》第27册所收缪凤林《唯识今释》。后来，霍韬晦进行总结性考察，提出一些新的折中观点，见《相见同种、别种辨》，载《绝对与圆融——佛教思想论集》，台北：东大图书，1994年，第208—231页。

③ 张庆熊：《自我、主体际性与文化交流》，上海：上海人民出版社，1999年，第2页。

④ 伊索·凯恩尔(耿宁)著，陈永革译：《试论玄奘唯识学的意识结构》，载《禅学研究》第2辑，南京：江苏古籍出版社，1994年，第124—135页。

识之中，是意识体验本身的两个方面。[1]

而且，胡塞尔还提出在意向作用和意向对象中的诸意向关系是以“层级方式”互为根基的，对于每一层级的确都有在该层级上可能的“反思”。于是，他提出每一意向对象层级都是一“对”(von)其下层级的所与物的“表象”。这是一种与意向作用的意向性相对立的意向对象的意向性。这样，后者在自身中包含着前者作为其意识相关物，而且其意向性以某种方式贯穿过意向对象意向性的方向线。[2]胡塞尔现象学这种“层级方式”的反思，对阐明唯识学心识结构的发展非常有帮助。

唯识学心识结构的“一分”“二分”“三分”“四分”，其实都是瑜伽行派论师通过“层级方式”的反思而不断建构的心识的内部结构。成立“唯识无境”，不外乎“唯识”的一分说和“二性”的二分说；而三分、四分是为了论究心识自知引起的。初期唯识的思想，识以非识为自性，因此举全体成为境；同时，识是缘生(依他性)故为有，同时其自体是空(无)，这与“色即是空，空即是色”是相同的思想，是一种“具有存在论意义的认识论”。后期唯识的思想，识是变现出自己所见——识自己看见自己所变观的相，这是一种观念论。

结　语

我们通过语言学与文献学的方法对瑜伽行派的重要概念进行了概念史的考察。vijñāna(识)与vijñapti(了别)的相同之处在于，都可以作为认识作用或认识结果，不同之处在于vijñapti不可能成为认识主

① 张庆熊翻译为意识行为—意识内容，见《熊十力的新唯识论与胡塞尔的现象学》，上海：上海人民出版社，1995年，第266—267页。

② 胡塞尔著，李幼蒸译：《纯粹现象学通论》，北京：商务印书馆，1992年，第254—256页。

体，所以将二者都译成“识”是明显不妥的。vijñāna应译作“识”，而vijñapti可译作“了别”“表相”。传统上将vijñaptimātra译为“唯识”，重视“境”是由“识”转出，只能表现其认识论的意义，忽视了其存在论的意义。因此，应该将vijñaptimātra译成“唯表”，表现其存在论与认识论的意义。

唯识学的“显现”突出了现象成为可得、可见的对象，是从认识论的角度来阐释现象的相状，“可见”和“无”是“显现”的基本特征。在对“虚妄分别”的解释中，弥勒、安慧、真谛从“无相唯识”的立场，主张分别为因、虚妄为果，只有一层心理建构，强调“识境同一”；窥基从“有相唯识”的立场，强调虚妄与分别不同体，分别为能缘的依他性，虚妄为二取的分别性，因此必须有两层心理建构；同时，他还将“虚妄分别”解释成“虚妄的依他起”，强调染净二分的依他性。唯识古学的虚妄分别是“具有存在论意义的认识论”，而唯识今学则将认识论归属于分别性，从而将存在论归属于依他性。在唯识古学里，虚妄分别既是一种缘起的世界，也是名言的世界，于是语言重新获得了与世界的本然统一性，从而实现了语言哲学向存在论层面的转化。但是，在护法一系，虚妄分别只能是缘起的世界，遍计所执性则成了语言的世界，于是隔绝了语言与存在之间的转化。

唯识古学以“现熏种”“种生现”来诠释阿黎耶识缘起，以“虚妄分别显现”诠释影像门唯识理论。但是，世亲以“识转变”取代了“显现”，而且统摄了“现熏种”“种生现”，从而依“识转变”建立了整个唯识体系。从存在论进入认识论，再回归存在论，“识转变”的意义经历了三个阶段：“一切种子识的转变”→“识即转变”→“识转变即分别”。安慧、真谛、护法对于“因能变”与“果转变”的基本解释向度是相同的，安慧、真谛一系与护法一系的差异是由唯识思想的根本差异所导致的。虽然安慧、真谛的唯识思想比较接近，但是安慧主张“异时因果”，真谛主张“同时因果”，从而有不同的展开。同时，安慧、真谛以存在论为中心，建构存在世界的成立以及相续不断；护法则以认识论为中心，从存在论转向认识论，而且转变成“观念论”。从诠释的向度与深度来说，安慧是立足于世亲原有的立场，诠释出世亲应该含有的思想深度，即“当谓”层次；护法则对世亲的思想进行反省与创造，同时也意味着对世亲的背离与对《瑜伽论·本地分》的回归，即“必谓”层次。

现代学者对“识转变”的因果关系理解不同，上田义文以“异时因果”说明转变，横山纮一、长尾雅人、平川彰主张“同时因果”。我们通过对部派佛教时间观的探讨，发现“同时因果”与“异时因果”争论的根本，在于现在这一刹那是否有延续性。经量部及难陀、胜军等唯识学者强调现在刹那有“生住灭”三相，是一种“延续性”的现在。护法一系主张时间只是一刹那的存在。依现象学时间观来剖析因果之间的“同时”与“异时”，无论是依“刹那际”或“刹那相续”，“因果异时”的成立都没有任何困难。但是，依“刹那相续”成立“因果同时”十分勉强，新种与旧种之间的性质必须有变化，在一刹那的不同位相成立新种与旧种，是难以成立的。所以，护法一系成立“因果同时”，必须依“刹那际”的无间性。

从心识的结构来说，“有相唯识”与“无相唯识”的区别不仅在于心识的二重结构与一重结构，即心识内部结构上的差异。在认识论上，“无相唯识”强调心识生起时，心识无义但显现为义，这种“义”的显现是“无”增益为“有”，即心识(无义)→显现→义(外境)；在汉译中，经常指“似义显现”，即心识生起→似义性→显现→义(外境)。“有相唯识”系统强调心识与心识所显现的影像是“有所得”，即心识→显现→似义→义(外境)，凡夫执“似义”为“义”，于是现起分别性。

真谛试图在“无义显现”的无相唯识中，更好地说明见分、相分与能取、所取的关系，于是引入“变异”。在“无相唯识”的唯识古学中，“变异”虽然强调心识变异出见分、相分，但这是“似义显现”，并没有护法一系的“三分说”。

对于自证分、见分、相分等，不同的唯识体系有不同的观点，如安慧一分说(仅立自证分)、难陀二分说(立见、相二分)、陈那三分说(立见、相、自证三分)、护法四分说(立见、相、自证分、证自证分)等。一分说或二分说是“无相唯识”，三分说或四分说属于“有相唯识”。通过对唯识学与胡塞尔现象学意识结构的比较，可以发现二者的相同之处。同时，恰如胡塞尔现象学“层级方式”的反思，唯识学心识结构的“一分”“二分”“三分”“四分”，其实都是瑜伽行派论师通过“层级方式”的反思而不断建构出的心识的内部结构。成立“唯识无境”，不外乎“唯识”的一分说和“二性”的二分说；而三分、四分是为了论究心识自知引起的。

第四章　方便唯识与真实唯识

存在问题是佛法关心的中心之一，人生的痛苦即源自对存在理法的无知。西方思想对存在的讨论，目的在于寻求存在的本质与形式，以形成对存在的普遍理解，是纯知识性的。佛教对存在的探求，不单单是求取存在之理，而且希望能够认识真实，从而去除主观上的投影或妄想，成就解脱。《般若经》、龙树的中观思想，主张一切存在都是动态的，一切存在都处于缘生法的状态中，因此"空"消解了存在之体，这是与西方存在论截然不同的地方。但是，从后设的观点看，对"体"的破除目的仍然是说明"法"的存在性格；在这个意义上，"空"仍然是存在论的概念，是对"法"的存在方式的解释。[①]经过双遣辩证之后才呈现出来的"空"，其归宿非语言所能至，即是中观所说的"绝四句，离百非"的胜义谛。

中观的进路，是站在真实、绝对的胜义谛立场上来消解一切相待与对立，因此经验世界是空的，最高的存在亦是空相；瑜伽行派的进路，则是以世俗谛为起点剖析经验存在的状态，一直到最高的存在——离言自性。二者的归宿是相同的，即作为最高存在的"空"，它存在于语言世界之外。证入最高存在，必须成就宗教的智慧。所以，空观的成

---

① 霍韬晦：《有与空》，载《绝对与圆融——佛教思想论集》，台北：东大图书，1994年，第244页。对于佛教是否有存在论(ontology)，学界观点不一，反对者多持缘起论不同于存在论或本体论。我们区分存在论与体用论，前者主要指部派佛教、中观、唯识；后者主要指以如来藏思想为中心的佛教派系，有中国佛教的天台、华严、禅宗等。

就是非常必要的，但是作为凡夫则很难把握。瑜伽行派从经验立场开始，分析存在的性质，替各种存在寻找其存在之根。因此，瑜伽行派将存在分解为三个层次，即是三自性——分别性(parikalpa-svabhāva，玄奘译为“遍计所执性”)、依他性(paratantra-svabhāva，玄奘译为“依他起自性”)、真实性(pariniṣpanna-svabhāva，玄奘译为“圆成实性”)。中观的自性(svabhāva)是指独立实体，在存在上它是所依而不是依他；而瑜伽行派的“自性”只是指存在。从究竟真实来说，“离言自性”——空性是最高的存在，任何存在都指向其归宿——空，因此瑜伽行派又提出“三无性”。

依瑜伽行派的思想，作为客体的存在是由主体(心识)提供的；至于它的呈现，则由条件(因缘理法)决定，这样转化出来的存在即名为“依他性”(paratantra-svabhāva)。瑜伽行派以经验为起点，存在应有两重：一是依经验心识的分别活动而收摄进来的存在，二是作为对象产生的客观来源的存在。这两重存在的最大分别，在于前者是依心识的分别活动而起，若离开心识的分别作用，即不会有；后者却与心识的分别活动无关，它的存在纯是出于超越的肯定，以解决知识的客观性问题，以及主体不能如实知客体，由此而要求通过修行实践以提升主体之智能的问题。前者被称为“分别性”(parikalpa-svabhāva)，后者被称为“依他性”(paratantra-svabhāva)。从识与境的关系来说，一方面是存在关系，识自身转化为境，境以识(及其种子)为根；另一方面是认识关系，识对其自身所转化之境有分别作用，由此再产生一重分别作用下的存在，这一存在是虚挂的，随识的分别起，可以说是以识的分别性为根。对于八识是否都具有两重关系，初期唯识与后期唯识的理解有差别。经验层面的存在，必须进行消解，才能显现依他存在的真实，而成为根本智所直接观照的对象，即“真实性”(pariniṣpanna-svabhāva)。真正属于“存在论”层面的是“依他性”，当主体取之为对象时，才有分别性与真实性的区别。而瑜伽行派阐释“依他性”的目的在于，消解主体上的“分别性”以成就“真实性”，这才是瑜伽行派最后的归宿，即“转识成智”。

三性思想的内涵十分丰富，包括存在论、认识论、实践论等理论，是唯识思想的中心。分别性是语言世界，牵涉语言论向存在论的过渡；依他性和真实性是存在论的范畴，依他性是一种缘起的存在或现象的存在；真实性是真实存在的世界，是缘起存在的本性、实性。因此，三性作为存在的三个层面，可以分为“语言—现象—实性”，用哲学话语来说，涵盖语言论、认识论、存在论三个范畴。

因此，详细考察瑜伽行派三性思想的源流，尤其是安慧、真谛一系与护法一系的不同诠释，是非常重要的。通过辨析三性之间的关系，三性与四谛、二谛、五法等各教法的关系，以及三性与三无性的关系，可以看到瑜伽行派丰富的存在论思想。同时，通过与西方哲学存在论的比较，尤其参照海德格尔对存在的诠释，可以对瑜伽行派的存在论进行现代诠释。

第一节　三性思想的诠释
——语言论、认识论与存在论的视角

唯识典籍对三性的诠释各不相同，遁伦《瑜伽论记》说：“三性之义，古来大德，种种解释，乃有多途。”他还引用了摄论学派道奘的《三性义章》如下：

> 一、情事理门；二、尘识理门；三、染净通门。(第一门中)，执有人法定性之境，名遍计所执；因缘之事，名依他；无相等理，名圆成实。是故论云：迷藤执蛇，名遍计所执；四尘藤体，是依他；

> 藤蛇空理，名圆成实。第二门中，境名遍计所执，识为依他，无相无生，是圆成实。是故论主，不取识为遍计所执。取识变异为我等尘，名遍计所执。第三门中，染为遍计所执，净为圆成实。依他性者，即通染净。故论云：若缘遍计所执，此识应成染；若缘圆成实，此识应成净。是故染为遍计所执，净为圆成实。能染依他，即通染净。①

第一，“情事理门”是从存在论的角度进行分类，“情有理无”的人法二执为分别性，“因缘”所生的“实事”世界为依他性，二空所显的“无相”之理为真实性，持此观点的唯识论典主要是《解深密经》与《成唯识论》。第二，“尘识理门”涉及境识之关系，这是从认识论即主客观关系的角度来看待三性思想。作为认识对象的“境”是分别性，能认识(能分别)的“识”是依他性，“境”无相、“识”无生的“二无性”是真实性，持此观点的唯识论典主要有《大乘庄严经论》《中边分别论》《辨法法性论》以及真谛《三无性论》等。第三，“染净通门”则是用带有价值论色彩的眼光来看待三性思想，“杂染”者被规定为分别性，“清净”者被规定为真实性，“通染净”的“识”则被视为依他性，这主要是指《摄论》的“二分依他”说。②另外，曹志成提出第四“言事理门”，这是从语言论的角度对三性进行分类，把“由名言所假立者”或“名称(名)与对象(义)对应”视为分别性，而执著相视为依他性，离名言的“真如”视为

① 《瑜伽论记》卷十九下，《大正藏》第42册，第758页下。同时，遁伦引用文备的九门说：一、名义净门；二、义名净门；三、尘识理门；四、情事理门；五、末本净门；六、情染净门；七、染通净门；八、谛理通门；九、通别相门。见同书，第759页上—中。

② 竹村牧男：《唯識三性説の研究》，东京：春秋社，1995年，第22页。

真实性，持此观点的主要是《瑜伽论》与《显扬圣教论》。[①]其实"言事理门"与"情事理门"区别不大，应该摄入"情事理门"，属于"有相唯识"系统。

下文依三门考察唯识论典的三性思想，依情事理门、尘识理门、染净通门的顺序阐释三性思想的内涵及其差异。

一　情事理门——语言与存在

对三性思想的起源，竹村牧男进行了专门研究，提出《般若经》《成实论》《瑜伽论·真实义品》的成立顺序。[②]瑜伽行派的三性思想，一方面继承了《般若经》等大乘经典的思想，另一方面又逐步发展出自己独特的万有的三种存在模式。

瑜伽行派的典籍中，最早提出三性思想的是《瑜伽论·菩萨地·真实义品》，提出"假言自性"和"离言自性"。虽然在"真实义品"中并未发现明确的三性思想，但是"摄抉择分"提到"若欲了知真实义者，于三自性复应修观"[③]，即以三性思想来了解"真实义品"的内容。

"真实义品"主张，在诸法离言自性中，可以见到真实义，这是离增益及损减执而如实存在的。虽然，"假说自性"不是客观实有的，但是其所依却不能说是不存在的。"如是要有色等诸法实有唯事，方可得有色等诸法假说所表"[④]，强调唯识思想的"假(法)必依实(法)"的道理，

---

① 曹志成：《〈中边分别论〉"真实品"的三性思想之探讨——以安慧〈中边分别论释疏〉为线索》，《圆光佛学学报》第3期，1999年，第25页。其实，曹志成所提出的"言事理门"，应该即文备九门的第九、"通别相门"。

② 竹村牧男：《唯識三性說の研究》，东京：春秋社，1995年，第49—57页。福原亮厳探讨三论系三性三无性思想的源流，提出四点：(1)三三昧及三解脱门的修道体系；(2)诸法分类；(3)四谛、二谛、一谛、三谛；(4)般若空性思想。见《三性三无性の源流》，《印度學佛教學研究》第20卷第2号，1972年。

③ 《瑜伽师地论》卷七十三，《大正藏》第30册，第703页上。

④ 《瑜伽师地论》卷三十六，《大正藏》第30册，第488页中。

“假言自性”正在表达时，彼之依(根)据世界——“实有唯事”必须存在。假言自性是指一切法依世俗说是有的，但没有言说所诠表那样的自性；假言自性所诠表的一切法，离实有与非有(一切都无)所显的，即诸法的离言自性，也即胜义自性，这是真实有的。如以假言自性为有自性的，这是妄执；如说没有真实的离言自性，就是恶取空了。假言自性是空，离言自性是有，这近于《般若经》的二谛思想。但是，龙树的《中论》不立“胜义自性”，所以《瑜伽论》所破斥的说“一切唯假”的“恶取空者”，可能是龙树系的学者。[①]

“真实义品”强调必须善取空性，其基本见解如下：

> 云何复名善取空者，谓由于此，彼无所有，即由彼故，正观为空；复由于此，余实是有，即由余故，如实知有，如是名为悟入空性，如实无倒。谓于如前所说一切色等想事，所说色等假说性法，都无所有。是故于此色等想事，由彼色等假说性法说之为空。于此一切色等想事，何者为余？谓即色等假说所依。如是二种皆如实知。谓于此中实有唯事，于唯事中亦有唯假。不于实无起增益执；不于实有起损减执，不增不减，不取不舍。如实了知如实真如离言自性，如是名为善取空者，于空法性能以正慧妙善通达。[②]

瑜伽行派的“一切法空”，可以理解为：色等一切法，是假说而自性无所有，所以说是空；但假说的一切法，依“实有唯事”而有，假是依实而成立的，所以是有(空所显性)。这一空与有的基本定义，是一种“他性空”，乃是瑜伽行派的基本宗旨。

---

① 印顺：《印度佛教思想史》，台北：正闻出版社，1994年，第252页。

② 《瑜伽师地论》卷三十六，《大正藏》第30册，第488页下—489页上。

"真实义品"严格区分"由言语表现者"与"可作彼之所依的世界",前者被视为无,后者被视为有。能如实了知彼之有无,不落增益执及损减执者,即可如实了知离言自性的真如。同时,"真实义品"虽然没有明确提出三种存在论的范畴,但是已经具备"假言自性""唯事""离言自性"三种基本构造。

《瑜伽论》提到三性的地方,有第十六卷、第六十四卷、第七十三卷、第七十六卷、第八十一卷,其中第七十六卷基本是《解深密经》第二卷"一切法相品第四"到"无自性相品第五"的三性三无性说的引文。[①]《解深密经》是瑜伽行派所依据的主要经典,对于空、有的意义,立"三相""三无自性性"进行说明。除了"序品",全部经文都被编入《瑜伽论·摄抉择分》,"摄抉择分"更依三相而立五法,作深广的分别抉择。依《解深密经》,依他起相是"一切法缘生自性",就是无明等十二有支,约因缘所生的"杂染法";遍计所执相是于因缘所生的一切法相,随情妄执的"相名相应",是假名安立的"无相法";圆成实相是于依他因缘而生的一切法上,远离遍计所执的"清净法"——平等真如(tathatā),是修行所证的胜义。[②]三相主要是对《瑜伽论·本地分》所说的"假言自性"与"离言自性"进行详细解释。瑜伽行派对"一切法空"有自己的独特回答,认为中观所说空义,很容易落入恶取空见,因而立三相以清楚地说明"无自性"的意义。三无自性性是依三相而立的:一、相无自性性依遍计所执相说,遍计所执是"假名安立"的,而不

---

① 叶阿月:《唯識思想の研究:根本眞實としての三性說を中心にして》,东京:国书刊行会,1975年,第78页。

② 《解深密经》卷二说:"云何诸法遍计所执相?谓一切法名假安立自性差别,乃至为令随起言说。云何诸法依他起相?谓一切法缘生自性,则此有故彼有,此生故彼生,谓无明缘行,乃至招集纯大苦蕴。云何诸法圆成实相?谓一切法平等真如,于此真如,诸菩萨众勇猛精进为因缘故,如理作意无倒思惟为因缘故,乃能通达。于此通达渐渐修集,乃至无上正等菩提方证圆满。"见《大正藏》第16册,第693页上。

是“自相安立”的。二、生无自性性依依他起相说，依他起相是因缘而生，不是自然生的。三、胜义无自性性通于依他起与圆成实相，胜义是清净所缘境界——法无我性，在清净所缘境中，没有依他起相，所以依他起相是胜义无自性性；圆成实相是胜义，也可以名为胜义无自性性。因此，瑜伽行派对“空性”的理解，不是说一切都没有自性。圆成实相是胜义有的，依他起相是世俗因果杂染法，也不能说是没有自性的。真正无自性(空)的，是于一切法所起的遍计所执相。

《瑜伽论》的三性内涵与《解深密经》差不多，如《瑜伽论》第六十四卷说：

> 遍计所执自性者，谓诸所有名言安立诸法自性，依假名言数数周遍，计度诸法而建立故。依他起自性者，谓众缘生他力所起诸法自性，非自然有，故说无性。圆成实自性者，谓如前说。①

遍计所执性是那些透过名言(字词、句子等)来加以安立的东西；依他起性是那些透过主要条件(因)与次要条件(缘)之他力所生起的诸法；圆成实性则是根本无分别智所亲行且作为其认识对象者，即是真如，所谓“云何非安立真实？谓诸法真如圆成实自性，圣智所行，圣智境界，圣智所缘”②。

《瑜伽论》是从语言论的角度来界定三性，遍计所执性可以说是透过语言来表达的“假言自性”，依他起性与圆成实性则可以说是超乎言诠的“离言自性”。因此，“摄抉择分”的三性思想，属于“言事理门”

① 《瑜伽师地论》卷六十四，《大正藏》第30册，第656页下。
② 《瑜伽师地论》卷六十四，《大正藏》第30册，第656页中。

的三性思想，它尚未涉及识的主体问题。[①]《显扬圣教论》继承《瑜伽论》的三性说，强调遍计所执性为名言所计，依他起性为因缘所生，圆成实性为真如。[②]

“情事理门”的三性思想建立在语言论上阐释语言与存在的关系，是从语言论向存在论的发展。海德格尔认为语言是存在的家园，他指出，空间的开豁、承纳和释放，这一切都应归功于语言。[③]同时，语言又具有自我否定性，海德格尔说：“在(语言之)所说中，说总是蔽而不显。在所说中，说聚集着它的持存方式和由之而持存的东西，即它的持存(Waehren)、它的本质。但我们所发现的所说往往只是作用某种说之消失的所说。”[④]语言始终通过否定自身而使事物显现出来，正是通过使自身消失在事物中，语言才真正实现了它的存在。因此，海德格尔提出“语言是存在之家”的命题。第一，存在是通过语言给予的，即“存在”是被“说”出来的。存在不能自行显现出来，必须通过语言，在语言中“存在”，这就是所谓“命名”。所以，“说”(语言)是存在之“在”的特定方式。第二，语言展开了存在的开放结构，使世界向人敞开。语言在交往过程中，不仅用词语陈述交往的东西，而且把它作为某种所在的东西，引入“在”的开放结构之中。第三，存在在语言中“给出”，而这种“给出”具有双重性，即它是存在“既澄明又遮蔽的到来”。因为，我们必须给出某种“说出的东西”，在说出的同时，“存在”本身隐

---

① 曹志成：《〈中边分别论〉“真实品”的三性思想之探讨——以安慧〈中边分别论释疏〉为线索》，《圆光佛学学报》第3期，1999年，第29页。

② 《显扬圣教论》提到三性的地方，有卷六、卷十六，见《大正藏》第31册，第507页中、557页中。

③ 海德格尔著，孙周兴译：《在通向语言的途中》，北京：商务印书馆，1997年，第181页。

④ 海德格尔著，孙周兴译：《在通向语言的途中》，北京：商务印书馆，1997年，第5页。

匿消失，沦入晦蔽。[①]所以，语言是存在之家，而人以语言之家为家。人“说”语言，就是居住在“存在”的近旁，沐浴着存在之光，走向澄明境界；同时，人“用”语言，也就遮蔽了存在之光，沦入晦蔽境地。在语言的双重性中，人证实了自己存在的双重性。

“自性”(svabhāva)在瑜伽行派中的意义只是存在，因此三性其实是三种存在。存在通过语言的“命名”，遮蔽了存在之光，即是遍计所执性。当我们走向澄明境界，即是“离言自性”，其中可以分为“依他起性”与“圆成实性”。这正是海德格尔较晚提出的存在的双重意义：第一层意义强调存在作为存在者整体的根据，即最高的存在者；第二层意义则特别强调存在的真理，公开场的开敞，即让存在者的存在呈现。[②]第一层意义的存在，相当于“圆成实性”；第二层意义的存在，相当于“依他起性”。

在“语言哲学”的视野下审视“情事理门”的三性理论，遍计所执性是日常语言思量的世界，是由名言与意言互相的因果生成关系而引起的，作为“言语”与“对象”而出现，引起“存在”的主观与客观之对立。因此，现实的日常经验世界，是由言语活动引起的非真实的假象世界。若欲从迷染的世界转化到清净、觉悟的世界，必须切断名言与意言的关系，或者说断灭作为名称、对象的存在以及存在层面的“主体”“客体”，修入无相方便相。这时才能真正明白一切存在只是语言，了解到存在的真实，也即“唯识性”，悟入依他起性。而真正断除对语

---

① 陈祥明：《存在·理解·言说——海德格尔的本体诠释学》，载成中英主编：《本体与诠释》，北京：生活·读书·新知三联书店，2000年，第319—310页。

② 陈嘉映：《海德格尔哲学概论》，北京：生活·读书·新知三联书店，1995年，第389页。

言的执著，直证法界，便实现了“转依”，即是悟入圆成实性。[1]

二　尘识理门——认识与存在

瑜伽行派的三性思想的另一条主线，即是以认识论为中心，强调认识与存在的关系——境识关系，如《大乘庄严经论》《中边分别论》《辨法法性论》等，这是“无相唯识”系统的三性说。“尘识理门”说明了认识与存在的关系，虚妄的自我把我们自身表象为主观，把事物表象为独立于我们之外的客观。瑜伽行派的实践就是转舍虚妄的自我，舍去自我所表象出来的世界之种种(主观与客观)，舍离虚妄性，转而成为真实的自己。按照一般意义上的理解，中观学派的“空观”是通过空观灭除虚妄分别，客观的“一切法空”成为空却虚妄自我的方便。这种解释是不正确的，如“六家七宗”的“心无义”。[2]其实，处在主客关系中的主观，不外是虚妄的自我，此自我的否定同时就成为客观，此自我亦是其所表象的对象的否定。龙树只将这种虚妄的自我称为“忆想分别”或“妄想”，对于存在世界的转变则没有加以深究。而弥勒、无著、世亲的“尘识理门”三性思想，除将虚妄的自我称为“虚妄分别”以外，还明确规定其为能分别，称为“依他性”；把相对于自我的客观世界称为所分别，名为“分别性”。因而世界和自我、所分别和能分别、分别性与依他性、存在与认识，都是相关的。所以，自我的舍离同时就是世界的舍离，世界的“空”同时就是自我的“空”。“一切法空”就是借由世界(一切法)的空来表现世界和自我的一切之转换。总之，“尘识理门”是将认识与存在置于一种相关的转换关系之中。

---

① 有关语言与瑜伽行派实践理论的关系，请参考早岛理：《唯识的实践》，载高崎直道等著，李世杰译：《唯识思想》，《世界佛学名著译丛》第67册，台北：华宇出版社，1985年，第228—247页。

② 上田义文：《仏教思想史研究》，京都：永田文昌堂，1958年，第161页。

1.《大乘庄严经论》

《大乘庄严经论》的三性思想，恰好介于语言论的“情理事门”三性思想和隐含认识论的“尘识理门”三性思想之间，它对遍计所执性(分别性)的看法与《瑜伽论·摄抉择分》相似，对依他性的看法与《中边分别论》相通。[①]《大乘庄严经论》对分别性的看法如下：

> 颂曰：意言与习光，名义互光起，非真分别故，是名分别相。
>
> 释曰：此相(分别相)复有三种：一、有觉分别相，二、无觉分别相，三、相因分别相。意言者谓义想，义即想境，想即心数，由此想于义能如是如是起意言解，此是有觉分别相。习光者，习谓意言种子，光谓从彼种子直起义光，未能如是如是起意言解，此是无觉分别相。名义互光起者，谓依名起义光，依义起名光，境界非真，唯是分别世间。所谓若名若义，此是相因分别相。如此三种相，悉是非真分别，是名分别相。[②]

分别性有三种：第一，“有觉分别相”，是认知到对应于言语的对象，即彼之想的“对象像”，相当于《摄论》的“有觉分别”；第二，“无觉分别相”，是从意言种子直接起动对象的显现，而未辨别其想的“对象像”，相当于《摄论》的“无觉分别”；第三，“相因分别相”，是依名称起对象之显现(如名义现)或依对象起名称之显现(如义名现)的“名”“义”一一对应之分别心。总之，名、义是虚妄分别的相，是所缘的境。显现为“义”，这是与“情事理门”不同的地方。

《大乘庄严经论》从语言与认识两个侧面来定义“分别性”，在日

---

① 曹志成：《〈中边分别论〉“真实品”的三性思想之探讨——以安慧〈中边分别论释疏〉为线索》，《圆光佛学学报》第3期，1999年，第30页。

② 《大乘庄严经论》卷五，《大正藏》第31册，第613页下。

常世界，语言与认识是不可分的。名言是日常使用之语词，而名言种子即指精神蕴含之语言能力。《大乘庄严经论》将所有分别活动称为"意言"，作为世间存在生起的根本。意言活动的显在状态称为名言戏论，其潜在状态称为"意言种子"。从语言哲学来说，经验的表达实即概念实现自身，这时概念从可能性转化为现实存在，也即意言种子生起现行的意言分别。因此，以语言论或认识论来界定"分别性"是一致的，《大乘庄严经论》体现了语言与认识的同一性，同时也代表了三性思想的一种过渡。但是，用语言"给出"存在，会遮蔽存在之光；瑜伽行派论师们无疑发现了这一难题，因此通过建立认识与存在的关系，呈现出存在的澄明之境。

存在是离不开认识的，事物显现为客观，这就表示它与主观有关联，它为主体所束缚，同时反过来主观也为客观所束缚。《大乘庄严经论》以幻师和幻事，来比喻依他性与分别性的关系：

> [梵文]yathā māya tathābhūtaparikalpo nirucyate | yathā māyākṛtaṃ tadvat dvayabhrāntir || [①]
>
> [今译]如彼起幻师，譬说虚分别；如彼诸幻事，譬说二种迷。[②]

此偈前半表示依他性，而后半表示分别性。按照世亲的解释，幻的迷乱因是虚妄分别，如幻师以秘咒的种子之力显现木片、土块等，幻事之显现同时意味着所取、能取之显现。这表明两点：(1)由他的因缘所生起的性质，即"因缘依他"，这与"情事理门"的定义相同；(2)显现所取与能取的迷乱因是虚妄分别，这是"尘识理门"所特有的。图示如下：

---

① Sylvain Lévi (ed.), *Mahāyānasūtrālaṃkāra,* Paris, 1907, p.59.

② 《大乘庄严经论》卷四，《大正藏》第31册，第611页中。

幻→迷乱因→虚妄分别→依他性

幻事→二迷乱的实体显现→所取、能取→分别性

虚妄分别显现所取、能取，而所取、能取各有三种显现，即“二相各三光”，其内容包含了根、境、识之一切(十八界)的显现，是“一种七现”心识论的体现。起幻活动与所起幻事皆无实体，恰如依他性与分别性皆无实体。《论》中说：“如彼谓幻者、幻事，无有实体，此譬依他、分别二相亦无实体，由此道理即得通达第一义谛。……谓幻者、幻事体亦可得，此譬虚妄分别亦尔，由此道理即得通达世谛之实。”[①]分别性、依他性在世俗谛都是真实的，在真谛则俱空。但二者并非没有区别，分别性是就似义显现而言，依他性是指由种子生起。

对于真实性，《大乘庄严经论》说“无体体无二，非寂静寂静；以无分别故，是说真实相”[②]，真实性即是真如，具有三种特点：(1)真实性的自相是有无平等，因为真实性是一切法之分别性的无性，而其又以“无性”为体，故又非无性，因此是非有非无的空性，是有与无的平等，或说是有与无的真实；(2)真实性的染净相是非寂静、寂静，非寂静是因客尘的随烦恼，而寂静是因自性清净的缘故；(3)真实性的无分别相，是由无戏论而非妄分别的缘故。总之，真实性是清净，没有妄执分别的所取与能取的显现，具有离开任何戏论的无分别的特质，这是唯识典籍共同的说法。

《大乘庄严经论》的特色在于，真实性兼摄正智。因果正智不可断，亦不可尽。此论卷十二“功德品”解释“七真如”，其中的四种如是真实性——空相如、唯识如、清净如、正行如。空相如是指法无我，唯识

① 《大乘庄严经论》卷五，《大正藏》第31册，第613页下。

② 《大乘庄严经论》卷五，《大正藏》第31册，第614页上。

如是无分别智，清净如是灭谛，正行如是道谛。[①]

同时，《大乘庄严经论》提出真实性即真如有本净、无垢二相，"述求品"第十偈说"二净三譬显"，世亲解释云："第三真实(真实性真实)应净，二净谓一者自性清净，由本来清净故；二者无垢清净，由离客尘故。"[②]"述求品"第三十七偈释曰：

> 真实谓如也，此相有三种：一、自相，二、染净相，三、无分别相。无体体无二者，是真实自相；无体者，一切诸法但分别故；体者，以无体为体故；无二者，体无体无别故。非寂静寂静者，是真实染净相；非寂静者，由客尘烦恼故；寂静者，由自性清净故。以无分别故者，是真实无分别相；由分别不行境界，无戏论故。[③]

真实性的自相以分别性、依他性无体为体，二者的无性即是真实性。至于真实性的染净相，由分别性的客尘烦恼遮蔽，故真实性不能显露，即是"非寂静"的染相；而真实性的本性清净，即是"寂静"的净相，也即"有垢真如"。当分别性无有，即显露无分别相，断除一切戏论，这时真实性显露，即"无垢真如"。

2.《辨法法性论》

弥勒在《辨法法性论》中，对杂染的一切法(法)与清净的真如(法性)作出根本区分。在真理观上，法与法性的分别，即是世界观上的生

---

① 《大乘庄严经论》卷十二，《大正藏》第31册，第653页上—中。吕澂认为，《大乘庄严经论》在三性方面，以虚妄分别摄依他性、分别性，以真实性兼摄正智，这是唯识古学的特点。见《论庄严经论与唯识古学》，载《吕澂佛学论著选集》卷一，济南：齐鲁书社，1991年，第76—80页。

② 《大乘庄严经论》卷四，《大正藏》第31册，第611页中。

③ 《大乘庄严经论》卷五，《大正藏》第31册，第614页上。

死世间与涅槃境界的分别。[①]"法"是从世俗谛意义上说的，指此生死世间一切法的生灭流转现象；"法性"是从胜义谛意义上说的，指涅槃境界之不生不灭的真如实相。

一切→ ┌ 法　→法相(法所显，表生死)
　　　 └ 法性→法性相(法性所显，表涅盘)

"法"的存在即"实无而现""一切无义"的虚妄分别，《辨法法性论》说："如所显现二及名言虚妄分别是为法相，无而现者，是为虚妄；分别者谓于一切无义，唯计度耳。"[②]虚妄分别是法相，显现为能所(主客)的二分性，即是心识的能取与所取，以及名言(意言分别)的能诠与所诠。依心识或名言而构作的"一切法"，原来是"无"有其义的，只是心识的分别、语言的计量。原来是无的，借心识名言显现出来，表别开来，好似真实的存在，这是"似有"，是"无而有"的特性，即为虚妄(abhūta)义。因此，侧重分别义，以"全无"为性，即是分别性；而侧重虚妄义，以"实无而现似有"为性，即兼摄分别性与依他性。

法与法性虽二而不离，相即而不一。所以，法性相就是法相的"纯粹否定"，亦即灭除能取所取、能诠所诠的心识表别或名相言说的主客分别，论说："无能取所取能诠差别之真如，是为法性相。"在依他性的存在层面，心识名言的构作显现，只是依言说方便而似现的。法性的存在，是对法的纯粹否定，是法的出离、消解或不显现。因此，法与法

① 依西藏传承所述，《辨法法性论》或称《法法性分别论》，为弥勒的五部论之一，对于初期瑜伽行唯识学的成立有决定性的影响。汉译所称"弥勒五论"不包括该论。弥勒造本论，世亲还有释论。目前，梵文只存本论的断简，为河合英男从《大乘庄严经论》中发现，经山口益考证并且日译。藏文本保存了本论和释论的完整译本，山口益也将此藏文本论和释论加以日译，金仓圆照继此曾有深入的研究，此后研究者辈出，相关论文众多。中国方面，法尊法师1936年依藏文汉译，印顺法师于1964年依此译本及太虚所示的科判作《讲记》，周贵华2004年依藏文重译。见周贵华：《唯心与了别——根本唯识思想研究》，北京：中国社会科学出版社，2004年。

② 法尊译：《辨法法性论》，《现代佛教学术丛刊》第30册，第199页。

性，是一种存在状态的转换变化，是染净、真妄此消彼长的关系，亦是虚妄分别之分别不分别，即真如之显现或不显现的关系。“法”的依他性属于存在的层面，“法性”则是超存在的层面。[①] 因为，“法”的存在是一种存在，而“法性”是对“法”的纯粹否定，即是“超存在”。同时，“存在”与“超存在”之间构成一种更高层次的存在关系。

关于现象存在与真实存在之间的关系，《辨法法性论》说：“二者非一非异，以有无有别及无别故。”[②]“法性”是“法”的当体而言，非别有他物而名为“法性”，因此二者“非一非异”，处于差别而又无差别的吊诡之中。《般若经》、龙树中观学的“色即是空，空即是色”结构中，“空”与“有”具有否定对立关系且又无差别、同一，“尘识理门”与般若中观显示了共同的根本构造。这种“色即是空，空即是色”或“有即无，无即有”，显示了无分别智、真如、空、般若波罗蜜的基本结构。但是，唯识与中观的区别在于，初期瑜伽行派阐释无分别智、真如，除了用“有即无，无即有”以外，同时也表现了“能取与所取的对立即同一，同一即对立”；在中观思想中，则未提及能所关系结构。[③]《辨法法性论》对二取的对立同一关系进行明确阐释：

> 共现似外所取者，即能取识，离识无别义，以共故。不共他心等识为所取者，其等引非等引识亦互非等境，以于非等引前。现自分别故。于等引三摩地行境中，亦现彼影像故。若现似所取非有，则现似能取亦成立非有，故善成立能取所取现而非有。[④]

---

① 蔡瑞霖将法与法性的关系称为“存有论”的关系。见蔡瑞霖：《法性与存有——弥勒法法性分别与海德格存有论区分的对比研究》，《国际佛学研究》第2期，1992年，第333页。

② 法尊译：《辨法法性论》，《现代佛教学术丛刊》第30册，第199页。

③ 上田义文著，陈一标译：《大乘佛教思想》，台北：东大图书，2002年，第122页。

④ 法尊译：《辨法法性论》，《现代佛教学术丛刊》第30册，第200页。

识本来是属于“能缘”的一面，“能缘”就不是“所缘”，但是“识显现”却又以“二取”的形式显现，这时“能缘”又成了“所缘”，表明“识”具有自我否定的性格。[①]因此，识或虚妄分别是“能缘”，作为分别性的二取则是“所缘”。但是此时并无与“所缘”相对的“能缘”存在，因为“能缘显现”等于“能所二取显现”，“能缘”即是二取(所缘)，这样“能缘”和“所缘”在此已经是同一。同时，二者又是“能所对立”的双方，所以其“对立”和“同一”是同时存在的。

《辨法法性论》亦认为真如有“有垢真如”(在迷、在缠)与“无垢真如”(在悟、出缠)，无垢真如即有垢真如之离垢。论中说：“通达自性，谓无垢真如，不现客尘，唯现真如。”[②]不显现客尘诸垢而显现真如性，就是“无垢真如”了，这是悟入真如自性。另一方面，当真如为众生无始时来的客尘所障，即是“有垢真如”。法相作为“一切无义”的虚妄分别时，即只是“二取分别”即计执，就不是真实性；但其作为“实无而似有”的虚妄分别时，真实性却不离此虚妄分别性而显现。因此，真实性的显现也是根据依他性而成立的。“法性”即真实性，是由分别性、依他性的无性所彰显出来的。

3.《中边分别论》

《中边分别论》的“相品”和“真实品”都讨论到三性思想，而且整个“真实品”就是以三性思想为中心，在根本、相、无颠倒、因果、粗细、极成、净所行、摄受、差别等十真实中都说到三性。

我们首先探讨“相品”的三性思想，考察安慧、真谛、玄奘、窥基等对“三性”的不同展开。分别性的定义如下：

---

① 陈一标：《真谛的“三性”思想——以〈转识论〉为中心》，《东方宗教研究》第4期，1994年，第23页。

② 法尊译：《辨法法性论》，《现代佛教学术丛刊》第30册，第200页。

［梵文］arthaḥ parikalpitaḥ svabhāvaḥ

［真］分别性者，谓六尘永不可得，犹如空花。

［玄］依止虚妄分别境故，说有遍计所执自性。[①]

梵文artha，真谛译为“六尘”，这是本识虚妄分别显现四种中的外境，即色等外境，窥基批评真谛所指过分狭窄。[②]玄奘直译为“境”，所指不明确；窥基认为“依止虚妄分别境”说有分别性，并非一切虚妄分别境是分别性。因为在“有相唯识”系统中，前五识、第八识不能作为能遍计，故其所对境便不是分别性。按照安慧的解释，八识及其心所都是能分别或能遍计，而其所对境自然都是分别性或遍计所执。[③]

所以，对于artha，安慧、真谛、窥基有不同的见解，安慧注释说：

atrho ’tra rūpādayaś ca cakṣurādaya ātma vijñaptayaś ca[④]

［今译］境在这里正是指色等(外境)、眼等(有情)、我与诸了别。

安慧认为此处的“境”即是境等四种，因为在《中边分别论·相品》第三偈，世亲解释所取境即是境等四种。真谛认为所取显现的artha应该是“六尘”，可见安慧与真谛的不同之处。同时，真谛引用《解深密经》

---

① 叶阿月：《唯識思想の研究：根本眞實としての三性説を中心にして》“资料编”，东京：国书刊行会，1975年，第20页。

② 《辩中边论述记》卷上：“由此本狭，非唯六尘故。”见《大正藏》第44册，第4页中。

③ 窥基说：“依止虚妄分别境故说计所执者，非是一切虚妄分别之境，皆计所执。五八识中，无有执故。但言计所执，定妄分别境，故作此论。以妄分别体性宽故，遍计所执境能缘心狭故，此护法等之所分别。然安慧等以此证知八识皆能起计所执，如《决择分》。”见《辩中边论述记》卷上，《大正藏》第44册，第4页中。

④ MAVṬ, pp.22–23.日译本见山口益译注：《安慧阿遮梨耶造中辺分別論釈疏》，名古屋：破尘阁书房，1935年，第23页。

的比喻，加以增补，指出分别性"犹如空花"，依他性"犹如幻物"，真实性"犹如虚空"，说明三性的实性即是三无性。[①]

对于依他性，《中边分别论》说：

> [梵文]abhūtaparikalpaḥ paratantraḥ svabhāvaḥ
>
> [真]依他性者，谓唯乱识有非实故，犹如幻物。
>
> [玄]依止虚妄分别性，故说有依他起性。[②]

abhūtaparikalpa，真谛、玄奘都译为"虚妄分别"，真谛有时又译为"乱识"或"乱识虚妄性"。英文有多种译法，Thomas A. Kochumuttom译为"the imagination of the unreal"。[③]虚妄分别即是依他性，二者是同义的，虚妄分别侧重描述识的分别是虚妄的，依他性侧重识的缘生是依他而起，所以玄奘说依止虚妄分别而说有依他性。

同时，真谛译abhūtaparikalpa为"乱识"，这是强调"本识"显现现象过程的迷乱性和不真实性。而且，这种显现必须是依种子生起现行法，因此又是"依他性"。真谛在翻译《中边分别论》第四偈长行时，增补说："乱识虚妄性，由此义得成者，谓一切世间但唯乱识，此乱识云何名虚妄，由境不实故，由体散乱故。"[④]虚妄分别之所以称为"乱识"，真谛提出两个理由：一、境不实，由虚妄分别所显现的四物永远都无实体；二、作为显现者的虚妄分别，其显现过程充满迷乱性、不真实性。因此，

---

① 《解深密经》卷二，《大正藏》第16册，第694页中。

② 叶阿月：《唯識思想の研究：根本眞實としての三性説を中心にして》"资料编"，东京：国书刊行会，1975年，第21页。

③ Thomas A. Kochumuttom: *A Buddhist Doctrine of Experience: A New Translation and Interpretation of the Works of Vasubandhu the Yogācārin*, Motilal Banarsidass Publishers, Delhi, 1999, pp.30-31.

④ 《中边分别论》卷上，《大正藏》第31册，第451页中。窥基批评真谛："此是人语，非是圣说，本无此也。"见《辩中边论述记》卷上，《大正藏》第44册，第4页上。

真谛认为乱识即是虚妄分别。同时，虚妄分别与乱识同义，表明了虚妄分别含摄分别性与依他性，“境不实”即是分别性，“体散乱”即是依他性。

玄奘对“乱识”的看法有所不同，《中边分别论》第三偈长行的翻译充分表现二者的差异：

> ［梵文］na ca sarvathā bhāvo bhrānti-mātrasyotpādāt
>
> ［真］非实无故者，谓非一切永无，由乱识生故。
>
> ［玄］亦非全无，于中少有乱识生故。①

Mātra一般被译为“唯”，但是玄奘译为“少有”，意思是虚妄分别所显现的所取、能取只有一部分是由乱识引起。而真谛以为，虚妄分别所显现的所取、能取全部是由乱识引起。

安慧、真谛认为八识是能分别，因此都是乱识，能够显现虚妄的能取、所取。而玄奘一系坚持“依他起性不得为无”，称为“乱识”的只是那些有执的识，即执见、相二分为我、法二执的第六识、第七识。这些有执的乱识——第六识、第七识的杂染性，应该被断除，否则便无系缚与解脱的差别。所以，玄奘认为“乱识”只是虚妄分别的一部分，真谛则认为乱识就是虚妄分别；同时，二人一致认为乱识被灭才能得到解脱。

于真谛而言，虚妄分别与乱识同义，他对《摄论》中出现的“染净二分依他”的理解也与此相应。按一般意义的理解，依他性的一分是染污的乱识，而另一分则是清净的净识，这是平面的染净二分依他说，

① 叶阿月：《唯識思想の研究：根本眞實としての三性説を中心にして》“资料编”，东京：国书刊行会，1975年，第17页。

即是后来的“真妄和合”。从真谛的译语来看，应该是立体的染净二分依他说——起错觉分别时，依他性即是染污分的乱识；反之，当悟入无相方便时，证入真如理，即全面断除依他性的染污分乱识，了知二取性空，转换成与依他性不一不异的真实性。[①]真谛的染净二分依他是“真妄对立”的存在，与《起信论》阿黎耶识的“真妄和合识”完全不同。

真实性，即通过瑜伽的观行与方便，断除作为遍计所执性或分别性的二取，证入真如(真实性)，这是真谛与玄奘译本共同承认的。安慧解释说：“不变异故圆满成就，又不颠倒故圆满成就，依此圆满成就，故称圆成实性。”[②]所以，真实性即是不变异与不颠倒的圆满成就。这些特性也是“空性”的特质，《中边分别论·相品》第十四偈、第十五偈中“空性”的同义词有“真如”“实际”“无相”“胜义”及“法界”五种，而真谛又增加“法身”。“相品”的中心即是空性与虚妄分别，而断除虚妄分别的二取性，即证入真实性——空性。真谛、玄奘皆主张，所取、能取无，即圆成实性。世亲将境、有情、我、意四者都称为“所取”，四物永无，即入真实性。对于能取识，玄奘译为“能取诸识”，体现“八识现行差别论”；真谛译为“能取乱识”，即是“一种七现”“种识不分”的立场。窥基站在玄奘的立场上批判真谛：“旧论文意，先遣所执，后遣依他，皆不合理。”[③]真谛以境识俱泯为真实性，所以分别性与依他性的乱识一起断除；而玄奘一系以为依他性不可以灭。

总之，《中边分别论·相品》将依他性定义为虚妄分别，同时，虚妄分别又是缘起性的。正因为虚妄分别是缘起性的，依我、法二见的

---

① 印顺法师亦以为平面式的“染净二分依他”不符合《摄论》的正义，见《摄大乘论讲记》，载《妙云集》上编之六，台北：正闻出版社，1990年，第247页。

② MAVṬ, p.23. 日译本见山口益译注：《安慧阿遮梨耶造中辺分別論釈疏》，名古屋：破尘阁书房，1935年，第33页。

③ 《辩中边论述记》卷上，《大正藏》第44册，第3页下。

迷乱性，成立流转缘起的分别性；反之，灭除我法二见，成立还灭缘起的真实性。缘起性是虚妄分别与依他性共通的，所以虚妄分别可以含摄三性，这是弥勒、世亲初期唯识思想的重要特点。

同时，缘起性的虚妄分别与空性不一不异，因此“三性”可以称为“根本真实”。安慧概括当时印度诸学者说明三性真实义的理由，共有五种说法。[①]依三性展开，如下：

1. 分别性：言说、颠倒、遍知、无、世间智。
2. 依他性：依处、因、[遍知]、断、幻等、后得智。[②]
3. 真实性：第一义、对治、[遍知]、作证、清净、出世间智。

这五种说法都说明了三性思想的一些特质。第一种说法从语言哲学的角度出发，主张“言说”是分别性，言说的“依处”是依他性，第一义的真实性则远离语言，相当于“情事理门”的三性思想。第二种说法从认识论的角度出发，主张分别性是颠倒的认识，依他性则是颠倒的分别性之因，真实性是对治颠倒的，相当于“尘识理门”的三性思想。第三种说法从知识论的角度出发，主张分别性是应知道的，依他性是应断除的，真实性是应证得的，而只有了知三性的真实义，才能真正契入真实。第四种是存在论的观点，认为分别性是真实无的存在层面，依他性是虚幻假的存在，真实性是清净真实的存在。第五种是实践论的观点，认为分别性将外境视为世间智的对象，清净依他性是后得智所了别的对象，真实性是出世间根本智所亲证的对象。

① MAVṬ, p.112. 日译本见山口益译注：《安慧阿遮梨耶造中辺分別論釈疏》，名古屋：破尘阁书房，1935年，第172—173页。

② 叶阿月：《唯識思想の研究：根本眞實としての三性説を中心にして》，东京：国书刊行会，1975年，第484页。

语言、认识、存在、实践、解脱等，都可以用三性来含摄，所以三性可以称为“根本真实”。作为“根本真实”的三性，其真实义如何？《中边分别论·真实品》第三偈说：

[梵文]svabhāvas trividhaḥ asac ca nityaṃ sac cāpy atatvataḥ | sad-asat tatvataś ceti ṭvabhāva-traya iṣyate ||

[玄]许于三自性：唯非常非有；一有而不真；一有、无真实。

[真]性三：一、恒无；二、有不真实；三、有无真实；此三本真实。①

在三性中，分别性是根据依他性而颠倒显现，所以其自性常无；依他性是分别性的所依，作为迷乱性的显现者，虽有但不真实；真实性是清净所缘，是二取空性，是绝对真实。②

世亲解释分别性说：“恒常不有，此相分别性中，是真实无颠倒。”③安慧解释说：

诸愚痴者，如梦一样，生起所取、能取、所言(vācya)、能言(vācaka)的执著(abhiniveśa)，彼自性由于是无，所以是所分别性(kalpitasvabhāva)。因此，由于以无为本质(asadātmakatvāt)以及无乱性(a-bhrāntitvāt)的缘故，无性是分别性。由于这一点，在分别

① 叶阿月：《唯識思想の研究：根本眞實としての三性說を中心にして》“资料编”，东京：国书刊行会，1975年，第79—80页。

② 竹村牧男以识的见分、相分来讨论分别性，以见分及自体分说明依他性，这是以玄奘所传后期唯识立场作为预设。见《唯識三性說の研究》，东京：春秋社，1995年，第106—108页。在初期唯识思想中，并不存在这种预设，因为能取、所取、能分别、所分别、相识、见识都不能被视为识的见分、相分。见上田义文著，陈一标译：《大乘佛教思想》，台北：东大图书，2002年，第131—138页。

③ 《中边分别论》卷上，《大正藏》第31册，第455页中。

> 性中的无性(asattva)被说为真实。[1]

世亲从“不颠倒”的角度，来说明分别性的“真实”。安慧则基于认识论和语言论，说明分别性的“真实”，一方面即是常离所取、能取(二取)，另一方面即远离所言、能言的“乱性”。从认识论来说，分别性的“真实”即是真实性，这与《大乘庄严经论》“此中应知，三性俱是真实。离二者，谓分别性真实，由能取所取毕竟无故”[2]同义。从语言论来说，分别性的“真实”即为依他性，因为分别性(境)的真实和依他性(识)的真实不可分，而二取之“无”是由于依他性。二取为依他性的虚妄分别所分别，所以二取恒无。所以，分别性的“真实”的成立，乃依虚妄分别妄分别二取。

对于依他性的“真实”，世亲解释说：“依他性相者，有不实，唯有散乱执起故。此相依他性中是真实性。”[3]安慧解释说：

> 由于是被分别为所取、能取的言说的所依之故(vyavahārāśrayatvāt)，所以是有性(sattva)。(然而)由于作为所取与能取等的体性是无性的缘故，因此作为真实方面而言，不是如彼那样[有性]。实际上，为了显示彼的缘故，因此说由于错乱(唯乱性)的缘故。[4]

依他性的存在特点与分别性不同，相对于分别性的无性，依他性被称

---

① MAVṬ, p.113. 日译本见山口益译注：《安慧阿遮梨耶造中辺分別論釈疏》，名古屋：破尘阁书房，1935年，第173页。

② 《大乘庄严经论》卷四，《大正藏》第31册，第611页中。

③ 《中边分别论》卷上，《大正藏》第31册，第455页中。

④ MAVṬ, p.113. 日译本见山口益译注：《安慧阿遮梨耶造中辺分別論釈疏》，名古屋：破尘阁书房，1935年，第173页。

为"有性",因为依他性是识性、缘起性。依他性如幻师,作为显现者是有;然而不是如所取、能取形相的显现一样,而是作为其显现之因,因此称为"错乱"。所以,"有性"是针对依他性作为"被分别为所取、能取的言说的所依",即作为"幻的原因";"乱性"是指由于迷乱而显现,如幻事"无而似有地显现"。真谛以"有散乱执起"来翻译梵文bhrāntatva(乱性的原因),玄奘直译为"有乱性故"。真谛增加"执起",表明"乱性"有两种:一、显现者的"乱性",即依他性的"乱性";二、被显现者的"乱性",即分别性的"乱性",就是指二取的迷乱性与虚妄性。前者是现象世界的普遍建构,即是"缘起依他",是属于存在论的范畴;后者指主客对立的二元世界,即是"分别依他",属于认识论的范畴。

世亲解释真实性的"真实"说:"真实性相者,有无真实,此相真实性中是真实。"[①]安慧解释说:

> sad asac ca tattvaṃ pariniṣpanna-lakṣaṇam | dvayābhāva-bhāvātmakatvāt sattvam | dvayābhāvātmakatvāt asattvaṃ ca | viśuddhyālambanatvāt tattvam etat pariniṣpanne svabhāve tattvam |[②]
>
> [今译]有与无的真实是真实性的特质。由于是以[所取与能取]二者无之有作为本质的缘故,所以是有性。由于是以二者无作为本质的缘故,所以是真实,这是在真实性中的真实。

《大乘庄严经论》说:

> 无体非无体,非无体即体者,此显虚妄分别非有而有。何以

---

① 《中边分别论》卷上,《大正藏》第31册,第455页中。

② MAVṬ, p.113. 日译本见山口益译注:《安慧阿遮梨耶造中辺分別論釈疏》,名古屋:破尘阁书房,1935年,第174页。

> 故？非有者，彼二光无体，由无实体故。而有者，彼二光非无体，由光显现故。是故说色等无体体无二者，由此义故，故说色等无体与体而无有二。[1]

《大乘庄严经论》与《中边分别论》都属于“尘识理门”，皆以分别性的无性作为真实性。但是，真实性的“有”，不是现象界的存在，而是超存在的存在或“法性”之存在，即是“空性”。“尘识理门”的真实性，是有与无的平等，是超越主客对立的“智如合一”的真实存在的状态。

所以，“尘识理门”的主要特征是从认识论的角度，探讨认识与存在的不同层面的关系。分别性、依他性无性即是真实性，真实性兼摄正智，是“智如合一”的性相融即。分别性是绝对无的主客对立的分别，依他性是“一切无而似有”，二者同为虚妄分别所摄，即是“识境合一”。因此，整个三性摄入虚妄分别。真谛为了显示虚妄分别的迷乱性，故提出“乱识”或“乱识虚妄性”，并且提出“境不实故”“体不真实”等理由。玄奘强调“依他性不得为无”，是因为不以虚妄分别全为乱识。“尘识理门”的依他性包含两种：一、缘生依他；二、分别依他，即分别性所依。

三　染净通门——存在与心识

“情事理门”和“尘识理门”的三性思想虽然有语言哲学、认识论视角的不同，但其中心在于存在论。语言、认识、存在的阐明，无非为了实现世界与自我的转换。将这种转换回摄入主体世界，心识的作用即得到凸显。因此，在《摄论》以前，瑜伽行派的唯识思想体系以三性为中心；而《摄论》对阿黎耶识缘起、影像门唯识、三性三无性三大理

---

① 《大乘庄严经论》卷四，《大正藏》第31册，第612页上。

论进行整合，以三性思想统一三种理论。[①]《摄论》的三性思想以依他性为中心，因而其实是以依他性为核心统一唯识思想。同时，在《摄论释》的不同译本中，可以看到三性思想的不同展开。

1. **四种依他**

《摄论》对依他性的界定如下：

> 依他性相者，本识为种子，虚妄分别所摄诸识差别。何者为差别？……因有分熏习种子生，由如此等识一切界道烦恼所摄依他性为相，虚妄分别即得显现。如此等识虚妄分别所摄，唯识为体，非有虚妄尘显现依止，是名依他性相。[②]

此处依他性有三方面的意义：第一，依他性是依缘于阿黎耶识的种子而起，而种子以虚妄分别为自性，即是“缘生依他”。第二，依他性以虚妄分别的认识活动为自性，虚妄分别的认识活动就是显现诸识(表象，vijñapti)，所以依他性只是表象(唯识vijñapti-matra，《摄论》具体地提到十一种表象)。依他性是阿黎耶识种子的生起，种子的生起就是进行虚妄分别的活动，虚妄分别即进行对象化、表象化，所产生的就是表象，所以依他性只是表象，显现者与所显现都是“识性”，都是依他性的虚

---

① 胜吕信静认为《摄论》是以影像门的唯识说统一了三种理论。见《唯识说的体系之成立》，载高崎直道等著，李世杰译：《唯识思想》，台北：华宇出版社，第129页。

② 真谛译：《摄大乘论》卷上，《大正藏》第31册，第118页上—中。从文献的比较来说，汉译“本识(阿赖耶识，玄奘译)为种子”，藏译为Kun gshi rnam par ṣes paḥi sa bon(阿黎耶识的种子)，这是指一切种子识的阿黎耶识；“为种子”或“种子”是指阿黎耶识的显现是依种子的因缘或作用。另外，对于真谛、玄奘所译“虚妄分别所摄诸识”，佛陀扇多及藏译为“识”(rnam par riig par)，即单数形式。这样，真谛、玄奘所译的十一识的“识”则为复数形式，但是后面提到“如此等识虚妄分别所摄，唯识为体”，表示依他性是单数形式的，这与藏译是没有差别的。见叶阿月：《唯識思想の研究：根本眞實としての三性説を中心にして》，东京：国书刊行会，1975年，第68—69页。

妄分别，此为“唯识依他”。第三，依他性可以作为无所有、非真实的义境（对象、实境）显现的所依，即是“分别依他”。

另外，《摄论》又说：“从自熏习种子生故，系属因缘不得自在；若生无有功能过一刹那得自住故，说名依他。”[①]依印顺法师的解释，此句有两重含义：一、依他生，从自类的熏习种子所生，即“缘生依他”；二、依他住，现象世界在产生的刹那即灭，绝无有功能可以自然安住，唯有在诸法的相互依持下，才能刹那间发生作用。[②]“依他住”说明依他存在的活动层面，可以代表“唯识依他”“分别依他”乃至后面的“染净二分依他”。所以，《摄论》又提出两种依他：“一、系属熏习种子，二、系属净品不净品性不成就。”[③]前者即“缘生依他”，后者即“染净二分依他”。关于“染净二分依他”，有平面与立体的不同理解方式。立体式的染净二分依他是说明依他性的非固定性，若为虚妄分别的所分别，成分别性，即为杂染；若以无分别智彰显依他性的似义实无，便为真实性，即为清净。平面式的染净二分依他即染分依他与净分依他，在依他性上起分别性，是依他性的染分；依他本具的清净法性，是依他性的净分。《摄论》的正义应该是立体式的染净二分依他。

所以，从《摄论》对“依他性”的探讨中，可以发现四种依他性：缘生依他、唯识依他、分别依他、染净二分依他。前三者是虚妄分别的依他性，属于存在论层面；后者将存在论转向实践论，从而用真实性证成依他性。《摄论》的依他性思想有三大特色，是以往“情事理门”“尘识理门”所没有的。第一，阿黎耶识缘起与依他性的结合，后二门的依他性都是“缘生依他”，但没有提到一切种子识作为因缘，《摄论》明确提

---

① 真谛译：《摄大乘论》卷中，《大正藏》第31册，第119页中。

② 印顺：《摄大乘论讲记》，载《妙云集》上编之六，台北：正闻出版社，1990年，第234—235页。

③ 真谛译：《摄大乘论》卷中，《大正藏》第31册，第119页下。

出依他性是依缘于阿黎耶识的种子而生起，"阿赖耶识为种子""依他熏习种子起"等都说明依他性即是阿黎耶识缘起。依他性是诸法的存在状态，即《摄论》中提到的十一种识；而阿黎耶识(即种子)是诸存在的潜势状态。这说明了依他性的三个特点：一、依他性是指生灭法，不是常住法；二、它是依因托缘而现起安住，不是自体独存；三、它是杂染法，不是净法。[①]第二，强调"染净二分依他"，其本意应该是"立体式"的理解，而金土藏喻无疑为"真妄和合"的平面式的二分依他的有力佐证。第三，出现"依他性是所分别"的说法："此依他但是所分别，是因能成依他性为所分别，此中名分别性。"[②]依他性作为所分别，这是"尘识理门"的三性思想所没有的，但却是后期护法一系对依他性的主要看法。

从哲学上说，"缘生依他"是存在论的范畴，探讨存在的来源与形成；"唯识依他""分别依他"是认识论的范畴，是具有存在论意义的认识论，而非后来护法一系的"观念论"；[③]"染净二分依他"是存在论与实践论的范畴，说明了现象存在与真实存在的关系，或如海德格尔所说存在物与存在的关系。

依他性是种子所生，在现行的存在层面，是以虚妄分别的认识活动为自性，这是一种"具有存在论意义的认识论"。虚妄分别包括了心识的认取显境与语言的表诠显义，建立起认识论与语言论的关联。列表如下：

---

① 详细分析见陈水渊：《〈摄大乘论〉的依他起性初探》，《中华佛学研究》第1期，1997年，第23—46页。

② 真谛译：《摄大乘论》卷中，《大正藏》第31册，第119页下。

③ 长尾雅人将"唯识依他""分别依他"称为"认识的形而上学"。见《摂大乗論：和訳と注解》，东京：讲谈社，1989年，第149页。

表4.1　虚妄分别的认识活动

虚妄分别	能	所
心识(显境)	能取	所取
语言(表义)	能说	所说
	能诠(名)	所诠(义)

心识的认知是分别显了境相，这是认识的根源性活动；同时，心识又以名言概念为媒介进行执取活动，这已经是分别性的范围。语言与主体心识有密切联系，能说与所说即认知与语言活动的依待联系，能说所说、能诠所诠都是依于心识，因而依他性是分别性的所依。同时，语言世界所构造的名、义又影响心识的分别。分别以名言为媒介，名言又反过来影响分别力本身，因此虚妄的分别性与依他性是密不可分的。名言种子统摄显境与表义这两方面而成为整体，语言论与认识论由此得到统一，其核心在于"缘生依他"的存在论。

2.虚妄分别与依他性、分别性

在真谛的唯识思想体系中，依他性、虚妄分别是与"乱识"同一的，因此虚妄分别可以含摄依他性与分别性。虚妄分别指涉依他性，这是瑜伽行派的共义。而虚妄分别是否含摄分别性，则是有分歧的。真谛继承"尘识理门"的三性思想，作出与护法一系不同的诠释。

真谛译《摄论释》明确展示了他的立场：

由本识能变异作十一识。本识即是十一识种子，十一识既异，故言差别。分别是识性，识性何所分别？分别无为有，故言虚妄。分别为因，虚妄为果。由虚妄果得显分别因，以此分别性摄一切诸识皆尽。……欲显虚妄分别但以依他性为体相，乱识及乱识变异即是虚妄分别。分别即是乱识，虚妄即是乱识变异。虚妄分别若广说有十一种识，若略说有四种识。……一切法中唯有识，更无余法，故唯识为体。此体由有，故异分别性；由虚妄分别性摄故，异真实性。此性非实有实非无故，不免虚妄。此虚妄是其性故，说虚妄分别所摄。[①]

诸译本的统一处在于，依他性是依虚妄分别而显现，十一识的表象依虚妄分别而生起，就其本质而言，以唯识为体，即是说明唯识实性。玄奘译本"依他起为体"，表示依他性是一种缘起性的存在，虚妄分别是"无所有、非真实义显现"，因为缘起性的存在是本来无我的，但是显现为"我"。[②]

真谛译本与其他三种译本相比较，有三种特点：一、乱识与乱识变异；二、摄十一识为四识；三、此性非实有、非实无。[③]我们先将真谛的思想整理如下：

表4.2 真谛思想中的依他性和分别性

依他性	分别性
分别	虚妄
因	果
识性	分别无为有(分别无为有，故言虚妄)
乱识	乱识变异
本识	十一(或四)种识
十一种识种子	十一种识差别(现行)

唯识古学与今学对虚妄分别有两种不同的解释，在玄奘所传的唯识今学中，虚妄分别仅指依他性；真谛所传的唯识古学，却通依他性与

① 真谛译：《摄大乘论释》卷五，《大正藏》第31册，第181页中—182页上。与藏译、笈多译、玄奘译诸译本的对照，见岩田谛静：《真諦の唯識説の研究》，东京：山喜房佛书林，2004年，第256—258页。

② 玄奘译：《摄大乘论释》卷四，《大正藏》第31册，第338页上—中。

③ 岩田谛静：《真諦の唯識説の研究》，东京：山喜房佛书林，2004年，第259页。

分别性，这是“尘识理门”的思想。在翻译《中边分别论》时，真谛将虚妄分别称为“乱识”或“乱识虚妄”，而且提出“由境不实故，由体散乱故”的理由。因为依他性是识的自性，识生时能显现种种颠倒缘相，对所缘相又认识不清而起颠倒。所以，识本身含有虚妄的成分，依他性是能现起虚妄的分别，分别的本身也是虚妄，即“由体散乱故”。分别性是分别所起的虚妄相，虽然似乎离心而有，其实是以分别为性或所依，因此也可以称为虚妄分别，即“由境不实故”。所以，印顺认为，虚妄分别是依他性、分别性的本义，分别是似有的心，虚妄是无实的境；在凡夫位上，二性俱有俱无而不能相离，都是虚妄分别的，都是似有非实、无实而似有的。[①]但是，从虚妄分别的本意来看，其应该是侧重依他性，《摄论》说“虚妄分别所摄诸识”即是如此。

对虚妄分别理解的不同，关键是对“分别”理解的不同，这又与“无分别”相关联。上田义文把“分别和无分别的差异”分成广、狭二义，他说：“狭义的分别和无分别的区别，单单只是见所得和知识的问题，然而广义的分别和无分别的问题，则关联到具有知识的主体之全体，此全体的绝对觉醒——宗教的觉的问题。”[②]从语言学来看，“分别”的梵文为vikalpa，“遍计”的梵文为parikalpa，玄奘的译法严格区分这两个词，而真谛则不加区分，都译为“分别”。但是，这两个词的用法有时是一致的，都是指心识的分别活动。心识对客体parikalpa，由此虚构出种种我、法存在的概念，而这种“执”的活动亦以存在论作为根源。这就是心识的转化活动，一切心、心所自身转化为客体的存在，这种转化的存在关系即vikalpa，也即依他性。分别性表示的存在是心识分别作用下的存在，这是一种虚构的存在，一切法但依识的思构活动而成

① 印顺：《摄大乘论讲记》，《妙云集》上编之六，台北：正闻出版社，1990年，第181页。

② 上田义文：《虚妄分別の広狭二義》，载《大乗仏教思想の根本構造》，东京：百花苑，1972年，第157—166页。

立；依他性却是一种有体的存在，是心识自身依外缘的带动而转化，所以可以说是一种真实的存在。这两种存在一虚一实，归摄到主体——心识；归摄到存在——依他性即分别。所以，在唯识古学的思想中，认识论与存在论是不能分开的，彼此之间互为意义；而唯识今学强调"果能变"，自证分变现出见、相二分，心识执著二分成为我、法二执，从而建构了一种离开存在论基础的"观念论"哲学。

同时，这些差别与"无相唯识"和"有相唯识"不同的立场相关。护法一系以二重心识结构的"观念论"为中心，以见、相二分作为内境，自证分、见分、相分都是依他性的；坚持"八识现行"的三能变说，并且分为"因能变"与"果能变"，因能变是以阿黎耶识的种子为因，生出八识的自证分；果能变是自证分变现出见相二分。护法一系以第六识、第七识作为能分别，第六识能够执著其见分为我，相分为法，第七识恒执第八识的见分为我；所分别为依他性，因为识的见分、相分为所分别，我法二执为分别性。而且，护法一系认为识变现见相二分没有执著性，只是如实地缘现、缘取。"无相唯识"系统的安慧、真谛，坚持一重心识结构，只有自证分是依他性的，而见、相二分(即二取)是分别性的，因此不同意以见、相二分作为内境。而且，"无相唯识"不承认有"果能变"，主张"一种七现"的一能变说；唯识古学站在"能是依他性，所是分别性"的立场上，识的能缘不但代表"缘取"，也有执著之意，所以八识都能分别(能遍计)。[①]正是因为这些差异，才有了两系在虚妄分别是否含摄分别性问题上的不同观点。

真谛继承唯识古学的思想，坚持虚妄分别含摄依他性与分别性，从而将依他性称为"乱识"，分别性称为"乱识变异"，这与他翻译《中

---

① 陈一标:《唯识学"虚妄分别"之研究》,《国际佛学研究》创刊号, 1991年, 第197—198页。

边分别论》的立场是一贯的。对于《摄论》十一识的理解，应该从vijñāna和vijñapti的不同入手。vijñāna具有主体的意思，vijñapti具有被表象为客观的意思。玄奘一系主张多意识说，八识各有其体，而阿黎耶识所生的“彼能受识”及“身者识”应该是指前七识的自证分，所以他是从vijñāna的立场来翻译的。从《摄论》的藏译来看，原文应为vijñapti，这与真谛译的立场相符合。真谛主张一意识说，阿黎耶识(vijñāna)为识的统一体，十一识都是vijñapti，表现了虚妄分别是“无之有”的矛盾性格。一方面是色无，唯有如是被视为色的识；另一方面，vijñapti是被表象为如此的识，也就是被看见的“所识”，而不是能识，表现了识的自我否定性。[①]而且，《中边分别论》的“四识”也是作为“所取”，这与真谛译的思想相同，因此“十一识”可以略说为“四识”。

对于十一识，真谛不但作出符合《摄论》原义的解释，而且更有自己独特的思想：

> 论曰：由身识、身者识、受者识，应知摄眼等六内界。以应受识，应知摄色等六外界。以正受识，应知摄眼等六识界。由如此等识为本，其余诸识是此识差别。
>
> 释曰：此言欲显何义？欲显真实性义。若不定明一切法唯有识，真实性则不得显现。若不具说十一识，说俗谛不尽。若止说前五识，唯得俗谛根本，不得俗谛差别义。若说俗谛不遍，真谛则不明了；真不明了，则遣俗不尽，是故具说十一识。通摄俗谛，为如十八界具有根尘识，为不尔。[②]

---

① 陈一标:《唯识学“虚妄分别”之研究》,《国际佛学研究》创刊号，1991年，第202页。

② 真谛译:《摄大乘论释》卷五,《大正藏》第31册，第182页中。

这是其他译本所没有的解释。真谛以唯识无境的真实性作为胜义谛，以表象的十一识作为世俗谛。在俗谛中，前五识为根本义，后六识为差别义，从而摄尽三界、十八界、六道以及惑、业、苦三烦恼。列表如下：

表4.3　俗谛根本义与俗谛差别义

<table>
<tr><td rowspan="5">识为本</td><td>1.身识……眼等五界</td><td rowspan="3">眼等六内界</td><td rowspan="5">十八界</td><td rowspan="5">俗谛根本义</td></tr>
<tr><td>2.身者识……染污意</td></tr>
<tr><td>3.受者识……意界(意根)</td></tr>
<tr><td>4.应受识</td><td>色等六外界</td></tr>
<tr><td>5.正受识</td><td>眼等六识界</td></tr>
<tr><td rowspan="6">识差别</td><td>6.世识……生死相续不断</td><td rowspan="6" colspan="3">俗谛差别义</td></tr>
<tr><td>7.数识……一至阿僧祇的数</td></tr>
<tr><td>8.处识……器世界识</td></tr>
<tr><td>9.言说识……见闻觉知识</td></tr>
<tr><td>10.自他差别识……依止差别识</td></tr>
<tr><td>11.善恶两道生死识……生死趣种种差别识</td></tr>
</table>

十一识以前五识为根本，前五识正是《中边分别论》的“境”“有情”“我”“意”四识。而俗谛根本可以含摄俗谛差别，所以“十一识”自然可以略说为“四识”。

3. 二分依他与真妄和合

《摄论》不但从认识与存在的角度，以依他性统一了三性思想；同时从存在与实践的角度，以依他性通染净二分统一三性思想。《摄论》说“系属净品不净品性成就”①，即是“染净二分依他”。但是，“二分依他”有许多可能的意义，其中平面式的一种意义影响到中国佛教，形成

① 真谛译：《摄大乘论》卷中，《大正藏》第31册，第119页下。

了以《起信论》为中心的“真妄和合”思想。

《摄论》主张立体式染净二分依他，这也是真谛在翻译《摄论释》时所持有的思想。真谛译《摄论释》说：

> 论曰：二、系属净品不净品性不成就，是故由此二种系属，说名依他性。
>
> 释曰：此次释依他义，若识分别，此性或成烦恼，或成业，或成果报，则属不净品。若般若缘此性，无所分别，则成净品，谓境界清净、道清净、果清净。若有自性不依，他则应定属一品。既无定性，或属净品，或属不净品。由此二分，随一分不成就故名依他。①

依他性是不定性，没有被定性为染品或净品，而是染品或净品的可能性。这样，依他性便可以全分为染品或净品，而分别性则为染品，真实性完全无执，全为净品。真谛的翻译，明显增加了自己的诠释，他以“识分别”和“般若”来说明不净品与净品的差别，这是其他译本所没有的。②作为不净品的“识”，即是指“本识”，成就烦恼、业、果报等三种杂染，应该包括分别性与依他性。③“般若”作为净品，是与“识”相对的，主要指真实性；境界清净指说大乘法，道清净指六度及一切助道法，果清净指菩提与涅槃。依他性为不定性，显现为不净品或净品，二品不能同时成就。列表如下：

---

① 真谛译：《摄大乘论释》卷五，《大正藏》第31册，第188页中。

② 玄奘译《摄大乘论释》卷四说：“杂染清净性不成故者，由即如是依他起性，若遍计时即成杂染，无分别时即成清净。由二分故一性不成，是故说名依他起性。”见《大正藏》第31册，第341页下。

③ 岩田谛静：《真諦の唯識説の研究》，东京：山喜房佛书林，2004年，第291页。

表4.4 依他性的体类与义

<table>
<tr><td rowspan="4">依他性</td><td rowspan="2">体类——熏习种子</td><td>业烦恼熏习——果报识——分别性</td></tr>
<tr><td>闻熏习——出世间思修慧——真实性</td></tr>
<tr><td rowspan="2">义——净品不净品</td><td>识(不净品)——烦恼、业、果报——分别性</td></tr>
<tr><td>般若(净品)——境界清净、道清净、果清净——真实性</td></tr>
</table>

因此，三性其实应只有二性——分别性与真实性。[①]依他性是基本的存在，对于依他性的事物可有两种态度：一种是执著的态度，这会发展成染污依他，即“分别性”；另一种是如实的态度，没有执著，发展出清净依他，即“真实性”。因此，事物是清净依他或染污依他，分别性或真实性，取决于主体的态度，这是实践论意义上的三性说。

从实践论上看，染净二品的成立是一种此起彼伏的对治过程。依他性的净品是从对治道开始时而成立的，真谛译《摄论释》说：

> 论曰：转依者，对治起时，此依他性由不净品分永改本性，由净品分永成本性。
>
> 释曰：转依亦属依他性，三乘道是对治。此依他性道未起时，如见谛等惑(原为“或”)能起诸业，感恶道报，名不净品。道起已后，如此不净品灭不更生，故言永改本性。此依他性道及道果名净品，道即戒定慧。道果有二种：谓有为、无为，有为即解脱、解脱知见；无为即本惑灭，及未来惑不生。道未起时，戒等净品未成立，但有本性清净。由道起故，与五分法身及无垢清净相应，如此相应乃至得佛，无有变异，故言永成本性。[②]

---

① 吴汝钧：《唯识现象学(一)·世亲与护法》，台北：学生书局，2002年，第178页。

② 真谛译：《摄大乘论释》卷十三，《大正藏》第31册，第247页中—下。

在对治道未生起时，见谛等烦恼能生起诸业，从而感恶道果报，这是惑业果报的生死轮回，即"不净品"。对治道生起后，灭除不净品，从而成就净品。对治道(即戒、定、慧)与道果(包括有为与无为两种)，称为"净品"。

依他性的不净品对应于凡夫——虚妄分别，净品则对应于圣人——涅槃——无分别智法身。"二分依他"是相反对立的存在，凡夫与圣人，生死与涅槃，虚妄分别与无分别智，相反的二者统一于"一"中。所以，依他性的"二分"是异时而成立的"一人"的转换过程，是矛盾的对立的关系。当主体"人"是凡夫时，不是圣人；是圣人时，也不是凡夫，二者乃是相互否定而成立。①净品是指法身、真如，这是否会有如来藏的意思？按照《摄论》的本义，净品是指无分别智的成立，而不是本来自性清净与无垢清净的成立，所以不会有如来藏的思想。

依《起信论》的生灭与不生灭和合，净品与不净品同时存在，这是平面式的染净二分依他。立体式的染净二分依他强调净品与不净品绝对不是同时存在的，"二分"其实是从"相"向"性"转换的过程，是"一"主体从凡夫向圣者转变的动态过程。同时，这种转换的过程含有"连续"与"非连续"两种诠释进路。《起信论》提出"本觉"与"始觉"的概念，以描述从凡夫到圣者的转换，阿黎耶识中灭除妄法，显现清净法身，从阿黎耶识到法身是一种"连续"的过程。在《摄论》中，从凡夫位到圣者位乃至佛果，是以不净品的全面否定，成就净品，这是一种"非连续"的过程。

所以，立体式的染净二分依他表现了四个特点：(1)这是"不净品"向"净品"转换的过程，(2)前后异时的成立，(3)二者是矛盾对立的关系，(4)二者是非连续的过程。舍尔巴茨基(F. Th. Stcherbatsky)以纯粹

---

① 上田义文：《仏教思想史研究》，京都：永田文昌堂，1958年，第126—127页。

想象活动(pure imagination)来说分别性，以纯然的真实(pure reality)界定真实性，以二者的相互依存(interdependence)说依他性，[①]正是立体式的解释。这是以真实性为实在性，以分别性为观念性，这一理论的最终模式后来被法称所继承，并且加以规定。[②]

立体式的染净二分依他思想体系中二分前后异时的依他性，肯定不是《起信论》真妄和合的思想。二分同时的依他性亦不是真妄和合的思想，却是《起信论》“一心二门”的思维模式，即依他性中同时具足分别性与真实性。而《摄论》为了解释依他性举出的金土藏喻，无疑为“一心二门”与“真妄和合”的思想提供了重要的启示。

金土藏喻是为了说明三性之间的关系。分别性以烦恼为性，是染污分；真实性以清净品为性，是清净分；依他性以分别性、真实性为性，具足二分，为染污清净分。真谛译《摄论》说：

> 如此本识未为无分别智火所烧炼时，此识由虚妄分别性显现，不由真实性显现。若为无分别智火所烧炼时，此识由成就真实性显现，不由虚妄分别性显现。是故虚妄分别性识，即依他性有二分。[③]

在金土藏喻中，“藏”就是矿藏，比喻通二分的依他性。无分别智火没有烧炼以前，分别性显现，如只见土相；分别性是非有的，所以是虚妄。在无分别智火烧炼以后，真实性显现，如土相消失而金相显现；真实性

---

① 舍尔巴茨基著，宋立道、舒晓炜译：《佛教逻辑》，北京：商务印书馆，1997年，第228页。

② 法称将实在性确定为有效性，并将它与任何类型的观念性对置起来，从而真实、实在成为纯存有的同义词，它又等于物自体或者最终的个别。它与“非存在”相区别、相反对，后者也就是精神构造的一般性和观念性。见舍尔巴茨基著，宋立道、舒晓炜译：《佛教逻辑》，北京：商务印书馆，1997年，第229页。

③ 真谛译：《摄大乘论》卷中，《大正藏》第31册，第121页上。

是有的，所以是真实。依这一意义说，依他性是虚妄而又真实的。分别性显现，真实性不显现，这是杂染分——生死；分别性不显现，真实性显现，就是清净分——涅槃。杂染与清净、生死与涅槃，都是依依他性而转移，所以说依他性通二分。

历来的诠释者对“二分依他”是同时存在或异时存在，有不同的看法。竹村牧男认为“二分依他”兼有“同时”和“异时”的意思，他说：

> 二分依他的二分，确实，对未见真者来说，即依他起性作为遍计所执性而显现之时；对已见真者来说，即(依他起性)作为圆成实性而显现之时。这是异时的二分。但是在金土藏的譬喻中，金是原本就存在地界内，亦即依他起性中，它作为遍计所执性而显现时，其当下也有作为自性圆成实的圆成实性。这种情况下，这是同时的。基于此同时的二分，一方面遍计所执性从显现转向不显现，另一方面圆成实性由不显现转向显现。……这时，此三性说，不是单单的转换论理，而应说是多层的论理，或是多重的转换论理。[①]

因为金是原来就存在的，所以当分别性显现时，当下也有真实性，故说“同时”的“二分依他”；但是，从分别性的显现转换成不显现，或从真实性的不显现转变成显现的过程，这是“异时”或“前后”的。

印顺亦有类似的观点，从显现的事实来说，不能说同时有二分；但是，可推论为含有二种成分，当然这并非《阿毗达磨大乘经》与《摄论》的本意。[②]印顺进一步推论说，真实性的本有，是透过无分别智显出，

① 竹村牧男：《唯識三性説の研究》，东京：春秋社，1995年，第520页。

② 印顺：《论真谛三藏所传的阿摩罗识》，载《以佛法研究佛法》，《妙云集》下编之三，台北：正闻出版社，1990年，第297页。

所以不是由“生因”所生，而是由能显果的“了因”所了，所以说有二种成分。[①]

参照立体式染净二分依他的诠释方法，再综合“同时”与“异时”的二分依他，可以对真谛译的进路作进一步的诠释。在凡夫的思想模式中，只见地界与土相，不见金相；而依佛菩萨的智慧，在地界、土相中含有金相，金相是无变异的。真谛以“本识”来解说“界藏”，藏译是识(rnam par rig pa)，玄奘译为“此识”，可见这是真谛独特的译法。[②]这样，虚妄分别的种子识在众生位，虽现起杂染生死而不见清净真实，但种子识的本识，是有清净真实分的。所以，真谛别立“解性黎耶”，正说明了依他性通二分的含义。[③]这种诠释方法正是平面式的染净二分依他，而且得到如来藏系经论的互证，更得到了中国佛教及日本佛教的认同，成为理解真谛第九阿摩罗识的证据。[④]

4. 分别性——能分别与所分别

“尘识理门”的三性思想中，依他性是能分别，分别性是所分别。《摄论》中则出现了依他性成为“所分别”的思想，真谛译《摄论释》说：

> 论曰：此依他但是所分别，是因能成依他性，为所分别。
>
> 释曰：所分别一切法，离识无别体，故以依他为所分别。若不借因，依他性不成。若无依他性，则无所分别。由六种因，成依他性，故得以依他性为所分别。[⑤]

---

① 印顺：《起信论与扶南大乘》，《中华佛学学报》第8期，1995年，第9页。

② 岩田谛静：《真諦の唯識説の研究》，东京：山喜房佛书林，2004年，第306页。

③ 印顺：《如来藏之研究》，台北：正闻出版社，1992年，第215页。

④ 《法华玄义》《授决集》《冠导二百题》都将“金相”解为净识，作为九识的证据。岩田良三：《攝大乘論と九識説について》，《印度學佛教學研究》第20卷第2号，1972年，第302页。

⑤ 真谛译：《摄大乘论释》卷五，《大正藏》第31册，第187页上。

《摄论》的思想体系继承了《中边分别论》《大乘庄严经论》，但又有所发展，如其主张识与识之间为“一心论”，但已有转向“多心论”的趋势。[①]《摄论》的唯识思想处在从“无相唯识”向“有相唯识”的过渡之中，这一点从依他性的定义即可以看出。在护法一系的“有相唯识”中，所分别(相分)是依他性，《摄论》中已经出现这样的说法。

在真谛的唯识思想中，分别性的一切法以依他性的识为体，即所缘的境与能缘的识为一体，所缘与能缘平等，这就是无分别(智、真如)。在无分别(一体性)当中，识(能缘)作为依他性是有，境(所缘)是非有的分别性；同时，此识以非识为自性，是空(无)，似现为境(成为所缘)。在这种思想体系中，“一体”一方面是指识有境无，另一方面是指境有识无。因为这两方面同时成立，所以此“一体”当中所缘与能缘的平等，是互为否定对立的两者(有与无以及能缘与所缘)的自我同一。此具有矛盾的自我同一是“无分别”，是真实性，即以无为自性。

在“一体”的所缘与能缘中，分别性与依他性不相分离，《摄论释》说：

> [真]论曰：复有何义此成分别？此依他性为分别因，是所分别故成分别。
>
> 释曰：识以能分别为性，能分别必从所分别生。依他性即是所分别，为分别生因，即是分别缘缘。[②]依他性有两义：若谈识体从种子生，自属依他性；若谈变异为色等相貌，此属分别性。色等相貌，离识无别体。今言依他性为分别因，取依他变异义为分别

① 印顺：《摄大乘论讲记》，载《妙云集》上编之六，台北：正闻出版社，1990年，第11页。

② 《大正藏》此句断为“即是分别缘，缘依他性有两义”，上田义文断为“即是分别缘缘，依他性有两义”，今依上田的断句方法。见《仏教思想史研究》，京都：永田文昌堂，1958年，第12页。

因，不取识体从种子生义为分别因。变异相貌是识所分别，以此义故成立所分别，为分别性。[①]

［玄］释曰：由是遍计所缘相故者，谓彼意识名为遍计。此为所取所缘境性，能生遍计，是故亦名遍计所执。又是遍计所遍计故者，即彼意识名为遍计，缘彼相貌，为所取境为所遍计。由此义故，依他起性亦名遍计所执自性。如所遍计者，如彼意识遍计所执。[②]

"能分别必从所分别生"，因此所分别是一切法的相貌(nimitta)。依他性是所分别，并不是根据依他性是种子缘生的"缘生依他"而言，这是能缘、能分别，而非所分别。依他性作为所分别，是就"变异相貌"而言，即显现(成为所见)为境(所缘)，拥有一切法的相貌。所以，依他性的成立，必须有能缘(缘生依他)与所缘(分别性=相貌)。在此，所缘与能缘平等、无分别，且二者的区别同时成立。[③]因为一方面区别融没于没有对立的无分别、平等当中；另一方面又从无分别中显现出分别而形成对立。

在以《成唯识论》为中心的唯识今学中，彻底排除了具有矛盾的自我同一的思想，从而清楚地界定分别性与依他性的差别。在唯识今学中，能分别是依他性，所分别也是依他性，表现了二者的共通性；同时一方为能缘，另一方为所缘，表现了二者的差异性。在能缘与所缘对立下所成立的"分别"，以及此种对立消失的"无分别"，二者明显有别，不容许"分别"的识融没于"无分别"的真如当中。所以，坚持"性相永别"，反对"性相融即"，是《成唯识论》思想的基本特征，[④]而真谛

① 真谛译：《摄大乘论释》卷五，《大正藏》第31册，第188页上。
② 玄奘译：《摄大乘论释》卷四，《大正藏》第31册，第341页下。
③ 上田义文著，陈一标译：《大乘佛教思想》，台北：东大图书，2002年，第140页。
④ 上田义文著，陈一标译：《大乘佛教思想》，台北：东大图书，2002年，第141页。

的唯识古学，坚持“性相融即”，这是古今唯识的差别所在。

能所对立的认识论中，分别的成立必须有能分别与所分别。《摄论》以“意识”作为能分别，其原因在于意识具有自性、忆持、显示(玄奘译为自性、随念、计度)三种分别，似一切境而生，取万物之相而生。真谛译《摄论释》说：

> 论曰：此识自言熏习为种子，及一切识言熏习为种子，是故此生。由无边分别，一切处分别。
>
> 释曰：如说根尘名，数习此名，熏习于本识，以为种子。由此种子，后时意识似根似尘而起，名为色识。自有二义：一、如眼名熏习，唯生眼不生余法，余熏习亦尔，故称自；二、本无法体，言语是自分别所作，故名自。如说六识名，数习此名，熏习本识为种子。由此种子，意识后时似六识而起，名为识识。由二种熏习种子故，此意识得生。意识为此二种种子所变，分别功能无边故，似一切境界起。[①]

真谛曾在《摄论释》中指出，能分别是依他性的识，即是本识；[②]在这里，又提出能分别是第六意识。真谛是“一意识”论者，所分别是能分别的生因，而且能分别与所分别为同一体，所以其八识的性格非固定化，可以随意解释，“本识”与“意识”亦无矛盾。安慧主张八识及其心所都是能分别，与真谛有相通之处。初期的唯识思想对于意识基本抱着一种负面的看法，认为意识基本的作用是产生计度分别，是我们对事物

---

① 真谛译:《摄大乘论释》卷五,《大正藏》第31册，第187页上。

② 真谛译《摄大乘论释》卷二说：“于世间中离分别、依他二法，更无余法，阿梨耶识是依他性，余一切法是分别性。此二法摄一切法，皆尽三界唯有识故。”见《大正藏》第31册，第163页下。

的颠倒了解的根源，因此称意识为“能分别”。所以，《摄论》以意识作为“能分别”，是有其道理的。[①]

5. 真实性

《摄论》继承“尘识理门”的真实性思想，主张真实性含摄真如、智慧，但是又有所发挥。真实性不但是真实的存在，而且包括追求真实的实践论。《摄论释》说：

> [真]论曰：真实性相者，是依他性，由此尘相永无所有。此实不无，是名真实性相。
>
> 释曰：虚妄义永不有显现因，由显现体不有故，亦不可得。譬如我等尘显现似实有，由此显现，依证、比、圣言三量，寻求其体，实不可得。如我尘、法尘亦尔，永无有体，故人法皆无我。如此无我实有不无，由此二种尘无有体故，依他性不可得，亦实有不无，是名真实性相。[②]
>
> [玄]论曰：此中何者圆成实相？谓即于彼依他起相，由似义相，永无有性。
>
> 释曰：于无所有非真实义，显现因中，由实无有似义相现，永无有性。如似我相虽永是无，而无我有。[③]

依藏译的对照，玄奘的译文与藏译相符，画线部分是真谛所增补的。根据上田义文的研究，真实性的定义有两种倾向：一、真实性是境无和

---

① 但是，中期唯识对第六识的看法偏重于它建构知识的能力，而不太强调它的虚妄分别的作用。特别是因明学者以比量(anumāna)来看第六识，将之视为一种判断、推理的能力，这是对第六识的一种较正面的看法。

② 真谛译：《摄大乘论释》卷五，《大正藏》第31册，第182页上—中。

③ 玄奘译：《摄大乘论释》卷四，《大正藏》第31册，第338页中。

识有不离的一体；二、真实性是分别性、依他性无所有。[1]护法、玄奘一系强调依他性的实有，故译出“如似我相虽永是无，而无我有”，即由依他性所显现的似我相是永远没有的，而“无我”是真实常有的，依他性是实有的。真谛强调分别性的二种尘与依他性的“无”是平等的，主张彻底的“无”的真实性。

从存在论上说，依他性是“无”，这是“尘识理门”与“染净通门”三性思想的通义。但是从实践论与解脱论来看，真实性即是完全转依的净分依他性，又说明依他性的“妙有”。如真谛译《摄论释》说：

> 论曰：复有何义此成真实，此依他性或成真实，如所分别实不如是有故。
>
> 释曰：依他性变异为色等所分别尘，此尘实不如所分别是有，约依他性明尘无所有。即以依他性成真实性，为存有道故，不明依他性，是无为真实性。[2]

依他性所显现的尘(artha)无所有，依他性即成真实性。然而，从实践修道的角度看，不明依他性是无为真实性，则应成有为真实性，由此可见依他性的“真空妙有”的价值意义。

瑜伽行派将真实性的真如分为有垢真如与无垢真如，《摄论》亦不例外。从三性的关系来说，分别性、依他性的不相离是真实性，即有垢真如(真谛称为“自性成就”)；分别性、依他性的无所有，即无垢真如(亦称“清净成就”)。有垢真如和无垢真如的差别在于烦恼的有无，这是与修行实践相关联的。真谛译《摄论》说：“由如无不如故成真实，由

---

① 上田义文著，陈一标译：《大乘佛教思想》，台北：东大图书，2002年，第100页。

② 真谛译：《摄大乘论释》卷五，《大正藏》第31册，第188页上。

成就清净境界，由一切善法中最胜，于胜义成就，故说名真实。”[1]“如无不如”说明无变异，真谛译解释为“不相违义真实”；“成就清净境界”即是以“无颠倒义显真实”；“一切善法中最胜”唯有涅槃，即是“以无分别义显真实”，指无垢真如。[2]同时，《摄论》以四种清净法摄真实性，体现真实性的实践论与解脱论色彩，亦体现真实性作为超越的存在，合乎“过程存在论”。列表如下：

表4.5 《摄大乘论》中的真实论与四种清净法

<table>
<tr><td rowspan="4">真实性</td><td rowspan="2">无变异</td><td>本来自性清净——如如、空、实际、无相、真实法界</td><td>自性成就</td><td>如无不如</td></tr>
<tr><td>无垢清净——涅槃</td><td>清净成就</td><td>一切善法中最胜
胜义成就</td></tr>
<tr><td rowspan="2">无颠倒</td><td>至得道清净——一切助道法及波罗蜜法</td><td rowspan="2"></td><td rowspan="2">成就清净境界</td></tr>
<tr><td>道生境界清净——正说大乘法</td></tr>
</table>

“自性清净”的真如是理性层次的真实性，“无垢清净”的涅槃即是无住涅槃。“道生境界清净”的大乘教法就是“最清净法界等流”，此教法是引生清净正闻熏习种子的因缘。《摄论》主张内种必由熏习而成，而正闻熏习的无漏种子乃最清净法界等流所生，所以立“道生境界清净”，说明众生有可能因实践而成就完全清净的依他性，也即完全转依的净分依他性。而“尘识理门”的《中边分别论》《大乘庄严经论》立“心性本净”，所以不依“道生境界清净”建立无漏因。“至得道清净”类同于《中边分别论》中正行胜义的圣道，印顺认为还通于地前闻思修

① 真谛译：《摄大乘论》卷中，《大正藏》第31册，第119页中—下。
② 真谛译：《摄大乘论释》卷，《大正藏》第31册，第186页下。

等，[①]应属依他性部分具清净，部分具杂染。这样，《摄论》就合理地将唯识的观行包含于真实性中。

唯识的实践就是于依他性的转依的过程，从来未曾听闻最清净法界等流大乘正法的人，当第一次听闻时，他是以虚妄分别心来听闻正法，因此产生法身所摄的正闻熏习种子。这正闻种子是实践唯识观的正因，而唯识观的四寻思、四如实遍智都是观分别性的名、义、自性、差别而假立施设。因为依于清净法教，且所观皆只是分别性而没有真实义，所以能离执起对治，转染成净。这过程就是转依，转所知依——阿黎耶识的种子，转染分为净分。转得一分的净分就得一分的清净依他性，未被转净的就是分别性——染分依他性。所以，实践唯识的过程就是"至得道清净"——依他性部分具清净，部分具杂染。

四种清净可以摄尽唯识的观行。首先，转依须先有正闻熏习所生的种子，这需依缘于"道生境界清净"的大乘教法；其次进入"至得道清净"的阶段，这包括地前、地上的修行；最后是证"无垢清净"的大涅槃果。这三阶段都是以"自性清净"为因性。所以说，唯识的实践是在增长依他性的净分，亦可以包摄在真实性中。唯识观的成就与过程，正好说明了依他性的"真空妙有"；而真实性不仅是存在论的真实存在，更是包含唯识观行的过程，这种转依的过程正好说明三性之间"非一非异"的关系。所以，存在论与实践论是融为一体的，性修不二，这是"解脱诠释学"的中心。

第二节　方便唯识与真实唯识

初期瑜伽行派的三性思想，经过《摄论》的体系化，再通过世亲的组织与综合，形成完善的三大系统，即"情事理门""尘识理门""染净

① 印顺：《摄大乘论讲记》，载《妙云集》上编之六，台北：正闻出版社，1990年，第270页。

通门”，成为后期唯识的重要思想。真谛继承“尘识理门”与“染净通门”，吸收世亲的三性思想，而且加以综合抉择，形成自己独特的三性思想。而且，他与安慧、护法各有同异。

一 方便唯识与真实唯识

真谛对三性的基本观点已经在《摄论释》中得到阐明：能分别是识，所分别是境，能即依他性，所即分别性；分别性与依他性的无所有，即是真实性。《转识论》的第二十、二十一颂，明确提到三性的定义：

[梵文]yena yena vikalpena yad yad vastu vikalpyate |
parikalpita evāsau svabhāvo na sa vidyate ||
paratantrasvabhāvas tu vikalpaḥ pratyayodbhavaḥ |
niṣpannas tasya pūrveṇa sadā rahitatā tu yā ||

[今译]不管什么样事物依于什么样的虚妄分别而虚妄地被分别，这全是分别性。这不是实有。但虚妄分别是依他起性，由缘所生。然而，一切在这方面时常远离前者的，是真实性。①

[真]如是如是分别，若分别如是如是类，此类名分别性，此但唯有名，名所显体实无。此所显体实无，此分别者因他故起，立名依他性，此前后两性未曾相离，即是真实性。若相离者，唯识义不成，有境识异故。由不相离故，唯识无境界，故识亦成无。由境无识无故，立唯识义是乃成立。②

[玄]由彼彼遍计，遍计种种物，此遍计所执，自性无所有。依他起自性，分别缘所生，圆成实于彼，常远离前性。③

---

① 吴汝钧：《唯识现象学(二)·安慧》，台北：学生书局，2002年，第125、127页。

② 《转识论》,《大正藏》第31册，第63页上。

③ 《唯识三十论颂》,《大正藏》第31册，第61页上。

真谛以散文的形式译出韵文，并且对第二十一颂加以解释。八识皆是“能分别”，“若分别如是如是类”即是八识所对的色、声、香、味、触、法等境，在凡夫的阶段执为实有，其实是不存在的。“此但唯有名”之“唯”意在简别“实在”，“名”指诸法的相貌，分别性“但唯有名”就是说分别性但有其相貌，而实际上是“无体”，这正符合“显现”的两个特质——无体、可见。分别性是所缘，“分别者”即能缘——依他性，得名于依因缘而生起。

对于分别性的解释，安慧强调分别的范围包括内外种种物；同时，所有作为分别对象之物事，其存在无体性。其次，安慧亦将分别性作为“所分别”。而且安慧强调八识都是能分别，分别依善、不善、无记的不同而有差别，即是三界心、心所。分别是依他性的自体，“缘所生”则说明依他性产生的根据。[①]安慧与真谛的思想相通，主张分别性是心识作用的虚构存在，而依他性是心识自身依外缘的带动而转化的实在存在，这一虚一实的存在，归摄入只有一个的主体心识，其存在层面只是依他性，依他性即是分别，所以分别是依他性的自体。《成唯识论》记载安慧的观点说：

> 有义：八识及诸心所有漏摄者皆能遍计，虚妄分别为自性故，皆似所取、能取现故。……有义：三界心及心所由无始来虚妄熏习，虽各体一而似二生。谓见、相分，即能所取。如是二分，情有理无，此相说为遍计所执。二所依体，实托缘生，此性非无，名依他起，虚妄分别缘所生故。云何知然？诸圣教说虚妄分别是依他起，二取名为遍计所执。[②]

---

① 霍韬晦：《安慧〈三十唯识释〉原典译注》，香港：香港中文大学出版社，1980年，第25—26页。

② 《成唯识论》卷八，《大正藏》第31册，第45页下—46页上。

安慧的《三十唯识释》十分简朴，并无见、相分的分别存在问题，只是强调心识有“分别”义和“转变”义，因此“八识皆是能遍计”符合他的思想，而见、相分等问题是后人的推论。

护法的解释基本上与安慧、真谛相同，其独特之处在于，强调第六识、第七识为能分别。《成唯识论》把被分别的事物概括为五蕴、十二处、十八界等法数[①]，第六识与第七识对作为客观存在的“法”和作为主观存在的“我”产生执著，以为它们具有自性，因而生起分别，这便是所谓“自性差别”。这种被妄执的诸法和自我的实体性，其实是没有的。关于护法对依他性的看法，《成唯识论》说：

> 众缘所生心、心所体及相、见分，有漏、无漏，皆依他起，依他众缘而得起故。颂言分别缘所生者，应知且说染分依他，净分依他亦圆成故。或诸染、净心、心所法，皆名分别，能缘虑故，是则一切染净依他皆是此中依他起摄。[②]

护法一系的心识结构是“有相唯识”的两重结构，强调见、相分的实有，所以二者与心识本身一样都是依他性的，是依于众缘而生的，这是不同于唯识古学之处。《唯识三十颂》的玄奘译本，以及《成唯识论》都倾向于将依他性说为虚妄的，所以用“分别缘所生”来描述依他性，“分别”(vikalpa)就是虚妄分别。世亲和护法都倾向于强调依他性的染分方面，对于八识亦着重讨论染污性。种种染净的心、心所都称为分别，

---

① 《成唯识论》卷八说：“周遍计度，故名遍计。品类众多，说为彼彼。谓能遍计虚妄分别，即由彼彼虚妄分别，遍计种种所遍计物。谓所妄执蕴、处、界等，若法若我，自性差别。此所妄执自性差别，总名遍计所执自性。如是自性，都无所有。”见《大正藏》第31册，第45页下。

② 《成唯识论》卷八，《大正藏》第31册，第46页中。

因为具有缘虑的作用。而这种分别或缘虑的作用应该是中性的，而不是虚妄的，这样依他性才能摄尽一切染净法。

但是，进入唯识观以前的三性都是以虚妄分别为中心，即倾向于染污性。《摄论》将三性与心识思想结合起来，于是分别性与依他性的虚构存在和现象存在都离不开心识。安慧强调分别依善、不善、无记的不同而有差别。《摄论》所强调的四种依他应该是以“缘生依他”为中心，而所谓“缘生”即是阿黎耶识中的种子所生。三性思想是以依他性为中心，而归根到底是以种子所生的依他性为中心。[①]所以，分别性与依他性必须进入对熏习与习气的讨论，才能得到更好的诠释。《转识论》说：

> 由二种宿业熏习及二种习气，能为集谛，成立生死。二种宿业熏习者，即是诸业种子：一、宿业熏习，二、宿业熏习执。宿业熏习即是所分别，为分别性；宿业熏习执即是能分别，为依他性。所即为境，能即为识。此二种业名相似集谛，能得五阴生。二种习气者，即诸烦恼：一、相习气，二、粗重习气。相即烦恼体，是依他性，能摄前相貌；粗重即烦恼境，是分别性，境界粗显故也。此二烦恼名真(集)谛，能集令未来五阴。[②]

将分别性与依他性摄入阿黎耶识，即是种子与现行的熏习关系。真谛的三性思想是将分别性与依他性都摄入虚妄分别，所以分别性是宿业熏习所生起的，是所分别的对象，现行后所熏习成的是“粗重习气”，这是烦恼的现行状态；依他性则是由宿业熏习执所生起的，是能分别的

① 神谷信明：《阿頼耶識と依他性との関係について》，《印度學佛教學研究》第23卷第2号，1975年，第998—1101页。

② 《转识论》，《大正藏》第31册，第62页下。

主体心识，现行后所熏习成的是“相习气”，这是烦恼的体性。《转识论》更对分别性与依他性的存在状态进行解释，分别性只是名言的虚构存在，是“有名而无体”；依他性是烦恼的体性，是“有体而不真实”。如下所示：

分别性——宿业熏习——所分别——境——粗重习气——烦恼境——有名无体

依他性——宿业熏习执——能分别——识——相习气——烦恼体——有体不真实

真谛继承唯识古学的思想，坚持以三性思想作为整个唯识思想的中心，在《佛性论》中，他以“三性摄如来性尽，何以故？以此三性通为体故”[①]突出三性的核心作用。《佛性论》以十种义广解三自性：(1)分别名；(2)缘起；(3)摄持；(4)体相；(5)应知；(6)因事说；(7)依境；(8)通达；(9)若无等；(10)依止。这十种义与《瑜伽论》的解释相应。[②]《佛性论》对三性的界定为：

一、分别名者，为随名言假说故，立分别性。若无此名言，则分别性不成，故知此性但是名言所显，实无体相，是名分别性。依他性者，是十二因缘所显道理，为分别性作依止故，故立依他性。真实性者，一切诸法真如，圣人无分别智境，为清净二性，为解脱三，或为引出一切诸德故，立真实性。[③]

① 《佛性论》卷二，《大正藏》第31册，第794页上。

② 《佛性论》卷二，《大正藏》第31册，第794页上—795页下；《瑜伽师地论》卷七十三，《大正藏》第30册，第702页下—703页上。

③ 《佛性论》卷二，《大正藏》第31册，第794页中。

《佛性论》的三性定义与“情事理门”相似，分别性是从语言论出发，实无体相；依他性是分别性的依止，是十二因缘所显道理；真实性是证入真如真实性，就是清净的分别和依他二性，是圆满解脱的第三真实性。可见，《佛性论》的三性定义是以《瑜伽论》为依据的。

在《三无性论》中，真谛将分别性称为“似尘识分”，依他性称为“乱识分”，这是“尘识理门”的三性思想。真谛在《中边分别论》中经常将虚妄分别译为“乱识”或“乱识虚妄性”，凸显心识的迷乱性；而分别性是作为乱识(虚妄分别的识)之境的相(nimitta)，是指作为所分别的五根、五尘。但是，无论是尘识或乱识，都是vijñapti，表明了识以“非识”为自性，显示了识与非识的自我同一性，也意味着能缘与所缘的平等。

关于真实性，《三无性论》说：

> 真实性者，谓法如如，法者即是分别、依他两性。如如者即是两性无所有。分别性以无体相，故无所有；依他性以无生，故无所有。此二无所有，皆无变异，故言如如，故呼此如如为真实性。[①]

真实性即真实的存在，是对虚构存在与现象存在的否定。分别性为虚构存在，其本身完全是心识所显现的相貌，离开主体心识，并无任何存在；依他性为现象存在，是一种“存在者”，即一种时间性和历史性的存在，是一种世俗真理层面的存在。

依他性既是时间性的“此在”，按照海德格尔所说“在世总已沉

① 《三无性论》卷上，《大正藏》第31册，第867页中—下。

沦"[1]，便是一种"非本真"的存在。真实性是依他性"在世存在"的根源，是"此在"追问真理本质的根据。海德格尔认为，超越揭示自身为建基之本源。因此，根据就意味着：可能性、基础、证明。超越被三分化的建基源始地统一着，才获得那个整体，即向来有一个此在能够生存于其中的整体。[2]海德格尔说：

> "根据"乃是一般存在的一个先验的本质特征，故根据律适合于存在者。但是存在之本质中包含着根据，因为在作为筹划着世界而处身的建基的超越中，只有存在(而不是存在者)。于是，关于根据律，我们已清楚地看到，这一原理的"诞生地"既不在陈述的本质中，也不在陈述的真理中，而是在存在学上的真理中，亦即在超越本身中。自由是根据律的本源；因为作为存在学上的真理而自行构成的论证就建基于自由中，建基于超溢和抽离的统一性中。[3]

作为真理本质的自由，是绽出、解蔽地让存在者存在。存在依多种方式而显现，但始终环绕着此在的存在论而区分，人(此在)不仅在世界里居住，还在超越性中居住，在时间性中居住，在语言里居住，在诗里居住。海德格尔以"此在"的超越性自由，彰显存在之作为"非本质"的根据，亦正是自由。海德格尔说："根据具有它的非本质，因为它源出于它的东西。超越着源起的根据返回到自由本身，而且自由作为本源

---

① 海德格尔说："此在的平均日常生活规定为沉沦着开展的、被抛地筹划着的在世，这种在世为最本己的能在本身而'寓世'存在和共他人存在。"正是因为"此在"的日常生活与共他人存在，所以"此在"是一种"非本真"的存在。见海德格尔著，陈嘉映、王庆节译：《存在与时间》，北京：生活·读书·新知三联书店，1999年，第210页。

② 海德格尔著，孙周兴译：《论根据的本质》，载《路标》，北京：商务印书馆，2001年，第198页。

③ 海德格尔著，孙周兴译：《论根据的本质》，载《路标》，北京：商务印书馆，2001年，第200页。

本身变成为‘根据’。自由乃是根据之根据。”[①]

自由作为“非本质”的根据，就是让存在者面对存在的“无”，只有基于“无”之原始的可敞开状态，人之此在才能走向存在者并且深入存在者那里。但只要此在按其本质而言，要与非此在的存在者到此在本身这个存在者发生关系，那么，它作为这样的此在，就向来已经是从可敞开的“无”而来的。所以，海德格尔说：“此在之意谓：嵌入到无中的状态。把自身嵌入无中时，此在向来已经超出存在者整体之外而存在了。这种超出存在者之外的存在状态，我们称之为超越。”[②]

海德格尔对“无”的追问，即是追问存在，它造就了存在研究的传统形而上学，也使作为存在论之存在研究的形而上学成为可能。而真谛强调分别性、依他性的“无所有”，才是真实性。而只有真正证悟到这种“不变异”的“如如”，才能真正了解到依他性，所以称为真实的存在。海德格尔对存在者与存在的诠释，与真谛具有异曲同工之妙。

真谛译《转识论》认为真实性是“此前后两性未曾相离”，即分别性与依他性不相离。玄奘译对应的语句为“圆成实于彼，常远离前性”，梵文原意是“然而，一切在这方面时常远离前者的，是真实性”[③]。真谛译《转识论》所说分别性与依他性不相离，与原文不相符合。但是，真谛以此强调境与识不即不离的关系，并借此关系说明“唯识”的道理。[④]真谛译《转识论》以两性未曾相离为真实性，不外就是指能所合一的“同一性”。由境识不相离推出唯识无境，再由境无推出识无，建立境

---

① 海德格尔著，孙周兴译：《论根据的本质》，载《路标》，北京：商务印书馆，2001年，第202页。

② 海德格尔著，孙周兴译：《形而上学是什么？》，载《路标》，北京：商务印书馆，2001年，第133页。

③ 霍韬晦：《安慧〈三十唯识释〉原典译注》，香港：香港中文大学出版社，1980年，第27页。

④ 陈一标：《真谛的“三性”思想——以〈转识论〉为中心》，《东方宗教研究》第4期，1994年，第26页。

识俱泯的唯识义。依《转识论》梵文及玄奘译，若能恒远离前之分别性，便能成就真如的实性。[1]安慧以认识的客体与主体作为分别性，强调其关系本来是不存在的，是心识构想出来，是“无而有”。真实性或完全的真实即成立于对认识客体与主体绝对彻底的否定。安慧以“不变异”(avikāra)来解释真实性，即是“如性”，是不变异的本来如此。

护法一系对真实性的解读，如《成唯识论》说：

> 二空所显，圆满成就诸法实性，名圆成实。显此遍、常，体非虚谬。……于彼依他起上常远离前遍计所执，二空所显真如为性。说于彼言，显圆成实与依他起不即不离。常远离言，显妄所执能、所取性，理恒非有。前言义显不空依他。性显二空非圆成实，真如离有离无性故。[2]

真实性是二空所显示出来的，对于主体和客观的事物都有一种圆满的认识，了知它们是无体性的。“遍”是指真实性周遍地存在于一切法之中，即一切法是空的；“常”表示真实性这种无自性的真理具有常住性、持存性，而不是变幻无常的。同时，真实性与依他性有“不即不离”的关系，“不即”表示二者有区别，依他性是事物的根本结构，而对于这种依他性的结构有正确的理解便是真实性；“不离”显示真实性在以依他性为结构的事物之中，我们不能离开依他性这种根本结构而建立真实性。所以，真谛对真实性的理解是分别性、依他性无所有，而护法一系主张真实性是在依他性上远离分别性的执著。

依真谛译《转识论》，真实性具有两种意义：一、尘本非有，所以显

---

① 吴汝钧：《唯识现象学(二)·安慧》，台北：学生书局，2002年，第128页。
② 《成唯识论》卷八，《大正藏》第31册，第46页中。

现二取的虚妄分别识亦不生，这种无分别的状态即是“境无识无”；二、“识无”与“识有”同时成立，即识以“非识”为自性，识作为主体，其自体不成就而显现二取，即是“识有境无”。[①]依“境无识无”，分别性、依他性的无所有，即是真实性。依“识有境无”，境与识未曾相离，从唯识观的角度，由观境无识有，渐次观识空，即是境识俱泯的真实性，也即分别性、依他性的无所有。这样，两种意义其实是相通的，“识有境无”终将通向“识无境无”。

真谛依分别性与依他性之对立、同一的矛盾关系建立“方便唯识”与“真实唯识”，是其独特的思想。《转识论》将唯识区分为“不净品唯识”（又称“方便唯识”）和“净品唯识”（又名“真实唯识”“正观唯识”）：

> 一一识中皆具能所，能分别即是识，所分别即是境；能即依他性，所即分别性。故云起种种分别及所分别也。由如此义，离识之外无别境，但唯有识义成。既未明遣识，惑乱未除，故名不净品也。问：遣境存识，乃可称唯识义，既境识俱遣，何识可成？答：立唯识乃一往遣境留心，卒终为论，遣境为欲空心，是其正意。是故境识俱泯，是其义成，此境识俱泯即是实性，实性即是阿摩罗识。[②]

方便唯识是观一切法并不存在，只是识的虚妄分别所显现出来的表象，此时成立“唯识无境”，即“识有境无”。但是，如果执著“唯识”而不能正确理解识的自性，就仍然陷入主客对立的心识结构中，从而不能

---

① 上田义文：《仏教思想史研究》，京都：永田文昌堂，1958年，第47页。
② 《转识论》，《大正藏》第31册，第62页下。

达到唯识的真境界。[1]识其实是以“非识”为自性，当识显现出境时，境即是识的自身，所以境无识亦无，即“境识俱泯”或“识无境无”。这才是真谛眼中真正的唯识，即真实唯识。

对于真实唯识，《转识论》说：“若智者不更缘此境，二不显现，是时行者名入唯识。何以故？由修观散乱执尽。是名无所得，非心非境，是智名出世无分别智，即是境智无差别，名如如智，亦名转依。”真实唯识是二取不显现的境界，依他性是以二取的形式而显现的，当二取不显现时，依他性亦不显现。以水晶为例，当我们看到水晶上所映照的色彩的时候，会说有色彩在显现；但是，当我们知道色彩是无，只是以水晶为体才得以显现，此即“唯识无境”。但是，既然色彩是无，我们所见的都只是色彩，并无法看到无色透明的水晶，那么从色彩而得知其有的水晶（“识以非识为自性”，水晶以色彩为自性），也变成是无了。从这样的比喻看来，“唯识无境”和“境识俱泯”是同时成立的。[2]由于“唯识无境”或“境以识为体”，故言“非境”；由于“境无故识无”或“识以非识为自性”，故言“非心”；“非心非境”的境智无差别状态即是出世间无分别智，亦名为阿摩罗识。

真谛译《十八空论》说：

> 但唯识义有两：一者方便，谓先观唯有阿梨耶识，无余境界，现得境智两空，除妄识已尽，名为方便唯识也；二明正观唯识，遣荡生死虚妄识心，及以境界，一切皆净尽，唯有阿摩罗清净心也。[3]

---

① 《转识论》说：“若谓但唯有识，现前起此执者，若未离此执，不得入唯识中。”见《大正藏》第31册，第63页下。

② 陈一标：《真谛的“三性”思想——以〈转识论〉为中心》，《东方宗教研究》第4期，第28页。

③ 《十八空论》，《大正藏》第31册，第864页上。

在《十八空论》中，将一切存在者摄入阿黎耶识(本识)，一切外境如《摄论》所说的十一识、《中边分别论》所说的尘、根、我、识，都是本识所显现的表象，前七识亦是本识的表象，唯有作为显现者的本识存在，即方便唯识；[①] 真实唯识(亦称“正观唯识”)就是遣荡虚妄分别的本识，无境无识，一切皆净尽，即是真实性，唯有阿摩罗识。[②]

圆测《解深密经疏》记载真谛的三性思想，其中有多种说法：

> 真谛三藏说云：第八赖耶名依他起，眼等七识为分别性，依他无生、分别无相为真实性；又解：眼等八识为依他起，所变相分为分别性，依他无生、分别无相为真实性；又解：眼等八识见分、相分名依他起，妄所执境为分别性，依他无生、分别无相为真实性。如上两解，理且不然。眼等八识及诸相分等从缘生，云何偏说第八赖耶名依他起，眼等七识为分别性；分别无相、依他无生，不异二性，如何说彼名真实性？如此等过，不可具陈。[③]

以上三种三性的说法对真实性的界定是相同的，都是“依他无生、分别无相”。但是，分别性与依他性的开合则有三种不同的进路：第一种是以本识为“识”，眼等七识为本识所缘“境”，即依“一种七现”成立唯识无境，这是存在论的进路；第二种是以八识为“识”，八识的所缘为“境”，这是认识论的进路；第三种是以八识所变见分、相分为依他性，这是“有相唯识”的观念论进路，恐怕不是真谛的思想，而是融合“有相唯识”与“无相唯识”后形成的。圆测却偏偏批评前两种说法，可见

① 《中边分别论》卷上说：“尘根我及识，本识生似彼，但识有无彼，彼无故识无。”前三句为方便唯识，最后一句转入真实唯识。见《大正藏》第31册，第451页中。

② 相同的思想，见《三无性论》卷上，《大正藏》第31册，第871页下—872页上。

③ 欧阳渐：《解深密经圆测疏引存真谛说录余》，载《解节经真谛义》附录，南京：金陵刻经处，1924年，第3—4页。《解深密经疏》卷四，《卍续藏》第34册，第748页上。

其唯识今学的立场。[①]

所以，真谛对方便唯识有两种诠释进路：一种是认识论的进路，不对八识进行区分说明，只说境是主体心识所显现的表象；另一种是存在论的进路，追寻现象界存在的来源，一切现象存在都是本识的表象或种子所生的现行法。但是，无论如何，方便唯识是指“唯识无境”或“识有境无”；真实唯识则是“境识俱泯”或“境无识无”，唯有阿摩罗识。

真实唯识之所以又称为阿摩罗识，原因在于真谛强调智如合一，立于无分别智的境界即是真如。所以，“境识俱泯”的无分别智，并不是将“境”和“识”单纯地否定，而是在否定中达到绝对的肯定。汉译佛典将vijñaptimātra译作“唯识”，vijñapti意谓所识同时就是能识，“唯识”并不是一无所见，而是指“所缘”不是实在，所缘与能缘是平等的。从“境”的视角来看，“唯识无境”否定了境，但是境无则识亦无；从“识”来看，“唯识无境”是对识的肯定，但毕竟是相对于“境”的肯定。唯有在“境识俱泯”时，“识以非识为自性”的性质才会被绝对地肯定，识的自我否定性显露无遗。所以，真谛的三性思想有两大特点：一、从三性来说，分别性以依他性为体，“识境合一”，分别性、依他性无所有即是真实性，体现了“性相融即”的思想；二、从真实性来说，强调“智如合一”，这是“尘识理门”的思想，也是“无相唯识”一系的思想，而将真实性视为阿摩罗识，是其独特的思想。

方东美曾经强调唯识思想的源头在“唯智”，如超越现象学(transcendental phenomenology)，即彻底断除种种染污，以智慧的观点

---

① 圆测对真谛学说的记载，是以新译唯识体系为标准，引用真谛的思想加以补充，同时也引用旧译对新译的一些思想进行批评。见木村邦和：《真諦三藏の学説に対する西明寺円測の評価——解深密経疏の場合》，《印度學佛教學研究》第30卷第1号，1981年，第373—375页。

来了解世界，世界成为纯洁而高尚的现象。[①]所以，他主张唯识学“彻底”之后，必须回头来讲法相，其源头在于清净的智慧。方东美的这种立场与安慧、真谛相合。[②]因此，真谛的三性思想不同于《摄论》等以依他性为中心，而是以作为“真实唯识”的阿摩罗识——真实性为中心，这是巨大的转折，是由“唯识”向“唯智”的转变。[③]

二　性相融即与性相永别

护法一系的唯识今学，与真谛有很大的区别。相对于真谛的“智如合一”“识境合一”“性相融即”，护法一系主张“性相永别”“智如二分”。《成唯识论》说：

> 此性即是唯识实性，谓唯识性略有二种：一者虚妄，谓遍计所执；二者真实，谓圆成实性，为简虚妄，说实性言。复有二性：一者世俗，谓依他起；二者胜义，谓圆成实，为简世俗，故说实性。[④]

窥基对此解释说：“谓相及性，性者实体，即唯真如。相亦名体，依他体故。有法相对，不明初性，以无体故。”[⑤]依“有相唯识”的二重心识结构，识转变是指识本身产生一种分化作用，这种作用生起相分和见分，见分是认识的主体，了别相分，并执取相分为具有实自性的东西，最后

---

① 方东美：《中国大乘佛学》，台北：黎明文化，1991年，第590页。

② 方东美从两方面对三性进行诠释：第一，意识的三种作用，即虚妄唯识性、相对唯识性（又称因缘唯识性）、圆满唯识性；第二，三种知识，即幻觉、幻想的知识，经验、可能、相对的知识，绝对、圆满、真相的知识。见《中国大乘佛学》，台北：黎明文化，1991年，第644—645页。

③ 岩田良三：《真諦の三性説について》，《印度學佛教學研究》第21卷第1号，1972年，第358页。

④ 《成唯识论》卷九，《大正藏》第31册，第48页上—中。

⑤ 《成唯识论述记》卷九末，《大正藏》第43册，第555页中。

产生能取与所取。此中有两种“唯识”义：其一阐明虚妄法，一切事物并不实在，由于识的虚妄分别才被执著；其二以“不离识”为“唯识”，一切诸法都只不过是识的见、相二分而已，将万法收摄到识的内侧，作为识的内境。唯识今学认为，依他性是实有的，唯识即是“唯依他起”，包括识体、见分、相分，这称为“唯识相”；《唯识三十颂》的第一颂到第二十四颂都是以“依他性”为中心来说明“唯识相”的。[①]

唯识今学对“唯识相”与“唯识性”加以严格区分，窥基认为“唯识相”是指依他性，唯是有为法，通有漏、无漏法；唯识性是指真实性，唯是指真如，只是无为无漏法。[②]所以，唯识相是我、法二空，《成唯识论》说：“未达遍计所执性空，不如实知依他有故。”[③]但是我、法二空并不是真如、空性，“二空所显真如为性”，真如是二空所显的真实。这样，“唯识相”是识所转依而来的“智”；“唯识性”是真如，即后世所谓“凝然真如”。因此相、性永远处于二分的状态，即是“性相永别”。

从语言学来看，玄奘以“空”与“空性”的梵文区分二者。窥基说：

> 二我既空，依此空门所显真如，为其自性。梵云瞬若(śūnya)，此说为空；云瞬若多(śūnyatā)，此名空性。如名空性，不名为空，故依空门而显此性，即圆成实是空所显。此即约表诠显圆成实。问：空为门者，为智是空，空为异智？答：空是智境，空体非智，智缘彼空之时，显此真如故。[④]

---

① 《成唯识论述记》卷九末说：“上来二十五行颂，有二二别判，一云：前二十四颂明唯识相，第二十五颂明唯识性。”见《大正藏》第43册，第555页中。

② 《成唯识论述记》卷一本，《大正藏》第43册，第232页中。

③ 《成唯识论》卷八，《大正藏》第31册，第46页中。

④ 《成唯识论述记》卷九本，《大正藏》第43册，第546页上。

玄奘严格区别梵文śūnya和śūnyatā，后者是由前者所显的。因此，“空”(śūnya)是空观，即能显的观，是有为法；而“空性”(śūnyatā)是所显的理，即是真如，是无为法。

玄奘强调“智如二分”“性相永别”，还体现在他对《唯识三十颂》第二十八颂的翻译上：

> [梵文]yadālambanaṃ vijñānaṃ naivopalabhate tadā | sthitaṃ vijñaptimātratve grāhyābhāve tadagrahāt ||
>
> [今译]当智对于所摄取的对象，全然无所得的时候，这时便是安住于唯表别的状态中。因为所执取的[对象]没有时，能执取它的[主体]也不会有。[①]
>
> [玄]若时于所缘，智都无所得，尔时住唯识，离二取相故。[②]
>
> [真]若智者不更缘此境，二不显现，是时行者名入唯识。……若智者不更缘此境，二不显现故者，此境即此唯识境，唯识散乱，由无境故识无。此识既无，能缘唯识之心亦无，故云二不显现。此二但谈二识所现前境，前境先已无故，是名识转品究竟也。[③]

不管是什么时候，当识不取著所缘时，便能够成立唯识。作为真理的唯识本身，也不应视为一种对象来执持。扫除一切所缘，才是真正安住于唯识的真理中。

---

① 霍韬晦：《安慧〈三十唯识释〉原典译注》，香港：香港中文大学出版社，1980年，第144页。“智”，原文为“识”(vijñāna)，藏译本亦作“智”(jñāna)。若为“识”(vijñāna)，则于音节不合，全句超过八音节之数；此外，从意义来说，能取客体之主体，亦即有对对象的分别能力的，方名“识”；此中言双离能所，即非一般之分别主体，故应为“智”。见同书，第145页。

② 《唯识三十论颂》，《大正藏》第31册，第61页中。

③ 《转识论》，《大正藏》第31册，第63页下。

玄奘译本与梵本有一点不同，玄奘译本主张“所缘”与“智”都无所得；梵文本只说不得“所缘”，未提到“智”。《成唯识论》说：

> 若时菩萨于所缘境、无分别智都无所得，不取种种戏论相故，尔时乃名实住唯识真胜义性，即证真如。智与真如平等平等，俱离能取、所取相故。能、所取相俱是分别，有所得心戏论现故。[①]

在认识论层面，是以分别识心去认识所缘境，无分别智则已经超越、克服所缘境，无分别智与所缘境不能同时存在。护法说，菩萨于所缘境和无分别智都无所得，又不执持种种戏论，这就是安住于唯识的真胜义性之中。在超越的真理层面，智与真如是平等的，两者都离开了能取和所取的对立关系。真如不是被我们认知的一种所取相，智亦不是被我们执持的一个能取的主体，两者是冥合为一的。

玄奘之所以认为所缘境与无分别智都无所得，是将智与真如分开，这是“性相永别”“智如二分”的立场。安慧解释说：“如是，[即有]所缘与能缘各各平等的无分别世间智生，对所取、能取起执的随眠便被断除，成就心正住于自心法性中。”[②]当所缘无，能缘亦无，所缘、能缘二者平等，境识俱泯，即是无分别智生起。此时，若能放弃对于认识客体与主体的自性执著的潜在形态[③]，则心安住于自心法性中，达至“智如合一”。真谛的解释立足于“性相融即”的观点，真谛以“方便唯识”为识有境无，而境无识无的“真实唯识”中，并无能缘与所缘，所以是“二

---

① 《成唯识论》卷九，《大正藏》第31册，第49页下。

② 霍韬晦：《安慧〈三十唯识释〉原典译注》，香港：香港中文大学出版社，1980年，第145页。

③ 吴汝钧亦以护法、玄奘将所缘境与无分别智对立是不恰当的，而安慧以能取、所取属同一层次，因而没有这种混淆情况出现。见《唯识现象学(二)·安慧》，台北：学生书局，2002年，第157页。

不显现”。

同样的差别还可见于《唯识三十颂》第二十九颂。玄奘译有“无得不思议”[①]，安慧的解释为：“此中，由能执取之心无故，及由对所执取之境之所得无故，所以[说]：‘彼无心、无得’。”[②]玄奘将“无心”(acitta)译为“不思议”，与梵文不符。安慧强调“所缘境”和“能缘心”都是“无”，即是“境识俱泯”，这与真谛所说“非心非境，是智名出世无分别智，即是境智无差别，名如如智”[③]完全相同。所以，安慧的思想和真谛相通，而当安慧说“真实性是以无为性”[④]的时候，也正是真谛“空即是真实性(空性)”的意思。

玄奘不仅区分śūnya和śūnyatā，而且区别vijñaptimātraka(唯识相)和vijñaptimātrata(唯识性)，认为《唯识三十颂》第十七颂的“唯识”为唯识相，第二十五颂的“唯识”指唯识性。上田义文指出：“在罗什和真谛的翻译中śūnya和śūnyatā的梵语只不过是形容词和名词的不同而已，在‘空’的概念上并无不同的意味。”[⑤]安慧在《唯识三十颂释》中明白指出，第十七颂中vijñaptimātraka的-ka字是世亲为了补足颂文第四句的音节而加入的。[⑥]可见，vijñaptimātraka并无特别指“唯识相”的

① 《唯识三十论颂》，《大正藏》第31册，第61页中。

② 吴汝钧：《唯识现象学(二)·安慧》，台北：学生书局，2002年，第146页。

③ 《转识论》，《大正藏》第31册，第63页下。

④ 霍韬晦：《安慧〈三十唯识释〉原典译注》，香港：香港中文大学出版社，1980年，第135页。霍韬晦为求语句完整，加了一些补充语而成为：“圆成以无[遍计所执的存在]为其存在[自性]故。”可能会误导安慧有“不遣依他”之义，从“非心非境”来看，安慧说真实性以“无”为性，应该是“分别性为无，依他性亦为无”，分别依他两性的无所有就是真实性。

⑤ 上田义文：《梵文唯識三十頌の解明》，东京：第三文明社，1987年，第94—95页。

⑥ 霍韬晦在对安慧释的译注中指出这一点，并提出由于-ka有表示所属的意思，因此亦可以译为“东西”或“者”，不过若自义理上看，则不必拘泥，以免陷于语言之网。见《安慧〈三十唯识释〉原典译注》，香港：香港中文大学出版社，1980年，第112—113页。

意思。吴汝钧亦认为，“唯识相”与“唯识性”两者的意义没有冲突。[①] 因此，玄奘的这种区分，是站在“性相永别”的立场，对梵文作不必要的解释，在世亲的思想中并无确切根据。

总而言之，真谛以“识境合一”“智如合一”“性相融即”的立场，强调能缘是依他性，所缘是分别性，二者皆无、境识俱遣是真实性；主张分别性、依他性为“方便唯识”，真实性为“真实唯识”。真谛的三性思想与安慧相通，亦符合以“尘识理门”为中心的唯识古学三性思想。玄奘以“智如二分”“性相永别”的唯识今学立场，强调识所变见、相二分是不能除遣的依他起性，施设于见、相二分之上的我、法是遍计所执性，我、法二空所显的真如是圆成实性。[②] 所以，真谛的唯识思想是以“唯智”为中心，而不是以虚妄分别为中心。

三　三性之非一非异

三性虽然可以看作是三种存在的范畴，但这并不表示世界同时分为三个性质不同的存在领域，世界始终是唯一的。长尾雅人认为，三性说是唯识学派的世界观，依他性即是同一的世界的结构，是纯粹缘起的世界。依他性一方面经过转换，在凡情之前显现为妄想的世界；另一方面，展开为圣者所完全成就的觉悟境界。所以，依他性的存在

---

① 吴汝钧：《唯识现象学(一)·世亲与护法》，台北：学生书局，2002年，第218页。吴先生认为：由相分所代表的外在世界，以及由见分所代表的自我，两方面都是从存在的相状来说的，属于唯识相。唯识性则是强调相分和见分背后的识的变现，这相分和见分都是从识所变现出来的。所以唯识相和唯识性应是没有明显冲突的，二者所指的可以说是同一种东西，分别只在于，唯识相是就现象方面说，而唯识性则是从本质方面说。以相分、见分、识转变来说明“唯识相”和“唯识性”，恐怕非世亲《三十颂》的本意。唯识相是指现象方面，即分别性与依他性；唯识性应该是指真实方面，即真实性。

② 陈一标：《真谛的“三性”思想——以〈转识论〉为中心》，《东方宗教研究》第4期，第30页。

是转换进行的基础，它是由迷变成悟的媒介。[1]这是一种基于“性相永别”的立场所产生的看法。若依真谛“性相融即”的唯识思想，分别性的一切法以依他性的识为体，所缘的境与能缘的识为一体，所缘与能缘平等，这就是无分别（智、真如）的真实性。

针对三性之间的关系，唯识今学与真谛一系有不同的诠释，《唯识三十颂》第二十二颂叙述如下：

> ［梵文］ata eva sa naivānyo nānanyaḥ paratantrataḥ | anityatādivad vācyo nādṛṣṭe ’smin sa dṛśyate ||
>
> ［今译］因为这个缘故，这与依他性既不是相异，也不是不相异。这应说为像无常等那样。这个不见时，那个也看不到。[2]
>
> ［玄］故此与依他，非异非不异。如无常等性，非不见此彼。[3]
>
> ［真］是故前性于后性，不一不异。如无常与有为法，亦不得定说一异。若不见分别性，则不见依他性，是故不一不异。[4]

由于偈颂中“此”的所指问题，即到底“此”是指真实性或分别性，又或另有所指，不同论师展开不同的诠释。从梵文的原意来说，第二十一颂说明真实性是在依他性之上，远离分别性而成就的，基于这个原因，真实性与依他性的关系是“非异非不异”。

依安慧的解释，这首偈颂是阐述真实性与依他性的关系，“此”即是真实性。安慧以真实性为依他性的法性，法性与法的关系，是“非异

---

① 长尾雅人：《摂大乗論：和訳と注解》，东京：讲谈社，1989年，第24—25页。横山纮一亦有此看法，见许洋主译：《唯识思想入门》，台北：东大图书，2002年，第134页。

② 吴汝钧：《唯识现象学（二）·安慧》，台北：学生书局，2002年，第131页。

③ 《唯识三十论颂》，《大正藏》第31册，第61页上。

④ 《转识论》，《大正藏》第31册，第63页上—中。《转识论》中掺杂大量注释性文字，此处仅列出相应于颂文的部分。

非不异”。因为，若真实性与依他性的存在有“异”，则依他性将成为分别性的对象而非空；若“不异”，则真实性将不能成为清净所缘，而是如依他性一样以杂染法为自体。同样，依他性亦可以不以杂染法为自体，因为其与真实性没有差别，如已实现的真实性一样。[①]安慧的这种说明方法，继承了他在《中边分别论疏》中对空性与虚妄分别的关系的阐述，与《辨法法性论》属同一思想体系。[②]

护法亦是以“非异非不异”解释真实性与依他性的关系，《成唯识论》说：“由前理故，此圆成实与彼依他起，非异非不异。异，应真如非彼实性；不异，此性应是无常。彼此俱应净、非净境，则本、后智用应无别。”[③]护法与安慧一样，继承龙树《中论》的论证方式。这种方式是：如要论证a命题，则会先假设a的反面，即-a；由-a推导出一些困难，则此困难多是与日常的世间知解有冲突甚至矛盾的困难。若要避免此困难的出现，则必须放弃-a这一前提。-a不能成立，逻辑上即得出a命题的正确性与真实性。[④]

真谛对这首偈颂的解释，与安慧、护法完全不同。他主张“不一不异”是说明分别性与依他性的关系，与真实性无关。《转识论》说：

> 分别与依他定一者，分别性决定永无，不为五法藏所摄；依他性亦应永无，若尔，便无生死、解脱、善恶、律戒法。此为不可，既不如此故，分别性与依他性不得定一。若定异者，则分别性便不能遣依他性；既由观分别性是无所有，方见依他性亦无所有故，不

---

① 霍韬晦：《安慧〈三十唯识释〉原典译注》，香港：香港中文大学出版社，1980年，第127页。

② 胜又俊教：《仏教における心識説の研究》，东京：山喜房佛书林，1974年，第262页。

③ 《成唯识论》卷八，《大正藏》第31册，第46页中。

④ 吴汝钧：《龙树〈中论〉的哲学解读》，台北：台湾商务印书馆，1999年，第9—10页。

得定异。又若分别性定异依他性者，分别性体应定是有，非谓永无；有可异无，何所论异？[①]

《转识论》在解释第二十一颂时，以境为分别性，识为依他性，境无识无为真实性。所以，真谛以“不一不异”解释分别性与依他性的关系，即境与识的关系，也是自成体系而并无矛盾。当然，这并不是世亲《唯识三十颂》的原意，而是其独创的诠释路径。

真谛的论证方法与安慧、护法相同，曲折而吊诡。境（分别性）与识（依他性）是不一，因为境是无，识是有。若二者定是一，则识亦成为无，虚妄分别既不存在，则无生死之解脱可言，所以《转识论》以“能是依他性，所是分别性”将二者对立起来，表示其“不一”的一面。但是，分别性与依他性若定是异，则除掉了境，虚妄分别的识还是存在；这样，根本的乱源未除，绝对不是真实的境界。从瑜伽行的修行次第来看，虚妄分别被除遣，是从观分别性永无下手的，因此分别性与依他性不能定是异，而应有相当的关联，才能够从观分别性是无所有，达到依他性亦无所有的境界，因此说二者“不异”。真谛对分别性与依他性“不一不异”的诠释，与前面所说两性未曾相离为真实性一致，是指“能所合一”的同一性。

安慧、护法、真谛都举无常性与诸行的“不一不异”关系为例，这是三者相同之处。同时，护法又以胜义谛与世俗谛的关系来说明真实性与依他性，二者是相待而有。安慧、护法以“此”（asmin）为真实性，以“彼”（sa）为依他性；真谛以“此”为分别性，以“彼”为依他性，从而展开与安慧、护法不同的论述。《转识论》说：“若不见分别性，则不

① 《转识论》，《大正藏》第31册，第63页上—中。

见依他性，是故不一不异。”[①]了知分别性的真实，才能真正看到依他性。真谛的“唯识无境”思想，以识之境不外是识，含有识与境之同一以及识与境之差别二义，此即二者之间“不一不异”的关系；而“唯识无境”不但是对境之否定，也是对能取识的否定，境之无蕴含识之无。在真谛所译的唯识典籍中，出现了能缘与所缘一而二、二而一的矛盾构造，表示无分别智是无分别的分别。

安慧、护法都主张从真实性(胜义谛)证见依他性(世俗谛)，安慧还以真实性是无分别出世间智所证，依他性是后得清净世间智所证。[②]所以，认识依他性的后得清净世间智是以认识真实性的无分别出世间智为基础而开出的。这样，倘若不见真实性，亦即没有无分别出世间智，则不能有由之开出的后得清净世间智，因而便没有依他性。相对的主客关系是由后得清净世间智所开出的，脱却这种关系，亦即否定了清净世间智，依他性自然不能被认识。安慧引《悟入无分别陀罗尼》的话，指出由后得智即见一切诸法与阳炎、梦、回响、水月、变化等幻象。这一切存在，都是依他性的东西。

护法亦依无分别智与后得智来说明真实性与依他性的证见关系。《成唯识论》说：“非不证见此圆成实，而能见彼依他起性。未达遍计所执性空，不如实知依他有故。无分别智证真如已，后得智中方能了达依他起性，如幻事等。”[③]在唯识观的实践论中，必须先彻底确认实践的目标，了解到诸法之真实性的空如本性，然后再回头观照诸法的依他性的构造；从存在论的立场来说，必须了知依他性的构造，才能证悟真实性。而分别性与依他性的关系亦是如此，依存在论的立场，只有了

---

① 《转识论》,《大正藏》第31册，第63页中。

② 霍韬晦:《安慧〈三十唯识释〉原典译注》，香港：香港中文大学出版社，1980年，第128页。

③ 《成唯识论》卷八,《大正藏》第31册，第46页中。

解到依他性的缘起，才能知道分别性的诸法是虚妄的；从实践论的角度，则要求通达虚妄的根源，认清分别性的执著性格，才能了知依他性。[①]

按照实践论的诠释方法，真谛以分别性与依他性来诠释“不一不异”的关系，更符合实践修行的次第，这是从世俗谛到胜义谛的进路。安慧、护法是依存在论的诠释方法，因而以真实性与依他性来诠释“非异非不异”，这是从胜义谛到世俗谛的进路。不同的诠释方法与进路，导致对《唯识三十颂》第二十二颂的不同阐释。

四　三性与五法

佛教将一切存在总称为“法”，因此佛教的存在论是对“法”的考察。但是，佛教的存在论并不是像亚里士多德的第一哲学那样探讨“一切存在的第一原理”，不是形而上学的存在论，而是对个别现象（有为法）的存在性的考察。佛教用“法”和“法性”区分现象和本质，并且否定任何本质上的实体，“法性”是超越客观和主观这种二元的、对立的存在时现前的事物的实相。唯识思想的存在论承袭此基本立场，但是将一切存在摄入心识的范畴，从而将存在论与认识论联系起来，二者的中介即实践论。正如横山纮一所说，实践论是唯识思想的真髓。[②]

佛教的存在分类法中，最基本的是原始佛教以来所提倡的“五蕴”——色、受、想、行、识，只涉及现象（有为法）。因为原始佛教的存在论以自我存在为中心，而作为理想的真理（无为法）是在完全否定自我存在的现象时出现的，现象和真理被理解为完全殊异的存在。部派佛教时期，论师致力于对存在的分析、阐明，提出“五位说”——色、心、心所、不相应行、无为。瑜伽行派亦采取“五位说”，但二者的不同

① 吴汝钧：《唯识现象学（一）·世亲与护法》，台北：学生书局，2002年，第195页。
② 横山纮一著，许洋主译：《唯识思想入门》，台北：东大图书，2002年，第77页。

之处在于：前者将五位所含的全部存在平分、并列，而瑜伽行派将一切存在收摄于心、心所(识)。瑜伽行派采取了以“识”为中心的存在论立场，因此提出独有的存在分类法——“五事”(又称“五法”)：名、相、分别、真如、正智。“五事”分类法的显著特点在于，它完全是在认识论的视野下进行，将全部的存在当作内在于自己精神的位相差别而加以分类。

在五事中，相(nimitta)是认识对象的具体形状或特质，同时指发动语言活动的原因，所谓“一切言说所依处”[①]、“所有言谈安足处事”[②]，语言活动的产生，是因为语言所指示的特定对象(相)存在。[③]名(nāma)即指示事物的语言。分别(vikalpa)是所有的心理活动，即“三界所摄诸心心法”[④]。正智(samyag-jñāna)是通达真理的正确智慧，“由此智故，一切圣人能通达真如”[⑤]。真如(tathatā)指究竟的真理，离一切语言分别。相、名分别构成日常认识的世界，正智与真如构成超日常的世界。

瑜伽行派以此“五事”摄尽一切存在，如《瑜伽论》卷七十二所说，“若欲了知真实义者，当先了知略有五事”[⑥]，《瑜伽论》卷七十三、《楞伽经》、《三无性论》卷上及安慧《中边分别论疏》也都强调了这一点。[⑦]

---

① 《显扬圣教论》卷六，《大正藏》第31册，第506页上。

② 《瑜伽师地论》卷七十二，《大正藏》第30册，第696页上。

③ “相”的原语是nimitta，与表示事物的姿态、形状、性质的lakṣaṇa是同义语，但是nimitta有原因的意思。

④ 《显扬圣教论》卷六，《大正藏》第31册，第507页上。

⑤ 《三无性论》卷上，《大正藏》第31册，第868页上。

⑥ 《瑜伽师地论》卷七十二，《大正藏》第30册，第695页下。

⑦ 《瑜伽师地论》卷七十三说：“问：如是五事为摄一切法为不如是耶？答：如是……”见《大正藏》第30册，第700页上。《入楞伽经》卷七说：“大慧于五法、三法相、八种识、二种无我，一切佛法皆入五法中。”见《大正藏》第16册，第558页上。《三无性论》卷上说：“五法中前三是世谛，后三是真如，一切法不出此五。”见《大正藏》第31册，第868页上。山口益译注：《安慧阿遮梨耶造中辺分別論釈疏》，名古屋：破尘阁书房，1935年，第206页。

瑜伽行派的存在论是以三性思想为中心，以三性摄尽一切存在，于是必须探讨三性与五事的关系。[①]唯识典籍对三性与五事关系的探讨，总共有四种不同的说法[②]，列举如下：

第一，《瑜伽论》卷七十四、《显扬圣教论》卷六及卷十六、《三无性论》、《佛性论》，皆主张分别性无体，所以不摄五事；依他性摄相、名、分别、正智，真实性摄真如。

第二，《中边分别论》主张，相与分别为依他性所摄，名为分别性所摄，正智与真如为真实性所摄。[③]

第三，《楞伽经》主张，分别性摄相、名，依他性摄分别，真实性摄正智、真如。

第四，玄奘译《摄论释》卷五说："此中安立名为依他起，义为遍计所执，以依他起由名势力成所遍计故。"[④]窥基解释说，"名"为五事中的名，"义"是五事中的相与分别，也即名之所诠。[⑤]因此，依他性摄名，分别性摄相与分别。

三性与五法的关系，不同论书的解释各有差异，即使在真谛译书中，也是不统一的。[⑥]但是，后世认为真谛的本义，应该是以《中边分别论》为准。唐代灵润曾经举出新、旧两译有十四种不同义，其中涉及三性与五法的关系，新译以为五法不摄分别性，正智摄依他性；真谛则

---

① 《瑜伽师地论》卷七十三说："若欲了知真实义者，于三自性复应修观。"见《大正藏》第30册，第703页上。

② 《成唯识论》卷八曾总结这四种说法，见《大正藏》第31册，第47页上。

③ 《中边分别论》卷上，《大正藏》第31册，第456页中。

④ 玄奘译：《摄大乘论释》卷五，《大正藏》第31册，第343页中；真谛译：《摄大乘论释》卷六，《大正藏》第31册，第191页上。这正是《成唯识论》卷八的第四种说法："复有处说，名属依他起性，义属遍计所执。彼说有漏心心所法、相、见分等，由名势力成所遍计，故说为名；遍计所执随名横计，体实非有，假立义名。"见《大正藏》第31册，第47页上。

⑤ 《成唯识论述记》卷九本，《大正藏》第43册，第549页下。

⑥ 舟桥尚哉：《五法と三性について》，《印度學佛教學研究》第21卷第1号，1972年，第374—375页。

谓五法应摄分别性，正智通于依他性及真实性。[1]灵润记载的新译之说即是上列四种的第一种，其所载真谛之说其实是“尘识理门”的三性思想，即分别性摄名，真实性摄正智与真如，依他性摄相、分别，因为正智亦包括后得智，所以也为依他性所摄。这是唯识古学与今学在三性与五法关系上的不同。

第三节 唯识与中观

佛教在存在论上区分出现象和本质，又在真理的层面上区分出世俗谛和胜义谛，这其实是一切哲学的共义。任何严肃、深邃而富有洞见的心灵决不会满足于表面的、浅薄的事相，肯定会去探索事物的究竟真实。早在《奥义书》时期，谈及“梵”为唯一的实在或“真实中的真实”，便明显地预设了二谛论的雏形。在佛陀的教法之中，亦以涅槃为绝对的真实，现象则是约定俗成的真实。早期的阿毗达磨论书认为“假名有”是随俗说(即世俗谛)，而色等诸蕴是真实义。然而把二谛论加以组织，并用以会通判别佛教经典与教理，乃是中观学派的功劳。[2]一般人常以中观学派为二谛思想的代表，而忽略了瑜伽行派的二谛说。瑜伽行派以其特有的三性、三无性思想，来诠释作为佛教基本教义之一的二谛思想。

唯识与中观都是大乘佛教，都以彻底断除法执为目标，因而必须否定一切语言和对象。借由无分别智悟入唯识性的真如，与中观学派所说的戏论寂灭的境界并无差别。竹村牧男曾经总结中观与唯识的不同，中观学派认为一切的言表(命题)在逻辑上是不成立的，因而加以排

---

① 梅光羲:《相宗新旧两译不同论》,《现代佛教学术丛刊》第28册，第93—94页。

② T. R. Murti著，郭忠生译:《中观哲学》下,《世界佛学名著译丛》第65册，台北:华宇出版社，1985年，第402页。

拒；唯识却建立了一套“识”的理论，在“识”中区分能见与所见，并以缘起、刹那生灭等基本观点，说明实体的概念在思维逻辑上的矛盾，以此破除我们心中将我、法视为实体的虚妄性。[①]

一　自性空与他性空

对于般若、中观的核心思想——“空”，依唯识今学的立场，般若、中观是“自性空”，唯识则是“他性空”，二者无法融通。义净《南海寄归内法传》中，介绍7世纪后半的印度佛教，并将中观和瑜伽行派的教理作一比较：“所云大乘无过二种，一则中观，二乃瑜伽。中观则俗有真空，体虚如幻；瑜伽则外无内有，事皆唯识。”[②]中观的空性思想是从世俗层面的实存性进至胜义谛的开悟之道，强调一切都是缘起之理，但是缺乏具体的悟入过程；瑜伽唯识思想的基础是“识”，一方面承继中观假立的思想而加以延伸发展，另一方面又形成具体性的世俗谛，“识”即从世俗谛转换到胜义谛的具体媒介。[③]

若依真谛的唯识思想，唯识无境并不只是要肯定识否定境，而是要借能知和所知对立同一的关系，来呈现《般若经》“色即是空，空即是色”的思想。否定境即同时否定识，主客彼此融没，一隐一显，所呈显的即是“色不是色，所以是色”。这种打破主客对立的立场，以境识俱泯来呈显“空”，可以说是唯识对“色即是空”的进一步演绎。[④]但是，透过“空性中也有虚妄分别”的思想，瑜伽行派同时发展出一条通过主体来彰显“空即是色”的新途径。

---

① 竹村牧男著，蔡伯郎译：《觉与空——印度佛教的展开》，台北：东大图书，2003年，第208页。

② 《南海寄归内法传》卷一，《大正藏》第54册，第205页下。

③ 依昱：《唯识空观的研究》，《普门学报》第9期，2002年，第32页。

④ 上田义文著，陈一标译：《大乘佛教思想》译序，台北：东大图书，2002年，第11页。

1. 虚妄分别与空性——真空妙有的新诠释

瑜伽行派接受了中观学派认为一切存在都是语言性存在的观念，但是将这一观念从单纯的遮诠立场转变到表诠的立场，实际上从一种彻底的唯名论转移到了语言存在论。[①]中观学派以为一切法都是因缘施设，只有假名的存在，因为但遮不表，最终假名有也应该完全空掉。"尘识理门"及真谛的三性思想继承了假有性空的思想，并透过主体彰显"空"的思想。如《辩中边论》说：

> 于自相无倒，知一切唯名，离一切分别，依胜义自相。
>
> 论曰：如实知见一切眼色乃至意法，皆唯有名，即能对治一切分别。应知是于自相无倒，此依胜义自相而说，若依世俗，非但有名，可取种种差别相故。[②]

瑜伽行派是在一种积极的意义上说任何存在(境相)都是语言性的。如安慧解释假实义：

> 施设诸我及诸法，名我、法施设。这也就是我的假安立和法的假安立。种种，即显非一类，如诸我、命者、生者、人、童蒙等，都是我施设；蕴、处、界、色、受、想、行、识等，都是法施设。这两种施设，都只是识的转化，并非实在的我和诸法。[③]

---

① 吴学国：《境界与言诠——唯识的存有论向语言层面的转化》，上海：上海人民出版社，2003年，第204页。

② 《辩中边论》卷下，《大正藏》第31册，第475页中。

③ 霍韬晦：《安慧〈三十唯识释〉原典译注》，香港：香港中文大学出版社，1980年，第18页。

由于无始名言戏论分别习气增长，从阿黎耶识中生起我等影像和色等影像分别，于是我法等施设虚妄而起，所以缘起义即是虚妄分别义，即是假设安立义。

虚妄分别作为缘起性或依他性，即依种子的缘力，显现色等四种或一切诸法。"显现"表明一切现象都是"可见"与"无"的，所以分别性是没有实体的。这样，依他性的虚妄分别是非真实的，灭除染污分的依他性的乱识，即现起清净分的依他性的净识，即是现起真实性或空性。或者说，这是灭去虚妄的自我与世界(主观与客观)，实现真实的自我与世界。

空性的成就，即实现虚妄分别"非有非无"的中道。《中边分别论》第一偈后半说："彼中唯有空，于此亦有彼。"[1]在虚妄分别中，有远离能取、所取的空性；于空性中，也有虚妄分别。所以，虚妄分别内含"真空妙有"的矛盾结构，是一种"无之有"的存在。凡夫邪见固执"境"为心识以外的实物，而修道者为了否定外境为无，建构"唯识无境"；为了避免固执"万法唯识"，又建构了"境识俱泯"。因此，《中边分别论》亦是通过双重否定揭示空性的成就，双重否定即是绝对肯定，体现了"空"的吊诡和辩证、动态的结构。此论与中观学派的不同在于，"尘识理门"三性思想的表达是通过主体的彰显与建构性的表诠方法，而中观学派是用遮诠的方法。但是，二者的结果是相同的。《中边分别论·相品》第十三偈说"无二有此无，是二名空相，故非有非无，不异亦不一"[2]，正说明了空性与虚妄分别"不一不异"的关系。

---

① 《中边分别论》卷上，《大正藏》第31册，第451页上。梵文、藏文及汉译本对照，见叶阿月：《唯識思想の研究：根本眞實としての三性説を中心にして》"资料编"，东京：国书刊行会，1975年，第1页。

② 《中边分别论》卷上，《大正藏》第31册，第452页中。叶阿月：《唯識思想の研究：根本眞實としての三性説を中心にして》"资料编"，东京：国书刊行会，1975年，第43—47页。

由于《中边分别论・相品》第一偈的"于此亦有彼"与第十三偈的"不异亦不一",各家对空性与虚妄分别的关系形成不同的诠释。长尾雅人主张"空性中虚妄分别的复活"①,上田义文主张"虚妄与真实的交彻"②,前者突出了虚妄分别的识性,后者强调了灭乱识之后即现起净识的可能性。对于abhūtaparikalpa,真谛、玄奘都译为"虚妄分别",而真谛有时又译为"乱识"或"乱识虚妄性",以强调"本识"显现现象过程的迷乱性、不真实性。真谛在翻译《中边分别论》第四偈长行时增补说:"乱识虚妄性,由此义得成者,谓一切世间但唯乱识,此乱识云何名虚妄,由境不实故,由体散乱故。"③ 色等四种即一切诸法本来空,由于作为显现者的识体(即乱识)的散乱性,起颠倒分别而显现色等四种。所以,显现一切世间诸法是乱识的作用,依此而成立现实的乱识虚妄分别。在胜义谛的立场上,所取境无所得,能取识(乱识)亦无所有,即是无所得的空性。在世俗谛的立场上,不许乱识无有。

《中边分别论・相品》第七偈说"识以非识为自性",世亲解释说:"不识者,由自性不成就,是故非识。此法真实无所有性,而能显现似非实尘,故说为识。"④ 非识是"识"的自性,识具有自我否定性,即依他性的"因缘有"上以无性为自性,缘生即无性、无性即缘生。识的"有"不单单只是"有",而是与"无"(绝对无)融即的有。绝对无是无分别智、真如,因此所谓识的"生无性"当中,就有无分别(智与真如)之意,即能缘与所缘的平等。所以,非识的"非"有两种意义:一、否定识之"有",意指识之"无"(即生无性);二、否定识的"能缘"意,意指非能

---

① 长尾雅人:《唯識義の基盤としての三性説》,《鈴木学術財団研究年報》第4期,1967年。

② 上田义文:《大乘仏教思想の根本構造》,东京:百花苑,1972年,第117页。

③ 《中边分别论》卷上,《大正藏》第31册,第451页中。窥基批评真谛:"此是人语,非是圣说,本无此也。"见《辩中边论述记》卷上,《大正藏》第44册,第4页上。

④ 《中边分别论》卷上,《大正藏》第31册,第451页下。

缘者即所缘(境),这是识作为境的似现。因此,“识”等于“色即是空,空即是色”的“色”,识的“绝对无之有”是无分别的分别,此即上田义文所说真实与虚妄交彻的矛盾性格。

所以,“尘识理门”的三性思想是以虚妄分别或识的“无之有”的矛盾结构,显示出空性与虚妄分别的不一不异,成就虚妄与真实的交彻,通过主体(识)的彰显,开拓了“真空妙有”的新途径。《中边分别论》的“空”思想,后来被真谛继承并且加以发挥。

2. 自性空与他性空

瑜伽行派另一系对空义的诠释,即“言事理门”的三性思想,通过预设“假说自性”与“离言自性”,从而对中道空义进行“他性空”的诠释。《瑜伽论》卷三十六说:“云何复名善取空者,谓由于此,彼无所有,即由彼故正观为空。复由于此,余实是有,即由余故如实知有。如是名为悟入空性,如实无倒。”[①] 对于《般若经》所说的“一切法空”,瑜伽行派理解为:色等一切法,是假说而自性无所有的,所以说是空。但假说的一切法,依“实有唯事”而有,假是依实而成立的,所以是有(空所性)。《瑜伽论》系的唯识思想强调“假必依实”,而实有唯事,“外无内有,事皆唯识”,显示了“他性空”的特点。

“言事理门”的空义,得到护法一系的继承与发扬。《成唯识论》说:

> 愚夫所计实我、实法,都无所有,但随妄情而施设,故说之为假。内识所变似我、似法,虽有而非实我法性,然似彼现,故说为假。外境随情而施设故,非有如识。内识必依因缘生故,非无如境。由此便遮增、减二执。境依内识而假立故,唯世俗有;识是假境所依事故,亦胜义有。[②]

---

① 《瑜伽师地论》卷三十六,《大正藏》第30册,第488页下—489页上。

② 《成唯识论》卷一,《大正藏》第31册,第1页中。

护法亦继承中观“假名”思想，提出一般人所执取的我、法只是随妄情而施设出来的。但是，按“假必依实”的原则，实我、实法的颠倒分别来自内识转变似我、似法的内境(即见分、相分)，内境是依心识而假立施设的，所以内境是世俗有；识较内境更具有真实性，所以识是“胜义有”。[①]所以，护法提出二种假：一、外境随情假，即是实我、实法；二、内境因缘假，即内识所变似我、似法，因缘所生，体非全无。[②]

作为瑜伽行派的中心，“识”是一种根据性的存在，实我、实法依此根据而成为观念性的存在，这是古今唯识思想共同的看法。如安慧所说：“一切所知，都是[存在于]遍计所执自性的状态；从实事言，都不存在。识却是缘生法，故应许有实体。”[③]安慧站在存在论的立场，强调对象是不存在的，而“识”是缘生法，是有实体的。安慧以“缘起”来界定识的实在性，缘起有真理性，依之成立的识亦相应地有真理性，但识是否是殊胜的，他没有进一步发挥。[④]所以，瑜伽行派必须对二谛进行重新建构，才能更好地诠释象、识、真理三种存在。

对于瑜伽行派来说，在意识界域中呈现的对象或“他者”是被构造的，但却不是主观而任意地呈现的，而是有其相应的言说世界作为意识界域的现实基础。[⑤]这种现实基础来自“种子”，而唯识今学认为种子是实有的，这意味着种子与识是同一层次的存在。如此一来，由于种子与识的实有，世界便成为一种“他性空”的存在。[⑥]

---

① 以识为“胜义有”，违反了佛教的根本精神，也可能是翻译上的错误。见吴汝钧：《唯识现象学(一)·世亲与护法》，台北：学生书局，2002年，第25页。

② 窥基称前者为“无体随情假”，后者为“有体施设假”。见《成唯识论述记》卷一本，《大正藏》第43册，第238页上。

③ 霍韬晦：《安慧〈三十唯识释〉原典译注》，香港：香港中文大学出版社，1980年，第19页。

④ 吴汝钧：《唯识现象学(二)·安慧》，台北：学生书局，2002年，第34页。

⑤ 林镇国将意识分别的对象称为“他者”，富有启发性。见《空性与现代性》，台北：立绪文化，2004年，第252—254页。

⑥ 另一方面，真谛坚持种子是假有的，所以能够建立“自性空”的立场。

二　三性、三无性与空性

佛教存在论的中心是否定一切实体性的存在，龙树依此确定“空”的观念，从而远离肯定或否定、存在或非存在的一切虚妄关联，以“中道”确定了大乘“空”的基点。[①]“中道”指向超越一切二元性的路数，超越包括存在与非存在、肯定与否定在内的二元性，从而开启了“真空妙有”的矛盾结构。在瑜伽行派的三性说中，除有、无的关系外，还阐明了能缘与所缘的关系，这是其与中观学派最为不同的地方，即以主体彰显“真空妙有”的境界。

1. 三性与空义

龙树讲诸法缘生，无著、世亲则以识和境来剖析诸法。同时，瑜伽行派又以依他性来表示识是缘生的；境是无的，只是被虚妄分别(识)分别而为有，称为分别性。以识为依他性，以境为分别性，表现了“唯识无境”。

在真谛的唯识思想体系中，所缘既然是无，则缘此的能取识亦不能为有，所以识也必定是无。所缘与能缘的无同时成立，即是“境识俱泯”。此时，无分别智缘真如境而生起，境智不二，此无分别智、真如是真实性。总之，境(分别性)无而唯有识(依他性)，包含了真实性。识作为依他性的缘生法，是有；同时，如安慧所说，“由于识不是由自身生成，而是像幻象一样，依[幻术师、咒语等]他缘而起，所以如所现见那样的生起是没有的”[②]，因此依他性的识既是有又是无(空)。但是，识之无并非如龙树所言，乃缘生故无，而是由于识(能取)之境(所取)无。龙树是以空观来空诸法，无著等则是透过唯识观来空诸法。所以，“依他

---

① Abe Masao:《从“有”“无”问题看东西哲学的异向》，载吴汝钧:《佛学研究方法论》下册，台北：学生书局，1996年，第446—447页。

② 霍韬晦:《安慧〈三十唯识释〉原典译注》，香港：香港中文大学出版社，1980年，第134页。

性是缘生”指依他性之有，而非意味空，空是因为所取境的无。真实性是以无为自性[1]，但是其无并非相对于有之无，而是作为无分别智、真如的无。所以，分别性与依他性的同一无性即是真实性，实际上，三性就是同一无性。这样，依他性就成为无而有的构造。在般若、中观体系的“色即是空”中，色(有)和空(绝对无)的不二是由“即”来表现；但是，真谛的三性思想是通过依他性蕴含的有和空二义，来表现有(因缘有)和绝对无对立且同一的矛盾构造的。

民国年间，梅光羲编《相宗新旧两译不同论》曾讨论真谛与玄奘所传三性思想的不同：

> 真谛所译之《三无性论》曰：一切诸法，不出三性：一、分别性，二、依他性，三、真实性。分别性者，谓名言所显自性，即是尘识分。依他性者，谓依因依缘显法自性，即乱识分，依因内根缘内尘起故。真实性者，法如如，法者即是分别、依他两性，如如者即是两性无所有；分别性以无体相故无所有，依他性以无生故无所有；此无所有，皆无变异，故言如如。而在玄奘所译之《显扬论》则曰：三自性者，谓遍计所执自性、依他起自性、圆成实自性。遍计所执者，所谓诸法依因言说所计自体；依他起者，所谓诸法依诸因缘所生自体；圆成实者，所谓诸法真如。按此不同之处，在真谛则谓分别性与依他性悉皆是空，唯真如实性是有；而玄奘则谓但遍计所执性空而依、圆二性则皆是有。[2]

总之，真谛主张分别性与依他性都是空，而真实性是有；玄奘主张分别

---

① 安慧亦说：“圆成以无[遍计所执的存在]为其存在(自性)故。”见霍韬晦：《安慧〈三十唯识释〉原典译注》，香港：香港中文大学出版社，1980年，第135页。

② 梅光羲：《相宗新旧两译不同论》，《现代佛教学术丛刊》第28册，第91—92页。

性是空，而依他性、真实性是有。所以，二者的三性对望中道各有不同，图示如下：

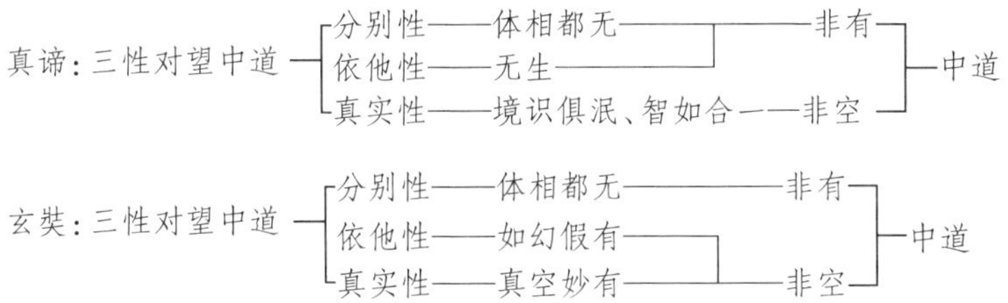

真谛站在“性相融即”的立场，主张空是否定的对立同一，分别性无相，依他性无生，都需加以遣除，空与空性是同一的；玄奘站在“性相永别”的立场，主张空是无乃至否定，强调分别性是无，而不否定依他性，所以分别性是空，而真实性是空性，空与空性是有绝对区别的。如《成唯识论》说：

> 此即于彼依他起上，常远离前遍计所执，二空所显真如为性。说于彼言，显圆成实与依他起不即不离。常远离言，显妄所执能所取性，理恒非有。前言义显不空依他，性显二空非圆成实，真如离有离无性故。[1]

在西方思想中，存在(being)本体论地先于非存在(non-being)，而超越存在与非存在的对反之上的究极者，是大写的绝对存在(Being)。[2]按照中观思想，空是一种动态的构造，不是单纯的否定，而是对否定的否定，

① 《成唯识论》卷八，《大正藏》第31册，第46页中。

② 如Abe Masao所说，在西方思想中，存在、生命、善等肯定原理，是在本体论方面先在于非存在、死、恶等否定原理的。在这个意义上，否定原理时常作为第二义的东西被把握。与此相反，在东方，特别是在道家与佛教，否定原理并不是第二义的，它与肯定原理是同一层次的，甚至较之更为根本，更为内在。见《从“有”“无”问题看东西哲学的异向》，载吴汝钧：《佛学研究方法论》下册，台北：学生书局，1996年，第449页。

经由双重否定达到绝对肯定。这种表述方法正显示出空的辩证和动态的结构。所以，中观思想的空作为究极者，不是绝对存在，而是无定型的，为了区别于相对无，故而常被称为"绝对无"。空的动态结构表现为：(1)有与无之间交相涉入的运作；(2)有与无的自我同一。[①]

唯识今学的三性思想强调空与空性的分离，主张空(绝对无)是把握最高真理(绝对存在，真如)的本质需要，二空所显真如为性，但是真如、空性成为后世所说的"凝然真如"，即成了静态结构，背离了中观空义的根本精神。于是，作为最高真实的真如、空性在一定程度上类似于西方思想传统中的绝对存在。其中原因在于，唯识今学的三性思想只遣分别性，而不遣依他性。依他性作为肯定面的存在，如果没有予以遮除与克服的话，便会形成这样的预设：依他性在存在论上先在于作为否定面的分别性。如此一来，作为绝对存在的真如、空性自然被视为最高的真实、解脱的象征。而这样的真如、空性，是存在论的先在性的焦点。在这种理解下，否定面成了肯定面所克服的对象，所以《成唯识论》说："圆成实于彼常远离前性。"克服了否定面的分别性，便显示了绝对存在的真实性。

圆测介绍了玄奘对空的四种说法：

> 慈恩三藏泛论空者，略四种：一者，说无为空，是故《瑜伽·菩萨地》说：有为、无为名为有，无我、我所名为无。二者，别空无我，谓有漏五蕴上，无我、我所，即说五蕴为空，故《成唯识》云：别空非我，属苦谛故。三者，通空无我[②]，如世尊说：一切法皆空，空无

---

① Abe Masao：《从"有""无"问题看东西哲学的异向》，载吴汝钧：《佛学研究方法论》下册，台北：学生书局，1996年，第450页。

② 《大正藏》《续藏》两本皆是"为我"，应为"无我"，今改。上田义文：《仏教思想史研究》，京都：永田文昌堂，1958年，第203页。

我体通一切法。四者，生法二空所显真如，说之为空，此即空之性故，说名为空。若依梵音，空有二义：一者舜若(śūnya)，此翻为空，四中第一，能显无义；二舜若多(śūnyatā)，此云空性，即是第四所显真性。今论此中舜若多处说舜若声，非如旧说。[1]

正是空与空性的隔离，造成了"性相永别"的立场。空为分别性之"无"，空性为依他性、真实性之"有"，超越二者相对的即是中道。分别性之"非有"、依他性之"假有"、真实性之"实有"是三个不同层面，它们之间不许绝对的相互交彻。

真谛的三性思想体现了空的动态结构，依他性是"无而有"的矛盾构造，分别性、依他性的无所有正是真实性——空，也即有与无的自我同一性。所以，真谛的三性思想是对"色即是空，空即是色"的进一步演绎，创造了通过主体(即依他性——识)来彰显空的新途径。真谛强调肯定面的依他性与否定面的分别性之平等与交相涉入，二者之间形成一种背反的、矛盾的对峙形势，而空正是从存在的背反中解放出来，真正的解脱必须空亦复空。解脱的象征并不是绝对存在的真如，也不是依他性在存在论上先在于分别性的焦点，因为真实性含摄了真如与正智，空是动态的与能动的。

关于三性的空义，《显识论》说："分别性是无有空，分别无法可得故；依他性是不如空，如是破所执；真实性是自性空，无人法二我，是自性空也。"[2]同样的文句，可见于《中边分别论·真实品》第七颂的世亲释中，真谛与玄奘译本对照如下：

---

① 《仁王经疏》卷上末，《大正藏》第33册，第379页下。
② 《显识论》，《大正藏》第31册，第882页上。

[真]无空不如空,性空合三种。

分别性[相]者,无别道理令有,无有物是其空;依他性相者,无有如所分别,不一向无此法,不如有是空;真实性相者,二空自性,是故说名自性空。①

[玄]空亦有三种,谓无异自性。

空有三者:一、无性空,谓遍计所执,此无理趣可说为有,由此非有说为空故;二、异性空,谓依他起,如妄所执不如是有,非一切种性全无故;三、自性空,谓圆成实。二空所显为自性故。②

所以,《显识论》对三性空义的阐明,是引用了《中边分别论》世亲释。对照梵文本可知,三种汉译本都将空性(śūnyatā)翻译为"空"(śūnya),而没有将"性"(tā)明确翻译出来。

梵文以及三种汉译本中三种空的用语,列表比较如下③:

表4.6 梵文及三种汉译本中三种空的用语对照表

梵文	显识论(真谛)	中边分别论(真谛)	辩中边论(玄奘)
Abhāva-śūnyatā	无有空	无空	无性空
atad-śūnyatā	不如空	不如空	异性空
Prakṛti-śūnyatā	自性空	性空	自性空

真谛与玄奘都认为分别性是空的。但是,对于依他性的空,真谛译为"不如空",表示依他性是"无而有"的矛盾结构;而玄奘译为"异性空",强调依他性与分别性的相异,表示依他性是有,而非全无。真谛与玄奘都译真实性的空为"自性空",前者视之为"二空自性",后者强调"二空所显为自性",二者的差别可见一斑。

① 《中边分别论》卷上,《大正藏》第31册,第455页下。

② 《辩中边论》卷中,《大正藏》第31册,第469页上。

③ 叶阿月:《唯識思想の研究:根本眞實としての三性説を中心にして》"资料编",东京:国书刊行会,1975年,第95页。

2. 三无性与空义

中观学派对空的诠释唯有遮诠，瑜伽行派则遮、表双用。中观虽然不立胜义自性，但其与瑜伽的最高存在与最后归宿是相同的——空。瑜伽行派以三性探讨存在的形态，以三无性追寻存在的本质。三无性的梵文原语与汉译如下：

表4.7　“三无性”梵文及汉译对照表

梵文	梵文全译	真谛译	玄奘译
lakṣaṇa-niḥsvabhāvatā	相无自性性	无相性	相无性
upatti-niḥsvabhāvatā	生无自性性	无生性	生无性
paramārtha-niḥsvabhāvatā	胜义无自性性	无性性	胜义无性

三性、三无性是中观学派空思想的新展开，三无性是三性的反面，二者是一种表里关系。[①]“无性”“无自性”是对“自性”的存在性的否定、超越。世亲《唯识三十颂》第二十三、二十四偈提出了三无性的思想：

［梵文］trividhasya svabhāvasya trividhāṃ niḥsvabhāvatām | saṃdhāya sarvadharmāṇāṃ deśitā niḥsvabhāvatā || prathamo lakṣaṇenaiva niḥsvabhāvo 'paraḥ punaḥ | na svayaṃbhāva etasyety aparā niḥsvabhāvatā ||

［今译］基于三种自性，因而有三种无自性。一切法的无自性便被说示了。第一，就特质一点而为无自性。其次，此中不是自有。这样所说的，是跟着的圆成实性的无自性。[②]

［真］然一切诸法但有三性，摄法皆尽。如来为众生，说诸法无性，亦有三种。此三无性是一切法真实。以其离有故名常，欲显此三无性故，明唯识义也。[③]

---

① 横山纮一著，许洋主译：《唯识思想入门》，台北：东大图书，2002年，第136页。

② 吴汝钧：《唯识现象学(二)·安慧》，台北：学生书局，2002年，第141、143页。

③ 《转识论》，《大正藏》第31册，第63页中。

[玄]即依此三性，立彼三无性。故佛密意说，一切法无性。初即相无性，次无自然性，后由远离前，所执我法性。[①]

世亲提出三无性的目的，是要令众生对于诸法的无实体性作进一步了解。玄奘强调"佛密意说"，是梵文本所没有的。而且，《成唯识论》以"显非了义"解释"密意"[②]，这一解释为后来相宗轻视空宗、性宗提供了理论上的依据，对后世造成很大影响。梵文saṃdhāya本有秘密、隐藏的意思，可能指一种深藏的真理。如《解深密经·无自性相品》说："我今请问如来斯义，惟愿如来哀愍解释，说一切法皆无自性、无生无灭，本来寂静，自性涅槃所有密意。"[③]《成唯识论》对"密意"具体内容的解释应该即来源于此，对其含义的解释亦应随同，不应解为"非了义"。从梵文语法来说，世亲的梵文原颂中，"无相性""无生性"都没有tā(性)，"无性性"才有，这说明世亲将前两种无性视为一体，从而与"无性性"有所区别；而安慧在解释颂文时，"无相性"没有用tā(性)，"无生性""无性性"都用tā(性)，说明他将"无生性""无性性"视为同一体。[④]

安慧对"无相性""无性性"的解释与《唯识三十颂》相同，但是upatti-niḥsvabhāvatā(无生性或生无性性)与颂中na svayaṃbhāva(无自然性)不同。安慧解释"无相性"时说，从相上看，分别性是无自性的存在；分别性的相是由想象[施设概念]而有，如色以变坏为相，受以

① 《唯识三十论颂》,《大正藏》第31册，第61页上。

② 《成唯识论》卷九,《大正藏》第31册，第48页上。

③ 《解深密经》卷二,《大正藏》第16册，第694页上。

④ 岩田谛静:《真諦の唯識説の研究》，东京：山喜房佛书林，2004年，第347页。从此亦能看出，真谛的三性思想比较接近于世亲的原意，安慧有时可能与护法有相近的地方。

领纳为相，这些固有的形相如空花般是没有的，正是无自性的存在。[①] 对于“无相性”，安慧、真谛、护法三者的解释，基本相同。

对于“无生性”，安慧解释说，因为依他性不是由自身生成，而是如幻象一样，依［幻术师、咒语等］他缘而起。玄奘译为“无自然性”(svayaṃbhāva)，护法说：“此如幻事，托众缘生，无如妄执自然性故，假说无性，非性全无。”[②]“自然性”是指一切法自己生成，或自己而然。[③] 依他起的事物是无实自性的，如幻事一般，要依托众缘而生起。事物具有缘起的现象性，或说是有一种由缘起而引生的存在性，所以是“非性全无”。这个“性”应指现象性或存在性，而不是指自体或实体。

真谛译《转识论》解释说：

> 分别性名无相性，无体相故。依他性名无生性，体及因果无所有。体似尘相，尘即分别性，分别既无体，亦是无也。因亦无者，本由分别性为境，能发生识果，境界既无，云何生果？如种子能生芽，种子既无芽，从何出？是故无生也。[④]

“无生性”是缘生之“生”，是无自性，亦即不生；而且，缘生者是识，因此“无生性”必须是识的无自性。但是，当说事物是缘生故无自性时，事物作为自性被否定者，乃是人们将其视为外界实在者，亦即被忆想分别(虚妄分别)所分别为有者，因此这不外是识的境，即分别性，所以也是“无相性”。分别性即是所分别的境，依他性是能分别的识，分别

---

① 霍韬晦：《安慧〈三十唯识释〉原典译注》，香港：香港中文大学出版社，1980年，第134页。

② 《成唯识论》卷九，《大正藏》第31册，第48页上。

③ 吴汝钧解释为，依于自己的存在而确立自己的性格。见《唯识现象学(一)·世亲与护法》，台北：学生书局，2002年，第208页。

④ 《转识论》，《大正藏》第31册，第63页中。

性为依他性的“因”。既然识体的成立条件——境界因无，则依此因而成立的识亦无。由此可知，“无生性”和“无相性”，结果是同一无性。缘生的识是无自性而缘生，“无生性”作为相无性，识显现而成为尘。中观学派称为“因缘生”亦即无自性的诸法，被瑜伽行派分为识和境，因此无自性也就分为“无生性”和“无相性”。

安慧强调被认识的客体(即所取grāhya)与认识的主体(即能取grāha)之间的对比、对立关系，二者都不具有生成之事；“生”只是一种拟设的现象，用来描述某东西从没有的状态变成有的状态。这表示安慧是从认识论的角度来看分别性与依他性的关系，真谛亦是如此。真谛以分别性与依他性的能所关系，来说明“无相性”与“无生性”的同一无性。护法一系偏重存在论的意义，因此提出“无自然性”。梅光羲《相宗新旧两译不同论》说：

> 又三无性中，第二生无性义，在真谛译者则曰：约依他性者，由生无性说名无性。何以故？此生由缘力成，不由自成。缘力即是分别性，分别性体既无，以无缘力故，生不得立，是故依他性以无生为性。而在玄奘译则曰：生无性谓依他起自性，由此自性缘力所生，非自然生故。按此不同之处，在真谛则谓依他不由自成即是分别体无，而玄奘则但谓依他非自然生，不谓其无，此不同之处三也。[1]

真谛从能所的认识论角度，强调分别性体既无，识以非识为自性，所以是“无生性”；玄奘从存在论的角度，强调现象存在不是依于自己的存在而确立自己的性格，但仍然有现象的存在性，所以是“非性全无”。

---

① 梅光羲：《相宗新旧两译不同论》，《现代佛教学术丛刊》第28册，第92页。

真谛与玄奘对“无生性”的不同理解，对后世影响非常大。日本唯识宗“南寺传”“北寺传”便有“自然生生”“缘生生”的争议[①]，南寺认为“生”是“自然生”，以外道凡夫妄执依他诸法自然而生，今阐明诸法是托众缘而生，并且引用《成唯识论》卷九的解释作为证据；北寺所传则以“生”为“缘生生”，依他诸法依众缘而生，无实自性，如喻幻事，“遍计、依他无所取二性之相生，故名无性(云云)。既云所取生，岂众缘所生法耶？”[②]南寺所传是源自玄奘的说法，而北寺所传则来自真谛，后代学者多以北寺所传为正确，南寺则误解“自然生”的意思，所述非梵文原意。[③]

“无性性”或“胜义无性”，是指在真实性的境界中，即是把前述的依他缘生状态取为无分别智的对象，而证见一切法均如幻如化，当体即空，无可执，无可取，于是中观学派所说的空即成为可至、可知、可实现的境，从思想史的发展看，这是唯识学派的贡献之一。[④]绝对空即绝对有，安慧以一味、无垢、不变异解释“胜义”，他说：“此圆成自性，于一切依他起所成之法中，即是胜义，以是彼[依他起法]之法性故。因此，圆成自性即胜义无自性性；圆成以无[遍计所执的存在]为其存在(自性)故。”[⑤]“胜义无性”意味着，胜义本身是不能以一种实体来了解的，《成唯识论》说：“依后圆成实，立胜义无性。谓即胜义，由远离前遍计所执我、法性故，假说无性，非性全无。”[⑥]胜义无性与中观学派所说的“空空”有相似之处，“空”是胜义，“空空”就相等于胜义无性。

---

① 有关日本唯识宗“南寺传”“北寺传”的具体传播情况，见杨曾文：《日本佛教史》，杭州：浙江人民出版社，1995年，第67—68页。

② 《唯识同学钞》卷五十九，《大正藏》第66册，第518页中。

③ 胜又俊教：《仏教における心識説の研究》，东京：山喜房佛书林，1974年，第269页。

④ 霍韬晦：《唯识五义》，《华冈佛学学报》第5期，1983年，第324页。

⑤ 霍韬晦：《安慧〈三十唯识释〉原典译注》，香港：香港中文大学出版社，1980年，第135页。

⑥ 《成唯识论》卷九，《大正藏》第31册，第48页上。

“非性全无”表示虽然胜义本身不是一个实体，但是它具有描述诸法的真相的作用或性格。

真谛译《转识论》解释说：“真实性名无性性，无有性、无无性。约人法，故无有性；约二空，故无无性。即是非有性、非无性故，重称无性性也。”①真谛强调分别性、依他性的同一无性是真实性，因而“无相性”“无生性”即是真实性。所以，圆测《解深密经疏》说：

> 真谛三藏说云：第八赖耶名依他起，眼等七识为分别性，依他无性、分别无相为真实性；又解：眼等八识为依他起，所变相分为分别性，依他无生、分别无相为真实性；又解：眼等八识见分、相分名依他起，妄所执境为分别性，依他无生、分别无相为真实性。②

真实性者，因为人、法一切皆空，故非有性；同时，人、法二空也是空，即是绝对状态下的真如，故非无性，这是不可用有、无(空)等任何言语来形容的。真谛用“无有性、无无性”来形容真实性的本质，这通过双重否定后的绝对无，即是“空即是色，色即是空”的“空”，无生无灭，成就本来自性涅槃。③

真谛的三无性思想是其独有的思想，《三无性论》说：

> 释曰：约真实性，由真实无性故。说无性者，此真实性更无别法，还即前两性之无是真实性，真实是无相、无生故。一切有为法，

---

① 《转识论》，《大正藏》第31册，第63页中。

② 欧阳渐：《解深密经圆测疏引存真谛说录余》，载《解节经真谛义》附录，南京：金陵刻经处，1924年，第3—4页。

③ 真谛译《摄大乘论释》卷六说：“由分别性所显现，实无所有，故无相性，分别性无体相故。依他无所依止，故无生性。此二无性，无无性故真实无性性。此三无性，但大乘中有，余乘则无。由诸法永实无性，一切无生等四义得成。何以故？若诸法无性，是故无生。若无生则无灭，由无生无灭，故本来寂静。由本来寂静故，自性涅槃成者。前为后成立依止，谓无性成立无生，故为无生依止。”见《大正藏》第31册，第194页上。

不出此分别、依他两性，此二性既真实无相、无生，由此理故，一切诸法同一无性。此一无性，真实是无，真实是有。真实无，此分别、依他二有；真实有，此分别、依他二无故。不可说有，亦不可说无；不可说有如五尘，不可说无如免角。即是非有性非无性，故名无性性；亦以无性为性，名无性性，即是非安立谛。若是三性并是安立，前两性是安立世谛，体实是无，安立为有故；真实性即是安立真谛，对遣二有，安立二无，名为真谛。还寻此性，离有离无，故非安立，三无性皆非安立也。[①]

真谛强调三无性是以真实无性为中心，真实无性可以从三方面加以说明：第一，依真实性说真实无性的“无性”，真实性是分别、依他两性之无，真实无性即是依分别、依他之无相、无生而成立。一切有为法不出分别、依他两性，此二性是真实无所有，无相、无生，这就是无为法的真实无性，所以说“一切诸法同一无性”。第二，依三性与三无性的有无关系加以诠释，一无性(空性)是真实无、真实有，分别、依他两性之“有”是真实无所有的，而二性之“无”是真实有的，因此真实无性是非有性、非无性，这是与《转识论》相同之处。第三，真谛提出“以无性为性”，这是以三性、三无性为安立谛、非安立谛的思想。安立谛是对真理加以建构，施设种种差别；而非安立谛是离一切言说、名相，由绝对超越的立场来体达真理。[②]三性是安立谛，分别性、依他性是安立世俗谛，因为体实是无而安立为有；真实性是安立胜义谛，因为真实无是对待遣除分别性、依他性之二有，真实有是安立分别、依他二性之无。三

① 《三无性论》卷上，《大正藏》第31册，第867页下。

② 《唯识二十论述记》卷上在解释安立大乘的三界唯识时，谓安立有成立、施设、开演、可建四义。其文云：“安立者，成立义。谓此论中成立大乘三界唯识。即以因喻成立宗义，名为安立。又安立者，施设义。以广道理，施设唯识略理趣故。或安立者，开演义。未说之义，今说名立。已说之义，今广名安。又安者可也，教理相称。立者建也，法性离言。今言名立，顺理所以称安。”见《大正藏》第43册，第980页上。

无性是非安立谛，同时真实性也是非安立谛，因为真实性离分别、依他两性之有与无。

真谛对“分别、依他同一无性即真实性”，在《摄论释》亦有说明：“如我尘法尘亦尔，永无有体，故人法皆无我。如此无我，实有不无。由此二种尘无有体故。依他性不可得，亦实有不无，是名真实性相。”[①] 真实性是绝对无(空)，其中包含相对有(依他性)，既是无又是真实的真实性，虽然与既是有(缘生)又是虚妄的依他性相对立，但是由于此依他性的无性(无生性、空)，又与依他性自我同一。

上田义文认为真谛思想具有两种“有”与“无”的对立：一、有(识=缘生)与无(境=分别性=无)，二、无(依他性之空、非识=能缘之无)与有(识似现为境=所缘之有)；两重对立全部消解在能缘与所缘的平等性中，同时也成立在此平等性的基础上，绝对无的无分别智、真如和与其对立的虚妄、有之识是自我同一的。有与无、虚妄与真实、识与境三重对立同一的关系，被包含在“似现为境之识”中，分别性(境、无)、依他性(识、虚妄、有、空)与真实性(绝对无、真实)就是对此的阐明。[②] 根据这种诠释进路，三性同时也是三无性，三性与三无性是没有差别的。这种思想可见于《三无性论》：

> 次约此三性，说三无性；由三无性，应知是一无性理。约分别(性)者，由相无性，说名无性。何以故？如所显现是相实无，是故分别性以无相为性。约依他性者，由生无性，说名无性。何以故？此生由缘力成，不由自成，缘力即是分别性；分别性体既无，以无缘力故，生不得立，是故依他性以无生为性。约真实性者，由真实

---

① 真谛译：《摄大乘论释》卷五，《大正藏》第31册，第182页上—中。

② 上田义文著，陈一标译：《大乘佛教思想》，台北：东大图书，2002年，第126页。

> 无性故说无性，何以故？此理是真实故，一切诸法由此理故同一无性，是故真实性以无性为性。[1]

《显扬圣教论》中与此相应的文句，有很大的不同。[2]《显扬圣教论》强调"三无性不离三自性"，这是在三性之外说三无性，即认为只谈三性会有所不足，所以才要再谈三无性。真谛主张三性已经包含了三无性，三性同时就是三无性，这是初期瑜伽行派的思想。[3]若强调三性与三无性的不同，三性是安立谛，三无性是非安立谛；所以，在阐明唯识的逻辑结构时会说三性，而在说入唯识行时，则以三无性为主。[4]

真谛与玄奘所传"空"义的不同，焦点在于对依他性的不同看法。在中观的"色即是空"之中，色(有)和空(绝对无)的不二是由"即"来表现，但是在真谛的思想中，是通过依他性蕴含有和空二义，来表现出有(因缘有)和绝对无对立且同一的矛盾构造。唯识今学斥责真谛所谓依他性为无或不可得的思想，认为这是一种谬误。在玄奘处，依他性

---

① 《三无性论》卷上，《大正藏》第31册，第867页下。

② 《显扬圣教论》卷十六说："如是三种自性当知由三无自性，故说三无性。一、相无性，谓遍计所执自性，由此自性体相无故。二、生无性，谓依他起自性，由此自性缘力所生，非自然生故。三、胜义无性，谓圆成实自性，由此自性体是胜义，又是诸法无性。"见《大正藏》第31册，第557页中。

③ 圆测曾经依玄奘的立场批评真谛的三无性思想："真谛三藏云：于一真如遣三性，故说为三种无自性性。于中，圆成实性安立谛摄，三无性者皆非安立，如《三无性论》。大唐三藏云：如《显扬》等即依三性立三无性，以此为正。所以者何？世亲菩萨《三十唯识》作此颂言：即依此三性，立彼三无性，故佛密意说，一切法无性。《护法释》云：于有及无，总说无性，故名密意。又《显扬论》无著所造，与《摄大乘》等同类一义。又《瑜伽论》广引此经及三无性通有及无，故知《三无性论》译家谬也。"见欧阳渐：《解深密经圆测疏引存真谛说录余》，载《解节经真谛义》附录，南京：金陵刻经处，1924年，第4页。

④ 上田义文著，陈一标译：《大乘佛教思想》，台北：东大图书，2002年，第127页。吉藏对摄论师的三无性思想也有这样的看法，《净名玄论》卷七说："学《摄大乘》及《唯识论》人，不取三性，存三无性理。"见《大正藏》第38册，第897页中。依吉藏的说法，摄论师提出三性的目的，是为了说明三无性的道理，亦即是为了说明阿摩罗识意义下之人、法二空的道理。

的有(缘生)和依他性的无(生无性)被区别为二,后者并不是对前者的否定。所以,即使依他性当中具足有(缘生)和无(生无性)二义,但是两者并立,并无矛盾。真谛与玄奘有"性相融即"和"性相永别"的差异,"性相融即"是通过缘生义的依他性和作为二无性之同一无性的真实性之关系来表现的,与二分和合的依他性无关,因此与《起信论》的阿黎耶识真妄和合的思想无关。所以,在真谛的三性与三无性思想中,并不包含如来藏缘起说。①

三 三性与二谛

"缘起性空"是佛教大小乘各宗所共同承认的基本观念,这是将佛陀的十二缘生、诸行无常、诸法无我等教义加以普遍化,而形成的一个普遍原则。②由"缘起性空",直接可说胜义、世俗二谛。③瑜伽行派的

---

① 上田义文著,陈一标译:《大乘佛教思想》,台北:东大图书,2002年,第37页。

② 牟宗三:《中国哲学十九讲》,上海:上海古籍出版社,1997年,第237页。牟宗三先生曾经就"缘起性空"说明西方文化与中国哲学的不同,佛教讲"缘起"就必然涵着"性空",而西方人讲因果性却正好证明"性不空"。科学中的自然法则、自然因果之作为法则,是为了要使自然现象可理解、可说明;而"缘起性空"是由"空"来看因果律,正是要说明世界不可理解,故谓"如幻如化"。同时,牟先生总括二者的差异为:西方哲学、西方传统是"为实有而奋斗"(struggle for Being),佛教是"为去掉实有而奋斗"(struggle for non-Being)。见同书,第238页。

③ 欧美学界对中观哲学的不同诠释进路,导致对二谛有不同的看法。穆帝(T. R. Murti)将二谛理解为"绝对"与"现象",现象与绝对的区分只是认识论的,不是存在论的;所以,中观的二谛因此也只是认识论的区分,存在论上只有唯一的实在。见郭忠生译:《中观哲学》下,《世界佛学名著译丛》第65册,台北:华宇出版社,1985年,第382—383页。凯兹(Nathan Katz)从语言哲学的角度,指出中观的二谛论并非区分二种"实在",而是文法的区分,其重点在于指陈语言的限度。见林镇国:《空性与现代性》,台北:立绪文化,2004年,第196页。亨廷顿(C. W. Huntington)也认为二谛是不同的语言使用:世俗谛建立在"语言的指涉性使用"(referential use of language)上,如"四句";胜义谛则建立在"语言的非指涉性使用"(nonreferential use of language)上,如"四句否定"。语言的指涉性使用是"未了义"说,是在能知与所知的对偶性关系上进行的"实化"(reification)活动,一切贪、嗔、痴随之而生;语言的非指涉性使用则是"了义"说,如"四句否定"不能指涉有、无、有无俱,或非有非无,因此也就不会发生世俗谛的"实化"活动。见C. W. Huntington, Jr with Geshe Namgyal Wangchen, *The Emptiness of Emptiness: An Introduction to Early India Mādhyamika*, University of Hawaii Press, Honolulu, 1989, pp.38-39。

三性思想，是诠释二谛的新途径。

一切法无性是终极层次，是中观的根本命题；而唯识照顾到事物的现象的性格，在某种程度上肯定了现象世界的实在性。中观对缘起法没有任何的规定与建构，唯识通过八识的建构而成立识的流转，识的流转变化成就一切缘起法，从缘起法而阐明法之特性，便有“三性”，并依三性对二谛进行收摄。《中边分别论·真实品》以粗细真实诠释二谛，世亲指出世俗谛有三种：一、立名俗谛；二、取行俗谛；三、显了俗谛。[①]安慧解释说：

> 在非实境中，安立色、瓶、衣为有，此是立名世俗。又其他的人说：由色、受、想等的自性与差别，名被说，是立名世俗；有些人则说：借由言说，色及受等被说，此是立名世俗。……取行世俗由分别，借着色等、瓶等之识的显现之故，虽实际在外面无，而如同在外面而有，人将此被立者执著为物的自性时，此分别是取行世俗。“及显了世俗”云云，此“及”是聚集之义。圆成实虽然超出分别与言说，但亦由空性、真如、有垢无垢等异门被说时，此即显了世俗。[②]

《中边分别论》将世俗谛分成三种，“立名俗谛”是由色、受、想等的自性(名词)与差别(谓词)来加以言说者，即分别性；“取行俗谛”则是由分别的力量，使识显现为瓶、桌子，看似客观存在，实不离识的认识者，即依他性；“显了俗谛”虽然超乎语言与一般认识之外(如月亮)，但还是要透过“空性”“真如”等名称来指示目标的方向(如指月的指)，即

① 《中边分别论》卷上，《大正藏》第31册，第456页上。

② MAVṬ, pp.124-125. 山口益译注：《安慧阿遮梨耶造中辺分別論釈疏》，名古屋：破尘阁书房，1935年，第195—196页。

真实性。从语言哲学的角度出发，凡是语言的指涉性使用，都是世俗谛，所以三性是世俗谛。

另外，《中边分别论》又以真实性为胜义谛，分别性、依他性则为世俗谛。安慧解释说：

> 胜义有三种，是义胜义、得胜义以及正行胜义。此中义胜义，是真如。胜是出世间智，由于是彼之境之故，所以是义。如诸根之境一样，真如称为胜义。……亦即是，安立所缘实事之故的词义。(虽安立所缘的实事)由于与智无差别义，在彼时中，不成所缘，如唯表识之显现。……“得胜义是涅槃。”毕竟无垢的真如，即转依之相。云何胜义？因而言“义利(中)之(最)胜之故”，彼既是胜又是义故，是胜义。彼中，胜是有为无为诸法的最上之故。义利是道的目的(之故)，如是应知涅槃是道的目的。……“行胜义是道”何以故？“彼之义是胜之故。”义是境(对象)又是(道的)目的。境是真如，目的是涅槃。[①]

安慧解释了三种胜义的含义，“义胜义”(最殊胜的对象)是指真如，它是出世间的根本智的对象(境)，此虽被安立为“所缘的实事”，却无法以有所得、二取之方式获得，它是以无主客对立的方式，与根本智泯然为一。复次，所谓“得胜义”是指“既是胜又是义”(同位语)的涅槃，它是作为道的目的而有最大的义利者。至于“正行胜义”，则是圣道(如闻思修)，它是不颠倒的圆成实，亦是进入“不变异圆成实”(真如与涅槃)不可或缺的阶梯。安慧的二谛思想图示如下：

---

① MAVṬ, pp.125–126. 山口益译注：《安慧阿遮梨耶造中辺分別論釈疏》，名古屋：破尘阁书房，1935年，第197—198页。

立名俗谛——分别性

取行俗谛——依他性　　┌—义胜义——真如

显了俗谛——真实性——┼—得胜义——涅槃

　　　　　　　　　　　└—正行胜义——闻思修三慧

安慧的二谛思想，特色有二：第一，“显了世俗”，真实隐藏在世俗里，于是真实性便同时具有隐藏与显现的效果。也就是说，胜义以世俗的身份显现。这与月称、义净以障真实性来界定世俗有非常明显的不同，而且影响到窥基对世俗的解释。窥基提出“隐显谛”的译语，认为世俗是即隐显的，结合了安慧与月称的思想。[①]第二，在胜义谛，安慧将闻思修三慧视为“正行胜义”，成为沟通世俗谛与胜义谛的中介，此说具有“随顺胜义”的特点，与清辨有相似之处。[②]

真谛的二谛思想，坚持“一切诸法同一无性”“分别、依他二性无即是真实性”的三性思想，《转识论》说：“前二是俗谛，后一是真谛，真俗二谛摄一切法尽。”[③]真谛以分别性、依他性是世俗谛，真实性是胜义谛，以此收摄一切法。在《三无性论》中，他以三性为安立谛，分别性、

① 月称、安慧、义净、清辨等二谛思想的同异，参考万金川：《中观思想讲录》，嘉义：香光书乡出版社，1998年，第162—169页。

② 清辨充分利用胜义谛与世俗谛之间的“内在张力”(essential tension)来批判瑜伽行派的三性思想。就胜义谛而言，三性皆不存在；就世俗谛而言，三性皆是“具有发挥作用功能”之实世俗的一部分。胜义谛也被清辨区分为二种：一种为不可言诠、无戏论的胜义谛，另一种则是有现行、有戏论的世间胜义谛(或随顺胜义)——它是指无分别智、无生的教说、闻思修的三慧，清辨显然是以闻思修三慧之随顺胜义来沟通不可言诠胜义与实世俗之间的鸿沟，使瑜伽行派三性思想等世俗知识可以成为通达究竟胜义谛过程中的一种必要的资粮与中介。见野泽静证：《中观两学派的对立及其真理观》，载《中观与空义》，台北：华宇出版社，1984年，第170—172页。另外，有关清辨对瑜伽行派三性思想的批判，见曹志成：《清辨对瑜伽行派的三性思想之批判的探讨——试以〈般若灯论〉第二十五章有关唯识学的附录部分为解释线索》，《东方宗教研究》第3期，1993年，第59—76页；曹志成：《清辨〈中观心论〉及其〈思择炎〉对瑜伽行派三性思想之批判》，《东方宗教研究》第5期，1996年，第21—68页；安井広済：《中観思想の研究》，京都：法藏馆，1970年，第223—372页。

③ 《转识论》，《大正藏》第31册，第63页中。

依他性是安立世俗谛，真实性为安立胜义谛；三无性是非安立谛，同时真实性亦是非安立谛。[①]图示如下：

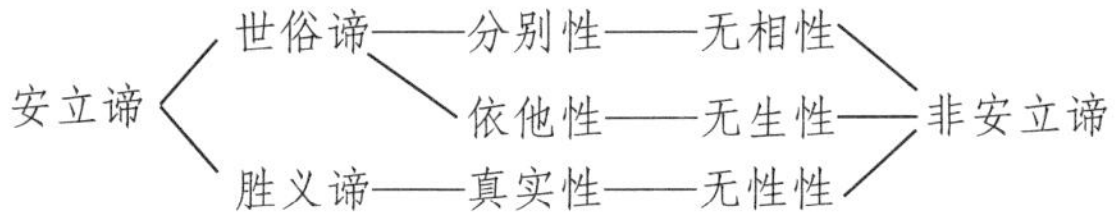

真谛的二谛思想具有二重二谛的特征，第一重是分别、依他为世俗谛，真实性为胜义谛；第二重是三性皆为世俗谛，三无性是胜义谛。在第一重二谛中，分别性表现了世俗谛的语言层面，依他性则是世俗谛“有”（有为法）的层面，即由分别所思惟和言说（教说）所表现的生死界诸法——色、受、想、行、识等诸有，为空、胜义所彻入；分别性、依他性的同一无性是真实性，即胜义谛。第二重二谛中，三性都属于真实表现为言说，真实彻入于假有中，借着空却假有以显其真实，所以是安立谛、世俗谛，只有超越言说者才是非安立谛，这是指对诸法同时作绝对无的否定与肯定的无分别智、般若波罗蜜。作为真理的真实性，因为既有可言诠的一面，又有不可言诠的一面，所以在不同的层面具有安立谛与非安立谛的特点。

安慧、真谛站在胜义谛的高度，接近“一切法空”的立场，宣扬二重二谛。护法则根据世俗谛的思想，主张依他性“非性全无”，强调一切有漏、无漏的心心所以及相、见二分都是依他性。护法就现象世界的安立提出二性：“一者，世俗，谓依他起；二者，胜义，谓圆成实。为简世俗，故说实性。”[②]护法认为分别性不是安立世界的一种方式，它只是心识的一种虚妄的认识作用。就安立世界来说，只有依他性和真实性，前者为世俗谛，后者为胜义谛。世界的基本结构是依他性，而对于世界的基本结构加以正确的认识，即对于依他性的事物作如实的认识，

① 《三无性论》卷上，《大正藏》第31册，第867页下。

② 《成唯识论》卷九，《大正藏》第31册，第48页中。

就是真实性。这种如实的认识之所以称为真实性，是因为要跟世俗的依他性区别开来。为了使一切法无自性能够经过一个思想的演化历程，到达“唯识”的思想，护法提出四种胜义谛。[①]后来，窥基综合《瑜伽论》卷六十四、《显扬圣教论》卷六的四种世俗，《成唯识论》卷九的四种胜义，在《大乘法苑义林章》卷二“二谛义”中全面论述了四重二谛。[②]窥基说：“《瑜伽》《唯识》二各有四。……二谛有无体异，事理义殊，浅深不同，诠旨各别，故于二谛各有四重。亦名名事二谛、事理二谛、浅深二谛、诠旨二谛。”[③]依世俗、胜义二谛之有无、事理、浅深、诠旨的义理分别，将其各开作世间、道理、证得、胜义四重，从低到高，由浅到深，合为八谛。四重二谛的内涵具有一定的交叉与对应关系，图示如下[④]：

第一重　世间世俗谛：我、瓶等
　　　　世间胜义谛 }
　　　　　　　　　　 } 五蕴、十二处、十八界
第二重　道理世俗谛 }
　　　　道理胜义谛 }
　　　　　　　　　　 } 四谛、因果
第三重　证得世俗谛 }
　　　　证得胜义谛 }
　　　　　　　　　　 } 我、法二空所显真如
第四重　胜义世俗谛 }
　　　　胜义胜义谛：一真法界

① 《成唯识论》卷九，《大正藏》第31册，第48页上。

② 《瑜伽师地论》卷六十四，《大正藏》第30册，第653页下—654页上；《显扬圣教论》卷六，《大正藏》第31册，第507页中—509页下。

③ 《大乘法苑义林章》卷二，《大正藏》第45册，第287页中。

④ 详细论述见方立天：《中国佛教哲学要义》下卷，北京：中国人民大学出版社，2002年，第1197—1198页。

四世俗谛中的世间世俗谛是“唯俗非真”，四胜义谛中的胜义胜义谛则是“唯真非俗”。所以，四重二谛中既有真俗相对区别的意义，又有真俗绝对对立的意义。窥基综合瑜伽行派的二谛思想，将分别性纳入世间世俗谛，与护法有所不同，这是吸收安慧、真谛的思想而造成的。

只有从四重二谛的立场，才能理解安慧、真谛、护法关于依他性之有无的差别。护法以道理世俗谛的立场来建立相分、见分依他起的思想，如说：“境依内识而假立故，唯世俗有，识是假境所依事故，亦胜义有。”[①]境只存在于世间世俗谛，而识是胜义有，不仅于世间为有，甚至在道理世俗谛的层次也是存在的。护法基于“唯识无境”的立场，认为外境是世俗有，而识体及包括一切的心、心所法是道理世俗谛层次的胜义有。安慧、真谛只有二重二谛，立足于胜义谛的空性看相分、见分，则相分、见分为不实。

瑜伽行派用三性代替二谛来论述真理观与方法论。在瑜伽行派的唯识思想中，二谛不仅具有语言哲学与认识论的意义，而且有存在论与真理观的意义，后者是中观学派所没有的。同时，瑜伽行派将世俗谛与胜义谛的意义加以扩充与显化，识的虚妄分别不仅是世间胜义谛，而且成为道理世俗谛，即具有世间实用性的世俗谛[②]；而不可言诠的真理原来是超越语言的，用空性、真如等名称来表现，即胜义世俗谛。语言对真理的指涉性作用与非指涉性作用，由此得到统一，真理与认识的关系经过不断递进与超越，真理具有了“可触及性”的意义。

---

① 《成唯识论》卷一，《大正藏》第31册，第1页中。

② 将分别性摄入世俗谛，具有很大的现实意义，这是唯识比中观进步的地方。牟宗三则将科学知识摄入分别性，强调分别性的谛性，见《中国哲学十九讲》，上海：上海古籍出版社，1997年，第255—258页。

第四节　体用真妄与两重唯识观
——摄论师的三性思想

瑜伽行派以三性思想对存在进行剖析，真谛继承“尘识理门”与“染净通门”，吸收世亲的三性思想，而且加以综合抉择，形成自己独特的三性思想。摄论师弘扬真谛的思想体系，而且受到中国固有思想及如来藏系的影响，在真谛的基础上对三性思想作出进一步诠释。

一　三性与真妄

真谛的存在论以三性思想为中心，以分别性无相、依他性无生为同一无性，即真实性，从而对现象与真实作出自己的解释。真谛的三性思想以中观学派的“空性”为中心，同时又继承瑜伽行派“建构”的传统，承认“胜义自性”的真实存在。[①]“体”和“实体”在大乘佛学中常被用来指称佛性、如来藏，尤其《起信论》的体、相、用对东亚佛学影响深远。[②]但是，中国佛学对体用论的理解都趋向于“胜义自性”，可见这是一个贯穿华梵的本体诠释的伟构，表达了中国思想与印度佛教对“缘起”的深刻体验。[③]

由于文献资料的佚失，学界以往对摄论师的三性思想缺乏具体了

① 赖贤宗认为“自性”(svabhāva)一词具有三种不同的运用方式：(1)现象的世俗所共知的现存性质，如：火之热性；(2)现象的真实的或最后的本性，如：空性和现象的非存在性；(3)真实和独立的存在。见《中国大乘佛学的本体诠释学》，成中英主编：《本体与诠释》，北京：生活·读书·新知三联书店，2000年，第101页。另外，见赖贤宗：《佛教诠释学》，台北：新文丰出版公司，2003年，第5页。

② “体用论”在中国哲学史上可以追溯到《易传》的“神用易体”之说，而魏晋玄学以“本末有无”为中心，用思辨的方法来讨论有关天地万物存在的根据问题。见汤一介：《郭象与魏晋哲学》，北京：北京大学出版社，2000年，第13页。

③ 赖贤宗：《佛教诠释学》，台北：新文丰出版公司，2003年，第6页。

解。敦煌本道基《摄论章》卷四(大屋德城氏藏写本)[①]以及《续高僧传》为我们留下一点弥足珍贵的文献,这为探讨道基、灵润的三性思想提供了方便。道基《摄论章》卷四以七门分别三性,但是现在只存留第一门释名、第二名体性,其余五门都已经佚失。

1. 体用与真妄

当真谛的存在论遭遇"体用论"[②]时,中国佛教便开始对三性思想进行自己的解释。慧远《大乘义章》说:

> 言分别者,就妄论妄;妄心虚构,集起情相,随而取舍,故曰分别。此《楞伽经》及《地持论》说为妄想,所取不真,故名为妄;妄心取舍,故说为想。《摄论》亦说以为意言分别,觉观心中,言有色等,名为意言;分别自心所起境界,故曰分别。分别之体故说为性,分别体状,因之为相。依他性者,约妄辨真,妄起托真,真随妄转,故曰依他,性相同前。真实性者,就真论真,真体常寂,无妄可随,故曰真实;性相如上,名字如是。次引文证,此三广说,如《摄论》,彼论依何建立此三?论说依经故。彼文言:一切经中,但说诸法虚妄不实,空寂不有,是分别性;若说诸法如幻、如梦、如水中月等,是依他性;若说诸法是真是实,本性清净,是真实性。[③]

慧远对三性的诠释采取了"真妄离合"说,从"别相门"来看,分别性

---

① 胜又俊教认为此写本为道基的作品,见《仏教における心識説の研究》,东京:山喜房佛书林,1974年,第797页。

② 我们倾向于将"存在论"与"体用论"(即平常所说"本体论")分开,中国思想(包括中国佛学)的存在论含有"体用"思想。杨学功将存在论分为"本体论"与"存态论"两种。见《关于"Ontology"词源和汉译的讨论》,载罗嘉昌、宋继杰主编:《场与有——中外哲学的比较与融通》六,北京:中国社会科学出版社,2002年,第283—314页。另外,见宋继杰主编:《BEING与西方哲学传统》上卷,保定:河北大学出版社,2002年,第294—319页。

③ 《大乘义章》卷三,《大正藏》第44册,第528页上。

唯妄无真，依他性真妄和合，真实性唯真无妄，所以有真妄分离(如分别性、真实性)与真妄和合(如依他性)的情况。[①]慧远以“真识缘起论”来诠释三性，真识体即是真实性，真体常寂，不随妄转；分别性是妄心、妄想，妄心虚构一切相，并且分别一切相而有所取相。依他性是真识体所缘起的染净之用，以真妄为中心，妄生须托真，真亦随妄转。慧远以真妄、性相来诠释三性，强调三性只是真妄二性，已经不是《摄论》原意。而且，慧远将“意言分别”拆开解释：所谓意言，指觉观心中，说有色等尘境生起；而分别则是指分别自心所起境界。依真谛的三性思想，于唯识观中，听闻唯识教，知道我、法不是实有，它们不外是识(虚妄分别)的知性，此知性即作为正思惟的意言分别。

慧远以真妄、体用解释三性，亦以此来解释三性之间的关系：

> 次明三性一异之义，此三相望，不一不异，分末异本，得言不一，义如上辨。就妄说妄，是分别性；约妄论真，是依他性；就真说真，是真实性。以本摄末，得言不异，是义云何？如来之藏，是真实性，是性为本；恶习所熏，生无明等，与之共俱，名为依他，真外更无别他可依；就彼依他变异分中，虚妄浪取，说为分别，依他之外无别分别。又复缘摄一依他性，于中妄法即名分别，于中真法即名真实，故无别异，一异如是。[②]

慧远以本末来说明三性的不一不异。所谓“不一”是指本末分别，如就妄说妄是分别性，就妄论真便是依他性，真实性是纯就真论。所谓“不异”是从三性的统一来说，即“以本摄末”。第一，三性都统一于真实

---

① 刘元琪：《净影慧远〈大乘义章〉佛学思想研究》，高雄：佛光山文教基金会，2001年，第356页。

② 《大乘义章》卷三，《大正藏》第44册，第529页上。

性，以真实性为本；如来藏受恶习所熏产生无明，无明与真实性共俱，即依他性；依他性所变异的虚妄相，即分别性；所以，依他性和分别性都是末。第二，三性可以统一于依他性，依他性包含真实性和分别性，于依他性上由妄情所生是分别性，而其中真实成分便是真实性。

依真谛的三性思想，三性可以统一于真实性，因为分别无相、依他无性即是真实性；但是，不能统一于依他性，因为真谛的"二分依他"是立体式、非连续的。而净影慧远以真妄、体用、本末来解释三性，尤其是依他性包含真妄，则其"二分依他"是平面式、连续的，是《起信论》"真妄和合识"的思维模式。

2. 三性与一体、异体

道基对性、三性定义为："初释名中，通名曰性，性谓性别，性者体性。三性道理，其义有别，体性各殊，故名为性，亦称为相。相之与性，其致正一。"[①]三性的"性"，其梵文原语有lakṣaṇa（相）和svabhāva（性、自性），svabhāva并不是指实在性，而是指事物的存在形态。道基依《摄论》《楞伽经》《金光明经》指出分别性有三种名称：分别性、妄想自性、思惟分别相。这三种名称都是依"果"与"功能"两种诠释方式，从"果"来说，我们都是使用语言认识被概念化的事物，尤其是被假定真实地存在于外界的对象，即似尘显现的"境"；从认识的"功能"来说，妄心亦是分别性，因为"境"表现了"妄心"是烦恼，有不称实、颠倒思维等功能。[②]

---

① 《摄大乘义章》卷四，《大正藏》第85册，第1044页上。

② 《摄大乘义章》卷四说："一曰分别性，释有两义：一、虚妄境生虚妄心，说彼境界名分别性，《摄大乘》云：'似尘显现名分别性。'二、能取妄心颠倒分别，说彼妄心名分别性，《摄大乘》云：'诸菩萨以分别为烦恼。'《摄论》复云：'识以分别为性也，前约所生果而得其名，后就功能以彰厥称。'二名妄想自性，释有两义：一约妄境能生妄心名妄想自性，二者妄心颠倒分别，不称实义故目妄想自性。《楞伽经》云：'妄想自性，亦前约果，后是功能以题其名。'三名思惟分别相，亦有二义：一、境界而生思惟，名思惟分别相，二、妄心颠倒思惟，此以妄心思惟诸尘故名思惟分别相。《金光明》云：'思惟分别相，亦是就果及功能以陈其名。'"见《大正藏》第85册，第1044页上。

道基对依他性，亦是依《摄论》《楞伽经》进行解释：

> 依他性者此有两名：一名依他性，释有两义：一、系属种子，谓根尘识现行生起，系属本识熏习种子，故曰依他。《摄大乘》云："从熏习种子生，系属于他，说名依他性。"二、系属根尘，名曰依他，谓识现起，依他根尘方乃得生，名依他性。《摄大乘》云："此依他性若离因缘，自不得生；根尘为因缘，依他得生，名依他性。"……二名缘起自性，一切诸识依根缘尘而得生起，名缘起自性。《楞伽经》云："若依若缘生起，名缘起自性。"前名依他，约义从缘而得其名；后曰缘起能、所立目，缘者能生，起是所生。①

道基依"体类"和"义"对依他性进行诠释，"体类"是存在论的角度，"义"是认识论的角度，二者不可分离，这一点承自真谛，是摄论学派的特点。从"体类"或存在论来说，识是由本识中的种子依缘而生，即是"缘生依他"；此"缘"即是识转化境，说明境是以识及其种子为根，所以我们称之为"具有认识论意义的存在论"，这时依他性是"能分别"，即是"唯识依他"。同时，从"义"或认识论来说，识以"非识"为自性，识对其自身转化之境有分别作用，即识是"依根缘尘而生起"，识是所生、所分别，即显现为境，这时是分别性而非依他性，即是"分别依他"，我们称之为"具有存在论意义的认识论"。道基引用的"缘起自性"出自《楞伽经》，其实是对《楞伽经》进行"摄论式"的解释。②

同时，道基从实践论或价值论来诠释依他性，便有"染净二分依他"，《摄大乘义章》说：

---

① 《摄大乘义章》卷四，《大正藏》第85册，第1044页上。

② 求那跋陀罗译本卷一说："若依若缘生，是名缘起。"见《大正藏》第16册，第487页下。

> 辨依他，总而说之，但有为色心为体，别而为论，亦有二种：一、染浊依他，二、清净依他，亦是世间、出世间二果报也。言染浊依他者，三界果报从业烦恼熏习种子生，名为染分；言清净依他者，无流功德从闻熏习种子生，名为净分，《摄大乘》云："依他体类从二种熏习生，一、从业烦恼熏习生，二、从闻熏习生。"《论》云："若果报识为依他性，从业烦恼熏习生；若出世间闻思修，从闻熏习生，此约体类而说依他。"《佛性论》云："依他二种，一、染浊依他，二、清净依他，染浊依他缘分别成，清净依他缘如如成。"《摄论》第二复次亦同此说，此乃约义而说依他。详前二论但说有为是依他性，云何谬说无为亦是依他？岂不误哉。[1]

染依他、净依他都是从各自的业烦恼熏习种子、闻熏习种子而生，这是世间、出世间的二种果报，都是有为法。从认识论来说，染依他是能知的分别，缘所知的对象而生起；净依他是远离一切对象化的作用，如实地认识万物，虽然智如合一，假立为能知与所知，称为缘如如而成，但其体是有为法。

真实性的存在纯是出于超越的肯定，是为了通过修行实践提升主体之智慧。道基说：

> 真实性者，此有三名。一名真实，亦有两义：一、理体不变，二、功德无倒。言理体不变者，谓有垢、无垢二无所有，不可破坏，名真实性，《摄大乘》云："前二真实无变异义，名为真实……"二功德无倒者，道及正教，称理无倒，故名真实，《摄大乘》云："后二真实无倒为义，名真实义。"二名成自性，《楞伽经》云"成自性"，

[1] 《摄大乘义章》卷四，《大正藏》第85册，第1045页上。

《金光明》云"成就性",其义一也。皆是真体不可破坏,名成自性。三名第一义性,八卷《楞伽》及《无上依经》云"第一义性"。斯乃成名约义,以举其号,第一义者形对立目。[1]

真谛译《摄论释》的四种清净,道基说为有垢、无垢、道、正教。而且,道基列出真实性有三名:真实、成自性、第一义性。其中,道基(577—637)引用了宋译四卷《楞伽》与魏译十卷《楞伽》,不可能引唐译七卷《楞伽》。[2]四种清净:一是本来自性清净,为众生通相,由于有此法,所以称一切法名为如来藏;二是无垢清净,如来藏离烦恼、所知二障,永得清净;三是至得道清净,指般若波罗蜜以及念处等助道法;四是道生境界清净,指修多罗等十二部正教。道基强调,道、正教二种清净是有为法,因为清净功德顺称于理,不颠倒;而有垢、无垢二种清净是无为法,因为超越的理体是永恒、普遍的,不可破坏。

关于将四种清净法称为真实性的原因,道基说:

一、由如无不如,故名真实,《释论》解云"此是第一不相违义,显真实性";二、清净境界,故名真实,《释论》解云"此是第二无颠倒义,显真实性";三、"诸善法中最胜义故,名为真实",[《释论》解云]"此是第三无分别义,显真实性"。[3]

道基对《摄论释》的三种原因进行自己的解释,以"如无不如"解释"不

---

① 《摄大乘义章》卷四,《大正藏》第85册,第1044页上—中。

② 《入楞伽经》卷三称为"第一义谛法体相",见《大正藏》第16册,第527页下。十卷《楞伽》是北魏菩提流支译(513),唐代实叉难陀译(700—704)为七卷。有关《楞伽经》翻译,参考D.T.Suzuki, *Studies in the Laṅkāvatāra Sūtra*, Motilal Banarsidass Publishers, Delhi, 1999, pp.4–10。

③ 《摄大乘义章》卷四,《大正藏》第85册,第1044页下。

相违义”，泯除染净、色心等相对的差别，而致绝对的无差别，可以说为平等(samatā)；以“清净境界”解释“无颠倒义”，由境界不颠倒得本来自性清净等四种清净，将不颠倒的清净法都摄入真实性当中；以“诸善法中最胜义”解释“无分别义”，这是指无分别智的五种特质，即离非思惟、离非觉观地、离灭想受定寂静、离色自性、于真实义离异分别等五项，五者同时具足，才称为无分别智。[①]不相违、无颠倒、无分别三义，都是在胜义谛中成就，所以称为真实性。

但是，隋唐时代的摄论师对三性之体有争论，道基说：

> 第二体性者，有法师言：三性法体具无宽狭，分别性体通摄有为及与无为，依他、真实亦复如是。此义不然。妄心妄境可是分别；二空真如体是无为，不可变异，云何亦说是分别性？设复经论彼无为为分别性，盖是变异之无为，非真理之无为也。有为诸法，从因缘所生是依他；二空无为体是常住，非因缘生，云何乃说是依他性？[②]

当时有法师主张三性之体性没有宽狭之分，都通摄有为与无为。道基批判这种观点，认为妄心、妄境可以说是分别，但是人法二空所显的真如体是超越的理体，是不可变异的无为法，经验、有漏的分别不能与之相提并论。如果无为法有变异，则成为无常法，而不是超越的真理。同时，有为法是从因缘而生，超越的真理是永恒、常住、普遍、清净的，不是由因缘条件而生，自然不是依他性。隋唐时代，确实有人主张“智

① 真谛译《摄大乘论》卷下说：“无分别智自性，应知离五种相。五相者，一、离非思惟故，二、离非觉观地故，三、离灭想受定寂静故，四、离色自性故，五、于真实义离异分别故。是五相所离智，此中应知是无分别智。”见《大正藏》第31册，第128页上。

② 《摄大乘义章》卷四，《大正藏》第85册，第1044页下。

是无为”[1]，而道基明确反对二空真如与分别性、依他性混同。道基认为，真如是本有的，依缘而显，所以说有“了因”。[2]

真谛继承初期瑜伽行派“一种七现”“七八识未分”的思想，将阿陀那识称为“第七识”。道基更将此传统发扬光大，提出七识、八识的识体是同一的。《摄大乘义章》说：

> 问曰：分别性中，七八诸识，说名分别；依他性中，七八诸识名依他，有何差别？
>
> 答曰：七八诸识体正是一，以义差别说有二性。若取七八诸识缘尘颠倒义边，为分别性，此谓无体，情有分别；若取七八诸识体是果法，因缘生义为依他性，此谓有体，因缘所生。[3]

摄论学派继承原始佛教以来的“同体别用”的心识思想，所以七识、八识的识体是同一的；又因为功能与作用不同，分出分别性、依他性。从认识论来看，识似现为境，境为所分别，识为能分别，所以是分别性。境识是自我同一的，即“无体，情有分别”。但是，从存在论来看，七识、八识都是缘生法，有各自的种子。同时，依“种识不分”的立场，阿黎耶识比前七识更具有存在的意义。所以，七识与阿黎耶识有差别而又无差别，否则无法解释《摄论释》主张的“依他性虽复由分别性一分所显，不与分别性同体”[4]。

---

① 《中观论疏》卷七末，《大正藏》第42册，第115页下。

② 道基《摄大乘义章》卷四说：“问曰：前说依他但是有为，非无为者……云何无为非依他性？答曰：夫是依他必从种子生因而生，真如本有非生因生，故非依他，而彼真如藉缘而显说有了因，《摄大乘》云：‘四德本来是有，不从种子生，从因作名，故名种子。’”见《大正藏》第31册，第1045页中。

③ 《摄大乘义章》卷四，《大正藏》第85册，第1045页下。

④ 真谛译：《摄大乘论释》卷六，《大正藏》第31册，第191页上。

总之，道基完全继承了真谛的三性思想，并依此对《楞伽经》《金光明经》等相关的三性思想进行摄论学派的解释。道基认为，妄境、妄心都是分别性；从认识论与存在论来说，依他性有缘生依他、唯识依他、分别依他；从实践论来看，则有“染净二分依他”，而且染依他、净依他都是有为法；真实性则以无变异义和不颠倒义为中心，以无为法摄有垢清净、无垢清净，以有为法摄道清净、正教清净。同时，他反对当时将三性视为同具有为与无为的观点，继承“同体别用”的思想，提出第七识与第八识有差别而又无差别。

二　三性、三无性与依遣

1. 九门解与七门分别

唐代佛学家受到新译唯识的刺激，同时对唯识典籍的三性思想不断归纳与概括，从而出现异说纷纭的解释。遁伦《瑜伽论记》记载文备有“九门解”、道奘有“七门分别”，敦煌本道基《摄论章》卷四(大屋德城氏藏写本)有“七门分别”，敦煌本S.2743《三性义作六门分别》记载有“六门分别”[①]，后二书是对三性义进行综合解释，文备与道奘之说则整理了各种三性说。

遁伦《瑜伽论记》[②]列出文备对“三性”的九门解：

> 备云：凡辨三性经论不同，且略分别作九门解。一、名义净门，如《中边论》说，诸法名者是分别性，唯由义执名为实，所目法

① 《敦煌宝藏》第23册，第42—46页。

② 遁伦(或称道伦)盛举神昉、圆测、元晓、璟兴等人之注释，因此大约是650至730年间人，与琳法师(智俨之师)属同一时代。他完成《瑜伽论记》第一卷的年代是大周长安五年乙巳之岁(705年)。有关《瑜伽论记》，参考杨白衣：《道伦〈瑜伽师地论记〉之研究》，《华冈佛学学报》第7期，1984年，第113—134页。

者是依他性，四种清净是真实性。二、义名净门，如《摄论》说所目义是分别性，谓依名执名下，义为实能，目名是依他性，故论云，显名是依他，显义是分别，四种清净是真实性。三、尘识门，如《楞伽经》说，五法藏中，相、名二种名分别性，妄想一种名依他性，正智如如名真实性。四、情事理门，如《佛性论》说，分别性者于五事中不摄，以情计有而无事体故，相、名、分别、正智四法名依他，真如一法名真实性。五、末本净门，如《摄论》说，一切染法是分别性，阿赖耶识是依他性，四种清净是真实性。六、情染净门，如《摄论》中引《毗佛略经》说，如偈云，幻等颂依他，说无颂分别，说四种净，当知是真实。七、染通净门，如《摄论》中引《阿毗达磨经》，如金藏立等喻。八、谛理通门，如《中边论》及《涅槃经》说四谛皆通三性。九、通别相门，如《三无性论》及《显扬论》说，能言所言相名通三性，能言、所言、摄属性是遍计所执性，执著相是依他起性，无执著相是真实。[1]

文备概括经论中对三性的不同说法，分成九门。其中，第二义名净门、第五末本净门、第六情染净门、第七染通净门等四门与《摄论》有关；而第一名义净门、第三尘识门、第四情事理门、第八谛理通门、第九通别相门的出处，亦是真谛三性思想的来源。真谛的三性思想以《摄论》为中心，同时继承“重理系”——《中边分别论》《大乘庄严经论》的三性思想。从哲学范畴来说，隋唐佛教以名义、本末、染净、尘识、事理、通别等来诠释三性思想，属于认识论和存在论。

道奘曾著《三性义章》，以“七门”分别三性，遁伦说：

① 《瑜伽论记》卷十九之下，《大正藏》第42册，第759页上—中。

七门者，总举是第一，别分别第二，缘是第三，差别第四，依止第五，微细执著六，如名等执性七。景云：此七门内，初三门通分别三性，后四门唯分别遍计所执性。三性之义，古来大德种种解释，乃有多途。且如奘法师出《三性义章》，最明为好。彼立三性以三门分别：一、情事理门，二、尘识理门，三、染净通门。执有人、法定性之境，名遍计所执；因缘之事名依他，无相等理名圆成实，是故论云：迷藤执蛇，名遍计所执；四尘藤体，是依他；藤蛇空理，名圆成实。第二门中，境名遍计所执，识为依他，无相无生是圆成实，是故论主不取识为遍计所执，取识变异为我等尘名遍计所执。第三门中染为遍计所执，净为圆成实，依他性者，即通染净，故论云：若缘遍计所执此识应成染，若缘圆成实此识应成净，是故染为遍计所执，净为圆成实，能染依他即通染净。既有三门，依《瑜伽》文，但初门是，余二即非，以新译经论上下但有情事门。[1]

"情事理门"的三性思想建立在语言论上，是从语言论向存在论的发展，因此"情事理门"阐释语言与存在的关系。"尘识理门"的主要特征是从认识论的角度，探讨认识与存在的不同层面的关系；分别性、依他性无性即是真实性，真实性兼摄正智，是"智如合一"的性相融即。"染净通门"，是将对语言、认识、存在的阐明，回摄入主体的心识。真谛的三性思想继承了"尘识理门"与"染净通门"；而遁伦继承唯识今学的思想，以《瑜伽论》的"情事理门"为标准，批判前二门，因为"新译经论上下但有情事门"。

《摄论》有四种依他性：缘生依他、唯识依他、分别依他、染净二分依他。道奘的三性思想，若以依他性为中心，可以归纳为缘生依他与

---

① 《瑜伽论记》卷十九之下，《大正藏》第42册，第758页下。

染净二分依他[1]。若以真实性为中心,"情事理门"以"无相等理"为真实性,"尘识理门"主张"无相无生","染净通门"则既不是无相也不是无生,而是真实性与分别性相对形成一染一净的局面。前二门以分别性无相、依他性无生,即二无性同一无性为真实无性性,三无性同一无性,即是真实性。依此说三性时,同时亦包含三无性。所以,在摄论学派的三性思想中,"尘识理门"与"情事理门"是不矛盾的,语言与认识一体,离开认识便没有语言的存在。摄论学派的"染净二分依他"是立体式的、非连续的,本识作为分别性显现时便不是依他性和真实性,而作为真实性显现时便不是依他性和分别性。此中依他性经常不显现,但此依他性不是无,是无而有的,因为若是无,分别、真实便不得显现。"染净通门"中分别性的无性不经过相无性,而是直接成真实性,和前二门的真实性相同,因而相当于真实无性性;但只是无性义,而不是三无性义。

道奘将唯识的三性归纳为"情事理门""尘识理门""染净通门"三门,当中其实包含两种形态的三性思想:其一,真实性是前二无性,含有三无性的说明,所以三性同时即是三无性,亦即同一无性;其二,通过否定前二性而直接成真实性,并没有经历三无性的过程。

2. 三性、三无性与依遣

真谛眼中识与境的对立同一,即缘生识之"有"与分别性之"无"的对立,亦是依他性空之"无"与识似现为境之"有"的对立。而且,无分别智与真如的平等性,包摄和贯穿在这两重有无的对立中。所以,绝对无的无分别智、真如和与其对立的虚妄依他之识是自我同一的。这种对立即同一、同一即对立的关系,包括有与无、虚妄与真实、识(能

---

① 上田义文认为,"缘生依他"又分为虚妄分别的依他和意言分别的依他。见陈一标译:《大乘佛教思想》,台北:东大图书,2002年,第130页。

缘）与境（所缘）三重关系。

智俨在《华严五十要问答》中提到遣二性入三无性：

> 依依他性以遣分别性，依彼真如遣依他性……由名、义无所有，分别因缘既定是无，能分别体亦无所有，此中分别既无，言说亦不可得，则入依他无生性。菩萨见此有、无无所有，则入三无性非安立谛。①

三性的诠释是依存在论的逻辑结构，但依唯识观的悟入，则必须遣除分别性之境、空依他性的虚妄识，最后进入境识俱泯或境智两空的无分别智、真如，亦即真实性。识似现为境，成为所见，即表现了其自身的否定性，于是能见被否定，而所见则受到肯定。这样，一切法的种种"相"显现，在此相中没有一切法的自性，不论是我、法或名、义，都不是如实存在的，这就是分别性；此相的显现不外是识（能缘），这就是依他性。由此，分别性无相、依他性无生，即入三无性。因为，这种无性观的"悟"，是没有任何对象化，从主客未分处所现起的整体性的认识。②

从存在论来说，三性同时也就是三无性，二者的不同在于，前者是安立谛，后者是非安立谛。在诠释唯识的逻辑结构时，以三性为主；而强调唯识观的实践论时，以三无性为主。不过，唐良贲（717—777）《仁王护国般若波罗蜜多经疏》指出真谛与玄奘的不同看法：

> 真谛三藏依《三无性论》具遣三性立三无性：一、遣分别立分

① 《华严五十要问答》后卷，《大正藏》第45册，第529页下。

② 因此，"智如合一"与"直觉"不同，直觉还是有对象，如现量的认识；而"悟"则是一种主客一元的认识。

别无相性；二、遣依他立无生性；三、遣真实立真实无性性，此所遣者，于一真理遣三性故，立三无性，广如彼。故慈恩三藏依《唯识论》即依三性立三无性，如论颂云：即依此三性，立彼三无性，一依计执立相无性，二依依他立无自然性，三依圆成立无我法性。初计所执情有理无，依他、圆成理有情无，广如彼说。问此二三性所立何别？答前对遣三立三无性，后但依三立三无性，前空后有，是二别也。[1]

真谛坚持“性相融即”，主张三无性是同一无性，所谓“遣”是泯除对立与差别的结构，显现超越的真理，这是“胜义谛”的立场；玄奘坚持“性相永别”，主张在三性之外说三无性，所谓“依”是一种建构性的诠释，这是一种“道理世俗”的立场。所以，良贲总结：真谛的思想为“空”，玄奘的思想是“有”。

真谛的思想是一贯的，只是由于译典丰富，难免造成表达的差异。如道奘所总结的，真谛的三性思想含有两种模式：一、三性即是三无性，亦是同一无性；二、否定前二性而成真实性。但在真谛的思想体系中，真实性与真实无性性是同一的，如说：“真实性，由真实无性。”[2]真实性是安立谛，亦是非安立谛，这是对超越的绝对层面的不同表达而已。隋唐学者分别此二者，主张真谛“遣三性立三无性”。[3]

从存在论的形态来说，三性与三无性确实是有区别的。道基主张三性体殊，反对“三性法体具无宽狭”，但是隋末唐初的摄论学派，可

① 《仁王护国般若波罗蜜经疏》卷上一，《大正藏》第33册，第431页下—432页上。

② 《三无性论》卷上，《大正藏》第31册，第867页下。

③ 遁伦《瑜伽论记》卷十九之下说：“真实性非依他性为其性，故说真实无性性。依梁《摄论》乃说遣真实性，得无真实性，故名真实无性性者，录文人误也。”见《大正藏》第42册，第756页下。

能将《转识论》《三无性论》的解释导入《摄论》，从而将三性、三无性视为同一。[①]道奘《三性义章》则直接继承真谛的“分别无相、依他无性即是真实性”思想，在他所归纳的三门“三性”思想中，依“情事理门”“尘识理门”，三性同时是三无性；而依“染净通门”，不以“无相无生”为真实性，因此也不表示三性同时是三无性。

上田义文强调依他性之重要，认为只有确立依他性与唯识无境，才能建立唯识思想与如来藏思想的分野。在“尘识理门”中，摄俗谛全体的十一识分为能缘的识和所缘的尘，尘只不过是为识所分别而显示为无的法；在“情事理门”中，能缘的识只作为缘生而有，所缘的尘作为非缘生而非有。此二门都显示了三界、十八界的俗谛不外是识。“染净通门”泯除尘和识的对立，唯识无尘的主张不能由此求得根据，无明烦恼本来无体的主张却得以成立。[②]所以，若不强调前二门的依他性，即识与境的对立关系，而强调染净关系，则容易走向如来藏思想。摄论学派本来的思想是以三性为中心，并非以染净、真妄为中心；而后来的摄论师受到北方原有唯识思想及地论师的影响，以如来藏思想对唯识进行诠释，走向“真妄和合”的思想进路。

综观摄论师道基、道奘、灵润的三性思想，共同观点为分别无相、依他无性即是真实性。吉藏《净名玄论》曾说“三无性理，即是阿摩罗识，亦是二无我理”[③]，敦煌本《摄论章》卷一（S.2435）亦说“分别无相、依他无生，名为真实”[④]，道奘说“无相无生是圆成实”，可见隋唐时期摄论师三性思想的共通之处。有关遣二性或遣三性的争论，从思想上看

---

① 吉村诚：《真諦訳〈摂大乗論釈〉の受容について——三性三無性説を中心に》，《印度學佛教學研究》第49卷第2号，2001年，第230—231页。

② 上田义文：《三性説の類型的考察——原始唯識説の根本立場 第一章》，《佛教研究》第2卷第6号，1938年，第39—40页。

③ 《净名玄论》卷六，《大正藏》第38册，第897页中。

④ 《摄大乘论章》卷一，《大正藏》第85册，第1016页中。

是没有矛盾的；但是，摄论师的本意应该是只是遣分别、依他二性，而不遣真实性。在唯识观的实践上，摄论师主张三性、三无性为同一无性理。

三　两重唯识观

从解脱诠释学来看，唯识思想并不单纯是存在论、认识论、语言哲学等，而是以瑜伽行或禅观为中心，从而将观法、实践所得的体验加以理论建构与集成。所以，研究唯识不能仅涉及存在论、认识论，还必须涉及唯识的实践论和解脱论。真谛依分别性与依他性对立、同一的矛盾关系，从实践论将唯识区分为“不净品唯识”（又称“方便唯识”）和“净品唯识”（又名“真实唯识”“正观唯识”）。这种实践次第得到后来摄论师的继承，灵润依此提出“两重唯识观”。

从唯识观的实践论来说，必须以三无性为主，依三无性则有无相、无生、无性等三重观，而灵润认为只有两重唯识观。道宣《续高僧传·灵润传》说：

> 及《资粮章》中，众师并谓有三重观，无相、无生及无性性也。润揣文寻旨，无第三重也。故论文上下惟有两重舍得，如文第一前七处舍外尘邪执，得意言分别；第八处内舍唯识想得真法界。前观无相舍外尘想，后观无生舍唯识想，第二刹那即入初地，故无第三。筌约三性，说三无性，观据遣执，惟有两重。至如本识三相，自相受熏，依他性中说有总别三灭。又四涅槃离合义异，两处三种熏习体无有别，诸如此等有异诸师，存废之旨，陈具章疏。[1]

① 《续高僧传》卷十五，《大正藏》第50册，第546页下—547页上。

唯识观的实践次第，并不只是简单分为“方便唯识”和“正观唯识”，《摄论》将唯识观分为四位：愿乐位、见位、修位、究竟位。[①]同时，《摄论》又提出“八处”为入唯识观的前方便：前三处“三相炼磨心”、第四处“灭除四处障”、第五处“缘法及义为境”、第六处“四种寻思”、第七处“四种如实智”，以及第八处“唯量、相见、种种相貌”。

上田义文认为，在唯识观的最初阶段，就虚妄分别说三性，即以虚妄依他性为中心，借此遣除虚妄分别；第二阶段是以正思惟所摄的意言分别为中心，也借其唯识观来遣除意言分别；最后悟入三无性真如的无分别。[②]依据灵润的观点，在作存在论的说明时，可约三性说三无性；而在唯识观的实践过程中，依遣执只说两重：第一重是在前七处舍外尘邪执，得意言分别，这是观无相舍外尘想；第二重是在第八处舍唯识想，得真法界，这是观无生舍唯识想。第二刹那入初地，所以没有第三重。其实，灵润的二重唯识观是愿乐位的唯识观，即唯识方便观；初地以后，菩萨已经生起无分别智，才是唯识真观。[③]因为未见灵润具体的说明，下文只能依真谛《摄论释》以及敦煌本《摄论疏》卷七(S.2747)进行梳理。

1. 观无相舍外尘想

唯识观实践的始终都是自觉现实的自我世界的虚妄性，依虚妄分别→闻熏习→意言→如理作意→无分别智→后得智而实现主体性的展

---

① 真谛译《摄大乘论释》卷七说：“论曰：一切法实唯有识。如说随闻信乐故，如理通达故，能对治一切障故，出离障垢最清净故。释曰：此言显入四种位境界。云何得为四位境界？一切法谓有为、无为、有流、无流，及四界、三乘道果等，如此等法实唯有识。何以故？一切法以识为相，真如为体故。若方便道以识为相，若入见道以真如为体，依此境界随闻信乐，入信乐位，如理通达得入见位，能对治一切障得入修位，出离障垢得入究竟位。”见《大正藏》第31册，第200页上。又说：“从愿乐位，乃至究竟位，通名唯识观。”见《大正藏》第31册，第203页中。

② 上田义文著，陈一标译：《大乘佛教思想》，台北：东大图书，2002年，第127—128页。

③ 上田义文：《仏教思想史研究》，京都：永田文昌堂，1958年，第152页。

开。[①]灵润的第一重唯识观，是在前七处舍外尘邪执，从而得意言分别。首先，"三相炼磨心"，这是对治菩提道修习中所生的三种退屈心，即轻贱自身等退屈心、轻贱能得方便退屈心和疑应得退屈心，以求能坚定心力勤求菩提。[②]其次，真谛强调在信乐位，必须信三种佛性。敦煌本《摄论疏》卷七(S.2747)说："诸胜菩萨反所信乐三种佛性等并为增上缘，善心为同类因，施等行戒出世法为等流果也。"[③]这是吸收《佛性论》的三种佛性义，对如来藏思想进行融合。[④]从中亦可见，真谛在信乐位上引进三种佛性，是想以之作为对治三种退屈心的增上缘。图示如下：

信实有——信实有自性住佛性——住自性佛性——轻贱自身等退屈心
信可得——信引出佛性——引出佛性——轻贱能得方便退屈心
信有无穷功德——信有无穷功德——至得佛性——疑应得退屈心

第四处"灭除四处障"：一、灭邪思惟，二乘观生死过失涅槃功德，心分别于无二理，所以应离二乘邪教思惟；二、灭邪意及疑，于二谛三性等理生起信心；三、灭法我我所执，指远离闻思法中所生的我、法二

---

① 武内绍晃：《唯識學における修道の理論的根拠》，载日本佛教学会编：《仏教における修行とその理論的根拠》，京都：平乐寺书店，1980年，第96页。

② 真谛译《摄大乘论释》卷七说："此三相炼磨心，能对治三种退屈心，何者为三？一、轻贱自身等退屈心，为除此心故显第一炼磨心……此显菩提无可与等，必假勤修方可证得，由此炼磨心，于方便中，第一退屈心则灭不生；二、轻贱能得方便退屈心，为除此心故，显第二炼磨心……我已得此坚住正意，是故修行六度不以为难，由第二炼磨心，于方便中，第二退屈心则灭不生；三、疑应得退屈心，为除此心故显第三炼磨心……谓金刚心无有生死心，除此心亦应可得，此义难思，由有此执，于得无上菩提心则退屈，为除此心故，须修第三炼磨心。"见《大正藏》第31册，第200页中—201页上。

③ 《摄大乘论疏》卷七，《大正藏》第85册，第992页。

④ 有关"三种佛性"的如来藏与唯识之间的交涉，参考赖贤宗：《佛教诠释学》，台北：新文丰出版公司，2003年，第214—223页。

执；四、于现前境安住，思惟苦、无常、无我等，此心缘内境，由见境无相、见识无生而泯除分别。由此无分别，才能入唯识四位。

前四处是以虚妄分别来说三性，强调信仰的重要性，没有闻慧、思慧，未入唯识观。在识(依他性=因缘生)中看到我、法(分别性)，并且执之为实有，如在黑暗中，人以藤(玄奘译为“绳”)为蛇。所以，此时的“识”是虚妄分别，未入唯识观。[①]

第五处“缘法及义为境”，这是指生起唯识观的因。以闻慧熏习为生因，以正思惟为增上缘，由此摄持忆念而有似法、似义显现。此正思惟中的意言分别，虽有见、相二种，为了遣尘，所以只取见不取相。[②]第六处“四种寻思”，“名”与“义”是指诸法的能诠名及所诠义，“自性”是诸法的自体，“差别”是诸法上所具有的种种差别，在加行时依寻思的观察慧，推求名、义及名、义的自性、差别，实无自体可得，而唯是假立的，这种观慧即四寻思。[③]最后，定解名、义等四法是毕竟不可得，即是第七处“四种如实智”。[④]

通过七处的修习，进入方便唯识观，这是以意言分别为中心的三性。四位唯识观都是以意言分别为体，如敦煌本《摄论疏》卷七(S.2747)

---

① 相关说明见真谛译：《摄大乘论释》卷七，《大正藏》第31册，第204页中。

② 真谛译《摄大乘论释》卷七说：“论曰：缘法及义为境。释曰：此即八处中第五处，因及方便，能令入唯识观，今当说之。论曰：何因何方便得入？释曰：此问有两意，先问因，后问方便。论曰：由闻熏习种类正思惟所摄，显现似法及义，有见意言分别故。释曰：此即答第一问因，大乘十二部经所生闻慧熏习，此熏习有种类，种类即是闻慧，以此为生因，依此闻慧发起正思惟，增长令坚住故名摄，摄持令坚住正思惟为长因，有忆念摄持，或似正教显现，或似正教所诠义显现。意识觉观思惟名意言分别，此意言分别有二种，谓相及见，今但取见不取相，何以故？此观缘识遣尘故。”见《大正藏》第31册，第202页中—下。

③ 印顺：《摄大乘论讲记》，载《妙云集》上编之六，台北：正闻出版社，1990年，第324页。

④ 意言分别是似现为名、名自性、名差别、义、义自性、义差别六相，六相是分别性，六相不外是意言分别，这就是唯识；而虚妄分别是似现为根、尘、我、识。所以，以意言分别为中心的三性，与以虚妄分别为中心的三性，是不同的。

说："明唯识观有四位，并以意言分别为体，作诸法理事等，解了一切是识分别，谓有见、相等，实唯一识耳。"[①]瑜伽行派继承《般若经》以来对语言的反省传统，以四寻思、四如实智的形态将之统摄、综合为唯识观法，作为根源思惟的具体实践内容。[②]真谛译《摄论释》说："意识觉观思惟，但缘意言分别，无别有义可缘。又必依名，分别诸法，故言意言分别。多闻熏习依止，为此法因。"[③]意言分别是意识生起觉观思维，而多闻熏习是意言分别的来源。由听闻教法的因，生起意言为性的似法、似义相，为所观与从此悟入的境界。[④]此处"法"是大乘十二部经中所说之教，即唯识教；"义"就是唯识教中所说的唯识、三性之理。

早岛理根据安慧注释《中边分别论》，并依《大乘庄严经论》对"意言"(manojalpa)和"名言"(abhilāpa)加以区分：

> 意言可说是心的喃喃自语，这是要变成明确的言词以前的，引起概念化的状态之言词，或可谓是"言词"之潜在的能量。另一方面，"名言"是具体的，显在化的"言词"，或者是指"概念的思考"的意思，两者相依相辅而在造成着日常的言语活动。[⑤]

早岛理依存在论对"意言"与"名言"进行区分，"意言"是语言的潜在态，"名言"则是明显、具体的，因而"意言"是种子，"名言"则是现行。

---

① 《摄大乘论疏》卷七，《大正藏》第85册，第991页上。

② 早岛理：《唯识的实践》，载高崎直道等著，李世杰译：《唯识思想》，《世界佛学名著译丛》第67册，台北：华宇出版社，1985年，第237页。

③ 真谛译：《摄大乘论释》卷七，《大正藏》第31册，第199页中。

④ 《摄大乘论疏》卷七说："意言分别是正思惟，正思惟中，有见、有相，皆由先熏大乘法闻熏习生，故言大乘法相为因得。"见《大正藏》第85册，第990页下。

⑤ 早岛理：《唯识的实践》，载高崎直道等著，李世杰译：《唯识思想》，《世界佛学名著译丛》第67册，台北：华宇出版社，1985年，第239页。

若依此逻辑，瑜伽行派的“名言熏习”“名言种子”，则无所指。

“意言”属于以意言分别为体的唯识观，是一种实践论的范畴；而“名言”则是属于虚妄分别的种子习气，是存在论的范畴。从存在论来说，任何存在都具有语言性，这是积极性的表诠；从实践论来说，认识到一切世间万有皆属于语言，则进行遣除语言的领悟，即通过一种解构语言的活动而入寂然的存在。[①]依存在论对“意言”与“名言”进行潜在和具体的区分，明显是错误的。在“解脱诠释学”的视野下，唯识是禅观的普遍化与具体化，所有的日常生活都是禅观经验中的普遍推察，这是存在论的“名言”；而依实践论的“意言”，则需要从日常生活进入禅观的修行。存在论与实践论的这种“回互”，构成整个唯识思想体系的生命力。

正思惟的意言分别与虚妄分别的不同在于，以名、义等为分别性。而唯识观的修行，即在于遣除名、义的邪分别。真谛译《摄论释》说：

> 论曰：若菩萨已入、已解如此等义，则修加行为入唯识观。于此观中意言分别，以字言及义显现。此中是字言相，但意言分别得如此通达；此义依于名言，唯意言分别亦如此通达；此名义自性、差别，唯假说为量。次于此位中，但证得唯意言分别。
>
> 释曰：已入，谓已得四种寻思；已解，谓已得四种如实智。地前六度及四种通达分善根名加行；从愿乐位乃至究竟位，通名唯识观。若欲入唯识观，修加行缘何境界？从愿乐位乃至究竟位名观中，缘意言分别为境，离此无别外境。何以故？此意言分别，似

---

① 因此，不能将唯识的一切都归入“语言哲学”，而必须注意唯识观解构语言的要求。吴学国亦注意到，现代西方语言哲学所谓“存有”，略相当于大乘的“俗(谛)有”，在唯识看来还有另一种“真(谛)有”，它是超言绝相的自性本体，这是唯识的存有论超越西方语言哲学的根本点。见《境界与言诠——唯识的存有论向语言层面的转化》，上海：上海人民出版社，2003年，第407页。

> 文字言说及义显现故。唯有意言分别无别有名，菩萨能通达名无所有，则离外尘邪执。前已遣名，此下依名以遣义，义者即六识所缘境，离名无别此境，是故依名以遣义，名言既唯意言分别故，义亦无别体，菩萨能通达义无所有，亦离外尘邪执。前已遣名义，名义既无，名义自性及差别，云何可立？若离假说，无别名义自性，及名义差别，由证见此二法不可得故，名为通达。是观行人已遣外尘，于此观中复缘何境？观一切境，唯是意言分别故。[①]

这就是灵润的第一重观——舍外尘邪执得意言分别，名与义构成能诠与所诠的关系，即是语言与对象。[②]从愿乐位到究竟位的唯识观，以意言分别为体，都是一种解构语言的活动。因为通达意言分别似现为“似名似义”，所以解知唯是意言分别，无有名、义及其自性、差别，从而远离外尘邪执。观一切境界，唯是意言分别。

既然一切存在都是语言性，则在实践论上必须破除语言的理解活动，将语言的活动归摄入主体心识。从语言哲学的角度来说，解构语言所示的“共相”，于是一切存在都成为孤独的“个体”——“自相”；其次，将存在的“个体”摄入主体精神世界，因为这些“个体”是从心识似现出来的。解构心识的种种活动，才能真正断除语言之根，进入言语道断、心行处灭——无分别智所证的境界。

2. 观无生舍唯识想

在依他性方面，意言分别与虚妄分别相同，都有“见识”与“相识”。真谛译《摄论释》说：

---

① 真谛译：《摄大乘论释》卷七，《大正藏》第31册，第203页中—下。

② 竹村牧男认为语言所表示的对象本来是“自相”，但是语言所显示却是“共相”，“共相”即是遍计所执。于是，语言的理解活动是一种“变坏特质”的活动，语言所理解的对象成为遍计所执性。有关名与义的分析，见《唯識三性説の研究》，东京：春秋社，1995年，第211—242页。

> 明此六相无义，显入唯量观。明入唯量观已，云何入相见观？……由不见能取、所取有体，名入相见观。已明入相见观，云何入种种相貌观？若菩萨见依他性显现，似种种相貌，实无有相；见依他性显现似生，实无有生。于一时中，能观种种相貌，无相、无生，名种种相貌观。①

唯识又有见识、相识二者，这是因为识似现(pratibhāsa)为境，识以非识为自性，所见是分别性，能见是依他性。这与唯识今学强调“识转变”“见相分为依他性”是非常不同的。②

识似现为境，而成为所见，于是能见被否定，所以识与境彼此否定对立，同时又是自我同一。在能见被否定的过程中，所见则受到肯定，于是一切“种种相”在此显现。因此，见识与相识对立的当下，二者是无差别的(自我同一)。非识是识的自性，所以依他性的因缘有是以无性(生无性)为自性，缘生即无性，无性即缘生。因此，“能观种种相貌”的同时，亦无相、无生。真谛译《摄论释》说：

> 释曰：若菩萨已了别一切法，但是意言分别，离此以外实无所有。由依意言分别，得了别分别无相性。若菩萨不见外尘，但见意言分别，即了别依他性，云何了别此法？若离因缘，自不得生，根尘为因缘，根尘既不成，此法无因缘云何得生？故菩萨能了别依他性及无生性，即是了别真实性。③

这是根据“分别依他”而非“缘生依他”，真谛强调“识以能分别为性，

---

① 真谛译：《摄大乘论释》卷七，《大正藏》第31册，第204页上—中。
② 上田义文著，陈一标译：《大乘佛教思想》，台北：东大图书，2002年，第134—135页。
③ 真谛译：《摄大乘论释》卷七，《大正藏》第31册，第204页下。

能分别必从所分别生，依他性即是所分别，为分别生因，即是分别缘"[1]。依他性作为所分别，是就"变异相貌"而言，即显现(成为所见)为境(所缘)，拥有一切法的相貌。

敦煌本《摄论疏》卷七(S.2747)说："根尘是所依，识是能依，从识变异种生为根尘；亦得言根尘能依，识是所依。"[2]根据"缘生依他"，根尘都是依阿黎耶识中的种子而生，所以识是能依，根尘是所依；从"分别依他"来说，根尘的显现说明了识的自我否定性，所以根尘是能依，识是所依。这样，所缘的境与能缘的识为一体，即所缘与能缘平等，这就是无分别，即是真实性。

灵润依"分别无相、依他无性即是真实性"，主张在修三性观时，已经是三无性了，所以立"二重唯识观"。从此亦可见，三性、三无性是同一无性的思想，是可以从真谛译《摄论释》直接诠释出来的。但是，隋唐时代的摄论师依三无性建立"三重唯识观"。敦煌本《摄论疏》卷七(S.2747)表现了这种趋势：

> 根尘既无所有，即见无相性，是约分别性无所有分。见真如见唯有识，即见依他性。见藤时无蛇，未明四微缘，识即无生见，即无相无生。即是俗识见真实性，如见四微时无藤。本为对俗识立真如，俗既空无所对，真亦绝待第一义空。如见四微亦无所有唯空，即是真实性成无性性，即非安立谛，无于二谛三性等也。[3]

此疏以分别性无相、依他性无性为真实性，同时在引譬喻时，增加了藤由四大极微构成这一层，这意味着三性是俗谛。因此，必须遣除作为

---

① 真谛译：《摄大乘论释》卷五，《大正藏》第31册，第188页上。

② 《摄大乘论疏》卷七，《大正藏》第85册，第994页上。

③ 《摄大乘论疏》卷七，《大正藏》第85册，第994页中—下。

俗谛的真实性，证入超越、绝待的绝对真理第一义空，见极微亦是空无所有，亦无二谛、三性等教法施设。

在真谛的思想体系中，真实性既是安立谛又是非安立谛，因此灵润的“两重唯识观”与敦煌本《摄论疏》卷七的“三重唯识观”是不矛盾的。而且，从唯识观出发，摄论师又有新的归纳，慧沼说：“旧摄论师四门：一、随名义别体，二、摄义归名体，三、摄尘归识体，四、摄事归理体。”[1]关于“二重唯识观”“三重唯识观”与“四门”的对应关系，列表如下：

表4.8　“二重唯识观”“三重唯识观”与摄论师“四门”的关系对应表

<table>
<tr><th>二重唯识观</th><th>三重唯识观</th><th>摄论师“四门”</th></tr>
<tr><td rowspan="2">观无相舍外尘想</td><td rowspan="2">观分别性无相</td><td>随名义别体</td></tr>
<tr><td>摄义归名体</td></tr>
<tr><td rowspan="2">观无生舍唯识想</td><td>观依他性无生</td><td>摄尘归识体</td></tr>
<tr><td>观真实性无性性</td><td>摄事归理体</td></tr>
</table>

“四门”对唯识观进行存在论式的诠释，而且将三性悟入次第细致化，以“理”对真实性或无性性进行创造性诠释，由此可见摄论学派的中国化历程。

结　语

初期唯识的三性思想，可分为“情事理门”“尘识理门”“染净通门”等三门。“情事理门”从语言论来建立三种存在，可以分为“假言自性”与“离言自性”，分别性属于“假言自性”，依他性和真实性为“离言自性”。从语言哲学的角度来看，分别性是日常语言思量的世界，是

① 《成唯识论了义灯》卷一本，《大正藏》第43册，第662页中。

由名言与意言互为因果的关系，引出“存在”的主观与客观之对立。若要从迷染的世界转化到清净、觉悟的世界，则必须断除语言活动及存在层面的“主体”“客体”，了解到一切存在只是语言，悟入依他性；真正断除语言的执著，即是真实性。

“尘识理门”的主要特征是从认识论的角度探讨认识与存在的不同层面的关系，这方面的典籍有《大乘庄严经论》《中边分别论》《辨法法性论》。分别性、依他性无性即是真实性，真实性兼摄正智，是“智如合一”的性相融即。分别性是绝对无的主客对立的分别，依他性是“一切无而似有”，二者同为虚妄分别所摄，即“识境合一”。因此，整个三性摄入虚妄分别。真谛为了显示虚妄分别的迷乱性，故提出“乱识”或“乱识虚妄性”，并且强调“境不实故”“体不真实”等理由。玄奘强调“依他性不得为无”，是因为不以虚妄分别全为乱识。“尘识理门”的依他性包含两种：一、缘生依他；二、分别依他，即分别性所依。

以《摄论》为中心的“染净通门”，将对语言、认识、存在的阐明回摄入主体的心识。《摄论》对依他性的探讨可以分为四种：缘生依他、唯识依他、分别依他、染净二分依他。前三者即虚妄分别的依他性，属存在论层面；后者由存在论转向实践论，从而用真实性来证成依他性。《摄论》的依他性思想有三大特色，这是以往“情事理门”“尘识理门”所没有的。第一，阿黎耶识缘起与依他性的结合，后二门的依他性都是“缘生依他”，但没有提到一切种子识作为因缘，《摄论》明确提出依他性是依缘于阿黎耶识的种子而生起。依他性是诸法的存在状态，即《摄论》中提到的十一种识；而阿黎耶识（即种子）是诸存在的潜势状态。第二，强调“染净二分依他”，其本意应该是“立体式”的二分，同时分别性与真实性的转换是非连续的；而《起信论》强调平面式的“一心二门”，阿黎耶识与法身之间的转换是连续的。但是，真谛在解释金土藏喻时，以本识解“界藏”，别立“解性黎耶”，无疑为“真妄和合”与“一心二门”提供了有力佐证。第三，提出“依他性是所分别”，这是“尘识理门”的三性思想所没有的，是后期护法一系对依他性的主要看法，但是真谛以分别性来解释所分别，继承了“尘识理门”的思想。从哲学上说，“缘生依他”是存在论范畴，探讨存在的来源与形成；“唯识依他”“分别依他”是认识论范畴，是具有“存在论意义的认识论”，而非后来护法一系的“观念论”；染净二分依他是存在论与实践论的范畴，说明了现象存在与真实存在的关系，或如海德格尔所说“存在物与存在”的关系。

唯识古学与今学对“虚妄分别”有两种不同的解释，依玄奘所传的唯识今学，虚妄分别但指依他性；依真谛所传的唯识古学，虚妄分别通依他性与分别性，这是“尘识理门”的思想。二者的差别源出于“有相唯识”与“无相唯识”系统的差别。真谛继承唯识古学的思想，将依他性称为“乱识”，分别性称为“乱识变异”。对于《摄论》十一识的理解，玄奘一系主张多意识说，八识各有其体，而阿黎耶识所说的“彼能受识”及“身者识”指前七识的自证分，所以他是从vijñāna的立场来翻译的。从《摄论》的藏译原语来看，是用vijñapti，这与真谛译的立场相符合。真谛主张一意识说，识的统一体是阿黎耶识(vijñāna)，十一识都是vijñapti，表现了虚妄分别是“无之有”的矛盾性格。而且，《中边分别论》的“四识”也是“所取”，这与真谛译的思想相同，因此“十一识”可以略说为“四识”。

真谛继承“尘识理门”与“染净通门”，并吸收世亲的三性思想，而加以综合抉择，形成自己独特的三性思想，与唯识今学有不同的展开。真谛与安慧都以八识为能分别，而护法则强调第六识、第七识为能分别；而且，护法主张见分、相分同属依他性，真谛、安慧则无此义。真谛主张分别性、依他性无所有而呈现的同一无性，即是真实性，因此三性是一；唯识今学主张于依他性上远离分别性，即是真实性，因此三性彼此有分际，不可混同。在《转识论》中，真谛以分别与依他两性未曾相离为真实性，不外就是指能所合一的“同一性”。由境识不相离推出唯识无境，再由境无推出识无，建立境识俱泯的唯识义。

真谛依分别性与依他性对立、同一的矛盾关系建立“方便唯识”与“真实唯识”，是其独特的思想。“识有境无”即是方便唯识，“识无境无”即是真实唯识。“识有”和“识无”同时存在，识的自我否定性必须包含在“唯识”中，才是真正的“唯识”义；无境无识，一切皆净尽，即是真实性，唯有阿摩罗识。所以，真谛的三性思想有两大特点：一、从三性来说，分别性以依他性为体，“识境合一”，分别性、依他性无所有即是真实性，体现了“性相融即”的思想。二、从真实性来说，强调“智如合一”，这是继承自“尘识理门”的思想，也是“无相唯识”一系的思想；将此真实性视为阿摩罗识，则是其独特的思想。相反，护法一系主张“性相永别”“智如二分”，我、法二空所显的真如是圆成实性。

对于三性之间“不一不异”的关系，安慧与护法基于存在论的立场，以真实性与依他性的关系为中心，顺从《唯识三十颂》原颂梵文的意思而加以延伸；而真谛基于实践论的立场，从分别性与依他性的关系来加以诠释，与“两性未曾相离即是真实性”一致，即指“能所合一”的同一性。但是，他们的论证方法是相同的，都采取了龙树《中论》的论证方法。

瑜伽行派继中观而发展，对中观的许多命题进行新的诠释。《中边分别论》以虚妄分别或识的“无之有”的矛盾结构，显示了空性与虚妄分别的不一不异，成就了虚妄与真实的交彻；通过主体(识)的彰显，开拓了“真空妙有”的新途径。《中边分别论》的“空”思想，后来被真谛继承并加以发挥。《瑜伽论》系的唯识思想强调“假必依实”，而实有唯事，“外无内有，事皆唯识”，显示了“他性空”的特点。真谛站在“性相融即”的立场，主张空是否定的对立同一，分别性无相，依他性无生，都须加以遣除，空与空性是同一的；玄奘站在“性相永别”的立场，主张空是无乃至否定，强调分别性是无，而不否定依他性，所以分别性是空，而真实性是空性，空与空性是有绝对区别的。

对于三无性，真谛与玄奘都主张分别性的空。但是，真谛从能所的认识论角度，强调分别性体既无，识以非识为自性，所以是“无生性”；玄奘从存在论的角度，强调现象存在不是依于自己的存在而确立自己的性格，但仍然有现象的存在性，所以是“非性全无”。真谛强调三无性是以真实无性为中心，主张分别、依他同一无性即真实性，坚持“一切诸法同一无性”，三性为安立谛，三无性为非安立谛；根据这种诠释进路，三性同时也是三无性，三性与三无性是没有差别的。而唯识今学强调“三无性不离三自性”，这是在三性之外说三无性，即认为只谈三性会有所不足，所以才要再谈三无性。

安慧与真谛都主张二重二谛，安慧以立名、取行、显了三种俗谛来收摄三性，这样自然三无性是胜义谛；第二重是以真实性为胜义谛，分别、依他二性为世俗谛。安慧提出“显了世俗”，真实隐藏在世俗里，于是真实性便同时具有隐藏与显现的效果；在胜义谛，安慧将闻思修三慧视为“正行胜义”，成为沟通世俗谛与胜义谛的中介，此说具有“随顺胜义”的特点。真谛以分别性、依他性是世俗谛，真实性是胜义谛；以三性为安立谛，三无性为非安立谛。吉藏站在三论四重二谛的立场，对真谛的三性、三无性思想进行批判。窥基依《瑜伽论》《显扬圣教论》《成唯识论》形成唯识宗的四重二谛。护法站在道理世俗谛的立场，主张相分、见分为依他性，是实有的。安慧、真谛则仅限于二重二谛，站在胜义谛的立场，主张见分、相分为不实。

净影慧远以真妄、体用、本末来解释三性，尤其是依他性包含真妄，则其“二分依他”是平面式、连续的，是《起信论》“真妄和合识”的思维模式。而摄论师道基完全继承了真谛的三性思想，并依此对《楞伽经》《金光明经》等相关的三性思想进行摄论学派的解释。道基认为，妄境、妄心都是分别性；从认识论与存在论来说，依他性有缘生依他、唯识依他、分别依他；从实践论来看，则有“染净二分依他”，而且染依他、净依他都是有为法；真实性则以无变异义和不颠倒义为中心，以无为法摄有垢清净、无垢清净，以有为法摄道清净、正教清净。同时，他反对当时将三性视为同具有为与无为的观点，继承“同体别用”的思想，提出第七识与第八识有差别而又无差别。

同时，隋唐时期摄论师对唯识典籍中的三性思想进行整理，文备有“九门解”，道奘有“七门分别”并最终归纳为“情事理门”“尘识理门”“染净通门”三门。三门中其实包含两种形态的三性思想：其一，真实性是前二无性，含有三无性的说明，所以三性同时即是三无性，亦即同一无性；其二，通过否定前二性而直接成真实性，并没有经历三无性的过程。而且，摄论师遣三性立三无性，而玄奘约三性立三无性，可见两种思想体系的不同。

从实践论来说，灵润提出“两重唯识观”：第一重是观无相舍外尘想，第二重是观无生舍唯识想。敦煌本《摄论疏》卷七(S.2747)依三无性建立“三重唯识观”。慧沼又提出摄论师有“四门”：一、随名义别体；二、摄义归名体；三、摄尘归识体；四、摄事归理体。“四门”以“理”对真实性或无性性进行创造性诠释，由此可见摄论学派的中国化历程。

依“解脱诠释学”，存在论与实践论之间的“回互”正是唯识思想体系生命力所在，“意言”是实践论的范畴，而“名言”是存在论的范畴。而且，从语言哲学的角度看唯识观的实践，既然一切存在都是语言性，则在实践论上必须破除语言的理解活动，将语言的活动归摄入主体心识。具体而言，解构语言所示的“共相”，于是一切存在都成为孤独的“个体”——“自相”。其次，将存在的“个体”摄入主体精神世界，因为这些“个体”是从心识似现出来的。解构心识的种种活动，才能真正断除语言之根，进入言语道断、心行处灭——无分别智所证的境界。

第五章　解性黎耶与阿摩罗识

佛教思想需要解释生命现象与社会现象存在的合理性，正如宗教社会学家彼得·贝格尔说："宗教如此有效地证明了实在的合理，因为它把经验社会之不稳定的实在结构与终极实在联系起来了。社会世界的脆弱的实在性之根基，是神圣的实在，后者在定义上就超越了人类意义和人类活动之偶然性。"[①]同时，佛教思想必须为生命的提升与解脱提供可能性的证明以及可能实现的途径。瑜伽行派建构阿黎耶识，不仅是为了解释生命流转的现象，更是要为生命的还灭与解脱提供存在论的根据。

佛教思想的发展有两条路向——"经验的立场"和"超越的立场"，大乘佛教的瑜伽行派与如来藏系分别代表这二者。如来藏思想产生于对成佛根据的追寻，在佛教强调自力解脱的背景下，回归到众生自己，即众生的本性。所以，初期如来藏经典如《如来藏经》《不增不减经》将如来藏与法身视为同一。瑜伽唯识思想则从经验现实入手，通过阿黎耶识的存在来说明生命的构造、相续、轮回及其与世界的关系，由此形成一套现实或现象的理法。阿黎耶识不是真正的主体(真心)，而只是一虚妄的存在(妄识)。

因此，佛教必须兼顾两条路向——一方面解析经验世界的现象，另一方面肯定人的成佛之因和佛的境界，结果就造成了一种看似矛盾

---

① 彼得·贝格尔著，高师宁译：《神圣的帷幕——宗教社会学理论之要素》，上海：上海人民出版社，1991年，第41页。

的统一。[①]阿黎耶识与如来藏在各自思想体系中都是一种主体，落实到众生层面，则必须统一这两种主体，因地的修行与果地的功德才能得到圆满的贯通。但是，如来藏与阿黎耶识二者在性质上是相反的，如何建立联系？这种困扰在《胜鬘经》中已经表现出来，所谓“自性清净心而有染者难可了知”，只是并没有答案。《楞伽经》的出现，最大的意义便在于将这两大思想系统融合与统一，以“如来藏藏识”一名加以统括，表示主体有此两面。

方东美曾将瑜伽行派五位百法的法相系统称为“描述性的现象学”，将解释现象产生与来源的八识、种子与现行等理论称为“建设性的现象学”，将以阿黎耶识为中心建立的阿黎耶识缘起及三性等学说称为“纯粹意识的现象学”，将超越虚妄唯识而追求“唯智”之说称为“超越的现象学”。[②]从佛教思想发展的核心来说，一切思想体系无非是对“缘起论”的诠释。瑜伽行派的阿黎耶识对虚妄生灭世界的解释非常精致与完善，方东美概括为“变易哲学”“时间哲学”“无常哲学”[③]，同时又指出护法、玄奘一系“转识成智”理论的轻率与不完善。他认为真能解决中国大乘佛学思想演变过程的困难者在唯智而非唯识，并对安慧与真谛的学说非常欣赏，赞叹“真谛其人，实得‘真谛’其理也”。[④]

在瑜伽行派中，有折中如来藏学的倾向，真谛是最显著的代表。真谛的这种思想倾向，与以玄奘为代表的妄心派分道扬镳。在唯识思想内部，真谛与玄奘代表古学与今学的差异；而是否融合如来藏，成为二者思想的分水岭。印顺曾提出：

> 在印度大乘佛教的开展中，唯心论有真心派与妄心派二大流。

---

① 霍韬晦：《绝对与圆融》，台北：东大图书，1994年，第274页。
② 方东美：《中国大乘佛学》，台北：黎明文化，1991年，第586—591页。
③ 方东美：《华严宗哲学》上册，台北：黎明文化，1993年，第389页。
④ 方东美：《华严宗哲学》上册，台北：黎明文化，1993年，第432页。

> 传到中国来，即有地论师、摄论师、唯识师三派。此两大流，真心派从印度东方（南）的大众分别说系发展而来；妄心派从印度西方（北）的说一切有系中出来。在长期的离合发展中，彼此关涉得很深；然两大体系的不同，到底存在。大体的说：妄心派重于论典，如无著、世亲等的著作：重思辨，重分析，重事相，重认识论；以虚妄心为染净的所依，清净法是附属的。真心派重于经典，都编集为经典的体裁：重直觉，重综合，重理性，重本体论；以真常心为染净的所依，杂染是外铄的。①

他认为旧译唯识与新译唯识源自印度的如来藏与唯识两系，也即真心与妄心两派，同时指出两派在长期发展过程中相互影响甚深。事实上，真谛的思想便具有综合真心派与妄心派的特色，在超越方面吸收如来藏思想，在经验层面则坚持瑜伽唯识思想。

第一节 “界”之诠释与解性黎耶

瑜伽行派与如来藏系分别以“经验的立场”和“超越的立场”对存在进行解释，对现象的来源以及存在的根据进行不同路径的探索，从而形成不同的诠释体系。两系在面对同一文本或问题时展开不同的诠释，文本或问题的意义被不断地唤起，从而形成丰富的思想。

一 “界”之诠释

1. 界与法界

真谛一生致力于糅合如来藏与阿黎耶识，对唯识典籍进行自己

① 印顺：《唯识学探源》“自序”，载《妙云集》中编之三，台北：正闻出版社，1989年，第2—3页。

的诠释。他对“此界无始时”的解释即是表现之一，真谛译《摄论释》说：

> 论曰：此界无始时，一切法依止；若有诸道有，及有得涅槃。
>
> 释曰：今欲引《阿含》证阿黎耶识体及名，《阿含》谓大乘阿毗达磨，此中佛世尊说偈。……复次，此界无始时者，即是显因。若不立因，可言有始。一切法依止者，由此识为一切法因故，说一切法依止。若有诸道有，及有得涅槃者，此一切法依止，若有是道则有果报；亦有由此果报，众生受生，易可令解邪正两说，分别有异。[①]

《大乘阿毗达磨经》的偈颂，安慧《三十唯识释》加以引用，梵文如下：

> anādikāliko dhātuḥ sarvadharma samāśrayaḥ | tasmin sati gatiḥ sarvā nirvāṇa adhigamo'pi vā ||[②]

玄奘翻译为：“无始时来界，一切法等依，由此有诸趣，及涅槃证得。”[③]此偈不但被用来证明阿黎耶识的存在，《宝性论》亦引之作为如来藏存在的证明，所谓“无始世来性，作诸法依止，依性有诸道，及证涅槃果”。[④]

在某种意义上，如来藏和阿黎耶识都是对现象来源及存在根据的

---

① 真谛译：《摄大乘论释》卷一，《大正藏》第31册，第156页下—157页上。

② 霍韬晦：《安慧〈三十唯识释〉原典译注》附录“梵文原典”，香港：香港中文大学出版社，1980年，第195页。

③ 玄奘译：《摄大乘论释》卷一，《大正藏》第31册，第324页。

④ 《究竟一乘宝性论》卷四，《大正藏》第31册，第839页上。梵汉对照见中村瑞隆：《梵汉对照究竟一乘宝性论研究》，台北：华宇出版社，1986年，第141—142页。

说明,具有相同的形而上特点。[①]“界”(dhātu)作为阿黎耶识或如来藏存在的证明,无疑亦具有“根据”“来源”的意义。从语法来说,“界”(dhātu)是从词根 $\sqrt{\text{dhā}}$ 而来,有本质、要素、成分、构成的意思。[②]在原始佛教中,“界”有三种意义:一、“众生常与界俱,与界和合”[③],界不是现行心,也不是众生,而是与(心)众生相对应、相和合,而助增势力的;二、“缘种种界,生种种触”[④]等,界就是十八界;三、众生生死流转,都是缘界而起,在出离方面,解脱界——“断界、无欲界、灭界”是修止观而得的。[⑤]《瑜伽论》指出“界”有因、种子、本性、种性、微细、任持六义。[⑥]在藏传佛教中,“界”(dhātu)相应的藏译有khams、rigs、dbyins三种,khams是十八界、四大界等义的译语,有本质、要素的意思;rigs是如来藏说、阿黎耶识说中性、因、种子的意思,与gotrs(种姓)同义;dbyins是金刚界、不可思议界的领域、依处的意思。[⑦]印顺指出,界有“性”义、“类”义、“因”义,但是因是依止因,如“无明缘行”“根境识缘触”,与后代的种子因不合。[⑧]“界”的思维模式,始于容纳物质的空间;按照印度人的思维,最普遍的、不变的空间是虚空,虚空是存在的全部领域,会透入有形的事物。这有点类似“梵”与“我”的关系,对于被渗透入的物质来说,虚空是事物的本质,于是成为万物的“根源”。[⑨]

---

① Brian Edward Brown概括如来藏与阿黎耶识的特点,指出二者都具有“根据”(ground)的特点,但是前者是轮回与涅槃的绝对根据,后者是现象性心识的理性根据。见*The Buddha Nature: A Study of the Tathāgatagarbha and Alayavijñana*, Motilal Banarsidass Publishers, Delhi, 1994, p.273。

② 水谷幸正:《仏教思想と浄土教》,京都:思文阁,1998年,第298—299页。

③ 《杂阿含经》卷十六,《大正藏》第2册,第115页上。

④ 《杂阿含经》卷十六,《大正藏》第2册,第116页上。

⑤ 《杂阿含经》卷十八,《大正藏》第2册,第118页中。

⑥ 《瑜伽师地论》卷五十六,《大正藏》第30册,第610页上。

⑦ 水谷幸正:《仏教思想と浄土教》,京都:思文阁,1998年,第300页。

⑧ 印顺:《如来藏之研究》,台北:正闻出版社,1992年,第30页。

⑨ 高崎直道等著,李世杰译:《如来藏思想》,《世界佛学名著译丛》第68册,台北:华宇出版社,1986年,第28—29页。

“界”是佛教的基本术语，随着佛教思潮的展开，“界”的思想愈发丰富，而“法界”无疑是其中的核心。法界(dharma-dhātu)在十八界中，是“法”的本质的意思，与意根界、意识界相关。但是，“法”的内涵极广，其他十七界亦可归属法界，《大毗婆沙论》载：“有余师说：法界总摄一切法尽，以十七界亦名法。”[①]法界是一切存在的集成，由“法界遍满”之用语可见，法界是存在之构成全体。“存在之构成全体”的成分义，即是本质义、本性义、摄持义，这是真正的存在论思想，与后来大乘佛教的“法性”“真如”属于同一层面。《杂阿含经》说：“若佛出世，若未出世，此法常住，法住、法界。……此等诸法，法住、法空、法如、法尔，法不离如，法不异如，审谛真实，不颠倒。”[②]法性、法住、法如、法界等都表示缘起法是常住、恒住的，佛出世是如此，不出世也是如此，这对大乘佛教的“法界常住”精神有极大的影响。

但是，原始佛教对“界”还有另一种诠释，如《相应部》说缘起具有“如不虚妄性”“不异如性”“相依性”三种特点。[③]《瑜伽论》中没有“法界”，而说“建立依处性，名此缘起顺次第性”[④]，这是依因而有果的次第决定性。“此有故彼有，此生故彼生，此无故彼无，此灭故彼灭”的相依性，就是缘起法的“界”性，界是相依因。同时，相依而起的因果次第，开示了世间生死；因灭则果灭的相依性，显示了出世的涅槃。佛的处中说法，是依缘起法界——相依性原理而表达出来的。

佛陀觉悟后，将自内证的真理用语言表达出来，亦称为“法”。于是，八万四千法门都是以佛陀所悟的“法”作为根源，即是诸法出生之因。虽然佛陀的沉默和“箭喻”，表示了原始佛教对形而上学问题超然

① 《阿毗达磨大毗婆沙论》卷七十一，《大正藏》第27册，第370页下。
② 《杂阿含经》卷十二，《大正藏》第2册，第84页中。
③ 《相应部经典二·因缘相应》，《汉译南传大藏经》第14册，第30页。
④ 《瑜伽师地论》卷九十三，《大正藏》第30册，第833页上。

的态度和重视实践的观点，但是作为一个宗教，必须有超越的肯定，如预设人是一个能够实践佛道和进入圆满境界的主体，又如预设现实世间和理想世界的不同。其实，原始佛教亦必须强调佛陀是真理的代表，与真理融合成一体，这与“梵我一如”的印度传统思维模式具有相似之处。如高崎直道所说，佛陀的神格化和宗教实体化，助长了“界论”思考方式的发展。[①]此后大乘佛教的发展，受到这一传统思维模式的影响，也就在所难免。而“法界”具有圣法之因的意义，亦从此开始。

2. 界与阿黎耶识

瑜伽行派立足于经验的立场，以种子来诠释“界”，以阿黎耶识作为一切法的因。[②]《中边分别论》解释“法界”说“圣法因为义故，是故说法界。圣法依此境生，此中因义是界义”；此论又说“种子是界义”，安慧释以黄金的种子为“黄金界”作为比喻。[③]《成唯识论》证明阿黎耶识存在的“五教十理证”中，第一证即是引用《大乘阿毗达磨经》的偈颂。[④]可见，瑜伽行派是以“因”义来解释“界”，即阿黎耶识。

对“此界无始时”偈颂的解释，世亲、无性、护法等有所不同。世亲基于种子与阿黎耶识不分的立场，认为“种子识”即一切杂染有漏诸法的种子。玄奘译《摄论释》说：“界者谓因，是一切法等所依止，现见世间于金矿等，说界名故。由此是因，故一切法等所依止因，体即是

① 高崎直道：《界论思想与佛学研究的新近趋势》，载杰米·霍巴德、保罗·史万森主编，龚隽等译：《修剪菩提树——“批判佛教”的风暴》，上海：上海古籍出版社，2004年，第318—319页。

② 赖永海认为，真如既是万物的本体，又是难以言表、不可捉摸的，而真如与阿赖耶识所产生的一切诸法的关系，又是绝然割裂的。这种割裂本体与现象的思想导致唯识宗学说一系列的矛盾。见《中国佛性论》，北京：中国青年出版社，1999年，第85—86页。

③ 《中边分别论》卷上，《大正藏》第31册，第452页下、457页上。山口益译注：《安慧阿遮梨耶造中辺分別論釈疏》，名古屋：破尘阁书房，1935年，第228页。

④ 《成唯识论》卷三，《大正藏》第31册，第14页上。

所依止义。”[①]有为有漏的一切法依杂染种子而生起，于是才有五趣的差别。而断除这些杂染种子，便证得清净涅槃。因此，涅槃是舍离了染污世界而证得，并非由种子所生，此即牟宗三所说“间接地曲折而有”。[②]无性则将“界”与“依”分开：

> 界者，因也，即种子也。是谁因种？谓一切法，此唯杂染，非是清净故。后当言多闻熏习所依，非阿赖耶识所摄。如阿赖耶识成种子，如理作意所摄，似法似义所起等。彼一切法等所依者，能任持故，非因性故。能任持义，是所依义，非因性义。所依、能依，性各异故。若不尔者，界声已了，无假依言。由此有诸趣及涅槃证得者，如《决择》处当广分别，谓生杂染等，那落迦等。若离阿赖耶识，皆不得有等生等。杂染毕竟止息，名为涅槃，若离阿赖耶识，不应证得。[③]

无性从“种现有别”的立场出发，认为“界”是一切杂染法的种子，是“因”义；而“依”指阿黎耶识，是“任持”义，阿黎耶识能够摄藏一切法的种子，是一切法的“所依”而不是“因”；若说依就是界，则犯重言的过失。无性与世亲相同的地方，在于主张涅槃都是断除杂染而证得。

---

① 玄奘译：《摄大乘论释》卷一，《大正藏》第31册，第324页上。

② 牟宗三以“诸道有”或“诸趣有”是直接地顺承而有，顺承识体之本迷，故有生死流转一切杂染品法。而“有得涅槃”的正面直接根据是“闻熏习”，这是间接地曲折而有；当然，“闻熏习”亦是熏习于阿黎耶识中的无漏种子，所以是以阿黎耶识为中心，环绕此中心始可说“涅槃证得”。见《佛性与般若》上册，台北：学生书局，1997年，第290—291页。

③ 《摄大乘论释》卷一，《大正藏》第31册，第383页上。

护法的解释，与无性基本相同，“界”是因义，“依”则成为缘。[①]

从诠释方面来看，世亲将“依”与“界”合起来，无性、护法则将二者分开。依此偈颂的梵文，“界”(dhātu)的代词——tasmin(此)是依格，但是整句看，则有从格的意思，可以译为“它有时，一切趣有”；另外，玄奘将samāśraya译为“等依”，容易将其误解成“共同的依止”的意思，而sam有时仅是加强语气。[②]所以，原文确实有“依止”的意思，而“依止”与“因”是否分开，则有不同的解释。后来日本的“批判佛教”提倡者，从“依止”与依格出发，强调这是一种“基体”(locus)说。但是，如山部能宣所强调的，独立依格并不必然导向“基体”的结论；另外，āśraya确实如护法所释是一种“缘”义。[③]同时，dhātu的词根$\sqrt{dh\bar{a}}$有“产生或引出”的意思，而且-tu表示一种动因，所以“因”是“界”的根本含义，而“任持”或所依是它的替代义。唯识的种子论，保证了多元现象界的存在，于是有“十八界”的产生，无量因缘产生无量现象，这是一种“多元论”的存在论。[④]

3. 界与如来藏

《宝性论》引用此偈颂作为如来藏存在的证据，“界”(dhātu)即如来藏，与“法界”相关。“界”的意义非常复杂，可以指金银铜铁等地下矿藏，后来如来藏的九喻即有“地有珍宝藏喻”，如《摄论》“金土藏喻”。“界”，或译为“性”，这样“法界”“如来界”可以译为“法性”“如

---

① 《成唯识论》卷三说：“界是因义，即种子识无始时来，展转相续，亲生诸法，故名为因。依是缘义，即执持识无始时来，与一切法等为依止，故名为缘。谓能执持诸种子，故与现行法为所依，故即变为彼，及为彼依。”见《大正藏》第31册，第14页上。

② 霍韬晦：《安慧〈三十唯识释〉原典译注》，香港：香港中文大学出版社，第123页注11、12。

③ 详见杰米·霍巴德、保罗·史万森主编，龚隽等译：《修剪菩提树——“批判佛教”的风暴》，上海：上海古籍出版社，2004年，第213—222页。

④ 竹村牧男从“界善巧”出发，主张唯识思想是一种多元论。见《唯識三性説の研究》，东京：春秋社，1995年，第392—398页。

来性”。印顺指出，胎藏与界藏是不同的，但是在已经有了而还没有显现的意义上，二者是相通的；且从《宝性论》的梵文来看，“佛性”的原语为佛藏(buddha-garbha)或佛界(buddha-dhātu)，所以佛性也不外乎胎藏与界藏。[①]总之，“界”与如来藏有内在的必然联系，下文以《胜鬘经》为例加以讨论。

如来藏是《胜鬘经》的主题，此经强调正法、大乘、一乘、如来藏是一致的，并从十个方面阐明如来藏。[②]其中主要的有以下几个方面：

第一，如来藏与烦恼之间是“依存”而非本具关系，如经说：“有二种如来藏空智。世尊！空如来藏，若离，若脱，若异，一切烦恼藏。世尊！不空如来藏，过于恒河沙不离、不脱、不异不思议佛法。”[③]烦恼是客尘、外烁的，所以是“空如来藏”；而心性含摄无量功德，所以是“不空如来藏”。

第二，如来藏是生死和涅槃的依止因，“生死者依如来藏”；如来藏也是众生厌苦求乐的动力，“若无如来藏者，不得厌苦乐求涅槃”。[④]这是后来如来藏缘起说的根据，“是依、是持、是建立”需要特别注意，这不是说如来藏能直接生起万法，而只是说它是万法的依止因。《宝性论》说：“如一切世间，依虚空生灭，依于无漏界，有诸根生灭。”[⑤]可见这种依止只是像世间万物依于虚空一样。如来藏遍满一切处，因而一切互依互缘的生灭变化都不在如来藏之外，为如来藏所收摄，依托于如来藏，但所有这些并不意味着如来藏能出生万法。

“界”作为生死与涅槃的依止因，是如来藏与阿黎耶识的相同之

---

① 印顺：《如来藏之研究》，台北：正闻出版社，1992年，第11页。

② 高崎直道：《如来藏思想の形成——インド大乗仏教思想研究》，东京：春秋社，1984年，第105—108页。

③ 《胜鬘师子吼一乘大方便方广经》，《大正藏》第12册，第221页下。

④ 《胜鬘师子吼一乘大方便方广经》，《大正藏》第12册，第222页中。

⑤ 《究竟一乘宝性论》卷一，《大正藏》第31册，第814页上。

处。《不增不减经》依众生界说如来藏三义："众生界中亦三种法，皆真实如不异不差。何谓三法？一者，如来藏本际相应体及清净法；二者，如来藏本际不相应体及烦恼缠不清净法；三者，如来藏未来际平等恒及有法。"[①]众生界所示的三法：一、如来藏不空义，众生本具的自性清净的如来藏为成佛之根据，这是就可能性而言；二、如来藏空义，如来藏为客尘所染，这是就现实性而言；三、如来藏的平等、恒、有法，如来藏出离客尘而成就为究竟平等的法身，这是就必然性而言。这样，如来藏是普遍、永恒和真实有的，依止如来藏而建构生死流转与涅槃解脱，与《胜鬘经》所说的相合。[②]而如来藏之所以成为依止因，在于其具有普遍、永恒、真实的必然性，是一种形而上层次的预设。

第三，如来藏是法界藏、法身藏、出世间上上藏、自性清净藏，"此性清净，如来藏而客尘烦恼上烦恼所染，不思议如来境界"[③]。经中表明，如来藏、法界、法身、出世间法、自性清净法是同一的，众生虽然被烦恼所染污，但是自性清净心是清净的，这属于不思议如来境界，应该生起信心。

第四，《胜鬘经》虽然没有说到阿黎耶识、三性、转依，但非与唯识思想无关。《胜鬘经》中作为生死、涅槃所依的如来藏思想，与唯识思想引为阿赖耶识说典据的《大乘阿毗达磨经》"无始时来界，一切法等依，由此有诸趣，及涅槃证得"意趣完全相同。《宝性论》则将此偈作为如来藏的教证，并且引用《胜鬘经》的经文来加以说明，成立如来藏缘起，且一切所依之界是指"法界"，接近《不增不减经》的思想。[④]

---

① 《不增不减经》，《大正藏》第16册，第467页中。

② 《不增不减经》说："一切诸法根本、备一切法、具一切法，于世法中不离不脱真实一切法，住持一切法，摄一切法。"见《大正藏》第16册，第467页下。

③ 《胜鬘师子吼一乘大方便方广经》，《大正藏》第12册，第222页中。

④ 高崎直道等著，李世杰译：《如来藏思想》，《世界佛学名著译丛》第68册，台北：华宇出版社，1986年，第38页。

如来藏为众生厌苦、趋向涅槃的原动力，这是如来藏系经典的一贯思想。但是，在众生的经验层面，总存在着苦乐的感受、心理认识等。《胜鬘经》明显考虑到这一点，依纯粹的如来藏思想加以解释："于此六识及心法智，此七法刹那不住，不种众苦，不得厌苦、乐求涅槃。世尊！如来藏者，无前际，不起不灭法，种诸苦，得厌苦，乐求涅槃。"[①]《胜鬘经》强调自性清净心（如来藏）是超越六识等苦乐感受主体的存在，表示出对心识说的关注。[②]《胜鬘经》也注意到刹那灭、无明住地等经验层面的问题，这是与《如来藏经》《不增不减经》非常不同的地方。

如来藏作为成佛主体、成佛之因，在超越立场上可以被接受；但在现实立场上，可见的只有现实生命的结构，即心识的活动、苦乐的感受。如来藏思想产生于对成佛根据的追寻，在佛教强调自力解脱的背景下，回归到众生自己，即众生的本性。所以，初期如来藏经典如《如来藏经》《不增不减经》将如来藏与法身视为同一。如来藏思想具有深厚的般若性空背景，因而有为法及轮回等所有现实层面都是虚妄、空的。但是，如来藏思想系统不能无视现实世界的存在，尤其随着与唯识思想的接触、碰撞，便不能不考虑到心识的问题、经验来源的问题，《胜鬘经》体现了这一趋势。

4. "界论"与"批判佛教"

从"界"的原义到瑜伽行派及如来藏系的诠释，可以看出"界"思想的重要性与内涵的丰富。但是，对"界"的诠释并未停止。20世纪80年代，日本出现"批判佛教"思潮，驹泽大学的松本史朗和袴谷宪昭

---

① 《胜鬘师子吼一乘大方便方广经》，《大正藏》第12册，第222页中。

② 对"心法智"的理解，历来注家多有不同，解为"第七识""心所法"等，见香川孝雄：《勝鬘経の研究——特に如来蔵思想を中心として》，《仏教大学研究紀要》第32号，第1956年，第73—77页；另外，见Alex and Hideko Wayman, *The Lion's Roar of Queen Śrīmālā: A Buddhist Scripture on the Tathāgatagarbha Theory*, Motilal Banarsidass Publishers, Delhi, 1990, p.54。

提出“本觉思想”不是(真正的)佛教,“如来藏”不是(真正的)佛教等充满争议的主张,激起世界佛学界的强烈震撼与反应。[①]他们认为这些思想是根植于一种与印度佛教的缘起观念完全不同的以“根源实在论”为基本范式的“基础主义”或“场所哲学”观念的。

松本史朗认为佛教的主要教义是缘起论与无我说,而如来藏思想(本觉思想、佛性思想)妄立唯一的实在(dhātu)作为复数的“法”的“基体”(locus)。他坚持“界”是“领域”或“场所”义,亦即“基体”(locus)义,而全然没有“本性”“本质”的意思。[②]松本特地自造梵文dhātu-vāda(即“界论”或基体论)来指称这种思想,有时也称之为“发生的一元论”或“根源实在论”。[③]松本概括dhātu-vāda的结构特征:(1)“界”(dhātu)是诸“法”(dharma)的基体;(2)“界”生诸“法”,或“界”是诸“法”的原因;(3)“界”是单一,“法”是多数;(4)“界”是实在,诸“法”是非实在;(5)“界”是诸“法”的本质(ātman);(6)诸“法”虽非实在,然由于为“界”所生,具有某种程度的实在性。[④]

松本史朗以“基体论”为标准,批判如来藏与阿黎耶识说都是某种意义的绝对一元论。他指出,这一dhātu-vāda传统乃肇始于《法华经·药草喻品》,历经《华严经·性起品》而完成于《胜鬘经》以至于《不增不减经》。[⑤]“基体论”是以“界”义消解“藏”义,依《不增不减经》的如来藏三义,如来藏的平等、恒、有法是必然性,则“界”是建构

① 有关世界佛学界对“批判佛教”的反应,见拙文《1990年以来日本学界中国禅宗研究热点述评》,《中国禅学》第2卷,北京:中华书局,2003年,第306—307页。

② 松本史朗:《如来藏思想不是佛教》,载杰米·霍巴德、保罗·史万森主编,龚隽等译:《修剪菩提树——“批判佛教”的风暴》,上海:上海古籍出版社,2004年,第170页。

③ 林镇国:《空性与现代性》,台北:立绪文化,2004年,第27页。

④ 松本史朗:《如来藏思想不是佛教》,载杰米·霍巴德、保罗·史万森主编,龚隽等译:《修剪菩提树——“批判佛教”的风暴》,上海:上海古籍出版社,2004年,第170页。

⑤ 松本史朗:《如来藏思想不是佛教》,载杰米·霍巴德、保罗·史万森主编,龚隽等译:《修剪菩提树——“批判佛教”的风暴》,上海:上海古籍出版社,2004年,第171页。

如来藏的必要条件，这是一种同时的、空间性的缘起；而“藏”义体现了现实性与可能性，这是时间性的展开，因为如来藏从被烦恼隐覆的状态转变为出离烦恼的状态，本身即架构了时间性。确如松本所说，正是共时性的“界”义与历时性显现的“藏”义，构成了如来藏说的本质特征，因此它在双重的意义上都是基础主义或本质主义的。

“不空如来藏”是指如来藏有无量数的不思议佛(功德)法，与如来藏相应，不异而不可分离。不相离的无上佛法，就是称性功德，这不但是有的，而且是有作用的，如《宝性论》说：“若无佛性者，不得厌诸苦，不求涅槃乐，亦不欲不愿”“见苦果乐果，依此(种)性而有，若无佛性者，不起如是心”。[1]厌苦求乐而发的希愿欲求心，是众生离苦得乐、舍凡成圣成佛的根本动力。这种向往光明喜乐自在的倾向，就是如来藏称性功德的业用。但是，这种功德业用是成佛的必要条件(necessary condition)而非充分条件(sufficient condition)，是有之不必然、无之必不然的，它还需要借缘引发方得成就佛果，此即菩提心的重要性。如此一来，一阐提有佛性而不等于成佛，便得到合理的解释。

但是，印度与中国如来藏思想的差异，尤其是与《起信论》《楞严经》等“本觉”思想的差异，不可忽视。吕澂说：

> 印度佛学对于心性明净的理解是侧重于心性不与烦恼同类。它以烦恼的性质嚣动不安，乃是偶然发生的，与心性不相顺的，因此形容心性为寂灭、寂静的。这一种说法可称为“性寂”之说。中国佛学用本觉的意义来理解心性明净，则可称为“性觉”之说。从性寂上说人心明净，只就其“可能的”“当然的”方面而言；至于从性觉上说来，则等同“现实的”“已然的”一般。这一切都是

① 《究竟一乘宝性论》卷三，《大正藏》第31册，第831页上。

中印佛学有关心性的思想所有的重要区别。[①]

他以“性寂”与“性觉”来分判印度与中国佛教心性论的不同，其实印度的如来藏思想也有“性觉”的意思。吕澂认为自己与传统佛教的分歧在于，他追求“革新”，必须从知识论着手。他与“批判佛教”有许多类似的地方，都强调知识与逻辑的优先性，反对直觉主义与神秘主义。而且，吕澂主张“真如”唯是正智所缘，只具有存在论上的意义而无活动义。[②]

以如来藏来诠释“界”，确实有种“基体论”的危险，在如来藏系经论中经常表现出对这种危险的担心与加以避免的努力。同时，如来藏面临着如何现起虚妄的现实世界的难题[③]，对经验层面的关注成为如来藏思想发展的趋势，从而导致其与阿黎耶识的交涉与融合。[④]松本

① 吕澂：《试论中国佛学有关心性的基本思想》，载《吕澂佛学论著选集》卷三，济南：齐鲁书社，1991年，第1417—1418页。

② 林镇国：《空性与现代性》，台北：立绪文化，2004年，第36—37页。

③ 如来藏的本意是在超越的立场，不必涉及现实面。所以，傅伟勋说：“如来藏缘起也者，无关乎世间现实是否如此的纯粹事实问题，而是关涉到宗教理想或终极目标必须坚持的道理问题。如用近代德国哲学家康德(Immanuel Kant)的专用名词予以说明，则不妨说，真如或如来藏的心性肯认，乃是一种(大乘佛教)实践理性的必需设准(a necessary postulate of Mahāyāna Buddhist practical reason)而与纯粹科学知识探求有关的所谓理论理性毫不相干。”见《从创造的诠释学到大乘佛学》，台北：东大图书，1999年，第301—302页。将形而上学的预设归结为宗教上的“善巧方便”，是如来藏最后的归宿，这是所有如来藏经论所强调的。现代学者亦有此论调，如竹村牧男著，蔡伯郎译：《觉与空——印度佛教的展开》，台北：东大图书，2003年，第131—133页。如来藏的预设，来自宗教上解脱论的需要，而从禅定经验中获得，这种追求的源流考察，见Gishin Tokiwa, The Tathāgatha Entering the Womb (Garbha)，《印度學佛教學研究》第30卷第1号，1981年。

④ 有些学者主张，瑜伽行派中的一系，如《大乘庄严经论》等，融合部派佛教及大乘经的“心性本净”思想，将唯心意义上的心性(真如)与如来藏思想联系起来，以心性真如为如来藏。以心性真如为根本所依的无为依唯识学通过进一步引入种子、现法的缘起思想，最终成为如来藏学。见周贵华：《唯心与了别——根本唯识思想研究》，北京：中国社会科学出版社，2004年，第22—23页。这种观点值得商榷，其实如来藏思想的出现时间比瑜伽行派早，曾经独立流行过；在瑜伽行派出现以后，如来藏思想逐渐被唯识学所吸收，失去了独立的地位。所以，义净到印度时只见到中观、瑜伽两大学派。

史朗认为唯识思想亦有"基体论",主要原因在于"依他性"为"基体"(locus),其上则有"法"(super-locus)的分别性建构,若前者中无后者,则为真实性。[①]若如此理解"依他性",确实有某种"基体论"的危险;但依他性作为分别性、真实性转换的中介,是立体的、非连续的,并非同时的、连续的,所以并没有"批判佛教"所说的"基体论"。这种思维模式的区别,是最根本的区别。

二 心性清净与真如

瑜伽行派从经验与世俗的立场,建构独特的存在论与认识论,其归宿在于真实与最高的存在——真实性(真如)。从思想史的角度来说,瑜伽大乘兴起时,已经是大乘佛教的后期,面对初期大乘的"空"思想和后期大乘的如来藏、佛性说,立足说一切有部,特别是经部的思想,接受而加以解说。[②]因此,唯识思想中必然包含独特的如来藏思想,以阐明从道理世俗通向超越真理的可能性。而且,在瑜伽行派内部,对心性清净或如来藏思想存在着不同的诠释。

1. 心性清净与客尘烦恼

如来藏(佛性)思想渊源于《阿含经》的心性本净说,《增支部经典》明确指出人心极净,但为客尘烦恼所染。[③]在部派佛教中,大众部和分别说部继续弘扬"心性本净"说,而说一切有部主张"心性本不净";初

① 松本史朗著,萧平、杨金萍译:《缘起与空——如来藏思想批判》,香港:经要文化,2002年,第278—279页。

② 印顺:《如来藏之研究》,台北:正闻出版社,1992年,第188页。

③ 《增支部经典》一说:"诸比丘!心者,是极光净者,却为客随烦恼所杂染。诸比丘!心者,是极光净者,能从客随烦恼解脱。"见《汉译南传大藏经》第19册,第12页。

期大乘的般若经典则将般若空与本性净等同视之。[①]瑜伽行派“重理”一系对心性本净的见解，如《大乘庄严经论·随修品》所说：

[梵文]yathaiva toye prasādite na jāyate sa punar acchatānyataḥ | malāpakarṣas tu sa tatra kevalaḥ svacitta-śuddhau vidhir eṣa eva hi ||18

[今译]譬如污水成清水，彼还清非由他生，然彼于唯除垢，而心净法实如彼。

[古译]譬如清水浊，秽除还本清，自心净亦尔，唯离客尘故。

[梵文]mataṃ ca cittaṃ prakṛtiprabhāsvaraṃ sadā tad āgantuka-doṣa-dūṣitaṃ | na dharmatā-cittam ṛte 'nya cetasaḥ prabhāsvaratvaṃ prakṛtau vidhīyate ||19

[今译]已说心性本清净，常被客尘垢所污，离法性心不能想，有他心自性清净。

[古译]已说心性净，而为客尘染，不离心真如，别有心性净。[②]

“尘识理门”（即“重理系”）的三性思想中，真实性也即真如具有本净、无垢二相，同时真实性兼摄正智，无分别智作为“唯识如”、道谛作为

① 相关研究见方立天：《印度佛教心性思想述评》，《佛学研究》第3期，1995年；杨维中：《心性与佛性》，高雄：佛光山文教基金会，2001年，第24—30页；藤田正浩：《パーリ上座部の心性本浄説について》，《印度學佛教學研究》第35卷第1号，1986年；藤田正浩：《部派佛教の心性本浄説について》，《禪學研究》第65号，1987年；篠田正成：《自性清浄心と prakrti-prabhasvara》，载《干潟博士古稀記念論文集》，干潟博士古稀記念会，1964年；水野弘元：《心性本浄の意味》，《印度學佛教學研究》第20卷第2号，1972年；村上真完：《インド思想史における心の問題》，《印度學佛教學研究》第30卷第2号，1981年；平川彰：《初期大乘仏教の研究Ⅰ》，载《平川彰著作集》第3卷，东京：春秋社，1997年，第305—328页。

② 梵文见 Sylvain Lévi (ed.), *Mahāyānasūtrālaṃkāra*, Paris, 1907, p.88。古译见《大乘庄严经论》卷六，《大正藏》第31册，第622页下—623页上。今译见叶阿月：《以中边分别论为中心比较诸经论的心性清净说》，《现代佛教学术丛刊》第43册，第258页。

“正行如”都摄入“七真如”中。依《大乘庄严经论》，水有垢浊与清净之分，除去垢浊得清净水，“清净非外来”，水的清净性是本来如此的；同样地，心有杂染与清净，通过方便修行除去客尘而显现心的清净，心的清净性本来如此。这与真如的自性清净、离垢清净的意义完全一样。根据世亲的解释，心性清净的“心”为“心真如”(citta-tathatā)；而波罗颇蜜多罗将偈文的dharmatā-citta(法性心)译为“心真如”，并将长行的citta-tathatā(心真如)译为阿摩罗识。[①]所以，心性清净是约无差别的真如而言，显示其本净离垢之相。如吕澂所说，真如因是心性，而假说名心；“依唯识古学之义，一切法皆为识性而后成其唯识，故于真如亦立识名而可说有九识”，这是依真如→法界→心性→本净心之义理次第而立。[②]

《大乘庄严经论》不但依真如诠释“心性清净”，还以真如无差别来解释“如来藏”，论说：“一切无别故，得如清净故，故说诸众生，名为如来藏。”[③]颂文指出，真如具有实有自性、本来清净、无差别等特点，因此真如具有普遍性的特点和“一元论”的倾向。瑜伽行派“重理系”强调真如遍在于一切众生，所以说“一切众生有如来藏”，这是如来藏说的本义。[④]世亲解释说“显示法界是如来藏”[⑤]，众生依世俗安立，未能契入法界，还没有离障清净，法界隐而未显，故为如来藏。在胜义谛的立场，圣者自内所证的真如或法界，其实是非染非净的，《大乘庄严经

① 《大乘庄严经论》卷六说：“譬如水性自清，而为客垢所浊；如是心性自净，而为客尘所染，此义已成。由是义故，不离心之真如别有异心，谓依他相说为自性清净。此中应知，说心真如名之为心，即说此心为自性清净，此心即是阿摩罗识。”见《大正藏》第31册，第623页上。

② 吕澂：《论庄严经论与唯识古学》，《吕澂佛学论著选集》卷一，济南：齐鲁书社，1991年，第82页。

③ 《大乘庄严经论》卷三，《大正藏》第31册，第604页下。

④ 印顺：《如来藏之研究》，台北：正闻出版社，1992年，第190页。

⑤ 《大乘庄严经论》卷三，《大正藏》第31册，第604页下。

论》说：

> 如前后亦尔，及离一切障，非净非不净，佛说名为如。
>
> 释曰：此偈显示法界清净相。如前后亦尔者，所谓非净，由自性不染故。及离一切障者，所谓非不净，由后时客尘离故。非净非不净，佛说名为如者，是故佛说：是如非净非不净，是名法界清净相。[1]

梵文原典并没有“法界清净”的名称，但是《中边分别论》以“法界清净”代心性清净，因此可以说汉译的增补文是适合的。[2]唯识学者依世俗说胜义，对于超越层面的存在——真如、法界，是从世俗安立的角度去阐明的。胜义的“离言自性”，是超越于相对层面的，因此是非净非不净，这是法界、真如的普遍性与永恒性。普遍、永恒的真如，是本来如此，无所谓染净；但是，从离客尘杂染所显来看，真如也可说是非不净的。

从超越立场阐明真如的“非净非不净”，继承了初期大乘《般若经》系统的“心性本净”思想。般若空观强调菩萨“无心”，无心是无分别、无变异，即心性本净。[3]而如此清净无变异的状态，即是真如或法性。叶阿月认为，《般若经》所说的心性清净已脱离《阿含经》所重视的心的修习及心解脱的如实知见——世俗无颠倒的见解，而发展为对一切诸法的垢净及有无二边的无变异与无分别的如实知见——胜义无颠倒

---

① 《大乘庄严经论》卷三，《大正藏》第31册，第603页下。

② 叶阿月：《唯識思想の研究：根本眞實としての三性說を中心にして》，东京：国书刊行会，1975年，第450页。

③ 胜又俊教：《仏教における心識説の研究》，东京：山喜房佛书林，1974年，第488页。

的见解。[1]这是从经验到超越的转化，而且《般若经》所说的"心性本净"是通过实践而体验到的，所以这种超越也是通过经验而"向上"的诠释。[2]

这种诠释方式得到《中边分别论》的继承，论说：

[梵文]na kliṣṭā nāpi vākliṣṭā śuddhā,'śuddhāna cāiva sā | prabhāsvaratvāc cittasya kleśasyāgantukatvataḥ ||

[真]不染非不染，非净非不净，心本清净故，烦恼客尘故。

[玄]非染非不染，非净非不净，心性本净故，由客尘所染。[3]

前半偈主张遮遣杂染(kliṣṭā)、非杂染、清净(śuddhā)、非清净的执见。后半偈说明理由：心的本性明净，所以心性没有杂染，也没有非杂染，这是遮遣染净二种差别执见；虽然心性显现杂染，但其杂染是偶来的东西，即客尘，所以心性不是清净，也不是非清净，这也是遮遣染净二种差别执见。换言之，因为心性清净的成立，遮遣杂染与非杂染的差别见；同时因客尘烦恼的成立，遮遣清净与非清净的差别见。但是，依梵、藏本的世亲释，对心性清净的成立，只遮遣杂染和非清净，即只遮遣杂染；与此相反，对客尘的成立，只遮遣清净。[4]无论如何，心性上有清净与客尘的成立，通过遮遣杂染与清净二执见可彰显不染不净的中道义，这就是《般若经》以来的胜义无颠倒，即一种以中道为基础的无分别的

① 叶阿月：《以中边分别论为中心比较诸经论的心性清净说》，《现代佛教学术丛刊》第43册，第236页。

② 如来藏系的"自性清净"与此不同，是从超越向经验的转化，是一种"从上向下"的诠释。

③ 叶阿月：《唯識思想の研究：根本眞實としての三性説を中心にして》"资料编"，东京：国书刊行会，1975年，第69—70页。

④ 叶阿月：《唯識思想の研究：根本眞實としての三性説を中心にして》，东京：国书刊行会，1975年，第390页。

心性清净。

若要达到中道的胜义无颠倒，实现最后的心解脱，必须成立杂染与清净的方便，使众生发起菩提心，努力修行，这就需要成立“世俗无颠倒”。瑜伽行派重视实践，要求从经验的层面向超越转化的特色，由此亦可见一斑。《中边分别论·相品》第二十一偈说[①]：

[梵文]saṃkliṣṭā ced bhaven nāsau muktāḥ sarvā dehinaḥ | viśuddhā ced bhaven nāsau vyāyāmo niṣphalo bhavet ||

[真]若言不净者，众生无解脱；若言无垢者，功用无所施。

[玄]此若无杂染，一切应自脱；此若无清净，功用应无果。

解脱即是断除杂染，杂染是虚妄分别，即未达到转依位而对真理颠倒的作意有垢心理，凡夫的日常行为皆是杂染性所显。修行者应该如实知空性(心真如)上有杂染性的存在，努力修道以便断除杂染而得解脱。如果在未对治之前，诸法的空性还没有被客尘烦恼所染污，那么一切众生自然清净，甚至有些人认为恶行也是心性清净的表现，这样无须用功修行自然得解脱。[②]所以，上半偈表示成立杂染性的原因。虽然有客尘烦恼，经过修行亦可断除而得解脱。如果固执杂染性，认为在对治之后，空性未能成为清净，即修道亦不能解脱，便会造成懈怠的心态。因此，下半偈成立清净性。

总之，《中边分别论》依道的修习、心解脱及教化众生而成立心的杂染性与清净性，继承了原始佛教为了断除烦恼而注重修心的实践

① 叶阿月：《唯識思想の研究：根本眞實としての三性説を中心にして》“资料编”，东京：国书刊行会，1975年，第69—70页。

② 安慧解释说，断除杂染必须要“道的修习”才可以。山口益译注：《安慧阿遮梨耶造中辺分別論釈疏》，名古屋：破尘阁书房，1935年，第94页。

论。[1]这种实践论的建构，当然是对世俗与经验的诠释。同时，对于修道者来说，必须如实知见染净的成立，此即世俗无颠倒，因为这涉及心性上客尘烦恼断与不断的问题。《中边分别论》说："颠倒邪思惟，未灭及已灭；此不净及净，是彼不颠倒。"[2]颠倒作意未灭就是法界的不清净，其灭就是清净，而修道者对二者的如实知见，即对二者的不颠倒。依此无颠倒的实践与修道，便证得无颠倒的解脱，如《论》说："法界性净故，譬之如虚空，此二种是客，是彼不颠倒。"依解脱论，在未解脱之前，心性上的随烦恼杂染性相对心性本净称为"客性"；解脱之后，断除其杂染性而显现的清净性，亦为"客性"。因为心性如虚空常净，并无染净的变异，杂染性与清净性都是变异性，故名为"客性"。依安慧的解释，如实知见清净法界中作为客性的杂染性与断彼所成的清净性，亦即世俗无颠倒。[3]

瑜伽行派"重理系"对"心性本净"有两种诠释进路：一、存在论的进路，强调法界清净的无变异性、普遍性、永恒性，这是与"空性"相应的，依超越的胜义谛立场，以中道为基础的无分别的心性清净；二、实践论与解脱论的进路，首先依修道与心解脱而施设杂染性与清净性，其次依实践论而如实知见染净差别，最后依解脱论而显现清净性，这是一种经验的世俗谛立场。其中的心性清净是约真如无差别而建构的，这种立场后来被真谛所继承并重新建构。

---

① 原始佛教的心性清净在部派佛教处，被有部《大毗婆沙论》及《成实论》所批评，但被大众部系的分别论者所继承，而发展为大乘佛教的般若系及如来藏系的重要思想。见叶阿月：《以中边分别论为中心比较诸经论的心性清净说》，《现代佛教学术丛刊》第43册，第222页。

② 《中边分别论》卷下，《大正藏》第31册，第462页上。

③ 山口益译注：《安慧阿遮梨耶造中辺分別論釈疏》，名古屋：破尘阁书房，1935年，第352页。

2. 自性非染与净识

瑜伽行派的另一系——“重事系”[①]，继承原始佛教和说一切有部的思想，对心性清净做出自己独特的解释。“重事系”强调阿黎耶识的虚妄杂染性，其对心性清净的解释，是离贪欲、嗔恚等诸烦恼的心，这是解脱论意义上的“净识”。《瑜伽论·本地分》说：“此中乱心说名无心，性失坏故。……阿赖耶识亦永灭故，所余诸位，转识灭故，名无心也。”[②]“无心”有两义：一、世俗层面的乱心，这是失去本性的心；二、胜义谛层面的永灭阿黎耶识。所以，“净识”是修行所得，在无余涅槃界中也永灭。论中又称“一切种心清净”，解释说“如前说一切心粗重永灭离故，又于心中一切种善根皆积集故”[③]，这是转依时的心清净。可见，《瑜伽论》继承了原始佛教对“心清净”的积极解释，即心之除去秽浊、被洗净的状态，借由修行而除去烦恼染污，得到清净证悟之智慧。[④]

但是，《瑜伽论》亦从消极的一面对“心性清净”进行解释，如《摄抉择分》说：

> 又复诸识自性非染，由世尊说一切心性本清净故。所以者何？非心自性毕竟不净，能生过失，犹如贪等一切烦恼。亦不独为烦恼因缘，如色受等，所以者何？以必无有独于识性而起染爱，如于色等。[⑤]

---

① 此系以《瑜伽师地论》《唯识三十颂》《成唯识论》《显扬圣教论》等为中心，其三性思想是“情事理门”，故称之为“重事系”。此系以转依后的“净识”和“自性非染”来诠释心性清净，并没有包含如来藏思想。

② 《瑜伽师地论》卷十三，《大正藏》第30册，第344页下—345页上。

③ 《瑜伽师地论》卷四十九，《大正藏》第30册，第568页下。

④ 水野弘元著，释惠敏译：《心性本净之意义》，载《佛教教理研究》，《水野弘元著作选集》二，台北：法鼓文化，2000年，第286页。

⑤ 《瑜伽师地论》卷五十四，《大正藏》第30册，第595页下。

一切识自性非染污，不是烦恼。识不与烦恼相应，不能独为烦恼的因缘；如于识而起染爱，那是识与烦恼俱起的关系。约识之自性非染污来解说“心性本净”，正合于识本性无记的意义。[①]这种“心性清净”是消极的清净，如同无污浊的清水或白纸一般的状态，从性类来说，是未染善恶的无记状态。

胜吕信静认为，阿黎耶识的“无覆无记”是将自性清净心的“清净”改造为“透明”的状态，即是“中性”。同时，改造“真如”的观念为阿黎耶识，即以真如平等的性质，并不单纯否定差别相，而是包含一切差别相，并把它统合为一个全体之相，即“总法”“总相”，而阿黎耶识具有统一一切法的性质。[②]按照如来藏系“心性本净”的思想，本净而又现起染法，始终是一种矛盾的存在。瑜伽行派为了消除这种矛盾，对“自性清净心”进行重新诠释与建构，阿黎耶识的“二分依他”正是这一哲学思考的结果，即将存在论与认识论融合，将存在论意义摄入主观的心识，从而构成“具有认识论意义的存在论”与“具有存在论意义的认识论”。

《瑜伽论》的思想得到《唯识三十颂》与护法的继承和发扬。《唯识三十颂》第二十九颂说：

[梵文]acitto 'nupalambho 'sau jñānaṃ lokottaraṃ ca tat |
āśrayasya parāvṛttir dvidhā dauṣṭulyahānitaḥ ||

[今译]这是无心、无所得。因而，这是出世间的智慧，是所依的转得，因为舍弃了两种粗重。

---

① 印顺：《如来藏之研究》，台北：正闻出版社，1992年，第197页。

② 胜吕信静：《唯识学的体系之成立》，载高崎直道等著，李世杰译：《唯识思想》，《世界佛学名著译丛》第67册，台北：华宇出版社，1985年，第150—151页。

[玄]无得不思议，是出世间智，舍二粗重故，便证得转依。[①]

"转依"表示转识成智，转舍分别的心识，同时就能成就无分别的智慧。心识是一种执取作用，依胡塞尔的现象学，是"非纯粹的意识现象"。唯识学的转识成智，是去掉执著，对存在作如其所是的理解，解之为识的变现，是空的、无自性的。这在胡塞尔现象学来说，是舍弃非纯粹的意识现象，而转为纯粹的意识现象，把一切存在视为意识的意向性向外投射的结果，这即是"现象学还原"。[②]"无心"表示超越主观的心识，"无得"表示超越客观的对象或所取相，这就是无分别智。《唯识三十颂》的"无心"既可以指《般若经》所说无分别、无变异的"无心"，也可以指《瑜伽论》灭去阿黎耶识杂染相的"无心"。

护法的思想回归《瑜伽论》，《成唯识论》说："然契经说心性净者，说心空理所显真如，真如是心真实性故。或说心体非烦恼，故名性本净；非有漏心性是无漏，故名本净。"[③]对于"心性本净"，《成唯识论》有二说：一、约心空理所显真如说，这与"重理系"所说相同；二、约心自性非染说，与《瑜伽论》中"消极清净"的解释相同。

护法以主体之"识"作为存在论的诠释中心，同时从真如说"心性本净"，于是预设其为客观原理，此说完全没有如来藏思想的介入。护法强调阿黎耶识(一切种子识)为"生因"，重视种子说，无漏法亦由无漏种子所生，如此则不存在"心性清净，客尘所染"的显现说。此外，"心清净"即"净识""无垢识"，是转依后的净识，如《成唯识论》引《如来藏功德庄严经》的偈文说："如来无垢识，是净无漏界，解脱一切

---

① 《唯识三十论颂》，《大正藏》第31册，第61页中；梵文见霍韬晦：《安慧〈三十唯识释〉原典译注》附录"梵文原典"，香港：香港中文大学出版社，1980年，第206页。

② 吴汝钧：《唯识现象学(一)·世亲与护法》，台北：学生书局，2002年，第240页。

③ 《成唯识论》卷二，《大正藏》第31册，第9页上。

障，圆镜智相应。”[①]他以真如作为“迷悟依”，未转依的状态是有垢真如，而转依时即是无垢真如，此说接近于如来藏说。不但如此，他还强调转依果的大涅槃是心性清净或法界清净，如《论》说：“此又是常，无尽期故，清净法界无生无灭，性无变易，故说常故。”[②]所以，护法思想中仍然可以发现“重事系”唯识思想中的如来藏倾向。

总之，瑜伽行派是约真如无差别来诠释如来藏，其心性说是“性寂”说，强调有垢真如与无垢真如，将如来藏思想纳入自身的思想体系中。但是，“重事系”强调中性无性的状态，而将朝向超越前进的动力——无漏种子，不得不说成是依附于本识的，这是“消极清净”的缺点。[③]同时，唯识说将“悟”的世界规定为清净法界或转依法身，即断烦恼障、所知障而得无分别智。在转依的果位中，法身不离“智”，而且“智”通过佛陀的三身显现作用，这与如来藏思想的“法身”是一致的。瑜伽行派融摄如来藏的基础，在于“本性清净”或真如、法界，这是“无为法”。而且，“情事理门”或“重事系”强调真实性只是真如[④]，不包含“智”，从而与如来藏有最终的区别，这种思想得到护法、玄奘一系的继承；“尘识理门”或“重理系”主张真实性包含“智”，将无分别智作为“唯识如”、道谛作为“正行如”，摄入真如之中，比较接近如来藏思想，这一系的思想由真谛继承并进一步发展，提出“解性黎耶”与“阿摩罗识”，融合阿黎耶识与如来藏两大思想体系。

---

① 《成唯识论》卷三，《大正藏》第31册，第13页下。

② 《成唯识论》卷十，《大正藏》第31册，第57页下。

③ 水野弘元著，释惠敏译：《心性本净之意义》，载《佛教教理研究》，《水野弘元著作选集》二，台北：法鼓文化，2000年，第288页。

④ 赖永海认为，唯识宗(即以护法为中心)虽然也承认真如遍在，但把真如看成是离垢净、不生不灭的本体，而把现象世界生死变化的根源归之于阿赖耶识。见《中国佛性论》，北京：中国青年出版社，1999年，第84页。

三 解性黎耶与如来藏

如来藏系与瑜伽行派从“超越”和“经验”的立场，以如来藏与阿黎耶识对“界”进行诠释。二者的共同性在于，都是生死与涅槃、染净的依止，都具有类似“场所”的存在特征和普遍性。二者明显的差别在于，阿黎耶识是虚妄的、有为的，而如来藏一向被认为是真实的、永恒的；阿黎耶识能够作为一切法的直接生因、经验的根据，如来藏则只能是间接依止因、超越的根据。所以，如来藏与阿黎耶识的交涉和融合是一条充满危险与矛盾的道路，真谛便是这条道路的探索者。

1. 界之五义

真谛在翻译《摄论释》对“界”的解释时，在世亲的注释前增补“界有五义”：

> 《阿含》谓大乘阿毗达磨，此中佛世尊说偈。此即此阿黎耶识界，以解为性。此界有五义：一、体类义，一切众生不出此体类，由此体类，众生不异；二、因义，一切圣人法四念处等，缘此界生故；三、生义，一切圣人所得法身，由信乐此界法门故得成就；四、真实义，在世间不破，出世间亦不尽；五、藏义，若应此法，自性善故成内，若外此法，虽复相应，则成縠故。[①]

真谛的“界有五义”引用了《佛性论》中解说如来藏自体的“如意功德性”五义——如来藏、正法藏、法身藏、出世藏、自性清净藏[②]，而其最

① 真谛译：《摄大乘论释》卷一，《大正藏》第31册，第156页下。

② 《佛性论》卷二，《大正藏》第31册，第796页中。二者的对照比较，见岩田谛静：《真諦の唯識説の研究》，东京：山喜房佛书林，2004年，第8—9页。

早的来源是《胜鬘经》的“五藏”[①]。在《摄论释》卷十五中，真谛亦引五义来解说“法身含法界五义”。[②]《佛性论》与真谛译《摄论释》的三种说法大致相同，但是也有差别。

这五义都是“藏”或“界”所具有的内涵，以下综合三种说法进行分析。一、体类(自性)义，即如来藏；一切法以无二我为性，一切众生不出于真如无差别，这是就真如的平等性而言；以真如为藏，说明“藏”具有依止、摄持、隐藏义。二、因义，即法界藏；一切圣人的无漏法，都是缘法界而生起。《摄论释》所说“此界”即是阿黎耶识的“界”，而《佛性论》所说“此性”即是如来藏。如来藏有过恒沙功德，为一切清净法因；又以法空性为所缘境，引生无漏功德法，所以称为“法界”。三、生义，即法身藏，这是就佛果方面而言。《摄论释》卷一强调一切圣人所得的法身由于信乐界性而得成就；卷十五则解说为：由于虚妄法所隐覆，凡夫、二乘都不见法身，这与如来藏的“隐覆藏”相同；而《佛性论》依成就佛果的功德说“至得是其义”。四、真实义，即出世间藏；出世间法不像世间(有为)法那样可以破坏、灭尽，《佛性论》解释世间法是“对治”“不静住”“由有倒见”。这种思想正是部派佛教“说出世部”世间法虚妄、出世法真实的见解。[③]五、藏义、甚深义、秘密义，即自性清净藏；如与(如来)界相应的，自性成为善净的；如与界不相应，名为外，自

---

① 按照《胜鬘经》原文，后四藏是对如来藏的解释。经说：“如来藏者，是法界藏、法身藏、出世间上上藏、自性清净藏。”见《大正藏》第12册，第222页中。《宝性论》的梵文本，仅引用了如来藏、出世间藏、自性清净藏三名，而汉译本说：“如来藏者，是法界藏、出世间法身藏、出世间上上藏、自性清净法身藏、自性清净如来藏故。”见中村瑞隆：《梵汉对照究竟一乘宝性论研究》，台北：华宇出版社，1986年，第141—142页。

② 真谛译《摄大乘论释》卷十五：“欲显法身含法界五义故，转名法界。五义者：一、性义，以无二我为性，一切众生不过此性故；二、因义，一切圣人四念处等法，缘此生长故；三、藏义，一切虚妄法所隐覆，非凡夫、二乘所能缘故；四、真实义，过世间法，世间法或自然坏，或由对治坏，离此二坏故；五、甚深义，若与此相应，自性成净善故，若外不相应，自性成彀故。”见《大正藏》第31册，第264页中。

③ 印顺：《如来藏之研究》，台北：正闻出版社，1992年，第217页。

性成为不善净的(烦恼)的壳；自性清净是甚深秘密而难以了知的。

从“界”的五种含义来说，前二种体类义、因义，是与瑜伽行派共通的；后三种则是吸收如来藏所独有的。同时，《显识论》在解释三性、三无性的“性”时，亦引有“性之五义”，与此基本相同。[①]真谛所传的如来藏，是随顺《宝性论》说的，但是仍然保留瑜伽行派以真如解说如来藏的传统。此外，真谛强调如来藏是“隐覆藏”，真谛译《摄论释》卷十五中，“藏”之五义的第三义是“藏义，一切虚妄法所隐覆，非凡夫二乘所能缘故”，这里强调的“隐覆藏”通于《佛性论》所说的三藏义之理论取向。[②]可见，真谛的思想有介于如来藏说与唯识学中间的性格，且如来藏说在面对修持问题时，需要从“法身藏”转而重视“隐覆藏”，以“隐覆藏”作为修持和理论的现实出发点，这也就是唯识学的重点所在。

2.“从始入终之密意”——真谛佛学思想的定位

真谛吸收《宝性论》的如来藏思想来解释“界”，并且依“此即此阿黎耶识界，以解为性”建构出“解性黎耶”(或“解性梨耶”)，成为其思想特色之一。对于“以解为性”有两种解读方法：一、“界解说为性”；二、“解性”成为一个名词或形容词，指一种性质或特征。第一种解释不是按照汉语的语法，而是一种思想的诠释。日本普寂《摄论释略疏》说：“初中，以性释界，以解为性。是即如来藏觉照之义，与《起信》所说本觉大旨相似。”[③]这是以如来藏的种性之“性”(gotra)来解释“界”，则“解”是解释、解说、理解的意思。继承这种解释方法的，在日本学

---

① 《显识论》第一“自性种类义”有所不同，余皆相同，见《大正藏》第31册，第881页下—882页上。

② 相关论述参考赖贤宗：《印顺的如来藏思想之研究——印顺如来藏学及其在对比研究中的特义》，载《印顺思想：印顺导师九秩晋五寿庆论文集》，台北：正闻出版社，2000年。

③ 《摄大乘论释略疏》卷一，《大正藏》第68册，第128页中。

术界，有卫藤即应、岩田谛静。[①]

其实，真谛译《摄论释》中已经出现“解性”一词。[②]多数研究者也都以“解性”作为一词，宇井伯寿、上田义文、胜又俊教、印顺、牟宗三、杨白衣等，都依照这种解释方法。[③]但是，从思想上解释“解性”一词，亦有分歧，其中涉及对真谛唯识思想的定位与评价问题。牟宗三强调真谛的诠释思路，是生死与涅槃都依阿黎耶识，所以这种“有”是直接而顺承的根据。他将“解性”理解成“觉解性”，阿黎耶识的本性是清净的觉解性。这样的诠释思路完全与唯识今学的思想相反，因为阿黎耶识为“流转”之“因”只是流转杂染法之凭依因，而不是其生因；而其为“还灭”之“因”倒是无漏清净法之直接的生因。[④]牟宗三将真谛的思想视为《起信论》的思想，将阿黎耶识视为“以解为性”，“解性”即是阿黎耶识的超越性。因此，他直接依《起信论》真妄和合识的思想来解释阿黎耶识：

> 当它在缠时，它是迷染的。这迷染性不是它的超越的自性，乃是它的客性(暂寄的后天性)。故当通过正闻熏习而得转依时，它恢复了它的超越的自性(解性)。当其在缠时，吾人就其迷染之

① 岩田谛静：《真諦の唯識説の研究》，东京：山喜房佛书林，2004年，第14—16页。日本佛教界对中国佛教的“误读”比比皆是，如法然、亲鸾对善导的“误读”，道元对禅宗的“误读”。“误读”或许是因为受到日语语法的影响，日本佛教界经常以日语语法训读汉语文本，在“误读”下却出新意。这种“误读”是一种创造性的转化，可能会在思想上进行重新建构。同样的现象也见于中国佛教对印度佛教的解读，因为汉语与梵文语法不同。

② 真谛《摄大乘论释》卷三：“圣人依者，闻熏习与解性和合，以此为依，一切圣道皆依此生。”见《大正藏》第31册，第175页上。

③ 宇井伯寿：《印度哲學研究》第6卷，东京：岩波书店，1965年，第211—212页；上田义文：《仏教思想史研究》，京都：永田文昌堂，1958年，第247—254页；胜又俊教：《仏教における心識説の研究》，东京：山喜房佛书林，1974年，第739页。杨白衣：《摄论“界颂”之研究》，《现代佛学大系》第54册，台北：弥勒出版社，1984年，第315页。

④ 牟宗三：《佛性与般若》上册，台北：学生书局，1997年，第291页。

> 客性(不杂而染)而名之曰阿赖耶。当其出缠时,吾人就其超越的自性名之曰"如来藏自性清净心",此时它只是一"解性"呈现,它就是法身——圣人依。[1]

牟宗三强调"解性"是阿黎耶识的超越的自性,即如来藏自性清净心,在缠为如来藏,出缠为法身,完全是一种"如来藏缘起"的解释。所以,他总结真谛的思想是"向往真心派的"。而且,牟宗三站在《成唯识论》的立场,对真谛的思想缺乏"同情的理解与回应",他认为真谛以真心派的如来藏自性清净心主体解《摄论》的阿黎耶主体,对《摄论》而言为"扰乱"。[2]但是,他强调在思想上真心系高于妄心系。

印顺在《摄论讲记》《如来藏之研究》等著作中,对真谛的唯识思想都有所涉及,而且对新旧唯识的差别有所辨析。[3]他认为出身于中印度西部的真谛,受如来藏思想的影响,以唯识学阐释如来藏说,因此真谛并不忠于唯识古学,真谛译的增益是为了综合阿赖耶系统和如来藏系统,绝非自出机杼,而是多少有根据的。[4]所以,他认为真谛的"界有五义"是引用《胜鬘经》而给予一一解说,是如来藏为依止说;并主张清净的"解性"即是"阿摩罗识",这就是他所谓"赖耶通真妄"说。[5]

印顺对"解性"有前后两种解释。第一种解释是"如来藏",强调其应该是解脱性,也就是心真如性,合于无著、世亲的论义。[6]"解性黎耶"只指心真如性,有如空宗由心无自性而言"心本性净"一样,并无

① 牟宗三:《佛性与般若》上册,台北:学生书局,1997年,第309页。

② 牟宗三:《佛性与般若》上册,台北:学生书局,1997年,第310页。

③ 详见陈一标:《印顺导师对新旧唯识的定位与评析》,载《印顺导师九秩晋五寿庆论文集》,台北:正闻出版社,2000年。

④ 印顺:《如来藏之研究》,台北:正闻出版社,1992年,第211页。

⑤ 印顺另外从《摄论》金土藏喻的二分依他对"赖耶通真妄"加以说明,见《以佛法研究佛法》,载《妙云集》下编之三,台北:正闻出版社,1990年,第296—299页。

⑥ 印顺:《如来藏之研究》,台北:正闻出版社,1992年,第215页。

生起无漏清净法的功能，依《摄论》之意，无漏清净法是由“最清界法界等流”熏习而得，因此“解性黎耶”并无“本觉”能生的功能。他说：

如来藏是在众生身中(或蕴处界中，或贪瞋痴中)，而众生的身心一切，即是阿赖耶种识所幻现，所以如来藏也即在阿赖耶识的底里。一切心识的根本真实，也即是如来藏了。基于这一意义，如来藏是内在的心性；阿赖耶识是承内启外的动力。[①]

“如来藏”或“解性”只是内在的心性，阿黎耶识才是动力。印顺认为，《阿毗达磨大乘经》的唯识说立依他起通二分，表面上是赖耶缘起，其实内在贯通真心说，但是主新闻熏习，与如来藏说还有距离，这是为《摄论》所吸收的特色。[②]由此亦可见印顺试图阐明依他起性有会通真妄的倾向。真谛综合如来藏与阿黎耶识两系，从“解性”非是“本觉”来看，真谛唯识思想淡化了如来藏“我”的色彩。

1995年，印顺发表《起信论与扶南大乘》一文，对《起信论》思想的源流进行探讨，并且修改了他对“解性黎耶”的看法，回到《起信论》的思想立场。他说：

“解”与“知”“觉”是相通的，所以真谛译《摄论释》所说的，“此识界”是“解性”(又是“因性”)，与《起信论》的心生灭——阿黎耶识，有觉与不觉二义，可说是大致相近的。[③]

---

① 印顺：《如来藏之研究》，载《以佛法研究佛法》，《妙云集》下编之三，台北：正闻出版社，1990年，第353页。

② 印顺：《论三谛三智与赖耶通真妄》，载《华雨集》五，台北：正闻出版社，1993年，第125—126页。此文是回应牟宗三在《佛性与般若》一书中对其的批评。

③ 印顺：《起信论与扶南大乘》，《中华佛学学报》第8期，1995年，第11页。

“解性”有“知解性”“觉解性”的意思，其实就是《起信论》的“本觉”，这一阐释完全与牟宗三相同。印顺曾经认同真谛译的立场，认为真谛译唯识开创了一条不同于《起信论》而能融合真常与瑜伽二派的“中间路线”。[①]但是，最后他又回到《起信论》的立场，这一思想发展的过程，反映出“中间路线”的困境以及可能导致的结果。

若要真正认清真谛的思想与《起信论》之间的同异，更好地对真谛所传的思想进行定位与评析，必须先对瑜伽行派的阿黎耶识缘起与真常唯心系的如来藏缘起有足够清楚的认识。以下借助古人的理解，考察二者的同异。

唐代法藏将如来一代时教判为四宗：一、随相法执宗，即小乘诸部，小乘诸师所立；二、真空无相宗，即《般若经》《中论》等，龙树、提婆所立；三、唯识法相宗，即《解深密经》《瑜伽论》等，无著、世亲所立；四、如来藏缘起宗，即《楞伽经》《密严经》《起信论》《宝性论》等，马鸣、坚慧所立。法藏明确指出唯识思想与如来藏缘起说的不同，前者是“依理起事差别说”，为“始教”；后者是“理事融通无碍说”，为“终教”。[②]始教与终教的差别非常明显，前者立“性相永别”，后者立“性相融即”。法藏详细分析二者的思想差异：

> 若依始教，于阿赖耶识，但得一分生灭之义。以于真理未能融通，但说凝然，不作诸法。故就缘起生灭事中建立赖耶，从业等种辨体而生，异熟报识为诸法依。……若依终教，于此赖耶识，得理事融通二分义。故论云：不生不灭与生灭和合，非一非异，名阿

① 印顺说：“我讲《摄论》时，确有些沟通阿赖耶缘起、如来藏缘起的意图。……我以玄奘所译的《摄论》为讲本，希望取得唯识宗学者的尊重。”见《论三谛三智与赖耶通真妄》，《华雨集》五，台北：正闻出版社，1993年，第118页。

② 《大乘起信论义记》卷上，《大正藏》第44册，第243页中—下。

梨耶识。以许真如随熏和合，成此本识，不同前教业等种生故。[①]

按照法藏的理解，瑜伽行派强调阿黎耶识的生灭性，认为真如是凝然不动的真理，不能融通；同时，阿黎耶识是在缘起生灭的意义上建立、依善恶诸法的种子而生的识体。[②]《起信论》等强调阿黎耶识于生灭与不生灭和合，具有事理融通的特点，不是善恶业种子所生，而是真如受熏与生灭事法和合而成。[③]

始教与终教的区别，在于阿黎耶识的不同，而真谛的阿黎耶识说无疑是属于"始教"。法藏论述"终教"的理事融通无碍说，指出"以此宗中许如来藏随缘成阿赖耶识，此则理彻于事也；亦许依他缘起无性同如，此则事彻于理也"[④]。从理事的关系中，可以看到真谛的唯识思想与《起信论》的同异，真谛所传的阿黎耶识全体是虚妄分别，这是其不同于《起信论》之处；但是，真谛在三性方面亦主张"分别、依他二无性即是真实性"，即"事"亦能贯彻于"理"，这是二者的相同之处。后来的研究者仅基于此相同点，主张真谛的佛学思想同于《起信论》，是有偏颇的。

《起信论》主张"所谓心性不生不灭，一切诸法唯依妄念而有差别"，"心生灭者，依如来藏故有生灭心，所谓不生不灭与生灭和合，非一非异，名为阿梨耶识"。[⑤]《起信论》建立"一心二门"，主要是为了建立生死的流转与解脱的还灭；一方面解释现实生命的缺陷，另一方面

---

① 《华严一乘教义分齐章》卷二，《大正藏》第45册，第484页下—485页上。

② 有关法藏对唯识学的批判，参考董群：《融合的佛教——圭峰宗密的佛学思想研究》，北京：宗教文化出版社，2000年，第90—95页。

③ 有关如来藏缘起与阿赖耶缘起的同异，详见法舫：《阿赖耶缘起与如来藏缘起之研究》，《现代佛教学术丛刊》第25册，第97—146页。

④ 《大乘起信论义记》卷上，《大正藏》第44册，第243页下。

⑤ 《大乘起信论》，《大正藏》第32册，第576页上、中。

提供一个涅槃解脱的超越根据——人性本具的清净如来藏(或佛性),而贯穿二者的是统一真妄的“阿黎耶识”。“一心二门”的思维模式与真谛的“二分依他”确实有相同之处。但是,前者为“平面式”,而后者为“立体式”,诠释向度完全不同。《起信论》的阿黎耶识,在凡夫未得无分别智之前,便是“真妄和合”。而真谛的“二分依他”,在未转依之前只是“分别性”,唯有虚妄(生灭),不能与真实性(真如)和合;转依之后,显现真实性。而且真谛此说具有“性相融即”的特点,这种融通是“从事向理”“从相向性”的向度,即终教的“事彻于理”。但是,终教的“理彻于事”也即“从理向事”的融通,则未见于真谛的思想。因为真谛继承“尘识理门”的三性思想,主张真实性含有真如与智——智如不二,故其“道后真如”具有“随缘之用”,而其“道前真如”则无法随缘。《起信论》的真如则始终是“随缘起用”。①

所以,真谛的思想在虚妄与经验层面,是纯正的瑜伽行派的“阿黎耶识缘起”,属于“始教”;《起信论》则是“真如缘起”,二者有根本的不同。真谛坚持能分别为依他性,所分别为分别性,在凡夫位上唯妄非真,是“唯识无境”。这时,唯有统一的识体,这种“一”是现在刹那的“统一”②,具有时间性,而且是识有境无的矛盾对立的存在状态。《起信论》主张虚妄无体、真实有体,以“真如”为体。这是一种超越的“一”,是非时间性的,虚妄与真实之间是一种“纵贯系统”。③同时,真谛坚持依他性的识是由种子所生,主张“种子缘起”和识有境无,这是一种经验的差别的多元论;而《起信论》的“阿黎耶识”是真如受熏与妄法和合而成,相对于真如的实有体,妄法是无体的,“识”与“境”之

---

① 上田义文:《仏教思想史研究》,京都:永田文昌堂,1958年,第231页。

② 上田义文:《仏教思想史研究》,京都:永田文昌堂,1958年,第232页。

③ 牟宗三认为“真心派”是“纵贯系统”,见《佛性与般若》,台北:学生书局,1997年,第359页。

间不会形成识有境无的对立矛盾关系，这是一种发生论的一元论。[①]

在转依的果位上，真谛主张“性相融即”“智如不二”，与唯识今学所主张“性相永别”“智如为二”明显不同，具有“终教”的特点。所以，真谛译具有“从始入终之密意”的性质。[②] 但是，真谛的这些思想都是瑜伽行派“尘识理门”或“重理系”本身具备的，真谛只是将如来藏说糅进唯识思想中，其基本立场是瑜伽行派“重理系”的，所谓“中间路线”并未远离此立场。

3. 解性黎耶与《起信论》——“中间路线”的诠释

只有坚持“中间路线”的立场与脉络，才能对真谛的“解性”有准确的理解与定位。目前国际佛学界对“解性”的解释，却多数依《起信论》的思路展开，这样“解性”即是如来藏、佛性，是阿黎耶识的一面；而阿黎耶识是虚妄分别与如来藏的和合，“阿黎耶识缘起”则被视为“如来藏缘起”。但是，《起信论》中如来藏举体随缘而有六识等妄法的展开，《摄论》则是依妄识的种子为根据，而且真谛译《摄论释》中只出现两次“解性”[③]，所以《摄论》的缘起为彻底的种子缘起，而不是真如缘起。

在真谛译《摄论释》中，真正将“解性”作为一词使用的，只有一段文字：“出世转依亦尔。由本识功能渐减，闻熏习等次第渐增，舍凡夫依，作圣人依。圣人依者，闻熏习与解性和合，以此为依，一切圣道皆依此生。”[④] 依《摄论》的本意，只说舍染种所依之阿黎耶识而转得净

① “批判佛教”以《起信论》的“本觉”思想是“发生论的一元论”；而末木刚博主张《起信论》为经验主义的唯心论的一元论，包含经验论、唯心论、一元论三方面。见《大乘起信論の論理——凡夫日常心の立場から》，载平川彰编：《如来蔵と大乗起信論》，东京：春秋社，1990年，第139页。

② 普寂说：“今此论本末所说正明始门，兼含容从始入终之密意，与隋唐译，颇有迳庭。”见《摄大乘论释略疏》卷一，《大正藏》第68册，第120页下。

③ 真谛其他译著中亦未见“解性”。

④ 真谛译：《摄大乘论释》卷三，《大正藏》第31册，第175页上。

种所依之法身。净种是出世净心之种子，亦是法身之种子，为法身所摄属，与法身为同一流类，非阿黎耶识性。所以，当转依时，净种就依法身，不再依异熟果识。真谛称异熟果识为“凡夫依”，法身为“圣人依”。出世转依时，本识的功能渐减，非本识的闻熏习渐增，果报识的种子彻底灭尽，于是阿黎耶识的自相都不复存在，转“凡夫依”为“圣人依”了。但是，非本识自性的闻熏习不断，如水与乳合，鹅饮尽乳而留下水。闻熏习以清净法界为因，无分别智为果[①]，是三乘之道的戒定慧，所以是有为法。这样，出世转依时，“闻熏习与解性和合”即生起无分别的修慧，证得真如，是“境智不二”的意思。

同时，出世转依的完成不是见道位，而是修道位，如《摄论释》说：“先于入见位时所得转依，此法是修道摄持故，一切所修皆成圣道，已过愿乐地故……若无此转依为依止，修位不成圣道。何以故？凡夫依未转故。”[②]所以，“闻熏习与解性和合”是见道位以后的“境智不二”，“解性”就是无为的真如智（理智不二的法身），“解”即是智，“性”即是真如。[③]这是瑜伽行派“尘识理门”的思想，真实性显现时，包含真如与智，即是“智如不二”的境界。

虽然修道位的菩萨断尽“我执”，而且分断“法执”，成就出世转依。但是，真谛所说的“圣人依”却是在“十解位”，即是“十住”。真谛译《摄论释》说：“菩萨有二种：一、在凡位，二、在圣位。从初发心，讫十信以还，并是凡位；从十解以上，悉属圣位。”[④]从十解以上，菩萨就是圣

---

① 印顺：《摄大乘论讲记》，载《妙云集》上编之六，台北：正闻出版社，1990年，第137页。

② 真谛译：《摄大乘论释》卷八，《大正藏》第31册，第209页上—中。

③ 上田义文：《仏教思想史研究》，京都：永田文昌堂，1958年，第246页。

④ 真谛译：《摄大乘论释》卷三，《大正藏》第31册，第174页下；《摄大乘论释》卷四说：“菩萨有二种，谓凡夫、圣人。十信以还是凡夫，十解以上是圣人。”见《大正藏》第31册，第177页下。

者，因为“此人我执，前十解中已灭除故，唯法我未除”[①]。十解位菩萨已灭除人我执，悟入人空真如，到达圣位。从凡入圣，就是转舍阿黎耶识(中我执)——凡夫依，转得我空真如性。[②]“圣人依”是闻熏习与解性黎耶和合，也就是闻熏习依于阿黎耶识的心真如性，成为一切圣道的生起因。

按照“中间路线”的理解，出世转依时的“解性”在阿黎耶识灭去时，依然还能和“闻熏习”和合。如果依《起信论》，阿黎耶识是不生灭与生灭和合，“解性”为阿黎耶识的一面，则绝不会说“阿黎耶识灭”，而只会说“破和合识相”“离和合相”[③]；谈到“心灭”，只会说“唯心相灭，非心体灭”[④]。《起信论》反对本识灭，因为本识中包含有“真如”。在真谛译《摄论释》中，“闻熏习与解性和合”是出世转依位上“境智不二”的法身。

但是在凡夫位，“解性”不能被理解为在缠位的“法身”。真谛译《摄论释》在解释“界之五义”时说：“此，即此阿黎耶识；界以解为性。……此识界是依、是持、是处恒相应……复次此界无始时者，即是显因。”[⑤]从文本脉络来说，“此”是阿黎耶识，“界”是“以解为性”，“此界”具有如来藏之五义；从思想史来说，如来藏或阿黎耶识的解释都是可能的。如岩田谛静等的解释，解“界”为“性”，即是如来藏。但是，这种解释违背了“解性”作为一词的含义，缺乏文献根据。

另一解释方法，是直接将“界以解为性”之“界”解释为“如来藏”，

---

① 真谛译:《摄大乘论释》卷七,《大正藏》第31册,第202页上。

② 有关此处的断惑位次，道基《摄大乘义章》卷四对《摄论》及真谛的说法进行综合分析，最后下结论说：“界内见惑十解中断，从此以后身，次第断除界内修惑，利物受生。此至十回向于最后身次第断除界内修惑，方入初地。”见《大正藏》第85册，第1041页中。

③ 《大乘起信论》,《大正藏》第32册，第576页下。

④ 《大乘起信论》,《大正藏》第32册，第578页上。

⑤ 真谛译:《摄大乘论释》卷一,《大正藏》第31册，第156页下—157页上。

这是将“界”——真如、如来藏与阿黎耶识并立。如此则形成一种矛盾：“诸道流转”与“涅槃证得”到底是依阿黎耶识？还是依真如？阿黎耶识与如来藏是怎样的关系？这种矛盾来自阿黎耶识缘起与如来藏缘起内部，如印顺说：

> 在生死还灭的转化中，有统一的依止(āśraya)，依止的杂染分，成为清净分。瑜伽学立阿赖耶识为一切法的所依，如来藏学立如来藏为所依止，都是为了转依，这是后期大乘的共同倾向。但以阿赖耶异熟种子识为依，重于杂染的；转杂染熏习为清净熏习，转化中本来的清净的真如的体现，说明上是难得圆满的。以如来藏为依，重于清净本有的；依此而能起杂染，也是难得说明圆满的。《摄论》与《摄抉择分》，提出了依他起通二分说。在依他起通二分说，真谛依阿赖耶种子界及心真如界为依止；不违反瑜伽学的定义，总摄种子与真如——二依止于同一“识界”，实为一极有意义的解说。[①]

“依他起通二分”使得阿黎耶识为依止或如来藏为依止的难题，在依他起性之缘起论的高度得到一个兼具理论和实践意义的解答。瑜伽行派立阿黎耶识为一切法的所依，如来藏系立如来藏为所依止，但是二者皆有被进一步质疑之处。真谛释之以“依他起通二分”，依他起即是缘起；就阿黎耶识而言，若执缘起则生起染分，若无执则成就净分，因此借着“通二分”得以说明“能修的主体的生动性”。但是，真谛吸收如来藏学，是用如来藏思想充实唯识思想，解决阿黎耶识为依止的难题。而且真谛的如来藏思想仍然坚持瑜伽行派“重理系”以真如无差别来

---

① 印顺：《如来藏之研究》，台北：正闻出版社，1992年，第218页。

诠释如来藏的传统。

“此界无始时”中阿黎耶识与如来藏的关系，只有两种可能——分离或统一。阿黎耶识与如来藏的分离，会造成阿黎耶识与如来藏共为诸法所依，这是缺乏思想根据的。二者统一同时又有别的解释方法，最为合理。这样，“此即此阿黎耶识界以解为性”便可以断句为“此，即此阿黎耶识界，以解为性”，形成文献与思想结合的诠释方法。

从文献来说，真谛译“此”是达磨笈多译、玄奘译、佛陀扇多译和西藏译的论本及释论中都没有的。真谛在“界”之前增补“此”，用来解释阿黎耶识，表示如来藏是阿黎耶识的如来藏，不离阿黎耶识。这样，“界”只能解释为“如来藏”，而不能解释为“阿黎耶识”，因为“界”是阿黎耶识之界。[1]这种文献解释方法确实容易导向《起信论》中真妄和合的关系，即真如为阿黎耶识的一面。但是，若从思想方面善巧理解，真谛以“真如无差别”来解释如来藏，真如是超越的存在，是无变异性、普遍性、永恒性的法界清净。阿黎耶识属于世俗谛层次，是种子所生的依他性的虚妄识体。真如与阿黎耶识之间形成“一体而又否定”的关系，真如是阿黎耶识的对立与否定，但是二者又融合形成一体。[2]这是“法”与“法性”的吊诡性，是存在论在认识论和实践论层面的显露，表现了意识转化之所依的内部生动结构。正如印顺所说，“如来藏是内在的心性，阿赖耶识是承内启外的动力”。

由此，“中间路线”便可得到清楚的诠释：在凡夫位，“界”指阿黎

---

① 上田义文：《仏教思想史研究》，京都：永田文昌堂，1958年，第250页。

② 杨白衣认为，全面否定妄识才有清净识之现前，离开妄分别则别无清净的无分别智。智之所知即识之所知，故说虚妄分别之外别无分别性，虚妄即真实。依他性的阿黎耶有清净与染污二分，并非有一无记识而分为二分。作为现实根据的阿黎耶乃是虚妄识，此妄由无分别智焚烧时并不拒绝清净面的出现。因为说是二分依他，所以才否定了阿黎耶之妄。可见，将阿黎耶识解为含有妄与净二分的看法是一种错觉，并非正解。见《摄论“界颂”之研究》，《现代佛学大系》第54册，台北：弥勒出版社，1984年，第318—319页。

耶识的清净法界——无差别的真如，阿黎耶识与真如之间形成“一体而又否定”的关系。诸法依阿黎耶识而生起，但是阿黎耶识不出真如，所以诸法亦是依“真如”而生；前者如牟宗三所说的“直接地顺承而有”，后者是“间接地曲折而有”。在出世转依位，涅槃的证得在于阿黎耶识灭去，显露“智如不二”的法身也即“解性”，所以可以依“界”而说证得涅槃，这是“直接地顺承而有”。真谛强调“闻熏习与解性和合”，可以为“圣人依”。①

真谛在“依他起通二分”的基础上，以阿黎耶识及真如为依止，这不违反瑜伽学的定义。而他以两种依止总摄种子与真如，二依止又共通于同一“识界”，这种思维模式与《起信论》“一心二门”相同；但是由于对“真如”的理解不同，导致了“中间路线”与《起信论》的不同，这也说明瑜伽行派的如来藏说与如来藏系的思想有根本的不同。因为瑜伽行派的“真如”只能是一种“空如来藏”，缺乏主体性的功能，是一种“性寂”说；而如来藏系具有“不空如来藏”，如来藏三义中的种性义，指如来藏相应的无数不思议功德法，具有主体性的特征，是一种“性觉”说。从如来藏现起来说，瑜伽行派强调无漏种子经过闻熏习而现起，是一种“他缘现起”；而如来藏系是“自缘现起”，《起信论》称为“自体相熏习”。②

---

① 高崎直道的观点支持“中间路线”，他认为在真谛的思想中，“解性”是如来藏、自性清净心；“解性”与“闻熏习”和合，而成为“圣人依”。但“解性”并不是阿黎耶识的一面，而是“自性清净的法界”。无始时来的“界”，一方面是阿黎耶识，另一方面又是如来藏。“依”有因义和依持义，阿黎耶识为一切法的“因”，而“解性”也即自性清净的法界则是“依持”。真谛思想的重点在于后者，而且并不否定前者。见《如来藏与阿赖耶识——与唯识说之交涉》，载高崎直道等著，李世杰译：《如来藏思想》，《世界佛学名著译丛》第68册，台北：华宇出版社，1986年，第265—266页。

② 有关“他缘现起”与“自缘现起”的论述，见吴汝钧：《印度佛学的现代诠释》，台北：文津出版社，1995年，第180—186页。

依“中间路线”，可见真谛佛学思想与《起信论》的同异[1]，且真谛的思想属于瑜伽行派“重理系”，即以唯识思想对如来藏进行解释，并将之摄入本身的思想体系。但是，真谛的思想确实有向往“真心派”的倾向，只要稍加改造，“二分依他”即是《起信论》的“一心二门”了。后来的摄论师、地论师及吉藏、圆测等人，或许是受到《起信论》的影响，对真谛思想进行“如来藏缘起式”的解读。他们对“解性”的误解，无疑是造成对真谛思想之“误读”的非常重要的原因。

4. 解性与本觉

在真谛的所有译著中，“解性”只出现了两次，后学者常加引用；而“解性黎耶”一词根本未曾出现，只在圆测《解深密经疏》中出现过一次。后学者之所以会以《起信论》诠释真谛的佛学思想，一个重要原因便在于对“解性”的理解。“解性”是否有类似“本觉”的意思？解决这一问题，必须从文献学的角度，考察汉译佛典中“解性”的意思。

印顺之所以在晚年放弃“中间路线”，重要原因在于扶南所传来的大乘经论(称为“扶南大乘”)，如《法界体性无分别经》说“心如实解本始平等，如随所闻其心体性，解知一切众生体性，解知一切诸法体性故”[2]，“解”即是“觉”“知”的意思，也可以是无漏智的，这便与《起信

---

① 上田义文说：“《摄大乘论》异于《大乘起信论》之根本点是把三性说当作体系的根本。唯识说借由三性说才得成立为体系性的思想。或许一般人会说慧远在《大乘义章》说三性故三性说也得于如来藏缘起说。但是慧远之说三性实是分别性和真实性二性，而依他性只不过是在这些上面的假立。因为这三性说只不过是把真体和妄用配属三性。三性必须是如《大正藏》第85册的《摄大乘义章》卷四云‘三性道理，其义有别，体性各殊，故名为性’的三种自性。三性说在本来的意味上不成立真体和妄用的二性。《摄大乘论》三性说不是如此，是有三种自性，依他性的阿梨耶识是妄，不是依真体而有的东西，而是系属于自己的种子而有的东西。如此所谓缘生自体的依他性的唯识体被确立了，唯识说才正式成立。”《摄大乘论》的阿梨耶识就是在依他性的识这一点上，和《大乘起信论》的阿梨耶识有不同的重点。见《阿梨耶識の原始的意味》，《佛教研究》第2卷第1号，1938年，第45—46页。

② 《大宝积经》卷二十六，《大正藏》第11册，第145页上。

论》所说本觉、始觉的平等不二以及始觉等具有相同的意思；《文殊师利摩诃般若波罗蜜经》说明“一行三昧”，亦被《起信论》所采用；而真谛在扶南游化多年，因而引如来藏说，说“界以解为性”，其思想有“扶南大乘”的特色，即融合瑜伽行派与如来藏说。依印顺晚年的看法，真谛译《摄论释》所说的“此识界”是“解性”（又是“因性”），与《起信论》的心生灭——阿黎耶识有觉与不觉二义，是大致相近的。[①]

其实，姚秦竺佛念译《菩萨璎珞经》说：“化生璎珞，不受胞胎；净教璎珞，无欺净法；法身璎珞，解性清净。”[②]这是用“解性清净”形容“法身”，《菩萨璎珞经》主张五种法身[③]，而此处的“法身”应该是指“如如智法身”或“虚空法身”，其实二者是冥然为一的，因为是无分别智证入虚空无相的真如理。此处“解性”即是智如不二的“法身”，正与真谛译《摄论释》中出世转依的“解性”意思相同。另外，来自中印度的求那跋陀罗（394—468）译出如来藏系与瑜伽系的一系列经典，如《央掘魔罗经》、《胜鬘经》、《相续解脱经》（即《解深密经》）、《楞伽经》等，对后来的中国佛教有深远影响。[④]其所译《佛说菩萨行方便境界神通变化经》卷上说：“先已善修行于大乘，信眼清净无有垢污，常恒勤进供养给事诸佛如来。能善庄严，不退庄严，趣向大悲。其心解性，无可比喻，超度疑佛犹豫惑心，为过诸佛之所护持。”[⑤]这里的“解性”，是疑

① 印顺：《起信论与扶南大乘》，《中华佛学学报》第8期，1995年，第1—14页。

② 《菩萨璎珞经》卷八，《大正藏》第16册，第72页下。

③ 五种法身即：(1)如如智法身，即证真如之理的实智；(2)功德法身，十力、四无畏等一切之德；(3)自法身，为地上菩萨应现的胜应身；(4)变化法身，随机而化的劣应身；(5)虚空法身，如虚空离诸相的真如之理。

④ 汤用彤强调求那跋陀罗所译“法相典籍以来，此学尚未为人所注意”，但是其所译《胜鬘经》是南朝义僧所研求经典之一，其所译《楞伽经》则是后来“楞伽师”的经典依据，可见其翻译的重要性与影响力。见《汉魏两晋南北朝佛教史》上册，北京：中华书局，1983年，第287页。

⑤ 《佛说菩萨行方便境界神通变化经》卷上，《大正藏》第9册，第301页上。

惑、犹豫的对立面，即无漏智的“解悟”，亦与《菩萨璎珞经》及真谛之说相通。

所以，“解性”作为无分别智或法身，是汉译佛经的通义，但是并没有如来藏的内涵。同时，在瑜伽行派的唯识典籍中亦可发现“解性”。如唐代义净译、护法造《观所缘论释》说：“复非于彼无别相处覆审之缘，异解性故，如缘青等。若相殊故，所言殊者，相谓形状布置有殊，于其瓨瓯咽腹底等珠异状故，由境有别觉乃遂殊。”[①]这里的“解性”其实是新译唯识的“行相”（ākāra），指呈现出来的相状或姿态。窥基把“行相”视为“见分”，以见分即是主体的取境活动。[②]敦煌本《摄论抄》在解释“心”的意思时，提出第三义“解相”，并且说：“相识体是解性。”[③]《摄论抄》将“解性”误解为“解相”，是因为真谛译《摄论释》的“解相”即是新译的“行相”和义净译的“解性”。真谛译《摄论释》说：“论曰：解相及境不可得故。释曰：此第二过失，若执心及心法是有，此有必有解相及境界。解相有二种：一、无分别，二、有分别。”[④]“解相”即是能分别识的“行相”，是主体心识的取境活动。

摄论师道基对阿陀那识的解释，揭示了“解性”一词的原意。道基说：“阿陀那者，亦天竺音，此翻无解，明阿陀那四使恒迷，无无漏解，故言无解。”[⑤]阿陀那识由于我痴、我见、我慢、我爱四种烦恼相应，长期

---

① 《观所缘论释》，《大正藏》第31册，第891页上。

② 霍韬晦：《安慧〈三十唯识释〉原典译注》，香港：香港中文大学出版社，1980年，第46页注5。

③ 《摄大乘论抄》，《大正藏》第85册，第1004页中。有关此件文书的研究，见织田显祐：《敦煌本〈摂大乗論抄〉について》，《印度學佛教學研究》第38卷第2号，1990年。

④ 真谛译：《摄大乘论释》卷四，《大正藏》第31册，第176页上。相应玄奘译《摄大乘论释》卷三说：“论曰：所缘行相不可行故。释曰：又此定内无有余心，何以故？所缘行相不可得故。诸心心法相续不断，必不远离所缘行相。”见《大正藏》第31册，第334页—335页上。

⑤ 道基：《摄论章》，载凝然：《华严孔目章发悟记》卷十六，《大日本佛教全书》第122册，第393页。

处于迷染，不能生起无漏的智慧，所以称为“无解识”，“解”指无漏智。真谛译《摄论释》中有“解性”与“解相”的差别，前者为“智如不二”的法身，后者则是心识的取境活动——“行相”。而真谛使用“解性”一词，是继承如来藏系的思想，并非其独创。而且“解性”绝没有《起信论》中“本觉”的意思，而应该是“始觉”与“究竟觉”的意思。真谛继承瑜伽行派“重理系”的传统，在出世转依位，真如与无分别智冥合为一，即是“究竟觉”；但是在凡夫位，真如仍是一种超越的存在，并没有摄入主体心识，真如与阿黎耶识之间是一种“立体式”“对立而又否定”的存在关系。这是因为真谛继承《摄论》，将“三性说”作为自己的根本体系，三性说中只存在“识”与“境”的关系，并没有真妄的问题。

《起信论》中不生不灭的真如理体与有生有灭的妄识是一种“平面式”“体用而和合”的关系，真如是阿黎耶识的一面，中心是真妄关系。《起信论》强调“心性论”，追求“性觉”，“心性”既是作为众生本体的心体，又是佛界、法界及众生界的真如理体，是心体与理体的合一。《起信论》对中国佛学的贡献，即在于本体之性与主体之心合一，亦即心性合一的理论模式。[①]真谛只是强调“性寂”，本体之性与主体之心并不合一。所以，二者的差异是甚深而微妙的。当然，真谛的思想路线最后延伸至《起信论》，也是其思想的内在发展，符合真谛佛学思想中的“开放性”与“可能性”。

真谛确实是以如来藏思想来解决阿黎耶识缘起的难题，从而有一种“真心论”的倾向。后来的地论师、吉藏、圆测等人，则进行“如来藏缘起式”的解释。以佛性、本觉来解释“解性”，是隋唐佛教界的普遍观点。净影慧远《大乘义章》卷三末：

---

① 杨维中：《心性与佛性——中国佛教心性论及其相关问题研究》，高雄：佛光山文教基金会，2001年，第118页。

> 于六识中所修善行，熏于本识。于本识中佛性真心，名为解性。解性受彼净法熏成净种子，净种成已，熏于无明，无明转薄。无明薄故，变起六识。于六识中，起善转胜，如是展转乃至究竟。是则六识，望于本识，互为因果。[①]

净影慧远以真心的不生不灭性为阿黎耶识的坚住性，这是如来藏思想在阿黎耶识受熏义上的体现。六识修习善行，熏习本识，形成“净种子”。这些净种子既形成又熏习无明，让无明的势力转弱。随着无明势力变弱，本识熏生的六识所习善行日益增胜。如是辗转相熏，直至证得究竟。[②]净影慧远明显是以心性本净思想为背景，把还灭看成本性显露的事情。[③]而“解性”是阿黎耶识的佛性、真心，是具有觉解性的无分别理体，即《起信论》的“本觉”，如此则本识是真妄和合识。

这些观点影响深远，唐代的法藏、澄观引用真谛译《摄论释》，都说：“如梁《摄论》云：多闻熏习与阿梨耶识中解性和合，一切圣人以此为因。”[④]真谛译原文是：“圣人依者，闻熏习与解性和合，以此为依，一切圣道皆依此生。”二者差别较大。第一，法藏增加了“阿梨耶识中”，表示“解性”存在于阿黎耶识之中，这是“真妄和合识”的解释方法。第二，法藏改原文的“一切圣道”为“一切圣人”，“圣道”强调所证的真如理，“圣人”则强调主体性。第三，法藏改原文的“皆依此生”为“以

---

① 《大乘义章》卷三末，《大正藏》第44册，第535页上。

② 韩镜清认为净影慧远的真心与种子的关系为：真心即种子，则真心即差别之功能。见《净影八识述义》，《现代佛教学术丛刊》第26册，第362页。他明显误解了净影慧远的真识思想。

③ 廖明活：《净影慧远思想述要》，台北：学生书局，1999年，第76页。

④ 《华严经探玄记》卷四，《大正藏》第35册，第185页上；澄观《大方广佛华严经疏》卷十五，《大正藏》第35册，第614页上—中；《大方广佛华严经随疏演义钞》卷四十八，《大正藏》第36册，第376页上；《华严一乘教义分齐章》卷二，《大正藏》第45册，第485页下。

此为因”，前为依止因，后为亲因缘，不同之处显而易见。而且，法藏明确说：“梁《摄论》说为黎耶中解性，《起信论》中说黎耶二义中本觉是也。”[①]所以他确实是以“本觉”来解释“解性”的，“解性”为无漏因，而“闻熏习”为增上缘，和合成为“圣人因”。[②]

受到地论师及《起信论》的影响，真谛的后辈——摄论师，亦不能完全继承与坚持真谛的思想，这也可能与真谛思想的庞杂性和模糊性有关。有关阿黎耶识的真妄问题，吉藏(549—623)《中观论疏》说[③]：

> 《摄大乘》师以八识为妄，九识为真实。又云八识有二义：一、妄，二、真。有解性义是真，有果报识是妄用。《起信论》生灭、无生灭合作梨耶体。《楞伽经》亦有二文：一云梨耶是如来藏，二云如来藏非阿梨耶。[④]

上面一段话，涉及摄论师的两种观点：第一，真谛的思想，即第八阿黎耶识是生灭变化的有为心体，第九阿摩罗识是真实、不生灭的心真如性。第二，阿黎耶识是真妄和合识，真实一面是具有觉解性、胜解性的无生灭的如来藏，虚妄一面是异熟果报识。摄论师提出两种阿黎耶识——“解性黎耶”与“果报黎耶”。

---

① 《华严一乘教义分齐章》卷二，《大正藏》第45册，第487页下。

② 《入楞伽心玄义》说：“又由习气海中有带妄之真，名本觉，为无漏因，多闻熏习为增上缘。或亦闻熏与习海合为一无漏因。《梁论》云：多闻熏习与本识中解性和合，一切圣人以此为因。又习气海中有带真之妄，为染法因。”见《大正藏》第39册，第431页下。

③ 依《续高僧传·吉藏传》的记载，吉藏在552年即四岁时见到真谛，真谛为其取名。见《大正藏》第50册，第513页下。汤用彤认为552或553年，二者相见，见《汉魏两晋南北朝佛教史》下册，北京：中华书局，1983年，第617页；杨惠南定为553年也即吉藏五岁时，见《吉藏》，台北：东大图书，1989年，第98页。真谛死于569年，此时吉藏才二十一岁，刚受具足戒，思想也未成熟，自然不可能对真谛的思想提出自己的批评。但是，对于真谛弟子辈的思想，吉藏必定有所耳闻。

④ 《中观论疏》卷七本，《大正藏》第42册，第104页下。

摄论师不但主张“解性”是如来藏，而且认为其具足一切无漏功德，即“不空如来藏”，《中观论疏》说：

> 《摄大乘》师明六道众生皆从本识来，以本识中有六道种子，故生六道也。从清净法界流出十二部经，起一念闻熏习，附著本识，此是反去之始。闻熏习渐增，本识渐减，解若都成，则本识都灭。用本识中解性，成于报佛。解性不可朽灭，自性清净心即是法身佛。解性与自性清净心常合究竟之时，解性与自性清净心相应一体。故法身常，报身亦常也。[①]

本识摄持杂染种子，所以生起六道众生的差别。同时，圣教是诸佛世尊亲证“最清净法界”后说出的文字般若，诸佛是如如相应地证，即如如相应地说。所以，圣教即是“从清净法界”如如相应地流出，因而也就是其等流。众生听闻这如如地流出的经教，即是“正闻”，正闻熏习所熏成的种子就是出世净心之种子。正闻熏习熏成种后，此种即寄存于阿黎耶识中而为阿黎耶识所摄持。但是，由于闻熏习种是清净的，其自性非阿黎耶识的迷染性，而是对治阿黎耶识。这种对治是依数数正闻熏习而成的由浅至深、由低至高的连续扩大之方式，即依“渐修”方式而对治之。[②]

《摄论》强调“正闻熏习”是“法身”所摄(就菩萨言)，或“解脱身”所摄(就小乘言)。因为真谛主张，法身具有常、乐、我、净四德(本有的无为功德)，四德的道是无漏有为，能开显本具的四德，所以“闻熏习”是四德的道的种子。[③]由于听闻法界等流正法而受到熏习，将间接地

---

① 《中观论疏》卷四本，《大正藏》第42册，第54页上。

② 牟宗三：《佛性与般若》上册，台北：学生书局，1997年，第303页。

③ 印顺：《摄大乘论讲记》，载《妙云集》上编之六，台北：正闻出版社，1990年，第145页。

引发本具四德的内熏，“解性”即是本具的四德，随着“闻熏习”的增加，本具的四德完全显现，即是“解性”成就，则阿黎耶识灭去。这样，成就出世转依，依“解性”成“报佛”，依“自性清净心”成“法身佛”。由于“解性”与“自性清净心”是相应一体不离的，所以法身、报身都是永恒的。吉藏又列举了当时长安摄论师的不同观点：“至长安见摄论师，立二义：一、立闻熏习不灭作报佛，二、立闻熏习灭不作报佛。”[①]可见当时摄论学派思想的活跃。

这种对“解性”的看法，是受到真谛“道后真如”“智慧种子”等思想的启发，综合真谛思想而作出的比较完整的说明。敦煌本《摄论疏》（S.2747）卷五说：

> 圣人依者，闻熏习与解性和合，以此为依，一切圣道皆依此生者。此第十明得闻思慧熏本识。无常解性时犹是凡夫，熏习增多后更上，第六意识成无流道，即修慧方是圣人，故言一切圣人道皆依之。问：闻思种子所熏解性，有解言：是真净法身，云何言是无常法耶？答：□者是自归识心分别暗心漫语耳，此解非义也。常住法无无常之义受熏，闻思慧能熏后上第六意识成修慧始为无流道。此闻思种子生唯识□境及观智，尔时并是诸法因义是依他性，后断烦恼尽，转依成解脱果。□□身方得转依。真净心为法身义并果德耶？复得闻思种子和合生圣人依□，圣道因法身相应时，唯果德依法身也，无复种子因义也。[②]

作者对“解性”的理解有七方面：(1)“解性”是本识中闻思慧所熏；(2)“解性”是无常；(3)“解性”是凡夫的概念；(4)“解性”是闻思种子

---

① 《中观论疏》卷九本，《大正藏》第42册，第133页中。

② 《摄大乘论疏》卷五，《大正藏》第85册，第982页中—下；《敦煌宝藏》第23册，第99页。

所熏；(5)“解性”是真净法身，而非无常法；(6)随闻思熏习增多，熏第六意识成就修慧，开始为“无流道”，生唯识观智，此二阶段，说明解性是诸法之因，是依他性；(7)断烦恼，得解脱果，即是转依，所以，“解性”是转依以前的阶段。[①]作者与真谛思想的不同在于(4)解性是闻思种子所熏，但是作者以能熏、所熏“和合”来解释“解性与闻熏习和合”，亦是一种诠释思路。二者的相同之处是(5)(6)(7)，这是一种无常解性→无流道→转依、解脱果的实践历程，是“中间路线”的诠释进路。这一进路明显反对“解性”作为真如受熏，在闻熏习增上，生起无分别智，仍然是“依他性”。而在出世转依上，“解性”作为智如不二的法身，是“圣人依”，生起无漏清净功德的“圣道”。

所以，摄论师继承与弘扬真谛的学说传统，亦有所发展与不同；由于受到当时思想潮流的影响，将阿黎耶识视为“真妄和合识”，这也是真谛思想发展的趋势。在唐代，摄论师主张“真妄和合说”的现象十分普遍。《续高僧传·道宗传》提及道奘“立四种黎耶、闻熏、解性、佛果等义”[②]，但是并未详加说明，尤其“四种黎耶”所指为何，难以确定。对这句话的解读有两种：一、“四种黎耶”说之外，还有闻熏、解性、佛果等义；二、四种黎耶即解性、闻熏、佛果及果报或染污，胜又俊教的主张即是如此。[③]圆测《解深密经疏》卷三提及真谛三藏的九识义，其中谈到三种阿黎耶识：

> 真谛三藏依《决定藏论》立九识义，如“九识品”说。言九识者……第八阿梨耶识自有三种：一、解性梨耶，有成佛义；二、果

① 木村邦和：《敦煌出土〈摂大乗論疏章〉に見られる唯識説(二)》，《印度學佛教學研究》第34卷第1号，1985年，第238页。

② 《续高僧传》卷十一，《大正藏》第50册，第512页上。

③ 胜又俊教：《仏教における心識説の研究》，东京：山喜房佛书林，1974年，第738页。

> 报梨耶，缘十八界，故《中边分别》偈云：“根尘我及识，本识生似彼”，依彼论等说，第八识缘十八界；三、染污阿梨耶识，缘真如境起四种谤，即是法执，而非人执。依安慧宗，作如是说。第九阿摩罗识，此云无垢识，真如为体，于一真如有其二义：一、所缘境，名为真如及实际等；二、能缘义，名无垢识，亦名本觉，具如《九识章》引《决定藏论·九识品》中说。[①]

第八阿黎耶识有三种：解性、果报、染污。“解性”有成佛义，“果报黎耶”缘十八界而有作用，而“染污黎耶”缘真如起四种法执。若将圆测记载的解性、果报、染污等三种阿黎耶识，对照道奘所说“立四种黎耶：闻熏、解性、佛果等义”来看，只有“解性”是相同的。

但是，吉藏提到阿黎耶识有“解性”“果报”二义，“果报黎耶”表示阿黎耶识为异熟果报识，即变似根、尘、我、法，缘十八界，显现十一识。胜又俊教认为“染污黎耶”与“果报黎耶”没有差别，因为阿黎耶识作为妄识，是有漏杂染的。按照安慧的思想，第八阿黎耶识仍然有迷染性，第七识无法执，其余七识皆有法执。[②] 安慧《三十唯识释》引用了《六门教授习定论》的偈颂：“阿陀那识中，应知有二障：烦恼、一切种，于二有二障。”[③]第八识虽然不产生我执，但是由于摄持烦恼障、

---

① 圆测：《解深密经疏》卷三，《卍续藏》第34卷，第720页上。

② 《成唯识论述记》卷一本说：“安惠解云：变似我法总有二解：一、若世间圣教皆是计所执，世间依八识所变总无之上，第六、七识起执于我，除第七识余之七识起执于法，不许末那有法执故。”见《大正藏》第43册，第242页下。

③ 霍韬晦：《安慧〈三十唯识释〉原典译注》，香港：香港中文大学出版社，1980年，第147页。《六门教授习定论》中此偈的世亲释由义净译为：“应知执受识，是二障体性，惑种一切种，由能缚二人。释曰：应知执受识是二障体性，识者即是阿赖耶识，执受者是依止义，谓是烦恼、所知二障体性。此复云何？惑种即是烦恼障自性，一切种即是所知障自性。又一切种者，即是二障种子能缚二人：烦恼障种子能缚声闻，一切种子能缚菩萨，由与声闻，菩萨为系缚故。”见《大正藏》第31册，第774页中。

所知障二障种子，所以产生法执。二障又分为分别、俱生两种，因此共有“四种谤”。真谛、安慧都属于“唯识古学”，主张“七、八识未分”，阿陀那识有通“染污意”的一面，则阿黎耶识有染污性。所以，“染污黎耶”是指阿陀那识，并不是指“果报黎耶”。最后，“闻熏黎耶”是就正闻熏习与阿黎耶识的关系而言。至于“佛果”义，应该是如吉藏所引述：依“解性”成报身，依“自性清净心”成法身。所以，四种黎耶为：解性黎耶、闻熏黎耶、果报黎耶、染污黎耶。

5. 闻熏习为亲因缘与增上缘之辩

将“解性”视为阿黎耶识的真实性、解脱性，导致在趋向解脱的过程中，必须显露其功能与作用。真谛以智如不二的法身为“解性”，“解性与闻熏习和合”是在“十解位”，即是后来摄论师僧辨、地论师智正所说的“发心住”。法藏说：“又辨法师云：闻熏与解性和合，转成圣人依，故入发心住也。”又说：“前中解脱力者，正法师云：此是发心住体。谓本解性由大乘闻熏习故，转凡夫依，令其得脱，故名解脱。依此所证，能证智名之为力。”①从发心住开始，“解性”受到闻熏习的熏习作用，从而显现其功能，直至究竟位，其功能完全显现，即成就解脱。依此则闻熏习为增上缘，而“解性”为无漏因，与瑜伽行派有根本的不同。

但是，真如是超越的根据，闻熏习是出世净心生起的直接根据，慧沼《能显中边慧日论》提到真如是否为正因之说：

> 问：若不许真如为佛正因，如何《佛性论》说真如理为佛正因，信般若等为佛缘因。《瑜伽》复云：从真如所缘缘种子生。答：此

---

① 《华严经探玄记》卷十八，《大正藏》第31册，第456页上、下。澄观《大方广佛华严经疏》卷五十六说：“次智光照耀，释上决定。谓决断名智，智故决定故。《文殊般若》明一行念佛三昧，先明不动法界，知真法界不应动摇，即是此中决定解义。然约寄位，正是发心住体，以本解性闻熏之力。”见《大正藏》第35册，第923页中。

> 二论文如前已会，今更重释。云真如所缘缘种子生者，似说所缘缘为种子，真如实非有为法种。如说信般若等为四德种子，法身四德非彼所生，是常住法，由彼显故，假名为种。故梁《摄论》云：闻熏习但是四德道种子，四德道能成显四德，四德本来是有，不从种子生，从因作名故称种子。准此故知，四智心品缘彼如生，似说真如名为种子。[①]

在未转依前，真如是客观的理，是先验的而非超越的，因为它一方面不能经验地有于心中，另一方面又不能生起净法。但是，在见道的出世转依位，智如合一成为"法身"的自性，于是显现法身四德。《瑜伽论》所说"真如所缘缘种子生"，应该是指在见道位。闻熏习为因，能生信、般若、三昧、大悲等四法，四法是道，能显出法身四德，所以说闻熏习是法身种子。

闻熏习是法身种子，但不是出世心的亲因缘。《能显中边慧日论》卷二说：

> 又《佛性论》云：无初者，以性得，大悲、般若、禅定法身本有故，故言无初。信、大悲等是四德，既云无初，明因有复云性得，明非新熏。又魏、梁、唐等《摄论》并云：又此如理作意相应是世间心，彼正见相应是出世心，未曾有时俱生俱灭。是故此心非彼所熏，既不所熏为彼种子，不应道理。然说闻熏习为出世心因者，梁论自会是增上缘。[②]

---

① 《能显中边慧日论》卷四，《大正藏》第45册，第448页上—中。

② 《能显中边慧日论》卷二，《大正藏》第45册，第428页上—中。有关慧沼所参与的佛性论争，参考张志强：《初唐佛性诤辩研究——以窥基、慧沼与法宝之辩为中心》，《中国哲学史》第4期，2002年，第12—23页。

信等四法是超越的本有，不是有始的生灭法，所以信等四法不是“新熏”法。因为正闻与如理作意的正思惟所形成的熏习活动，虽然能够扩大光明面，减少阴暗面，但是，毕竟如理作意的是世间有漏心，与“正见”相应的意识却是出世间心，二者未曾俱生俱灭。既然这样，正闻熏习种子虽然称为“出世心因”，但是只能充当“增上缘”的角色。

初唐佛教仍然有以闻熏习作为出世心的亲因缘者，慧沼说：“又梁《摄论》，从他闻音，如理思惟，望于正见，是增上缘，今说闻熏为亲因缘，六相违也。”[1]正闻熏习虽然是法身所摄属，与法身同一流类，但是闻他音而如理思惟，只能为正见的增上缘。有人主张以闻熏习为亲因缘，慧沼不同意，对其加以破斥。

以闻熏习作为增上缘，是对“解性”进行如来藏或“本觉”式解读的结果。“解性”是阿黎耶识的超越本性，通过正闻熏习而得转依时，便显现此超越本性，就是法身——圣人依。窥基《成唯识论述记》说：

> 述曰：又第二解此无漏种望出世心是正因缘，微隐难了，未起现行故，相状难知故。《摄大乘》诸论等处，但寄粗显有漏闻熏是无漏胜增上缘者，方便说此为出世心种，此增上缘，非正因缘种，若无有漏闻熏习者，无漏之种不生现行故，寄有漏胜者说也。第一就实正因缘解，第二就胜增上缘解故，《摄论》文无相违失。[2]

窥基继承护法-玄奘的思想，认为在新熏种之外，还有“本性住种”，而《摄论》等不说本有种，是因为其深隐。正闻熏习只是引生无漏心的增

---

① 《能显中边慧日论》卷二，《大正藏》第45册，第430页中。
② 《成唯识论述记》卷二末，《大正藏》第43册，第308页中—下。

上缘，亲生因还是“本性住种”。[①]但是，若无此有漏闻熏习，无漏种不生现行，就无法说明出世因，所以将有漏闻熏习方便说为因。

从《摄论》来身的思想来说，具有一种“中间路线”的倾向，而真谛对之进行了具有真心派倾向的诠释。印顺说：

> 正法，与闻熏习，为什么不属遍计性及依他性？因为依他性是虚妄杂染，遍计执性是颠倒之因，正法是真实性的等流，闻熏习又是正法的熏习，所以虽是世间的，却能引发真实性的无分别智，复能悟入诸法的真实性。这与平常的有漏无漏的观念，略有点不同。现在是说：一个向生死流转的遍计依他性路走，一个向出世真实性的路走，就是在向生死流的心中，发生一个向清净真实性反流的动力，渐渐把它拉转来。本论但建立新熏，不说本有。这不是有漏唯生有漏，无漏唯生无漏的见解所能理解的。能得出世心，由清净法界的等流正闻熏习；因此，法界虽没有内外彼此的差别，却也不是内心在缠的法界——如来藏，是诸佛证悟的法界。这与本有无漏的妄心派或真心派，都有其不同。[②]

印顺将闻熏习与有漏、无漏的观念区分开，这其实是一种“中间路线”的诠释，回避了闻熏习的本性，以之为深隐难了。“中间路线”存在着两难的困境，真谛有意融摄如来藏进行消解，但是又不敢违背瑜伽行派的立场，所以便有矛盾。摄论学派传到北方后，受到如来藏系及《起信论》的影响，以“本觉”解释“解性”，因而闻熏习成为增上缘，终于消解了《摄论》的内在困境。

---

① 印顺：《摄大乘论讲记》，载《妙云集》上编之六，台北：正闻出版社，1990年，第149页。

② 印顺：《摄大乘论讲记》，载《妙云集》上编之六，台北：正闻出版社，1990年，第137—138页。

第二节　智慧种子与道后真如

瑜伽行派以种子建立世界与人生的来源，依有漏种子说明迷染世界，依无漏种子建构生死的解脱。真谛曾经将名言熏习种子称为“生死种子”，指出众生在生死流转中，就是依名言熏习种子不断生起现行，而后又熏习，于是生死轮回，不得解脱，名言熏习种子是生死的根本原因。同时，智𫖮《法华玄义》记载了真谛独特的种子说：“若阿黎耶中，有生死种子，熏习增长，即成分别识。若阿黎耶中有智慧种子，闻熏习增长，即转依成道后真如，名为净识。若异此两识，只是阿黎耶识。”[①]

《摄论》以“闻熏习”为清净种子，而正闻熏习的来由是听闻最清净法界的等流正法。“闻熏习”以清净法界为因，无分别智为果，因果皆属于真实性。因为正法是真实性的等流，“闻熏习”又是正法的熏习，所以虽是世间而能引发真实性的无分别智，复能悟入诸法的真实性。但是，真谛又提出“智慧种子”“道后真如”，到底是指什么？“智慧种子”与“闻熏习”是什么关系？这些都是真谛独特的学说，表明了其融合如来藏与阿黎耶识的特点。[②]

一　智慧种子与四德种子

瑜伽行派以无漏种子作为出世解脱的根据，必须服从“种子六义”，因而无漏种子亦是经验本有与待他缘而现起。这样，即不能确立成佛可能性的必然有与必然实现，不能保证成佛为一理论上必然可能

---

① 《妙法莲华经玄义》卷五下，《大正藏》第33册，第744页中—下。

② 小川弘贯将真谛的译著分为三种：(1)以般若教学中心进行如来藏或唯识思想的解释，如《金刚般若经》《中边分别论》《十八空论》；(2)纯粹的如来藏教学，如《无上依经》《佛性论》《大乘起信论》《本有今无论》；(3)唯识教学或含有如来藏思想的唯识教学，如《解节经》《决定藏论》《三无性论》《摄大乘论》《唯识论》《转识论》。见《中国如来藏思想研究》，东京：佛教书林中山书房，1976年，第290—291页。

的事。若成佛只是一偶然的事，则出世解脱的价值与理想无从建立。[①]真谛正是看到瑜伽行派的这一困难，从而融摄如来藏思想，进行哲学上的建构与创新。

"闻熏习"既是出世净心的种子，亦是法身的种子，因为出世净心满，证得涅槃，即是法身之显现。所以，"闻熏习"是法身所摄，真谛译《摄论释》说：

> 论曰：是闻熏习，若下、中、上品，应知是法身种子。由对治阿梨耶识生，是故不入阿梨耶识性摄。
>
> 释曰：何法名法身？转依名法身。转依相云何？成熟修习十地及波罗蜜，出离转依功德为相，由闻熏习四法得成：一、信乐大乘，是大净种子；二、般若波罗蜜，是大我种子；三、虚空器三昧，是大乐种子；四、大悲，是大常种子。常、乐、我、净，是法身四德。此闻熏习及四法，为四德种子。四德圆时，本识都尽。闻熏习及四法，既为四德种子故，能对治本识。闻熏习正是五分法身种子。闻熏习是行法未有，而有五分法身；亦未有而有故，正是五分法身种子。闻熏习但是四德道种子，四德道能成显四德。四德本来是有，不从种子生，从因作名，故称种子。此闻熏习非为增益本识故生，为欲减损本识力势故生，故能对治本识。与本识性相违故，不为本识性所摄，此显法身为闻熏习果。[②]

---

① 吴汝钧曾经以唯识今学的思想为中心，探讨"转识成智"理论的困难，见《佛教的概念与方法》，台北：台湾商务印书馆，2000年，第98—208页。

② 真谛译：《摄大乘论释》卷三，《大正藏》第31册，第173页下—174页上。玄奘译相应部分见《摄大乘论释》卷三，《大正藏》第31册，第334页上—中。从文献对比来说，真谛增补了不少。

《摄论》主张“闻熏习”是法身种子，世亲以“转依”解释法身，真谛则以“阿摩罗识”来解释“转依”。真谛并没有依“种子六义”解释，而是说：“由闻熏习，四法得成。”法身(亦称“自性身”)是佛所证显的超越的真如理，遍满整个法界。它是不可移动的智慧，是觉悟者的永恒的身体。它自身即是绝对的普遍原理，是“受用身”与“变化身”的基础。[①]瑜伽行派“重事系”主张，自性身(法身)是一个不可见的超越的抽象的原理，属于绝对存在的世界，并不包含智慧。但是，“重理系”主张“智如不二”，接近于如来藏思想。如《宝性论》说“一切众生界，不离诸佛智”[②]，如来法身(或佛智)的遍满，无处不至，故说众生身心中有佛智。[③]如来藏系是依“法身遍满义”，而说众生有如来藏。

《宝性论》强调信、般若、三昧、大悲是能显如来藏的因，常、乐、我、净是如来藏的果德；真谛将“法身遍满义”引入其唯识说，主张闻熏习为能生信等四法之因，四法是能显法身四德之道，且闻熏习是行法，能生起五分法身——戒、定、慧、解脱、解脱知见，其中的戒、定、慧是于修道时有，解脱与解脱知见则是证果时有。[④]如此一来，闻熏习是信等四法的种子，是有为的五分法身种子，但是不能称为常等四德的种子。因为四德本来是有，并不是从种子而生，而是由信等四法所显现的。但是，真谛又说“从因作名，故称种子”，所以闻熏习亦可以称为“四德种子”。因此，智顗提到的“智慧种子”，可能是指信等四法种子、五分法身种子、常乐我净四德种子。[⑤]

---

① 有关“三身”，参考Nagao Gadjin, On the Theory of Buddha-body, *The Eastern Buddhist*, vol.6, no.1, 1973, pp.25-53。

② 《究竟一乘宝性论》卷四，《大正藏》第31册，第838页下。

③ 印顺认为，“法身遍满”与修持观想中观佛从外而入于自己身心中，进而观自己身中有佛，也有一定的关系。见《如来藏之研究》，台北：正闻出版社，1992年，第169页。

④ 印顺：《如来藏之研究》，台北：正闻出版社，1992年，第226页。

⑤ 岩田谛静：《真諦の唯識説の研究》，东京：山喜房佛书林，2004年，第33页。

敦煌本《摄论抄》说："四德义名体……体者，通而言之，同阿黎解性为体，亦可用法身。"[①] 摄论师以"解性"成就报佛，"解性"就是常、乐、我、净等功德，依此功德建立"报身"。这是因为真谛吸收继承如来藏的"法身遍满义"，来充实、丰富唯识的转依思想。真谛在解释"解性"时，继承瑜伽行派的传统，依真如无差别来解释如来藏；但是在探讨"闻熏习"时，已经不可避免地引进了"法身遍满义"。若将"解性"与"智慧种子"联系在一起，则"解性"就很自然地具有"本觉"的意思了。真谛当时或许并没有意识到其思想的矛盾与可能的发展趋势，摄论师则沿此方向进行诠释。

"智慧种子"对治"生死种子"，从而成就转依，得如来法身。真谛译《摄论释》说：

> 论曰：依止即转。若依止一向转是有种子，果报识即无种子，一切皆尽。
>
> 释曰：由道谛增，集谛减，道谛即是福德、智慧，集谛即是本识中种子。由福慧渐增，种子渐减，故得转依。依止即如来法身，次第渐增生道(谛)，次第渐减集谛，是名一向舍。初地至二地，乃至得佛，故名为转。烦恼业灭，故言即无种子。[②]

真谛将信等四法种子、五分法身种子、常等四德种子，称为"道谛"；而本识的名言熏习种子(即"生死种子")为"集谛"。通过道谛的修习，福德、智慧渐增，而生死种子渐减，于是成就转依。转依就是灭去种子果报识，因为烦恼、业的断尽，所以称为"无种子"。"智慧种子"则随

① 《摄大乘论抄》，《大正藏》第85册，第1007页上—中。

② 真谛译：《摄大乘论释》卷三，《大正藏》第31册，第174页下—175页上。

着初地至二地乃至成佛，不断得到增长。

瑜伽行派继承阿毗达磨而来，注重无我与缘起，对于涅槃与解脱的证得是采取“间接而曲折”的方式。真谛虽然对如来藏思想有所吸收，但仍然坚持瑜伽行派的基本立场与诠释方式。因此，对于具有“梵我论”或“一元论”危险的“法身四德”，真谛采取消极、去神秘化或非存在论的方式为其辩解，以说明法身四德不违背瑜伽行派。

在《佛性论》中，他对四德各从二种因缘进行阐释[1]：

一、大净波罗蜜，其内容是“本性清净”和“无垢清净”，“本性清净”通于圣位和凡位，称为“通相”；“无垢清净”只在佛果位，称为“别相”。

二、大我波罗蜜，远离外道与二乘所执，无我故大我。《佛性论》说：

> 由一切外道，色等五阴无我性类计执为我，而是色等法，与汝执我相相违故，恒常无我。诸佛菩萨由真如智，至得一切法无我波罗蜜。是无我波罗蜜，与汝所见无我相，不相违故，如来说是相恒常无我，是一切法真体性故，故说无我波罗蜜是我。[2]

诸佛菩萨由“真如智”，能证入一切法的无我性，得无我波罗蜜，而此无我波罗蜜正是“我”。真谛译《摄论释》说“由说实有，显有菩萨以真如空为体”[3]，真如空是菩萨实体，菩萨没有世俗的神我，却有胜义的真我。瑜伽行派依真如无差别来说“如来藏”，也是依真如说“我”。《佛性论》引经偈解释说：“二空已清净，得无我胜我，佛得净性故，无我转

① 《佛性论》卷二，《大正藏》第31册，第799页中—下。
② 《佛性论》卷二，《大正藏》第31册，第798页下。
③ 真谛译：《摄大乘论释》卷五，《大正藏》第31册，第189页下。

为我。”[①] 当菩萨证入人法二空时，得最胜无我。此“最胜无我”之所以胜于二乘的无我，乃在于其不但证得人空，也证入法空。更重要的是，当证得清净佛性时，“无我”转为“我波罗蜜”，“我”是二空之后显现的真如，含有无限的积极性佛功德。这是“无我之我”，自然不含神我意义，而它被认为有“神我”色彩，乃是因为它用的是肯定语言的表达，这正是如来藏思想的特点，目的是在解脱道上发挥积极鼓励的作用。[②]

三、大乐波罗蜜，其内容是：(1)灭尽一切苦谛、集谛诸相，而且拔除一切习气相续相；(2)不再受三种意生身，灭苦无余。[③] 这是从对苦的恐惧解脱出来的自由，以及从否定性、虚无主义解脱出来的自由。

四、大常波罗蜜，远离无常生死的断边和常住涅槃的常边。所以，常波罗蜜并不是指诸法中有任何一法常住不变，而是说超越断见、常见之后，才是“常波罗蜜”。“常”表现了佛的大悲，这是一种动态的过程，即无穷无尽地利益众生。

瑜伽行派依真如无差别诠释“如来藏”，但真如毕竟只是一种最高

---

① 《佛性论》卷二，《大正藏》第31册，第798页下。《宝性论》卷三引用同样的偈颂：“知清净真空，得第一无我。诸佛得净体，是名得大身。”见《大正藏》第31卷，第829页下。这两部论的偈颂都引自《大乘庄严经论》卷三：“清净空无我，佛说第一我；诸佛我净故，故佛名大我。”见《大正藏》第31册，第603页下。

② 释恒清：《佛性论之研究》，载《中印佛学泛论——傅伟勋教授六十大寿祝寿论文集》，台北：东大图书，1993年，第75页；后收入《佛性思想》，台北：东大图书，1997年，第177—178页。Sallie B. King认为，瑜伽行派认同般若波罗蜜的修习能够引发一切法无我的体证，在存在论上，普遍无我是终极的概念，但是必须进行积极的论述，令修行者生起这样的期待：在菩提道的终点见到的境界妙不可言，“我波罗蜜”是用一种新的语言来传达这种境界。Sallie B. King：《〈佛性论〉是地道的佛教》，载杰米·霍巴德、保罗·史万森主编，龚隽等译：《修剪菩提树——“批判佛教”的风暴》，上海：上海古籍出版社，2004年，第177页。

③ 《楞伽阿跋多罗宝经》卷三，《大正藏》第16册，第497页下。《楞伽经》专约菩萨说有三种意生身：(1)三昧乐正受意生身，指初地到六地的菩萨；(2)觉法自性意生身，即七地与八地菩萨，八地的意生身与阿罗汉、辟支佛所证的涅槃相等；(3)种类俱生无作行意生身，这是九地与十地菩萨的意生身。

的存在、原理，缺乏主体性的自觉，对于转依来说，不是最终的超越根据。真谛依“法身遍满义”，强调真如法身具有常等四德，经过闻熏习而成就信等四法种子、五分法身种子，于是建构了“智慧种子”，贯通了如来藏思想。

二　三烦恼与三真如

除了“智慧种子”，智𫖮还提到真谛的另一重要思想——“即转依成道后真如”。真谛融合如来藏与唯识学，本意是希望能够建构一种完善的解脱论，从而为修行实践提供圆满的根据。出世转依的成就，即是阿黎耶识的断尽。真谛译《摄论释》说：

> 论曰：不受相者，名言熏习种子。
>
> 释曰：此本识在生死中受用无尽，(不)同业种子，由是有相续不断因故，名不受相。不受相其体云何？谓名言熏习种子，先以音声目一切法为言，后不发言直以心缘先音声为名，此名以分别为性。若以此名分别内法，或增或减，坏正理，立非理，名肉烦恼。若以此名分别外尘，起欲、嗔等，名皮烦恼。若以此名分别一切世、出世法差别，离前二分别，名心烦恼。是故一切烦恼皆以分别为体，障无分别境及无分别智。[1]

阿黎耶识作为果报识，就生果的功能而言有受尽、不受尽两相。“业种子”有增上的力量，助感异熟果，感果的力量完了以后，所感得的异熟果也就告一段落，这是“受尽相”的种子。“名言熏习种子”是从无始时来种种戏论名言熏习而成，生死流转中转起名言戏论的种子，是“不

① 真谛译：《摄大乘论释》卷四，《大正藏》第31册，第180页上—中。

受尽相”的种子。

真谛将“名言熏习种子”分为“言熏习”与“名熏习”两种，相当于玄奘译的“表义名言”与“显境名言”。[①]“名熏习”是在心识上能觉种种的能解行相(表象及概念等)，“言熏习”是用种种语言表达出来。依“名熏习”建立“三种烦恼”：皮烦恼是指五根对外五尘生起欲、嗔等烦恼；肉烦恼属于内心的执著分别，即产生断、常等见；心烦恼是指根本无明为一切迷妄的根源，能够障碍无分别智证无分别境(真如)。“名言熏习”作为日常生活的语言与思维，成为出世解脱的障碍。所以，要断灭对主体、客体之执著，就必须反省语言或人的概念作用、思维活动(即所谓“四寻思”与“四如实智”)，从而离开对语言的执著，悟入寂然之绝对存在。[②]

唯识在积极意义上强调任何存在都是语言性的，而在实践论与解脱论方面，一切世间万有皆属于语言乃是见道以后的圣者才能达到的认识。真谛译《摄论释》说：

> 论曰：若阿罗汉、缘觉、如来，有具分灭离相。何以故？阿罗汉、独觉单灭惑障，如来双灭惑、智二障。
>
> 释曰：阿罗汉、独觉但灭离见、修二道所破惑尽，故无解脱障。如来具灭离三烦恼尽，故如来本识永离一切解脱障及智障。此识或名无分别智，或名无分别后智，若于众生起利益事，一分名俗智。若缘一切法无性起，一分名真如智，此二合名应身。[③]

---

① 岩田谛静：《真諦の唯識説の研究》，东京：山喜房佛书林，2004年，第41页。

② 早岛理：《唯识的实践》，载高崎直道等著，李世杰译：《唯识思想》，《世界佛学名著译丛》第67册，台北：华宇出版社，1985年，第228—247页。

③ 真谛译：《摄大乘论释》卷四，《大正藏》第31册，第180页下—181页上。

阿罗汉、独觉断尽见道、修道所破的烦恼，所以没有解脱障(即烦恼障)，但是仍然有智障(即所知障)。诸佛如来灭尽皮、肉、心三烦恼，所以其本识远离烦恼障与所知障；这时转识成智，成就无分别智，同时依根本无分别智生起后得无分别智。后得智利益众生，称为“俗智”；根本智证入一切法缘生无性，称为“真如智”。众智(后得智)与真如智(根本智)融合，成为应身。因为事物的现象存在都是语言概念，瑜伽行派称真如为“离言真如”，证入“离言真如”的智慧即是真如智，这是一种言诠之外的寂然的状态。而利益众生仍是一种语言性的活动，但这是一种清净的状态，所以是“俗智”。

因为任何现行都是由名言种子而生，所以缘起或识转变都是语言的活动。任何事物必须在这种语言活动的整体性中才能获得存在。真谛依“名熏习”建立“三种烦恼”，指出世界存在的迷染性。而通向真理之途，便是一种“语言之反省”的过程，于是有与“三种烦恼”对应的“三种真如”。真谛译《摄论释》说：

> 论曰：尊成就真如。释曰：此句明法身自性，成就真如是无垢清净。若在道前、道中，垢累未尽，未得名成就；道后垢累已尽，故名成就。此真如为法身自性。
>
> 论曰：修诸地出离。释曰：此句明法身因。在因位修真如，所显十地究竟，出离皮、肉、心三障，即是智、断二种转依。由此转依，故得法身。
>
> 论曰：至他无等位。释曰：此句明法身果。若证法身果，则得净、我、乐、常四德果。净不与阐提等，我不与外道等，乐不与声闻等，常不与独觉等。
>
> 论曰：解脱诸众生。释曰：此句明法身业。若得此果解脱众

生，解脱有四种。谓安立善道及三乘，业解脱凡夫及三乘人。[①]

出离三烦恼、得三真如，是真谛独特的思想，在达磨笈多译、玄奘译《摄论释》中都没有看到这种解释。[②]法身是如来内证而得的真如理体，是超越一切语言与思维活动的无分别境界，超越相对世界的生死痛苦，以法界为其存在，而周遍整个宇宙。所以，法身是以"无垢清净"为自性，真谛提出道前真如、道中真如、道后真如，真理的显现是依烦恼的厚薄状态而定。烦恼未能断尽，即是道前真如、道中真如；烦恼已经全部断尽，即是道后真如，也即法身自性——无垢清净。而且，出离皮烦恼得道前真如，出离肉烦恼得道中真如，出离心烦恼得道后真如。

法身因是大乘十地的修行，根本在于以无分别智，数数断除语言活动的根源——意言种子，出离皮、肉、心三种烦恼，成就智德、断德二种转依。最终达到一切分别永不生起，证入平等法性，即得法身。法身的果位具有净、我、乐、常四德，因此超过阐提、外道、声闻、独觉。法身是不可见的超越的抽象的原理，属于绝对存在的世界，这种原理的示现即是受用身与变化身。二身表现法身的功能与作用，安立十善道与三乘，使凡夫与三乘人得到解脱。

出世转依时，即显现道后真如。真谛继承瑜伽行派"尘识理门"的传统——"智如不二"，认为法身必定能够示现出功能与作用。真谛译《摄论释》说：

论曰：一切佛法无染著为性，成就真如，一切障不能染故。一切佛法不可染著，诸佛出现于世，非世法所能染故。

① 真谛译:《摄大乘论释》卷十四,《大正藏》第31册，第258页上。

② 笈多译:《摄大乘论释论》卷十,《大正藏》第31册，第315页下；玄奘译:《摄大乘论释》卷九,《大正藏》第31册，第443页上。

> 释曰：道后真如断一切障，尽是无垢清净，故名成就。一切障所不能染，一切佛法以此真如为体性故。前明真如境，此明真如智。诸佛菩萨以真如智为体，即是应身。此体是唯识真如所显，非根尘分别所起，非八种世法及世法所起欲、嗔等惑所能染著。何以故？是彼对治故，修得无分别智成就，名诸佛出现于世。[1]

真如是断尽一切烦恼后而显现的，因此必定含有无分别智。诸佛菩萨证得真如后，为了救度众生，具体化地显现为应身。道后真如具有无量无边的真常功德，能在世间生起教化众生的功能，应身即是以道后真如为体，而不是世间相对的境界，亦非六根、六尘分别所生起，非地、水、火、风等四大与色、香、味、触等四微所构成，更不是世间杂染的贪欲、嗔恚所能染著。应身是后得无分别智的作用，所以称为“诸佛出现于世”。

从“道后真如”的本意来说，与瑜伽行派所说“法身”没有区别，即使是护法亦同意法身“具无边际真常功德，是一切法平等实性”[2]。法身是真理的境界，亦是精神的主体，因此具有真常功德。真谛将真如分为道前、道中、道后，是在实践论与解脱论方面所作的划分，不仅是对真理显现的阐释，亦是强调精神主体的状态，从而将真如从某种绝对性实体拉回到精神主体的境界。智顗曾经说：

> 然《摄大乘》明三种乘：理乘、随乘、得乘。理者，即是道前真如；随者，即是观真如慧随顺于境；得者，一切行愿熏习，熏无分别智，契无分别境，与真如相应。此三意一往乃同于三轨，而前后

---

① 真谛译：《摄大乘论释》卷十一，《大正藏》第31册，第238页中。

② 《成唯识论》卷十，《大正藏》第31册，第57页下。

未融，何者？九识是道后真如。[①]

道前真如是一种客体性的真理存在，故是“理乘”；道中真如已能随顺观照真如境，是“随乘”；道后真如则是依一切有为行愿的闻熏习而成就无分别智，契入无分别境，与真如相应，是“得乘”。从所证理上说，道前、道后没有差别；但是，道后真如不仅是真理的境界，亦是精神的主体，故前后有别。而且，真谛依此道后真如立“阿摩罗识”。

真谛会通、融合如来藏学与唯识学，不仅是为了解决唯识学中无漏种子生起的困难和转依等问题，他同时对如来藏学进行去神秘化、非存在性的诠释，将具有实体和神我危险的如来藏转换为精神主体的境界，这就是其建构“阿摩罗识”的出发点。

第三节 阿摩罗识与本觉

真谛的佛学思想为“从始入终之密意”，即“妄心派”向“真心派”过渡的“中间路线”，具有融合如来藏与唯识两系的诠释向度。护法-玄奘系继承“重事系”的特点，是一种“妄心为主、正闻熏习为客”[②]的妄心系统，从其积极展示的“生死流转”来说，“分别性”和“染依他”含有一现象界的存在论，即“执的存有论”；从其消极说明的“涅槃还灭”来说，是断尽所有迷染，即“无执的存有论”。[③]牟宗三认为，既然“正闻熏习”是客，是经验的，“涅槃还灭”便无必然可能的超越根据，

① 《妙法莲华经玄义》卷五下，《大正藏》第31册，第742页中。

② 印顺说：“妄心派说正闻熏习是客，虚妄的异熟藏识才是主体。”见《摄大乘论讲记》，载《妙云集》上编之六，台北：正闻出版社，1990年，第138页。

③ 牟宗三：《佛性与般若》上册，台北：学生书局，1997年，第429页。另外，参考颜炳罡：《牟宗三学术思想评传》，北京：北京图书馆出版社，1998年，第159—161页。牟宗三是依《摄论》与《成唯识论》说妄心系统之特点。

“无执的存在论”亦无法积极建立，因其唯在真心之“纵贯系统”下方可完成。[1]

真谛遵循瑜伽行派的传统，在现象世界坚持“阿黎耶识缘起”，以“三性”作为根本体系，建构“执的存在论”；在真理世界，则以瑜伽行派“重理系”的思想作为出发点，强调唯识学与如来藏学的融合——“无执的存在论”。但是，他又将如来藏消解、转化成精神主体的境界，建立“阿摩罗识”。

一 九识与有垢真如

真谛在八识之外又立“阿摩罗识”，有其思想渊源。在印度佛教的思想中，与阿黎耶识思想平行发展的，有佛性、如来藏(tathāgatagarbha)、自性清净心等；如来藏思想兴起于南印度，而阿黎耶识思想兴起于北方，二者传入中印度(北方人称之为“东方”)，相互接触而有了折中与贯通，这从印度佛教的经论中可以发现一二。

1. 真性与九识

无著与世亲的论书都没有引述《楞伽经》与《密严经》，但玄奘糅译的《成唯识论》引用这两部经，加之它们对五法、三自性、八识、二无我等唯识重要理论都有综合叙述[2]，于是被当作唯识宗所依经典；其实这两部经就经义而言，并不属于唯识宗经典，其说应该是如来藏依止说与瑜伽学系的阿赖耶识依止说的综合。[3]

---

① 牟宗三：《佛性与般若》上册，台北：学生书局，1997年，第430页。

② 《大乘入楞伽经》卷五说：“五法、三自性，及与八种识，二种无我法，普摄于大乘。”见《大正藏》第16册，第620页下；地婆诃罗译《大乘密严经》卷上说：“菩萨入于诸地，了知五法、八识、三自性及二无我。”见《大正藏》第16册，第730页中。

③ 印顺：《印度佛教思想史》，台北：正闻出版社，1994年，第301—302页。

《楞伽经》汉译现存三本[1]:(1)《楞伽阿跋多罗宝经》四卷,刘宋求那跋陀罗于公元443年译出(简称“宋译”);(2)《入楞伽经》十卷,北魏菩提流支于公元513年译出(简称“魏译”);(3)《大乘入楞伽经》七卷,唐实叉难陀于公元700至704年译出(简称“唐译”)。另有藏译本二种,其一与梵文原典完全一致,另一为求那跋陀罗汉译本的重译。南条文雄于1923年校刊尼泊尔所传梵文本行世。[2]真谛于梁中大同元年(546)来到中国,至于其是否知晓《楞伽经》,并无明确记载。但是,其译出经论的“五法”说与《楞伽经》的“五法”相同[3],安慧《大乘庄严经论注》亦引用此说[4],又宋译、魏译都是在真谛来华之前译出,因而真谛或许知道此经。

《楞伽经》中出现类似“阿摩罗”的音译,即“阿摩勒”,宋译《楞伽经》说:“大慧!此如来藏识藏,一切声闻缘觉心想所见;虽自性净,客尘所覆故,犹见不净。非诸如来。大慧!如来者现前境界,犹如掌中视阿摩勒果。”[5]“阿摩勒果”的梵文原语是āmalaka。[6]如来藏、阿黎耶识自性清净,一切声闻、缘觉、外道等的客尘烦恼、杂染的分别见,均为不净。如来因无分别见,直观自性清净,如手中的“阿摩勒果”。这种

---

① 《大唐内典录》及《开元释教录》另记载有昙无谶译《楞伽经》四卷,但法藏根本没有提到此译本,见Daisetz Teitaro Suzuki(铃木大拙), *Studies in the Laṅkāvatāra Sūtra*, Motilal Banarsidass Publishers, Delhi, 1999, pp.4-5。

② 结城令闻对《楞伽经》汉译本及梵文本作过比较研究,见《唯識學典籍志》,东京:大藏出版,1985年,第29—33页。梵文本的日译本、英译本,见南条文雄、泉芳璟共译:《邦訳梵文入楞伽経》,南条文雄先生古稀纪念祝贺会,1926年;Daisetz Teitaro Suzuki, *The Laṅkāvatāra Sūtra, a Mahāyāna Text*, London, 1932, 1956; Delhi, 1999。

③ 舟桥尚哉:《五法と三性について》,《印度學佛教學研究》第21卷第1号,1972年,第373页。

④ 岩田谛静:《真諦の唯識説の研究》,东京:山喜房佛书林,2004年,第136页。

⑤ 《楞伽阿跋多罗宝经》卷四,《大正藏》第16册,第510页下。

⑥ Bunyiu Nanjio (ed.), *The Laṅkāvatāra Sūtra*, Kyoto, 1956, p.222.

譬喻亦出现在《涅槃经》《如来藏经》[①]中，以“果内种子”为譬喻，表显“一切众生皆有如来藏”。

《楞伽经》引用“阿摩勒果”(āmalaka)，亦是融合如来藏思想与唯识思想。同时，《楞伽经》中出现八识、九识说，并将阿黎耶识分别为“转相”(或转相识)、“业相”(或业相识)和“真相”(或智相识)，这三相在宋、魏、唐三译本里的解说是一致的。但是八识的分别说，除了宋译本中分别为“真识”“现识”“分别识”以外，在魏、唐二本中，都只有“现识”与“分别识”二识。[②]“真识”与“现识”是阿黎耶识的两方面，“真识”即是如来藏、自性清净心，而“现识”是生灭杂染的心识。就“现识”具有的三相而言，“业相”“真相”是阿黎耶识的两面，其中“真相”是三种汉译本及梵文本共同承认的阿黎耶识的真识面。[③]“现识”的“业相”与“真相”表示阿黎耶识是依如来藏而幻现的，“真相”是阿黎耶识的自体，即如来藏的别名；“业相”是无始恶习所熏变而现起不净，应该被舍弃。所以，阿黎耶识的“真相”亦可以成为“第九识”的根据。

《楞伽经》提到“九识”，魏译《楞伽经》说：“八九种种识，如水中诸波。依熏种子法，常坚固缚身，心流转境界，如铁依磁石。依止诸众

---

① 《大般涅槃经》卷二十七说：“诸佛世尊见一切法，无常、无我、无乐、无净，非一切法见常乐我净。以是义故，见于佛性如观掌中阿摩勒果。”见《大正藏》第12册，第525页中。《大方等如来藏经》说：“譬如庵罗果，内实不毁坏，种之于大地，必成大树王。如来无漏眼，观一切众生，身内如来藏，如花果中实。”见《大正藏》第16册，第458页下。

② 宋译《楞伽阿跋多罗宝经》卷一说：“诸识有三种相：谓转相、业相、真相。大慧！略说有三种识，广说有八相。何等为三？谓真识、现识及分别事识。”魏译《入楞伽经》卷二说：“大慧！识有三种，何等三种？一者转识，二者业相识，三者智相识。大慧！有八种识，略说有二种，何等为二？一者了别识，二者分别事识。”唐译《大乘入楞伽经》卷一说：“诸识有三相，谓转相、业相、真相。大慧！识广说有八，略则唯二，谓现识及分别事识。”见《大正藏》第16册，第483页上、521页下—522页上、593页中。

③ 胜又俊教：《仏教における心識説の研究》，东京：山喜房佛书林，1974年，第710页。

生，真性离诸觉，远离诸作事，离知、可知法。”[①]因为虚妄分别生起诸识差别，如水起波，共有八重、九重，这是比喻有八识、九识等差别。[②]但是，《楞伽经》对八识、九识的性质并没有具体说明。如来藏为无始以来的虚伪恶习——虚妄的种种戏论所熏习，形成摄藏一切熏习并现起一切的“藏识”，即“现识”。一切众生所依的种姓（真性，gotra）远离种种分别、所知障等，“真性”就是如来藏。

《楞伽经》虽然没有明确提到“第九识”，但是依于心性本净、客尘所覆，将如来藏与阿黎耶识合为第八识，这是其主旨。《成唯识论述记》卷一说：

> 《楞迦经》说：八九种种识，如水中诸波。说有九识，即是增数，显依他识略有三种，广唯有八。离于增减，故说唯言。《楞迦经》中兼说识性。或以第八染净别开，故言九识。非是依他识体有九，亦非体类别有九识。[③]

窥基继承唯识今学，不承认有九识的存在。他认为波浪的层数是比喻依他识，略说有心、意、识三种，广说有八识；强调《楞伽经》是别开第八识的染污分与清净分，第八识转识成智后，第八无垢识为第九识，所以，并不是说依他识体有九种。

《楞伽经》不提七种八种识，而提八种九种识，其意在于融合如来

① 《入楞伽经》卷九，《大正藏》第16册，第565页中。唐译《楞伽经》卷六：“由虚妄分别，是则有识生，八九识种种，如海众波浪。习气常增长，盘根坚固依，心随境界流，如铁于磁石。众生所依性，远离诸计度，及离智所知，转依得解脱。”见《大正藏》第16册，第625页上—中。Bunyiu Nanjio (ed.), *The Laṅkāvatāra Sūtra*, Kyoto, 1956, p.265.

② 吕澂曾提出，“八九种种识”一颂唯见于魏译。见《起信与楞伽》，载《吕澂佛学论著选集》卷一，济南：齐鲁书社，1991年，第297页。查唐译及梵本，亦有此颂，可见并非魏译本误译也。

③ 《成唯识论述记》卷一本，《大正藏》第43册，第239页上。

藏与阿黎耶识。《楞伽经》将心识的认识论和心理层面归根于阿黎耶识，由之生起现象界；同时，以如来藏为存在论的根据。[①]魏译《楞伽经》亦提到："生及于不生，有八种九种，一时证次第，立法惟是一。"[②]所谓"生"是虚妄分别生起诸识，指阿黎耶识；"不生"是"真性"的状态，指如来藏，也即第九识。与此相关，魏译《楞伽经》说"内身智离垢，离于诸因相，八地及佛地，是诸如来性"[③]，梵本原文如下：

> pratyātmavedyaṃ hy amalaṃ hetu-lakṣaṇa-varjitam | aṣṭamī buddhabhūmiś ca gotraṃ tathāgataṃ bhavet || X-421 ||[④]
>
> ［今译］自内证是无垢的，远离因相。第八地与佛地是如来种姓。

无垢(amala)是如来种姓(tathāgata-gotra)的同义语。而真谛所说"阿摩罗识"即是究竟果位的净识，从而与佛性、如来藏相通。

《楞伽经》以"真性"代表如来藏，对后世影响非常大。智𫖮《法华玄义》说："庵摩罗识即真性轨，阿黎耶识即观照轨，阿陀那识即资成轨。"[⑤]日本凝然《华严孔目章发悟记》说："说彼九识门中第九，然经所说真性妙理，即第九识。"[⑥]智𫖮与凝然都认为，《楞伽经》的"真性"

---

① Brian Edward Brown, *The Buddha Nature: A Study of the Tathāgatagarbha and Alayavijñana*, Motilal Banarsidass Publishers, Delhi, 1994, p.183.

② 《入楞伽经》卷九，《大正藏》第16册，第572页下。《楞伽经》卷六说："生及与不生，有八种九种，一念与渐次，证得宗唯一。"见《大正藏》第16册，第630页中。Bunyiu Nanjio (ed.), *The Laṅkāvatāra Sūtra*, Kyoto, 1956, p.306.

③ 《入楞伽经》卷九，《大正藏》第16册，第575页中。《楞伽经》卷七："内自证无垢，远离于因相，八地及佛地，如来性所成。"见《大正藏》第16册，第632页上。

④ Bunyiu Nanjio (ed.), *The Laṅkāvatāra Sūtra*, Kyoto, 1956, p.318.

⑤ 《妙法莲华经玄义》卷五下，《大正藏》第33册，第744页中。

⑥ 《华严孔目章发悟记》卷十五，《大日本佛教全书》第122册，第364页下。

即是第九阿摩罗识。所以,《楞伽经》的思想有“九识”的倾向,虽然不能肯定《楞伽经》对真谛的影响,但是它为“九识”提供了思想上的根据。

《大乘密严经》明确指出:“藏识亦如是,诸识习气俱,而恒性清净,不为其所染”;“赖耶体常住,众识与之俱”;“阿赖耶识本来而有,圆满清净,出过于世,同于涅槃”。[①]此经直接指出阿黎耶识的体是清净、常住、出世的,这比《楞伽经》当然是更进一步了。经中说到“心有八种,或复有九”,[②]并且接着解释八识的心心所为世间心,此外则为“根本心”,亦称之为“如来心”。全经中最能说明阿黎耶识与如来藏关系并且指出阿摩罗识译名的,是卷下偈颂:“如来清净藏,亦名无垢智,常住无始终,离四句言说。佛说如来藏,以为阿赖耶,恶慧不能知,藏即赖耶识。如来清净藏,世间阿赖耶,如金与指环,展转无差别。”[③]这无垢智即阿摩罗识的译名。阿摩罗识就是如来清净藏,由于众生的恶慧不能了知,于是如来藏受无始虚妄所熏习,而成为阿黎耶识,如来藏与阿黎耶识的关系,就如金与指环一样,说明阿赖耶识虽为虚妄杂染,但体是清净无染的。此处九识思想已经完全体现出来。

2. 心真如与有垢真如

真谛的佛学思想是继承“重理系”而来,因此其思想的最大特色“阿摩罗识”,可以在《大乘庄严经论》与《中边分别论》中找到痕迹。《大乘庄严经论》依真如解释“心性清净”,显示其本净离垢之相,论中说:

---

① 不空译:《大乘密严经》卷中、下,《大正藏》第16册,第765页上、768页中。地婆诃罗译:《大乘密严经》卷中,《大正藏》第16册,第737页下。

② 地婆诃罗译:《大乘密严经》卷中,《大正藏》第16册,第734页上。

③ 地婆诃罗译:《大乘密严经》卷下,《大正藏》第16册,第747页上。

譬如水性自清，而为客垢所浊；如是心性自净，而为客尘所染，此义已成。由是义故，不离心之真如别有异心，谓依他相说为自性清净。此中应知，说心真如名之为心，即说此心为自性清净，此心即是阿摩罗识。[1]

根据梵文对照，波罗颇蜜多罗（627—633年译出）将长行的citta-tathatā（心真如）译为“阿摩罗识”，而且明显是译者所附加的。[2]法性心、心真如、自性清净心，都可以理解为“阿摩罗识”。真如虽然不是心，而是心性，亦可以假名为“心真如”。

同时，“重理系”提出真如有“有垢真如”与“无垢真如”两种，如《中边分别论》说：

偈曰：亦染亦清净，如是空分别，有垢亦无垢，水界金空净，法界净如是。

释曰：何处位空不净？何处位空净？若在此位中是诸垢法，未得出离与共相应，是位处说不净。若在此位出离诸垢，此位处说净。若已与垢相应，后时无垢，不离变异法故。云何不无常？为此问故，答：客尘故离灭故，不是自性变异故。[3]

安慧依“未转依”与“转依”来安立有垢与垢的断灭[4]，未转依位是有垢真如，属于凡夫位，现所取、能取，烦恼心相续；转依位是无垢真如，觉知“真性”，心不颠倒。空性如虚空，无尘、无断绝，本性明亮。所以，

---

① 《大乘庄严经论》卷六，《大正藏》第31册，第623页上。

② 宇井伯寿：《大乘莊厳経論研究》，东京：岩波书店，1940年，第11页。

③ 《中边分别论》卷上，《大正藏》第31册，第452页下。

④ 山口益译注：《安慧阿遮梨耶造中辺分別論釈疏》，名古屋：破尘阁书房，1935年，第82页。

安慧是以转依=圣人=清净=本性明亮，这与《决定藏论》以转依为“阿摩罗识”的方式相同。[①]

吕澂曾概括《中边分别论》的思想为十三义，第七为“由妄对真以说障义”，他说：“妄者虚妄分别，由妄对真而言其不离，即旧说之谓客尘所染。本论以障字释染。障乃对其本身能显，不能显为碍，于本身则无妨。故客尘所染，而心性不失其净。”[②]有垢真如即是本性清净，而《十八空论》即是以自性清净心为“阿摩罗识”。

对于“重理系”的“有垢真如”与“无垢真如”，后来真谛都以“阿摩罗识”进行诠释。但是相对而言，“阿摩罗识”多数是被用在表述“无垢真如”“无垢清净”的场合。[③]真谛在继承“重理系”思想传统的基础上，对如来藏系的思想进行吸收与融摄，终于提出最具特色的九识说。

二　智如无差别与自性清净心

唯识今学坚持“性相永别”“智如二分”，将“阿摩罗识”译为“无垢识”[④]，即是以如来所有的无漏第八识为无垢识，其实无垢识应该包括地上无漏第六、第七识。唯识今学强调真如是“迷悟依”，“由此能作迷悟根本，诸染净法依之得生，圣道转令舍染得净”。[⑤]真如属于非现象界，与现象界的“持种依”截然不同，真如是识的实性，绝对不可称

---

① 岩田谛静：《真諦の唯識説の研究》，东京：山喜房佛书林，2004年，第149页。

② 吕澂：《辩中边论要义》，载《吕澂佛学论著选集》卷一，济南：齐鲁书社，1991年，第284页。

③ 上田义文：《仏教思想史研究》，京都：永田文昌堂，1958年，第48页。

④ 《成唯识论》说：“或名无垢识，最极清净诸无漏法所依止故，此名唯在如来地有”；并引经文：“如来无垢识，是净无漏界，解脱一切障，圆镜智相应。”见《成唯识论》卷三，《大正藏》第31册，第13页下。

⑤ 《成唯识论》卷十，《大正藏》第31册，第55页上。

之为“识”。从存在论来说，真如与阿黎耶识都可以作为存在的根据，真如为超越的根据，阿黎耶识为经验的根据，因此有“双重存在根据”（或“双重本体”）的嫌疑。

印顺指出，弥勒、无著、世亲等说转杂染为清净，在转依位，阿黎耶识与识蕴都被转舍了；[①]如此一来，在无漏法界中便没有生死杂染的“识”，也就无法称为“唯识”。[②]真谛的佛学体系中，阿摩罗识可以说是中心。他在果报黎耶、种子黎耶之外，提出“解性黎耶”“阿摩罗识”，坚持“性相融即”“智如合一”，旨在解决“若种子新熏，如何生起第一念出世心”“一切法唯识”等问题；而且通过淡化如来藏“我”的色彩，融摄如来藏与阿黎耶识两系，解决瑜伽行派的内在矛盾与困境。

岩田谛静从语言学角度考察“阿摩罗识”的梵文原语。《决定藏论》与《瑜伽论》的对照，阿摩罗识原语有pratyamitra, āśrayaparivṛtti, āśrayaparivṛtti-balādhāna, viśuddha-vijñāna。《十八空论》的阿摩罗识，原语相当于《中边分别论》的prabhāsvaratva-citta；另外，《十八空论》称“净识”为“阿摩罗清净心”，原语为amala-viśuddha-citta，则viśuddha-vijñāna与amala-viśuddha-citta同义。《转识论》中阿摩罗识的原语有lokōttara-jñāna, āśrayaparivṛtti。所以，阿摩罗识的“阿摩罗”（amala）是清净、无垢的意思。对照梵文《菩萨地》（Bodhisattva-bhūmi,《瑜伽论》卷五十），同时含有这些意思和“阿摩罗”的原语可能是nirmala-jñāna[amala-jñāna]。[③]所以，真谛并非依原语翻译，而是意译，

---

① 《唯识三十论颂》说：“初阿赖耶识，……阿罗汉位舍。”见《大正藏》第31册，第60页中。《摄论》说：“谓转阿赖耶识，得法身故”；“由圆镜、平等、观察、成所作智自在，由转识蕴依故”。见玄奘译：《摄大乘论本》卷下，《大正藏》第31册，第149页下。《大乘庄严经论》说：“如是种子转者，阿梨耶识转故。……是名无漏界。”见《大乘庄严经论》卷五，《大正藏》第31册，第614页中。

② 印顺：《如来藏之研究》，台北：正闻出版社，1992年，第228页。

③ 岩田谛静：《真諦の唯識説の研究》，东京：山喜房佛书林，2004年，第159—182页。

以“阿摩罗识”融摄转依、净识、无垢智、自性清净心、心本清净，从而融合如来藏与阿黎耶识。

依真谛所译论书，“阿摩罗识”有三重意义：(1)阿摩罗识是境识俱泯之实性；(2)阿摩罗识是究竟果位之净识；(3)阿摩罗识是自性清净心。境识俱泯之实性与究竟果位之净识，都是就转依而言，是无垢真如；而自性清净心是有垢真如。前者是从解脱论、实践论来说，后者是从存在论来说，诠释向度不同。

1. 境识俱泯之实性

依“无相唯识”的思想，“唯识无境”指境不外乎识，从识这一方来说，识(能见)成为境(所见)，而且若识不经过自己的否定，就不能成为境。如此，境无而唯有识，看起来似乎是表现境的否定和识的肯定，实际上也包含识的否定。如《转识论》说：

> 问：此识何相何境？答：相及境不可分别，一体无异。问：若尔，云何知有？答：由事故，知有此识。此识能生一切烦恼业果报事。譬如无明，当起此无明，相境可分别不？若可分别，非谓无明。若不可分别，则应非有。而是有非无，亦由有欲嗔等事，知有无明。本识亦尔，相境无差别。但由事故，知其有也。就此识中，具有八种异，谓依止处等，具如“九识义品”说。[①]

此“九识义品”就是《决定藏论·心地品》。[②]真谛坚持“一种七现”，强调阿黎耶识是“相境无差别”。“相”是指阿黎耶识的执受，即主体

---

① 《转识论》，《大正藏》第31册，第61页下—62页上。

② 印顺：《论真谛三藏所传的阿摩罗识》，载《以佛法研究佛法》，《妙云集》下编之三，台北：正闻出版社，1990年，第270—271页；牟宗三：《佛性与般若》上册，台北：学生书局，1997年，第356页。

性的识；“境”即所执受的种子。因为阿黎耶识是“种识不分”，所以是“相境无差别”。这与护法强调“诸识现行”“见相有别”不同。

同时，真谛主张识是能分别，境是所分别。于是，存在的全体就是识(能识)，境是被否定的，这是“具有存在论意义的认识论”；从存在论来说，识以非识为自性，举其全体成为境，因此识是无。所以，真谛的认识论与存在论是一体的，是一种“无境论”。[①]如《转识论》说：

> 立唯识义，意本为遣境遣心，今境界既无，唯识又泯，即是说唯识义成也。……问：遣境存识，乃称唯识义，既境识俱遣，何识可成？答：立唯识乃一往遣境留心，卒终为论，遣境为欲空心，是其正意。是故境识俱泯，是其(唯识)义成。此境识俱泯，即是实性，实性即是阿摩罗识；亦可卒终为论，是阿摩罗识也”。[②]

识与境之间建立了相互否定又是同一的矛盾结构，所以不管认识任何事物，都不外是认识自己本身，这是“识有境无”。同时，境既然不可得，识也不得生，所以能取的“识”与所取的“境”平等，俱成无所得。这种自性空、不带有任何对象化作用的无相的识，即是“无分别智”，这才是真正的“唯识”。从“识有境无”到“境识俱泯”，在唯识学中，是从虚妄分别而契入空性的方便次第。真谛将唯识区分为“不净品唯识”(又称“方便唯识”)和“净品唯识”(又名“真实唯识”“正观唯识”)，贯彻一切法唯识的终极意义。

从存在论来说，真谛的三性思想是分别性以依他性为体，“识境合

---

① 真谛的存在论与认识论时是“具有认识论意义的存在论”“具有存在论意义的认识论”。而唯识今学强调识自体变现出相分，成为认识对象，识自己看见自己所变现的对象，这是一种“有境论”，从现代哲学来说，是一种“观念论”。

② 《转识论》，《大正藏》第31册，第62页中、下。

一”，分别性、依他性无所有即是真实性，体现了“性相融即”的特点。如《三无性论》卷上说：

> 识如如者，谓一切诸行但唯是识。此识二义故称如如：一、摄无倒，二、无变异。摄无倒者，谓十二入等一切诸法，但唯是识，离乱识外无别余法故，一切诸法皆为识摄。此义决定，故称摄无倒，无倒故如如，无倒如如未是无相如如也。无变异者，明此乱识即是分别，依他似尘所显；由分别性永无故，依他性亦不有，此二无所有，即是阿摩罗识。唯有此识独无变异，故称如如。……唯阿摩罗识是无颠倒，是无变异，是真如如也。[1]

识是以非识为自性，依他性的识与分别性的境之间是否定对立且又无差别、同一的关系。依他性无性(生无性)的“无”，并不是相对于“有”的相对无，而是也将“有”包含于其中(与“有”融即)的“绝对无”，这就是“色即是空，空即是色”的“空”(śūnyatā)。[2]这种“空”“无”即是“真实性”。真谛将“真实性”称为“阿摩罗识”，即是空性、真如等意思。

而且，真谛继承“尘识理门”的思想，对真实性强调“智如合一”，则阿摩罗识即是境识俱泯、非心非境、境智无差别、如如智、转依，此为其独特的思想。智如之“合一”，必须在解脱论的意义上方能实现。真实性的存在论意义，即真如或说“真正的实在”“如实之境”“胜义谛”，与其认识论的意义，即无分别智或说“真正的智慧”，在转依位方能完全合一——没有任何对象化，主体如实地认识自己本身，以及事物如

---

① 《三无性论》卷上，《大正藏》第31册，第871页下—872页上。

② 上田义文著，陈一标译：《大乘佛教思想》，台北：东大图书，2002年，第122页。

实地被主体认识，成为一体的两面。

从解脱论来说，般若是一种“转换”，转舍自我的虚妄主体以成就真实的主体。但是，这种转换并非世界中某一主体的孤立事件，而是和世界整体有关的事件。[①]虚妄的自我把我们自身表象为主观，而且把外在事物表象为独立于我们之外的客观。因此，转舍虚妄的自我就是舍去自我所表象出来的世界之种种——主观与客观，这同时就是自我舍离虚妄性转而成为真实的自己。真实自我的诞生同时就是真实世界的诞生，所以是“智如合一”。如《三无性论》说：“唯为真实性所摄者，此不执著名义，即是境智无差别、阿摩罗识故。”[②]而“阿摩罗识”正是对此解脱与“转换”的最好表达，这是一种“解脱诠释学”的方法，恰好说明瑜伽行派的唯心论源自禅观经验的普遍化。[③]

从实践论来说，必须有方便次第，真谛建构“方便唯识”与“真实唯识”正是为了显示实践论的次第。《转识论》说：“由修观熟，乱识尽，是名无所得，非心非境，是智名出世无分别智，即是境智无差别，名如如智，亦名转依。”[④]这一见解，在《十八空论》《三无性论》中都是一样的。《十八空论》说：“一者方便，谓先观唯有阿梨耶识，无余境界，现得境智两空，除妄识已尽，名为方便唯识也。二者明正观唯识，遣荡生死虚妄识心，及以境界一切皆净尽，惟有阿摩罗清净心也。”[⑤]《三无性论》说：“先以唯一乱识，遣于外境；次阿摩罗识遣于乱识故，究竟唯一净识也。”[⑥]阿摩罗识不但离于乱相的外境，而且也遣于乱识，故阿摩罗

① 上田义文著，陈一标译：《大乘佛教思想》，台北：东大图书，2002年，第67页。

② 《三无性论》卷下，《大正藏》第31册，第873页下。

③ 这种观点来自德国汉堡大学史密斯豪先，见林镇国：《空性与现代性》，台北：立绪文化，2004年，第236页。

④ 《转识论》，《大正藏》第31册，第63页下。

⑤ 《十八空论》，《大正藏》第31册，第864页上。

⑥ 《三无性论》卷上，《大正藏》第31册，第872页上。

识是心境俱泯的，无有能取、所取的。如果从无漏现证来说，阿摩罗识就是“境智无差别”。所以，八识是无常，是有漏、经验的；而阿摩罗识是无漏、超越的，两者异质而异层。[1] 对于实践次第，真谛译《摄论释》也有相近的说明，如说：“一切法以识为相，真如为体故。若方便道，以识为相；若入见道，以真如为体。”[2] 以方便道、见道来分别解说，与《三无性论》相同，只是称为真如，而没有称为阿摩罗识而已。

摄论师亦继承了唯识实践次第，敦煌本《摄论疏》卷七(S.2747)说：

> 观前有四种定心：一思，二了，三证，四除。先寻思一切法唯有识，既寻思已，决了知一切法唯有识。决定明了已后，证知唯识。证知唯识，止除外尘，未除识体。后更寻思尘既无相，识则无因缘不得生。复不见识体，故名除心。此除心与真如相邻，由此心在障，不得真证。心即是解脱道，除则是无碍道。过此后，心与理一，无有心境之异。[3]

摄论师对实践次第以四种定心进行具体分析，首先寻思、明了一切法唯有识，即主体不再以对象化去认识事物，于是除了识自身之外，没有所认识的外尘。既然外境是无相，依他性的识亦因缘无生，于是认识自己本身，即“识”亦空。这种没有任何对象化作用的无相的识，即是无分别智，证入真如法界，即是“心与理一，无有心境之异”。

---

① 牟宗三认为，既然八识与阿摩罗识是异质异层，阿摩罗识应该称为“真常心”或“自性清净心”。因为识是以迷染为性的。如此，则于“境识俱泯”时复名之曰“识”，则有矛盾和混淆之嫌。见《佛性与般若》上册，台北：学生书局，1997年，第358页。这种观点是错误的，称境识俱泯之实性为阿摩罗识，是解脱论层面的意义，并非存在论意义的“自性清净心”。此超越应该是解脱论、实践论的超越，而非存在论的超越。且“阿摩罗识”是一个整体的意义，不能因有“识”便认为是迷染的。

② 真谛译：《摄大乘论释》卷七，《大正藏》第31册，第200页上。

③ 《摄大乘论疏》卷七，《大正藏》第85册，第992页中。

真谛从其存在论出发，分别、依他无所有即是真实性，此真实性、境识俱泯即是阿摩罗识。他建构阿摩罗识作为其解脱论与实践论的中心，从解脱论来说，阿摩罗识即是境智无差别、智如合一、如如智、转依；从实践论来说，建立"方便唯识"与"真实唯识"（或"正观唯识"）的实践次第。真谛建立"阿摩罗识"，从存在论与认识论来说，可以贯彻"一切法唯识"的要求；而最主要的原因，在于从解脱论与实践论，对禅观经验进行普遍化的诠释，构成一种"实践存在论之纵贯系统"。[①]

2. 究竟果位之净识

就解脱论而言，解构现象界的目的在于认清现象的虚妄性，即"转识成智"。所以，瑜伽行派强调"唯识"的目标在于达到"唯智"，这就是方东美所谓的"超越现象学"。[②]依无分别智，观照世界的种种现象与构成因素，才能获得圆满的了解，所以法相唯识学的源头在于"唯智"。而真谛的"阿摩罗识"正体现了这种解脱论的意义。

真谛将《瑜伽论》中相应的"转依""转依力""净识"都译成"阿摩罗识"。如《决定藏论》说：

> 断阿罗耶识，即转凡夫性；舍凡夫法，阿罗耶识灭。此识灭故，一切烦恼灭。阿罗耶识对治故，证阿摩罗识。阿罗耶识是无常，是有漏法；阿摩罗识是常，是无漏法，得真如境道，故证阿摩罗识。阿罗耶识为粗恶苦果之所追逐，阿摩罗识无有一切粗恶苦果。阿罗耶识而是一切烦恼根本，不为圣道而作根本；阿摩罗识

---

① 牟宗三认为真谛是真心派，融真如理于真心中，而为一实践存有论之纵贯系统。但是，他所谓心理为一的真如有内熏力，则不是真谛的思想。其实，真谛思想是"从始入终之密意"，是从妄心派向真心派过渡的"中间路线"。《佛性与般若》上册，台北：学生书局，1997年，第359页。

② 方东美：《中国大乘佛学》，台北：黎明文化，1991年，第589—590页。

亦复不为烦恼根本，但为圣道得道得作根本。阿摩罗识作圣道依因，不作生因。阿罗耶识于善无记不得自在。……舍离一切粗恶果报，得阿摩罗识之因缘故。……一切烦恼相故，入通达分故。修善思惟故，证阿摩罗识，故知阿罗耶识与烦恼俱灭。

诸世俗法，阿罗耶识悉为根本；一切诸法出世间者，无断道法，阿摩罗识以为种本。

说出世法所生相续，依阿摩罗识而能得住。以此相续，与阿罗耶识而为对治。自无住处，是无漏界，无恶作务，离诸烦恼。

阿摩罗识对治世识，甚深清净，说名不住。①

通过《决定藏论》与《瑜伽论》的汉译、藏译比较②，《瑜伽论》的 dgra bo (=pratyamitta，相违)、gnas gyur pa(=āśraya-parivṛtti，转依)、gnas gyur paḥi stobs bshyed pa(= āśrayaparivṛtti-balādhāna，转依力)、rnam parśes pa rnam par dag pa(= viśuddha-vijñāna，净识)，真谛在《决定藏论》中都译为“阿摩罗识”。dgra bo (pratyamitta)是“反对”的意思，玄奘译为“相违”，表示转依是阿黎耶识的对治，二者性质相反。阿黎耶识是有漏、无常，而阿摩罗识是无漏、常；阿黎耶识是烦恼根本，阿摩罗识是圣道根本(依止)；阿黎耶识是粗重所随，阿摩罗识离一切粗重；阿黎耶识是“一切杂染根本”，是“一切戏论所摄诸行界”(种子)，是一切有漏杂染种子的总汇(或称之为“过患聚”)，所以必须转灭这阿黎耶识，才能证得转依——阿摩罗识。这样，阿黎耶识是有漏杂染识，阿摩罗识是(译义为)无垢识、白净识。玄奘所传唯识学，有漏的妄识有八识，转成无

---

① 《决定藏论》卷上，《大正藏》第30册，第1020页中、1022页上；卷中，第1025页下；卷下，第1031页上。《决定藏论》三卷是《瑜伽师地论・摄抉择分》卷五十一至五十四的异译。

② 岩田谛静：《真諦の唯識説の研究》，东京：山喜房佛书林，2004年，第160—164页。

漏也还是八识，所以在八识以上，别立第九阿摩罗识，是不妥当的。

凡夫性与圣人性、凡夫依与圣人依，是相反的对立面。境智无差别，即是圣性；依此摄持清净闻熏习，而为圣依，依此而现起一切无漏的现行法。反之，由于转阿黎耶识证得阿摩罗识，这就是无分别智亲证真如，也即境智无差别性，就是说由圣依而证得究竟的圣性。当然，如果从舍阿黎耶识来说，在八地、阿罗汉位就能充分体现出来，但是究竟圆满证得阿摩罗识是在佛位。《决定藏论》卷上说："阿罗汉及辟支佛、不退菩萨、如来世尊，此四种人，以有心处，有于六识，无阿罗耶识"；"阿罗汉及辟支佛、菩萨、世尊入灭尽定，又世尊入无余涅槃，无阿罗耶，亦无六识"。[①] 所以《决定藏论》说明转灭阿黎耶识，证得阿摩罗识，这与《唯识三十论》所说的阿黎耶识"阿罗汉位舍"[②] 完全一致。

但是，"转依"为"阿摩罗识"，并不局限于阿罗汉位，而是通于三乘的。阿摩罗识，是与阿黎耶识性质相反的，是就无学声闻、缘觉、八地以上菩萨所证的智如无差别而说，"即是境智无差别阿摩罗识故"。[③] 智证如如的转依，从初地见道位到佛果，是彻始彻终的。在见道以上，创获根本智亲证真如，真实的依他圆成显现时，虽然远离七识的乱，而妄识的根本——一切种子阿黎耶识，仍然存在。到了阿罗汉位，断尽烦恼障的种子与现行，究竟灭尽一切杂染种子识，获得了智证如如的究竟清净；只有到了佛地，才是"最清净法界""无垢识"——阿摩罗识。

真谛于八识之上建立阿摩罗识，以阐明"转依"这一主体的实践过程。"转依"体现了瑜伽行派的实践与解脱理论，把阿黎耶识也即自我的根源性存在之状态，转迷为悟，自我彻底证得绝对真理，而且自我

① 《决定藏论》卷上，《大正藏》第30册，第1020页下。
② 《唯识三十论颂》，《大正藏》第31册，第60页中。
③ 《三无性论》，《大正藏》第31册，第873页下。

成为绝对真理。[1]阿摩罗识即自我与绝对真理合一的状态，正体现了转依的主体性与实践性，所以我们一直强调必须从解脱论与实践论来理解“阿摩罗识”；若依存在论，阿摩罗识必须是一种“过程”的存在，这是佛教存在论的核心；如此则正好能够贯彻“一切法唯识”的原则，在从迷到悟、从染到净的转换过程中，在从“阿黎耶识”到“阿摩罗识”的转变过程中，实现解脱的终极意义。

3. 自性清净心

在“解脱诠释学”的视野下，真谛思想中并无《起信论》的“本觉”义。但是，《十八空论》约“法界本净”来说明阿摩罗识，因而阿摩罗识就是自性清净心，也就是“如来藏”的别名。《十八空论》说：

> 云何分判法界非净非不净？答：阿摩罗识是自性清净心，但为客尘所污，故名不净；为客尘尽故，故立为净。问：何故不说定净、定不净，而言或净或不净耶？答：为显法界与五入及禅定等义异。[2]

《十八空论》是《中边分别论》注释的一部分，一分释“相品”的空义，一分释“真实品”的分破真实（七真如）及胜智真实。[3]上面所引述的文句，是解释《中边分别论》中的一个偈颂：“不染非不染，非净非不净；

① 横山纮一著，许洋主译：《唯识思想入门》，台北：东大图书，2002年，第152—153页。有关转依的原语考察及其内涵，参考赖贤宗：《“转依”二义之研究》，《中华佛学学报》第15期，2002年，第93—113页。

② 《十八空论》，《大正藏》第31册，第863页中。

③ 印顺：《论真谛三藏所传的阿摩罗识》，载《以佛法研究佛法》，《妙云集》下编之三，第287页。

心本清净故，烦恼客尘故。”[①]瑜伽行派“重理系”对“心性本净”有两种诠释进路：一、存在论的进路，强调法界清净与“空性”相应；二、实践论与解脱论的进路，首先依修道与心解脱而施设杂染性与清净性，其次依实践论而如实知见染净差别。“重理系”的心性清净是约真如无差别而建构，这种立场被真谛所继承。

《十八空论》的“阿摩罗识自性清净心”正是“空性”，即是真实、真如、法界、实际、无相、胜义。但是，此论在说非净不净、非染不染时，不说“空性本净”“法性本净”，而说“心本清净”。这里的“心本清净”，就是经典中常见的“心性本净”。唯识今学从“性相永别”“智如二分”的立场出发，强调心是有为的心识，可能是染、净、有漏、无漏，不能说心本清净，而只能说心的法性本净。真谛依“性相融即”“智如合一”的观点，主张心与空性无二，所以解说空性本净为“阿摩罗识是自性清净心”，这显然是从真如无差别说。

真谛从妄染的心识探究到心性的终极意义，约真如无差别而说“心性本净”。他建构“阿摩罗识”，不但贯彻了“一切法唯识”的思想，而且会通了如来藏思想。从“解脱诠释学”出发，他对如来藏的诠释是去神秘化、非存在化的。同时，他的思想是一种“中间路线”，并没有离开瑜伽行派的根本立场。

三　阿摩罗识与本觉

真谛的思想为“从始入终之密意”，是从妄心派向真心派过渡的“中间路线”。真谛之后的摄论师及隋唐诸师，受到《起信论》的影响，

---

① 《中边分别论》卷上，《大正藏》第31册，第453页上。在《辩中边论》卷上，玄奘译此偈为：“非染不染时，非净非不净；心性本净故，由客尘所染。”见《大正藏》第31册，第466页中。

则对真谛思想进行“真心派”的诠释，将“解性黎耶”“阿摩罗识”理解为“本觉”。真谛虽然提出“阿摩罗识”，但是并没有明确将“阿摩罗识”当成第九识，于是后来的中国佛教在“阿摩罗识”问题上异说纷纭。

1. 二无我真如

真谛的“阿摩罗识”在未转依位，即是真如；在转依位，即是智如合一。所以，我们可以说阿摩罗识即是真如。吉藏《净名玄论》说：

> 论云：无性法亦无，一切法空故。……问：此对何所为耶？答：凡有二义：一为学《摄大乘》及《唯识论》人，不取三性为三无性理。三无性理，即是阿摩罗识，亦是二无我理。三性谓依他性、分别性、真实性。分别性者，即是六尘以为识所分别，名分别性；依他性者，心识依六尘及梨耶本识为起依他性；真实性者，即是涅槃，故为名三性、三无性。①

吉藏引述的是真谛的三性思想：分别性为所分别，依他性为能分别，分别性无相、依他性无性即是真实性无性。真谛提出的真实性即是阿摩罗识，与三无性是阿摩罗识，是同一种意思。如吉藏说：“乃至《摄大乘》学者，二无我理、三无性理、阿摩罗识称真实，余为虚妄。”②吉藏又提到“二无我理”，即“二无我真如”为阿摩罗识，这值得注意。

《摄论释》中提到此真如与不可言法性有关，真谛译《摄论释》说：

> 法性约真、俗，皆不可言有、无，法性以二无我真如为体。由分别性故，依他性无人无法，名二无我；为离断见，此无我不无，

---

① 《净名玄论》卷六，《大正藏》第38册，第897页中。

② 《中观论疏》卷八末，《大正藏》第42册，第123页下。

> 故说名真如。此真如是菩萨境，何以故？是无分别智若起，必缘此境起故。此智缘不可言真如起，其取境相貌云何？……是智于真如境中，平等平等生，无异无相为相，即是其相。譬如眼识取色，如青等相显现不异青等色，此智与真如境亦尔。[①]

法性作为“理”，是事物不变的本性，这是立足于主体性的无分别智，排除一切对象化的思维。所以，“法性”无论是约胜义谛、世俗谛，都不可说有或无。[②]“法性以二无我真如为体”，并不是说“法性”与“真如”是体用的关系，二者都是存在的绝对根据，是同一层次的。体证“法性”，必须否定一切对象化、实体性的思维，此即“二无我”。敦煌本《摄论抄》说：“若说真谛，即以二无我真如为所诠宗旨。”[③]主体的“二无我”与真如合一，才能真正体证“法性”，这是终极与超越的存在。所以，“二无我真如”为阿摩罗识，符合真谛的思想。这种思想也彰显了大乘佛教的根本，即主体与世界的合一；在虚妄的世间，识境合一；在出世间的转依位，智如无差别。

在依他性上，把与名义相应的假言自性的分别性遣去，成离言自性的无人、法，名为“二无我”[④]。“二无我真如”是无分别智的所缘，此智缘真如，是平等平等生起，真实取相，譬如眼识取色，青相显现不异色尘中的青等色。但是，无分别智缘真如，完全不以对象性的方式，所以称为“所缘境”只是方便说法。实际上，无分别智、真如冥合为一。对于“无分别智”，真谛译《摄论释》分为加行、根本、后得三种：加行

---

① 真谛译：《摄大乘论释》卷十二，《大正藏》第31册，第240页上－中。

② “法性”“真如”与西方nous与intellectus不同，后者被视为能直观超感性的神的真理的能力，但是仍然带有一种对象性的色彩，因为仍是知性。阿部正雄：《禅与西方思想》，载吴汝钧：《佛学研究方法论》下册，台北：学生书局，1996年，第476页。

③ 《摄大乘论抄》，《大正藏》第85册，第1000页中。

④ 印顺：《摄大乘论讲记》，载《妙云集》上编之六，台北：正闻出版社，1990年，第441页。

无分别智不能亲证真如；根本无分别智能亲证真如，但利他功能未有；无分别后得智既能通达真如，又有利他功能。①

对于无分别智与真如的关系，隋唐论师中出现不同的说法。如吉藏《中观论疏》说："释有为波若二师。南方云：十地解皆是有为，故名有为波若。摄论师云：波若是正体，智是无为，此与经违。"摄论师认为，智是无为法的说法明显与经典相违背。"智是无为法"来源于对真谛"智如合一""智如无差别"的主张的绝对化，既然二者合一、无差别，则智亦可是无为法。但是，真谛所强调的智如无差别，是差别而又无差别，并非完全同一，所以这是对真谛思想的误解。②

遁伦《瑜伽论记》提到圆测眼中真谛三藏与玄奘的不同：

> 测云：问菩提名觉，二种无为体非是觉，云何名菩提？解云：如《摄论》第十殊胜具足三身智殊胜，此亦如是智、断二种皆名为智。所以尔者，以真如中具足一切恒沙功德性，随顺能生修生智等诸功德门，故名觉也。非缘照故，名之为觉。真谛三藏云：有本觉智能缘平等理，即是《金光明经》唯有如照，唯有如智者为法身；今三藏云：此说不然，人法二空所显真如非是识体，云何能照？③

真谛将智如无差别、净识称为"阿摩罗识"，合乎瑜伽行派"重理系"的传统。而且，依"有垢真如"与"无垢真如"，依真如无差别理解如来

---

① 真谛译《摄大乘论释》卷十二："譬如有人未识论文，但求识文字；加行无分别智亦尔，未识真如，但学见真如方便，此显未解。譬如人已识文字，未了文字义，正读文字，但能受法，未能受义；根本无分别智亦尔，自利功用已成，未有利他功用，此显已解。譬如人已识文字，又已了义，正在思中，是人具有二能，能识文字，又能了义，以功用究竟故。无分别后智亦尔，已通达真如。"见《大正藏》第31册，第242页中—下。

② 牟宗三认为，境智无差别、智如不二是一体的不二，不是关联的不离。见《佛性与般若》上册，台北：学生书局，1997年，第371页。

③ 《瑜伽论记》卷十之上，《大正藏》第42册，第523页上。

藏，所以有垢真如又可以称为“自性清净心”。但是，真谛绝对不会主张“真如”有恒沙功德，不会将“智”理解成无为法。真谛一直坚持“阿摩罗识”“真如”“如来藏”是圣道的“依因”，而非“生因”。

后来摄论师及隋唐诸论师受到地论师及《起信论》的影响，将“阿摩罗识”理解成“本觉”。真谛与玄奘的区别在于，真谛坚持“智如合一”，而玄奘主张“智如二分”。但圆测对真谛的思想进行“本觉式”的解读，说为人法二空真如正是识体，亦即阿摩罗识是识体，而且有照了的功用；又由此照了的功用来说，可知是无分别后智。

2. 道后真如与阿摩罗识

智顗曾说“道后真如”是阿摩罗识，这是当时摄论学派的共同见解。摄论师道基《摄论章》说：

> 《摄论章》云：真谛三藏说第一净识，以其如如及如如智为净识体。……《摄论章》云：三藏所说第一净识(原文夹注：道基九识次第，亦以阿摩罗为第一识)，如如为体，颇有此理，言如如智，理亦不然，但如如之智是始起法，体非净识，云何说为净识体也？乃至今者正判九识法体，第一净识，如如理法而为体性，若在道前名有垢，若在道后名无垢，如若在道中，亦垢、无垢。……《起信论》马鸣开士所说二种：一、心真如门，二、心生灭门。心真如门者，……所谓心性不生不灭，即是此中第一净识，且后不说如如智也。……问曰：净识何故但说如如，不说如如智也？答曰：大乘经论说如智，是定识中无分别智，非第一净识。[①]

---

① 道基：《摄论章》，载凝然：《华严孔目章发悟记》卷十五，《大日本佛教全书》第122册，第371—372页。

真谛以智如合一为“阿摩罗识”，亦即以如如及如如智为“净识”。因为八识为一味的迷执，转依后，只剩下一清净心(境智无差别)。于是，顺染八识而在名言层次上说为“第九识”。“净识”流行起而无起，生而无生，是“境”义，真如境之“境”是非境之境；亦是“智”义，如如智之“智”亦是非智之智。

但是，真谛只是将转依后的境智无差别称为“净识”，并没有区分如如与如如智。实际上，无分别智远离一切对象化的作用，如实认识事物与如实认识自己，两者不可切离，合而为一。道基不能认同真谛的思想。他认为，如如可以作为“净识”之体，但是“如如智”是始起法体，不是净识，所以不可为净识体。而且，道基亦主张真如有道前、道中、道后的差别，引用《起信论》所说二门之一的“心真如门”，证明心性不生不灭是第一净识，而未说到“如如智”。敦煌本道基《摄大乘义章》卷四说：“三依大乘广说九识……问曰：所以断惑，非余识也？答曰：第一净识体是如如，真性本有，非始修智，不说断惑。”①因如如智是无分别智而非第一净识，所以仅说“如如”是净识。

真谛未曾探究“净识”之体是如如或如如智，因为他只是基于实践论与解脱论，将真如分为道前、道中、道后，阐释真理显现，并强调精神主体的状态。同时，真谛基于如如与如如智一体、不可分离，从而称为“净识”。真谛所说的“道后真如”即是“法身”，《摄论释》说：“云何知此法依止法身？不离清净及圆智，即如如、如如智故。”②法身是真理的境界，亦是精神的主体，因此具有真常功德。真谛的“阿摩罗识”分为两种：一、转依后，即境智无差别、转依、净识，这是约智如合一而说；二、转依前，即自性清净心，这是约真如无差别而说。在转依位的“净

---

① 道基：《摄大乘义章》卷四，《大正藏》第85册，第1036页中—下。

② 真谛译：《摄大乘论释》卷十三，《大正藏》第31册，第249页下。

识”必须以如如与如如智为体，二者不可分离。敦煌本《摄论疏》卷七(S.2747)说：

> 即是真谛，是为第一义谛名，是相应之理极果法，故言究竟名。真即表究竟极理，故为究竟名也。亦即法界者，法界通一切法，皆如无有二相，故言通于一切法，一相无有差别，境智无异相也。论本云：无分别智得证得住真如法界者，明不分别一切俗中一切相生等者。相即俗变异事生，是识即俗体。由不取此别相，故得入住法界。①

摄论师继承真谛的佛学思想，转依后，无分别智证真如理。这是超越之终极，所以是究竟、第一义谛；亦是主体融入法界，法界通一切法，因为平等一相、无有差别，即是智如无差别。在世俗谛的现象界，变化生起种种现象差别，不分别执著此差别相，便证入法界。

后来摄论师以真如为净识体，是受到《起信论》“心真如门”思想的影响。另外，灵润认为阿黎耶识有真俗之说，《续高僧传·灵润传》提到：

> 夫净秽两境同号大空，凡圣有情咸惟觉性，觉空平等，何所著也。……而立义备通，颇异恒执，至如《摄论》黎耶义该真俗，真即无念性净，诸位不改；俗即不守一性，通具诸义。转依已后，真谛义边即成法身，俗谛义边成应化体；如未来转依作果报体，据于真性无灭义矣，俗谛自相有灭不灭。以体从能，染分义灭；分能异体，虑知不灭。②

---

① 《摄大乘论疏》卷七，《大正藏》第85册，第994页下。
② 《续高僧传》卷十五，《大正藏》第50册，第546页下。

大乘佛教的立场，是彻底证入我、法二空，而一切法的空性，是在觉中实现的。“觉”即是如实地证知一切法空，而此必定伴随着日常生活的自我及世界的彻底消解，从根本上打破一切的世俗语言、制度，以及无意识等所带来的障碍。[①]从可能性来说，凡、圣有情都有觉性；从究竟空性而言，迷染与清净的境界都是空。

灵润认为，阿黎耶识具有胜义、世俗二谛，胜义谛即是真如，远离一切语言思维，本性清净、不变异；世俗谛即表示阿黎耶识是依他性，是无常缘起法，从而现起现象界的种种变化。转依以后，“道后真如”即是法身的自性；而无分别后得智则具有利生的功用，所以成为应化身的体。敦煌本灵润《摄论章》卷第一(S.2435)亦有同样的看法：

> 初言理事分别者，本识生灭分齐，名之为妄。真如分齐，目之为真。陀那六识，亦复如是。故《无相论》云：无相无生，即是阿摩罗究竟净识。世谛生灭，名之为妄；第一义谛，称之为真。故《分别章》云：分别无相，依他无生。世谛门中，七识、六识是分别性；第一义中，名无相真实。世谛门中，阿梨耶识名曰依他性；第一义中，名无生真实。[②]

世俗谛是生灭、虚妄法，即是阿黎耶识；第一义谛是不生灭、真实法，即是阿摩罗识。同时，从三性来说，有两重二谛：六识、七识是分别性，是世俗谛，分别无相是胜义谛；阿黎耶识是依他性，是世俗谛，依他无生是胜义谛。

---

① 竹村牧男著，蔡伯郎译：《觉与空——印度佛教的展开》，台北：东大图书，2003年，第221—222页。

② 《摄大乘论章》卷一，《大正藏》第85册，第1014页中；《敦煌宝藏》第19册，第399—400页。

《续高僧传·灵润传》及灵润《摄论章》卷第一的观点与真谛是一致的,《摄论释》说:"依他性有二分:前明灭障显无分别境;后明于一切法得自在,为能显无分别智。此二分是转依,转依为法身相。"[①]无分别智是依他性,根本无分别智因断灭障碍之后,亲证真如,所以能显无分别境;后得无分别智是在空性的"觉"中,成就一个永无止境地救济众生的主体,即是具有无条件、无差别的悲用,是谓"真空妙有""无缘大悲"。在未转依位,阿黎耶识作为"果报黎耶",承担着果报识的功能;而真如作为"解性黎耶",是无生灭的。所以,真如在染、净位都是不变、永恒、普遍的,而作为世俗谛的阿黎耶识则有灭不灭义。在转依位,"染污黎耶"自然断除,而无分别后得智仍然体现分别的功能,即"虑知不灭"。

所以,灵润虽然主张阿黎耶识具有胜义、世俗二谛,但是仍然与真谛的思想相符。但是,因为受到中国的"体用"思想以及《起信论》思想的影响,阿黎耶识"体无生灭,用有生灭"成为摄论师的共同看法。如吉藏说:"摄论师云:梨耶体无生灭,名用生灭。"[②]依真谛的思想,真如与阿黎耶识的关系,是"法性"与"法"的关系,并非体用关系。[③]若说体用关系,亦只是一种"逻辑义"的体用关系,与中观学派的思想相应。而《起信论》的体用关系,则是"含藏义"的体用关系,二者有本质区别。[④]"含藏义"的体用关系具有"发生论"的特点,"逻辑义"则

---

① 真谛译:《摄大乘论释》卷十三,《大正藏》第31册,第250页。

② 《中观论疏》卷九本,《大正藏》第42册,第134页中。

③ 牟宗三、吕澂都认为真如空性并非体用之体,"体用"是儒家义。牟宗三:《佛家体用义之衡定》,载《心体与性体》上册,上海:上海古籍出版社,1999年,第492页。

④ "逻辑义"的体用关系是指,体不是实际的事体,而只是一种抒意的表示方式;体用关系也不是具有内在的、实质的关联,只是虚浮的空架子。其典型表现是以空理为体,以缘起为用的体用关系。"含藏义"的体用关系是指,真理自身含藏种种功能与能力,这些功德与能力能在世间起用,进行教化、转化的工作,于是真理成为功德、能力贮存的场所。见吴汝钧:《佛教的概念与方法》,台北:台湾商务印书馆,2000年,第521—526页。

没有。

3. 九识与北地摄论师

既然真谛的思想是妄心派向真心派的过渡，那么从真谛的佛学思想发展到《起信论》就是不可避免的。而后世会对其进行“本觉式”的解读，也就在意料之中。如圆测说：“第九阿摩罗识，此云无垢识，真如为体，于一真如有其二义：一、所缘境，名为真如及实际等；二、能缘义，名无垢识，亦名本觉，具如《九识章》引《决定藏论·九识品》中说。”[①]印顺认为圆测所引的，是误传为真谛，事实上可能为昙迁所作的《九识章》。[②]其实，将阿摩罗识视为“本觉”，是隋唐时期的普遍思想。阿摩罗识作为“真如”的异名，是无分别智的所缘境；同时，在转依位的智如无差别，确实可以称为“无垢识”。

从摄论学派的历史来看，摄论师中提到“九识”者有昙迁和靖嵩。昙迁(542—607)是《摄论》北传的第一人，《续高僧传》中说：“又撰《楞伽》《起信》《唯识》《如实》等疏，《九识》《因明》等章，《华严明难品玄解》总二十余卷，并行于世。”[③]靖嵩(537—614)亦是《摄论》北传的重要人物，撰有《九识》《三藏》《三聚戒》《二生死》等玄义。[④]昙迁与靖嵩都师出地论学派，从思想背景来看，他们以地论师或《起信论》的观点来解读真谛的思想，是很自然的事情。另外，智凝、道基是靖嵩的弟子，继承师说。

北地摄论师受当时北方地论学派的影响，从而与南方一带的摄论师有所区别。九世纪的日僧圆珍《授决集》中，在“梁《摄论》及真谛

---

① 《解深密经疏》卷三，《卍续藏》第34册，第720页上。

② 印顺：《论真谛三藏所传的阿摩罗识》，载《以佛法研究佛法》，《妙云集》下编之三，台北：正闻出版社，1990年，第295页。

③ 《续高僧传》卷十八，《大正藏》第50册，第574页中。“因明”原为“四月”，今改。

④ 《续高僧传》卷十，《大正藏》第50册，第501页中—502页上。

师等说九识义，更有九识家明九识义”一句下加注说：“摄家南北及新译家，或执八及九，互不相许，如诸文具之，今更不记。”[①]证明了摄论师南北的不同。凝然《华严孔目章发悟记》中所载道基《摄论章》，提及真谛三藏引《楞伽经》及《十七地论》证明九识之说：

问：真谛三藏并道基法师，依何经论建九识义？

答：《摄论章》第一云：或有法师，具说九识如真谛三藏……彼《论》云：“境识俱泯，即是实性，其实性者，即阿摩罗也。”……彼《论》复云：“心真如名之为心，即说此心为自性清净，此心即是阿摩罗识。”前八及此心，岂无九乎！真谛三藏虽引《楞伽经》“八九种种心”，复引《十七地论》决定说九品心，其《楞伽经》虽云八九，不引列名；《十七地论》摄传天竺，此国未行，故此二说亦难为证，今取《无相论》并《大庄严论》说有九识，用为可依。……《无相论》中及《大庄严论》中，以心境俱泯通说九乎？又复《楞伽》唯据生灭但说八识，《无相论》等中，义含真妄，通说九识也。[②]

道基引用了《转识论》《十八空论》的“阿摩罗识”语句，并说：“前八及此心，岂无九乎！”这是将阿摩罗识与八识构成序列，以证明“九识”的存在。另外，他根据《转识论》《大乘庄严经论》，以为二论中阿黎耶识具足真妄，所以有“九识”。他还认为，真谛引用了《楞伽经》及《十七地论》，但是并没有列出经论名称。[③]《摄论章》又说：“或有法师

① 《授决集》卷上，《大正藏》第74册，第288页上。

② 道基：《摄论章》，载凝然：《华严孔目章发悟记》卷十五，《大日本佛教全书》第122册，第370—371页。

③ 《十七地论》是《瑜伽论》第一分“十七地”之异译，较玄奘译本有所缺。真谛译《摄论释》卷十、十一，吉藏《法华玄论》卷五、《法华义疏》卷七，曾引用此论数则，至玄奘时，其本已佚。参考苏公望：《真谛三藏译述考》，《现代佛教学术丛刊》第38册，第70—71页。

具说九识，如真谛三藏，引《楞伽经》'八九种种心'，又引《十七地论》决定说九品心，以为证验，自后争论于今不息，终令后代取决莫由。"[①]所以，吉村诚推测隋末唐初所谓摄论学派，是以地论南道派为中心，以如来藏系统经论解释真谛译《摄论》。[②]

北方原有的唯识思想亦值得注意，如慧恺(518—568)所作《大乘唯识论序》说：

> 心有二种：一者相应心，二者不相应心。相应心者，谓无常妄识虚妄分别，与烦恼结使相应，名相应心；不相应心者，所谓常住第一义谛，古今一相自性清净心；今言破心者，唯破妄识烦恼相应心，不破佛性清净心，故得言破心也。[③]

慧恺将心分为两种：一、相应心，指具有虚妄分别作用的妄识，是经验、无常的，与烦恼相应；二、不相应心，指"自性清净心"，这是超越、常住的第一谛真理，是永恒的。所以，唯识除了"破色"之外，亦有"破心"，即是遣除妄识烦恼相应心，但不破佛性清净心。

这两种心并不见于真谛的译典，而是出自世亲菩萨造、后魏菩提流支译《唯识论》[④](538—541)，论中说：

---

① 道基：《摄论章》，载凝然：《华严孔目章发悟记》卷十五，《大日本佛教全书》第122册，第370页。

② 吉村诚：《摂論学派における玄奘の修学について》，《印度學佛教學研究》第45卷第1号，1996年，第49页。

③ 《大乘唯识论序》，《大正藏》第31册，第70页下。

④ 慧恺《大乘唯识论后记》说："菩提留支法师，先于北翻出《唯识论》。慧恺以陈天嘉四年岁次癸未正月十六日，于广州制旨寺，请三藏法师枸罗那他，重译此论。行翻行讲，至三月五日方竟。"《大正藏》第31册，第73页下。现存《大正藏》题为"后魏瞿昙般若流支译"，但是宋、元、明三本及宫本皆作"天竺三藏法师魏国昭玄沙门统菩提流支译"。可见，确为菩提流支所译。

> 心有二种，何等为二？一者相应心，二者不相应心。相应心者，所谓一切烦恼结使，受想行识与心相应，以是故言，心意与识及了别等，义一名异故；不相应心者，所谓第一义谛，常住不变，自性清净心故。言三界虚妄，但是一心作，是故偈言：唯识无境界故。[①]

慧恺曾读到此论。《唯识论》以“自性清净心”为不相应心，亦能融摄“唯识无境界”，这与“心生灭门”“心真如门”十分相似。《唯识论》当时在北方影响很大，昙迁曾学习此论，所以到南方后便能与同伴“谈唯识义”。[②]而且，慧远《大乘义章》亦引用《唯识论》。[③]

真谛以“阿摩罗识”对如来藏进行诠释，所以从其思想发展至《起信论》是一种必然的趋势；而以如来藏思想或《起信论》对“阿摩罗识”进行“本觉式”的解读，亦是理所当然的。南北朝末期、隋末唐初的北方佛教，以地论学派的势力最为庞大，真谛思想体系传到北方，势必会受到地论学派思想的影响。而且，从北方原有的唯识思想来看，确实存在着“一心二门”的唯识思想。圆测、道基所引用的真谛学说，可能都是当时北地摄论师的思想；而圆珍“更有九识家明九识义”可能也是暗示北地摄论师。综合摄论学派的传承及传播区域，再加上思想史的解明，可以确定“九识”说是北地摄论师的思想。

4. 本觉与阿摩罗识

“阿摩罗识”就是转依、境智无差别，是自性清净心，这是从真如无差别而言。所以，阿摩罗识是圣道的“依因”，而不作“生因”。但

---

① 《唯识论》，《大正藏》第31册，第64页中。

② 《续高僧传》卷十八，《大正藏》第50册，第572页。

③ 宇井伯寿：《四訳対照唯識二十論研究》，东京：岩波书店，1979年，第106页。《大乘义章》卷三末，《大正藏》第44册，第540页上。《大乘义章》卷十九，《大正藏》第44册，第839页中。

是，北地摄论师受到如来藏系经论的影响，以“本觉”来解释“阿摩罗识”，也是必然的趋势。因为阿摩罗识是由还灭工夫所证显，若第九识不是“始起”，而是“本有”（若非本有，则不得是常）；同时，依如来藏系的思想，自性清净心虽然为客尘所染，亦自有一种能生圣道的力量。通过修行功夫而去客尘，此功夫只是助缘，尘染一去，其自身即是圣道的“直接生因”。而且，依《起信论》“真妄互熏”的特点，即此去客尘之功夫，虽然有赖于外缘之引起，而其本质的内因还是“自性清净心”。牟宗三认为，若内部全无一种发自真常心之推动力，则全靠外力，终不得大觉。[①]依“真心派”理解真谛的思想，则阿摩罗识即是“本觉”，阿摩罗识不仅是圣道的建立因或凭依因，亦是其生因。

我们将真谛的思想定位为妄心派向真心派的过渡，是因为真谛的“依他性通二分”是一种“立体式”、非连续的转换；而且在三性思想中，只存在“识”与“境”的关系，并没有涉及真妄的问题。在未转依，阿摩罗识或“解性黎耶”是真如空理，真如是超越之理，阿黎耶识是经验的、有漏的现象界，二者是“立体式”的序列。《起信论》中，真如理体与妄识是一种“平面式”“体用而和合”的关系，中心是真妄关系——凭借心真如体而起生灭心念，同时也就是心真如体全部融入生灭心念中；虽在不觉之念中，而心性不泯。所以，这是两种不同的思维模式与诠释方式；当然，将“立体式”、非连续的思维模式转变为“平面式”、连续的模式，亦是必然与难免的。

在见道的出世转依位，智如无差别的法身即能为圣道的依止；同时正闻习种子的本性是法身或解脱身所摄属，亦即为法身之种子，所以法身亦是圣道法的生因，这就是“中间路线”的诠释思路。在未转依

① 牟宗三：《佛性与般若》上册，台北：学生书局，1997年，第352—353页。印顺《大乘起信论讲记》，亦将阿摩罗识理解为“本觉”，见《大乘起信论讲记》，载《妙云集》上编之七，台北：正闻出版社，1990年，第93—94页。

前，阿摩罗识或真如只能作为圣道的依止因，而非生因，因为此时完全由闻熏习作为加行；至见道位，以闻熏习作为增上缘，从而引发法身的本具功德，即是“智如无差别”，即是“圣人依者，闻熏习与解性和合，以此为依”[①]，阿摩罗识便可以为圣道的依止因与生因，此时“工夫即本体，本体即工夫”。所以，真谛与玄奘对未转依前的诠释是相同的，即真如是超越之空理；而在出世转依位，真谛主张“智如合一”，玄奘主张“智如二分”，因此真谛所说“法身”能为圣道之生因，玄奘所说“法身”则不能作为圣道之生因。

基于阿摩罗识与本觉之间的同异及其关系，便可以探讨北地摄论师对阿摩罗识的诠释。道基曾主张阿黎耶识“义含真妄”，这是可以从真谛的“识体”“识用”中延伸出来的。《显识论》说：“又善恶生死识，缘有分熏习得起，如是诸识，是名一切三界唯有识也。(义疏《九识》第三合简文义有两：一明识体，二明识用。一识体者，出《唯识论》。)”[②]“善恶生死识”是指诸识差别。最主要的是，真谛《九识义疏》提出“识体”“识用”，为北地摄论师提出“九识”提供了理论上的依据与启发，而且与中国固有的“体用”思想相契合，这有助于真谛佛学思想在中国思想界的传播与发展。

在真谛佛学思想体系中，真如与阿黎耶识是“立体”“对立而否定”的存在关系，这是一种“逻辑义”的体用关系。但是，在出世转依位，真如与清净法之间则形成“含藏义”的体用关系，没有真妄互熏。“本觉”式的思维模式，则是一种连续的“含藏义”的体用关系，所以可以真妄互熏。如智凝《摄论章》卷一(S.2048)说：“此等熏习种子并依梨耶，故《摄论》云：染污及善从自熏习种子生，故得相续。何以故？此

① 真谛译:《摄大乘论释》卷三,《大正藏》第31册，第175页上。
② 《显识论》,《大正藏》第31册，第880页中。

二心由本识所摄持故，妄非孤起，此等并依在隐如来藏故。”[①]染污法及善法都是从阿黎耶识中所摄持的熏习种子而生起，因此得以相续。由于种子被阿黎耶识所摄持，所以现行染污法与善法亦是本识所摄持。但是，这些虚妄法是依隐藏的如来藏而生起，这就是《起信论》的“依如来藏，故有生灭心”的思维模式。阿黎耶识中的种子是虚妄法的直接生因，真心是其凭依因而非生起因。心念凭依真心而生起，则不但净法统一于“一心”，一切染法亦统一于“一心”，但是染法是间接地统一。

这样，“阿摩罗识”即是《起信论》“一心二门”的“心真如门”，如敦煌本灵润《摄论章》卷第一(S.2435)说：

> 言离九者，前之三识生灭门中分之为八，以缘境不同故；识真如门合之为一，以内照同故，以识真如通前为九。故《无相论·无相品》云：分别性永无，依他性亦不有，此二无所有，即是阿摩罗识，故究竟唯一净识也。又外国传云：《十七地论·菩萨品》中广辨阿摩罗识以为九识。[②]

灵润引用《三无性论》及《十七地论》作为九识的存在依据，将识分为“真如门”与“生灭门”，八识因为所缘境之不同，即识的功能不同，所以是“识生灭门”；而阿摩罗识是平等的真如，而且具有觉照的功能，所以是“识真如门”。

阿摩罗识是第九识，这是北地摄论师的普遍观点。慧远《起信论义疏》说心有二义：

---

① 《摄大乘论章》卷一，《大正藏》第85册，第1028页下。《大正藏》原为“在隐如乘藏故”，今校为“在隐如来藏故”。

② 《摄大乘论章》卷一，《大正藏》第85册，第1016页下；《敦煌宝藏》第19册，第403页。

> 是心真如相者，即是第九识，第九识是其诸法体故，故言即示摩诃衍体故也；是心生灭因缘相者，是第八识，第八识是其随缘转变，随染缘故生灭因缘相也。……于一心中绝言离缘为第九识，随缘变转是第八识，则上心法有此二义，是第八识随缘本故，世及出世诸法之根原故言。则摄前中但言八识，后转释中了、显二识，故言体用，第八识者摄体从用，故言为用，心生灭也。[①]

第九识是“心真如相”，是诸法体，说明超越之真如心是一切法之所依与所由。第八识是“心生灭因缘相”，是生灭法与整个染污的现实世界得以成立的根源。“于一心中绝言离缘为第九识”，即是《起信论》所说“若离妄念，则无一切境界之相。是故一切法从本已来，离言说相、离名字相、离心缘相”[②]，第九识绝言离缘，第八识随缘转变，所以第九识亦是世间出世间的根源。而且，慧远利用“体用”思想对此进行诠释：第九识为体，第八识为用；第八识为体，显识和了识为用，从而含摄一切世间法和出世间法。

慧远将阿摩罗识作为“真心”“真识”的异名[③]，《大乘义章》说：

> 三、真妄俱开，以说四种，真中分二：一、阿摩罗识，此云无垢，亦曰本净，就真论真，真体常净，故曰无垢，此犹是前心真如门；二、阿梨耶识，此云无没，即前真心，随妄流转，体无失坏，故曰无没。故《起信论》言：如来之藏，不生灭法，与生灭合，名为阿梨耶……真中分二，谓阿摩罗及阿梨耶，义如上辨，以此通前故合

---

① 《大乘起信论义疏》卷上之上，《大正藏》第44册，第179页上—中。

② 《大乘起信论》，《大正藏》第32册，第576页上。

③ Diana Paul, *Philosophy of Mind in Sixth-Century China: Paramartha's 'Evolution of Consciousness'*, Stanford University Press, Stanford, 1984, pp.56-57.

> 有九，二真妄离合，以说九种，独真为一，所谓本净阿摩罗识，真妄和合，共为八种，义如上辨。[①]

慧远是依体用、真妄的诠释方式，真妄和合则说八识，阿摩罗识或真如即阿黎耶识的一面。而真妄离合，依体用关系，则有九识，阿摩罗识或心真如为体，阿黎耶识为用。前六识是“真妄共起”，“摄六从真”，六识亦是真识或阿摩罗识的用相。[②]

所以，北地摄论师以“本觉”解释“阿摩罗识”，而隋唐诸师以为真谛本人有此思想，如圆测《仁王经疏》说：

> 一、真谛三藏总立九识，一阿摩罗识，真如本觉为性，在缠名如来藏，出缠名法身。阿摩罗识，此云无垢识，如《九识章》。余之八识，大同诸师。二、慈恩三藏但立八识，无第九识，而言阿摩罗者，第八识中净分第八。[③]

阿摩罗识在未转依位不只是真如空性，而且具足无量无漏功德(称性功德)。这样，阿摩罗识便具有了一种“体用”关系。当然，如牟宗三所强调，究竟体用义仍在三身，体用之恰当的意义亦在三身；而且，严格说来，法身自身不能算是体用，只可说是“性相合一”，其所具足之无漏功德性不能算是真如体之用，只是它的相。因为法身不只是真如空性之理，而且是清净心，心理合一，自具足无量无边无漏功德相，故法身即是一大功德聚，而实亦无相可聚，平等一味，无差别相。[④]

① 《大乘义章》卷三末，《大正藏》第44册，第530页中—下。

② 廖明活：《净影慧远思想述要》，台北：学生书局，1999年，第56页。

③ 《仁王经疏》卷中本，《大正藏》第33册，第400页中—下。

④ 牟宗三：《佛家体用义之衡定》，载《心体与性体》上册，上海：上海古籍出版社，1999年，第516、520页。

若依三身谈“体用”，自然符合真谛的思想；但是，若将体用与真妄结合起来，则真谛无此思想，而是《楞伽经》《起信论》等真心派的思想。北地摄论师从如来藏系思想或地论学派思想出发，对“阿摩罗识”进行“本觉”式的诠释。北地摄论师对“阿摩罗识”的“转依”义，根本没有提到；强调“如如”是“净识”，而不是依智如无差别进行解释；而且，以“阿摩罗识”作为识体。[1]这些虽然非真谛佛学思想的本意，但亦可以说是其思想的必然发展趋势。

结　　语

瑜伽行派以“经验的立场”，如来藏以“超越的立场”对存在进行不同的解释，而且对现象的来源以及存在的根据进行不同的追寻，形成不同的诠释体系。在瑜伽行派本身，有折中如来藏学的倾向，真谛是最显著的代表。我们考察了“界”与“解性”在瑜伽行派与如来藏系各自的意义，并且对真谛的“中间路线”进行重新诠释，辨析了真谛与《起信论》思想的同异，得出一种基本判定：真谛的佛学思想是“从始入终之密意”，是妄心派向真心派的过渡；真谛的“识界”并非《起信论》的真妄和合识，但是真谛的佛学思想最终必定能够走向《起信论》，这是其思想的内在发展趋势。

“界”(dhātu)是从词根 $\sqrt{dh\bar{a}}$ 而来，有本质、要素、成分、构成的意思。随着佛教思潮的发展，“界”表示缘起的相依性与“法界常住”，瑜伽行派以“因”义来解释“界”，即是“阿黎耶识”，如来藏系则以“界”为如来藏。“批判佛教”主张以“界”为依的如来藏、本觉思想是一种“基体论”，是某种意义的绝对一元论。瑜伽大乘兴起时，已经是大乘

---

① 木村邦和：《敦煌出土〈摂大乗論疏章〉に見られる唯識説(一)》，《印度學佛教學研究》第32卷第2号，1984年，第170—171页。

佛教的后期，面对初期大乘的“空”思想和后期大乘的如来藏、佛性说，立足说一切有部，特别是经部的思想，接受而加以解说。

瑜伽行派是约真如无差别来诠释如来藏，其心性说是“性寂”说，强调有垢真如与无垢真如，将如来藏思想纳入自己的思想体系中。但是，“重事系”强调中性无性的状态，而将朝向超越而前进的动力——无漏种子，不得不说成是依附于本识，这是“消极清净”的缺点。“重理系”对“心性本净”有两种诠释进路：一、存在论的进路，强调法界清净的无变异性、普遍性、永恒性，这是与“空性”相应的，依超越的胜义谛的立场，以中道为基础的无分别的心性清净；二、实践论与解脱论的进路，首先依修道与心解脱而施设杂染性与清净性，其次依实践论而如实知见染净差别，最后依解脱论而显现清净性，这是一种依经验的世俗谛的立场。其心性清净是约真如无差别而建构的。

瑜伽行派融摄如来藏的基础，在于“本性清净”或真如、法界，这是“无为法”。而且，“情事理门”或“重事系”强调真实性只是真如，不包含“智”，从而与如来藏有最终的区别，这种思想得到护法、玄奘一系的继承；“尘识理门”或“重理系”主张真实性包含“智”，将无分别智作为“唯识如”、道谛作为“正行如”而摄入真如之中，这比较接近如来藏思想，这一系的思想由真谛继承并且得到进一步发展，提出“解性黎耶”与“阿摩罗识”，融合阿黎耶识与如来藏两大思想体系。

对于“解性黎耶”，真谛之后的摄论师及现代研究者多以《起信论》的“本觉”思想进行诠释，认为“解性”即是阿黎耶识的超越性。由此进路，完全可以依《起信论》真妄和合识的思想来解释阿黎耶识。印顺早年坚持“中间路线”，但最后又回到《起信论》的立场。摄论师主张“解性”是如来藏，而且具足一切无漏功德，即“不空如来藏”。与此相关，隋唐佛教界出现闻熏习为增上缘或亲因缘之争辩。

借助法藏对瑜伽行派、如来藏的“始教”与“终教”的定位来看，真谛的思想在虚妄与经验层面是纯正的瑜伽行派的“阿黎耶识缘起”，属于“始教”;《起信论》则是“真如缘起”，二者有根本的不同。在转依的果位上，真谛主张“性相融即”“智如不二”，与唯识今学所主张“性相永别”“智如为二”明显不同，具有“终教”的特点。所以，真谛译具有“从始入终之密意”的性质。

依“中间路线”，在凡夫位，“界”是指阿黎耶识的清净法界——无差别的真如，阿黎耶识与真如之间形成“一体而又否定”的关系。诸法依阿黎耶识而生起，但是阿黎耶识不出真如，所以诸法亦是依“真如”而生；前者如牟宗三所说的“直接地顺承而有”，后者是“间接地曲折而有”。在出世转依位，涅槃的证得在于阿黎耶识灭去，显露“智如不二”的法身也即“解性”，所以可以依“界”而说证得涅槃，这是“直接地顺承而有”。

真谛使用“解性”一词，从断阿陀那识得的无漏智而言，是继承如来藏系的思想，并非其独创。真谛继承瑜伽行派“重理系”的传统，在出世转依位，真如与无分别智冥合为一，即是“究竟觉”；但是在凡夫位，真如仍是一种超越的存在，并没有摄入主体心识，真如与阿黎耶识之间是一种“立体式”“对立而又否定”的存在关系。这是因为真谛继承《摄论》的思想，将“三性说”作为自己的根本体系，在三性说中，只存在“识”与“境”的关系，并没有真妄的问题。《起信论》中不生不灭的真如理体与有生有灭的妄识是一种“平面式”“体用而和合”的关系，真如是阿黎耶识的一面，其强调的中心是真妄关系。

同时，真谛依“法身遍满义”，强调真如法身具有常等四德，经过闻熏习而成就信等四法种子、五分法身种子，于是建构了“智慧种子”，贯通了如来藏思想。真谛将真如分为道前、道中、道后，是在实践论与解脱论方面所作划分，不仅是对真理显现的阐释，亦是强调精神主体的状态，从而将真如从某种绝对性实体拉回到精神主体的境界。所以，真谛会通、融合如来藏学与唯识学，不仅是为了解决唯识学中无漏种子生起的困难和转依等问题，他同时对如来藏学进行去神秘化、非存在性的诠释，将具有实体和神我危险的如来藏转换为精神主体的境界，这就是其建构“阿摩罗识”的出发点。

真谛在八识之外又立“阿摩罗识”，有其思想渊源。《楞伽经》提到八种九种识，将心识的认识论和心理层面归根于阿黎耶识，由之生起现象界；同时，以“真性”代表如来藏，作为存在论的根据。《大乘庄严经论》依真如解释“心性清净”，显示其本净离垢之相，称为“心真如”；而且，“重理系”思想中的“有垢真如”与“无垢真如”，后来真谛都以“阿摩罗识”进行诠释。从语言学与文献学来看，真谛是依意译，以“阿摩罗识”融摄转依、净识、无垢智、自性清净心、心本清净，从而融合如来藏与阿黎耶识。

真谛在果报黎耶、种子黎耶之外提出“解性黎耶”“阿摩罗识”，坚持“性相融即”“智如合一”，旨在解决“若种子新熏，如何生起第一念出世心”“一切法唯识”等问题。而且通过淡化如来藏“我”的色彩，融摄如来藏与阿黎耶识两系，解决瑜伽行派的内在矛盾与困境。真谛从其存在论出发，分别、依他无所有即是真实性，此真实性、境识俱泯即是阿摩罗识。他建构阿摩罗识，作为其解脱论与实践论的中心。从解脱论来说，阿摩罗识即是境智无差别、智如合一、如如智、转依。“转依”是一种主体的实践过程，阿摩罗识正是体现了“转依”的主体性与实践性，因其为自我与绝对真理合一的状态。从实践论来说，建立了“方便唯识”与“真实唯识”（或“正观唯识”）的实践次第。

从存在论与认识论来说，阿摩罗识必须是一种“过程”的存在。真谛从妄染的心识探究到心性的终极意义，约真如无差别而说“阿摩罗识自性清净心”，可以贯彻“一切法唯识”的要求；而最主要的原因在于从解脱论与实践论，对禅观经验进行普遍化的诠释，构成一种“实践存在论之纵贯系统”。而且，他从“解脱诠释学”出发，对如来藏进行去神秘化、非存在化的诠释。他的思想作为一种“中间路线”，并没有离开瑜伽行派的根本立场。

真谛以“阿摩罗识”对如来藏进行诠释，因而后学以如来藏思想或《起信论》对“阿摩罗识”进行“本觉式”的解读，亦是理所当然的。南北朝末期、隋末唐初的北方佛教，以地论学派的势力最为庞大，真谛思想体系传到北方，势必会受到地论学派思想的影响。而且，从北方原有的唯识思想来看，确实存在着“一心二门”的唯识思想。圆测、道基所引用的真谛学说，可能都是当时北地摄论师的思想；而圆珍“更有九识家明九识义”可能也是暗示北地摄论师。综合摄论学派的传承及传播区域，再加上思想史的解明，可以确定“九识”说是北地摄论师的思想。另外，吉藏提到摄论师以“二无我真如”为阿摩罗识，及以智是无为法；灵润主张阿黎耶识具有真俗二谛；慧远以“心真如门”为阿摩罗识。因为受到中国的“体用”思想及《起信论》思想的影响，阿黎耶识“体无生灭，用有生灭”，成为摄论师的共同看法。

真谛确实是以如来藏思想来解决阿黎耶识缘起的难题，从而有一种“真心论”的倾向。后来的地论师以及吉藏、圆测等人，则进行“如来藏缘起式”的解释。以佛性、本觉来解释“解性”，是隋唐佛教界的普遍观点。摄论师继承与弘扬了真谛的学说传统，但是由于受到当时思想潮流的影响，亦会将阿黎耶识视为“真妄和合识”，这也是真谛思想的发展趋势。百年来纠缠不清的《起信论》之争[1]，在此可以获得一个新的视域。

---

① 黄夏年：《二十世纪〈大乘起信论〉研究述评》，载《华林》第一卷，北京：中华书局，2001年，第309—326页。

第六章　五性各别与一性皆成
——摄论学派的佛性思想

在著名的《箭喻经》中，佛陀拒绝回答十四个形而上学问题，这就是“佛陀的沉默”。[①]佛陀止住了人们的好奇心，以四谛法解构形而上学的思考。尽管如此，佛教的历史仍然是形而上学之“不可避免性”和“必然性”的证据。[②]佛教的存在论以“缘起法”为中心，“诸行无常、诸法无我”，一切事物都是过程，都存在于与其他事物的关系中，因此我们称之为“过程存在论”，其中并没有实体或神我的存在。般若中观以“空”消解知识、理性，因此“空”成为主体作双遣辩证思维的过程，[③]通过解构语言与经验，才能达到存在自身的绝对领域。在如实观照下，一切事物都是一种“过程”的存在，于是有“法性”“胜义谛”“真实性”等观念的出现。当我们消除对象化的主客对立的世界，真实的存在世界当即呈现。

但是，任何客观的存在都不能离开主体的世界，于是又出现了主体与对象的存在问题。而且，涉及主体，便有人格的改造，即人如何体证真实的问题。于是，主体的构造便不能从纯经验立场上立论，因为经验立场不能提供永恒的自我，亦不能解答自我何以能体证绝对境

---

① 《箭喻经》，载《中阿含经》卷六十，《大正藏》第1册，第804页上—805页下。

② Troy Wilson Organ, The Silence of the Buddha, *Philosophy East and West*, vol.4, no.2, 1954, p.140.

③ 舍尔巴茨基认为中观学派没有“绝对观念”，见立人译：《大乘佛学——佛教的涅槃概念》，北京：中国社会科学出版社，1994年，第120页。

界。[1]所以，佛教必须设立如来藏、佛性，指向自我本具的佛智慧，这样便产生经验主体（心识、阿黎耶识）与超越主体（佛性）的关系问题。瑜伽行派以经验主体为主，超越主体为客，从而建构了“虚妄唯识”的体系；如来藏系以超越主体为主，经验主体为客，于是便有了“真常唯心”系统。当然，作为宗教哲学，都必须面对实践的问题，所以“实践论”是存在论的最后归宿，这就是我们所谓“解脱诠释学”的意义。中观哲学未能从主体的构造诠释当前境界的升进之道，但是龙树以“般若波罗蜜”为核心，透过缘起相依的闻思修，从而产生自我与世界的“转换”，这是将“实践论”蕴含在“存在论”的言教中，以客观真实淹没主体。[2]所以，佛教在穷尽存在论的意蕴之后，必然会再开出“佛性论”，以确立实践、价值之源。存在论、佛性论、实践论相互配合，成就一个“绝对善”的世界，这就是如来藏、唯识思想在中观之后兴起的根本原因。

佛教提供了如来藏、佛性等一般性的观念框架，并且依此给予广泛的经验——智力的、情感的、道德的——以有意义的形式。[3]正是依此“绝对观念”，佛教才产生了文化、社会、心理等功能，即为个人或群体提供一个关于世界、自身及它们之间的关系的普遍而独特的概念的源泉。这种“绝对观念”的提出是佛教的核心，尤其是如来藏系的思

---

① 霍韬晦：《绝对与圆融——佛教思想论集》，台北：东大图书，1994年，第356页。

② 霍韬晦认为中观只有存在论，而没有实践论。见霍韬晦：《绝对与圆融——佛教思想论集》，台北：东大图书，1994年，第357页。其实，龙树思想在“般若波罗蜜”之外，还涉及难得道、易行道的实践位次问题，以及《宝行王正论》中所见的政治性、社会性的实践问题。所以，我们应该扭转对中观的一些“误解”。有关《宝行王正论》，参考中村元：《大乘仏教の思想》，载《中村元選集》第21卷，东京：春秋社，1995年，第561—566页。

③ 克利福德·格尔茨著，韩莉译：《文化的解释》，南京：译林出版社，1999年，第151页。

想，符合中国人的“圆融”精神，从而使佛教在中国大地生根、发芽。[①]所以，“存在论”必须走向“实践论”，才能开显建构“存在论”的意义。从佛教来说，“哲学解释学”必须走向“解脱诠释学”，才能表现出佛教的宗教性与教化性。

从“解脱诠释学”来说，必须先接受经验世界，先解释经验存在的结构，以教化一切众生，最后建构“解脱道”。瑜伽行派与如来藏系在这一点上是相同的，这也是二者会通与融合的基础。但是，瑜伽行派以阿黎耶识为经验存在的根源，依种子与异熟转化理论，从而建立存在与主体活动的关联。瑜伽行派的超越的实践论依无漏种子而成立，而“无漏种子”的熏习与第一念出世心的生起，则是瑜伽行派的内在困境。真谛会通、融合如来藏学与唯识学，不仅是为了解决唯识学无漏种子生起的困难、转依等问题，同时也要对如来藏学进行去神秘化、非存在性的诠释，将具有实体、神我危险的如来藏转换为精神主体的境界，所以他提出“解性黎耶”“阿摩罗识”。

我们将真谛的佛学思想界定为“从始向终之密意”、妄心派向真心派过渡的中间路线。真谛在“虚妄唯识”层面继承初期唯识“重理系”的思想，与安慧同属于唯识古学。但是，在“真实唯识”层面则有真心派的“倾向”，有折中如来藏学的倾向。对于如来藏，他坚持瑜伽行派“重理系”的思想，或在唯识思想中引入如来藏说，或“以瑜伽学所说的，去解说、比附、充实如来藏学”[②]，表现出“中间路线”的特色，前者以《摄论释》为代表，后者主要体现在《佛性论》。

---

① 赖永海认为，天台、华严的佛性理论带有传统佛教的抽象本体的特点，禅宗的佛性理论注重“人性”“心性”，则是受儒家重“人性”“心性”的影响。见《中国佛教文化论》，北京：中国青年出版社，1999年，第147页。但是，“批判佛教”代表人物伊藤隆寿提出中国接受佛教的基础是道家思想，并且把道家思想的本质特征定位为“道・理的哲学”。见伊藤隆寿：《中国仏教の批判的研究》，东京：大藏出版，2002年，第13页。

② 印顺：《如来藏之研究》，台北：正闻出版社，1992年，第211页。

第一节　佛性与种性
——以概念史与语言学的考察为中心

依印顺的说法,“大乘佛法”兴起的根本原因是“佛涅槃后,佛弟子对佛的永恒怀念”。在这一愿求下出现成佛的理想,即依菩萨行的实践而实现十方一切佛的功德庄严;而如来藏说依佛法原有的“从众生身心引导修行而证入”的传统,将初期大乘所说穷深极广的如来光明智慧庄严,直从众生身心中点出。[①]依一般的理解,如来藏与佛性,都可以作为成佛的可能性、众生与佛的不二本性,二者的意义是一致的。但是,依概念史与语言学来说,则如来藏与佛性等“绝对观念”在不同典籍中有不同的意义,必须加以剖析。所以,我们依语言学、文献学的方法,通过梵本及不同译本的比较,考察佛性、如来藏、种性各自的意义,分辨三者之间的同异。

一　佛性与buddha-dhātu

“佛性”直接还原为梵文,应该是buddhatva或buddhatā。[②]但是,将此二者译为“佛性”的用例却很少见,更多是译为“佛地”“佛果”。“性”具有抽象的意思,智𫖮曾经解释“性”具有三义:一、不改义,即是不变、恒常的意思;二、种类义,指诸法及众生各别的特殊规定性;三、实性义,指真实远离种种过失。[③]依此“性”义,可合并为二义:一、不改之性也即真如理体;二、众生的体性也即根机。[④]梵文《宝性

① 印顺:《如来藏之研究》,台北:正闻出版社,1992年,第9—10页。

② 荻原云来:《汉译对照梵和大辞典》下册,台北:新文丰出版公司,1988年,第927页。

③《摩诃止观》卷五上,《大正藏》第46册,第53页上。

④ 杨维中:《心性与佛性——中国佛教心性论及其相关问题研究》,高雄:佛光山文教基金会,2001年,第5页。

论》的发现，无疑为考察“佛性”原语提供了最珍贵的文本。通过对照梵汉《宝性论》，可以发现“佛性”的原语有三个：一、buddha-dhātu 或 tathāgata-dhātu（直译是“佛界”）；二、buddha-gotra 或 tathāgata-gotra（佛种性）；三、buddha-garbha 或 tathāgata-garbha（佛藏，即如来藏）。

在《宝性论》中，buddha-dhātu 出现六次，除一次译为“如来性”外，皆汉译为“佛性”；tathāgata-dhātu 出现三十三次，汉译为“佛性”或“如来藏”。dhātu 在此译为“性”，但是在法界（dharma-dhātu）、众生界（sattva-dhātu）、三界（tri-dhātu）中，都是译为“界”。反过来说，dharma-dhātu、sattva-dhātu 有时汉译为“法性”“众生性”，但是 buddha-dhātu 或 tathāgata-dhātu 译为“佛界”的用例，则一次也没见到。buddha-garbha 出现三次，汉译为“佛性”“如来藏”。但是，tathāgata-garbha 出现四十六次，全部译为“如来藏”，而不译为“佛性”。《宝性论》中未见 buddha-gotra，而 gotra 单独出现3次；tathāgata-gotra 的用例有2处，汉译为“佛性”。[①] 从以上统计来看，“佛性”的原语是 buddha-dhātu，“如来藏”的原语是 tathāgata-garbha，这是比较固定的用法。

《涅槃经》更是大量使用“佛性”，这也是中国佛教佛性论的渊源。目前尚未发现完整的梵本《涅槃经》，只有一些残片，所以必须比较汉译以及藏译。[②] 水谷幸正发现，藏译本 de bshin gśegs paḥi snin po（即梵语 tathāgata-garbha），法显多译作“如来性”，昙无谶译为“佛性”及“如来藏”；藏译本 de bshin gśegs paḥi khams（即梵语 tathāgata-dhātu），法显与昙无谶多同译为“佛性”。因此，推测《涅槃经》“佛性”一词是梵文 tathāgata-garbha 和 tathāgata-dhātu 的翻译。[③] 高崎直道通过汉藏本对照，

---

① 小川一乘：《仏性思想》，京都：文荣堂书店，1991年，第24—27页。

② 目前《涅槃经》梵文残片，共有9件。见王邦维：《略论大乘〈大般涅槃经〉的传译》，《中华佛学学报》第6期，1993年，第103—127页。

③ 水谷幸正：《仏教思想と浄土教》，京都：思文阁，1998年，第286—287页。

认为汉译《涅槃经》将tathāgata-garbha翻译为“佛性”一词的次数比较少，而buddha-dhātu译为“佛性”的次数较多，所以“佛性”的原语主要应该是buddha-dhātu。[①]

综合以上的考察，“佛性”的主要原语是buddha-dhātu，当然在一些场合，亦有其他原语。“界”（dhātu）是从词根$\sqrt{\text{dhā}}$而来，有本质、要素、成分、构成的意思，而buddha-dhātu的dhātu则具有三义[②]：一、领域或场所义，这是指佛的全部领域或场所，众生修行至此，已成就佛境界，于中统摄无限之德，皆依佛的智慧心而生起，而普遍于一切法。这就是buddhatva 或buddhatā的意思，即“佛地”“佛果”，是指佛陀的状态，即无分别智如实观照真如而智如合一的状态。二、本质或本元义，这是指一切存在的超越根据，从解脱论上说，成佛即“法性”“真如”的呈现、体证，而众生即以此法性、真如为超越根据，这样“佛性”便成为众生生命中所含藏。三、因义，这是指成佛的方法，是从实践论而言，从经验世界迈向超越必须有修道的过程，因为随顺于清净佛性，所以亦称“佛性”。[③]

沿着buddha-dhātu的后二义，逐渐衍出两种佛性义：一、佛性是众生成佛的超越根据，即“性得佛性”，这是存在论意义的佛性；二、佛性是众生成佛的真正动力，即“修得佛性”，这是实践论意义的佛性。当然，佛果位的状态，则是解脱论意义的佛性。部派佛教对佛性的诠释

---

① 高崎直道：《如来蔵思想の形成——インド大乗仏教思想研究》，东京：春秋社，1974年，第179—181页。

② 霍韬晦以“领域义”与“本元义”解释“界”，见《佛性与如来藏》，《现代佛学大系》第54册，台北：弥勒出版社，1984年，第445页。方立天概括为6种意义，即清净心性、万物体性、真实本体、空性智慧、殊胜禅定、佛果境界。这应该是根据《大般涅槃经》的三因佛性扩展而成。见方立天：《中国佛教哲学要义》上册，北京：中国人民大学出版社，2002年，第246—247页。

③ 赖永海指出，佛性论包括佛的本性、成佛的根据、成佛的方法(即顿渐、自力、他力等)三方面。见《中国佛性论》，北京：中国青年出版社，1999年，第4页。

正是沿着这两种进路：分别说部主张一切凡圣众生皆以空为本，皆从空出，"空是佛性，佛性即大涅槃"[1]，所以一切众生本具"性得佛性"；说一切有部则主张，众生没有"性得佛性"，只有"修得佛性"，因此分别众生成三种——定无佛性、不定有无、定有佛性。分别说部以真如空性为佛性，这是存在论意义的佛性。"修得佛性"则是强调修行的意义，但是生命个体必有其自身结构的限制，依此必有"种性"概念，才能圆满解释"定无佛性"问题。[2]分别说部的"性得佛性"即是后来的"理佛性"；而说一切有部的"修得佛性"则是后来的"行佛性"，而且引出"种性"观念，对瑜伽行派的影响极为深远。而《佛性论》[3]受部派佛教的启发，提出三种佛性，开理佛性、行佛性的先河，玄奘、窥基一系就传承了这种说法。

"佛性论"的另一种类型，是《大般涅槃经》中的因、因因、果、果果佛性说[4]，因上又分为正因、生因、了因、缘因，此说开创了中国佛教佛性论的主流。

二　如来藏与tathāgata-garbha

如来藏的梵文原语是复合词tathāgata-garbha，tathāgata是如来，世尊的德号之一。《大智度论》说："云何名多陀阿伽陀？如法相解；如

---

① 《佛性论》卷一，《大正藏》第31册，第787页下。

② 霍韬晦：《佛性与如来藏》，《现代佛学大系》第54册，第447页。

③ 传统佛教一般认为《佛性论》的作者是世亲，亦有现代学者认为，真正作者是真谛本人。见释恒清：《佛性思想》，台北：东大图书，1997年，第145—147页。但是，依《佛性论》诠释真谛及摄论学派的佛性思想，是完全恰当的。如赖贤宗将《佛性论》视为"世亲学"，亦无不可。赖贤宗：《如来藏与唯识的交涉——以〈佛性论〉为中心的比较研究》，《国际佛学研究》创刊号，1991年。这两种处理办法，是依思想的考量，跳出文献、历史的限制。

④ 《大般涅槃经》卷二十七："佛性者，有因，有因因，有果，有果果。有因者，即十二因缘；因因者，即是智慧；有果者，即是阿耨多罗三藐三菩提；果果者，即是无上大般涅槃。"见《大正藏》第12册，第524页上。

法相说；如诸佛安隐道来，佛如是来，更不去后有中，是故名多陀阿伽陀。”[①]这里含有三义：一、“如解”，智慧通达真如，即能通达一切法的实相；二、“如说”，能够恰如其分地说法；三、“如来”，“如”是平等不二的实相，佛就是如如的圆满体现者，与一切佛平等。[②] garbha有胎、胎藏、胸胎、怀胎等意思，超越的理想的如来，有菩萨因位，有诞生的譬喻，由此引发如来在胎藏的思想。[③]

由此可以引出“如来藏”的几个意思：一、众生都内具如来，反之，众生都在如来之中，都为如来所摄；二、如来既然内藏于众生的现实生命中，则在此现实生命的层次上看，如来便是一种隐藏的存在，是被烦恼所覆，而不是现成；三、众生既然内具如来，则众生将来成佛，亦是此如来的显现，一切佛地功德都是众生本具。后来《佛性论》把这三种意义概括为“所摄藏”“隐覆藏”和“能摄藏”。

原始佛教相信人只要依佛陀的教法修学，通过种种实践如七觉知、八正道，便可获得解脱，得无学果。因此，成佛的关键是实践的过程，不必探讨成佛的根据。但是，大乘佛教兴起后，受菩萨观念启发，开始认定众生本具觉性，此觉性蕴藏在众生的现实生命之中，是一种潜隐性的如来(胎)，这是如来藏的最初意义。所以，如来藏思想是对成佛根据的肯定回答，这与佛教是“自力”的宗教有关系，因为在成佛问题上不容许追求外在的、超越的保证，所以必须归源于众生自己，必须追溯到众生的先验结构——本性上来。[④]从部派佛教一直到大乘佛教，对于“心性本净”的讨论，无不说明对此先验结构的追求。从宗教的圆满

① 《大智度论》卷二，《大正藏》第25册，第71页中。

② 印顺：《如来藏之研究》，台北：正闻出版社，1992年，第12—13页。

③ 松本史朗认为，如来藏的观念来自莲花藏，“莲花的内部空间坐着如来”，见《禅思想の批判的研究》，东京：大藏出版，1994年，第412—543页。

④ 霍韬晦：《绝对与圆融——佛教思想论集》，台北：东大图书，1994年，第268页。

来说，必须有一切众生皆得成佛的设定，这与传统的种性分类相冲突，于是出现了《法华经》所说的“一乘”或“一佛乘”；同时，亦自然对一切众生都具有成佛之因表示肯定，即是《涅槃经》的“佛性”。当然，依众生的成佛根据，从而产生心性本净、佛性、一乘等观念，都可以摄入如来藏的第三义。

对成佛根据的探讨，属于“自上还下”的思维模式，是宗教的究竟理想的表现，是依“可能性”而设定的。但是，反观现实世界，则是无明、烦恼、不实的世界。我们依概念、名言虚构对象化、实体化的世界，而佛道的实践必须观照此世界的虚构性、不真实性，因而有“法性”“空性”观念的产生。依此“从下往上”的“必然性”的模式，我们可以知道世间是虚妄的，出世间是真实的；烦恼是空的，智慧、德性是不空的。心远离对象化的认识，于是“法性”呈现，“法”的本来真实面目(真如)呈现，无分别智与法性、真如成为一种“绝对之境”，即是佛的境界，具有常、乐、我、净等义。所以，依“从下往上”模式，自然可以得出烦恼是空、佛德不空的结论；而且，无分别的“绝对之境”表现了佛的遍满性，因而有“法身”观念的产生。既然佛是普遍存在的，则世间的一切都是如来圆满法身，法界都是如来法身的全体大用，由此又出现《华严经》的“性起”观念。最终，佛性与法性得到统一。于是，佛性的本质、本元义与如来藏会通。

三 种性与gotra

从实践论来说，肯定会有生命结构的限制，这是一种“现实性”的考量，即对自身的反省与对众生根机的观察。gotra是go(牛、羊)加$\sqrt{\text{trai}}$(保护)组成的复合词，其原意是牛、羊等牲畜的保护处，这是游牧时代的用语。后来，逐渐有了“家庭”“种族”“血统”的意思，从而汉译为“种姓”“种性”。印度本身就是阶级分明的社会，在婆罗门、刹帝利、吠舍、首陀罗中，只有婆罗门阶层有姓氏，所以gotra是身份的象征。gotra作为佛教用语有四种意思：(1)宗教意义上的种性论；(2)矿山、矿石；(3)种姓；(4)种族。[①]种姓、种族是从印度传统的社会阶级意识延伸下来的，同时从家族主义延伸出宗教意义的“种性论”；矿山、矿石表示理论与实践的所依，有宗教的本质、本原义。所以，gotra应该含有一定的神圣意义，在《般若经》中，众生由凡至圣经历十地，即有“种姓地”的设定。

印顺指出，如来藏的思想渊源，与转轮圣王的种性有关。轮王种性是代代相承的，轮王退位由王长子继承，王子遵循王家的旧法，修行仁政，于是七宝出现，成为转轮圣王；菩萨发心称为“佛子”“佛种性”，从发心到成佛的修道历程，正如王子从胎儿确定是轮王种性，最后登上轮王大位。[②]声闻、缘觉自然不是“佛子”“佛种性”。声闻种性、缘觉种性的使用，说明“种性”意义的扩大。种性、住胎、诞生，都是引发如来藏说的助缘；但是，“种性”是从发心修行进趣而言；“如来藏”则是一种本有论，在没有发心以前，如来已经具足在胎藏中。[③]所以，“种性”意义的出现，在于弥补“修得佛性”的不足；或者说，“种性”只有与“修得佛性”结合，才能发挥其意义。

“种性”主要表示一种现实的差别性，《瑜伽论》说：“问：此种姓名有何差别？答：或名种子，或名为界，或名为性，是名差别。”[④]“种子”“界”都有“因”的意思，“性”则是体性、不变化的意思，所以“种

① 水谷幸正：《仏教思想と浄土教》，京都：思文阁，1998年，第303—304页。

② 印顺：《如来藏之研究》，台北：正闻出版社，1992年，第62页。

③ 印顺：《如来藏之研究》，台北：正闻出版社，1992年，第65页。

④ 《瑜伽师地论》卷二十一，《大正藏》第30册，第395页下。松本史朗将此句依藏译解读为：“而种姓亦称为种子，界亦称为性。”见《关于“基体说”观念的评论往来》，载杰米·霍巴德、保罗·史万森主编，龚隽等译：《修剪菩提树——“批判佛教”的风暴》，上海：上海古籍出版社，2004年，第209页。

性”含有一种矛盾的结构:“因”是一种差别的结构,“性”则是无差别、不变化的体性。窥基意识到这种矛盾结构,他说:“性者,体也;姓者,类也;谓本性来住此菩萨种子姓类差别。”[①]唯识今学种子理论的最大特色是“种类”,说明种子是自类相生,于是便有“个体”与“整体”的区别与统一。所以,“种性”应该是一种“整体”概念,而“种姓”是“个体”概念,二者有相通之处,可以混用,但是并不完全相同。[②]

“种性论”是从现实实践而产生的一种“根机论”。《大毗婆沙论》提出声闻乘、独觉乘、佛乘三种性论,退法、思法、护法、作法、堪达、不动法六种性论,《俱舍论》亦有相同的六种性论。[③]《大毗婆沙论》亦称三种性为“三种菩提”[④]。上智生起四念住,经过暖、顶、忍、世第一法,证见道乃至无学道,证得“无上正等菩提”;中智证得“独觉菩提”;下智证得“声闻菩提”。因此,这是以修行方法、过程、证悟的不同,而区别不同的“种性”。平川彰通过考察说一切有部、巴利上座部、根本有部律,发现部派佛教是以“三种菩提”的说法为主,并没有“菩萨乘”。[⑤]随着《般若经》的出现,“菩萨乘”被引入三乘菩提,如《小品般若经》说:“是声闻乘,是辟支佛乘,是佛乘者。如是三乘,如中无差别。若菩萨闻是事,不惊、不怖、不没、不退,当知是菩萨则能成就菩提。”[⑥]

---

① 《成唯识论述记》卷九末,《大正藏》第43册,第556页上。

② 方立天认为,本性决定种类的差别,属于某种姓的人必具有某种姓的性质,所以种姓和种性相通。而译成汉语,种姓和种性,由于义近、形似、音同,因此具有相同的意义。见方立天:《中国佛教哲学要义》上册,北京:中国人民大学出版社,2002年,第253页。

③ 《阿毗达磨大毗婆沙论》卷七,《大正藏》第27册,第33页中。同书卷八十一亦提出佛、独觉、声闻三种性,见《大正藏》第27册,第417页下。《阿毗达磨俱舍论》卷二十五,《大正藏》第29册,第129页上—下。

④ 《大毗婆沙论》卷一百二十七,《大正藏》第27册,第662页下。

⑤ 平川彰:《初期大乘と法華思想》,载《平川彰著作集》第6册,东京:春秋社,1997年,第365—374页。

⑥ 《小品般若波罗蜜经》卷六,《大正藏》第8册,第563页下。

《般若经》的立场是基于“菩萨乘”而统一“三乘”，即于真如中遣除三乘的差别，而且将“菩萨乘”与“大乘”视为同一，从而“菩萨乘”即是“佛乘”。

“种性”观念的使用，说明了各自解脱境界的不同，同时说明他们本身的限制。于是，“种性”成为解释生命构造之本质性的概念，成为一种经验层面或生理上的“先天决定论”。但这毕竟是出于经验的观察，而不符合大乘佛教的大悲精神，佛陀的究竟义在于使一切众生自当成佛，皆得解脱。从超越层面来说，佛性才是众生的超越本质，所以才有《法华经》的“一乘”观念，这是对众生成佛性质的超越肯定。这样，种性的分类意义便消失了。

第二节　五性各别与理佛性、行佛性

瑜伽行派是从经验的立场出发，探索经验世界的根源与活动结构，从而转染成净，成就“转依”。但是，“成佛”是超越世界的真理，从经验走向超越，从虚妄转向真实，这是一种“自下往上”的过程。成佛的“可能性”必须成为“必然性”，才能实现修行理想。这种“必然性”包括存在论与实践论两方面，即理论上必然可能有，实践上必然可能实现；前者是本有问题，后者则是实现问题。[①]瑜伽行派以种子与现行法的生熏关系来解释世界的活动结构，以“无漏种子”诠释成佛可能性。而且，依无漏种子的本有问题，建立“五性各别”；依无漏种子的新熏，建立“一性皆成”。

---

① 这两方面是由吴汝钧提出，见《佛教的概念与方法》，台北：台湾商务印书馆，2000年，第126页。

一　无漏种之本有与新熏

无论是有漏种或无漏种，瑜伽行派都有“本有”与“始起”的分别。《瑜伽论》说：

> 云何种姓？谓略有二种：一、本性住种姓，二、习所成种姓。本性住种姓者，谓诸菩萨六处殊胜，有如是相，从无始世展转传来，法尔所得，是名本性住种姓；习所成种姓者，谓先串习善根所得，是名习所成种姓。此中义意，二种皆取。[①]

《大乘庄严经论》是将“本性住种姓”称为“性种”，即是无始世来法尔而有的本有种子；“习所成种姓”称为“习种”，即是经过不断熏习而成就的新熏种子。[②]种子与种性是通用的，其差别在于：种子是有因体无果体——“有非有”，仅仅是一种能生起果法之潜能、可能性；而种性是专就能生无漏功能而言的。[③]

1. 本性住种性与如来藏

瑜伽行派以无漏种子来解说“种性”，印顺认为“本有无漏种子”是对“一切众生有如来藏”给予善巧解说。[④]但是，瑜伽行派以种子说明“种性”，而且认为无漏种子是本有，并不是一切众生都有“本有无漏种子”，这是其与如来藏最为根本的不同。[⑤]

《瑜伽论》说：“今此种性以何为体？答：附在所依有如是相，六处

---

① 《瑜伽师地论》卷三十五，《大正藏》第30册，第478页下。

② 《大乘庄严经论》卷一，《大正藏》第31册，第594页中。

③ 赖永海：《中国佛性论》，北京：中国青年出版社，1999年，第80页。

④ 印顺：《如来藏之研究》，台北：正闻出版社，1992年，第204页。

⑤ 高崎直道：《如来藏与阿赖耶识——与唯识说之交涉》，载高崎直道等著，李世杰译：《如来藏思想》，《世界佛学名著译丛》第68册，台北：华宇出版社，1986年，第252页。

所摄，从无始世展转传来，法尔所得。”[①]种子是能依，六处是所依，无漏种子附在六处也即有情自体中。“六处殊胜”原指五蕴、六界、六入，即有情自体，但是后来瑜伽行派解说为第六意处——阿黎耶识。这样，种性或无漏种子依附于本识，与种性依附在有情身中，是同一意思。这种诠释模式与如来藏相同，如《无上依经》说：“云何如来为界不可思议？阿难！一切众生有阴界入，胜相种类，内外所现，无始时节相续流来，法尔所得至明妙善。”[②]如来界也即如来藏，在有情的蕴界处中，为无漏功德法的根源。而瑜伽行派以经验的立场对“如来藏”进行解释，以生灭相续的种子阐明本有的无漏功德，以阿黎耶识与根身藏隐同安危巧妙地解说“如来藏我”，脱却了“如来藏我”的神学色彩，这是瑜伽行派“种性”说的特色。[③]

“如来藏”是一种超越理体，因此其“本有”是一种恒常不变的“无为法”。而“种性”则成为一种具体的物质——精神存在的特殊状态，这样，解脱的根据是建立在现象层面也即有为法上，而不是在“无为法”的绝对层面上。[④]而且，唯识的“界”思想，否定了常住不变的原因，由多元的因缘成立多元的法，从而保证了众生的多元化。[⑤]所以，我们将如来藏的本有称为“超越本有”，而“本性住种性”则是“先验本

① 《瑜伽师地论》卷二十一，《大正藏》第30册，第395页下。

② 《无上依经》卷上，《大正藏》第16册，第469页中。

③ 印顺：《如来藏之研究》，台北：正闻出版社，1992年，第205页。

④ 山部能宣：《瑜伽行与如来藏文体中的“基体说”观念》，载杰米·霍巴德、保罗·史万森主编，龚隽等译：《修剪菩提树——“批判佛教”的风暴》，上海：上海古籍出版社，2004年，第197页。其实，对于“本性住种”的翻译，山部能宣译为“本来存在(existing by nature)(之种性)”，松本史朗解读为“住于(located on)本性之种姓或存于(existing on)本性上之种姓”。而且，松本史朗进一步认为，此自性为多重的种姓的唯一基体，而赋予此种性理论“基体说”结构。见《关于“基体说”观念的评论往来》，载杰米·霍巴德、保罗·史万森主编，龚隽等译：《修剪菩提树——“批判佛教”的风暴》，上海：上海古籍出版社，2004年，第210页。

⑤ 竹村牧男：《唯識三性説の研究》，东京：春秋社，1995年，第392页。

有”，二者对解脱根据的诠释进路不同。因为如来藏是“超越本有”，所以我们称其解脱为“呈现原则”；种性是“先验本有”，其解脱则是“生起原则”，这是不同的因果原则。[①]

吴汝钧曾依康德哲学将无漏种子的本有分成三种层次：一、经验本有，这是实然的存有；二、先验本有，则是实然存有外的存有；三、超越本有，是先验的有而可作为经验的有的可能条件，是先验的有再加一规定。而判断的标准，是有无必然性与普遍性两个条件。[②] 唯识学者判断无漏种子是“本有”，如护月论师说：“诸有情类无始时来，若般涅槃法者，一切种子皆悉具足；不般涅槃法者，便缺三种菩提种子。”[③] 依无漏种子的有无差别，众生可以分成可入涅槃与不可入涅槃两类，因此无漏种子只能是“本有”，而不是新熏的。这是观察众生的不同状况而得出的，但是涉及最主要的概念是“无始”。吴汝钧重视前者的观察义，认为其与必然性、普遍性全不相干，所以“无漏种子”本有是一种经验的肯定，本有也只能是经验义。[④] 牟宗三亦是这样理解，他说：

> 这个法尔本有的无漏种之本有并非是超越的。这与遗传学上说先天同，“先”者先于父母的遗传，祖先的遗传，或甚至种族的遗传而已。这还是在时间表中描述的先而已。如此说“本有”，此其所以为随意的。说到家，仍是在经验的(后天的)熏习中，不过难指其开始而已。[⑤]

---

① 其实如来藏已经离开因果链，但是依修道与解脱，我们方便称之为“因果”。

② 吴汝钧：《佛教的概念与方法》，台北：台湾商务印书馆，2000年，第129页。吴汝钧指出，经验命题因只由经验的归纳而得，故只有比较的普遍性，而无绝对的普遍性，亦即只有或然性，而无必然性。先验命题则是不依于经验，而先验地在思想中被思想为必然的，故它自身有必然性。

③ 《成唯识论》卷二，《大正藏》第31册，第8页上。

④ 吴汝钧：《佛教的概念与方法》，台北：台湾商务印书馆，2000年，第131页。

⑤ 牟宗三：《佛性与般若》上册，台北：学生书局，1997年，第314页。

牟宗三与吴汝钧是同一种思路[1]，其中心在于将“无始”理解成遗传学的先天。他们的这种说法，其实与新熏论者——难陀完全一样。

但是，我们强调本有无漏种子是一种“先验本有”，因为其“无始”本身是一种先验观念，属于佛陀十四无记的形而上学问题。所以，瑜伽行派是从经验立场入手，但是对“种性”则作一种先验的肯定。护法说：“一者本有，谓无始来异熟识中，法尔而有，生蕴、处、界功能差别。世尊依此说诸有情无始时来，有种种界，如恶叉聚，法尔而有。”[2]护法对本有种子亦坚持“法尔而有”“无始”两个观念，所谓“法尔而有”，说明时间是不能离开存在的，而且依存在的变动才有时间相。“无始”已经成为存在论意义上的时间观念，应该是先验观念。[3]所以，无漏种子的本有应该是“先验本有”。

2. 种性差别与法界无差别——“批判佛教”与反“批判佛教”的诠释

《瑜伽论》依无漏种子的本有建立种性差别，但是追溯种性差别的原因，则出现了“差别而又无差别”的矛盾结构。《大乘庄严经论》提出种性差别的四种原因：一、界差别，这是指种子的缘故；二、信差别，众生因缘的不同，对于三乘法生起不同的信仰，随顺信仰一种；三、行差别，这是众生的修行差别，因为出现进或退的情况；四、果差别，指解脱果的不同。[4]“无性”众生则无后三种差别，对于“界差别”，释论并没有明说。而且，《大乘庄严经论》将菩萨种性分为四种——决定、不

---

① 吴汝钧是受到牟宗三的启发，在香港中文大学而写就硕士论文的。

② 《成唯识论》卷二，《大正藏》第31册，第8页中。

③ 瑜伽行派与龙树一样，都是把时间建立在诸行的相续活动上。这样，时间必然是假有的。但是，《成唯识论》的时间观是“过未无体论”。见杨惠南：《佛教思想新论》，台北：东大图书，1982年，第277页。

④ 《大乘庄严经论》卷一，《大正藏》第31册，第594页中。

定、不退、退堕，并且说“决定者遇缘不退，不定者遇缘退堕”[1]，这样菩萨种性可以归为决定菩萨种性与不定菩萨种性，于是出现了“不定种性”的说法。论中对“无性种性”进行分类，说：

> 一向行恶行，普断诸白法，无有解脱分，善少亦无因。
>
> 释曰：无般涅槃法者，是无性位。此略有二种：一者时边般涅槃法，二者毕竟无涅槃法。时边般涅槃法者，有四种人：一者一向行恶行，二者普断诸善法，三者无解脱分善根，四者善根不具足。毕竟无涅槃法者，无因故，彼无般涅槃性，此谓但求生死不乐涅槃人。[2]

论中将“无性”分为两类：一、“时边无性”，这是在某时边内为无性，过了此时限即有性。这类众生由善根不具备而有差别——一向行恶而不行善；普断白法，即是失去善根；顺解脱分善根已断；虽然不断善根，但是善根太微细，与不具足一样。二、“毕竟无性”，这是时间无限，永无解脱之因。

安慧在注释《大乘庄严经论》时，引用了《瑜伽论·菩萨地》的说法加以证明。[3]《瑜伽论》说：

> 若诸菩萨成就种姓，尚过一切声闻独觉，何况其余一切有情，当知种姓无上最胜。何以故？略有二种净：一、烦恼障净，二、所知障净。一切声闻独觉种姓，唯能当证烦恼障净，不能当证所知

① 《大乘庄严经论》卷一，《大正藏》第31册，第594页下。
② 《大乘庄严经论》卷一，《大正藏》第31册，第595页上。
③ 二者的比较，见小谷信千代：《大乘莊厳経論の研究》，京都：文荣堂，1984年，第18—24页。

> 障净。菩萨种姓亦能当证烦恼障净，亦能当证所知障净，是故说言望彼一切无上最胜。[1]

这是依障之有无来说明种性，菩萨种性是烦恼障、所知障皆断尽，而声闻、独觉种性只能断烦恼障，不能断所知障。同时，论中提出四种种性差别的原因：一、根胜，这是根机的差别，菩萨利根，独觉中根，声闻劣根；二、行胜，菩萨能自利利他，声闻、独觉只能自利；三、善巧胜，声闻、独觉只能于五蕴、十二处、十八界上生起善巧方便，菩萨能够于一切处起善巧方便；四、果胜，所证果不同，菩萨能证无上正等正觉。[2]

《大乘庄严经论》与《瑜伽论·菩萨地》对种性差别各有说明，前者有“界差别”，后者提出障之有无差别，二者提及的其他差别都是指修行的差别，如根机、信心、自利利他、善巧方便、证果等。总之，在《大乘庄严经论》和《菩萨地》中，已经具有“种子差别”“行差别”两种类型了。

但是，《大乘庄严经论》中同时还出现另一种诠释模式，即种性差别与法界无差别的矛盾结构。《大乘庄严经论》说：

> 圣性证平等，解脱事亦一，胜则有五义，不减亦不增。
>
> 释曰：圣性证平等，解脱事亦一者，圣性谓无漏界；证平等者，诸圣同得故；解脱事亦一者，诸佛圣性与声闻、缘觉平等，由解脱同故。胜则有五义，不减亦不增者，虽复圣性平等，然诸佛最胜。[3]

---

① 《瑜伽师地论》卷三十五，《大正藏》第30册，第478页下。

② 《瑜伽师地论》卷三十五，《大正藏》第30册，第478页下—479页上。

③ 《大乘庄严经论》卷五，《大正藏》第31册，第614页上—中。

偈颂指出，诸佛、声闻、缘觉都是平等证得无漏法界而得解脱，因此三者的解脱是相同的。因为功德不同，才会有三种解脱的不同。

法界是周遍、平等的超越理体。松本史朗认为，无差别的“法界”就是“基体”，于是差别的三乘等种性就是安立在唯一的无差别的“基体”上。[①]如此一来，瑜伽行派便有一个“批判佛教”所批判的对象——“基体”结构。[②]但是，按照“批判佛教”的“基体论”模型，即一种“发生论”的一元论模型，必须满足两个条件：“法界”必须是三乘的“基体”，而且它必须是三乘的“发生因”。

从实践论来说，法界作为三乘圣人无分别智所证的“境界”，是一种所缘缘，这是一种无分别智的认识对象，依此不能产生三乘的差别。《中边分别论》说：

> [梵文]ārya-dharma-hetutvād dharma-dhātuḥ | ārya-dharmāṇān tad-ālambana-prabhavatvāt | hetu-artho hy atra dhātvarthaḥ || [③]
>
> [真]圣法因为义故，是故说法界。圣法依此境生，此中因义是界义。[④]
>
> [玄]由圣法因义，说为法界，以一切圣法缘此生故。此中界者，即是因义。[⑤]

---

① 松本史朗：《关于“基体说”观念的评论往来》，载杰米・霍巴德、保罗・史万森主编，龚隽等译：《修剪菩提树——“批判佛教”的风暴》，上海：上海古籍出版社，2004年，第210页。

② 松本史朗在《〈胜鬘经〉的一乘思想》中指出，如来藏思想才是dhātuvāda的正统，而作为学说的唯识说与作为学派的唯识派，恐怕是在此基础上通过增加阿毗达磨的分析，或通过dhātuvāda的正统在逻辑上的偏离而形成的。见萧平、杨金萍译：《缘起与空——如来藏思想批判》，香港：经要文化，2002年，第282页。

③ 叶阿月：《唯識思想の研究：根本眞實としての三性説を中心にして》附录“第一章中边分别论相品の比较研究”，东京：国书刊行会，1975年，第49页。

④ 《中边分别论》卷上，《大正藏》第31册，第452页下。

⑤ 《辩中边论》卷上，《大正藏》第31册，第465页下。

松本史朗把“所缘缘”称为“基体之因”，但ālambana只能理解成“所缘缘”或“所知境”，而不能理解成其他的。值得一提的是，此句之前出现“ārya-jñāna-gocoratvāt paramārthaḥ | parama-jñāna-viṣayatvād |”，真谛译为“无分别圣智境界故，第一义智为体，故说真实”，玄奘译为“由圣智境义，说为胜义性，是最胜智所行义故”。而且，真谛在翻译偈颂时译为“圣法因及依”，[①]从而不但有“圣法因”，还有“圣法依”。这是因为玄奘与真谛对“真实性”的观点不同，玄奘以真如为“真实性”，这是一种“凝然不动”的超越理体，因此只能成为无分别智的“所知境”，而不能作为“圣法依”。但是，真谛主张“真实性”是“智如合一”，超越理体与主体心性能够冥合，从而产生诸功德。但是，“智如合一”并不表示“法界”成为“基体”，因为“智如合一”本身就是一个动态的结构，而且含有多元论的因素，完全可以由无分别智的不同而引出三乘的差别。

从初期唯识思想来说，我们可以看到具有强烈“五性各别”色彩的种性差别说，以及“种子差别”“行差别”的分类。另一方面，初期唯识确实存在对“如来藏”或“一乘”思想进行善巧解释的现象，或者可以说是对“一乘”理论的“让步”。但是，这是在预设了三乘差别的前提下，承认三乘共有相同的法界。而且，在遭遇“法界”或“一乘”思想时，瑜伽行派逐渐完善“理佛性”的思想体系。当然，无论是以“种子”还是“法界”为种性差别的根据，瑜伽行派都仍是一种“多元论”，并不是“批判佛教”所说的“发生论的一元论”。

瑜伽行派的“种性差别”不断受到“一性皆成”的冲击，“法界无差别”也对“种性差别”有无穷的转换作用。《现观庄严论》表现出这

① 《中边分别论》卷上，《大正藏》第31册，第452页中。玄奘译为“及诸圣法因”，并没有“圣法依”的意思。

种趋势，论颂说："法性无差别，种性不应异，由能依法异，故说彼差别。"[①] 松本史朗认为，《现观庄严论》的结构正是"基体论"的结构，因为"超基体"(super-locus)依止于周遍的"基体"(locus)上，"基体"是"超基体"多样性的基础；另一方面，在绝对层面上获得的明显的平等性，用于证明、遮蔽、证实在现象层面上出现的区分。[②] 圣解脱军的《现观庄严释》解释说：

> 所通达之法界虽无差别，然无不可分三类种性，及种性不可分别之过。以就能依三乘智慧功能大小之别，而说彼所依法性之差别。譬如所依同一瓦器，就能依蜜糖等不同而分器皿之差别故。[③]

圣解脱军的解释其实与《大乘庄严经论》相同，法界无差别而种性有差别，在于三乘智慧的不同。但是，依"重理系"或真谛的解释，三乘智慧有差别即是"智如合一"的境界有差别，不能将超越理体排除在主体心性之外。当然，依《瑜伽论》与唯识今学，亦不会有"基体论"的危险，因为其真如不会成为"发生因"。圣解脱军所举的瓦器与蜜糖的譬喻，是不恰当的。因此，我们亦不能同意《现观庄严论》有"基体论"的结构。

《现观庄严论》及其注释中，出现了否定"种子"作为"种性"的现

---

① 法尊译释：《现观庄严论释》，《大藏经补编》第9册，台北：华宇出版社，1984年，第26页。有关《现观庄严论》的情况，参考吕澂：《印度佛学源流略讲》，载《吕澂佛学论著选集》卷四，济南：齐鲁书社，1991年，第2298—2301页；陈玉蛟：《〈现观庄严论〉初探》，《中华佛学学报》第2期，1988年，第157—204页。

② 松本史朗：《关于"基体说"观念的评论往来》，载杰米·霍巴德、保罗·史万森主编，龚隽等译：《修剪菩提树——"批判佛教"的风暴》，上海：上海古籍出版社，2004年，第191页。

③ 法尊译释：《现观庄严论释》，《大藏经补编》第9册，第27页。

象，提出“法界”即“种性”[①]。《现观庄严释》说：

> 菩萨身中之法性复作大乘修行之所依，自性住种性之相。界限从大乘资粮道乃至最后心。……如是十三类菩萨身中十三种修行之法性，即是大乘所依修行之种性。彼诸修行，皆由缘彼法性升进故。[②]

论释直接将“法界”作为“自性住种性”，取代了“无漏种子”作为证得出世解脱的基础，但是依真如或法界不能直接出生诸功德，必须是以作为无分别智的“所知境”而生起出世智慧。所以，《现观庄严论》虽然依“法界无差别”具有一乘思想的倾向，但是仍然保持着三乘种性的传统。其突出的特点，是“法界”或“法性”“真如”成为“自性住种性”，从而与修行差别，建构成“理佛性”“行佛性”的二重结构，成为后来瑜伽行派佛性思想的滥觞。

3. 真如所缘缘与正闻熏习

《瑜伽论》除了“本性住种性”之外，还提出“习所成种性”。瑜伽行派在建构种性差别与法界无差别的矛盾结构以外，另外一种诠释进路便是注重“习所成种”，提倡从熏习而有的新熏说。《瑜伽论·摄抉择分》说：

> 诸出世间法，从真如所缘缘种子生，非彼习气积集种子所生。……若出世间诸法生已，即便随转，当知由转依力所任持故。然此转依与阿赖耶识，互相违反，对治阿赖耶识，名无漏界离诸

① 真野竜海：《現観荘厳論の研究》，东京：山喜房佛书林，1972年，第54—55页。
② 法尊译释：《现观庄严论释》，《大藏经补编》第9册，第26页。

戏论。[1]

《摄抉择分》明确将一切出世间法生起的原因归结为“真如所所缘种子”，这是后世理解歧义较多的一点。真如是超越理体，应该是平等无差别、无生灭的。但是，在入见道位的圣智显现时，无分别智以真如为所缘缘而生起，因此将此所缘缘假定为“种子”。[2]而且，在出世转依位，“智如合一”而假立真如为所缘缘，此为法身自性，生起种种功德，因此称为“真如所所缘种子”。[3]

《摄抉择分》的“真如所缘缘种子”与《摄论》的“闻熏习”是同样的意思，都主张无漏种子是新熏的，这样必定走向“一性皆成”。[4]但是，唯识今学没有沿着这种诠释进路，而是明确反对“真如种子”的提法。慧沼《成唯识论了义灯》说：

> 一、无常法是因。本《疏》云：亦简真如受熏为种。《要集》云：如虽受熏不为法因，但所持种为法因故……。《摄论》云：此中摄持种子相应，谓有生法俱生俱灭，故成熏习，如是熏习摄持种子应正道理。真如常法不是持种，故非法因。[5]

因果是有为生灭法，真如是无为法，所以简别“真如受熏为种”；此外，

---

① 《瑜伽师地论》卷五十二，《大正藏》第30册，第589页上—中。

② 有关《摄抉择分》的种子理论，参考Nobuyoshi Yamabe, Bīja Theory in Viniścayasaṃgrahaṇī, *Journal of India and Buddhist Studies*, vol. 38, no.2, 1990, pp.929-931。

③ 这是我们依摄论学派的解释。依唯识今学的解释，见杨维中：《心性与佛性——中国佛教心性论及其相关问题研究》，高雄：佛光山文教基金会，2001年，第234页。

④ 赖永海：《中国佛性论》，北京：中国青年出版社，1999年，第91页。

⑤ 《成唯识论了义灯》卷三，《大正藏》第43册，第720页下。

即使受熏，还是不能作为法因，因为要能持种才是“法因”。[①]种子必须与转识俱生俱灭，接受现行的熏习，真如常法不能持种，所以不是“法因”。唯识今学反对以真如为种子，其原因有三：一、违背《瑜伽论》以无常法为因；二、常法没有先后、自他之分，会导致前种为后念现行种子，或者他身亦为种子之嫌；三、真如不能持种，因为持种才是诸法之因。

真如能够假立为“种子”，其原理与“闻熏习”是相同的。《瑜伽论》说：“诸阿罗汉实有转依，而此转依与其六处，异不异性俱不可说。何以故？由此转依，真如清净所显，真如种性，真如种子，真如集成，而彼真如与其六处，异不异性俱不可说。”[②]真如种子是与“转依”相关的，从法界等流而起的闻熏习，使杂染力减弱而清净功能增长，在出世转依位成就“转依”，无分别智亲证真如。“转依”是以离垢真如为体，所以是“真如清净所显”；以真如所缘缘而成就“智如合一”，为“圣人依”，所以称为“真如种子”；依此“圣人依”，即依此真如而生起一切功德，即“真如集成”。而且，成就“转依”，即“智如合一”为法身的自性，这是远离种种差别，离一切戏论；但是，亦不离有情自体——六处，当然也并不就是六处，这是不可思议的境界。

《瑜伽论·摄抉择分》《摄论》都以真如为所缘缘，即是“法界无差别”，则一切众生皆应生出世法而无差别，“三乘”依何建立？《摄抉择分》说“由有障、无障差别故”[③]，由于心理上有非常严重的迷执，即“毕竟障种子”非常强盛，障碍着无漏种子起现行，此类众生就是“无有出世功德种性”，亦即“一阐提”“无种性”。若有“毕竟所知障种

① 印顺解释“摄持”说：“熏习的时候，它能与转识俱生俱灭，接受现行的熏习，在本识瀑流中，混然一味，这叫做摄；赖耶受熏以后，又能任持这些种子而不消失，这叫做持。它与转识共转的时候，具备这摄与持的条件，所以叫相应。”见《摄大乘论讲记》，载《妙云集》上编之六，台北：正闻出版社，1990年，第73页。

② 《瑜伽师地论》卷八十，《大正藏》第30册，第747页下。

③ 《瑜伽师地论》卷五十二，《大正藏》第30册，第589页上。

子”，而没有“烦恼障种子”的众生，一部分建立声闻种性，一部分建立独觉种性。再进一层，所知障和烦恼障种子均没有，就是如来种性。[①]所以，依有漏种之势力强弱，而安立种性差别。但是如吕澂所说，此有漏种是指“有漏善根”，而“有漏善根”分三类——顺福报分、顺解脱分、顺抉择分。[②]三乘种性主要是指有漏善根中的“顺解脱分”，这在《中边分别论》中有很好的说明。论说：

> 随不倒有倒，随颠倒不倒，无倒无随倒，修对治三种。
>
> 释曰：修习对治有三，何者三？一者随应无倒法与倒相杂，二者颠倒所随逐无见倒，三者无颠倒无倒法随逐。如次第凡夫位中，有学圣位中，无学圣位中。[③]

吕澂将此概括为“以无颠倒修菩提分为地前行义”，地前异生，地上有学、无学，地前修颠倒顺无颠倒。[④]所谓“无颠倒”，是指在出世转依位，以真如作为见道的真实境界；而凡夫心虽然是颠倒的，但是用凡夫心能够随顺圣智境界，因为是依清净法界等流的教法，多闻熏习而生。

所以，《摄论》等新熏说，是以有漏随顺无漏。但是，“新熏”则说明无漏不是本有，是始起的，因此开出“一性皆成”的道路。真谛正是沿着《瑜伽论·摄抉择分》《摄论》的新熏思想，从而开创了“一性皆成”的思想体系。

---

① 杨维中：《心性与佛性——中国佛教心性论及其相关问题研究》，高雄：佛光山文教基金会，2001年，第235页。

② 吕澂：《种姓义》，载《吕澂佛学论著选集》卷一，济南：齐鲁书社，1991年，第430页。

③ 《中边分别论》卷下，《大正藏》第31册，第459页中。

④ 吕澂：《辩中边论要义》，载《吕澂佛学论著选集》卷一，济南：齐鲁书社，1991年，第288页。

二　五性各别与理佛性、行佛性

1.五性各别之比较

依唯识的“多元论”与无漏种子的“先验本有”，完全可以建立“五性各别”。《解深密经》《瑜伽论》《大乘庄严经论》《楞伽经》《佛地经论》对于“五性各别”都有所诠释，我们列表比较如下：

表6.1　《解深密经》《瑜伽论》《大乘庄严经论》《楞伽经》《佛地经论》对于“五性各别”的诠释

种性	经论				
	《解深密经》	《瑜伽论》	《大乘庄严经论》	《楞伽经》	《佛地经论》
声闻种性	分为两种：一、向趣寂声闻(定性声闻)，二、回向菩提声闻(不定性声闻)	声闻种性	声闻种性	声闻乘性证法	声闻种性
独觉种性	独觉种性	独觉种性	独觉种性	辟支佛乘性证法	独觉种性
如来乘、菩萨乘	如来乘种性	佛种性	菩萨种性(决定、不定)	如来乘性证法	如来种性
无种性		无种性	时边般涅槃法(不定)、毕竟无涅槃法	无性证法(一、焚烧一切善根；二、怜愍一切众生，作尽一切众生界愿)[1]	无有出世功德种性
不定种性	回向菩提声闻(不定性声闻)	不定种性(回向菩提声闻)[2]	不定菩萨种性	不定乘性证法	不定种性[3]

① 《入楞伽经》卷二，《大正藏》第16册，第527页中。
② 《瑜伽师地论》卷八十，《大正藏》第30册，第749页中。
③ 《佛地经论》卷二，《大正藏》第26册，第298页上。

在《瑜伽论》中,《菩萨地》并未提出“不定种性”,而到了《摄抉择分》才提出。在诸经论的“无种性”说中,《大乘庄严经论》中“时边般涅槃法”的众生经过修行,仍然可以回向菩提,当然“毕竟无涅槃法”的众生是否是真实的无种性,则无法说明。《佛地经论》对“无种性”的态度最为极端,即使诸佛示现神通,令其离恶趣,生人趣乃至非想非非想处,因为其无种性,最终也仍然会坠入恶趣。诸佛施予方便、救济,也无法令其入灭度而得解脱。《佛地经论》认为,众生有性是“方便说”,而一分无性才是真实说、究竟义。[①]

《楞枷经》的“一阐提”分为“断善阐提”与“大悲阐提”两种,《入楞伽经》说:

> 此二种一阐提,何等一阐提常不入涅槃?佛告大慧!菩萨摩诃萨一阐提常不入涅槃。何以故?以能善知一切诸法本来涅槃,是故不入涅槃,非舍一切善根阐提。何以故?大慧!彼舍一切善根阐提,若值诸佛,善知识等,发菩提心,生诸善根,便证涅槃。何以故?大慧!诸佛如来不舍一切诸众生故。是故大慧!菩萨一阐提常不入涅槃。[②]

“断善阐提”虽然因种种因缘已经舍弃善根,但是诸佛如来不舍一切众生,得到佛的威力加被,发菩提心,渐次往圣道前进,达到究极的目标。“大悲阐提”的菩萨一方面深知空,而无所证;另一方面也由于大悲愿,为化导众生成就佛道而不入涅槃。所以,《楞伽经》所说的“断善阐提”终究仍会成佛,说明它舍弃了“五性各别”的瑜伽行派立场,而向“一

① 赖永海:《中国佛性论》,北京:中国青年出版社,1999年,第82页。

② 《入楞伽经》卷二,《大正藏》第16册,第527页中。亦可见《楞伽阿跋多罗宝经》卷一,《大正藏》第16册,第487页中—下;《大乘入楞伽经》卷二,《大正藏》第16册,第597页下。

性皆成”转换。

唯识今学的“五性各别”继承《瑜伽论》《大乘庄严经论》《楞伽经》《佛地经论》的思想，并且进行诠释与会通，突出本系思想的特色。其中，我们必须重视《佛地经论》对玄奘、窥基、慧沼的影响，以及此论在整个新译唯识中的地位。[①]吕澂认为，玄奘所理解的瑜伽学是经过唯识一阶段发展，尤其是到了戒贤以后，导入了“法界”范畴，发挥了“转依”精义，用大乘来涵盖小乘，这种见解具体表现在《佛地经论》里。[②]同时，吕澂还主张，《瑜伽论》的思想是继承初期《涅槃经》的一阐提决定说，而且联结到所依、种子等方面，于是发展成一贯说法：众生的种性决定有大小乘的分别，又决定有无种性的人；谈到大小乘的权实，又以三乘为实，一乘为权；再说内在的根据，则是归结到本有的无漏种子上。[③]

从史实来说，玄奘在未到达印度之前，对经论中一分不能成佛的说法，感到非常难解。这一点从他去印度途中，路经伊烂拏钵伐多国时的记载即可看出。《大慈恩寺三藏法师传》卷三说：

---

① 玄奘自贞观十九年(645)正月二十四日到长安以后，五月二日即开始翻译。初翻《大菩萨藏经》二十卷，七月十五日又译《佛地经》一卷(辩机笔受)，显然是以这两部经为菩萨学行的纲领。以后即广译《显扬》《杂集》《瑜伽师地》《摄大乘》《因明》《菩萨戒》《唯识三十》《识身足》等论，到贞观二十三年(649)八月都已完成，跟着就译出《佛地经论》(大乘光等受，同年十二月二日至二十四日)，可见玄奘是以此论为瑜伽系学说之总结的。通过比较《成唯识论》和藏译《圣佛地经释》，可以推定，本论的义理是本于护法、成于戒贤，而广于亲光的。从印度佛教的发展过程来说，自龙树以至陈那数百年间，大乘佛教有很大的转变，本论是总结这一时期关于佛果问题的一部成熟的作品。见《中国佛教》第3辑，上海：知识出版社，1989年，第241—243页。而且，《成唯识论》的许多内容，如四分说、四智心品的见相二分有无等问题，都是引自《佛地经论》。见胜又俊教：《仏教における心識説の研究》，东京：山喜房佛书林，1974年，第165—189页。

② 吕澂：《中国佛学源流略讲》附录“慈恩宗”，载《吕澂佛学论著选集》卷五，济南：齐鲁书社，1991年，第2937页。

③ 吕澂：《中国佛学源流略讲》附录“慈恩宗”，载《吕澂佛学论著选集》卷五，济南：齐鲁书社，1991年，第2940—2941页。

> 法师欲往求请，乃买种种花，穿之为鬘，将到像所，至诚礼赞讫，向菩萨跪发三愿：一者，于此学已，还归本国得平安无难者，愿花住尊手；二者，所修福慧，愿生睹史多宫，事慈氏菩萨，若如意者，愿花贯挂尊两臂；三者，圣教称众生界中，有一分无佛性者，玄奘今自疑不知有不，若有佛性修行可成佛者，愿花贯挂尊颈项，语讫以花遥散，咸得如言。既满所心欢喜无量，其傍同礼及守精舍人，见已弹指鸣足，言未曾有也。[①]

玄奘的内心世界是信受“无性成佛”的，但是他到印度时，继承了唯识今学“五性各别”的思想，因此回国时感到非常困扰，想回避“毕竟无性”，却受到戒贤严厉的责备。《瑜伽论记》说：

> 三藏云：八卷《楞伽》第二卷辨五种性：三乘定性，为前三人，四不定性，五一阐提。阐提有二：一、菩萨阐提，毕竟无成佛义；二、断善阐提，若遇胜缘必得成佛，余在西方时已著《楞伽》梵本，本文亦同。西方大德许此义云：《楞伽》不说第五无性有情，但说有佛种中二种阐提：一、是断善根，遇缘还续，究竟作佛；二、是菩萨大悲，纯为众生，故不取正觉。显此希奇，故偏别说。……若至本国必不生信，愿于所将种论之。语戒贤人，欲来之时，诸大德论无性人文，呵云：弥离车人解何物，而辄为彼损。[②]

《瑜伽论记》此段话有多处不通，最澄《法华秀句》的引文比较通顺：“《大庄严论》第二卷云：无佛性人谓常无性。欲来之时，诸大德论无性

---

① 《大唐大慈恩寺三藏法师传》卷三，《大正藏》第50册，第239页下。

② 《瑜伽论记》卷十三下，《大正藏》第42卷，第615页上—中。

人，云：若至本国，必不生信，愿于所将论之内，略去无佛性之语。戒贤呵云：弥离车人，解何物而辄为彼指！”[①]玄奘了解唐初佛教界主流的“一性皆成”思想，知道将“五性各别”传至中国，势必引起一定的反弹，但他最终还是遵照其师戒贤的意思，将“毕竟无性”（一阐提）的思想介绍到中国。

2. 理佛性与行佛性

玄奘坚持“五性各别”，因而当他回到中国，面对“一切众生皆有佛性”的思潮，必须化解“五性各别”与“一性皆成”的冲突。窥基在继承“五性各别”的传统时，更综合唯识典籍的种性理论，从而建构起自己的佛性思想体系。

窥基综合《楞伽经》和《大乘庄严经论》“一阐提”的观点，他说：

> 《大庄严论》第一卷“种性品”说五种种性。……第五性中说有二种：一、时边；二、毕竟。……次叙同者，余文如前自更和会。《楞伽》所说二种阐提：初是断善根，具邪见者；后是菩萨，具大悲者。初者有入涅槃之时，后必不尔，以众生界无尽时故。……合经及论阐提有三：一、断善根；二、大悲；三、无性。[②]

窥基把“一阐提”分为三种：一、“断善根”，亦即《楞伽经》的“焚烧一切善根”和《大乘庄严经论》的“时边般涅槃法”；二、“大悲”，亦即《楞伽经》的“怜愍一切众生”；三、“无性”，亦即《大乘庄严经论》的“毕竟无般涅槃法”。

而且，窥基依据《大乘阿毗达磨集论》，会通“一阐提”的三种说

---

① 转引自释如定：《慧沼对“一阐提”之见解及所持立场的探讨》，《中华佛学研究》第5期，2001年，第347—348页。

② 《成唯识论掌中枢要》卷上本，《大正藏》第43册，第610页下—611页上。

法。窥基提到“一阐提”的三种梵文音译：一阐底迦、阿阐底迦、阿颠底迦。《大乘阿毗达磨集论》说：“若已断善者，所有善法由种子成就故成就，亦名不成就，若非涅槃法，一阐底迦。究竟成就杂染诸法，由缺解脱因，亦名阿颠底迦，以彼解脱得因必竟不成就故。”[①]论中“一阐底迦”与“阿颠底迦”的区别不是很明显，但是“阿颠底迦”是没有解脱的原因与根据，成就杂染法，毕竟不能得解脱。而“一阐底迦”是已经断尽善根种子，但对于涅槃法亦有可能生起。至于“阿阐底迦”，《玄应音义》解释说：“此云无欲，谓不乐欲涅槃……不信乐正法，旧言阿阐提，译云随意作也。”[②]

窥基解释三者的差别说：“一阐底迦是乐欲义，乐生死故”；“阿阐底迦是不乐欲义，不乐涅槃故”；“阿颠底迦名为毕竟，毕竟无涅槃性故”。[③]水谷幸正认为，三种阐提都是“一阐提”的讹音、俗语、俗音，这是类似用语的术语化现象。“一阐提”的梵文原语是icchantika，是“乐欲”“极欲”“大贪”“多欲”；而“阿阐底迦”的原语是ācchantika，即icchantika的否定形式，是“不乐欲”的意思；“阿颠底迦”的原语是ātyantika，aty-anta是形容词“不变”“究极”的意思，因此译为“究竟”是正确的。[④]窥基正好以“一阐提”的三种音译语会通三种“一阐提”，这是语言、文献与思想的统一诠释。

窥基主张“断善根”“大悲”当来有成佛的可能，但是“无性”绝对不可能成佛。他在《成唯识论掌中枢要》中进一步说明：

> 起现行性有因、有果，由此三人及前四性四句分别：一、因成

---

① 《大乘阿毗达磨集论》卷三，《大正藏》第31册，第673页下。

② 《一切经音义》卷二十三，《卍续藏》第35册，第1页。

③ 《成唯识论掌中枢要》卷上本，《大正藏》第43册，第610页下。

④ 水谷幸正：《仏教思想と浄土教》，京都：思文阁，1998年，第454页。

果不成，谓大悲阐提；二、果成因不成，谓有性断善阐提；三、因果俱不成，谓无性阐提、二乘定性；四、因果俱成，谓大智增上，不断善根，而成佛者。[1]

窥基从因、果的立场来区分，大悲菩萨，因悲心之故，果位虽无法成就佛果，但因位仍有其可能性；断善根的无性，因位虽没有成佛之义，但善根相续以后，果位仍可成佛；只有毕竟无性和二乘定性，不论在因位或果位，都与成佛无关；“大智增上”者，因为“因果俱成”，所以必然可以成就佛道。

我们承认生命的缺陷，但是也不能否定在感性知觉、欲念和情感的不停变化中有一种坚实的要素，它能给予我们固定的、统一的生命指向。窥基是以“毕竟无性”为前提，但是同时必须对“一性皆成”做出合理的诠释，于是他指出“性”有二种。《法华玄赞》说：

然性有二：一、理性，《胜鬘》所说如来藏是；二、行性，《楞伽》所说如来藏是。前皆有之，后性或无。谈有藏无，说皆作佛。依《善戒经》《地持论》中唯说有二：一、有种姓；二、无种姓。彼经论云：性种姓者，无始法尔，六处殊胜，展转相续，此依行性有种姓也。无种姓人，无种性故，虽复发心勤行精进，终不能得无上菩提，但以人天善根而成就之，即无性也。此被有性，非被于无，此依行性，以说有无。已下多依行性而说，理性遍有故，依有非无胜劣异故。[2]

---

① 《成唯识论掌中枢要》卷上本，《大正藏》第43册，第611页上。

② 《妙法莲华经玄赞》卷一，《大正藏》第34册，第656页上—中。

窥基其实是继承了法界无差别而种性差别的矛盾结构，从而提出“理性佛性”与“行性佛性”。所谓“一阐提”或“无种性”是指没有“行性佛性”，但不是没有“理性佛性”。“理性”是超越的理体，是普遍、必然、真实的，因此一切众生皆有“理性佛性”。“行性”是指“性种性”，亦即《瑜伽论》所说的“本性住种性”，指向无漏种子的有无。只是他又说“一、理性，《胜鬘》所说如来藏是；二、行性，《楞伽》所说如来藏是”，因此很难区分二者。

窥基的“理性佛性”与“行性佛性”缺乏具体说明，而最早提倡“理性”与“行性”的是地论师。[①]与此密切相关的应该是《佛地经论》，论中说：

> 第五种性无有出世功德因故，毕竟无有得灭度期。……虽余经中宣说一切有情之类，皆有佛性，皆当作佛。然就真如法身佛性，或就少分一切有情，方便而说。为令不定种性有情，决定速趣无上正等菩提果故。[②]

“理性”即是“虽余经中，宣说一切有情之类，皆有佛性，皆当作佛，然就真如法身佛性”，而“行性”即是“毕竟无有得灭度期”和“令不定种性有情，决定速趣无上正等菩提果故”的差别。

窥基“理佛性”与新译唯识“性相永别”“智如为二”的传统相应，真如与现象没有任何的相融，现象界唯有依阿黎耶识缘起。但是，真如毕竟遍在于现象界，俨然成为现象的实性。既然现象依阿黎耶识而

---

① 释如定：《慧沼对“一阐提”之见解及所持立场的探讨》，《中华佛学研究》第5期，2001年，第355页。净影慧远《大般涅槃经义记》卷九说：“理性一味上下义齐，行性差殊，前后不等。今论行性，十地劣佛故但说六。次列其名，常净真实及善同前，我之与乐，理实齐有，随义隐显，在因不说。”见《大正藏》第37册，第869页上。

② 《佛地经论》卷二，《大正藏》第26册，第298页上。

展开，则依种子的不同而有种性差别，仍然是一种“多元论”的模式。这样，窥基依“理佛性”与“行佛性”的矛盾结构，便能融通“一性皆成”与“五性各别”。依“理佛性”，一切众生都有超越、普遍的真如理体，即“皆有佛性”，但这是一种静态、凝然的佛性，对生命的作用是有限的，无法发挥其功能作用。众生“五性各别”的差别性在于“行佛性”的有无，这是针对“不定种性”的有情而言，只有这一类有情具有“行佛性”，可以成就佛道。而一阐提由于没有“行佛性”，也就没有“出世功德因”，因此无法成就解脱。

第三节　一性皆成与佛性、如来藏

真谛继承《摄抉择分》《摄论》的无漏新熏说，结合如来藏说，而提出“一性皆成”。真谛的佛性思想集中体现在《佛性论》，他在翻译其他唯识典籍时，经常以《佛性论》的说法进行增补，可见《佛性论》在其思想中的重要性。从文献来说，《佛性论》与《宝性论》有密切关联，可以视为后者的异译或注释，《佛性论》“缘起分”“辩相分”的主要部分是《宝性论》的异译或注释，详论佛性义；“破执分”“显体分”是《宝性论》所缺的，是根据《瑜伽论》卷六十一、七十三、七十四、七十五而作成。[①]真谛作为瑜伽行派的唯识学者，坚持以瑜伽学所说的，去解说、比附和充实如来藏思想，彰显如来藏思想的主体性、非神秘性，从而很好地融合了瑜伽学与如来藏两系。

---

① 中村瑞隆：《梵汉对照究竟一乘宝性论研究》，台北：华宇出版社，1986年，第78—85页。印顺认为，《佛性论》的“显体分”与“辩相分”是《宝性论·如来藏品》的解说。见《如来藏之研究》，台北：正闻出版社，1992年，第208页。

一 存在与过程——三因佛性、三种佛性、三藏义所彰显的“性修不二”

瑜伽行派是从经验的立场出发，如来藏系是从超越的立场出发，于是二者构成矛盾的对立与统一。如来藏是成佛的主体、成佛之因，但是在现实的生命结构中，阿黎耶识只是一虚妄的存在。于是，真谛“中间路线”在诠释如来藏时，依“从下往上”的“必然性”诠释模式，从经验立场出发，重视“法性”“空性”“真如”等观念，最后统一“佛性”与“法性”，此即《佛性论》的诠释归宿。

《佛性论》“显体分”以“三因”“三性”“如来藏”解释佛性义，我们先图示如下①：

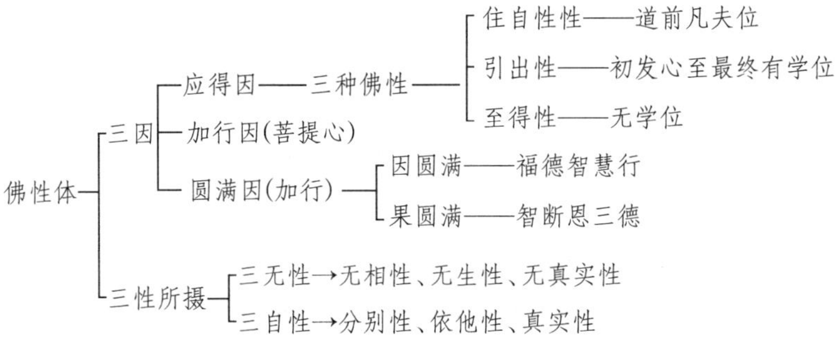

1. 过程与存在——三因佛性与三种佛性

佛性是众生成佛的形而上的体性、超越的根据，平等地内在于人的生命里，具有普遍性和内在性的特点。从存在论来说，“佛性”是一种动态的存在，存在于“过程”中；从实践论来说，“佛性”的显现是一种不断“升进”的“过程”。《佛性论》提出“三因佛性”，即针对佛性的存在与实践的“过程”，提出佛性的三个层次——应得因、加行因、圆满

① 综合释恒清与武邑尚邦的图表，见释恒清：《佛性思想》，台北：东大图书，1997年，第162页；武邑尚邦：《仏性論研究》，京都：百花苑，1977年，第217页。

因。《佛性论》解释说：

> 应得因者，二空所现真如；由此空故，应得菩提心，及加行等，乃至道后法身，故称应得。加行因者，谓菩提心；由此心故，能得三十七品、十地、十波罗蜜助道之法，乃至道后法身，是名加行因。圆满因者，即是加行；由加行故，得因圆满及果圆满。因圆满者，谓福慧行；果圆满者，谓智、断恩德。此三因，前一则以无为如理为体，后二则以有为愿行为体。[①]

佛性作为成佛的超越根据，不仅具有绝对的普遍性和必然性，而且是能生大用的成佛的可能条件，因此“佛性”是先验的存在，也是超越的存在。[②]“应得因”是“无为如理体”，这是人法二空所显的真如理。贤洲《佛性论节义》解释“应得因”为“正因佛性空如来藏”，“无有离二空所显真如而能厌苦乐求涅槃”[③]，由于二空的积极作用引出福慧行，由此“应得因”潜在的激励作用，才能引生菩提心、加行乃至菩提果。

“佛性”是动态的、过程的存在，而不是一种固定的、呆板的、凝滞和机械的依据，其意义即在于能够引出“加行因”“圆满因”。佛性是一种先验而且超越的存在，其表现于当前的生命与世界，当前即有此向上的一念，而且具有不间断的念念，即企慕、要求成佛的向上的念念。[④]此欣求成佛的念念愿心即是“菩提心”，导引出一切成佛之道

---

① 《佛性论》卷二，《大正藏》第31册，第794页上。

② 瑜伽行派的“真如”，尤其是新译唯识的“真如”，只是超越的客观真理，是外在的、静态的。如来藏的“佛性”则具有“能动性”，是内在的、能动的。见吴汝钧《中国佛学的现代诠释》，台北：文津出版社，2002年，第62页。

③ 《佛性论节义》卷二，载武邑尚邦：《仏性論研究》附录，京都：百花苑，1977年，第31页。（下引仅指出卷数及页数）

④ 吴汝钧：《佛教的概念与方法》，台北：台湾商务印书馆，2000年，第159页。

所需的修行法门，如三十七道品乃至六度万行，一直到证得圆满法身。“圆满因”分为因圆满和果圆满。因圆满即福慧行，由于发菩提心，积集福慧资粮，从而证得“果圆满”。果圆满包括智德、断德、恩德，真谛译《摄论释》说：“三身即三德：法身是断德，应身是智德，化身是恩德。由三身故至，具三德相果。”[①]“断德”断除一切烦恼业，成就法身；“智德”成就四智，能够照了一切法，成就“应身”；“恩德”乘大愿度脱众生，成就“化身”。

依“解脱诠释学”，唯识思想的发展动力来自表达瑜伽经验或佛教徒在止观修行中所体证到的对境界的渴望。“佛性”“真如”确实是一种肯定性、某种实体性的陈述，但是对于“如如”实体的断定是次要的。关键是由此种陈述认识到人类是这样的存在者，经过某种内在的和外在的转化过程(佛教修行)，他们就能够照见“实体”本身。[②]于是，《佛性论》将动态的存在论与实践论结合起来，提出“应得因”具有三种佛性——住自性性、引出性、至得性。真谛解释说：“住自性者，谓道前凡夫位；引出性者，从发心以上，穷有学圣位；至得性者，无学圣位。”[③]真谛主张依三烦恼得三真如——道前真如、道中真如、道后真如，这是他独特的思想。[④]真理的显现是依烦恼的厚薄状态而定，在“道前凡夫位”，真如此时隐而不见，即是“住自性佛性”；在有学位，实践者通过不断地修行，真理层层显现，即是“道中真如”“引出性”；在无学的佛果位，真理得到圆满呈现，即是“道后真如”“阿摩罗识”“至得性”。

所以，《佛性论》的“三因佛性”以及“应得因”的三种佛性，符合

① 真谛译：《摄大乘论释》卷十四，《大正藏》第31册，第257页下。

② Sallie B. King亦是依“解脱诠释学”的思路，强调《佛性论》的“真如”是来自止观经验的肯定。见《佛性论是地道的佛教》，载杰米·霍巴德、保罗·史万森主编，龚隽等译：《修剪菩提树——“批判佛教”的风暴》，上海：上海古籍出版社，2004年，第182页。

③ 《佛性论》卷二，《大正藏》第31册，第794页上。

④ 真谛译：《摄大乘论释》卷十四，《大正藏》第31册，第258页上。

真谛的整个思想体系。圆测《解深密经疏》引用真谛的解释：

> 于道前位中，先来本有，故名为恒。非佛出世，方始有故。道中后位，此理无灭，故称为常。佛出世后，理无尽故。法性者，即自性住。佛性者，约道前位，能为菩提以作根本，众生由此得发心故。法界者，即引出佛性，约道中位界，名为诸行根本，引出万行故。法住者，即至得果佛性，约道后位，至涅槃法，体常住故。①

圆测以《瑜伽论》的法性、法界、法住来解释三种佛性。从理上说，真如是超越的客观真理，没有位次差别，但是真谛依出世转依位的"智如合一"，主张真理是依烦恼的不同而呈现，表现了主体与真理的关联。

2. 佛性与"性修不二"

"佛性"虽然是平等无差别，但其无差别必须由差别的"过程"体现出来，而差别的"过程"却是由主体的心性表现出来，这样便有"三因佛性""三种佛性"。于是，"存在"与"过程"、"真理"与"价值"、"主体"与"客体"等二元对立，必须得到同一，即远离一切对象化的作用。《佛性论》说："分别者，是如来性，明一切法，如如清净，是其通相。"②"如如"指事物的空性、真如，"清净"指"无分别智"，对于无分别智来说，实相、真如不是对象，而是智自身。"智如合一"的结构，即是大乘的"无我"，其中并不是一元性、"基体"式的存在论，而是一种动态的、创造的"过程"。《佛性论》说："如如者，俗如即真如，真如即俗如，真俗二如，无别异故。"③分别性无相、依他性无生，即是真实性；

---

① 《解深密经疏》卷三，《卍续藏》第34册，第715页下—716页上。欧阳渐：《解节经真谛义》卷一，南京：金陵刻经处，1924年，第13页。

② 《佛性论》卷三，《大正藏》第31册，第805页下。

③ 《佛性论》卷三，《大正藏》第31册，第805页下。

分别与依他二性即是“俗如”，真实性即是“真如”，“俗如”与“真如”是平等无差别的。

从实践论来说，存在论的“过程”必须得到体现，因此《佛性论》区分“因中如如”和“因果俱净”，即是“有垢真如”和“无垢真如”。大乘佛教的核心是“六度”，而六度的根本是“般若波罗蜜”，所以大乘的实践即是般若的实践，破除颠倒的虚妄分别而现成真实之智。般若的“智”不是与实践相对的理论性的“知”，同时也不是与理论相对的实践。“般若”是行的智，是智的“行”。[①]“知”是科学性、日常性的，“智”则是否定这种对象化的“知”，转而从自身来“智见”事物。但是，“般若波罗蜜”是由浅至深一步一步深入，一直到“过程”圆满，完全不再以对象性的方式来认知事物，此时成立的才是真正的“般若”。“智”的整个过程，包括究极圆满时，都称为“般若波罗蜜”。我们受到上田义文的启发[②]，发现《大智度论》中有一段非常重要的阐释：

问曰：云何名般若波罗蜜？答曰：诸菩萨从初发心，求一切种智，于其中间知诸法实相慧是般若波罗蜜。问曰：若尔者不应名为波罗蜜，何以故？未到智慧边故。答曰：佛所得智慧是实波罗蜜，因是波罗蜜故，菩萨所行亦名波罗蜜，因中说果故。是般若波罗蜜在佛心中，变名为一切种智；菩萨行智慧，求度彼岸故，名波罗蜜；佛已度彼岸故，名一切种智。问曰：佛一切诸烦恼及习已断，智慧眼净，应如实得诸法实相，诸法实相即是般若波罗蜜；菩萨未尽诸漏，慧眼未净，云何能得诸法实相？答曰：此义后品中当广说，今但略说。如人入海，有始入者，有尽其源底者，深浅虽异，俱名

---

① 上田义文著，陈一标译：《大乘佛教思想》，台北：东大图书，2002年，第65页。

② 上田义文：《仏教思想史研究》，京都：永田文昌堂，1958年，第169—170页。

为入。佛菩萨亦如是，佛则穷尽其底，菩萨未断诸烦恼习，势力少故，不能深入，如后品中说。譬喻如人于暗室燃灯，照诸器物，皆悉分了；更有大灯益复明审，则知后灯所破之暗，与前灯合住；前灯虽与暗共住，而亦能照物；若前灯无暗，则后灯无所增益。诸佛菩萨智慧亦如是，菩萨智慧虽与烦恼习合，而能得诸法实相，亦如前灯亦能照物。佛智慧尽诸烦恼习，亦得诸法实相，如后灯倍复明了。①

佛的"一切种智"断尽一切烦恼，可以称为"般若波罗蜜"；而菩萨从初发心修行求一切种智，尚未断尽烦恼习，便称有"般若波罗蜜"。换言之，"般若波罗蜜"存在于烦恼习次第断的实践过程中。这段话的根本问题在于，烦恼习断尽，佛得诸法实相；而菩萨烦恼习未尽，其"般若波罗蜜"如何能够得诸法实相？这其实是实践论的"性立场"与"修立场"的关系问题。从"性立场"来说，诸法实相没有习气断与未断的区别，众生本来是佛，没有修行的必要。龙树则从"修立场"出发，依两个譬喻，巧妙地解决了"性""修"的矛盾结构，菩萨虽然有烦恼，但是亦能得诸法实相。②

《佛性论》无疑继承了初期大乘这种"性""修"矛盾结构，在"性立场"，主张"真俗二如，无别异故"；在"修立场"，主张因烦恼习的不同，佛性便有阶位相的不同。但是，"修"不离"性"，所以佛性有"通相"；"性"不离"修"，即有凡圣的差别。"性""修"的矛盾结构是"解

① 《大智度论》卷十八，《大正藏》第25册，第190页上—中。

② 《大智度论》卷七十九有意思相同的叙述："此中说诸法实相，名为空行。如一切声闻弟子中，须菩提空行最胜。如是除佛，诸菩萨空行胜于二乘。何以故？智慧分别利钝，人有深浅故，皆名得诸法实相，但利根者得之了了。譬如破暗故燃灯，更有大灯，明则转胜；当知先灯虽照，微暗不尽；若尽，后灯则无用。行空者亦如是，虽俱得道，智慧有利钝故，无明有尽不尽。惟有佛智，能尽诸无明。"见《大正藏》第25册，第618页下。

脱诠释学”的核心内容，它揭露了真理与修行的关系问题。依“佛性”的“修立场”，即主体结构的不同，可分别为三种众生相与佛性的阶位相：(1)不证见佛性，名为凡夫，这是佛性的不净位；(2)能证见佛性，名为圣人，这是佛性的净位；(3)已证究竟清净，名为如来，即佛性的最清净位。这些都是依修道者的烦恼厚薄不同而建立的：第一，凡夫以“颠倒为事”，一切凡夫依颠倒烦恼而对菩提产生障碍，想颠倒—皮烦恼—禅定障，见颠倒—肉烦恼—解脱障，心颠倒—心烦恼—所知障。第二，有学圣者以“无惑倒”和“无行倒”为事，“惑倒”起，即违背超越真理，产生烦恼；“行倒”则是不修常等四德，但修无常苦等为解脱因。第三，如来以“无颠倒无散乱有别法为正事”，即已灭三烦恼，能不舍大悲本愿，作恒化众生的正事。

二　如来藏与“悉有佛性”——《佛性论》与《宝性论》的比较研究

1. 如来三自性与如来藏三自性

依“性立场”，佛性在各个证悟阶位中无差别，这就是佛性的“无变异相”，相应于《宝性论》的“不变不异”。《佛性论》指出六种无变异：(1)无前后际变异；(2)无染净异；(3)无性异；(4)无转异；(5)无依住异；(6)无灭异。这六种无变异相，可以概括为三种：第一“前后无变异”为“三时无变异”，第二“染净无变异”，后四为“生住异灭四相无变异”。《宝性论》的“不变不异”，是不净、净不净、善净等三时的“不变不异”，与《佛性论》的“无前后际变异”相应。二论相比，《佛性论》是参考了《宝性论》的“无量烦恼所缠品”和“为何义说品”。[①]

有关“无前后际变异”，《佛性论》引文加以说明：“如佛为海智菩

① 武邑尚邦：《仏性論研究》，京都：百花苑，1977年，第335页。

萨说《解节经》言：客尘相应故，有自性德故，如前后亦尔，是无变异相。”[①]但是，此偈颂不见于《解节经》与《解深密经》，经武邑尚邦考证，这是出自《宝性论》的偈颂，而且与《大集经》有密切关联。[②]《佛性论》解释说，不净位中有九种烦恼，虽被九种烦恼所染，但是众生自身常与净位中的常、乐、我、净相应。所以，如来性在不净位、净不净位、净位，常与涅槃四德相应，前后无有变异。众生本来自性清净，九种烦恼是外来的“客尘”。《佛性论》所举的九种烦恼与《如来藏经》如来藏九种譬喻相配，而这两种说法都与《宝性论》相似。[③]九种烦恼、四种众生和如来藏九喻对照如下：

表6.2 九种烦恼、四种众生和如来藏九喻对照表

凡夫	随眠贪欲烦恼	莲花化佛喻
	随眠嗔烦恼	群蜂绕蜜喻
	随眠痴烦恼	谷中粳粮喻
	贪嗔痴等极重上心烦恼	金堕不净喻
罗汉	无明住地惑	贫女宝藏喻
有学	见谛所灭惑	菴摩罗树子喻
	修习所灭惑	弊帛裹金宝喻
菩萨	不净地惑	贫女怀王子喻
	净地惑	模中金像喻

如来藏的九喻，其思想是一致的，即在众生的烦恼杂染中，有一种向内证知、向内自觉的反省能力，这是一种具有绝对普遍性与必然

① 《佛性论》卷四，《大正藏》第31册，第806页下。

② 武邑尚邦：《仏性論研究》，京都：百花苑，1977年，第337—339页。《究竟一乘宝性论》卷三说：“诸过客尘来，性功德相应，真法体不变，如本后亦尔。”见《大正藏》第31册，第832页中。

③ 《佛性论》卷四，《大正藏》第31册，第807页下；《究竟一乘宝性论》卷四，《大正藏》第31册，第837页上—838页中。

性，而为超越存在的自觉主体。但是，不能依此譬喻，将如来藏理解为一元性、实体性的主体。如来藏的思想基础是“空性”，只有依于“空性”“无我”“中道”的如来藏，才符合佛教的整个思想。[①]

《佛性论》又以九喻与如来三自性——法身、如如、佛性相比对，初三合喻法身，次一喻如如，后五喻佛性。“法身”有二种——“正得”与“正说”，“正得法身”是最清净法界，属于无分别智的境界，是诸佛当体自所得，这是佛自悟之法，非世间能比，因此以莲花化佛为喻。无分别智远离一切对象化的作用，如实地认识事物，因此无分别智没有自己以外的对象，认识事物同时就是认识自身。在般若波罗蜜中，如实认识事物和如实认识自己，二者不可分离，合而为一，称为“知诸法实相”或“证真如”。“正说法身”是为众生说法界等流之法，真谛译《摄论释》说：“真身即真如法及正说法，正说法从真如法流出，名正说身。此二名法身，此法最甚深难可通达，非下位人境界。”[②]因为说法对象的不同，“正说法身”又分为“深妙”和“粗浅”，“深妙”是为大乘诸菩萨而说的甚深微妙法藏，以“群蜂绕蜜”为喻；“粗浅”则是应二乘人之根机而演说种种三藏十二部法门，以“谷中粳粮”为喻。对于这些比喻的区别，真谛加以说明：

> 释曰：一、正得法身者，体是真如，世间无物可为譬者，故还取花中佛像为譬。二、正说深妙法身者，以真如一味故，故取蜂家蜜为譬。三、粗浅正说法身者，以显真俗种种义味故，故取糠中米为譬。由此三譬，显诸佛正得法身、正说法身，是三法身遍满摄藏

---

① 释恒情对如来藏的空性义进行了探讨，见Heng-Ching Shih, The Significance of “Tathagatagarbha”: A Positive Expression of “Sunyata”, *Philosophical Review*, vol.11, pp.227-246。

② 真谛译：《摄大乘论释》卷十五，《大正藏》第31册，第268页下—269页上。

一切众生界无余故，故经说无一众生出如来法身外者，如无一色出虚空外者故。①

深妙正说法身，表示真如法身是平等无差别，如蜜蜂采蜜，纵有百花的差别，而同为蜜；粗浅正说法身表现了真理的差别性，即是真谛、俗谛等，所以以糠中米为喻。这与《宝性论》所说“法身有二种，清净真法界，及依彼习气，以深浅义说。……如美蜜一味，微细法亦尔，修多罗等说，如种种异味”是相同的意思。②而且，从无分别的“绝对之境”来说，“法身”具有遍满性，能够遍满摄藏一切众生，所以说一切众生即法身。《佛性论》的“法身”三喻，正是“法身遍满义”，与《宝性论》一致。③

《宝性论》的如来藏三义之二“真如无差别义”，即是《佛性论》“如如”三义，以“金堕不净”为喻。列表如下：

表6.3　“真如无差别义”“如如”三义与“金堕不净喻”关系对照表

性无变异	自性如(无变异)	金自性不变
功德无穷	功德如(无增减)	金功德无穷
清净无二	清净如(无染污)	金自性清净

如来藏作为如来的清净真如，是一切无差别的，与众生如没有任何差别，只是众生(如)为烦恼所覆障而已。这样，众生本性清净而为烦恼所覆，当然可以称为如来藏了。《佛性论》与《宝性论》对真如无差别的

① 《佛性论》卷四，《大正藏》第31册，第808页上—中。

② 《究竟一乘宝性论》卷四，《大正藏》第31册，第838页中。

③ 《究竟一乘宝性论》卷四说：“诸佛美蜜及坚固等三种譬喻，此明如来真如法身有二种义：一者遍覆一切众生，二者遍身中有无有余残，示现一切众生有如来藏。此以何义？于众生界中无有一众生离如来法身，在于法身外；离于如来智，在如来智外。如种种色像，不离虚空中。”见《大正藏》第31册，第838页下。

阐释，是相同的。[①]

第三种如来自性是“佛性”，如来藏第三义是“佛种性”，佛性有“住自性性”和“引出性”两种，诸佛三身由此二性得以成就。在九种譬喻中，后五喻是比喻佛性的，与汉译《宝性论》相同。《宝性论》说：“佛性有二种：一者如地藏，二者如树果。无始世界来，自性清净心，修行无上道，依二种佛性，得出三种身。”[②]《宝性论》以地中宝藏和树果比喻两种佛性，依之可得三身；《佛性论》则以地中宝藏喻“住自性性”，表示法身；以菴摩果喻“引出性”，得应身和化身。

《宝性论》的梵文本，亦是依二种性——“住自性种性”和“习所成种性”，而阐明三身。[③]地藏喻相应于“住自性种性”，树果喻相应于“习所成种性”；而且，“住自性种性”是喻为宝像的自性身，“习所成种性”是喻为转轮圣王的受用身与喻为金像的变化身。[④]《佛性论·显体分》提到佛性三因中“应得因”有三种佛性——住自性性、引出性、至得性，此处却只提到前二者。释恒清认为，三因是约因位的作用，而后者侧重果位的显现；如来藏思想强调因果位中本质上无变异，故二种说法只有重点的不同，而无实质的差别。[⑤]

真谛将种性(gotra)解释或翻译为“佛性”，是其佛性说中最少见的用法。印顺以敏锐的眼光，指出这种解释路径的来源。他认为《佛性论》的三因说是参照《瑜伽论·菩萨地》的“三持”而改写的。[⑥]《瑜伽

---

① 《究竟一乘宝性论》卷四说：“以性不改变，体本来清净，如真金不变，故说真如喻。……一切诸众生，平等如来藏，真如清净法，名为如来体。依如是义故，说一切众生，皆有如来藏，应当如是知。”见《大正藏》第31册，第838页下。

② 《究竟一乘宝性论》卷四，《大正藏》第31册，第839页上。

③ 中村瑞隆：《梵汉对照究竟一乘宝性论研究》，台北：华宇出版社，1986年，第141页。

④ 中村瑞隆：《如来藏的体系》，载高崎直道等著，李世杰译：《如来藏思想》，《世界佛学名著译丛》第68册，台北：华宇出版社，1986年，第117页。

⑤ 释恒清：《佛性思想》，台北：东大图书，1997年，第195页。

⑥ 印顺：《如来藏之研究》，台北：正闻出版社，1992年，第209页。

论》说：

> 云何名持？谓诸菩萨自乘种姓最初发心，及以一切菩提分法，是名为持。何以故？以诸菩萨自乘种姓，为所依止故，为建立故，有所堪任，有大势力，能证无上正等菩提，是故说彼自乘种姓，为诸菩萨堪任性持。以诸菩萨最初发心，为所依止，为建立故，于施、戒、忍、精进、静虑、慧，于六波罗蜜多，于福德资粮、智慧资粮，于一切菩提分法，能勤修学，是故说彼最初发心，为诸菩萨行加行持。以诸菩萨一切所行菩提分法，为所依止，为建立故，圆满无上正等菩提，是故说彼一切所行菩提分法，为所圆满大菩提持。……此种姓已说名持，亦名为助，亦名为因，亦名为依，亦名阶级，亦名前导，亦名舍宅。[1]

持（ādhāra）是所依止、所建立的意义，也就是"因"的意思。菩萨的自乘种性，是菩萨的"堪任性持"；初发菩提心，是菩萨"行加行持"；一切所行菩提分法，是菩萨所圆满的"大菩提持"。三持与《佛性论》的三因，次第相同，内容也相同。但《佛性论》改《瑜伽论》的种性——种子为真如，真如为如来藏的别名。

真谛对《瑜伽论》的"三持"与《宝性论》"如来藏三义"进行创造性的诠释，于是"三持"成为三因佛性；"如来藏三自性义"——法身、真如、种性成为"如来性三义"——法身、如如、佛性。真谛通过创造性的诠释，将"种性"改造成"佛性"，从而表现出其思想的独特性。

对于九种譬喻，《佛性论》与《宝性论》都同意"前三譬法身，次譬如如，后五譬佛性"。但是，在《佛性论》最后，真谛解释说："唯识智

---

① 《瑜伽师地论》卷三十五，《大正藏》第30册，第478页中—下。

者，即无尘体智。是唯识智若成，则能还灭自本意识。何以故？以尘无体故。”[①]真谛是依唯识古学的实践次第来达成对法身、佛性的体验。这是从“方便唯识”的唯识无境，最后到达“真实唯识”的境无识无，即唯有“阿摩罗识”——究竟净识、转依等。而且，《佛性论》更引偈颂“意识三有本，诸尘是其因，若见尘无体，有种自然灭”[②]，在对虚妄迷染世界的诠释方面，真谛坚持了瑜伽行派的“虚妄唯识”传统，以客尘烦恼解释现象界的展开。

《宝性论》则在九种譬喻之后，转向“实体”(svabhāva)等八种句义，导向“转身实体清净”——“向说如来藏不离烦恼藏所缠，以远离诸烦恼转身得清净，是名为实体应知”[③]。《宝性论》坚持如来藏系的超越立场，从有垢真如导向无垢真如。《宝性论》强调“一念心相应慧”“不减一法者，不灭烦恼”[④]，赖贤宗指出，这相当于天台圆教中之“一念心”和“不断断”，此中的结构性内涵则说为：自性清净心体不舍一切客尘烦恼，并且彼解脱不离一切法，这是用“不断断”的论义去说明“带圆意的如来藏说”。[⑤]

2. 三藏义与“悉有佛性”三义

真谛采取“中间路线”的诠释方式，其独特性还体现在“如来藏”三义——所摄藏、隐覆藏、能摄藏，这与《宝性论》的“一切众生是如来藏”或“悉有佛性”三义——法身遍满、真如无差别、有佛种性，有不同的展开。

---

① 《佛性论》卷四，《大正藏》第31册，第809页中。

② 《佛性论》卷四，《大正藏》第31册，第809页下。

③ 《究竟一乘宝性论》卷四，《大正藏》第31册，第841页上。

④ 《究竟一乘宝性论》卷二、四，《大正藏》第31册，第827页上、840页上。

⑤ 赖贤宗：《如来藏与唯识的交涉——以〈佛性论〉为中心的比较研究》，《国际佛学研究》创刊号，1991年，第219页。赖氏将《佛性论》的思想界定为“带圆意的如来藏说之圆教式知识论”，是其创见。

汉译本《宝性论》对如来藏自性三义与“悉有佛性”三义，都依法身、真如、种性去解说，二者的关系不明确。今依梵文本，将二者的同异列表如下[①]：

表6.4　如来藏自性三义与“悉有佛性”三义异同表

	“悉有佛性”三义	（共相是清净）如来藏自性三义	
法身	正觉者之身遍满故 众生聚在佛智中故	威神力（如意宝）	(1)善无垢法界（无分别智） (2)法界等流教法
真如	本性不二故 真如无差别故	无异性（虚空）	本性不变、纯真、清净
种性	依果假设故 有佛种性故	润泽性（水）	(1)本性种性＝法身（自性身） (2)修行种性＝受用身与变化身

对于《宝性论》的“悉有佛性”三义，《佛性论》则以三藏义进行诠释，二者有同有异。

一、所摄藏，《佛性论》说：

> 一、所摄名藏者，佛说约住自性如如，一切众生是如来藏。言如者，有二义：一、如如智，二、如如境。并不倒故名如如。言来者，约从自性来。来至至得，是名如来。故如来性虽因名，应得果名。至得其体不二，但由清浊有异。在因时，为违二空，故起无明；而为烦恼所杂，故名染浊；虽未即显，必当可现，故名应得。若至果时，与二空合，无复惑累，烦恼不染，说名为清；果已显现，故名至得。[②]

① 见小川一乘：《〈宝性論〉と〈仏性論〉——“悉有仏性”の三種義を中心て》，载平川彰编：《如来蔵と大乗起信論》，东京：春秋社，1990年，第241页。

② 《佛性论》卷二，《大正藏》第31册，第795页下—796页上。

所摄藏是指众生为如来所摄藏，依此说一切众生皆有如来藏(佛性)。如来藏的“如”有二义：一、如如智，二、如如境。“如如智”是指般若波罗蜜，“如如境”是指真如空性，菩萨行般若波罗蜜，无分别智远离对象化的作用，直接认识主体本身，即是“证”，这才是对真正自我的“自觉”；同时，无分别智如实地认识事物，因为无分别智没有自己以外的对象，所以认识事物同时就是认识自己。因此，真正的“如”是不能离开主体的智慧，称为“如如智”“如如境”。

依“性修不二”的立场，诸佛的“如智”是“至得性”，圆满清净；从果推因，菩萨初发心，虽然为烦恼所染，但是亦能得诸法实相，应该必能实现“智如不二”的“至得性”，所以称为“应得性”。从“性立场”，因位和果位虽有染净不同，其体不二；从“修立场”，则有差别，这是依烦恼而有所差别。所以，“应得佛性”和“至得佛性”，是同一真如。同时，将“如如智”与“如如境”同时摄入“如如”，充分表现了真谛的“过程存在论”。因为，“智”是主体的概念，“境”是客体的概念，在一般的对象性认识中，这是“能知”与“所知”的关系；但是，《佛性论》说二者“并不倒，故名如如”，于是“如”使二者成为依存的统一体。①天台“一色一香无非中道”和华严“一即一切，一切即一”，都是依这种“智如不二”的相互关系而展开。②

依此“智如不二”，处于如如境中的一切众生自然为如如智所摄持。《佛性论》说：“所言藏者，一切众生悉在如来智内，故名为藏。以如如智称如如境故，一切众生决无有出如如境者，并为如来之所摄持

---

① Sallie B. King, Buddha Nature and the Concept of Person, *Philosophy East and West*, vol.39, no.2, 1989, p.160.

② 在对象化的认识世界里，能知的“自己”位处世界的中心来认识事物，这样世界则成为“他者”；般若远离一切对象化，所知的一切事物与能知的智不二，每个事物分别成为世界的中心，一物成为中心时，其他事物就成为其周边。

故名所藏，众生为如来藏。”[1] Sallie B. King将真如看作对“实体”自身的某种“出神”（ecstatic）经验性领悟，即在空性中消除一切思想或概念，于是一切法或一切众生在那“出神”的时刻所是者，是至为真实、生动和独一无二的。但是，这不是一种本体性的理论，而是“经验”。[2]这正是“解脱诠释学”的进路，这种具有某种实体性意义的理论，来自修定等实践的结果，是一种经验的表达；从哲学来说，“如如境”作为超越的客观理体，并不能离开“如如智”，于是便形成了“过程存在论”。《佛性论》对“藏”的定义，亦充分表现了“过程存在论”——（1）显正境无比，（2）显正行无比，（3）为现正果无比，可见如来藏包含了如如境、智慧的正行修持和佛果。其实，所谓“正果”就是“智如合一”。因此，如来藏是一种动态的实践过程，并非静态的、凝固的超越客体。

二、隐覆藏，《佛性论》说：“隐覆为藏者，如来自隐不现，故名为藏。……如来性住道前时，为烦恼隐覆，众生不见，故名为藏。”[3]这就是“道前真如”、有垢真如，虽然其自性清净，但是为烦恼所藏匿，真如作为超越的理体，是不会有变异的。

三、能摄藏，“能摄为藏者，谓果地一切过恒河沙数功德，住如来应得性时，摄之已尽故”[4]。“如来应得性”是解释“能摄藏”的关键，一般解释为未发心前之众生，此时已经摄尽“果地一切恒河沙功德”，亦即众生位时已本有果地功德，只是隐而不现，这与《宝性论》“有佛种性”具有相同的意思。贤洲《佛性论节义》解释说：

---

① 《佛性论》卷二，《大正藏》第31册，第796页上。

② Sallie B. King：《佛性论是地道的佛教》，载杰米·霍巴德、保罗·史万森主编，龚隽等译：《修剪菩提树——“批判佛教”的风暴》，上海：上海古籍出版社，2004年，第184页。

③ 《佛性论》卷二，《大正藏》第31册，第796页上。

④ 《佛性论》卷二，《大正藏》第31册，第796页上。

> 如是净法无量功德，即是一心，更无所念，是故满足名为法身如来之藏。解云：以差别即无差别故，约真如体平等一味；以无差别即差别，故翻对妄说恒沙功德；以体对无二故，即无差别无障碍。又上三说同一功德，以本性功德无不成果，成果功德无非功德，莫不翻染，是故三说方为究竟。又初约至得果佛性，次约自性住佛性，后约引出佛性。问：既在缠有染有此净德，岂不因彼因中计果？答：既各对妄相翻，即是相由缘起；既就缘说有，不同彼计。是故此有，亦不有有也。[①]

贤洲对“悉有佛性”三义有两种解释：第一种即是《宝性论》“有佛种性”的解释；第二种是所摄藏为至得果佛性，隐覆藏是自性住佛性，能摄藏是引出佛性。因此，“能摄藏”应该是指“引出佛性”，即是道中真如。

我们同意贤洲的第二种解释，这是《佛性论》独特之处，亦是真谛佛学思想体系的表现。真谛思想是介于唯识与如来藏之间的“中间路线”，是妄心派向真心派的过渡，所以他在解释《宝性论》时，是用瑜伽行派“重理系”、《摄论释》的思想，进行解说、会通。他对“佛性”的最基本定义是：“佛性者，即是人法二空所显真如”，“并是二空，由解此空故，所起清净智慧功德，是名真实”[②]。真谛的佛性思想核心是“真如”，他以“真如”诠释《宝性论》的如来藏、法身、佛性、种性等所有形而上的概念；诠释方式是利用《摄论释》的“三真如”。我们首先列表如下：

---

① 贤洲：《仏性論節義》卷二，载武邑尚邦：《仏性論研究》附录，京都：百花苑，1977年，第48页下。

② 《佛性论》卷一，《大正藏》第31册，第787页中。

表6.5　“三真如”与“三佛性”“三藏义”“如来性三自性”关系对照表

三真如	三佛性	三藏义(悉有佛性)	如来性三自性(法身、如如、佛性)
道前	住自性性	隐覆藏	1.自性如——性无变异 2.功德如——功德无穷　(如如) 3.清净如——清净无二
道中	引出性	能摄藏	1.住自性性 2.引出性　(佛性)
道后	至得性	所摄藏	1.正得法身——最清净法界 2.正法法身——法界等流教法(法身)

真谛将真如分为道前、道中、道后，不仅是对真理显现的阐释，亦是强调精神主体的状态，从而将真如从“某种绝对性实体”拉回到精神主体的境界。在道前凡夫位，真如作为超越理体，被烦恼所覆藏，所以是隐覆藏的住自性性。智𫖮称之为“正因佛性”[①]，这就是“法性”或“实相”，为众生所实现之理。[②]

真谛对“道中真如”缺乏论述，但是结合引出性、能摄藏，可以对之形成完整的说明。从真谛所译唯识典籍来说，“道前真如”“道中真如”都是“有垢真如”，是本来清净的。[③]但是，“道中真如”代表修道者已经开始实践佛道，能够发菩提心，修习禅定、善行，行般若波罗蜜，因此是“净不净位”的“引出性”。这正是真谛译《摄论释》所说“圣人依”，“闻熏习与解性和合，以此为依，一切圣道皆依此生”。[④]而且，真

① 《妙法莲华经文句》卷第八上说：“道前真如即是正因；道中真如即为缘因，亦名了因；道后真如即是圆果。”见《大正藏》第34册，第110页下。

② 有关天台佛性论的研究，见陈英善：《天台缘起中道实相论》，台北：法鼓文化，1997年，第329—339页；吴汝钧：《法华玄义的哲学与纲领》，台北：文津出版社，2002年，第48—61页；赖永海：《中国佛性论》，北京：中国青年出版社，1999年，第127—131页。

③ 《三无性论》卷上：“本来清净即是道前道中，无垢清净即是道后。”见《大正藏》第31册，第872页下。

④ 真谛译：《摄大乘论释》卷三，《大正藏》第31册，第175页上。

谛认为“从十解以上，悉属圣位”[①]，“十解”即是“十住”，所以从“发心住”开始，闻熏习与“解性”和合，能够生起圣道的种种功德，称为“引出性”；同时，依此“圣人依”，具备实现果地一切功德的必然性，称为“能摄藏”。智𫖮称此“道中真如”为“缘因佛性”和“了因佛性”，了因佛性为照显此理的智慧(空慧)，缘因佛性为扶助此慧起现的善行及禅定，这些功德都是“道中真如”所具备的。[②]

“道后真如”即是成就法身，“智如不二”，所以是“至得性”“所摄藏”，也就是智𫖮所说“圆果”。

综上所述，真谛佛性思想的特点如下：一、真谛仍然是坚持瑜伽行派“重理系”的传统，以真如来诠释如来藏、佛性，这是其最大的特点，亦是其“中间路线”的核心。二、真谛继承初期大乘“性修不二”的解脱诠释学，依“性立场”，真如即俗如；依“修立场”，乃有修行实践的位次差别。三、真谛的住自性性、引出性、至得性，是依道前、道中、道后三种真如而解释“佛性”；同时，依此建立隐覆藏、能摄藏、所摄藏解释“悉有佛性”义。四、真谛的佛性思想表现了“过程存在论”，表明了真如、佛性的动态性、过程性、非实体性，不是“一元实体论”，更不是一种“发生论”。五、真谛的佛性思想，与其三性思想、解性、阿摩罗识都是一贯而终的，他是依瑜伽行派的立场来融摄如来藏、佛性思想，其立足点是唯识古学，尤其是“智如不二”的真实性。在凡夫位中，真如与无明相隔，毫无作用；在“道后真如”处，智慧与真如相融，引起作用。

---

① 真谛译：《摄大乘论释》卷三，《大正藏》第31册，第174页下。《摄大乘论释》卷四说：“菩萨有二种，谓凡夫、圣人。十信以还是凡夫，十解以上是圣人。”见《大正藏》第31册，第177页下。

② 牟宗三指出，“应得性”即真如空理之佛性在其“住自性性”时即已蕴含着其所应得之一切功德法。这是“凭依地摄持”，而非“生起地所摄持”，凭依之，可得有菩提心及加行等乃至道后法身，这只是把果地所得者倒转过来从因地说。见《佛性与般若》上册，台北：学生书局，1997年，第322页。

六、在出世转依之前，真谛是以三性与阿黎耶识为中心，仍然坚持“虚妄唯识”的立场；但是，真谛的佛性思想内部有不一致的地方，很容易导向《宝性论》的如来藏思想。

真谛以“真如”解释“佛性”，这是“从下往上”的诠释模式，即从经验立场入手，而指向“超越立场”。稻田龟男(Kenneth K. Inada)将“佛性”界定为“有机体形而上学”(organic metaphysics)，认为其消除了二分法的逻辑与认识。[①]他又说：

> 存在的连续性是极其重要的，依其才有可能阐明立足于慈悲和智慧的“过程存在论”(process ontology)，这种存在论具有非终结性和扩展性的特点。若无“过程存在论”的扩展性特点，人类的本性将无法提供成长和发展的机会。在这种意义上，“过程存在论”使界定人类和世界的形而上学成为可能，这种形而上学是在连续统一体和共同边界的意义上建立起来的。在佛教里，这对消除“自我过程”(ātman-process)的限制，而认识到“无我过程存在论”(anātman-process ontology)的无限本性，是极其重要的。[②]

他以“无我过程存在论”界定佛性，与真谛遵循的“过程存在论”和“解脱诠释学”路径，是完全相应的。佛性、如来藏确实有种实体性、神我化的危险，真谛无疑是诠释学大师，他消除了这种“危险”，而其思想依据来自瑜伽行派本身。

正因为真谛佛性思想的独特性，《佛性论》与《宝性论》显示出不

---

① Kenneth K. Inada, A Review of Metaphysics: East & West, *Chung-Hwa Buddhist Journal*, vol.4, 1991, pp.361-377.

② Kenneth K. Inada, Problematics of the Buddhist Nature of Self, *Philosophy East and West*, vol.29, no.2, 1979, p.156.

同的诠释进路。第一,《宝性论》虽然亦主张“有垢真如”与“无垢真如”,但是依“有垢真如”诠释“悉有佛性”义;《佛性论》的“住自性性”是“有垢真如”,但是将“如来”解释为“从自性来,来至至得”,是从因位至果位,即住自性、引出性、至得性来解释“悉有佛性”义。第二,《佛性论》以道前真如、住自性性解释“隐覆藏”,说明众生的现实态;《宝性论》则是依真如无差别,强调真如的不颠倒、常住,以“如体不变异”来解释“悉有佛性”,说明众生的可能态。第三,《佛性论》的“能摄藏”是指“道中真如”,这是一种实践的过程,从“发心住”开始,指向果地的功德;而《宝性论》是指种性,即本具无漏清净功德,这是“存在论”意义的解释。[①]第四,《宝性论》的法身、真如、种性“三位一体”[②],三者不可分离,遍满即法身,不变即真如,生三种佛身即种性。《佛性论》的所摄藏、隐覆藏、能摄藏,则是一体的三位差别,“性”没有差别,而“修”有差别。《宝性论》依存在论的“有垢真如”与“无垢真如”说明“悉有佛性”以及功德等,但其中心在于“有垢真如”。《佛性论》是以“过程存在论”,即从“有垢真如”向“无垢真如”的转换为中心,以此来诠释如来藏思想。

由此可以解释真谛将瑜伽行派与《宝性论》的“种性”都改造为“真如”的原因。《瑜伽论》依“种性”的差别建立“五性各别”,但是真谛依“真如”诠释佛性,主张“一性皆成”。另外,《宝性论》的“种性”主张智慧功德本有,不符合真谛的种子新熏理论,所以他将“佛种性”改造为“道中真如”,转“存在论”为“实践论”,表明智慧功德是有为现行法,是由种子生起的。所以,真谛的用意在于,依瑜伽行派的唯识

---

①　相关论述可以参考小川一乘:《〈宝性論〉と〈仏性論〉——“悉有仏性”の三種義を中心て》,载平川彰编:《如来蔵と大乗起信論》,东京:春秋社,1990年,第243—245页。

②　古贺英彦将此三义理解为“三种实体”,并且主张是“三位一体”,见古贺英彦:《宝性論管窺——仏性·如来蔵·衆生》,《禪學研究》第78号,2000年,第35页。

理论来诠释“一性皆成”，这正是其“中间路线”的体现。

总之，从诠释模式来说，《宝性论》表现了“从上还下”的模式，即从悟到迷、从净到染、从慈悲到智慧，这是一种“还相”的慈悲模式；《佛性论》则相反，表现了“从下往上”的模式，即从迷到悟、从染到净、从智慧到慈悲，这是一种“往相”的智慧模式。这种诠释模式的区别，与两大系统的契入点是相关的，《佛性论》是瑜伽行派的“经验立场”，而《宝性论》则是如来藏系的“超越立场”。但是，真谛努力去连接这两大系统，他以“真实唯识”、真实性、智如合一、阿摩罗识去衔接“如来藏缘起”。因此，赖贤宗主张在唯识学与如来藏思想的交涉过程中，境识俱泯的正观唯识(或“真实唯识”)是开放到如来藏缘起的界域。[①]

《佛性论》的诠释模式是“从下往上”，这是经验立场的一贯表现。《佛性论》经验立场的另一表现，是以“三性”诠释佛性，进一步消除佛性的实体性、神我化，最终进入“无我过程存在论”。《佛性论》说：“此三性摄如来性尽。何以故？以此三性通为体。”[②]因为“如来性”是二空所显的真如，离有离无。真谛三性思想的特色在于，分别性无相、依他性无生是同一空性，即是真实性，亦即是真如。三性与三无性是同一的，都是以真如为体，所以佛性能以“三性”为体，亦能以“三无性”为体，这是“性相融即”的表现。[③]

在经验立场与超越立场的转换过程中，境识俱泯的“真实唯识”(或“正观唯识”)确实是一种契入点，真谛明显地坚持这种“中间路线”的模式。他说：

---

① 赖贤宗：《佛教诠释学》，台北：新文丰出版公司，2003年，第205页。

② 《佛性论》卷二，《大正藏》第31册，第794页上。

③ 岩田谛静就《佛性论》与《瑜伽论》的三性思想，从文献上做过很好的比较，见岩田谛静：《真諦の唯識説の研究》，东京：山喜房佛书林，2004年，第391—399页。

> 心者，即六识心；意者，阿陀那识；识者，阿黎耶识。于此三中，不得生故；此中若无三识，则无分别。分别既无，亦无不正思惟等；既无三识，则不得起无明。是以如来法身离不正思惟故，则不起无明。若不起无明，十二有分不为生缘，故名不生。又《胜鬘经》说：是苦灭者，非灭坏法，是名苦灭。……湛然自性清净解脱，一切烦恼壳功德，过恒沙数，相摄非相离，不舍离智不可思惟，与如来法相应，如来法身诸佛所说。[①]

《佛性论》的心识论与真谛所译其他经论是一致的，如以“阿陀那识”为末那识。六识、阿陀那识与阿黎耶识，这三种识的特性都是“能知”，但必须以识的自我否定性为前提。所以，识是“非识”才能如实认识自身，由于“识”成为“无”而成为事物（境），这样的认识是一种远离对象化的活动。于是，能知（识）和所知（境）二而不二，“不二”即无分别、真如。在“识”自体是空、无性这点上，识融没于真如、空（真实性）中；同时在缘生这点上，识与真如背反，是虚妄。一方面，识有（依他性）与境无（分别性）对立；另一方面，因为能缘所缘平等，此有与无融没于绝对的空、真实性中。[②]所以，在“有”与“无”、“能”与“所”的“二而不二”的关系中，成立了唯识无境、境识俱泯。识是分别执著的主体，既然远离主体的对象化作用，则烦恼无明自然无从生起，十二缘起亦自然不生，不生故不灭，于是证入如来法身。真谛的诠释进路，是从染到净的转换，这与《宝性论》有很大区别。

在超越的层面，真谛突出了“智慧”与“空性”，对如来藏进行非实体性、非神我化的诠释。他说：

---

① 《佛性论》卷三，《大正藏》第31册，第801页下。

② 上田义文著，陈一标译：《大乘佛教思想》，台北：东大图书，2002年，第204—205页。

> 不见此人法想境，故名二空……境智等无增减，是名平等观。此观能除真实见暗障，是如来法身至得家因……二修者，一如理修，二如量修……自性清净心，名为道谛；惑本无生，净心不执，名为灭谛。……如《胜鬘经》说：烦恼不触心，心不触烦恼。云何无触法，而得染心，如此而知名如理智。如量智者，究竟穷知一切境，名如量智……见众生界自性清净，名为无著，是为如理智相。无碍者，能通达观无量无边界故，是名无碍，是如量智……又如理智者，是清净因。如量智者，是圆满因。[①]

真谛主张“佛性”是“如如”，这是包含主体性的智慧与客体性的真理在内的统一体。因为自我的舍离同时就是世界的舍离，世界的“空”同时就是自我的“空”，所以真实自我的诞生同时是真实世界的诞生。“智如合一”表明了能所、有无的平等，从而证得法身，所以是“至得性”之因。从主体的智慧来说，根本无分别智亲证真如，这是“如理智”；而无分别后得智证诸法差别，这是“如量智”。前者是“空如来藏”，后者是“不空如来藏”。

《佛性论》对如来藏的诠释，坚持一种“自下往上”的智慧模式，对如来藏的有关命题，都是从智慧、修证的“解脱诠释学”角度加以诠释。[②]

三　阐提有性与三信

真谛继承《摄论》的种子无漏新熏说，自然强调“一性皆成”。但

---

① 《佛性论》卷三，《大正藏》第31册，第802页上。

② 任继愈在其主编的《中国佛教史》第3卷中总结真谛的佛性思想说：“总之，把‘唯识无尘’的道理当作‘如来佛性’，并作为追求掌握的至高真理，从而也规定为佛教实践的根本依据，这就是《佛性论》的核心内容，也是真谛唯识学的实际意义。”（北京：中国社会科学出版社，1988年，第248页）

是，真谛强调“中间路线”的诠释模式，其“真如”是超越的理体，具有普遍性、超越性的特点，却并不具有“随缘”之用。圆测《解深密经疏》记载：“真谛等一类诸师依《法华》等诸经及论，皆作此说一切众生皆有佛性。”[①] 所以，“一阐提”具有“真如”，这在形而上的超越层面，没有任何困难。《佛性论》说：“如在一切邪定聚及一阐提诸众生中，本无差别。若至客尘灭后说名如来藏，故说一切众生为如来藏。”[②] 真如无差别正是佛性普遍性的根据。困难之处在于，“一阐提”如何迈向佛道的修行，即其可能性如何能够必然地实现，这是实践论上的重要问题。

既然能够肯认一切众生皆有佛性，为什么经论中佛说众生不住于性，永无般涅槃？《佛性论》回答说：

> 若憎背大乘者，此法是一阐提因，为令众生舍此法故。若随一阐提因，于长时中，轮转不灭，以是义故，经作是说。若依道理，一切众生，皆悉本有清净佛性；若永不得般涅槃者，无有是处。是故佛性决定本有，离有离无故。[③]

憎背大乘是一阐提的因，为了使众生舍此因，于此生惭愧心，以免轮回不断，所以经论中说众生不住佛性，这是方便说。从究竟意义上说，一切众生皆有佛性，而且是佛性本有。《佛性论》强调佛性的非实体性、非神我化，所以佛性是“离有离无”，不落于实有与虚无二边，是超越有、无的观念，直接与“空性”相连。

《佛性论》指出，一阐提具有普遍与必然的“佛性”，而且是能够实

---

① 欧阳渐：《解深密经圆测疏引存真谛说录余》，载《解节经真谛义》附录，南京：金陵刻经处，1924年，第4页。《解深密经疏》卷四，《卍续藏》第34册，第776页下。

② 《佛性论》卷三，《大正藏》第31册，第808页中。

③ 《佛性论》卷一，《大正藏》第31册，第788页下。

现的。《佛性论》在佛性的因相中，举出四种因，在去除四障后，证得法身四德。此中关系，可以列表如下：

表6.6 《佛性论》中“众生”“四障”“四因”“四果”对应关系表

众生类别	四障	四因(对治)	四果(波罗蜜)
独觉	不乐观利益他事	菩萨大悲	常
声闻	怖畏生死	破虚空三昧	乐
外道	身见计执	无分别般若	我
一阐提	憎背大乘	信乐大乘	净

既然憎背大乘是一阐提的因，只要遣除此因，便能与佛道相应。因此，《佛性论》继承了如来藏系的慈悲模式，提出“信乐大乘”的重要性，使一阐提能够成就佛道。同时，真谛亦强调无分别智与禅定的重要性，依智慧与禅定可以除去一阐提之因。真谛译《摄论释》说：

> 释曰：若人从闻正说，于无分别智生信乐，由此信乐破坏四恶道业。何以故？恶业依非理起，信乐从是理生；依非理起故虚，从是理生故实；虚不能对实，是故破坏。此偈显加行无分别智。……
>
> 论曰：清净如虚空，此无分别智，解脱一切障，由得及成就。
>
> 释曰：一切障谓皮、肉、心三障，或一阐提、外道、声闻、独觉四德障。由解脱如此障，故清净。①

《摄论释》主张，“信乐”是加行无分别智，能够破坏四恶道业，这是真实的“理”对治虚妄的“非理”。根本无分别智则能对治一阐提、外道、声闻、独觉等四德障。《摄论释》与《佛性论》的不同之处在于，前者主张由无分别智与禅定对治一切障，后者则继承《宝性论》，主张四因对

① 真谛译《摄大乘论释》卷十二，《大正藏》第31册，第241页下。

治四障。《摄论释》在解释“大乘光三摩提”时亦说：“此定能破一阐提习气无明暗，是暗对治，故名光。此定缘真如实有易得，有无量功德故，能破一阐提习气，即是方便生死障。”[①]大乘禅定及根本无分别智能够对治、破除一阐提习气，所以一阐提能够成佛。

从真谛的“从下往上”的智慧模式来说，从无漏种子新熏出发，禅定与无分别智能够对治、破除一阐提，所以一阐提不但有佛性，而且能够成佛。但是，真谛还受到如来藏的“从上还下”的慈悲模式影响，强调“信乐大乘”的重要性，由此能破一阐提的因。

水谷幸正指出，“信”(śraddhā)一语并非限于佛教，而是在印度有广泛使用。至于“信”作为佛教论义，有“信其实有”“信其有德”“信其能有”，即“实有”(因)、“有德”(果)、“有能”(果)，通于阿毗达磨(《俱舍论》)和唯识思想诸论典(《成唯识论》)。[②]《成唯识论》说：

> 信差别，略有三种：一、信实有，谓于诸法实事理中，深信忍故；二、信有德，谓于三宝真净德中，深信乐故；三、信有能，谓于一切世出世善，深信有力，能得能成，起希望故。[③]

《成唯识论》的“信实有”是指相信“诸法实事理”，一切真实佛法的事理都是信忍的内容，其对象非常宽泛。

《宝性论》对信解非常重视，论中说：“身及彼所转，功德及成义，示此四种法，唯如来境界。智者信为有，及信毕竟得，以信诸功德，速

---

① 真谛译《摄大乘论释》卷十一，《大正藏》第31册，第234页下—235页上。

② 水谷幸正：《如来藏与信》，载高崎直道等著，李世杰译：《如来藏思想》，《世界佛学名著译丛》第68册，台北：华宇出版社，1986年，第189—196页。

③ 《成唯识论》卷六，《大正藏》第31册，第29页中。

证无上道。”[①]此亦是“三信”——信为有、信毕竟得、信诸功德，与阿毗达磨以来的传统是一致的。但是，对于“信实有”或“信为有”，《宝性论》强调其对象是佛性和佛菩提，信解如来藏理与三宝之实有，并相信它们在生命中“能”被证明出来，因为所信之如来藏理与能信的自性清净心同具有“不二”的存在构成(信毕竟得)，以及由此信而使得心净化并得到自性清净心的诸种功德(信诸功德)。因此，“信”的内容已经从一切真实佛法转向强调佛性的信仰。

真谛受到如来藏系“信”的影响，《摄论释》直接将“信”与“佛性”相连：“信有三处：一、信实有，二、信可得，三、信有无穷功德。信实有者，信实有自性住佛性。信可得者，信引出佛性。信有无穷功德者，信至果佛性。”[②]真谛融摄如来藏与唯识思想，佛性与信的关系是最好的例证。《佛性论》又说：“信有四种：一、信有，二、信不可思议，三、信应可得，四、信有无量功德。”[③]在“三信”外增加了“信不可思议”而成为四种，这是从“信有”中延伸出来的，“信有”是以“信不可思议”为内容。[④]

下表将《摄论释》《佛性论》《宝性论》的“三信”与“三佛性”等进行对比[⑤]：

---

① 《究竟一乘宝性论》卷四，《大正藏》第31册，第847页上。

② 真谛译：《摄大乘论释》卷七，《大正藏》第31册，第200页下。

③ 《佛性论》卷二，《大正藏》第31册，第799页下。

④ 水谷幸正：《如来藏与信》，载高崎直道等著，李世杰译：《如来藏思想》，《世界佛学名著译丛》第68册，台北：华宇出版社，1986年，第223页。

⑤ 关于信与佛性的关系，由于思想依据的不同，研究者各有不同的配对。高崎直道认为“信实有”应与“所摄藏”“法身”相照应，而“信有功德”对应“能摄藏”的佛性。释恒清则以“信有功德”对应“法身”“所摄藏”，以“信可得”对应“真如”“隐覆藏”，以“信实有”对应“佛性”“能摄藏”。见释恒清：《佛性思想》，台北：东大图书，1997年，第132—133页。我们的观点，又与这二位略有不同，是依《佛性论》对《宝性论》的解释而进行比较。

表6.7 《摄论释》《佛性论》《宝性论》中"三信"与"三佛性"等对照表

三信	三因	三佛性	三藏义（《佛性论》）	悉有佛性（《宝性论》）
信实有	应得因	自性住佛性	隐覆藏	真如无差别
信可得	加行因	引出性佛性	能摄藏	佛种性
信有功德	圆满因	至果佛性	所摄藏	法身遍满

通过对"三信"与佛性关系的诠释，真谛将智慧模式与慈悲模式进行衔接，但是亦埋下了陷阱。真谛是以"真如"诠释"佛性"，本来没有"本具无为功德"的意思。但是，"信实有"则是坚信自身实有"能摄"如来清净功德的"自性住佛性"，如此则走向如来藏的"本有"，背离了瑜伽行派的立场，这亦是其"中间路线"的危险所在。依此说，众生要相信凭借修行，能够引出、应得"果地一切功德"；最后，必须相信自己所证"至果佛性"有无量功德，这是"法身遍满"。

真谛继承阿毗达磨以及《宝性论》对"三信"的诠释，而且进行自己的建构。信仰本是宗教之入门，而真谛将之贯入佛道修行的整个过程，彻因彻果，这亦是佛教"解脱诠释学"的特色。真谛在存在论方面一直坚持瑜伽行派的立场，但是由于在"实践论"方面引进如来藏"三信"的"慈悲模式"，从而将自己导向如来藏"本觉式"的立场，这是其"中间路线"的陷阱。而且，真谛坚持以"佛性"诠释"信"，与唯识今学"实事理"有着本质的不同。但是，真谛亦一直试图避免"本觉式"危险，所以在《摄论释》中将"信"摄入"加行无分别智"，欲以智慧化解其危险。

四 理佛性与如来藏——有关《佛性论》的现代论争

目前国际学界对《佛性论》的诠释出现三大趋势：第一，实践论与"解脱诠释学"的进路，以Sallie B. King为代表，坚持"真如"是经过修行而能够渐渐照见“实体”本身，另外主张佛性思想是一种救世的方便，应该是信仰状态的经验，即“我信一切众生都能够并终将脱离生死、获得自在”。[①]释恒清的诠释是在前者的基础上偏向如来藏思想。他认为《佛性论》的中心思想还是遵循正统如来藏学，其重要主题有乐观的人生论、证悟境界的肯定特性、不二的真如、佛性即是修证。[②]

第二，印顺强调真谛是以瑜伽学所说去解说、比附、充实如来藏学，如《佛性论》的三因说，是参考《瑜伽论·菩萨地》的“三持”而改写的；强调《佛性论》三藏说的“隐覆藏”是约烦恼隐覆如来性说，与《宝性论》第二“真如无差别”不合；主张《佛性论》是受《摄论》的影响，因为《摄论》“无始时来界”对阿黎耶识解释为“三藏义”——摄藏为因性、摄藏为果性、摄藏为自我性，从而推断《佛性论》以三藏解释如来藏，是比合阿黎耶识三藏的；而且，隐覆藏与执藏，是富有共同性的。[③]印顺对真谛思想的诠释，一向亦是坚持“中间路线”，给予我们很大的启发。《宝性论》缺乏对从染到净实践过程的阐明，因此如来藏说在面对修持的问题时，必须从“法身藏”转而重视“隐覆藏”的课题，以“隐覆藏”作为实践论与存在论的出发点，这就是瑜伽行派“经验立场”之所在。印顺推断“三因佛性”的根源来自《瑜伽论》的“三持”，是具有深刻意义的。

---

① Sallie B. King：《佛性论是地道的佛教》，载杰米·霍巴德、保罗·史万森主编，龚隽等译：《修剪菩提树——“批判佛教”的风暴》，上海：上海古籍出版社，2004年，第182、185页。Sallie B. King的博士论文《佛性》曾经总结《佛性论》的思想重点为：(1)超越空性，从肯定的进路强调正觉的积极内涵；(2)引入瑜伽系三自性、三无性、转依等概念，以会通佛性的意义和实现；(3)佛性论建立在不二真如的形上架构上，有别于神我的一元论；(4)佛性非凝然的本体存在，佛性的体证是佛法实践过程的圆成；(5)基于佛性普遍存在的理论，对人性，甚至于其他一切众生，持肯定乐观的看法。Sallie King, *Buddha Nature*, State University of New York Press, Albany, 1991, p.27.

② 释恒清：《佛性思想》，台北：东大图书，1997年，第147、204—205页。

③ 印顺：《如来藏之研究》，台北：正闻出版社，1992年，第210—211页。

印顺在《摄论讲记》中有一段话，遭到牟宗三的批判，引起二者的一些争论。他说：

> 二、在新熏种以外，承认有本有种，但不同于《瑜伽》《庄严》的有为无漏本性住种，而是诸法法性本具的一切无为功德(接近心性本净说)：世亲的《佛性论》说二种佛性，在行性佛性外，还有理性佛性。这本有的佛性，是一切众生所共有的如来藏性，没有离缠的有情，虽不能显现，但是本来具足的。实际上，《本地分》的无始传来的六处殊胜的本性住种，和世亲说的理性佛性，蕴界处中的胜相——如来藏，原是一个。只要把《瑜伽》的六处殊胜，与《楞伽》《密严》《无上依》《最胜天王般若》等的如来(界)藏，比较一看，就可知道。不读大乘经的唯识学者，理性佛性上再加瑜伽的本性住性、习所成性，真是头上安头。但承认这个思想，就得承认唯是一乘，不能说有究竟三乘。这么一来，又与《瑜伽》不合了。[①]

印顺主张无漏本性住种是对“一切众生有如来藏”从缘起论的立场予以善巧解说，如来藏与本性住种都是在阴界入中的“胜相”，无始相续流来，法尔所得，所以“原是一个”。《瑜伽论》不同意性德本有论，转化为事相的本性住种性，这样自然是三乘究竟、五性各别；《佛性论》以“二空所显真如”为应得因，就是理性佛性，最终则是一乘究竟。[②]唯识今学，尤其是窥基及其弟子，主张“理佛性”“行佛性”，则是在本性住种、习所成种之外，再加“理性佛性”。

---

① 印顺：《摄大乘论讲记》，载《妙云集》上编之六，台北：正闻出版社，1990年，第149—150页。

② 印顺：《论三谛三智与赖耶通真妄》，载《华雨集》五，台北：正闻出版社，1993年，第116页。此文是印顺回应牟宗三的批评而作，不过基本观点没变。

印顺坚持瑜伽行派及真谛都是以“真如”诠释如来藏，而且“唯是一乘”，这是完全正确的。但是，此“真如”是“凝然真如”还是“随缘真如”，则是唯识思想与如来藏思想的分水岭。牟宗三对印顺的批评集中在两点：一、《佛性论》的“理性佛性”是“诸法法性本具的一切无为功德”；二、唯识今学以理性佛性再加本性住种，在其思想本身，是合理的。[①]

牟宗三首先指出，“理性佛性”是“无为无漏”；而“本性住种”是“有为无漏”，这并不是超越本有，而只是在时间中描述的先，先于父母、祖先乃至种族的遗传。既然二者不是“同一”，那么便无所谓“头上安头”。其次，理性佛性是就真如空理(应得因佛性)而言，而三种佛性只是由“显”与“未显”而言，这样“有为无漏本性住种”与理性佛性(包括三种佛性)自然不是同一。[②]牟氏强调，理性佛性是以无为如理为体，并非即是真如心、心真如，所以不能说其“本具一切无为功德”。因为功德皆属“加行因”“圆满因”，都是“以有为愿行为体”，而“如理”是无为的；至果圆满而成法身，则法身上的一切功德当然是无为，但不能说这是真如空理所本具；所以，“理性佛性”并不是“如来藏自性清净心”，不能说具有功德。牟氏的根据来自《佛性论》的三性说，即真实性只摄如如一法。

牟氏的理解与剖析，是十分有道理的。但是，他对《佛性论》的“如如”缺乏理解，此如如包含“境如”与“智如”，所以称为“如如”。真实性虽然只摄“如如”，但是仍然含有功德，如此才能说法身具有一切功德。当然，在出世转依之前，“如如”只是“境如”，不含有智慧功德。同时，牟氏对真谛思想的判断存在前后矛盾，他认为《佛性论》虽

① 牟宗三:《佛性与般若》上册，台北：学生书局，1997年，第313页。
② 牟宗三:《佛性与般若》上册，台北：学生书局，1997年，第314—318页。

然依傍《胜鬘经》而言如来藏，然却不是真心派；但是，在分析《摄论释》时，又强调真谛的思想是向往真心派的，是以真心派的如来藏自性清净心主体解《摄论》的阿赖耶主体。[①]

我们坚持“中间路线”的诠释模式，强调真谛的佛学思想是从妄心派向真心派的过渡，在出世转依之前，真谛坚持瑜伽行派的“虚妄唯识”，强调“真如”没有随缘之用；在“道后真如”，智慧与真如相融，则自然能起作用。印顺主张真如“本具一切无为功德”并不恰当；唯识今学为了抵抗“一切众生悉有佛性”的影响，必须在本性住种、习所成种之外，再加上“理性佛性”，这是《大乘庄严经论》以来的“法界无差别而种性差别”矛盾结构的延伸，亦是“虚妄唯识系”的必然发展。印顺认为真谛以瑜伽学去解说、充实如来藏则是确论，上文对三真如、三佛性、三藏义的贯穿解释，即是得益于他的启示。牟宗三对《佛性论》的诠释大部分是可靠的，但是对于“如如”的理解问题，导致他将《佛性论》归属于“妄心派”。真谛思想之所以为“中间路线”，在于他融合瑜伽行派与如来藏。他把“种性”改为“真如”，引向如来藏的存在论；但是又依实践论，将存在论转向以修持主体为重心，从而消除存在论的实体性、神我化，建构“过程存在论”和“解脱诠释学”。[②]

第四节　方便与真实——瑜伽行派的一乘思想

佛性思想不仅涉及佛性的普遍性与必然性，更有实践的现实性方面，最后还有果位问题。真谛与唯识今学各自依“一性皆成”与“五性

---

① 牟宗三：《佛性与般若》上册，台北：学生书局，1997年，第320、310页。

② 印顺指出，佛弟子的修定也即修心，引出“心性本净”“唯心所作”（“唯识所现”）两大思想。公元3世纪，出现了如来藏说，与两者相结合。见《修定——修心与唯心·秘密乘》，载《华雨集》三，台北：正闻出版社，1993年，第167页。

各别”，主张“一乘究竟”与“三乘究竟”，从而在一乘、三乘等方面引起很多争论。平川彰曾经指出，印度最早兴起的大乘佛教，应是“大小对立”的大乘，因此“大乘”含有价值性和优越性的意义。[①]同时，初期大乘佛教存在着“共般若”与“不共般若”的趋势，沿此方向，则会出现“三乘真实、一乘方便”与“一乘真实、三乘方便”的思想。

一　佛性与一乘

平川彰将“一乘”分为两种，一、作为教法之“一乘”，二、“作为佛性”之一乘，前者展开即“开三显一”，后者则与如来藏、佛性思想相衔接。[②]佛性与一乘是紧密相连的，依不同的佛性思想，果位的位次自然有差别。阐明一乘与三乘关系，最有名的是《法华经》，此经中并没有出现“佛性”一语，但是其“声闻授记”“二乘作佛”的思想，表现了佛性思想。[③]而所谓“理一乘”，就是“佛性”。[④]在如来藏系经论中，一乘与佛性紧密相连，如《胜鬘经》全称《胜鬘师子吼一乘大方便方广经》，经中立《一乘章》对一乘思想进行专门阐释；《宝性论》全称《究竟一乘宝性论》，这些经论无不说明“一性皆成”与“究竟一乘”。

1. 理一乘与佛性

《法华经·方便品》曾说：“我有方便力，开示三乘法；一切诸世

---

① 平川彰：《初期大乗と法華思想》，载《平川彰著作集》第6卷，东京：春秋社，1997年，第324页。汉译部分见平川彰：《大乘佛教的法华经位置》，载平川彰等著，林保尧译：《法华思想》，高雄：佛光出版社，1998年，第21页。

② 平川彰：《初期大乗と法華思想》，《平川彰著作集》第6卷，第393—402页。

③ 田贺龙彦：《インド佛教における授記思想の展開》，载坂本幸男编：《法華経の思想と文化》，京都：平乐寺书店，1974年，第277—278页。二乘作佛的理论基础，是一切众生悉有佛性。

④ 胜吕信静对法华一乘进行详细探讨，指出“一乘”是佛智的性格。见《インド佛教と法華思想との連関》，载坂本幸男编：《法華経の思想と文化》，京都：平乐寺书店，1974年，第447—448页。

尊，皆说一乘道。”[1]这就是以三乘法为方便法门，唯有一乘法才是真实之教。“方便品”说：“佛所成就第一希有难解之法，唯佛与佛，乃能究尽诸法实相。”[2]一乘法是难信难解的，舍利弗三止三请，“信”的重要性便凸显出来，所以经文强调“当生大信力”“汝等当一心信解、受持佛语”[3]。因为教法的难解而强调信受，这与如来藏系对“信”的重视，是相同的。

从思想上说，《法华经》将“一乘”称为“实相印”[4]，梵本原文为dharma-svabhāva-mudrā[5]，意译为“法自性印”，“序品”第九十八偈译为“实相义”[6]。“法自性印”是指“法的自性的规准”，不论佛陀的法身，还是凡夫的佛性、如来藏，其本性是不变的。[7]原始佛教以来，一直以“涅槃”作为真实的“法”，但是其“涅槃”是静止的；大乘佛教不满足于这样的真实法，于是建构出各种具有动态特征的胜义法——真如、佛性、法身等。《法华经》强调“法自性印”，这是释迦的誓愿——“欲令一切众，如我等无异”，众生由于邪见等烦恼迷染，于是方便广说三乘教。但是，从究竟的真理来看，“诸法从本来，常自寂灭相”，差别的现象界，其本性即“法性”是寂灭的。因此，从过去无量诸佛皆说一乘，令人入一乘。而成佛的方法，即是修习六波罗蜜、礼拜、供养佛塔与佛像等。

一乘的核心是“佛乘”，《法华经》说：“诸佛两足尊，知法常无性，

---

① 《妙法莲华经》卷一，《大正藏》第9册，第8页中。

② 《妙法莲华经》卷一，《大正藏》第9册，第5页下。

③ 《妙法莲华经》卷一，《大正藏》第9册，第5页下、7页下。

④ 《妙法莲华经》卷一：“无量众所尊，为说实相印。”见《大正藏》第9册，第8页中。

⑤ 蒋忠新编注：《梵本〈妙法莲华经〉写本》，北京：中国社会科学出版社，1988年，第44页，第59偈。

⑥ 蒋忠新编注：《梵本〈妙法莲华经〉写本》，第25页，第98偈；《妙法莲华经》卷一，《大正藏》第9册，第5页中。

⑦ 平川彰：《初期大乗と法華思想》，《平川彰著作集》第6卷，第403页。

佛种从缘起，是故说一乘。”对此偈有种种解释[①]，依梵文可以理解其原意：

sthitikā hi evā sada dharmanetrī | prakṛtaś ca dharmāṇa sadā prabhāsvarāḥ | viditva buddhā dvipa dānam uttamā ||102[②]

此偈现代汉译为：“法的道理，是常不变的，诸法的本性是常常明净的。诸佛两足尊知道这种(道理)，于是示说一乘。”“诸法的本性是常常明净的”，即是“诸法本净”，这与“心性本净”(prakṛtiprabhāsvaraṃ citta)是同系统的思想。“心性本净”的思想，发展成佛性、如来藏思想，在此意义上，联结了“佛性”与“一乘”。鸠摩罗什将“诸法的本性”(prakṛtaś dharmāṇa)译为“佛种”，或许便含有这样的理解。

《法华经》是依“法性”的意义，将“佛性”与“一乘”结合在一起。最明显的表现，在于一个有名的偈颂：“是法住法位，世间相常住，于道场知已，导师方便说。”[③]梵文如下：

dharmasthitiṃ dharmaniyāmatāṃ ca | nityasthitāṃ lokimāṃ akaṃpyāṃ | buddhā ca bodhiṃ pṛthivīya maṇḍe | prakāṣayiṣyanti upāyakauśalaṃ ||103[④]

---

① 道生与法云解释“佛种”为“佛”；智顗解为“中道、无性”，与“正因佛性”之理相配；吉藏解为“佛之种子”，以“菩提心”解释；窥基解为“报佛之种子”，以“佛因”解释。见平川彰：《初期大乘と法華思想》，《平川彰著作集》第6卷，第421页。

② 蒋忠新编注：《梵本〈妙法莲华经〉写本》，北京：中国社会科学出版社，1988年，第49页，第102偈。

③ 《妙法莲华经》卷一，《大正藏》第9册，第9页中。

④ 蒋忠新编注：《梵本〈妙法莲华经〉写本》，北京：中国社会科学出版社，1988年，第49页，第103偈。

此偈现代汉译为："对世间的法之常住、法之决定性，诸佛不动大地菩提道场，悟到不变常住(的道理)，于是方便说示。"偈文正是《杂阿含经》所说："若佛出世，若未出世，此法常住，法住法界。彼如来自觉知，成等正觉，为人演说，开示显发。"[①]二者的文句与思想是完全相同的。但是，其在《杂阿含经》中是用来解释"缘起"法的。当然，将"法"解释为"佛性"，也并非不可能，如法云解释为"一乘"，智𫖮解为"真如"，吉藏释为"佛性异名，亦是一乘别称"。[②]

《法华经》的"一乘"必须在"悉有佛性"理念的支撑下，才能够真正实现"二乘作佛""声闻授记"等。此外，《法华经》对"信"的强调以及"诸法本净""法住法位"，即是依"法性"诠释佛性，从而连接了佛性与一乘的关系。

2. 究竟一乘与佛性

依如来藏系经论，如来藏、佛性是成佛主体、成佛之因，因此自然强调"一乘"；而且，继承《法华经》的一乘思想，将一乘与佛性很好地结合。如《大法鼓经》明言："一切悉有佛性"，"如来开示三乘，现二涅槃，又说一乘"，"如是不乐一乘者，为说三乘。所以者何？此是如来善巧方便"。[③]不但如此，经中还引用"长者穷子譬""化城譬"等，可见《法华经》的影响。

如来藏系经论中，阐释"一乘"最有名的经典是《胜鬘经》。《胜鬘经》与《法华经》有两点是一致的：一、大乘即佛乘；二、在涅槃思想上谈"一乘"的实践。《胜鬘经》强调如来藏是"一乘"的基础，"藏"的可能性不是被差别的觉悟(三乘)所预先决定，而是所有众生都到达同样

---

① 《杂阿含经》卷十二，《大正藏》第2册，第84页中。

② 平川彰：《初期大乘と法華思想》，《平川彰著作集》第6卷，东京：春秋社，1997年，第405页。

③ 《大法鼓经》卷下，《大正藏》第9册，第297页中、296页中、297页下。

的觉悟或涅槃，因为他们的种性正是“如来藏”。[1]依“解脱诠释学”，这是慈悲模式的表现，最后的归宿是绝对的真实，一归依——归依佛，一谛——灭谛，一乘——大乘，一究竟涅槃——如来涅槃。吕澂主张《胜鬘经》是针对化地部的一乘说而立，该部派认为佛与二乘同一圣道（四念住），得一解脱；而且，经中从六个方面阐明了一乘之旨：一、二乘不能得真解脱，有依有怖故；二、所知障未断不具功德，不明一切法究竟处故；三、仅断分段生死，非尽一切烦恼一切受生，四种自觉皆佛方便有余不了义说故；四、不断无明住地，不得一味等味之解脱味故；五、不受后有智，仅断分段生死而得解脱，法身般若非彼境故；六、二乘非归依处，唯佛为真实依故。[2]《胜鬘经》从智慧、断烦恼、果位、功德等方面，阐明了二乘不究竟，一乘是究竟义。

对于本经的“一乘真实说”，窥基从三乘真实进行解释，这与其唯识立场是相同的。[3]“批判佛教”则对之进行“基体论”的解读，松本史朗认为《胜鬘经》中含有如来藏（佛性）意义的一乘思想，即是一种基体论。他说：(a)《胜鬘经》中，一乘（ekayāna）是三乘（yānatraya）的locus（基体）。(b)《胜鬘经》中，一乘是三乘的ātman（本质）。[4]松本氏有一种假设，任何包含如来藏在内的思想，都是如来藏（佛性dhātu）= locus（基体）= ātman，于是《胜鬘经》的一乘思想也是一种“基体论”。

---

① Alex and Hideko Wayman, *The Lion's Roar of Queen Śrīmālā: A Buddhist Scripture on the Tathqgatagarbha Theory*, Motilal Banarsidass Publishers, Delhi, 1990, p.37.

② 吕澂：《胜鬘夫人师子吼经讲要》，载《吕澂佛学论著选集》卷二，济南：齐鲁书社，1991年，第931—932页。

③ 《胜鬘经述记》卷下说：“此经中，四乘是实，说一乘称权。……一乘是权。”见《卍续藏》第30册，第625页下。另外，与《胜鬘经》同属一类的《无上依经》，则有类似“五性各别”的说法。见香川孝雄：《勝鬘経の研究——特に如来蔵思想を中心として》，《仏教大学研究紀要》第32号，1956年，第71—72页。

④ 松本史朗著，萧平、杨金萍译：《缘起与空——如来藏思想批判》，香港：经要文化，2002年，第249页。

松本引用了《胜鬘经·摄受正法章》的一段话作为根据：

> 摄受正法广大义者，则是无量，得一切佛法，摄八万四千法门……如大地持四重担。何者为四？一者大海，二者诸山，三者草木，四者众生。如是摄受正法善男子善女人，建立大地，堪能荷负四种重任，喻彼大地。何等为四？谓离善知识无闻非法众生，以人天善根而成熟之，求声闻者授声闻乘，求缘觉者授缘觉乘，求大乘者授以大乘。[①]

《胜鬘经》中的“正法”是指“摩诃衍”——大乘，将正法比喻为大地，能持大海、诸山、草木与众生等四种重担。如同大地一样，正法也是人天乘、声闻乘、缘觉乘、大乘之所依持。《胜鬘经·一乘章》甚至说：“摄受正法者是摩诃衍。何以故？摩诃衍者出生一切声闻缘觉世间出世间善法。”《一乘章》最后总结说：“若如来随彼所欲而方便说，即是大乘，无有三乘。三乘者入于一乘，一乘者即第一义乘。”[②]

根据以上几段经文，松本认定一乘是locus(基体)，由一乘“出生”三乘，一乘也就是三乘的本质(ātman)，由于佛乘(一乘)的根据在于如来藏(佛性)，因此松本最后的结论是：如来藏 = 基体 = ātman。经中以大地为大海、山、草木、众生之所依持，比喻“摄受正法”为人天乘、声闻乘、缘觉乘、大乘之所依持，但无论是摄受正法、大乘或如来藏，并不是如松本所理解的能“出生”万物的基体(ātman)。因为，大地不是“四重担”的“生因”，摄受正法也不是三乘的“生因”，而是“凭依因”。[③]大地不能生出大海等，但它们却需凭依大地而存在；同样，正法不能出

---

① 《胜鬘师子吼一乘大方便方广经》，《大正藏》第12册，第218页上—中。
② 《胜鬘师子吼一乘大方便方广经》，《大正藏》第12册，第219页中、221页上。
③ 释恒清：《“批判佛教”驳议》，《哲学论评》第24期，2001年，第16页。

生世间、出世间善法，但这些善法必须“凭依”正法而增长。正如经中所说：“如一切种子依地而得生长，如是一切声闻缘觉世间出世间善法，依于大乘而得增长。”①

虽然如来藏思想是建立“一乘”的基础，但是这并不是一种存在论的诠释，而是一种“解脱诠释学”，因为这是从宗教的究竟意义上建构的，理论依据来源于“慈悲模式”。《胜鬘经・一乘章》中说：

> 声闻、缘觉乘皆入大乘，大乘者即是佛乘，是故三乘即是一乘。得一乘者，得阿耨多罗三藐三菩提；阿耨多罗三藐三菩提者，即是涅槃界；涅槃界者，即是如来法身；得究竟法身者，则究竟一乘。②

“慈悲模式”的特点是“从上往下”，即是依佛的究竟菩提智慧，因此“摄受正法”就是实践一乘道而证得法身。于是，“一乘”便转换成以如来法身为主题③，自然能够避免“批判佛教”所谓基体论的危险。④

《法华经》依“法性”连接了一乘与佛性，但这是一种间接的转化。而《胜鬘经》提出一乘=真如法身=佛性，继承《法华经》的“理一乘”思想，从而建构了如来藏的一乘思想的谱系。正是因为一乘就是真如法身、佛性，才能与真谛的佛性思想相衔接，为真谛的一乘思想提供了前提条件。

---

① 《胜鬘师子吼一乘大方便方广经》，《大正藏》第12册，第219页中。

② 《胜鬘师子吼一乘大方便方广经》，《大正藏》第12册，第220页下。

③ 高崎直道：《如来蔵思想の形成——インド大乗仏教思想研究》，东京：春秋社，1974年，第103页。

④ 法身就是一乘，吉藏接受《法华论》的观点，《胜鬘宝窟》卷中本说：“依《法华论》，云何体法者？谓真如法身，为一乘体也。此就根本释体，根本即是真如法身，真如法身是佛性，故说为本。”见《大正藏》第37册，第41页上。

二 三乘真实与究竟一乘——瑜伽行派的一乘思想

瑜伽行派依本性住种性、法界无差别而种性差别诠释“五性各别”，尤其是“法界无差别”，为诠释“一乘”奠定了理论基础。瑜伽行派中主张新熏说的论典，如《瑜伽论·摄抉择分》《摄论》，虽然主张“一阐提有性”，但是亦有可能主张“三乘真实”，二者并不矛盾。①这是因为瑜伽行派毕竟持一种经验与现实的立场，种性观念的建立是“三乘真实”的根本。②《法华经》描述的法华会上，仍然有声闻、独觉退席，这表明了“三乘真实”的现象。而且对“一乘”思想的不同教判，亦会导致不同的一乘思想。③瑜伽行派有一种对抗“一乘真实”的意识，但是亦必须对“一乘”作出合理的诠释，于是才会建立“三乘真实，一乘方便”的思想。

1. 密意一乘与法界无差别

瑜伽行派一系在“法界无差别”的前提下建立种性差别，对一乘的诠释则采取“密意一乘”的方法。这是从“教”方面进行诠释，认为一乘的教法属于方便的权宜之教。《解深密经》说：“一切声闻、独觉、菩萨，皆共此一妙清净道，皆同此一究竟清净，更无第二。我依此故，密意说言唯有一乘。非于一切有情界中，无有种种有情种性。”④“法界无差别”不会妨碍种性差别，因为法界的普遍性、超越性，与种性的现实性、差别性，能够构成一种巧妙的矛盾结构。瑜伽行派正是依“法界无差别”而建立一乘，依“种性差别”而建立三乘；而其重心在种性差

① 后来慧沼解释为，理佛性具有普遍性，行佛性则不具备普遍性。

② 长尾雅人：《一乘・三乘の論議をめぐつて》，载《仏教史学論集：塚本博士頌寿記念》，东京：塚本博士颂寿纪念会，1961年，第532页。

③ 斋藤明提出，对“一乘”的乐观态度，导致“广大乘物”（一佛乘）；而现实认识，则会完全走向反面。见《一乘と三乘》，载《インド仏教3》，《岩波講座 東洋思想》第10卷，东京：岩波书店，1989年，第62页。

④ 《解深密经》卷二，《大正藏》第16册，第695页上。

别，因此建构了“三乘真实、一乘方便”的矛盾结构。

瑜伽行派重视主体的差别性，因为客观真理是唯一的，但修道者有根机差别，如“一向趣寂声闻”（即定性声闻）即使受到诸佛的种种方便教导，亦不可能成佛。这样，“一乘”只是立足于“同一法界，同一理趣”而言[①]，与主体的差别，构成矛盾结构。《瑜伽论・摄抉择分》完全继承了《解深密经》的“密意一乘”[②]，《大乘庄严经论》则以“八意”对“密意一乘”进行了具体而又充分的解释，成为后来唯识学者引用的主要根据；《显扬圣教论》以“六因”说一乘，玄奘译《摄论》及《摄论释》以“八义”乃至“十义”阐明一乘。我们列表比较如下：

表6.8　《大乘庄严经论》、《显扬圣教论》、玄奘译《摄大乘论释》之一乘思想对照表

《大乘庄严经论》[③]	《显扬圣教论》[④]	玄奘译《摄论释》[⑤]
1.法同故，谓声闻等人无别法界	1.即彼诸法约无差别相说故	法等故
2.无我同	3.众生无我及法无我平等故	无我等故
3.解脱同，谓声闻等人同灭惑障	4.解脱平等故	解脱等故
4.性别故，谓不定三乘性人引入大乘，故说一乘		性不同故者，种性差别故，以不定性诸声闻等亦当成佛
5.诸佛得同自意故，谓诸佛得如此意，如我所得，一切众生亦同我得	2.约无分别行相说故	摄取平等意乐，由此摄取一切有情，言彼即是我，我即是彼。如是取已，自既成佛，彼亦成佛

---

① 《解深密经》卷四，《大正藏》第16册，第708页上。

② 《瑜伽师地论》卷七十六、七十八，《大正藏》第30册，第720页下、733页中—下。

③ 《大乘庄严经论》卷五，《大正藏》第31册，第615页中—下。梵文本见Sylvain Lévi (ed.), *Mahāyānasūtrālaṃkāra*, Paris, 1907, pp.68-69。

④ 《显扬圣教论》卷二十，《大正藏》第31册，第581页中。

⑤ 玄奘译：《摄大乘论释》卷十，《大正藏》第31册，第377页下—378页上。

续表

《大乘庄严经论》	《显扬圣教论》	玄奘译《摄论释》
6.声闻得作佛意故，谓诸声闻昔行大菩提聚时有定作佛性，彼时佛加故胜摄故，得自知作佛意，由此人前后相续无别		法性平等意乐，谓诸声闻法华会上蒙佛授记，得佛法性平等意乐，未得法身。由得如是平等意乐，作是思惟，诸佛法性即我法性
7.变化故，谓佛示现声闻而般涅槃 为教化故	5.善能变化住故	化故
8.究竟故，谓至佛体无复去处	6.行究竟故	究竟故

《大乘庄严经论》与《摄论释》完全相同；而《显扬圣教论》的第二义“约无分别行相说故”，应该包含《摄论释》的“摄取平等意乐”“法性平等意乐”。因此，瑜伽行派的“密意一乘”思想是一致的。

“性修不二”是“解脱诠释学”的核心，在瑜伽行派的思想中，依三性说的“唯识无境”之立场，即是“性”的立场，也就是主张虚妄的识不外是真如(有垢真如)；烦恼识灭而成立无漏智(无垢真如)，则是“修”的立场。有垢真如与无垢真如的不同，终究只是“性”“修”的差别，这两种立场具有彼此不相容的关系，但也有彼此不能分离的关系。[①]

依“解脱诠释学”对瑜伽行派的“密意一乘”进行诠释，在“八义”中，所证法界或法性等同、无我等同、解脱等同三义，是“一乘”最根本的意义。一、在超越的、绝对的“性”立场，三乘圣者证悟的法性真如，虽不无浅深偏圆，但是有共同趣向，这与《法华经》《胜鬘经》等约法性说一乘，是相同的。而依现实的、经验的“修”立场，三乘圣者仍然有相同、平等、无差别之处，因此说“一乘”。二、无我平等，指“人无

① 上田义文著，陈一标译：《大乘佛教思想》，台北：东大图书，2002年，第101页。

我”，这是三乘圣者无差别的。三、解脱平等，三乘同断烦恼障而得解脱。四、种性不同，三乘都有不定种性，不定性声闻可以回小向大，可以成佛，故说为一乘。五、摄取平等意乐。六、法性平等意乐，这是“思惟修”的方法，就人说，摄他为自，自他平等；就法说，诸法无差别，法法平等。七、变化，诸佛曾现声闻、缘觉身，仍然成佛。八、究竟，佛乘最为究竟，此是“唯一”的究竟乘。瑜伽行派重视“修”立场的一乘，这是一种“唯一”的一乘思想，而不是如来藏系的“即一”，所以是“密意一乘”。[①]

所以，瑜伽行派的“一乘”思想以“密意一乘”为中心，这是其“修”立场的具体表现，包括《瑜伽论》《大乘庄严经论》《摄论》等，渊源于说一切有部，都主张“三乘真实、一乘方便”。但是，其“一乘”的理论基础是法界无差别或法性平等，融合、会通了如来藏系的“究竟一乘”的开放视域，这是“密意一乘”向“究竟一乘”转化的契入点。

“密意一乘”有其现实性，即依不定种性而说成佛。《大乘庄严经论》说：“引接诸声闻，摄住诸菩萨，于此二不定，诸佛说一乘。”[②]《摄论》亦引用此偈颂，说明一乘的意趣：第一，为了引摄一类不定性的二乘回小向大；第二，保持可能退堕小乘的菩萨，能够不失菩萨种性。“不定种性”能够成佛，瑜伽行派将其立为“五性各别”之一，这是现实的“修”的立场；而在宗教的究竟意义上，一切众生、声闻、缘觉都有可能是“不定种性”，这样“五性各别”自然转化为“一性皆成”。

2. 究竟一乘与密意一乘——真谛的一乘思想

真谛不但主张“一性皆成”，而且主张“究竟一乘”，这是其对瑜

---

① 长尾雅人指出，一乘的“一”是“即一”或“唯一”，便是“究竟一乘”与“密意一乘”的差别，见《一乘・三乘の論議をめぐつて》，载《仏教史学論集：塚本博士頌寿記念》，东京：塚本博士颂寿纪念会，1961年，第534页。

② 《大乘庄严经论》卷五，《大正藏》第31册，第615页中。

伽行派立场的偏离。慧沼《能显中边慧日论》说："梁《摄论》云：乘有三义，一性，二行，三果，性即真如，行即十度，果即四德。"[①]依"解脱诠释学"，性即是"性"的立场，这是真如法性，是无差别的立场；而"行""果"则是"修"的立场，指修行的方便与果位，即十度及四德果位。真谛译《摄论释》说：

> 《摩诃般若经》说：乘有三义：一性义，二行义，三果义。二空所显三无性，真如名性；由此性，修十度、十地名行；由修此行，究竟证得常、乐、我、净四德名果。
>
> 大乘有三义：一性，二随，三得。性即三无性；随即福德智能行所摄，十地、十波罗蜜随顺无性；得即所得四德果，此定缘此三为境，故名大乘。依止此定，得无分别智，由无分别智照，真如及佛不异故名光。[②]

"乘三义"与"大乘三义"的内容基本相同，"性"是分别性、依他性二无所有，即是真实性，也即三性同一无性的"三无性"；而"行"或"随"是指在十地修十度波罗蜜，因"解性"与闻熏习和合，所以是"随顺无性"，这是真谛的独特思想；"果"或"得"是相同的，指常、乐、我、净四果。真谛依此三义阐明"究竟一乘"的立场。

慧沼指出《解深密经》《摄论》等是"密意一乘"，而《法华经》《胜鬘经》是"究竟一乘"。此二种的差别在于：

> 分同全同异云：密意一乘，人无我解脱身、分段身同；法无我，

---

① 《能显中边慧日论》卷一，《大正藏》第45册，第419页下。

② 真谛译：《摄大乘论释》卷十五，《大正藏》第31册，第264页下；同书卷十一，《大正藏》第31册，第234页下。

> 法身、变易身身不同。究竟一乘，此等皆同者。……不说定性，岂许皆同。又违《梁论》,《梁论》云：前偈以了义说一乘，后偈以秘密义说一乘故。[①]

“密意一乘”承认解脱果位的不同，声闻、缘觉只得“人无我”，证解脱身，断除分段生死；菩萨、佛证“法无我”，显现法身，断除变易生死。“究竟一乘”则没有这些差别。

慧沼对真谛译《摄论释》表示怀疑，因《摄论释》涉及“究竟一乘”与“密意一乘”的矛盾。《摄论释》说：“为显说一乘意，是故说偈。前偈以了义说一乘，后偈以密义说一乘。”[②]其他译本都是主张一乘“密意趣说”。真谛则主张，“未定性声闻，及诸余菩萨，于大乘引摄，定性说一乘”是“了义说”，摄受不定根性修大乘；“法、无我、解脱等故，性不同，得二意涅槃，究竟说一乘”是“密意说”，主张一乘是究竟的。依此说，真谛并没有违背瑜伽行派的立场，但是他对“不定种性”作出“一性皆成”的解释：

> 若依小乘解：未得定根性，则可转小为大，若得定根性则不可转，如此声闻，无有改小为大义，云何得说一乘？今依大乘解：未专修菩萨道，悉名未定根性故，一切声闻皆有可转为大义，安立如此大、小乘人，令修行大乘。

真谛对“不定种性”的范围进行扩大，指出定性是否可转，小乘与大乘有两种看法。小乘认为“定性”不可转，而大乘主张尚未专修菩萨道

---

① 《能显中边慧日论》卷一，《大正藏》第45册，第419页上—中。

② 真谛译：《摄大乘论释》卷十五，《大正藏》第31册，第265页中。

的行者，皆名未定根性，所以一切声闻皆可转为大乘，由此安立大、小乘行者，均能修行大乘。真谛在继承瑜伽行派依“不定种性”说一乘的基础上，认为二乘都是不定种性，“密意一乘”由此便转化为“究竟一乘”。[①]

这样，我们便能明确新旧唯识一乘思想的差别，梅光羲《相宗新旧两译不同论》指出：

> 真谛所译之世亲《释论》曰：佛化作舍利弗等声闻为其授记。欲令已定根性，声闻更练根为菩萨，未定根性声闻，令直修佛道涅槃，乃至欲显小乘非究竟处令其舍小求大，故现为此事，由如此义故说一乘。(论曰：究竟说一乘。释曰：释乘义惟一乘是乘，所余非乘，故名究竟。由如此义，故说一乘。)而玄奘所译者则曰：佛化作声闻等，如世尊言。我忆往昔无量百返依声闻乘而般涅槃。由此意趣，故说一乘。以声闻乘所化见情，由彼见之得般涅槃，故现此化，究竟故者，唯此一乘最为究竟，过此更无余胜乘故，声闻乘等有余胜乘。所谓佛乘，由此意趣，诸佛世尊宣说一乘，按此两译不同之处，在真谛则谓定性二乘，亦必由佛道而般涅槃。而玄奘译中则谓定性二乘永不回入大乘，即非由于佛道而般涅槃。只由彼二乘道而般涅槃而已，此不同之处一也。[②]

真谛在不违背瑜伽行派的基础上融合会通了如来藏系的“究竟一乘”，这是其“中间路线”的具体应用。《转识论》说：“欲显此三无性故，明唯识义也。若人修道智慧未住此唯识义者，二执随眠所生众惑不得灭

① 印顺亦认为，真谛是主张“究竟一乘”的。见《摄大乘论讲记》，载《妙云集》上编之六，台北：正闻出版社，1990年，第548页。

② 梅光羲：《相宗新旧两译不同论》，《现代佛教学术丛刊》第28册，第91页。

离，根本不灭故。由此义故立一乘，皆令学菩萨道。”[①]真谛主张“究竟一乘”的原因在于，彻底诠释“唯识”，强调识无故境无、境识俱泯的唯识义。从唯识观的修习看，欲真正证入三无性，断除二取随眠，必须是菩萨种性，所以依此建立“究竟一乘”。

真谛主张“究竟一乘”，但并不否定三乘的差别，这与后来中国的一乘家不同，均正《大乘四论玄义》说：

> 开善云：实无二乘者，而诸经说者，皆是迹中为物引接故。此释不成语也。真谛三藏责开善云：彼国中无有人言，无实二乘者。汝自辄言，无有实行二乘，故三藏师引《夫人经》云：三种意生身，即是声闻意、辟支佛意、菩萨意生，于变易生死中。[②]

成实师开善寺智藏主张，不存在二乘的差别，二乘是为了接引众生而设的方便。均正假设真谛对之进行破斥，提出三乘的差别即是《胜鬘经》中的三种意生身，由于断惑、修行、解脱的不同，便有三乘差别。

依“解脱诠释学”，真谛是基于“修”的立场，即修习唯识观的要求，断除二取随眠，证入三无性，是从“随”“得”方面诠释“一乘”义；另外，真谛的“解性”思想，亦为“究竟一乘”中“性”的方面提供了理论基础。依此，真谛提出“究竟一乘”，是对“密意一乘”的转化，并不违背瑜伽行派的立场。

---

① 《转识论》,《大正藏》第31册，第63页中。

② 《大乘四论玄义》卷二,《卍续藏》第74册，第16页上。

第五节　三种佛性与真实胜乘
——摄论师的佛性、一乘思想

真谛在不违背瑜伽行派基本立场的前提下，提出了“一性皆成”与“究竟一乘”。真谛之后的摄论师，由于受到北方佛教《十地经论》《涅槃经》的影响，更加努力去重建与弘扬本学派的佛性思想。而且，逐渐偏离了瑜伽行派的立场，而融入当时中国佛教界的“主流”——真常唯心思想。另一方面，唐初摄论师接触新译唯识的“五性各别”，对其进行批判，高举“一性皆成”的旗帜，于是便出现唐初佛性论争的局面，代表人物为灵润。①

但是，研究摄论师的佛性思想，现存文献资料极其有限。日僧最澄《法华秀句》卷中，记载灵润“造《一卷章》，辨新翻《瑜伽》等与旧经论相违”②的内容，是比较集中的文献。敦煌遗书中的《摄论》章疏里有关佛性的部分，都没有保存下来，此外便是隋唐论著中的零星记载。所以，我们必须综合这些零碎的资料，对摄论师的佛性思想进行整体性的诠释。

一　三种佛性与正因佛性

真谛以真如诠释“佛性”，建立应得因、加行因、圆满因三因佛性，应得因本身又具有三种佛性——住自性性、引出性、至得性。摄论师

---

① 释恒清指出，新译之后，佛性说的争论已从南北朝、隋代诸师探讨佛性本质的问题，更牵涉大小乘种姓决定不决定，以及大小乘权实、本有或新熏无漏种子等问题。唐代佛性争议基本上是性宗和相宗彼此间之评破。玄奘唯识新义传译之后，引起两波对论：一为灵润反对无性说，高唱一性皆成宗义，神泰造论反驳，新罗义荣随之造论支持灵润。二为法宝造《一乘佛性究竟论》阐扬一性说，慧沼则著《能显中边慧日论》反驳之。见《佛性思想》，台北：东大图书，1997年，第239—240页。

② 《法华秀句》卷中，《日本大藏经》第77册，第98页上。

在真谛三种佛性的基础上，又作出新的诠释。佛性本质，尤其是“正因佛性”，成为南北朝佛性论的主题，本有与始有的争论更是绵延不休①，摄论师依本学派的立场加入争论。

1. 第一义空、阿摩罗识与正因佛性

综合南北朝时期的佛性说，吉藏《大乘玄论》卷三列出正因佛性十一家，其中第七师“以阿梨耶识自性清净心，为正因佛性也”，第十一家“以第一义空为正因佛性者，此是北地摩诃衍师所用”②，前者是以心识为正因佛性，后者则是以“理”为正因佛性，即在境上成立佛性。《大乘四论玄义》卷七说正因佛性有本三家、末十家之别：“第九地论师云：第八无没识为正因体，第十摄论师云：第九无垢识为因体。故彼两师云：从凡至佛，同以自性清净心为正因佛性体。”③元晓《涅槃宗要》列出六种佛性说，以真谛的佛性说为第六师，说：“阿摩罗识真如解性为佛性体，如经言：‘佛性者名第一义空，第一义空名为智慧。’《宝性论》云：‘及彼真如性者，如《六根聚经》说，六根如是从无始来毕竟究竟诸法体故。’”④

吕澂认为，《大乘玄论》第七师的观点是后来的地论师和更后一些的摄论师提出的，第十一师的观点是北方涅槃师的共同看法。⑤结合吉藏、均正、元晓的记载，《大乘玄论》第十一师即是摄论师。这样，摄

① 赖永海指出，本有与始有的争论，实由对佛性义之解执不同所致。以因说佛性，佛性当然是本有；以果说佛性，佛性必须始有；于当果说佛性，则佛性亦本亦始；以非因非果之中道义说佛性，佛性则又成为非本非始。见《中国佛性论》，北京：中国青年出版社，1999年，第29页。

② 《大乘玄论》卷三，《大正藏》第45册，第35页下、36页上。

③ 《大乘四论玄义》卷七，《卍续藏》第74册，第93页上。有关《大乘四论玄义》的研究，见伊藤隆寿：《〈大乘四論玄義〉の構成と基本的立場》，《駒澤大学佛教学部論集》第2号，1972年；同氏《慧均〈大乘四論玄義〉について（二）》，《印度學佛教學研究》第20卷第2号，1972年。

④ 《涅槃宗要》，《大正藏》第38册，第249页中。

⑤ 吕澂：《中国佛学源流略讲》，北京：中华书局，1979年，第121页。

论师的正因佛性可以归纳为三种：一、自性清净心；二、第一义空、真如；三、第九无垢识、阿摩罗识、解性。[①]摄论师正是继承了真谛的佛性思想，以阿摩罗识为中心，综合真谛的整个思想体系而建构摄论学派的佛性说。

真谛在《佛性论》中以二空所显真如为佛性，因此第一义空、真如为佛性，这是会通了《涅槃经》的说法。而真谛依真如无差别说“阿摩罗识自性清净心”，约境智无差别说无垢识、阿摩罗识、解性。因此，摄论学派的佛性思想具有“过程存在论”的特点，强调一种动态的过程存在；而且是依“解脱诠释学”的“修”立场，诠释佛性的普遍性、必然性、实现性。但是，摄论师各依不同角度，于是便有种种的佛性说。

以第一义空、真如为佛性，属于以“理”为正因佛性，由客境建立佛性义。真谛以“二空所现真如”为应得因佛性，摄论师则依此而分开诠释。《中边分别论》说：“如道理依第一义相观此法空，是名第一义空。为得此菩萨修行空，是此法空为何修行？为至得二善：一有为善，二无为善。此空是名有为无为空。”[②]诸法性空是诸法存在的本然状态，不增不减，所以是“第一义空”。而且，在实践论与解脱论上，修习此法空，能够得到二种善，即有为善与无为善。摄论师是将“第一义空”作为超越相对的绝对真理，即是“非安立谛”。敦煌本《摄大乘论疏》卷七(S.2747)说：“本为对俗识立真如，俗既空无所对，真亦绝待第一义空。如见四微亦无所有唯空，即是真实性成无性性，即非安立谛，无于二谛、三性等也。”[③]建立真如本为遣除世俗虚妄心识，既然世俗谛

---

① 汤用彤：《汉魏两晋南北朝佛教史》下册，北京：中华书局，1983年，第488页。Ming-Wood Liu, The Early Development of the Buddha-nature Doctrine in China, *Journal of Chinese Philosophy* ,vol.16,1989, p.23.

② 《中边分别论》卷上，《大正藏》第31册，第452页下—453页上。

③ 《摄大乘论疏》卷七，《大正藏》第85册，第994页中—下；《敦煌宝藏》第23册，第91页下。

无所有，胜义谛则无所立，于是真如即是“第一义空”，真实性变成“无性性”。“第一义空”是超越一切语言与思惟活动的无分别境界，因此是“无性性”“非安立谛”，而且超越二谛、三性等建构性的真理。

所以，以真如或第一义空为正因佛性，含义是相同的。真如是一种建构式的真理表达(安立谛)，第一义空则是解构式的真理表达(非安立谛)；立足于“真如”之超越性，不落入经验范畴，此即是“第一义空”；因为在经验界之外，超越界唯一无二。摄论师正是立足于超越界的解构式真理诠释佛性。慧恺《大乘唯识论序》说：

> 真如法空者，所谓佛性清净之体，古今一定。故经云：佛性者，名为第一义空。所言空者，体无万相故；言其空无万相者，无有世间色等有为法，故无万相。非是同于无性法，以其真如法体。是故经云：去八解脱者，名不空空，是故不同无法空也。若如是观，是名解真如法空。①

“第一义空”依存在论，是解构式的真理表达；而第一义空为佛性，是解脱论意义上的建构式的表达。二者是不同的诠释角度。真如、第一义空为佛性，具有普遍性、必然性，超越时空之限制，所以是“古今一定”。但是，佛性毕竟是成佛根据，必须具有“可能性”，所以是“无性之性”“不空空”。

以真如为佛性，是真谛原有的思想体系。摄论师受到《涅槃经》的影响，亦将“第一义空”立为佛性。同时，摄论师将阿摩罗识立为佛性，这是以“心”为佛性。《大乘四论玄义》引用摄论师说：

---

① 《大乘唯识论序》，《大正藏》第31册，第70页中—下。

> 彼宗八识、七识，即有真如性故。翻《摄论》等昆仑三藏法师明言，真如性于八识烦恼中有，而不为烦恼所染，亦非智慧所净。自性清净故，非净非不净。体既无染，不须智慧所净，故名非净；非非净者，断除虚妄，体方显现，故曰非非净，即是自性清净心也。彼论三种佛性中，自性住佛，如从凡夫，乃至金心，所有净识，未离烦恼，于烦恼中住。若尔，岂非惑识中有真如性也。[①]

真谛以“真如无差别”诠释阿摩罗识自性清净心，摄论师则引用《中边分别论》的偈颂加以解释[②]，这是对瑜伽行派“心性本净”思想的继承与发展。从存在论来说，“自性清净”与“空性”相应，这是一种具有无变异性、普遍性、永恒性的法界清净，所以是“非净非不净”。依解脱论，则必须知见染净差别而显现清净性。而且，摄论师依“真如”的普遍性，继承《佛性论》如来藏三义的“隐覆藏”说，将阿摩罗识、自性清净心与“自性住佛性”结合起来，从而建构了自己的佛性思想。

摄论师继承真谛以真如诠释佛性的传统，而且将第一义空、自性清净心、阿摩罗识、解性等都纳入佛性的思想体系。但是，摄论师依超越立场诠释佛性，而很少涉及无漏种子等问题，这样便很自然地对阿摩罗识、解性进行“本觉式”的解读。

2. 三种佛性与十胜相

真谛的思想是一种“中间路线”，其根本立场在于瑜伽行派，最明显的特征是以三性为中心，这是其思想体系的根本。真谛亦是依三性思想对大乘佛教进行富有特色的诠释，但是后来的摄论师逐渐背离了其立场，而与“真常唯心”系合流，强调以佛性为中心，这是摄论学派

---

① 《大乘四论玄义》卷七，《卍续藏》第74册，第88页下—89页上。

② 《中边分别论》卷上说：“不染非不染，非净非不净，心本清净故，烦恼客尘故。”见《大正藏》第31册，第453页上。

中国化的核心表现。

《摄论》一向以三性为根本，从而建立“十胜相”，以显示大乘的优越性。如真谛译《摄论释》说：“由唯识道得入三性愿乐位；六波罗蜜虽是世法，能引出世法，能生唯识道故，说是入三性因；菩萨已入地，出世清净六波罗蜜，即是入三性果。”[①]这是依三性对“十胜相”进行分类，依止胜相、胜相、入胜相是“唯识道”，是证入三性的“愿乐位”；入因果胜相是世间六波罗蜜，是“入三性因”；“入因果修差别胜相”是出世间六度，是“入三性果”；最后的五种胜相，则是入三性因果差别。

但是，敦煌本《摄大乘论抄》依“二谛”与“佛性”概括《摄论》，这与无著、世亲及真谛的原意都有很大的差别。《摄大乘论抄》说：

> 言二谛者，若论世谛，即以唯识为所诠宗旨；若说真谛，即以二无我真如为所诠宗旨。故下释云：一切法以识为相，以真如为体故。又云：知尘无所有是通达真，知唯有识是通达俗也。[②]

一方面，摄论师继承了真谛的唯识思想，主张识具有自我否定性，于是识似现为境，即是境无识有，这是“世俗谛”；另一方面，识与境作为能缘、所缘平等，其自体是空、无性，因此识融没于真如、空(真实性)中，这是“胜义谛”。

摄论师的最大特色在于以“佛性”诠释“十胜相”，这完全是以如来藏缘起来解读《摄论》的。《摄论抄》以第一、第二胜相为“自性住佛性”；中间的六种胜相是“引出佛性”，通过修行唯识观等，断除烦恼等，显出自性住佛性；最后的两种胜相是“至得果佛性”，即是自性住佛性

① 真谛译《摄大乘论释》卷一，《大正藏》第31册，第155页中—下。
② 《摄大乘论抄》，《大正藏》第85册，第1000页中。

通过引出佛性而显现。这样,"十胜相"即是三种佛性。但是,佛性毕竟是超越的存在,而《摄论》的"依止胜相""胜相"是以阿黎耶识、三性为诠释对象,属于虚妄唯识的层面,如何以佛性含摄虚妄唯识,成为摄论师的重要问题。《摄大乘论抄》说:

> 二、约性者,论圣人兴教意,正欲显理成行、行成得果故。初二胜相即自性住佛性。于中初胜相,若论心功能即是如实因缘,若据实是心真如。故下《释》云:此即此阿黎耶识界以解为性,此界有五义等也。亦名不空如来藏,《地经》亦明缘阿黎耶识作第一义谛观,即心真如也。何者?是染染依止观,此明心功能与十二因缘染法为依止,即如实因缘也。第二胜相中,若就相即是三性,是前因缘所生果;若据实三性本不有,即无三性,名空真如,亦名空如来藏。故下《论》云:如取不有,故三性成无性也。此空、不空二种真如,法相所摄,二实体无二故。①

摄论师亦是通过"真如"来诠释佛性,但是其重视超越层面,这与无著、世亲、真谛有根本的不同。《摄大乘论抄》作者认为,以阿黎耶识为依止,是成立杂染诸法的"如实因缘";而在真实、超越层面,是"心真如"或"真如心",即是"解性",这是"不空如来藏"。而且,依阿黎耶识而建立三性,这是因缘所生果;在真实层面,三性同一无性,即是三无性,这是"空真如""空如来藏"。

《摄大乘论抄》深受地论学派的影响,其"心真如"与净影慧远的"真识心"有相似之处。但是,《摄大乘论抄》亦有其独特思想。净影慧远以真识心为佛性,依分相门、摄相门诠释真识心与生灭的现象法之

---

① 《摄大乘论抄》,《大正藏》第85册,第1000页中。

间不一不异的关系，而且在究竟意义上，生灭现象法是以真识心为体。[①]《摄大乘论抄》以真如诠释不空、空如来藏，这继承了真谛的思想；真谛以"道前真如"为自性住佛性，摄论师则将此立场扩展至虚妄唯识，从而使诠释模式发生变化。真谛依瑜伽行派的立场来融摄如来藏、佛性思想，是"从下往上"的智慧诠释模式。但是，北地摄论师明显背离了真谛的立场，而以如来藏本身的立场诠释佛性，于是变成"从上还下"的慈悲诠释模式。

二　本有与始有

南北朝佛性思想的主流是"众生有性"，其内部论争主要表现为"本有"与"始有"之争。赖永海指出，本有说主张佛体理极，性自天然，一切众生，本自觉悟，不假造作，终必成佛，这是以理性和因性释佛性；始有说则认为清净佛果，从妙因生，众生觉性，待缘始起，破障开悟，当来作佛，这是约果立言。[②]受南北朝"本始之争"的影响，摄论学派的佛性思想亦出现"本有"与"始有"的不同诠释。

1. 真性与本有

摄论学派以真如诠释佛性，真如具有普遍性、必然性、永恒性，故一切众生悉有佛性。从这个意义上说，摄论学派的佛性思想应该属于"本有"论。[③]从真谛的佛性思想来看，《佛性论》强调佛性不但在各类众生中无差别，在各个证悟阶位中无差别，而且在任何时空之下，其体性亦无变异。《佛性论》举出六种无变异，并引用如来藏九喻，强调法身佛性前后际无变异等，《论》曰："法身非本无今有，本有今无，虽行

---

① 刘元琪：《净影慧远〈大乘义章〉佛学思想研究》，高雄：佛光山文教基金会，2001年，第379页。

② 赖永海：《中国佛性论》，北京：中国青年出版社，1999年，第99页。

③ 赖永海：《中国佛性论》，北京：中国青年出版社，1999年，第102页。

三世，非三世法。何以故？此是本有，非始今有，过三世法，故名常。”[①] 法身、佛性是“本有”的无为法，不是本无今有、本有今无的生灭法，超越时空，所以是恒常的。而且《佛性论》以“金堕不净”比喻“如如”有三特性——性无变异、功德无穷、清净无二。因此，自真谛起，摄论学派便有佛性“本有”论。

摄论师以真如为佛性，真如是超越的理体。吉藏曾以地论师“理非物造”谈本有[②]，地论师南道派以法性、真如为依持，与摄论师的佛性相近。[③]所以，均正《大乘四论玄义》以地论师与摄论师的佛性都属于“本有”，均正说：

> 本有藏识心性之体也，但客尘烦恼隐覆此心，不显不照。若除烦恼，本有之心显了照用，尔时名佛，不以成佛时方名佛性。正以本有藏心，今显成佛。其本性不改不失，故名常住佛性也。故彼云：息妄显真，正是《地》《摄》等论所执也。[④]

真谛的佛性思想仍然是一种“中间路线”，真如并不是“本觉”。但是，北地摄论师受到地论学派的影响，对“解性”“阿摩罗识”进行“本觉式”的理解，于是造成摄论、地论学派的佛性思想趋于相同。

佛性为众生所“本有”，即佛性本潜存于一切众生生命之中，不用外求。而众生之所以不能显现佛性，是因为有种种染污的东西把佛性障蔽。若能将此等障蔽除去，众生便可显现佛性，得觉悟而成佛。摄

---

① 《佛性论》卷四，《大正藏》第31册，第811页中。

② 《大乘玄论》卷三，《大正藏》第45册，第39页中。“理非物造”出自净影慧远：《大乘起信论义疏》卷上之上，《大正藏》第44册，第179页上。

③ 地论师的南道、北道与摄论师各有同异，南道派以法性、真如为依持，与摄论师的出世转依位相同；而北道派以阿黎耶识为依持，与摄论师的虚妄唯识相同。

④ 《大乘四论玄义》卷八，《卍续藏》第74册，第111页下—112页上。

论师不以成佛果位为佛性，而是以因位的本有藏心为佛性，“藏心”即说明佛性隐藏于烦恼中。所以，实现佛性的方式是“息妄显真”，摆脱烦恼而显现真性。摄论师强调佛性的普遍性、内在性及实现问题，但是佛性的“显了照用”，明显与真谛的原意不同。真谛虽然以真如为佛性，但是真如作为存在之“理”，与众生的心性结合，才能成为觉悟主体；真谛突出了真如的普遍性、必然性，而其“内在性”明显不足。中国佛性思想经过道生的“性理不殊”，“理”具有体、性二义[①]，从而将普遍性与内在性进行了很好的结合。摄论师的佛性思想正是在真谛的基础上，以“本觉”“理”进行诠释，从而促进了本学派的中国化。

摄论师的佛性“本有”说，应该是比较普遍的说法。敦煌本道基《摄大乘义章》卷四说：“依他必从种子生因而生，真如本有，非生因生，故非依他。而彼真如借缘而显，说有了因。《摄大乘》云：四德本来是有，不从种子生，从因作名故名种子。”[②]真如作为超越理体，非生灭法；而依他起的有为法必然是由种子而生。真如必须经由般若智的透视才能显现，所以般若智是一种“了因”。真如以及常、乐、我、净四德本来是有，凭借般若智之缘而显现，所以称为“种子”。

摄论师以佛性“本有”的普遍性与内在性来证明一切众生皆有佛性，而且是“全分有”。[③]灵润引用《涅槃经》作为说明众生皆有佛性的依据，批评无性说是“不了义”，因为“二乘人说有佛性，虽有违小乘九

① 任继愈主编：《中国佛教史》第3卷，北京：中国社会科学出版社，1988年，第389页。吴汝钧认为佛性具有广狭二义：从狭义上说，佛性为众生成佛的基础，这只限于众生的主体方面；从广义上说，佛性则为现象世界中所有存在事物的基础。在这两义中，以广义的佛性观较为后期的中国佛教所重视。见《中国佛学的现代诠释》，台北：文津出版社，2002年，第30—31页。

② 《摄大乘义章》卷四，《大正藏》第85册，第1045页中。

③ 灵润针对新译唯识的佛性思想提出批评，首先全盘否定一分无性说，称它为凡小不了义执；其次批评新译所说“一切众生悉有佛性是小分，非全分一切”；最后评破“一分无情无佛性者，无有行性，若论理性则平等皆有”。见释恒清：《佛性思想》，台北：东大图书，1997年，第242页。

部之教，以理当故即是实说，非是妄语”[1]。同时，由于《宝性论》及《佛性论》都提出“悉有佛性”三义，证明了法身的遍在性、无差别性、隐覆性，佛性的本性不改不失，所以一切众生“全分有”佛性。

但是，在中国固有思想的语境下，中国佛教借鉴中国哲学“理”范畴的含义，逐渐把法性、真如、理三个概念等同起来，不仅视“理”为真理，而且以“理”为宇宙人生的本体、众生证悟的根本与目标，强调悟理以成就佛果。[2]摄论师亦受到中国佛学“理”的影响，以“理”的普遍性、超越性、内在性而证成佛性，道基《摄大乘论释序》说：

> 《摄论》者，盖是希声大教，至理幽微，超众妙之门，闭邪论之轨，大士所作，其在兹乎。若夫实相宗极，言亡而虑断；真如体妙，道玄而理邈；壮哉法界，廓尔无为；信矣大方，超然域外。……三性殊旨，混为一心；六度虚宗，俱栖彼岸。蹑十地之龙级，淤三学之夷路。涅槃无处，运悲慧之两融；菩提圆极，齐真应之一揆。[3]

道基以老庄哲学的“道”“理”来诠释实相、真如，强调其形而上的普遍性、超越时空。真谛强调佛性以三性为体，亦以三无性为体；道基则融“三性”入一心，以佛性为中心诠释三性思想，与《摄大乘论抄》相一致。

同时，亦有摄论师坚持将三性、三无性与佛性相结合，进行“解脱诠释学”的诠释。敦煌本《摄大乘论疏》卷七(S.2747)说：

---

① 《法华秀句》卷中，《日本大藏经》第77册，第99页上。

② 方立天：《中国佛教哲学要义》下卷，北京：中国人民大学出版社，2002年，第783页。

③ 《摄大乘论释序》，《大正藏》第31册，第152页上—中。

所解脱无所有为无相性，能解心亦不得生，无相无生即得解脱果。了因即无分别正体智，此智为不生道；四如实智是对治道，正灭障也。应除是俗谛，二性可解，除灭者即为已灭。已灭惑即理显现，理显现即三无性。一切法悉本来无二相，故除生死、得法身，皆由唯识观成。[①]

摄论师以"理"为三无性，这是一切事物的本然性，显现"理"必须断惑，即通过四如实智对治惑障。而无分别智是"了因佛性"，是证入"理"的真实主体。从存在论来说，分别性是解脱的对象，本无所有，是无相性；而能解脱的虚妄主体本来不生；无相无生即是真实性，三性同一无性，即是"理"。这样，存在论与实践论、解脱论得到结合，所以是一种"解脱诠释学"。虚妄主体的根本是"不觉"，而真实主体的根本是"觉"，在这种意义下，通过唯识观的修习产生无分别智，便能断除生死而证得法身。

总之，摄论师将真如、理等同起来，以诠释"本有"佛性的普遍性、内在性，依此而批评新译唯识的"无性"与"少分"。

2. 亦本亦始与三种佛性

从真如本有可以说佛性"本有"，但是真谛的佛性思想是一种"解脱诠释学"，不仅指向超越的存在，更包含实践论与解脱论。真谛提出三因佛性，应得因是人、法二空所显真如；加行因是指菩提心，由菩提心而行十波罗蜜等助道法；圆满因是指由加行而得果圆满。在"应得因"中又建构三种佛性——自性住佛性、引出性、至得性。所以，在真谛的佛性思想中，不但强调因与果之间的必然联系，亦注重因果转化

① 《摄大乘论疏》卷七，《大正藏》第85册，第996页上。

的条件性，由三因佛性、三种佛性出发，应该是“亦本亦始”。[①]

真谛依三真如诠释三种佛性，智𫖮依正因、缘因、了因解释三种佛性，《法华文句》说：“道前真如即是正因；道中真如即为缘因，亦名了因；道后真如即是圆果。”[②]自性住佛性是正因佛性，引出性是缘因、了因佛性，而至得性则是圆满果位。正因佛性是所觉悟的终极真理，亦是真如、法性、实相；了因佛性指观照终极真理的心能，即是般若智慧；缘因佛性则是般若以外的五度等其他修行。对于三种佛性的理解，摄论师存在分歧，《大乘四论玄义》说：

> 故彼云：自性住佛性，引出佛性，得果佛性也。此引出、得果两性，彼师解不同。一云：三性并是正因性。一云：自性住是正因性，余二性非，何者？果与果果两性，是得果性；引出性，即是十二因缘所生观，知了因性；自性住是非因非果，佛性正因也。[③]

摄论师对三种佛性存在两种看法：一、三种佛性都是正因佛性，因为三种佛性都是以真如为体，真如是正因佛性，自然三者皆是正因，这是从体上说；二、自性住佛性是正因佛性，天然本有，非因非果，而引出性是了因佛性，果、果果则是至得性，这是就因果转化而言。

若以三种佛性皆是正因，佛性则是“本有”；而以自性住佛性为“本有”，引出性为缘因、了因佛性，佛性则为“亦本亦始”。二者是从不同角度而言，并不存在矛盾。敦煌本道基《摄大乘义章》卷四说：“问

---

① 赖永海指出，本有说在谈论因与果的相互关系时，更注重二者间的必然联系；始有说则在严分二者的基础上，强调因果转化的条件性。见《中国佛性论》，北京：中国青年出版社，1999年，第108页。

② 《妙法莲华经文句》卷第八上，《大正藏》第34册，第110页下。

③ 《大乘四论玄义》卷七，《卍续藏》第74册，第93页上。

曰：所以断惑非余识也？答曰：第一净识体是如如，真性本有，非始修智，不说断惑。阿梨耶识唯有净品闻熏种子，以是成就不能现行照理断结。”[①]真如是清净法存在的根据、体性，本有而非始有；而般若智是始有，依般若智才能断惑证真。在凡夫位，迷染阿黎耶识虽然有清净闻熏种子，但是不能依闻熏种子而直接断惑。闻熏种子是生起般若智之因，般若智是“正治”，而净种是对治因。所以，摄论师坚持“亦本亦始”，是实践论与解脱论的需要，是“解脱诠释学”的体现。

灵润正是从“亦本亦始”的佛性说出发，对新译唯识的“理性平等，行性差别”进行评破。玄奘继承印度瑜伽行派“法界无差别而种性差别”的矛盾结构，提出众生皆有“理佛性”，而一分有性众生无“行佛性”，故不能成佛。灵润坚持有“理佛性”则必有“行佛性”，因为“行佛性”是“理佛性”的作用与功能。《宝性论》说：“若无佛性者，不得厌诸苦，不求涅槃乐，亦不欲不愿。”[②]佛性的作用有两种：一、厌离生死苦；二、乐求涅槃解脱。理佛性、行佛性虽然各有特性，但是二者非一非异，理佛性由行佛性而显，行佛性由理佛性而立，二者不相舍离。[③]而且，摄论学派的三因佛性、三种佛性都是一体，所以有理佛性即有行佛性。灵润假设有人问难说：“问：若有理性即有行性，草木无情有理性故，应有行性。答曰：草木无情无有理性。故《涅槃经》云：非佛性者谓墙壁瓦砾无情之物。”[④]既然真如作为“理佛性”具有遍在性，如果有理佛性必有行佛性，那么也必须承认草木有行佛性，因为草木亦有理佛性。但是，灵润回答说草木是无情，没有“理佛性”。灵润此说似乎有违“真如遍满”义，他进一步回答说：

---

① 《摄大乘义章》卷四，《大正藏》第85册，第1036页下。

② 《究竟一乘宝性论》卷三，《大正藏》第31册，第831页上。

③ 释恒清：《佛性思想》，台北：东大图书，1997年，第245页。

④ 《法华秀句》卷中，《日本大藏经》第77册，第104页上。

> 草木唯心量，心外一向无，故无有理性非是心外有，真如何所遍？又《摄论》云：由内外得成，是内有熏习。有熏习者则有行性，外无熏习故无行性。复次真如无内外，不离于内外，在内名佛性，在外不名佛性。[①]

灵润主张“理佛性”是本有，而“行佛性”是始有。“内种”的心才有熏习作用，而草木无心，没有熏习种子，所以没有“行佛性”。虽然真如理遍满内外，但是始有“行佛性”的唯是有情，只有有心的众生才有佛性。

摄论师依三种佛性说“亦本亦始”，并依此而批评新译唯识的“理性平等，行性差别”。但是，其佛性思想仍局限于有情众生。吉藏则依“唯识理”和“修证理”而言理内、理外佛性，向草木皆有佛性转化[②]；天台宗湛然更提出“无情有性”，并进行很好的推演与论证。

三　究竟一乘与真实胜乘

日僧最澄在《决权实论》一书中，列出一系列主张一乘的中国、新罗、日本思想家，其中有真谛、灵润、法宝等。[③]真谛在不违背瑜伽行派的前提下，将“密意一乘”转化为“究竟一乘”。摄论师一乘思想的理论基础亦是真如无差别，敦煌本《摄大乘论疏》卷七(S.2747)说：“见如来大小乘教虽显多种法门，皆为成就真如一味无差别之理，一即法界之法身也。”[④]大小乘是法门的差别，三乘圣者都证入无差别的真如理，即是法身、法界。敦煌本《摄大乘论疏》卷七(S.2747)又说：

---

① 《法华秀句》卷中，《日本大藏经》第77册，第104页上—下。

② 杨惠南：《吉藏》，台北：东大图书，1989年，第248—252页。

③ 安藤俊雄、薗田香融：《最澄》原文“《决权实论》”，东京：岩波书店，1974年，第388页。

④ 《摄大乘论疏》卷七，《大正藏》第85册，第999页上；《敦煌宝藏》第23册，第98页下。

明大乘通三乘中菩萨为大，又待小得大。一乘者无二，三乘唯是一故。无相待之乘，为真实胜乘也。无分别智以法界为根，体为知根，从知未知根生故，又名有根。有未知欲知根，从如实智生。又论缘因解性生亦名有根，能生后智及进后加行智故，亦名有根。有当体名有根，何以然？得此智故余智灭，智依此智故更生上地功德智慧，故是根也。①

摄论师主张"究竟一乘"，三乘与一乘没有差别，也就没有二者的对待，所以称为"真实胜乘"。这是从"性"立场来说，真如理没有差别，即使是"密意一乘"，亦有此主张。但是，在"修"立场，摄论师强调依法界而生无分别智，这是依法界为所缘缘而生，所以称为"根"。而且，在"发心住"，解性与闻熏习和合，便能为生起圣道的依止，所以"解性"亦是"根"。这样，功德智慧便能层层升进，终至圆满解脱。

摄论师是继承真谛的思想，依"修"立场而主张"究竟一乘"，并且依智慧的升进作为根本。同时，北地摄论师受到地论学派的影响，依《胜鬘经》《起信论》而建立"究竟一乘"。如敦煌本智凝《摄论章》卷一(S.2048)引用《胜鬘经》，说：

经言：法者说一乘道，法僧者是三乘众。此言一乘道者，三乘所依，人别法通，故名一乘。此偏就道谛为语。又云：说一乘道法，得究竟法身。于上更无一乘法事者。此明因得果灭道通论。②

智凝认为，三乘人都是依一乘道，法是相同的而人有差别。但是，从究

① 《摄大乘论疏》卷七，《大正藏》第85册，第999页中；《敦煌宝藏》第23册，第99页上。

② 《摄论章》卷一，《大正藏》第85册，第1025页下。

竟意义上说，得究竟法身是相同的。

《摄论抄》引用《起信论》“三大”来解释大乘的“大”：

> 言大者有三种：一、体大，即目前空、不空二种真如，平等不增减故也；二、相大，即真如体上具恒沙无漏性功德差别故，名相举一一德皆遍满法界故常故，故名大也；三、用大，即此真如在因有任持染净内熏等用，至果有起应、化二身无住处涅槃等用，举一一用皆遍法界故常故，所以名大。虽情见有废兴，用恒常也。[①]

体大表示真如的平等无差别，真如常在动态的超越的活动中，因而表现为具有无量无漏性功德，以保证其能够发生一种力量而在事上显现。于是，真如能够具有染净内熏的作用，而生起化身、应身乃至无住处涅槃。这些无漏功德及其作用，都是依真如体而遍在。

《摄大乘论抄》不但以三种佛性解释“十胜相”，更以三种佛性解释“乘”：

> 乘者有三种：一、理乘，即初二胜相、自性住佛性；二、行乘，即中六胜相、引出佛性；三、果乘，即后二胜相、至德果佛性。故下《释论》明，乘有三义：一、性；二、随；三、德也。三世诸佛菩萨依乘，此法别如来地，故名乘也。

摄论师对真谛的“乘”之三义进行自己的诠释，所释完全与真谛不同。真谛是以三无性为“理乘”，以十波罗蜜为“行乘”，以“四德果”为“果乘”。真谛是依“修”的立场诠释“究竟一乘”，《摄大乘论抄》则依“性”的立场，以佛性为中心进行诠释，二者立场明显不同。真谛的“究竟一

① 《摄大乘论抄》，《大正藏》第85册，第1000页下。

乘”义并不违背瑜伽行派的思想，摄论师依佛性解释“究竟一乘”，则完全是真常唯心的思想。

结　语

我们依“解脱诠释学”，围绕真谛与玄奘佛性思想的不同以及真谛与摄论师的差异，对摄论学派的佛性、一乘思想进行了新的诠释。“性”“修”的矛盾结构是“解脱诠释学”的核心内容，揭露了真理与修行的关系问题。

从语言学的考据与观念史的变迁来看“佛性”“如来藏”“种性”：“佛性”的原语是buddha-dhātu，主要含义是佛果的状态、超越根据、超越的动力。部派佛教发展出“性得佛性”与“修得佛性”，从后者必然引出“种性”观念，这是理佛性、行佛性的先河。“如来藏”的原语是tathāgata-garbha，其含义可以概括为所摄藏、隐覆藏和能摄藏。依“自上还下”的“可能性”模式，即追寻成佛的根据，如来藏与“心性本净”“佛性”“一乘”观念相通；依“自下往上”的“必然性”模式，即追求“绝对之境”，则佛性的本质、本元义与如来藏会通。“种性”的原语是gotra，这是依经验的立场，意在于弥补“修得佛性”的不足，其含义中有一种“无差别而差别”的矛盾结构。从部派佛教的“三种菩提”发展到《法华经》的“一乘”，体现了佛教的超越性。这三种观念都是佛教发展过程中对“绝对观念”的不同诠释，有相通之处，其中以“如来藏”的含义最为宽泛。

瑜伽行派依经验立场，针对部派佛教“修得佛性”的困境建立了“种性”观念。瑜伽行派依“本有无漏种子”对“一切众生有如来藏”给予善巧解说，如来藏的本有是“超越本有”，而“本性住种性”则是“先验本有”，我们反对牟宗三、吴汝钧将本有无漏种子理解成“经验的肯定”。对于种性差别原因的探讨,《大乘庄严经论》和《菩萨地》中,已经具有“种子差别”“行差别”的两种类型;同时,还出现了法界无差别而种性有差别的矛盾结构,这是“理佛性”“行佛性”的滥觞。瑜伽行派持一种“多元论”,并不是“批判佛教”所说的“发生论的一元论”。玄奘正是继承《瑜伽论》《大乘庄严经论》《佛地经论》的种性思想,提倡“五性各别”;窥基则提出三种“一阐提”,同时依“理佛性”和“行佛性”融通“一性皆成”与“五性各别”,最终引起唐初有关佛性的论争。

真谛佛性思想的特点如下:一、真谛仍然是坚持瑜伽行派“重理系”的传统,以真如来诠释如来藏、佛性,这是其最大的特点,亦是其“中间路线”的核心。二、真谛继承初期大乘“性修不二”的解脱诠释学,依“性立场”,真如即俗如;依“修立场”,乃有修行实践的位次差别。三、真谛的住自性性、引出性、至得性,是依道前、道中、道后三种真如而解释“佛性”;同时,依此建立隐覆藏、能摄藏、所摄藏解释“悉有佛性”义。四、真谛的佛性思想表现了“过程存在论”,表明了真如、佛性的动态性、过程性、非实体性,不是“一元实体论”,更不是一种“发生论”。五、真谛的佛性思想,与其三性思想、解性、阿摩罗识都是一贯而终的,他是依瑜伽行派的立场来融摄如来藏、佛性思想,其立足点是唯识古学,尤其是“智如不二”的真实性。在凡夫位中,真如与无明相隔,毫无作用;在“道后真如”处,智慧与真如相融,引起作用。六、在出世转依之前,真谛是以三性与阿黎耶识为中心,仍然坚持“虚妄唯识”的立场;但是,真谛的佛性思想内部有不一致的地方,很容易导向《宝性论》的如来藏思想。

从诠释模式来说,《宝性论》表现了“从上还下”的模式,即从悟到迷、从净到染、从慈悲到智慧,这是一种“还相”的慈悲模式;《佛性论》则相反,表现了“从下往上”的模式,即从迷到悟、从染到净、从智慧到慈悲，这是一种“往相”的智慧模式。这种诠释模式的区别与两大系统的契入点是相关的，《佛性论》是瑜伽行派的“经验立场”；《宝性论》则是如来藏系的“超越立场”。但是，真谛努力去连接这两大系统，他以“真实唯识”、真实性、智如合一、阿摩罗识去衔接“如来藏缘起”。同时，真谛继承阿毗达磨以及《宝性论》对“三信”的诠释，而且进行自己的建构。信仰本是宗教之入门，而真谛将之贯入佛道修行的整个过程，彻因彻果，这亦是佛教“解脱诠释学”的特色。真谛在存在论方面，一直坚持瑜伽行派的立场，但是由于在“实践论”方面引进如来藏“三信”的“慈悲模式”，从而将自己导向如来藏“本觉式”的立场，这是其“中间路线”的陷阱。

《法华经》依“法性”连接了一乘与佛性，但这是一种间接的转化。而《胜鬘经》提出“一乘＝真如法身＝佛性”，继承了《法华经》的“理一乘”思想，从而建构了如来藏的一乘思想的谱系。瑜伽行派的“一乘”思想是以“密意一乘”为中心，主张“三乘真实、一乘方便”。但是，其“一乘”的理论基础是法界无差别或法性平等，融合、会通了如来藏系的“究竟一乘”的开放视域。真谛对“不定种性”的范围进行扩大，认为二乘都是不定种性，“密意一乘”由此便转化为“究竟一乘”，这并不违背瑜伽行派的立场。

摄论师继承真谛以真如诠释佛性的传统，而且将第一义空、自性清净心、阿摩罗识、解性等都纳入佛性的思想体系。同时，摄论师逐渐背离了瑜伽行派的立场，而与“真常唯心”系合流，强调以佛性为中心。摄论师以“佛性”诠释“十胜相”，完全是以如来藏缘起来解读《摄论》，是摄论学派中国化的典型表现。摄论师还将真如、理等同起来，以诠释“本有”佛性的普遍性、内在性，依此而批评新译唯识的“无性”与“少分”；依三种佛性说“亦本亦始”，并依此而批评新译唯识的“理性平等，行性差别”。摄论师依佛性解释“究竟一乘”，亦完全是真常唯心的思想。

第七章　转依与涅槃

佛法的中心是一种具有高度哲学智慧的宗教解脱论①，我们提出“解脱诠释学”，正是要强调佛教哲学的实践论与解脱论特色。在大乘佛教的实践思想中，核心是六度，六度的根本即是般若波罗蜜。般若的实践，是破除颠倒的知(称为妄分别)而现成真实之智，其特点在于主体自觉到原来的自我是虚妄的，这样虚妄的自我便丧失了主体性，从而“转换”成新的自我的自觉内容。所以，般若波罗蜜是一种“转换”，转舍自我的虚妄主体以成就真实的主体。②虚妄主体的根本是“不觉”，真实主体的根本是“觉”，而般若波罗蜜即是行，即是实践，并没有一般所说的理论与实践的区别，而是真正的“知行合一”。

由于虚妄的自我把我们自身表象为主观，把事物表象为独立于我们之外的客观，所以转舍虚妄的自我，就是舍去自我所表象出来的世界之种种(主观与客观)。这就意味着，自我的舍离同时就是世界的舍离，“一切法空”就是借着世界(一切法)的空来表现世界和自我的一切之“转换”，于是便有真实自我(无分别智)与真实世界(真如)的诞生。

“般若波罗蜜”是一种由浅到深的不断“转换”的实践“过程”，是“解脱诠释学”非常重要的思想。在《大智度论》中，龙树指出，空和般

---

① 傅伟勋指出，佛教基本上是关注日常生活体验与实践以及生死循环超克课题的一种具有高度哲学智慧的宗教解脱论，经由日常生活种种经验(尤其“一切皆苦”的负面经验)的层层深化与极富哲理的内省分析，而探索出生死智慧或涅槃解脱之道。见傅伟勋：《从西方哲学到禅佛教》，北京：生活·读书·新知三联书店，1996年，第375页。

② 上田义文著，陈一标译：《大乘佛教思想》，台北：东大图书，2002年，第67页。

若波罗蜜都是诸法实相的异名[①]，而空与缘起是同义的。因此，空、缘起、诸法实相等都具有主体的意义[②]，都可以表示这种“转换”的“过程”，这样自然亦成为观行而成就般若波罗蜜。中观哲学显然未能从主体的构造方面来诠释当前境界的升进之道，容易造成客观真实淹没主体的结果。

瑜伽行派的发展，是在继承中观“般若波罗蜜”的基础上，以“三性”说为依据，将身心净化的过程。其构筑在以止观为精髓的菩萨道修行体系上，从主体的“转换”过程——“转依”来诠释实践论。依瑜伽行派对“识”的价值判断，“识”是一种心理上迷执烦恼的妄情妄识，是造成盲动的根源。所以，“转识成智”，对真实、清净的主体的肯认，是实现人生理想的实际生活方面的必然要求。唯有如此，一切自觉努力的修持行为才有旨归，其价值才能真正地被肯定。从实践论来说，在虚妄与清净的不断“转换”过程中，主体的心灵境界亦不断变化，于是便有菩提、涅槃、佛身等果位问题，这是瑜伽行者必须面对的问题，亦是我们关注的重点。

佛法修学的目的，就是转凡夫为圣人，转杂染为清净，转生死为涅槃，转烦恼为菩提。而“转依”说明了从凡入圣的关联性，即在生死还灭的“转换”过程中，有统一的依止(āśraya)。在佛教思想的发展过程中，如来藏系从“超越的立场”，以如来藏为所依止；瑜伽行派从“经验

① 《大智度论》卷七十九说：“诸法实相有种种名义，或说空，或说毕竟空，或说般若波罗蜜，或名阿耨多罗三藐三菩提。”见《大正藏》第25册，第618页中—下。

② 平常将“缘起”理解为相依相关的关系，并不能明确表现出主体性的思想。但是，一切的事物是相互关联而存在的，乃至普通的因果关系，这些都是在主观和客观对立的立场下来思考的。在这种立场下，因果性或相关性都属于“被思考者”——“客观”的一方。所以，平常我们将自然界看作客观的东西，将历史的世界看成由主观和客观构成，都是基于主客对立的立场。“空”“缘起”是要转换所见与能见对立的立场。如上田义文所说：“事实本身是在这种客观之前，因而也是在主观化之前，其中，没有客观，亦无主观。”见上田义文著，陈一标译：《大乘佛教思想》，台北：东大图书，2002年，第72页。

的立场”,以阿黎耶识为一切法的所依。“经验主体”与“超越主体”的建构,并不仅仅是为了解释自我与世界,不只是存在论与认识论的说明,最主要的目的与最后的归宿是“转依”,是回应实践论与解脱论——“解脱诠释学”的要求,这是二者的共同倾向。但是,二者都面临着各自的困难,因此有相互融通的必要性。真谛的唯识思想便体现了这种趋势,他从瑜伽行派的立场作出了自己的努力。

第一节 转依与种子、真如

瑜伽行派是以究极的缘起或依他性为基础来探究“转换”的逻辑,以“转变”(pariṇāmanā)、“异门”(paryāya)、“转依”(āśraya-paravṛtti)等概念为中心,三性论一方面是转依完成的基础,另一方面则通过“识转变”探讨现实的构造。[①]瑜伽行者通过观照识的内部结构,发现唯有建构识的内部活动——“识转变”,才能更好地成立“二取”;同时,种子与现行法之间的互熏、种子的刹那相续,无不是处于“转变”状态之中。所以,世亲将整个唯识学建构在“识转变”的核心上,这是瑜伽行派认识论的变化。“识转变”与三性思想紧密相连,通过“识转变”能够解释依他性的心识的种种活动,当然包括“二分依他”的转换过程。于是,“识转变”便具有了“解脱诠释学”的意义,而且与“转依”相通,如《唯识三十颂》所说,“尔时住唯识”,“便证得转依”。[②]

在瑜伽行派的典籍中,“转依”的原语有āśraya-parivṛtti和āśraya-

---

① 长尾雅人从“转变”(pariṇāmanā)与“回向”原语的一致性探讨二者转换的形态:转依、转识成智是向上的层面;而“回向”则是受人身,以变化身故意受生,是向下的层面。见《中观と唯識》,东京:岩波书店,1978年,第260—263页。赖贤宗则指出,识转变与转依为分别提供了“回向”的主体性与佛教存在论的诠释。见《佛教诠释学》,台北:新文丰出版公司,2003年,第207页。

② 《唯识三十论颂》,《大正藏》第31册,第61页中。

parāvṛtti[①]，āśraya是“所依”的意思，vṛtti是“转换”；而前置语parā是“他者”(other)的意思，pari则意为“全然”。由于前置语的不同，“转依”一语便有“转变所依”(所依真如)和“所依转变”(种子转变)二义[②]。所以，转依是观行的过程与结果，使自我存在的基础(依他性、八识)从质上产生变化，最后成就真实的、清净的主体与世界。[③]

从佛教思想史的发展来说，如来藏系与瑜伽行派对“转依”都作出自己的诠释，尤其是因为“所依”的不同，二者开展出不同的诠释体系。

一　转依与如来藏

如来藏系是从“超越的立场”，以如来藏为一切法的所依，强调“依因”的作用，这与种子的“亲因”是有区别的。如《胜鬘经》说：“如来藏者离有为相，如来藏常住不变，是故如来藏，是依、是持、是建立。”[④]依如来藏才能善说众生有生死与涅槃，因为如来藏能够作为一切法的依止，能够摄持、建立一切法，这是“依因”的作用。如海水与海浪，海浪生起的根本原因是海水，直接原因是风。《宝性论》说：“不正思惟风，诸业烦恼水，自性心虚空，不为彼二生。”[⑤]不正思惟引起的烦恼属有为的因缘法，故其本性空，有去除或转变的可能。如来藏思想具有

---

① 高崎直道：《転依——āśraya-parivṛtti と āśraya-parāvṛtti》，载《如来蔵思想II》，京都：法藏馆，1989年，第169—190页。

② 赖贤宗：《佛教诠释学》，台北：新文丰出版公司，2003年，第204页。

③ 吕澂指出“观行”与“转依”是佛教实践论的全部内容，二者是密切相关的。他指出，观行的效果在于内而身心，外而事象(在认识上作为对象的事物)，从烦恼的杂染趋向离垢的纯净，又从知见的偏蔽趋向悟解的圆明，随着观行的开展，提高程度，终至本质上彻底转变。《观行与转依》，载《吕澂佛学论著选集》卷三，济南：齐鲁书社，1991年，第1369—1370页。

④ 《胜鬘师子吼一乘大方便方广经》，《大正藏》第12册，第222页中。

⑤ 《究竟一乘宝性论》卷三，《大正藏》第31册，第832页下。

深厚的般若性空背景，有为法及轮回等所有现实层面都是虚妄的、空的，这是如来藏系“转依”的特殊处。

《宝性论》以“有垢真如”“离垢真如”及“自性清净”“离垢清净”的理论脉络来探讨“转依”，所谓“转依”就是使有垢真如(如来藏)“转”为无垢真如。《宝性论》说：“无垢如者，谓诸佛如来，于无漏法界中远离一切种种诸垢，转杂秽身得净妙身。”[①]如来藏系是一种“从上还下”的“还相”慈悲模式，强调佛性的信仰。所以，如来藏系的“转依”，首先，要相信烦恼本空不可得和如来藏本具清净法；其次，只要去除或远离烦恼，就可“转成”离垢清净、法身、无垢真如。这样，“转依”就是一切功德本具的如来藏出烦恼藏，但其本质并无转变。[②]

《无上依经》将转依称为“菩提性”，经说：“何者名法界体？灭诸相结，最净法界所显现故。阿难！是转依相，是转依者，则佛婆伽婆无上菩提，故名菩提性。”[③]转依的究竟是诸佛证得无上菩提，是灭除客尘烦恼后而显现的最清净法界，即无垢真如。转依作为“菩提性”，则是证得五蕴、四大、六根等法不可得，同时无法亦不可得，即中道性空的般若智慧。[④]

《宝性论》中出现āśraya-parivṛtti，汉译为“转身”，即是转依。[⑤]《宝性论》的转依思想，与《无上依经》有一致性。《无上依经・菩提品》以八义说明“转依”，列表如下：

---

① 《究竟一乘宝性论》卷四，《大正藏》第31册，第841页上。

② 释恒清：《佛性思想》，台北：东大图书，1997年，第140页。

③ 《无上依经》卷上，《大正藏》第16册，第471页上。

④ 《无上依经》证述菩提性不可思议，见《大正藏》第16册，第473页中。

⑤ 《宝性论》中6次出现“转身”，相应的梵文皆是āśraya-parivṛtti。见中村瑞隆：《梵汉对照究竟一乘宝性论研究》，台北：华宇出版社，1986年，第39、75、155、157、161页。

表7.1　《无上依经·菩提品》之"转依"八义

"转依"八义	内容
自性(净)	自性清净的如来藏，舍离了烦恼、所知二障，转成无垢清净时，即是转依
因(得)	二种无分别智：一、出世间无分别智，二、后得无分别智
果(远离)	远离二种障，得证果智
业(自他利)	离障得障碍清净法身，依彼二种佛身，得世间自在力行
相应	自他二利的依止，就是不可思议诸功德的具足成就
行	三种佛身
常	三身的作用尽世的存续而常住
不思议	以不可思议的形态存在作用

转依清净成菩提，自体只是离垢真如(如来藏出缠)。由二无分别智的修习，远离二障，得证果智。真如最清净显现，就是无障碍清净法身。因此，便有三身、自他二利等不可思议功德。可见，如来藏系的"转依"只是除去如来藏中的烦恼，而自然显现其本具的清净涅槃。

《宝性论》以"有垢真如"与"无垢真如"的转换，使如来藏的存在论与修持主体发生交涉，通过"法身遍在"的平等的中介性，阐释了真如的动态性，即其"过程存在论"的特点。"有垢真如"是自性清净的，但是又有杂染，所以难可了知，于是论中引用《胜鬘经》"自性清净心而有染者难可了知"①，从积极层面说明"众生界"即是如来藏(在缠如来藏)。虽在因位而已具有果位的清净性和圆满性，因位中的染性正可以彰显果位佛性的生动力和开放性。这强调的是佛性的生起过程，与真谛的"隐覆藏"是不相同的。"无垢真如"即是"出缠法身"，《宝性论》说：

① 《究竟一乘宝性论》卷二，《大正藏》第31册，第827页上。

又清净者，略有二种。何等为二？一者自性清净，二者离垢清净。自性清净者，谓性解脱无所舍离，以彼自性清净心体不舍一切客尘烦恼，以彼本来不相应故。离垢清净者，谓得解脱，又彼解脱不离一切法，如水不离诸尘垢等而言清净，以自性清净心远离客尘诸烦恼垢，更无余故。[①]

《宝性论》对“自性清净”“离垢清净”的阐释，无疑是继承了初期大乘“性修不二”的解脱诠释学的矛盾结构，论中称为“性解脱”“得解脱”。在“性解脱”的立场上，自性清净心为主，烦恼为客，二者本来不相应，所以无所舍弃，亦无所远离，这与瑜伽行派的“转依”不同，后者一定有所“转舍”。在“得解脱”的立场上，果位的圆满清净能够引生因位的功德力量，是圆满状态的“动态真如”，具有“过程存在论”的特点，彰显了果位佛性的生动力和开放性，这与真谛的“智如合一”是相同的。

正是因为如来藏是一种“过程存在论”，所以“众生界”能够成为“如来藏”与“法身”的中介[②]，这样“转依”便具有了主体的意义。但是，《宝性论》的中心在于“有垢真如”，明显缺乏“转换”的实践过程。同时，不仅自性清净心有染污，而且“如来一念心相应慧，得阿耨多罗三藐三菩提故”的无垢真如[③]，都是甚深、不可思议的。所以，对于“解脱诠释学”的具体说明无疑是匮乏的，而只能通过“三信”，这是如来藏系“解脱诠释学”的缺点。而以“众生界”为“有垢真如”与“无垢真如”的中介，便能与瑜伽行派的心识发生交涉，这是如来藏系融合瑜

① 《究竟一乘宝性论》卷四，《大正藏》第31册，第841页中。

② 同时，依此进一步诠释：通过“众生界”的中介，在如来藏佛性的第一义谛中，“法身即众生界即如来藏”的三法都能成为绝对的中介，贯通其余二法，这就是后来的“三法圆融”。

③ 《究竟一乘宝性论》卷二，《大正藏》第31册，第827页上。

伽行派的“视域”。

二　转依与种子、阿黎耶识

瑜伽行派以阿黎耶识为“经验主体”，阿黎耶识摄持能生万法的种子，种子成熟而生起现行，从而化为现实之存在，因而阿黎耶识即经验存在的根源。瑜伽行派又依种子与异熟转化理论建立了存在与主体活动的关联。但是，由于染污意的迷执，而且阿黎耶识中的种子与烦恼结合成为“有漏种子”，因此阿黎耶识不能作为理想人格与理想世界的生起根源，必须进行“转换”，即是“转依”。依胡塞尔现象学的说法，则是超越意识或超越主体摆脱了自然的以外界为实在的经验意识或经验主体的看法，而提升至世界是由意向性所构架而成的看法。[1]所以，瑜伽行派的“转依”以“主体”的转换为中心，但是“自我”的舍离就是世界的舍离，真实自我的诞生同时就是真实世界的诞生，真实的自我是脱离主客对立的“自在者”，即是无分别智；世界如其本身面目而呈现，即是“真如”。

瑜伽行派是在三性的脉络中，转舍虚妄的分别性，而依于清净的真实性，这是其独特之处。《成唯识论》说：

> 依谓所依，即依他起，与染净法为所依故。染谓虚妄遍计所执，净谓真实圆成实性。转谓二分，转舍、转得。由数修习无分别智，断本识中二障粗重故，能转舍依他起上遍计所执，及能转得依他起中圆成实性。由转烦恼，得大涅槃；转所知障，证无上觉。成立唯识意，为有情证得如斯二转依果。[2]

---

① 吴汝钧：《唯识现象学(一)·世亲与护法》，台北：学生书局，2002年，第240页。
② 《成唯识论》卷九，《大正藏》第31册，第51页上。

瑜伽行者建构唯识思想体系，并不仅是为了解释经验世界的结构，其最主要的目的在于实践与解脱——证得转依果，这就是“解脱诠释学”的用意。

从存在论说，三性是三种存在的不同形态，但是将存在摄入主体，即是认识论，则三性只是表示心之虚妄染污与真实清净的两种不同的活动，心在这两种活动中，归属于依他性与分别性或依他性与真实性的层次。在染污活动中，心是即依他即分别性；在清净活动方面，心是即依他即真实性。前者是“识”的活动，后者是“智”的活动。所谓“转依”，就是如何在依他性上，远离分别性的二障粗重种子而证真实性的真如。转舍烦恼障，便获得大涅槃；转舍所知障，便得到无上觉。

但是，《成唯识论》同时引用以真如为依的“转依”，论中说：

> 或依即是唯识真如，生死涅槃之所依故。愚夫颠倒迷此真如，故无始来受生死苦；圣者离倒悟此真如，便得涅槃毕究安乐。由数修习无分别智，断本识中二障粗重，故能转灭依如生死，及能转证依如涅槃，此即真如离杂染性。如虽性净而相杂染，故离染时，假说新净，即此新净说为转依。①

以真如为依，这与《宝性论》是相同的。真如作为不生不灭的无为法，是存在的绝对根据，一切染净法皆依之而存在。所以，转依只是在此同一“绝对根据”上舍染得净。

所以，依《成唯识论》，转依有两种：一是指“种子等之消灭、活动停止、非显现之认识论的侧面”，这是从认识论方面诠释“转依”；二是指“所依的全体之变貌”，这是从存在论方面诠释“转依”。或者说，前

① 《成唯识论》卷九，《大正藏》第31册，第51页上。

者是指转舍染分别性而转得真实性，是唯识学主张的转依；后者是指法界是生死涅槃所依，是如来藏说主张的转依。[①]

阿黎耶识的本质为“无覆无记”，可以兼容善恶种子，无漏种子亦可以寄存其中。所以，从具体的实践来说，只是“转换”有漏种子的势力，而不是断除阿黎耶识体。但是，护法一系的唯识今学主张种子是本识中亲生自果的胜功能，种子与识都是实有的。随着有漏种子的减弱、无漏种子的增长，即舍弃烦恼、所知二障，转得由此而呈现的大涅槃与大菩提，这其实即是“种子等之消灭、活动停止、非显现”，是阿黎耶识的“用”发生“转换”了，而其体并没有断除。而依唯识古学的“种识不分”，阿黎耶识与有漏种子是一体的，这样“转依”便是其“全然的改变状态”。

可以看出，瑜伽行派对“转依”的阐释，有《成唯识论》所说的“两种转依”的倾向，种子与阿黎耶识的关系或所依不同，都会导致二者的不同发展。而以真如为所依的“转依”，则是如来藏系所说的，瑜伽行派与如来藏系的融合，必在“转依”方面有所体现，真谛对此的努力值得关注。

三　转依二义——以概念史与语言学的考察为中心

瑜伽行派有两种转依思想，“转依”的原语亦有两种——āśraya-parivṛtti 和 āśraya-parāvṛtti。高崎直道指出，见于《唯识三十颂·安慧释》的 āśraya-parāvṛtti 一语，意思是转识成智：入于唯识性导致所依（阿黎耶识）的转换（“转舍”），而获得智慧，亦可理解为获得佛法身（“转得”），转依的这种用法又可见于《大乘庄严经论》《楞伽经》《中边分别论安慧释》等。相较于此，āśraya-parāvṛtti 一语则散见于《菩萨地》

① 赖贤宗：《“转依”二义之研究》，《中华佛学学报》第15期，2002年，第96页。

《瑜伽论》《法性分别论》《大乘庄严经论》《宝性论》。[①] 在高崎直道看来，āśraya-parivṛtti是指全然的改变状态，āśraya-parāvṛtti是就种子等之消灭、活动停止、非显现而言。但是，史密豪生(Schmithausen)认为转依二义的使用并无意义的不同，只是随着论书作者奉为权威的经典的惯用法而变。[②]

我们将以此为起点，探讨瑜伽行派的典籍对转依二义的不同使用，考察“转依”在两种思想脉络中的不同发展。从玄奘与真谛对同一典籍的不同翻译，亦可见出二者对“转依”的不同诠释。

1.《瑜伽论》的转依义

佐久间秀范对《瑜伽论》的“转依”思想进行了详细考察。[③] 从《瑜伽论·菩萨地》梵文本以及藏译本，可以看到“转依”相应的梵语是āśraya-parivṛtti。[④] 从实践论来说，瑜伽行派是以三昧、冥想为中心，这是其目的与最后归宿。瑜伽师从自己的体验出发，考察世尊的教法，以具体的个别映像为对象而进行精神的集中。再将冥想的对象，扩大到一切的存在，而考察一切存在的根源。通过精神集中而灭除对于一切存在的错误执著与偏见妄想，就能够逐渐净化身心。这样，自己的身心能够从任何束缚中转变成自由状态而被净化，能够亲自体会到完

---

① 高崎直道:《如来藏思想II》，京都:法藏馆，1989年，第169页。

② Lambert Schmithausen, *Der Nirvāṇa-Abschnitt in der Viniścayasaṅgrahaṇī der Yogācārabhūmiḥ*, Österreichische Akademie der Wissenschaften, Wien, 1969. 后来史密豪生继承其观点，写成 *Alayavijñāna: On the Origin and the Early Development of a Central Concept of Yogācāra Philosophy*, Fuji Printing Company, Kawasaki, 1987，尤其是第十一章。关于高崎直道与史密豪生之间的争论，参考赖贤宗:《“转依”二义之研究》，《中华佛学学报》第15期，2002年，第95—98页。

③ Hidenori S. Sakuma, *Die Āśraya-parivṛtti-Theorie in der Yogācārabhūmi*, Ajt- und Neu-Indische Studien Nr. 40, Ⅰ, Ⅱ, Franz Steiner Verlag, Stuttgart, 1990. 本人无缘参考此著作，十分遗憾。

④ 佐久间秀范:《〈瑜伽師地論〉における転依思想》，《印度學佛教學研究》第39卷第1号，1990年，第432—440页。

全被净化的存在。[1] 从瑜伽的禅定经验出发，身心成为清净的状态，而到达了转换依据的存在状态，即是“转依”。

所以，瑜伽行派的“转依”最早应该是与禅定的修习经验有关，是一种禅定的境界，由这种境界带来身心的转换。如《解深密经》强调，修习禅定，而获得身心轻安，从而安住于禅定中，称为“所依”。[2] 由于身心体验的转变，瑜伽师将禅观修习阶段的圆满，称为“转依”。如《瑜伽论》说：

> 云何所作成办？谓修观行者，于奢摩他毗钵舍那，若修若习，若多修习为因缘故，诸缘影像所有作意皆得圆满。此圆满故，便得转依，一切粗重悉皆息灭。得转依故，超过影像，即于所知事有无分别现量智见生。[3]

瑜伽师修习观行，通过专注与冥想心识中的影像而得“转安”。在某一阶段修习圆满，舍弃相应的身心粗重感，而得到轻安感觉，这就是“转依”。[4] 这时，心专注于一境，对观行的对象生起“现量智”，而且会发生相应的主观感受——“禅触”。这样，从初禅至二禅、三禅、四禅等更高的禅定境界，都是一种“转依”。

当然，解脱论是佛法的中心与最后归宿，瑜伽行派必须依“转依”而更积极地诠释解脱的本质及其过程。换言之，“转依”不仅是禅定

---

① 早岛理：《唯识的实践》，载高崎直道等著，李世杰译：《唯识思想》，《世界佛学名著译丛》第67册，台北：华宇出版社，1985年，第205—206页。

② 《解深密经》卷三说：“如是正行多安住故，起身轻安及心轻安，是名奢摩他。如是菩萨能求奢摩他，彼由获得身心轻安，为所依故。”见《大正藏》第16册，第698页上。

③ 《瑜伽师地论》卷二十六，《大正藏》第30册，第427页下。

④ 《瑜伽师地论》卷三十一说：“如是二法，展转相依，展转相属，身心轻安，心一境性。如是二法，若得转依，方乃究竟。得转依故，于所知事现量智生。”见《大正藏》第30册，第458页上。

的实践，亦必须涉及解脱论。于是，瑜伽行派的“转依”发生了重大转变——从身心的粗重感到烦恼的粗重，从轻安的感受到解脱论意义上的清净。《瑜伽论》说：“彼由修习如是世间清净静虑悲愿力故，一切恶趣诸烦恼品所有粗重，于自所依皆得除遣，由此断故，菩萨不久获得转依。”[①]通过禅定与悲愿力的修习，断染趋净，成就出世间道的“转依”。《瑜伽论》说：“谓与一切依不相应，违背一切烦恼诸苦流转生起，转依所显真无漏界。”[②]依此，转依是一切寂灭的无漏界。瑜伽行派引入“转依”，使其实践论发生重要转向，即从禅定的修习转向智慧的获得；而且，以“转依”的层级概念，诠释了解脱道的降升过程，这是《瑜伽论·本地分》的“转依”思想。

但是，到了《瑜伽论·摄抉择分》则又发生了一次重大改变，即阿黎耶识与“转依”的结合，从而以阿黎耶识成立还灭缘起，突显出唯识学的不共义。[③]生死杂染是以阿黎耶识为依，解脱则必须灭阿黎耶识而得转依。《瑜伽论》说：

> 复次修观行者，以阿赖耶识是一切戏论所摄诸行界故。……由缘真如境智，修习多修习故，而得转依。转依无间，当言已断阿赖耶识。由此断故，当言已断一切杂染。当知转依，由相违故，能永对治阿赖耶识。又阿赖耶识体是无常，有取受性；转依是常，无取受性，缘真如境圣道方能转依故。又阿赖耶识恒为一切粗重所随，转依究竟远离一切所有粗重。又阿赖耶识是烦恼转因，圣道不转因；转依是烦恼不转因，圣道转因。应知但是建立因性，非生

① 《瑜伽师地论》卷四十九，《大正藏》第30册，第565页上。

② 《瑜伽师地论》卷五十，《大正藏》第30册，第577页中。

③ 民国年间，慧海曾经指出，转依是唯识学的不共义，是唯识学的最高目的，是唯识学产生的根源。见《唯识学上转依义》，《现代佛教学术丛刊》第26册，第31—34页。

> 因性。又阿赖耶识令于善净无记法中不得自在，转依令于一切善净无记法中得大自在。……如是建立杂染根本故，趣入通达修习作意故，建立转依故，当知建立阿赖耶识杂染还灭相。[①]

对照译本可知，此处"转依"相应的藏译为gnas gyur pa，相应的梵语即āśraya-parivṛtti。[②]阿黎耶识是建立生死杂染的根本，依此而建立了生死流转。依佛教的解脱论，生死杂染的还灭必须逆观缘起法，于是瑜伽行派以"转依"为建立杂染还灭的根本。

所以，"转依"是阿黎耶识的对治法，二者性质相反。阿黎耶识是有漏、无常，转依是无漏、常；阿黎耶识是烦恼根本，转依是圣道根本(依止)；阿黎耶识是一切粗重所随，转依离一切粗重；阿黎耶识是"一切杂染根本"，是一切有漏杂染种子的总汇，所以必须转灭阿黎耶识，才能证得转依。"转依"是断除阿黎耶识，转生死杂染而得清净法界，即是不可思议的涅槃界[③]，也即离垢真如。

"转依"的过程是通过无分别智亲证真如，智如无差别，真谛把"转依"译为"阿摩罗识"[④]，就是说由圣依而证得究竟的圣性。在对"转依"的诠释模式中，玄奘译《瑜伽论》的重点在于"阿黎耶识种子的消灭、活动停止、非显现"，这是从转依的认识论方面而言；真谛通过建立"阿摩罗识"为"圣依"，阐明了"转依"是一种主体的实践过程，是把阿黎耶识也即自我的根源性存在之状态转迷为悟，自我彻底证得绝对真理，

---

① 《瑜伽师地论》卷五十一，《大正藏》第30卷，第581页下。

② 有关玄奘译《瑜伽论》、真谛译《决定藏论》与藏译的比较，参考岩田谛静：《真諦の唯識説の研究》，东京：山喜房佛书林，2004年，第160—163页。

③ 《瑜伽师地论》卷七十三说："问：除遣五种所知境界，当言何相？答：无上转依无为涅槃以为其相。云何为涅槃？谓法界清净，烦恼众苦永寂静义，非灭无义。"见《大正藏》第30卷，第701页中。

④ 《决定藏论》卷上，《大正藏》第30册，第1020页中。

而且自我成为绝对真理,《决定藏论》的重点在于“所依的全体之转变”,这是从转依的存在论方面而言。[1]总体而言,如《摄抉择分·五识身相应地意地》所强调者,“转依”与阿黎耶识之间是绝对对立的,因此必须除去作为杂染存在根据的阿黎耶识,才能证得“转依”。

《瑜伽论》的“转依”是普为三乘的,所以阿黎耶识灭是指二乘的阿罗汉、不退菩萨及如来。而三乘圣者所证的“无余依涅槃界”,是转依所显,是清净真如所显。《瑜伽论》说:“诸阿罗汉实有转依,而此转依与其六处,异不异性俱不可说。何以故?由此转依,真如清净所显,真如种性,真如种子,真如集成,而彼真如与其六处,异不异性俱不可说。”[2]无余依涅槃是三乘所共的,转依与六处既不能说异,也不能说不异。因为转依是清净真如所显的,真如是无限的“存在”,以整全的、非分离的形式呈现出来;而人是有限的存在,这种有限性使其不可避免地受到特定存在境遇的限制;但是,人对无限性的追求则总是趋向于超越特定的存在视域而把握存在的统一形态。正是有限与无限的矛盾统一,使真如与六处不可能说异与不异。“转依”是有限的“人”追求无限性的“过程”,同样表现了这样的矛盾。

《瑜伽论》接着说:“世尊依此转依体性,密意说言:遍计自性中,由有执无执,二种习气故,成杂染清净;是即有漏界,是即无漏界,是即为转依,清净无有上。”[3]瑜伽行派主张,作为客体的存在是由主体(心识)提供的;至于它的呈现,则由条件(因缘理法)决定,所以这样转化出来的存在称为“依他性”。从“解脱诠释学”来看,瑜伽行派阐释“依他性”的目的在于消解主体上的“分别性”,以成就“真实性”。于“依他性”有所执著,则成为分别性种子——杂染习气;依杂染习气而生依

① 赖贤宗:《“转依”二义之研究》,《中华佛学学报》第15期,2002年,第99页。
② 《瑜伽师地论》卷八十,《大正藏》第30册,第747页下。
③ 《瑜伽师地论》卷八十,《大正藏》第30册,第747页下—748页上。

他性杂染分，立为“分别性”。如果于依他性而不起执著，则成清净习气，生起无漏功德，能显真如离垢清净，立为“真实性”。[①]

这样，阿黎耶识为杂染种子依，建构了有漏界的存在；离垢真如——法界为清净种子依，就是无漏界的解脱境界。所以，前面偈颂所说是一种全新解释，即从存在论来说“所依的全体之转变”，或者说是“究极的真理之净化”。[②]存在论意义上的“转依”，是成佛后的究竟转依，所以是“常”“有”“乐”“无戏论相”“善清净法界为相”。[③]但是，“转依”既然普为三乘，则是具体的实践过程，必然涉及认识论。《瑜伽论》用有余依涅槃与无余依涅槃来区分二者，论中说：

> 住有余依，所得转依犹与六处而共相应；住无余依，永不相应。问：若无余依涅槃界中，已般涅槃所有转依永与六处不相应者，彼既无有六处所依，云何而住？答：非阿罗汉所得转依六处为因，然彼唯用缘真如境修道为因。[④]

在有余依涅槃的境界中，转依与六处相应，这是认识论意义的转依，指认识主体及其活动在唯识认识中达到了“非认识”，强调阿黎耶识的杂染种子等之消灭、活动停止和非显现。但是，当全部的杂染种子转成清净种子之后，转依的认识论意义就成为存在意义，即阿黎耶识转成

---

① 《瑜伽师地论》所引用的偈颂，《显扬圣教论》卷十六亦有引用，而且进行解说，见《大正藏》第31册，第559页下；真谛译见《三无性论》卷下，《大正藏》第31册，第874页中—下。

② 佐久间秀范：《〈瑜伽師地論〉における転依思想》，《印度學佛教學研究》第39卷第1号，1990年，第436页。印顺亦认为，偈颂所说转依，似乎是转杂染种子依为清净种子依，而佛意在以真如离垢清净为转依体。见《如来藏之研究》，台北：正闻出版社，1992年，第220页。

③ 《瑜伽师地论》卷八十，《大正藏》第30册，第748页中。

④ 《瑜伽师地论》卷八十，《大正藏》第30册，第748页中。

离垢真如，有漏界转变成无漏界，这时即是“无余依涅槃”。

在“解脱诠释学”的视野中，瑜伽行派的认识论、存在论与实践论是无法分开的，瑜伽行者在经验的、现象的世界中培养不起惑造业的能力，从知性角度培养克服我执、法执的虚幻分别的能力；另一方面，他们更强调凭修习瑜伽而获理性直观的能力，即无分别智。[①]所以，“转依”的认识论与存在论意义是无法分开的。

总而言之，《瑜伽论》的“转依”原语是āśraya-parivṛtti。“转依”最早是指瑜伽师通过禅观修习带来身心体验的转变。瑜伽行派引入“转依”，使其实践论发生重要转向，即从禅定的修习转向智慧的获得；而且，以“转依”的层级概念，诠释了解脱道的降升过程，依解脱身、法身的不同表现出如来、声闻、缘觉的优劣。《瑜伽论》的“转依”包含认识论与存在论两种意义，从阿黎耶识的杂染种子等之消灭、活动停止和非显现，转化成“所依的全体之转变”；灭阿黎耶识，而显现离垢真如。从“转依”的成就来说，认识论意义的“转依”是以无分别智为体；存在论意义的“转依”则是以离垢真如为体。

2. 安慧《中边分别论释疏》的转依义

《中边分别论》中虽然没有“转依”“转识成智”等术语，但是通过“境识俱泯”的思想来论述解脱是其特色。[②]《中边分别论·相品》说：“乱识虚妄性，由此义得成，非实有无故，灭彼故解脱。”[③]在虚妄分别中，远离能取、所取的空性，是有的；于空性中，也有虚妄分别。所

---

① 舍尔巴茨基认为，由出神的冥想活动的初阶体验可获得启示：修瑜伽者可以抑止其某些感官的活动以至知性能力的作用，世界既然可以分析为支离的感觉和感性材料，那么瑜伽行者可以完成永久止灭宇宙生命的任务。见立人译：《大乘佛学——佛教的涅槃概念》，北京：中国社会科学出版社，1994年，第87—88页。

② 叶阿月：《唯識思想の研究：根本眞實としての三性説を中心にして》，东京：国书刊行会，1975年，第250页。

③ 《中边分别论》卷上，《大正藏》第31册，第451页中。

以，虚妄分别体现出“真空妙有”的矛盾结构，是一种“无之有”的存在，体现出非有非无的中道思想。从实践论与解脱论来说，究竟的解脱必须灭阿黎耶识，这与《瑜伽论》所说的“转依”是相同的。真谛译abhūtaparikalpa为“乱识”，强调“本识”显现现象之过程的迷乱性、不真实性，解脱必须断除烦恼的迷乱，而转向真实与清净。

安慧在注释《中边分别论》时，所用转依的原语为āśraya-parāvṛtti。原始佛教实践论的根本问题在于修行与心解脱，修行者希望从充满着诸烦恼的不安生活脱离，而安住在安乐的境界，这就是“心解脱”。而真正的“心解脱”，是心性清净的全体呈现，《中边分别论》即是依“法界清净”“心性清净”“空性”来阐释中道的转依思想。如《中边分别论》说：“颠倒邪思惟，未灭及已灭；此不净及净，是彼不颠倒。”[①]“法界清净”是以空性或中道为基础的无分别的心性清净，所以无论是杂染性还是清净性，对于心性本净而言都是“客性”。而杂染是虚妄分别，即是未达到转依位而对真理的颠倒作意，安慧解释说，这是阿黎耶识的因，就是颠倒分别。[②]颠倒作意未灭就是法界的不清净，其灭就是清净。但是，从修道来说，必须如实知见日常经验世界的真实，即杂染性与断彼所成的清净性，这样才能努力修道而断染证净。依修道者作为个体存在的方式与形态，究竟解脱的终极意义首先体现为对存在意义的反思与追寻，由经验层面的“在”，进一步追问存在本身的意义，才能超越现象世界的存在而达到真实的胜义谛。

安慧便以法界清净、空性、心性清净、真如来解释“转依”，《中边分别论·相品》第十六偈以有垢真如、无垢真如来表示转依的差别，

---

① 《中边分别论》卷下，《大正藏》第31册，第462页上。

② MAVṬ, p.222；山口益译注：《安慧阿遮梨耶造中边分别論釈疏》，名古屋：破尘阁书房，1935年，第349页。

而安慧以未转依为有垢真如，转依为无垢真如。[1]安慧对《中边分别论·真实品》第十一偈的“得胜义”解释说：“得胜义是涅槃，毕竟无垢的真如，即转依（āśraya-parāvṛtti）之相。”[2]真如是出世间根本智的“对象”，是最殊胜的对象，故称为“义胜义”。但是，在超越界，不能以有所得的二取方式证得真如，必须以主客绝待的方式与根本智“泯然为一”，即智如无差别。“得胜义”是指涅槃，因为涅槃是修道的“目的”而且又有最大的利益。证得涅槃，即是显现无垢真如，于是成就了“转依”。同时，安慧在解释《中边分别论·障品》时指出“āśraya-parāvṛttir bodhiḥ āśraya nirmalatathatā”[3]，现代汉译为：“菩提是转依，无垢真如是所依。”依此，安慧的“转依”是以真如为所依，有垢真如转换为无垢真如，即是“转依”的成就，这是从存在论意义而言的。

安慧亦涉及认识论意义的“转依”，他在解释《中边分别论·对治修习品》的“法身”时说：

> 至得位是成就诸佛的法身，即断一切障。又，彼障之对治的同时，即积集无漏法种子，即是转依自体（āśraya-parāvṛttyātmaka）；于一切法自在，无阿赖耶（anālaya），即是诸佛的法身。[4]

认识论意义的“转依”是以阿黎耶识为所依，对治、断除一切烦恼障、所知障的杂染种子，而积集无漏清净种子，便成就了“转依”。

---

① MAVṬ, p.52；山口益译注：《安慧阿遮梨耶造中辺分別論釈疏》，名古屋：破尘阁书房，1935年，第82页。

② MAVṬ, p.125；山口益译注：《安慧阿遮梨耶造中辺分別論釈疏》，名古屋：破尘阁书房，1935年，第197页。

③ MAVṬ, p.84.

④ MAVṬ, p.191；山口益译注：《安慧阿遮梨耶造中辺分別論釈疏》，名古屋：破尘阁书房，1935年，第304页。

《中边分别论》中未曾出现“转识成智”的思想，但是一直强调依中道思想来诠释“转依”。《中边分别论·无上乘品》说：“心实有是增益法边，不实有损减法边，为离此二边，故佛说中道，此处无意、无心、无识、无作意（na cittaṃ na cetanā na mano na vijñānaṃ）。”[①]瑜伽行派“重理系”的特点是以真如无差别解释“心性本净”，这就意味着不净、虚妄者和清净、真实者的无异性。因此，在无变异、无差别的中道，主张心实有或非实有，都是对心的增减。[②]

有关《中边分别论》的“无意、无心、无识、无作意”，安慧以阿黎耶识为“心”，以思法为“思”（即真谛译“作意”），以染污意为“意”，以六识为“识”，不起执著即是中道。[③]这样，“无心”即是转阿黎耶识，“无意”即是转染污意，“无识”即是转前六识，而“无作意”或“无思”即是转五遍行的思心所或作意心所，是转变心所的意思。[④]所以，《中边分别论》虽然没有明确提出转八识成四智，但是从安慧的注释来看，无心、无思（或无作意）、无意、无识的思想，便是“转识成智”的类似表达。

“转识成智”的智是无分别智，在唯识思想史的发展过程中，曾经出现关于“转识”与“得智”之间的时间关系的争论，即前后无差别或前后差别之争。《中边分别论·相品》第七偈说：

---

① 《中边分别论》卷下，《大正藏》第31册，第462页下；MAVṬ, p.236。按照梵文本的顺序，应译为“无心、无思、无意、无识”。

② 上田义文强调，佛教的“心”概念有三种含义：一、不考虑“心和色”或“能思和所思”间本质性的差异，而把“色或心”“能知或所知”都视为存在，亦即诸法的心；二、所谓“心的自性清净”的心；三、透过与所知相对的能知此一特性，所掌握到的“心”。见上田义文著，陈一标译：《大乘佛教思想》，台北：东大图书，2002年，第162—167页。

③ MAVṬ, p.236；山口益译注：《安慧阿遮梨耶造中辺分別論釈疏》，名古屋：破尘阁书房，1935年，第373页。

④ 叶阿月：《唯識思想の研究：根本眞實としての三性説を中心にして》，东京：国书刊行会，1975年，第252页。

［梵文］upalabdhes tataḥ siddhā nopalabdhisvabhāvatā | tasmāc ca samatā jñeyā nopalambhopalambhayoḥ ||

［真］是故识成就，非识为自性，不识及与识，由是义平等。[①]

［今译］由此缘故，可以成立取得以无取得为自性；又，由此缘故，可以知道取得与无取得平等。

真谛把upalabdhi（取得）译为“识”，无取得即是“非识”。识以非识为自性，表示识成为境，这就意味着在境之外与境相对的主观的识，不再是这种外在的主观，而是能缘与境合而为一，亦即能从境之内在去认识境；同时，境不被对象化，而能依其自身的如实相来被认识。而且，非识是“识”的自性，表现了识的自我否定性，即依他性的“因缘有”是以无性为自性。所以，识的“有”不单单只是“有”，而是与“无”（绝对无）融即的有，绝对无即是无分别智、真如，显示了真实与虚妄交彻的矛盾性格。

识与境平等，能缘与所缘平等，而“转识”与“得智”的过程正表现了这种平等，即“识”与“智”的平等，二者是前后无差别的相即关系。这样，悟入“非识”与“识”平等的无分别智，离二边行的无心、无思、无意、无识，远离我与无我的执著的中道无分别智，都是同一思想的不同表达，都说明转依即是“转识成智”，这就是《中边分别论》的转依思想。

《中边分别论》依“法界清净”“心性清净”“空性”来阐释中道的转依思想，这与《般若经》系统以“无心”为心性清净的思想，是一脉相通的。如《大般若经》说：“是心非心，本性净故”，“心非心性，本性

① 叶阿月：《唯識思想の研究：根本眞實としての三性説を中心にして》附录“资料编”，东京：国书刊行会，1975年，第23页。

净故”；[1]而且，《放光般若经》强调，贪、嗔、痴等六十二见，因常与心不相应、无不相应，所以不是心的本性，属于客性的烦恼。[2]在现实的状态上，心常与诸烦恼相应，亦不相应，然而其心本性清净。这是从存在论的诠释进路，强调空性、法界清净的无变异性、普遍性、永恒性，是以中道为基础的无分别的心性清净。从实践论与解脱论来说，《般若经》系统则是依“无心”“无念”“不坏”“不分别”[3]，即是对一切诸法没有执著的心。由此可知，《般若经》的心性清净说已经脱离《阿含经》所重视的心的修习及心解脱的如实知见——世俗无颠倒的见解，而发展为对一切诸法的垢净及有无二边的无变异与无分别的如实知见——胜义无颠倒的见解。[4]《中边分别论》的转依思想是胜义无颠倒立场，“无心”或“无阿黎耶识”等就是无执著习气的清净心，这是依空性而成立的。所以，《般若经》与《中边分别论》所主张的“无心”，具有相同的意义。

3.《大乘庄严经论》的转依义

《大乘庄严经论》是依《瑜伽论·菩萨地》品目次第而造的，其已接触到如来藏说，并在《瑜伽论》的思想体系上会通唯识论与如来藏思想，转依是其核心的理论。

长尾雅人曾经指出，《大乘庄严经论》中āśraya具有九义：(1)基体、

---

① 《大般若波罗蜜多经》卷三十六，《大正藏》第5册，第202页上；同书卷五百三十八，《大正藏》第5册，第763页下。

② 《放光般若经》卷二说：“云何意性广大而清净？须菩提报言：于淫欲痴亦不合亦不散，不与尘劳合亦不散，不与恶行及六十二见合亦不散，亦不与声闻辟支佛意合亦不散，是为菩萨意性广大而清净。”见《大正藏》第8册，第13页中—下。

③ 《光赞经》卷三说：“无所造、无所念，是谓一切诸法无心、无念。”见《大正藏》第8册，第166页下。《放光般若经》卷二说：“于诸法无作、无念，是为无意意。”见《太正藏》第8册，第13页下。《摩诃般若波罗蜜经》卷三说：“诸法不坏，不分别，是名无心相。”见《大正藏》第8册，第234页上。

④ 叶阿月：《以中边分别论为中心比较诸经论的心性清净说》，《现代佛教学术丛刊》第43册，第236页。

支持；(2)根柢；(3)归依所；(4)根源、源泉；(5)语法上的主语——作为动作的主体；(6)代表肉体时——六根；(7)人间的总体的方面；(8)法界；(9)转换存在的根柢。[①]后三者是《大乘庄严经论》所特有的意义，而且三者是相通的。人间的总体不外是物质与精神，从唯识思想来说，物质是会坏灭的，所以不是根柢；阿黎耶识能够执持身体与外界的山河大地，而且能够保存生命无始以来的信息力量——种子，所以是存在的根柢。因此，āśraya的转换，是从染污转向清净，当然是从阿黎耶识或依他性而言。这时，以前的根柢已经消灭，新的根柢已经生起。根柢的转换并不是根柢自身，这是一种“无根”的转换，因为涉及“法界”作为根柢。“法界”已经成为存在的形而上的根柢，其转换是一种“非意识”状态，所以才能转换无垢识——阿摩罗识。

从“转依”的原语来说，《大乘庄严经论》中出现āśraya-parivṛtti、āśraya-parāvṛtti、āśraya-parivartana三种变形，总共有12次以上。[②]在转依的问题上，《大乘庄严经论·菩提品》说到转依相：“二障种恒随，彼灭极广断；白法圆满故，依转二道成。”[③]转依是永灭二障种子，最上的白法圆满。这是以菩提为转依体，从转舍二障种子，成就二种出世智道，即转烦恼障得大涅槃，转所知障证无上菩提。译者波罗颇密多罗将“觉者性”(buddhatva)译为“转依”，但这是依世亲的解释而译的，因为世亲在长行中依āśraya-parivṛtti加以解说。[④]世亲在第十四、六十、七十七颂中，亦将tathāgatānāṃ parivṛttiḥ、dharmakāya amalāśraya都解

---

① 长尾雅人：《中观と唯識》，东京：岩波书店，1978年，第433页。

② Sylvain Lévi (ed.), *Mahāyānasūtrālaṃkāra*, Paris, 1907, Ⅵ.9, Ⅸ.12, Ⅺ.11,33,42, ⅩⅥ.67. 见长尾雅人：《中观と唯識》，东京：岩波书店，1978年，第436页。

③ 《大乘庄严经论》卷三，《大正藏》第31册，第602页下。

④ 佐佐木隆子：《転依についての一考察——世親を中心とした用例について》，《印度學佛教學研究》第23卷第2号，1975年。

释为āśraya-parivṛtti。[1]这是从存在论的角度阐明"全然的改变状态"，所以强调转依的究竟是显现诸佛法界清净，所谓"二障已永除，法如得清净，诸物及缘智，自在亦无尽"[2]，离二障所显的清净真如，就是无漏法界。不只是离障清净，也是事物与所缘、智慧，这些都是无穷无尽的、自由自在的。

在《大乘庄严经论·述求品》中，āśraya-parivṛtti、āśraya-parāvṛtti二者用法不同。在第四十二颂的长行中，世亲以āśraya-parivṛtti解释āryagotra(圣种性)具有无垢、平等、殊胜、不增不减的特点，这是存在论意义的"转依"。在第四十四颂中，种子转、句义身光转，都是用parāvṛtti；由于《大乘庄严经论》主张"种识一体"，所以种子的转变即是阿黎耶识的转变，再加上其余诸识的转变，即是成就"转依"，这涉及种子等之消灭、活动停止、非显现，是认识论的"转依"——āśraya-parāvṛtti。

同时，在《大乘庄严经论·教授品》中，菩萨的初地是转依(āśraya-parāvṛtti)位。[3]转依的究竟清净，其相应的梵语亦是āśraya-parāvṛtti，这即是世亲的解释所说："转依究竟净者，谓永离一切烦恼障及智障故；成就一切种者，谓得一切种智由无上故。"[4]"菩提品"的究竟转依则是āśraya-parivṛtti，可见āśraya-parivṛtti、āśraya-parāvṛtti的区分并不明显。

《大乘庄严经论》广说一切法是唯识所现，并在唯识所现之唯识观的证入次第以外融会了如来藏说。在如来藏学当中，如来藏有三义，瑜伽行派则只就"真如无差别"一义而论述所融会的如来藏说，āśraya-

---

① 竹村牧男:《唯識三性説の研究》，东京：春秋社，1995年，第522页。

② 《大乘庄严经论》卷三，《大正藏》第31册，第606页上。

③ 《大乘庄严经论》卷七说："此即是转依，以得初地故……释曰：此即是转依，以得初地故者，此离垢即是菩萨转依位。何以故？得初地故。"见《大正藏》第31册，第625页中。

④ 《大乘庄严经论》卷七，《大正藏》第31册，第626页中。

parivṛtti的使用体现了这种趋势。种性在如来藏思想中是众生皆有胎藏义的如来藏，瑜伽学则就种子说。如说远离二障，《大乘庄严经论》所说“二障种恒随，彼灭极广断”中的“种”即就种子来说，“彼灭”所以显净识，称为转依，并未论及转依是万德具足和功能常转的。[①]

总之，《大乘庄严经论》的“转依”原语有āśraya-parivṛtti、āśraya-parāvṛtti，二者确实存在一定的区别。如世亲以āśraya-parivṛtti解释觉者性、圣种性，这是以唯识思想的立场来融会如来藏说，已经融会了“转依的依之全体之变貌”这一存在论的侧面；但是，只及于如来藏的“真如无差别”一义，而未及“彼灭”之后所显的转依是万德具足和显现本有。从修行次第与解脱来说，则倾向于āśraya-parāvṛtti，即“转依的种子等之消灭、活动停止、非显现”这一认识论的侧面，此为《大乘庄严经论》转依思想的重点。当然，二者存在交叉使用现象，所以区分不是非常明显。

第二节　所依转变与转变所依

学界一般称唯识思想为唯心主义，其实唯识思想不是西方哲学意义上的唯心主义，而是一种瑜伽行唯心主义。可以说，佛教的整体都是观心、治心之唯心主义，这是“解脱诠释学”的出发点。唯识学不是一种世界观之学，而是一种转变世界观的方法论，它的最高境界是不可思议的涅槃本体，是宇宙无极的大全大道。唯识学的方法就在于转识成智，这是瑜伽功夫的目的和必然旨归。

瑜伽行派的修道实践体系，是以三性说为基础的菩萨道，继承了小乘阿毗达磨的修行体系，并且基于大乘佛教的见地，进行大幅度的

① 赖贤宗：《“转依”二义之研究》，《中华佛学学报》第15期，2002年，第100页。

修改与创造。而且，唯识今学与真谛系在继承瑜伽行派的修道思想时，由于真谛的“二分依他”思想的特殊性，有不同的展开。在转依的位次上，二系便有所不同。

一　转依二义与唯识古学、今学

依历来的解释，可知“转依”确实具有二义：一、佛教存在论方面的“转变所依”，所依即真如，这是自我存在之基体的全然的改变状态；二、佛教认识论方面的“所依转变”，所依即是种子、阿黎耶识，这是种子等之消灭、活动停止、非显现、转舍转得。

1. 唯识今学与所依转变

唯识今学重视从佛教认识论方面诠释“转依”，窥基《成唯识论述记》说：

> 言转依者，转谓转舍、转得，依谓所依，即转之依，名为转依，依士释。又解此文，依他事上邪理执著，正理离倒，转舍、转得，事为理依，故名转依也。无性云：二所依止，转依亦持业释。然今能依、所依，合为转依，故无持业。今言依他起名转依者，流转、还灭依也，即所舍、所得，所得通二果。由所执故起有漏法，有漏法断所执名舍，非别有体，名为舍也。第二师解，依即真如，迷悟依也。[①]

“转依”的依是“所依”，是以依他性为所依。因为唯识今学是以依他性作为事物的基本结构，指向一种纯然的客观世界，所以在依他性上生起种种分别，便成为染法；在依他性上不起任何执著，能够如实地了解

① 《成唯识论述记》卷十本，《大正藏》第43册，第574页上。

依他的本身，即是真实性，即是清净法。“转依”即是转舍虚妄的分别性，而依于清净的真实性。而“转依”的具体表现是，透过不断地修习，实践无分别智，由此断除第八识中的烦恼障和所知障的种子，由转舍烦恼障，得大涅槃；转舍所知障，得大菩提。

这样，在转依的过程中，即以无分别智为能依，阿黎耶识为所依，转依亦即是“转识成智”，将虚妄的心识转化为清净的智慧。但是，无分别智与阿黎耶识是从清净与杂染的种子而生，所以转依即是“杂染种子之消灭、活动停止、非显现”，当然亦即意味着“清净种子之增生、开始活动、显现”①，这是阿黎耶识的“用”发生“转换”了，而其体并没有断除。唯识今学的“转依”思想，根本点在于染净种子的转换，是认识主体及其活动在唯识认识中达到了非认识，这是“所依转变”的意义。而且，窥基强调以真如为迷悟依是“第二师”的思想，明显不予接受，从而亦可见其思想的重点在于“所依转变”。

真谛的唯识古学，融合如来藏的转依思想，即在“所依转变”的基础上，吸收“转变所依”，从而建构其独特的转依思想。从《唯识三十颂》第二十九颂的不同翻译，可以看出唯识古学与今学的差异所在：

[梵文]acitto'nupalambho'sau jñānaṃ lokottaraṃ ca tat |
āśrayasya parāvṛttir dvidhā dauṣṭhulyahānitaḥ ||

[今译]这时没有(能知之)心，亦无(对所知之境的)所得，这就是一种超越于世间的智慧。(有漏生命的)存在依据(在这时候)即得到转换，因为已经舍弃了两种粗重。②

[真]何以故？由修观散乱执尽，是名无所得，非心非境。是

---

① 赖贤宗：《“转依”二义之研究》，《中华佛学学报》第15期，2002年，第96页。

② 霍韬晦：《安慧〈三十唯识释〉原典译注》，香港：香港中文大学出版社，1980年，第46页。

智名出世无分别智，即是境智无差别，名如如智，亦名转依，舍生死依，但依如理故，粗重及执二俱尽故。粗重即分别性，执即依他性，二种俱尽也。[1]

[玄]无得不思议，是出世间智，舍二粗重故，便证得转依。[2]

从梵文āśraya-parāvṛtti来看，世亲的原意有可能是重视转依的认识论方面，即“种子之消灭、活动停止、非显现”的意思。[3]从世间法来说，世界和自我的存在是依能取、所取的二取随眠种子，这是世间的根本。从解脱论来说，则必须舍离世间的杂染，而达到无分别的出世间。所以，断除二取随眠种子，是唯识思想的通义。但是，阿黎耶识是否亦遭到舍弃？唯识古学与今学则有不同的答案。

唯识今学强调无分别智断除二取随眠，从而成就无漏种子，证得真如，转八识成四智——转阿黎耶识为大圆镜智，转末那识为平等性智，转意识为妙观察智，转前五识为成所作智。关于智与识的关系，《成唯识论》说：

此转有漏八、七、六、五识相应品，如次而得。智虽非识，而依识转；识为主故，说转识得。又有漏位，智劣识强；无漏位中，智强识劣。为劝有情依智舍识，故说转八识而得此四智。[4]

智是清净的，识是虚妄的；智是无执的，识是有执的。智和识是不同的，

---

① 《转识论》，《大正藏》第31册，第63页下。

② 《唯识三十论颂》，《大正藏》第31册，第61页中。

③ 从āśraya-parivṛtti、āśraya-parāvṛtti的使用来看，世亲明显是以后者为主。见佐佐木隆子：《転依についての一考察——世親を中心とした用例について》，《印度學佛教學研究》第23卷第2号，1975年，第181页。

④ 《成唯识论》卷十，《大正藏》第31册，第56页中。

但是智是依识的，是从识转出来的；并且，二者都是从种子而生起，故二者亦是一体的。在有漏位，智处于劣势，而识处于强势；在无漏位中，智处于强势，而识处于劣势。为劝有情归向智慧而舍弃妄识，所以提出“转八识得四智”。这样，智与识是一体的，二者的差别只在于虚妄与清净。而且，平等性智、大圆镜智在缘真如时，是“智如二分”，所以即使在转依位，转依体是无分别智，其根本所依仍然是种子。总之，唯识今学的转依义，是以种子为所依，强调“种子之消灭、活动停止、非显现”的认识论意义。

安慧在解释第十九颂时，看法与护法比较接近。安慧解释说，所依是指有一切种子的阿黎耶识，而转依即是在粗重、异熟和二取习气的存在断灭时，有调顺、法身和无二智的继起。[①] 由于安慧的解释比较简单，我们很难窥知其详细的思想。

2. 唯识古学与转变所依

真谛的三性思想，强调分别性以依他性为体，而分别性、依他性无所有即是真实性，体现了“性相融即”的思想。而且，依“方便唯识”与“真实唯识”的诠释进路，强调证入真实性的历程。所谓“方便唯识”即是观一切法并不存在，只是识的虚妄分别所作，此时成立“唯识无境”；同时，由于“境”是以“识”为体，“境”不外就是“识”自身，所以“境”无的时候，“识”也就是无了，这就是“境识俱泯”，亦即“真实唯识”。所以，依真正的“唯识”义，“识有”和“识无”是同时存在的，“唯识无境”和“境识俱泯”是同时成立的。由于“唯识无境”或“境以识为体”，故言“非境”；由于“境无故识无”或“识以非识为自性”，故言“非心”，而“非心非境”的境智无差别状态，即是出世间无分别智。

---

① 霍韬晦：《安慧〈三十唯识释〉原典译注》，香港：香港中文大学出版社，1980年，第47页。

真谛对“方便唯识”与“真实唯识”的诠释，从实践体系来说，即是“入无相方便相”，如《中边分别论·相品》第六偈说：

> ［偈］由依唯识故，境无体义成；以尘无有体，本识即不生。
>
> ［释］一切三界但唯有识，依如此义，外尘体相决无所有，此智得成。由所缘境无有体故，能缘唯识亦不得生。以是方便，即得入于能取所取无所有相。[①]

瑜伽行派的实践体系继承了小乘阿毗达磨传统的修行阶梯，但是依“入无相方便相——十地”的组织结构，转向了实践菩萨行的大乘修行道体系。[②] 正是由于修习“入无相方便相”圆满，从而证入见道位，成就无分别智，即是“境智无差别”，即是“如如智”，亦称为“转依”。

不同于唯识今学“智如二分”“性相永别”的看法，真谛主张“智如合一”“性相融即”，因为在转依位，存在论与认识论完全合一，这是一种“过程存在论”，没有任何对象化，主体如实地认识到自己本身，以及事物如实地被主体认识，是一体的两面。所以，真谛把境识俱泯、非心非境、境智无差别、如如智、转依，称为“阿摩罗识”。真谛以“阿摩罗识”诠释瑜伽行派的实践体系在主体心灵上的转变，这是一种“解脱诠释学”，说明了瑜伽行派的思想来源于禅观经验的普遍化。

唯识今学强调种子与阿黎耶识都是实有的，所以转舍与转得的“转变”，正是阿黎耶识的体之“用”的变化，而其体并没有变化。但是，

---

① 《中边分别论》卷上，《大正藏》第31册，第451页下。玄奘《辩中边论》卷上译为：“依识有所得，境无所得生；依境无所得，识无所得生。”见《大正藏》第31册，第465页上。二种译本与梵本的比较，见叶阿月：《唯識思想の研究：根本眞實としての三性説を中心にして》“资料编”，东京：国书刊行会，1975年，第22—27页。

② 早岛理：《唯识的实践》，载高崎直道等著，李世杰译：《唯识思想》，《世界佛学名著译丛》第67册，台北：华宇出版社，1985年，第219页。

真谛强调“识境合一”“种识合一”，从世间来说，阿黎耶识是一切杂染的根本，是一切有漏杂染种子的总汇。解脱则必须转灭阿黎耶识，才能证得转依——阿摩罗识。所以，真谛译《转识论》说“粗重即分别性，执即依他性，二种俱尽也”[①]，分别性、依他性无所有即是真实性，所以转依即是转变分别性、依他性，分别性的转变即是转舍粗重，这是“种子等之消灭、活动停止、非显现”，即佛教认识论意义上的“转依”；依他性的转变，是“自我存在的基体的全然的改变状态”，即佛教存在论意义上的“转依”。

无分别智与真如冥合为一，二者不相分离，所以当转舍阿黎耶识时，便以阿摩罗识为圣道根本，即是圣人依。真谛说：“舍生死依，但依如理故”，这是其“二分依他”思想在转依层面的表现。在真谛的思想中，以无分别智为依，即是以真如为依，二者是同一的。因为真谛建立阿摩罗识的目的在于，阐明“转依”是一种主体的实践过程，是把阿黎耶识也即自我的根源性存在之状态转迷为悟，自我彻底证得绝对真理，而且自我成为绝对真理。所以，真谛的转依思想是以认识论意义的“种子等之消灭、活动停止、非显现”为前提，而其重点在于“自我存在的基体的全然的改变状态”之存在论意义，即从“阿黎耶识”到“阿摩罗识”的转变过程。

唯识今学与唯识古学转依思想的差异，在翻译世亲《摄论释》时，明显地表现出来。《摄论释》说：

> ［玄］论曰：转依，谓即依他起性对治起时转舍杂染分，转得清净分。释曰：何者转依？谓即此性对治生时，舍杂染分，得清净分。[②]

① 《转识论》，《大正藏》第31册，第63页下。

② 玄奘译：《摄大乘论释》卷九，《大正藏》第31册，第369页上。隋代笈多译《摄大乘论释》与玄奘比较一致，提到“染分不行，净分行故”，见《大正藏》第31册，第311页下。

[真]论曰：转依者，对治起时，此依他性，由不净品分永改本性，由净品分永成本性。释曰：转依亦属依他性，三乘道是对治。此依他性道未起时，如见谛等，或能起诸业感恶道报，名不净品。道起以后，如此不净品灭不更生，故言永改本性。此依他性道及道果名净品。道即戒定慧。道果有二种：谓有为无为，有为即解脱、解脱知见，无为即本惑灭，及未来惑不生。道未起时，戒等净品未成立，但有本性清净；由道起故，与五分法身及无垢清净相应，如此相应，乃至得佛，无有变异，故言永成本性。[1]

相较而言，玄奘与笈多译本比较一致，其转依义强调转舍、转得，即是从认识论意义而加以说明。真谛译本不但增补处比较多，而且有其独特的解说，如将转舍、转得译成“永改本性”“永得本性”。

于依他性有所执，成分别性种子——杂染习气；依杂染习气而生起业感恶道果报等，即是依他不净品。生起三乘对治道以后，于依他性不起执著，这样不净品自然永远不会再生起，称为“永改本性”。而依他性的净品，即是戒、定、慧等道谛，和解脱、解脱知见等有为果，以及烦恼灭去后所显现的无垢清净。[2]这样的转染返净，是《摄论》思想的通义。

但是，真谛引入“本性清净”“无垢清净”，将瑜伽行派与如来藏系的转依思想进行融通。在未转依前，戒、定、慧等功德还没有生起，这是“本性清净”；一旦转依后，离垢真如——法界成为清净种子依，真如

① 真谛译:《摄大乘论释》卷十三,《大正藏》第31册，第247页中—下。

② 印顺对“依他性通二分”进行了很好的解释：“不如把通二分的依他起性，看成可染可净的精神体。无始来受杂染的熏习，现起杂染识，若转而为净法熏习，把那杂染熏习去掉，即转成清净智。不论是识，是智，都是依着这精神体的依他起性为所依的。”见《摄大乘论讲记》，载《妙云集》上编之六，台北：正闻出版社，1990年，第470页。

具有普遍性、恒常性、无变异性，所以是“永成本性”。真谛是通过境识俱泯的“真实唯识”连通到如来藏缘起的界域，这说明佛教认识论的转依义也需进一步衔接到佛教存在论的转依义。[①]真谛的思想在转染还净的还灭门方面与真常唯心论相吻合，“解性黎耶”“阿摩罗识”等范畴便体现了这一点。[②]

真谛继承瑜伽行派“重理系”的思想，以真如无差别诠释如来藏，而且以智如无差别融会了瑜伽行派与如来藏的转依思想。在《佛性论》中，转依法身有七名[③]，其中第五是拔除阿黎耶识，因为阿黎耶识是“依隐为义”——阿黎耶识是生死的根本，依止阿黎耶识生起无明、贪爱、业、果报，同时又能够隐覆一切智见。在转依的法身智慧中，无相解脱门对治无明，无愿解脱门对治贪爱，而依根本无分别智拔除现在虚妄烦恼，使法身清净；后得无分别智令未来虚妄永不生起，能圆满法身。[④]同时，《佛性论》卷三说：“如来转依法身，已度四种生死故，一切烦恼虚妄已灭尽故，一切道已修故，弃生死、舍道谛故，此二无四德故，唯法身独住四德圆满故。”[⑤]在转依法身中，依之能得转依的道，也被弃舍；道是有为而法身唯是无为灭谛。然而在瑜伽行派的思想中，真如是无为，而正智是有为，是依他起，是道谛。在安立中，佛果是有为、无为功德的。

---

① 赖贤宗：《佛教诠释学》，台北：新文丰出版公司，2003年，第205页。

② 印顺指出，《摄论》《庄严论》的思想，在安立杂染缘起分的流转门，依他用染种所生义，性相用差别义，同平常所说一样。在安立转染还净的还灭门，依他用通二分义，性相用圆融义，与真心论大致吻合。染净都在依他起上说，染净诸法也都以依他中心的赖耶本识为中心。在杂染是唯识；在清净，一切法唯识也就是唯智。见《摄大乘论讲记》，载《妙云集》上编之六，台北：正闻出版社，1990年，第471—472页。

③ 《佛性论》卷三说：“转依法身有七种名，应知：一、沉没，沉没取阴故；二、寂静，诸行无生故；三、弃舍，弃舍诸余伴故；四、过度，出二苦故；五、拔除，拔除本识故；六、济度，济度五怖畏故；七、断，断于六道果报故。”见《大正藏》第31册，第802页中。

④ 《佛性论》卷三，《大正藏》第31册，第803页上。

⑤ 《佛性论》卷三，《大正藏》第31册，第802页下—803页上。

真谛的"中间路线"在转依思想上有所体现，他一方面以闻熏习来阐明认识论意义的转依，即减舍杂染习气，增长闻熏习，这是所依转变；另一方面以解性黎耶、阿摩罗识、四德种子等来诠释存在论意义的转依，即转阿黎耶识为阿摩罗识，这是自我存在之基体的全然的改变状态。闻熏习与阿黎耶识的性质相反，是法身、解脱身所摄，法身与解脱身都是以真如清净所显为体，所以闻熏习是属于真如的。但是，闻熏习依附阿黎耶识，与阿黎耶识俱生俱灭。真谛译《摄论释》卷三说："由本识功能渐减，闻熏习次第渐增，舍凡夫依，作圣人依。圣人依者，闻熏习与解性和合，以此为依，一切圣道皆依此生。"[①]"解性"是"智如不二"的法身，而且真谛强调"十解位"菩萨已灭除人我执，证入人空真如，于是转舍阿黎耶识中的我执——凡夫依，转得我空真如性——圣人依。[②]闻熏习是以清净法界为因、无分别智为果，是三乘之道的戒、定、慧，所以是有为法。这样，出世转依时，"闻熏习与解性和合"是生起无分别智，证得真如，即是"智如不二"的法身。而"智如不二"的法身成为一切圣道的生起因，真谛称此为"阿摩罗识"。

"智如不二"的法身，正是瑜伽行派"重理系"与如来藏相会通的界域。在《宝性论》中，信、般若、三昧、大悲，是能显如来藏的因；常、乐、我、净是如来藏的果德。于是，真谛将如来藏的"法身遍满义"引入其唯识说，真谛译《摄论释》说：

> 何法名法身？转依名法身。转依相云何？成熟修习十地及波罗蜜，出离转依功德为相，由闻熏习四法得成：一、信乐大乘，是大净种子；二、般若波罗蜜，是大我种子；三、虚空器三昧，是大乐

---

① 真谛译：《摄大乘论释》卷三，《大正藏》第31册，第175页上。

② 真谛译《摄大乘论释》卷三说："菩萨有二种：一、在凡位，二、在圣位。从初发心，讫十信以还，并是凡位；从十解以上，悉属圣位。"见《大正藏》第31册，第174页下。

> 种子；四、大悲，是大常种子。常、乐、我、净，是法身四德。此闻熏习及四法，为四德种子。四德圆时，本识都尽。闻熏习及四法，既为四德种子故，能对治本识。闻熏习正是五分法身种子。闻熏习是行法未有，而有五分法身；亦未有而有故，正是五分法身种子。闻熏习但是四德道种子，四德道能成显四德。四德本来是有，不从种子生，从因作名，故称种子。此闻熏习非为增益本识故生，为欲减损本识力势故生，故能对治本识。与本识性相违故，不为本识性所摄，此显法身为闻熏习果。①

闻熏习为因，能生信等四法；四法是道，能显出法身四德，所以说闻熏习是法身种子。同时，闻熏习是行法——生灭法，能生起五分法身——戒、定、慧、解脱、解脱知见，所以闻熏习也是五分法身种子。五分法身中的戒、定、慧，修道时已经具备了，证果时更有解脱、解脱知见。这样，闻熏习是有为的五分法身种子，是信等四法的种子，但是不能称为是常等四德的种子。因为，四德本来是有，并不是从种子而生，是由信等四法所显现。但是，真谛又说“从因作名，故称种子”，所以亦可以称为“四德种子”。

真谛依“法身遍满义”，强调真如法身具有常等四德，经过闻熏习而成就信等四法种子、五分法身种子，于是贯通了如来藏思想。同时，真谛坚持瑜伽行派的基本立场，对如来藏思想进行去神秘化、非存在论的诠释，从而真正圆满体现了“所依转变”与“转变所依”二义。《佛性论》中解释转依有四种相，便完整表达了转依二义②：(1)生依。诸佛的无分别智，若无转依中的本性清净本然存在，即不得生，又称为“道

① 真谛译：《摄大乘论释》卷三，《大正藏》第31册，第173页下—174页上。玄奘译相应部分见《大正藏》第31册，第334页上—中。从文献对比来说，真谛增补了不少。

② 《佛性论》卷三，《大正藏》第31册，第801页中。

生依”。(2) 灭依。诸烦恼以及杂染法必须依转依法，才能灭尽，所以称为“灭依”。(3) 善熟思量果。真谛在《摄论释》中依烦恼的厚薄而提出道前、道中、道后“三真如”[①]，将真如从“某种绝对性实体”拉回到精神主体的境界，于是真如被视为修行的全部过程，包括在道中“长时、恭敬、无间、无余”四修行的转依因，以及修习善熟思量后“所知真如”的转依果。转依如果不是彻因彻果，在证入真如之后，便会更有断灭或还净等现象。(4) 法界清净相。转依之后，一切妄想都已经伏灭，于是为极善清净法界所显，“若不尔者，则诸佛自性应是无常可思议法。然此转依是常住相不可思议”[②]，所以以清净为相。

转依是瑜伽行派的实践论和解脱论，而转依四相代表着修道实践的具体历程，一切修行的基础在于转依是清净法的“生依”，同时又是染污法的“灭依”。换言之，转凡成圣的可能便是因为转依有“生依”“灭依”二种作用。[③]而转凡成圣的实现是在长时、恭敬、无间、无余的善熟思量修习中进行的，当修习圆满完成时，就是清净无所得真如显现的时候。从“三真如”到“转依四相”，真谛依真如诠释如来藏、佛性，将具有实体、神我危险的如来藏转换为精神主体的境界，以之代表动态、积极的成佛过程和成果，于是存在论与实践论、解脱论紧密结合，这是“解脱诠释学”的最好体现。

转依作为修道的全部历程，从转依二义来说，必须先从“闻熏习”开始，即首先引导至转依的认识论意涵，等到全部的杂染种子转成闻熏习清净种子，就自然到达了转依的存在论意义。从转依的存在论来说，转依是转染成净的“存在根据”，于是，转依成为如来藏和唯识交涉

---

① 真谛译：《摄大乘论释》卷十四，《大正藏》第31册，第258页上。

② 《佛性论》所举转依四相，与《瑜伽师地论》卷七十四(《大正藏》第30册，第707页上)、真谛译《摄大乘论释》卷十三(《大正藏》第31册，第248页下)，及《显扬圣教论》卷八(《大正藏》第31册，第517页上)所说相同。

③ 释恒清：《佛性思想》，台北：东大图书，1997年，第181页。

的论典所说的如来藏、佛性、识界、真如、法身等的异名。[①]而且，转依果的成就——法身，是在亲证领受真如时，一种非认识的认识、非显现的显现，是转依的认知根据。转依的认识论意义(认知根据)与存在论意义(存在根据)，构成了转依的“解脱诠释学”的诠释学循环。[②]

当然，从“三真如”“转依四相”，亦可见转依的认识论与存在论意义是无法分开的，“所依转变”与“转变所依”是紧密相连的，这是一种“过程存在论”，也是真谛融合瑜伽行派与如来藏两系的根本原因，显示出他巨大的理论创造能力。而且，通过“依他性通二分”“三真如”“转依四相”“解性黎耶”“阿摩罗识”等，真谛从修行的主体来诠释转依，使转依具有主体能动性的意义；通过对如来藏的去存在论与非神秘化的诠释，真谛融会了瑜伽行派与如来藏，使转依问题获得了理论和实践的深度解答。[③]

二　转依四道与六分转依

究竟的、绝对的真理不能停留在知识与概念的层次，必须通过实践才能获得，这是“解脱诠释学”的出发点。唯识思想的目的在于，觉悟存在的事物只有“识”，并把“识”转换为“智”而成真实性；换言之，觉悟真如必须透过次第性、阶段性的实践才能达到。[④]

1. 四种转依与转依四道

阿黎耶识是染污、有漏的世界，若要实现自我与世界的“转换”，转生死为涅槃，阿罗汉与如来究竟体证绝对真理，转依必须有其实现

---

① 赖贤宗：《佛教诠释学》，台北：新文丰出版公司，2003年，第206页。

② 海德格尔说：“领会中的‘循环’属于意义结构。意义现象植根于此在的生存论结构，植根于有所解释的领会。为自己的存在而在世的存在者具有存在论上的循环结构。”见陈嘉映、王庆节译：《存在与时间》，北京：生活·读书·新知三联书店，1999年，第179页。

③ 赖贤宗：《“转依”二义之研究》，《中华佛学学报》第15期，2002年，第109页。

④ 横山纮一著，许洋主译：《唯识思想入门》，台北：东大图书，2002年，第147页。

的要素。

依《成唯识论》卷十，护法从能转道、所转依、所转舍、所转得四个方面论述“转依”：[①]（1）能转道，这是“能伏”二障种子习气不生现行与“能断”二障种子的加行智、根本智、后得智，是转依生起的动因；[②]（2）所转依，就根本识及真如之舍染得净及由迷至悟之所依而言；（3）所转舍，转依时断舍二障种子及弃舍有漏种子、劣无漏种子；（4）所转得，转依时得大涅槃与大菩提的果相。护法总结瑜伽行派的转依思想，所说转依的四个方面极其完备。

瑜伽行派菩萨道的根本结构是“入无相方便相——法界直证——菩萨十地”，这是转依的全部过程。真谛《三无性论》卷下说：“论曰：有四种道，能得转依。何等为四？一、四圣行，二、四种寻思，三、四种如实智，四、四种境界。”大乘菩萨道的实践，是福德、智慧的具足修习，真谛的“转依四道”，是以唯识观修习为主体的具体内容与步骤。四圣行：一、波罗蜜，即十波罗蜜；二、道行，即三十七道品；三、神通行，即六神通；四、成熟众生行，即四摄法。四种寻思：一、寻思名言；二、寻思义类；三、寻思自性假；四、寻思差别假。四种如实智：一、寻思名得如实智；二、寻思类得如实智；三、寻思自性得如实智；四、寻思差别得如实智。四种境界：一、遍满境界；二、治行境界；三、胜智境界；四、净惑境界。

唯识观的实践，是以反省“意言”的概念、思维活动，从而离开语言的执著，从“迷”转向“悟”。而唯识现观的真正过程，即是四寻思与四如实智，在四善根位的暖、顶二位是四寻思，在忍、世第一法二位是四如实智，这便是“入无相方便相”，最后证入初地，成就转依。一切存

① 《成唯识论》卷十，《大正藏》第31册，第54页下—55页中。

② 至于加行智、根本智、后得智与能伏道、能断道的关系，请参考慧海：《唯识学上转依义》，《现代佛教学术丛刊》第26册，第35页。

在都是语言，而唯识观的实践，在于解构心识的种种活动，真正断除语言之根，进入言断虑绝的无分别智所证的境界。从修道次第来说，修唯识观必须先悟外境无内心有，再进一步，不但所观境空，能观心亦亡，最后证入能所双亡、空有并遣的唯识性。

2. 三乘转依与六分转依

究竟的转依，虽然是无住涅槃，但是在离染还净的过程中肯定会显示出大小二乘的差别，这便关乎转依的位次差别。转依代表着从有漏生死到无漏涅槃的历程，是三乘共同的。所以，转依的位次差别，首先是三乘圣者的解脱证悟的差别，依三乘立三种转依，如《显扬圣教论》依三种菩提——声闻、独觉、无上正等菩提或声闻、菩萨差别，而建立三种转依或二种转依；[①]《三无性论》亦说三种转依，即是三乘转依[②]。

若从因位修习开始，菩萨从资粮位起，乃至十地差别等，便有转依的行位差别。《成唯识论》立六转依位，《摄论》亦有六转依位，《三无性论》立五转依位。《成唯识论》的六转依位[③]：(1)损力益能转，即资粮、加行二位的转依，此二位修习胜解而有惭愧心，故减损本识中的染污种子，增益本识中清净种子的功能，虽未断烦恼障与所知障的种子，未证转依，然以渐伏现行，所以亦称为转；(2)通达转，以见道无分别智断分别起的二障粗重，证得一分真实的转依；(3)修习转，在修道位，数度修习十地无分别智，渐断俱生起二障粗重，次第证得真实的转依；(4)果圆满转，成就三大阿僧祇劫的难行，金刚喻定现前时，断一切粗重，永除惑障，于解脱道证得菩提、涅槃，为成就佛果的圆满转依；(5)下劣转，即是二乘位的转依，二乘以自利之念厌苦欣寂，唯能通达生

① 《显扬圣教论》卷三、十六，《大正藏》第31册，第496页中、560页上。
② 《三无性论》卷下，《大正藏》第31册，第878页上。
③ 《成唯识论》卷十，《大正藏》第31册，第54页中—下。

空真如，已断烦恼障的种子而未断所知障种子，仅得生空智慧；(6)广大转，是大乘位的转依，为利他之故，趣大菩提，不厌欣生死涅槃，通过二空真如之理，断除一切二障种子，顿证大菩提、大涅槃。

《摄论》的六转依位与《成唯识论》虽然名称相同，但是在内容与十地位次上有些差别；唯有“果圆满转”与“下劣转”，同于《成唯识论》。真谛译《摄论》卷下说：

> 此转依若略说，有六种转：一、益力损能转，由随信乐位，住闻熏习力故，由烦恼有羞行、惭弱行，或永不行故；二、通达转，谓已登地诸菩萨，由真实虚妄显现为能故，此转从初地至六地；三、修习转，由未离障人，是一切相不显现，真实显现依故，此转从七地至十地；四、果圆满转，由已离障人，一切相不显现，清净真如显现，至得一切相自在依故；五、下劣转，由声闻通达人无我故，由一向背生死，为永舍离生死故；六、广大转，由菩萨通达法无我故，于中观寂静功德故，为舍不舍故。①

对于六转依位，玄奘、真谛的译本是比较一致的。玄奘译第一转依位为“损力益能转”，两种译本的意义是相同的；《摄论》虽未划分资粮位、加行位的界限，但与《成唯识论》是相通的。对于通达转、修习转，《成唯识论》《摄论》各据一面而谈，《摄论》是依有相观、无相观而言，前六地仍然有有相观与无相观相杂，所以立为“通达转”；第七地以后纯为无相观，纯熟修习，所以名为“修习转”。《成唯识论》依通达位、修习位之位次差别，而立其转依的不同。至于“广大转”，《摄论》就因位而言，由菩萨向上趣证佛果之圆满转，所以立为“广大转”；《成唯识论》

① 真谛译：《摄大乘论》卷下，《大正藏》第31册，第129页中。

就果位说，已经证得而三乘相比较，故名“广大转”。

真谛在解释“广大转”时，将《佛性论》的“转依四相”增补进来，这是其他译本所没有的：[①]一、生起依止，若无转依中的本性清净本然存在，诸佛的“出世道”或“无分别道”即不得生；二、永不生依止，诸惑及杂染必须依转依法，才能灭尽；三、成熟思量所知果，这是将真如视为修行的全部过程，依《佛性论》的详细解释，包括在道中“长时、恭敬、无间、无余”四修行的转依因，以及修习善熟思量后“所知真如”的转依果；四、法界清净，由于转依之后，一切妄想皆伏灭，所以为极善清净法界所显。总之，“转依四相”代表着佛教修行实践的历程，一切修行的基础在于转依是清净法的“生依”，同时又是染污法的“灭依”。而且，“生”“灭”的交替是在无间、无余、长时的恭敬善熟思量修习中进行的，当修习圆满完成，就是清净无所得真如显现的时候。[②]这样，从“转依四相”可以看出真如代表着动态积极的成佛过程和成果，这与真谛的佛性思想是一致的。

《三无性论》将修行阶位分为五种转依[③]：(1)一分转依，二乘人灭尽我见、我爱，得无漏相续而异于凡夫；(2)具分转依，初地菩萨证得人法二空；(3)有动转依，七地以前的菩萨有出入观，所以称为“有动”；(4)有用转依，十地以前菩萨，其事未办，不舍功用，故称“有用”；(5)究竟转依，至如来地，得圆满究竟之果。“益力损能转”，仅是阿黎耶识中的染种力减而净种力增，与智证如如、舍灭二障种子的转依不合，只可说“相似转依”，不能称为“阿摩罗识”，所以《三无性论》略而不言。

从转依位次差别的种种不同可知，真正的转依虽在佛位，但是转

---

① 《佛性论》卷三解释转依有四种相：(1)生依；(2)灭依；(3)善熟思量果；(4)法界清净相。见《大正藏》第31册，第801页中。

② 释恒清：《佛性思想》，台北：东大图书，1997年，第181页。

③ 《三无性论》卷下，《大正藏》第31册，第874页下。

依所蕴含概念极广，通于三乘。它因果俱备，体用兼赅，充分表现了佛教依境而起行、修行而证果的修道历程。

第三节　转依与涅槃

涅槃是转依的目的与最后结果。在虚妄与清净的不断“转换”过程中，主体的心灵境界不断变化，便有菩提、涅槃、佛身等果位问题。瑜伽行派的实践解脱论，是建立在三性基础上的菩萨道，其涅槃思想与三性思想亦有密切的联系，因此唯识古学与唯识今学不同的三性思想，导致其在涅槃思想上有不同的展开。

一　真如离障与四种涅槃

瑜伽行派的阿黎耶识缘起、影像门唯识、三性三无性等思想，是与实践论、解脱论密不可分的。唯识思想是一种经验的立场，瑜伽行者在唯识观的实践中，抑止某些感官的活动以至知性能力的作用，将世界“解构”成支离的感觉和感性材料，于是便可以完成永久止灭宇宙生命的任务——证得涅槃。[①]

涅槃是佛教实践论与解脱论的最终目标与最高境界。[②]瑜伽行派在继承与综合以往的涅槃思想的基础上，进行了创造性的诠释，提出四种涅槃：一、自性清净涅槃；二、有余依涅槃；三、无余依涅槃；四、无住处涅槃。其中，有余依、无余依涅槃是原始佛教、部派佛教通常的说

---

① 舍尔巴茨基著，立人译：《大乘佛学——佛教的涅槃概念》，北京：中国社会科学出版社，1994年，第87—88页。

② 有关涅槃的综合研究，见舍尔巴茨基著，立人译：《大乘佛学——佛教的涅槃概念》，北京：中国社会科学出版社，1994年；张曼涛：《涅槃思想研究》，台北：佛光文化，1998年。

法，自性清净涅槃、无住处涅槃则体现了瑜伽行派独有的涅槃思想。[①]我们将通过文献学与思想史的考察，探讨瑜伽行派涅槃思想的形成与发展。

1. 空性、真如与自性涅槃

"涅槃寂静"是三法印之一，从诸行无常成立涅槃，即是"生灭灭已，寂灭为乐"；[②]从诸法无我方面而言，于缘起因果、生死还灭的道理有深刻的信解，从而证悟到缘起的寂灭性，即"先知法住，后知涅槃"[③]。总之，涅槃是缘起法的寂灭性，是有情(缘起流转中的众缘和合体)离却颠倒戏论而体验到的真实自在的圣境。[④]大乘般若思想从诸法无我、缘起的寂灭性而直显诸法空性，显现诸法的本性寂灭，通达无生，知一切法本来不生，不生即涅槃，于是引出一切法本来自性涅槃的思想。如《大般若经》说："一切法皆无自性，无性故空，空故无相，无相故无愿，无愿故无生，无生故无灭。是故诸法本来寂静，自性涅槃，若佛出世，若不出世，法相常尔。"[⑤]大乘佛教以般若为解脱的根本，从般若波罗蜜现观而得究竟解脱，而空、无相、无愿(即无作)名三解脱门，由此能趣入涅槃。

依印顺的研究，《般若经》系统中涅槃的异名可分为三类：第一，无生、无灭、无染、寂灭、离、涅槃，这是《阿含经》以来表示涅槃(果)的；第二，空、无相、无愿，即三解脱门，"出世空性"与"无相界"是《阿含经》已用来表示涅槃的；第三，真如、法界、法性、实际，"实际"是大乘

① 张曼涛：《涅槃思想研究》，台北：佛光文化，1998年，第125页。

② 《大般涅槃经》卷下，《大正藏》第1册，第204页下。《杂阿含经》卷二十二说："一切行无常，是则生灭法；生者既复灭，俱寂灭为乐。"见《大正藏》第2册，第153页下。

③ 《杂阿含经》卷十四，《大正藏》第2册，第97页中。

④ 印顺：《以佛法研究佛法》，载《妙云集》下编之三，台北：正闻出版社，1990年，第12页。

⑤ 《大般若波罗蜜多经》卷三百九十四，《大正藏》第6册，第1038页中。

特有的，“真如”等在《阿含经》中表示缘起与四谛理，到“中本般若”则表示般若体悟的甚深义。这三类——果、行、理境，所有的种种名字，都是表示甚深涅槃的。[①]大乘般若学以一切法空性阐明涅槃，而且理境、行、果统一，表现了悟理、修行、得果的无二无别。涅槃、般若都是自内证的，故以种种异名来表显涅槃。

《解深密经》依三自性立三无性，解说《般若经》等的一切法无自性。《解深密经》说：“依一切法皆无自性，无生无灭，本来寂静，自性涅槃，以隐密相转正法轮。虽更甚奇，甚为希有，而于彼时所转法轮，亦是有上，有所容受，犹未了义，是诸诤论安足处所。”[②]《解深密经》以为《般若经》所说的是不了义，将“空性”解释为“空所显性”，非一切法无性，分别性(遍计所执性)才是真正无所得的。

于是，自性涅槃被引入瑜伽行派的唯识思想中，《瑜伽论・摄抉择分》[③]、《大乘阿毗达磨集论》[④]、《摄论》、《大乘庄严经论》等论典中便出现了对自性涅槃的解释。前二者继承《解深密经》的立场，将“自性涅槃”归入般若的“隐秘说”，以之为“未了义”的教法。

但是，《大乘庄严经论》对“自性涅槃”的解释发生了重大转变，此论卷五说：

> 无自体故成，前为后依止，无生复无灭，本静性涅槃。
>
> 释曰：无自体故成，前为后依止者，由前无性，故次第成立后无生等。问此云何？答：无生复无灭，本静性涅槃。若无性则无生，若无生则无灭，若无灭则本来寂静，若本来寂静则自性涅槃，

---

① 印顺：《空之探究》，台北：正闻出版社，2000年，第145页。

② 《解深密经》卷二，《大正藏》第16册，第697页上—中。

③ 《瑜伽师地论》卷七十六，《大正藏》第30册，第719页中—723页上。

④ 《大乘阿毗达磨集论》卷六，《大正藏》第31册，第688页上。

如是前前次第为后后依止。[1]

依大乘般若学的思想，无自性、无生、无灭、自性涅槃、空性、真如等，都是一切法空的异名。但是，瑜伽学者提出这些异名是一种前后次第依止的关系，这不仅是诠释方法的转变，更是瑜伽行派“善取空”立场的体现，即从“空”显发“空性”。[2]于是，“自性涅槃”“空性”成为“离言自性”，是胜义有的。

《摄论》继承了《大乘庄严经论》的思想，世亲对“自性涅槃”之成立的解释，诸家译法各不相同，再加上无性的解释，列表如下：

表7.2 《摄大乘论》“自性涅槃”之成立的四种译释

真谛译[3]	笈多译[4]	玄奘译[5]	玄奘译《无性释》[6]
前为后成立依止，谓无性成立，无生(或许应为“性”)故为无生依止，后三亦尔。	前为后依止者，即是前为后因故。	后后所依止者。是后后因此而得有义。	应知此中后后诸句，依前前句而得解释。如是四种方便胜行随顺。能入菩萨现观。

四种说法之中，玄奘译世亲与无性的解释是相同的，都是从诠释方法上加以说明，前前句能够解释后后句，后后句依前前句而成立。笈多译“前为后因”，是从内容方面加以解释，无性为无生成立的原因，本来寂静为自性涅槃成立的原因。真谛译“无性成立，无生故为无生依止，后三亦尔”，依文意，应该是“无性故为无生依止”，或许现存《大正藏》

① 《大乘庄严经论》卷五，《大正藏》第31册，第615页上。

② 《瑜伽师地论》卷三十六说：“云何复名善取空者，谓由于此，彼无所有，即由彼故正观为空。复由于此，余实是有，即由余故如实知有。如是名为悟入空性，如实无倒。”见《大正藏》第30册，第488页下—489页上。

③ 真谛译：《摄大乘论释》卷六，《大正藏》第31册，第194页上。

④ 笈多译：《摄大乘论释论》卷五，《大正藏》第31册，第292页上。

⑤ 玄奘译：《摄大乘论释》卷五，《大正藏》第31册，第346页上。

⑥ 玄奘译：《(无性)摄大乘论释》卷五，《大正藏》第31册，第408页中。

本有误。我们无法从译本比较中看出真谛的独特思想。但是，从《十八空论》中可以看到，真谛将“自性涅槃”引向真实性：

> 人法是分别性，从人法生分别是依他性。就分别性觅法不可得，就依他性觅所分别之人法，亦不可得，即真实性。真实无体，无体故无相，无相故无生，无生故无灭，无灭故寂静，寂静即是自性涅槃。[①]

唯识今学所谓“空”，是指分别性无所得，所以“自性涅槃”“无生无灭”是指“相无性”。但是，唯识古学强调分别性、依他性同一无性，即是真实性。分别性是人我、法我，依他性是人我、法我的所依；分别性是能分别，依他性是所分别；分别性既然了不可得，依他性自然亦不可得，分别、依他的了不可得即真实性。这样，真实性是无自体的，无相、无生、无灭依次成立，无生无灭的东西，自然是本来寂静，本来寂静即是自性涅槃。“自性涅槃”即是真实性，于是“自性涅槃”便真正进入唯识思想的体系中。

所以，“自性涅槃”在瑜伽行派的思想中，具有两种意义：一、无相性(或相无性)[②]，这是指分别性了不可得的“空”；二、真实性，“自性涅槃”的体性便是真如。唯识古学主张“性相融即”，“空”即是“空性”，“自性涅槃”的两种意义自然可以融通；而唯识今学强调“性相永别”，“空性”是“空所显性”，则“自性涅槃”有二义的区别。

从大乘佛教来说，空性、自性涅槃、真如等都是般若的自内证。但是，瑜伽行派从更积极、具体的诠释方式，对“自内证”进行有力的诠

---

① 《十八空论》，《大正藏》第31册，第862页中。

② 《佛性论》卷二说：“问曰：如来约何性，说如此义，言一切诸法无生无灭，本来寂静，自性涅槃耶？答曰：约无相性，说如是言。”见《大正藏》第31册，第795页上。

释。尤其到了世亲以后的瑜伽行派，如真谛在翻译《摄论释》时，增补了其他译本所没有的四种涅槃，将“自性涅槃”摄入四种涅槃，从与最高真理——真如之关系的角度切入，来界定涅槃的含义。[①]

而且，“自性涅槃”“真如”本来是诸法性空的异名，瑜伽行派则将“真如”界定为涅槃之体，如《佛地经论》说“涅槃即是真如体上障永灭义”[②]，又如《成唯识论》说“悟此真如，便得涅槃毕究安乐。由数修习无分别智，断本识中二障粗重，故能转灭依如生死，及能转证依如涅槃，此即真如离杂染性”[③]。真如自性清净而相杂染，涅槃既然离其杂染，即是真如的自性清净分，也即转依所显的无漏实体。

涅槃与真如虽然在体上没有差别，但涅槃是依真如离障而施设的。《成唯识论》说：“此(大涅槃)虽本来自性清净，而由客障覆令不显真圣道生，断彼障故，令其相显，名得涅槃。此依真如离障施设，故体即是清净法界。”[④]涅槃是真如自身施设的境界，离障是一种主观努力，所以真如即显现于离障的主观努力的完成中，这就是涅槃的境界。反过来说，通过离障的工夫，真如即能如其本来而显现，这就是涅槃。

从体上说，真如与涅槃都不生不灭，是诸法的实体，二者并无分别；从言说施设上说，真如总揽一切法，而涅槃唯是证体时对真如的描述，即圣者转依时的自内所证。而且，从思想上来看，涅槃是通过主观努力而达到的境界，偏向于主观，起码与主观努力的活动分不开；真如则是客观的，它在主观努力下显现即是涅槃。所以，《成唯识论》以“虽有客染而本性净”的“一切法相真如理”，来指谓“本来自性清净涅

---

① 真谛译《摄大乘论释》卷十三说：“菩萨此灭于四种涅槃中，是无住处：一、本来清净涅槃，二、无住处涅槃，三、有余，四、无余。”见《大正藏》第31册，第247页中。从目前的文献来说，将“自性涅槃”摄入四涅槃的，是真谛、护法。

② 《佛地经论》卷六，《大正藏》第26册，第312页中。

③ 《成唯识论》卷九，《大正藏》第31册，第51页上。

④ 《成唯识论》卷十，《大正藏》第31册，第55页中。

槃”[1]，这是一客观的理，是一切法相的真实不妄的如其本来的理，亦即“真实性”。但是，真正具有离障义的涅槃，是有余依涅槃、无余依涅槃、无住处涅槃，而“本来自性清净涅槃”只是从积极、具体方面来阐述真如的状态。[2]

2. 无住处涅槃与生死即涅槃

大乘佛教的积极与肯定态度表现在涅槃境界上，便是涅槃与世间的同一性，涅槃必须在这个世界中实现。《中论·涅槃品》说：“涅槃之实际，及与世间际，如是二际者，无毫厘差别。”[3]佛陀证觉的涅槃，即是悟入一切法性毕竟空、本来寂静，这便是生死法的实相。在一般意义上，生死是如幻有为法，涅槃是不如幻无为法，二者具有一定的差别；证入究竟实相，则洞达世间与涅槃都是如幻如化，实际都是毕竟性空的，离一切戏论。[4]瑜伽行派在中观“二际无差别”涅槃观的基础上提出“无住处涅槃”，使大乘佛教的涅槃思想更为丰富和具体。[5]穆帝(Murti)指出：“从形上学来说，中观所说的涅槃是不可定性的，而且不

---

① 《成唯识论》卷十，《大正藏》第31册，第55页中。

② 吴汝钧强调唯识宗的真如是一客观的理，是先验而非超越的，因它一方面不能经验地有于心中，一方面它又不能生起净法。见《佛教的概念与方法》，台北：台湾商务印书馆，2000年，第147页。相较而言，唯识古学的真如，虽然体是客观的，但却“智如合一”，真谛成立“解性黎耶”，便是强调与无分别智“冥合为一”的真如，具有超越性。

③ 《中论》卷四，《大正藏》第30册，第36页上。

④ 方立天先生指出，中观学派的观点，在佛教人生理想论方面引发了四个转变：一是把修持所追求的目标定位在把握世间事物的实相即空性上；二是把修持实践的重心转向对事物实相的认识，这是一种特殊的否定性的认识，是超越语言、思维的直觉体认；三是彻底地、全面地确立空观，强调不仅世间是空的，涅槃境界也是空的，对理想境界也不能执著；四是确立涅槃与世间无差别论，这不仅填平了现实世界与理想世界的鸿沟，拉近了人与佛的距离，而且使佛教转向贴近世间，关怀人生，因而又使涅槃成为具有现实生活内容的人生理想理论。见《中国佛教哲学要义》，北京：中国人民大学出版社，2002年，第151页。

⑤ 从概念史的角度而言，《大乘庄严经论》与《中边分别论》的偈颂部分，未见“无住处涅槃”的用法；《大乘庄严经论》与《中边分别论》的世亲解释部分，才有“无住处涅槃”；《阿毗达磨集论》《摄大乘论》则对“无住处涅槃”进行阐释。见阿理生：《無住処涅槃について》，《印度學佛教學研究》第34卷第2号，1986年，第854页。

能把它与喜乐、善等等结合。然而就宗教上而论，涅槃与如来——神是合一的，涅槃乃是心灵之超越性的生命。”[①]瑜伽行派的“无住处涅槃”即充分表现了心灵的超越性。

所谓“无住处涅槃”（或译为“无住涅槃”“无住大涅槃”“无所住涅槃”“不住涅槃”）[②]，就是不住生死、不住涅槃，《成唯识论》卷十说：“四无住处涅槃，谓即真如出所知障，大悲般若常所辅翼，由斯不住生死、涅槃，利乐有情，穷未来际，用而常寂，故名涅槃。”[③]“无住涅槃”的体性，亦是“自性涅槃”的“真如实体”，此真如是由断除所知障而显现。悟证“无住涅槃”，便有大悲及般若智慧常所辅翼。有大悲故，不住于“无余依涅槃”而利乐有情，穷未来际；有般若大智慧故，能不滞于生死流转而脱离迷境，常处自性清净的寂默境界。无住涅槃的实现，是依于平等性智，因为平等性智能够照见事物的自相、他相和有情众生都是平等无自性的，而且与大慈悲恒常地相应。

从逻辑模式来看，“生死即涅槃”与“色即是空”有相同的逻辑形式，二者都是建立在“即”的关系上，都是作为无分别智的般若波罗蜜。[④]在“生死即涅槃”中，涅槃具备与生死否定对立的一面，也有与生死无差别的一面。真谛译《摄论释》卷十三说：

> 论曰：诸菩萨惑灭，即是无住处涅槃。此相云何？已舍惑与不舍离生死，二所依转依为相。

---

① T. R. Murti著，郭忠生译：《中观哲学》下，《世界佛学名著译丛》第65册，台北：华宇出版社，1985年，第448页。

② 藤田宏达：《涅槃》，载《インド仏教2》，《岩波講座 東洋思想》第9卷，东京：岩波书店，1988年，第286页。

③ 《成唯识论》卷十，《大正藏》第31册，第55页中。

④ 上田义文著，陈一标译：《大乘佛教思想》，台北：东大图书，2002年，第11页。上田义文指出，对于生死即涅槃成立于般若波罗蜜中，龙树并未明言；而无著、世亲则明确指出此点。

释曰：菩萨不见生死涅槃异，由般若不住生死，由慈悲不住涅槃。若分别生死，则住生死；若分别涅槃，则住涅槃。菩萨得无分别智，无所分别故无所住。……即转二著，凡夫著生死，二乘著涅槃。菩萨得无分别智，不见生死涅槃有差别，虽灭惑不住涅槃，虽起分别不住生死，故此涅槃以转依为相。[①]

凡夫执著生死，二乘执著涅槃；而菩萨得无分别智，不见生死与涅槃的差别，虽然断除烦恼却不住涅槃，虽然生起分别却不住生死，所以涅槃是以转依为相。无分别智的世界非生死亦生死，亦涅槃非涅槃。因此，“生死涅槃无差别”的无分别智、无住处涅槃，既是生死也是涅槃，同时既非生死亦非涅槃，“生死即涅槃”就是非生死非涅槃。

在平等无分别智的观照下，见生死与涅槃的毕竟无自性，所以生死即涅槃，这是大乘佛教的共同思想。玄奘译《摄论释》说：

于生死涅槃若起平等智等者，谓于生死及于涅槃，起平等智，由此二种无别性故。即于此时，是尔时义。又此二种云何平等？以诸杂染名为生死，即杂染法无我之性名为涅槃。菩萨通达诸法无我平等智生，见彼诸法皆无自性，诸有生死即是涅槃，以于其中见极寂静即涅槃故。若如是知复何所得？由是于生死，非舍非不舍等者，诸有生死即是涅槃。是故不舍，即是无别有可舍义。即于其中见无性，故离诸杂染，名非不舍。既得如是，亦即于涅槃非得非不得；离生死外无别涅槃而可证得，故名非得；复于其中见寂静故，虽无性别而证涅槃，名非不得。[②]

---

① 真谛译：《摄大乘论释》卷十三，《大正藏》第31册，第247页上—中。
② 玄奘译：《摄大乘论释》卷九，《大正藏》第31册，第370页上。

在已经出生死、入涅槃的意义上，是“非生死”；“非生死”这种否定的表达，不仅表示对生死的否定，同时也内含对涅槃的肯定，这是“生死即涅槃”的一个反面。而即使入了涅槃，还是不住涅槃、不舍生死，因此是“非涅槃”；“非涅槃”这种否定的表达，不仅意味着涅槃的否定，同时也内含生死的肯定，这是“生死即涅槃”的另一个反面。所以，生死与涅槃的关系就变成：相互间否定一方则肯定另一方，同时此二者完全同一(无差别)。

若以生死为A，涅槃为非A，可表记如下：“生死即涅槃”是“A即非A”，“非生死非涅槃”是“非A非非A”。“A即非A”与“非A非非A”同时成立，所表述的关系即是：A成立时，全体成为A，非A变成无，隐没于A中(A与非A由于无差别义而成为一)；非A成立时，全体成为非A，A变成无，隐没于非A中。[①]所以，在“生死即涅槃”的无分别智中，一方面是生死与涅槃二者的绝对否定，无分别智灭除了对生死与涅槃的一切执著，另一方面无分别智是使生死与涅槃的一切真正作为其自身(于本来相中)成立的根基。无分别智灭除烦恼障与所知障，同时也使一切成为如实之境，即是胜义、真如。

龙树的思想当中含有“生死即涅槃”的思想，却并没有“无住处涅槃”的概念。无著可能最早使用了“无住处涅槃”的概念。但是，中观、瑜伽的“生死即涅槃”意义是相同的，只不过瑜伽行派将涅槃与喜乐、善等结合起来，体现了心灵的超越性与功能。

无分别智是“生死即涅槃”成立的基础，从菩萨道的修习来说，在菩萨十地的初地才能证得无分别智，灭除烦恼，证见真如。真谛译《摄论释》说：“若入见道，以真如为体。”[②]依真谛的“中间路线”，在虚妄流

---

① 上田义文著，陈一标译：《大乘佛教思想》，台北：东大图书，2002年，第14页。

② 真谛译：《摄大乘论释》卷七，《大正藏》第31册，第200页上。

转门，依他用染种所生义，性相用差别义，这与护法一系的唯识今学是相同的；但是，在安立转染还净的还灭门，依他用通“二分依他”义，性相用圆融义，这与如来藏系的真心论是吻合的；在以“二分依他”为中心的思想中，如印顺所说：“向下看叫它是识，向上看就叫它是法性。”[①]在初地时，法性显现，故以“真如为体”，最后在佛地圆满，成就真性法界智，即是无住涅槃。[②]菩萨在初地虽然通过法界，但是仍然残留有烦恼的习气，无分别智的绝对否定(灭分别之行)必须更加深入，于是便形成十地的阶位。而且，在每一地当中，都能证真如、灭习气，深入“非生死非涅槃”的绝对否定之行，每地都可以说“皆有此究竟义”[③]。

圆证无住涅槃则必须在佛地，唯识无义的真相彻底开显。在初地中，根本智偏于证真，观无义而不能了达唯有识；而后得智观唯识义相显现，不能通达无义，所以根本智、后得智不能并观。随着无分别智的深入和无明烦恼的断除，在五地以上，唯识无义，无义唯识，二智才有并观的可能，但是仍然有出观、入观的区别。八地菩萨才能无分别智任运现前，直至成佛，才能圆见唯识无义、无义唯识。[④]在诸地中，无分别智对生死与涅槃的绝对否定，同时亦包含着肯定，行此否定与肯定的主体，即无分别智。从“惑灭”的观点来看，称之为“无住涅槃”。所以，“生死即涅槃”的“即”当中包含着“相互否定对立二者的同一(无差别)”的矛盾，这即是无分别智同时进行否定与肯定的表现，是超越

---

① 印顺：《摄大乘论讲记》，载《妙云集》上编之六，台北：正闻出版社，1990年，第472页。

② 真谛译《摄大乘论释》卷八在解释地上菩萨“善通达法界”时说：“善通达法界，谓能通达生死苦，而能恒入是二方便；能通达涅槃，而不速求是方便。能通达苦异凡夫，入苦而不厌怖异二乘，能通达涅槃乐异凡夫，而不速求涅槃异二乘。”见《大正藏》第31册，第206页中。

③ 真谛译：《摄大乘论释》卷七，《大正藏》第31册，第200页上。

④ 印顺：《摄大乘论讲记》，载《妙云集》上编之六，台北：正闻出版社，1990年，第471页。

任何逻辑思维的。

虽然“生死即涅槃”或“涅槃即生死”表现了无分别智的绝对否定与肯定，但是在修习过程中，只能成立“离生死入涅槃”的方向，却无法成立“离涅槃入生死”，这是上田义文所谓“不可倒反的一面”。上田指出，“非生死非涅槃”的双非，表示灭分别、烦恼的无分别行之深化，这是朝着究竟如来地的方向前进的，是不可倒反的。同时，可倒反的一面，意味着绝对的否定行透过一地一地证真如，而一地一地达到究竟，前者的方向性被“消化”了，因为一切法在如实相中成立。最后，有方向的一面与无方向的一面“相即”，实践此“相即”即是般若波罗蜜、无分别智。①

总之，“自性涅槃”从在大乘般若学处作为一切法空的异名，到瑜伽行派的无相性，意义变化不大。但是，《大乘庄严经论》《摄论》将自性涅槃作为成立诸法无自性的最后结果，从积极的意义阐释了“自性涅槃”。世亲以后的瑜伽行派，尤其是真谛、护法则以真实性、真如诠释“自性涅槃”，从而将其引入唯识思想的体系中，最终将涅槃界定为真如离障而施设。而“生死即涅槃”的思想虽然亦见于龙树，但是只有无著、世亲才开始提出“无住处涅槃”，而且依无分别智建立生死、涅槃的无差别。“生死即涅槃”的“即”当中包含着“相互否定对立二者的同一(无差别)”的矛盾，是无分别智同时进行否定与肯定的表现。

二 二分依他与有为道果

“无住处涅槃以转依为相”，涅槃是转依的目的与最后结果。瑜伽行派的转依，是建立在三性基础上的菩萨道，所以涅槃思想与三性思想有密切的联系。而且，涅槃是真如离障而施设的，证涅槃的过程即

---

① 上田义文著，陈一标译：《大乘佛教思想》，台北：东大图书，2002年，第17页。

是显示真实性，二者是同一的。

1. 二分依他与前后、同时

依他性作为世界的基本结构，在对治与转依的过程中，它的作用是什么？真谛译《摄论释》说：

> 论曰：舍离惑与不舍离生死，二所依止[①]，转依为相。
>
> 释曰：若菩萨在转依位，不与诸惑缘起处，故名舍离。惑在出观位，必起分别故，名不舍离生死。若遍观前后，明此二义，亦得一时具二义。若双观二义，必在一时。此二义并以依他性为依止，无住处涅槃以转依为相。即转二著，凡夫著生死，二乘著涅槃。菩萨得无分别智，不见生死、涅槃有差别，虽灭惑不住涅槃，虽起分别不住生死，故此涅槃以转依为相，此转依即依止依他性。[②]

对照诸译可知，这是真谛增补的解释。[③]菩萨在转依过程中，根本无分别智舍离生死烦恼；但是，在后得智的出观位，仍然会起分别，这是“不舍离生死”。在转依的过程中，舍离生死与不舍离生死是在一时中，二者都是以依他性为依止。

这是从生死与涅槃的无差别来说明依他性，《摄论》引用经证说明二者的联系：

> 论曰：《婆罗门问经》中言：世尊依何义？说如此言：如来不见生死，不见涅槃，于依他性中，依分别性及依真实性，生死为涅

① 《大正藏》原本为“死”，误，依上田义文改，见《仏教思想史研究》，京都：永田文昌堂，1958年，第124页。

② 真谛译：《摄大乘论释》卷十三，《大正藏》第31册，第247页中。

③ 玄奘译：《摄大乘论释》卷九，《大正藏》第31册，第369页上；笈多译：《摄大乘论释论》卷九，《大正藏》第31册，第311页下。

槃,依无差别义。何以故?此依他性由分别一分成生死,由真实一分成涅槃。

释曰:依他性非生死,由此性因真实性成涅槃。此性非涅槃,何以故?此由分别分即是生死故。是故不可定说一分。若见一分、余分性不异,是故不见生死,亦不见涅槃。由此意故,如来答婆罗门如此。[①]

玄奘译此经名为《梵问经》,即是《思益梵天所问经》[②]。生死与涅槃的无差别,在佛教的不同思想体系中有不同的解释。般若中观通达诸法无自性,在空性寂灭中,无生死、涅槃可得;在如来藏思想体系中,如来藏自性清净常住不变,生死本无,故亦无涅槃;《摄论》是就依他性诸法无实性,随染净转变而言。分别性为生死,真实性为涅槃,不见生死与涅槃的差别,即显现二者的同一。而依他性通分别性与真实性,所以生死、涅槃无差别。依他性的随染分,即分别性,为生死而不是涅槃;依他性的随净分,即真实性,为涅槃而不是生死。依止依他性而成就生死、涅槃,说明了依他性的不定性,故无生死可得,乃至无涅槃可得。

在二乘的涅槃境界中,执著涅槃而舍离生死,这种涅槃为分别而不是无分别,这种真实性并不是真正的清净。在菩萨、佛的无住涅槃中,依止依他性,不见生死与涅槃的差别,这是真实的清净。依他性贯通从凡夫到觉者的过程,因而不仅包含凡夫生死的意思,也包含涅槃的意思,这才是无住涅槃。[③] 如来已舍尽烦恼杂染,但不舍生死,于此

---

① 真谛译:《摄大乘论释》卷六,《大正藏》第31册,第193页上。

② 《思益梵天所问经》卷一说:“诸佛不得生死,不得涅槃。”见《大正藏》第15册,第36页下。

③ 真谛译《摄大乘论释》卷十三:“本识名依他性,本识若起分别,即是不净品,说此一分为生死体,如分别依他性。此性不如此有,此分别无所有即是净品,依此一分为涅槃体。”见《大正藏》第31册,第247页中。

方便故说具足染分，度化众生，于生死涅槃完全自在、不得不失、无差别，这说明依他性同时具足染分与净分。

转依有“前后”与“一时”的差别，导致分别性与真实性“二分”在依他性上也有如此的差别。转虚妄分别为无分别智法身，为“前后”异时，前为虚妄，后为真实，这是以虚妄分别为中心的三性说。在转依后，根本无分别智与后得智的差别则为“同时”。因为入观位为无分别，出观位为有分别，这种分别不是入观以前的虚妄分别(abhūtaparikalpa)；而是清净智慧，舍离烦恼，相对虚妄分别应为无分别，这是以意言分别为中心的三性说。[①]在“不见生死涅槃差别”的无住处涅槃中，则没有入观位和出观位的差别。

因此，在依他性通二分的转依中，依他性同时具足分别性(不净品)与真实性(净品)。“一时”的“二分依他”根据“前后”的依他性的净品而成立，所以二者是差别又同一的。从“前后”的依他性说，断生死根本烦恼，虚妄分别性的识及其种子悉皆断尽，即是本识的完全否定；从“一时”的依他性而言，在转依位中，不舍离生死即是为了舍离生死，本识的否定即肯定，这是生死即涅槃的同时的依他性。所以，净品依他的成立，否定了不净品依他，但最终是不净品依他的必然肯定，这样才是无住涅槃。二分“同时”的依他性不离二分“前后”的依他性。[②]生死即涅槃，不能离开否定生死，最终在于生死的肯定，否定生死是肯定生死的前提与基础，这是不得生死、不得涅槃的真义，是瑜伽行派实践论、解脱论的基本思想，或者说是瑜伽行派“解脱诠释学”的特色，这与般若中观完全是不同的进路。

---

① 上田义文亦认为《摄论》的三性说有虚妄分别与意言分别两种，唯识观阶段的三性说是以意言分别为中心。见上田义文著，陈一标译：《大乘佛教思想》，台北：东大图书，2002年，第131页。

② 上田义文：《仏教思想史研究》，京都：永田文昌堂，1958年，第134—135页。

《摄论》及真谛的"染净二分依他"是立体式的、非连续的,"前后"的"二分依他"肯定不会走向《起信论》的"真妄和合"思想;但是,"同时"的"二分依他"虽然不是真妄和合的思想,却为后代真妄和合的诠释思路提供了可能性。就转依而言,在认识论意义的"所依转变"中,"前后"与"同时"的"二分依他"都是可以成立的。[①]如玄奘译《摄论释》说:"依他起性非定生死,由圆成实分,成涅槃故。"[②]笈多将此句翻译为:"依他性非是生死,由成就分,即是涅槃故。"[③]"成涅槃"表现了依他性的无固定性,这是"前后"的"二分依他"。另一方面,当分别性显现时,清净的真实性并没有变化,即是自性涅槃,于是成了"同时"的"二分依他"。但是,在存在论意义的"转变所依"中,却只能成立"同时"的"二分依他",因为从"自性清净"转变为"无垢清净",便是自我存在之基体的全然的改变状态,于是走向真妄和合的思想。

2. 有为道果与无为道果

依真如离障而施设涅槃,这是瑜伽行派的共同思想。真谛不仅首次提出四种涅槃,而且其涅槃思想与"三真如"相联系,因为涅槃是转依离杂染所显的真实性。于是,依"本来清净""无垢清净"有"自性本有涅槃"与"择灭始有涅槃"。如《三无性论》说:

> 本来清净即是道前、道中,无垢清净即是道后。此二清净亦名二种涅槃,前即非择灭、自性本有、非智慧所得,后即择灭、修道所得;约前故说本有,约后故说始有,始显名始有,故名清净如如。[④]

① 竹村牧男强调,"二分依他"包含同时的二分与异时的二分。见《唯識三性説の研究》,东京:春秋社,1995年,第518页。

② 玄奘译:《摄大乘论释》卷五,《大正藏》第31册,第345页上。

③ 笈多译:《摄大乘论释论》卷五,《大正藏》第31册,第291页。

④ 《三无性论》卷上,《大正藏》第31册,第872页下。

真如的证悟是依烦恼的厚薄状态而定，烦恼未能断尽，真如仍然属于“本来清净”，所以为道前真如、道中真如；烦恼已经全部断尽，便属于“无垢清净”，即是道后真如，也即法身自性。同时，从涅槃来说，“自性涅槃”是依“本来清净”的道前真如、道后真如，因为从真如的本性来说，即是非择灭、自性“本有”的，非智慧所得；“无住涅槃”则是通过修道而证悟，这是择灭的无分别智所得，所以是“始有”“始显”。

真谛依“道后真如”成立阿摩罗识，亦成立“无住处涅槃”。吉藏《大乘玄论》说：“摄论师四种涅槃：一、本性寂灭涅槃；二、有余；三、无余；四、无住处涅槃。法身故不住于生死，应、化二身故不住于涅槃。次用无我真如理又三无性理，名无住处涅槃。”[①]真谛是从实践论与解脱论的方面，依三种真如、二种真如、二种涅槃，强调涅槃不仅是真理的显现，更是精神主体的状态，这是“解脱诠释学”的立场。无住涅槃不仅是清净如如，亦是三无性理，即是“阿摩罗识”，如此则瑜伽行派的涅槃思想与如来藏思想一致。《佛性论》将法身与涅槃等同视之，而且依表诠的方式对涅槃进行诠释：

> （涅槃）常住，过色等相故，故说非色。不离清凉等色相故，故说非非色，大功用无分别智所得故，故说真有。因出世大精进所成就道，佛所得故，故知实有……故知涅槃实常住，此法是如来转依。[②]

涅槃不同于一般世间的色相，所以说是“非色”，但是涅槃又不离清净相，所以说是“非非色”。同时，因为它由无分别智所得的“大功用”，

---

① 《大乘玄论》卷三，《大正藏》第45册，第47页上。

② 《佛性论》卷三，《大正藏》第31册，第805页下。

说它是“真有”，又因为它是出世法所成就的道，说它是“实有”。

涅槃的成就以转依为相，转依是彻因彻果的[1]，所以“涅槃”不是一种神我性的存在，而是修道、自我转化和证悟最圆满的成果。“自性清净”转变为“无垢清净”，便是自我存在之基体的全然的改变状态，也即存在论意义的“转依”。真谛译《摄论释》强调道果分为有为与无为，“有为道果”即是解脱、解脱知见，这是菩提果；“无为道果”即是断除一切烦恼，而且未来的烦恼亦不生起，“与五分法身及无垢清净相应”，即是成就智如合一的法身，这是全然的改变，所以是“永成本性”。[2]

“无为道果”属于断德，“有为道果”属于般若德、解脱德。从四种涅槃来说，本来清净涅槃属于“非道果”，其余三种则为“道果”。慧沼《金光明最胜王经疏》说：“真谛三藏云：涅槃有四，三是道果，一非道果。为成菩萨般若大悲，涅槃而为道果故，从初地已上无分别智为涅槃体。”[3]“本来清净涅槃”属于本然的存在，非择灭智慧所得，所以“非道果”；其余三种涅槃则由择灭智慧而证得。无住涅槃的证得，是初地以上的菩萨，依无分别智为涅槃体。

无分别智是“生死即涅槃”成立的基础，无分别后得智则是“道果”[4]。所以，真谛译《摄论释》说：

论曰：四由涅槃差别，谓摄无住处涅槃，以为住处。

释曰：此涅槃非是道果，是道住处。何以故？由菩萨行般若，

---

① 《佛性论》卷三说：“若在道中，转依为因；若在道后，即名为果。”见《大正藏》第31册，第801页中。

② 真谛译：《摄大乘论释》卷十三，《大正藏》第31册，第247页下。

③ 《金光明最胜王经疏》卷二本，《大正藏》第39册，第204页下。

④ 真谛译《摄大乘论释》卷十二：“无分别后智，即是出观智，谓道果。”见《大正藏》第31册，第238页下。

观察生死过失故，修道不在生死；由菩萨行大悲，观众生苦起救济心。虽不在生死，而不舍生死故，不住涅槃。由道住此处，不执真俗二相生故，名无相道，小乘道则无此事。[①]

这充分显示了无住涅槃的精神主体的境界——依无分别智的观照与大悲救济心，从而不执真俗二谛，成就“无相道”。这也是大乘佛教的殊胜之处。

真谛特别注重无分别智，依此开显法身、建立涅槃，于是便有佛果的三身，即“彼果智”。真谛译《摄论释》说：

如来身亦有二种得：一、自性得，是法身；二、人功得，是应、化两身。为显异人功所得，故立自性身。依止自性身，起福德、智慧二行；二行所得之果，谓净土清净及大法乐，能受用二果，故名受用身。于他修行地中，由佛本愿自在力故，彼识似众生变异现，故名变化身。[②]

自性身即是法身，是如来自己内证而得的真如理体。“自性”即是如来对绝对境界的觉悟之意，它超越相对世界的生死苦痛，以法界为其存在，而周遍整个宇宙；同时，它是不可移动的智慧，是觉悟者的永恒的身体。“自性身”即是绝对的普遍原理，是受用身与变化身的基础。“受用身”即是依福德、智慧二行所得的果报，享受清净的净土与微妙大法而生大喜乐，这是在说法大会中为诸菩萨所见的佛的身体。“变化身”即是佛依其本愿自在力，为了救济众生而示现出来的种种变化的身体。

---

① 真谛译：《摄大乘论释》卷八，《大正藏》第31册，第210页上。
② 真谛译：《摄大乘论释》卷十三，《大正藏》第31册，第249页下。

三身的建立是为了诠释佛的自证、化他，是依根本无分别智、后得无分别智而建立的。真谛译《摄论释》说：

> 菩萨观真如遍满，是应化身依止故。得随真如，于十方世界显现二身，作自他利益事，此业是应化二身所显。此智以何为体？般若及定是智体。不住生死涅槃，是智用。利益凡夫及圣人，是智事。此智但为利他，非为自利，二身所显，故利他无穷。[①]

根本无分别智亲证真如，于是成就法身，这是受用身、变化身的依止。依无分别后得智，菩萨于十方世界显现二身，作利他事业，受用身利益圣人，变化身利益凡夫；而无分别后得智的功用，便是不住生死，不住涅槃。

真谛依无著、世亲的原意，强调"自性身"摄真如与无分别智，即是智如合一。真谛译《摄论释》说："云何知此法依止法身，不离清净及圆智，即如如如如智故。"[②]在转依的果位中，法身是不能离开"智"的，而且"智"依三身表现其作用，这与如来藏思想的"法身"是一致的。

真谛强调法身即是"如如如如智"，这与护法一系的唯识今学非常不同。[③]"如如境"作为超越的客观理体，并不能离开"如如智"，这是一种动态的过程，即是我们所说的"过程存在论"。[④]无分别智如实地认识事物，没有自己以外的对象，认识事物就是认识自己。所以，真正

---

① 真谛译：《摄大乘论释》卷十，《大正藏》第31册，第228页上—下。

② 真谛译：《摄大乘论释》卷十三，《大正藏》第31册，第249页下。

③ 唯识今学坚持"智如二分"的原则，而唯识古学是强调"智如合一"，二者有很大的不同。

④ Sallie B. King强调，如如同时就是实体自身和实体自身的经验；它是当下"所与"(given)的经验性的实体，并且是被分为主体与客体两部分之前的经验。见《佛性论是地道的佛教》，载杰米·霍巴德、保罗·史万森主编，龚隽等译：《修剪菩提树——"批判佛教"的风暴》，上海：上海古籍出版社，2004年，第184页。

的“如”是不能离开主体的智慧，称为“如如如如智”，即是智如合一的法身，融然一味，万德周圆，总持一切功德。[①]法身是智如合一的，超越一切而又显现一切，利济一切有情。《摄论》中虽然还没有出现“自受用身”，但是世亲说道：“菩萨于诸佛净土中，自听受大乘法受法乐，为他说大乘法亦受法乐。菩萨备受用此二法乐。”[②]虽然没有明确提出“自受用”与“他受用”概念，但是这种思想已经非常清楚。

真谛的涅槃思想具有多重意义，包括本有与始有、有为道果与无为道果等。同时，依道后真如、三无性理等诠释无住涅槃，强调无分别智为无住涅槃的体性，故其是道果(即四种涅槃之一)，亦非道果(相对无分别后得智而言)。无住涅槃显现了无分别智的功用，受用身、变化身则显示了利他的事业，解脱与涅槃在于无分别智，这是“解脱诠释学”的重要体现。

近年来，日本“批判佛教”的思潮对佛教的解脱与涅槃提出批判，指出“涅槃”这一设想与“阿特曼从非阿特曼中解脱出来”的根本逻辑是一致的。因此，无论“涅槃”还是“解脱”均立足于我论。这种明显的我论，后来经过佛教无我论的传统，如以citta(心)取代attan(我)，被加以模糊化，但其作为我论的根本逻辑并未改变。[③]

在瑜伽行派乃至真谛的思想中，解脱与涅槃虽然具有转“自性清净”为“无垢清净”的意义，但是其核心是无分别智，尤其涅槃之体在于无分别智，涅槃是依真如离障而施设，并没有“阿特曼从非阿特曼中

① 印顺说：“这净法界从智边说，是大圆镜智；在如边说，称离垢真如。‘如如如如智合名法身’，不但要理解它融然一味，万德周圆，还要从所依的见地去把握它的总持义。如但作名相分别，把它的如智分开配合，这是没有多大的意义。”见《摄大乘论讲记》，载《妙云集》上编之六，台北：正闻出版社，1990年，第485页。

② 真谛译：《摄大乘论释》卷十三，《大正藏》第31册，第250页上。

③ 松本史朗著，萧平、杨金萍译：《缘起与空——如来藏思想批判》，香港：经要文化，2002年，第147页。

解脱出来”的思维方式，不但不是“我论”，还充分体现了佛教解脱论的“无我”色彩。

三　转识成智与三身四智

大乘佛教是重视“胜义现证”的。在这一原则下，“依于法性”“依于胜义”，显示发心、修行与佛的果德。瑜伽行派的最终目的，在于“转识成智”，转舍世俗的心识，成就超越的智慧。但是，对于佛陀果德，无著、世亲的初期唯识以及唯识古学缺乏明确的分别，只有唯识今学进行了精确的叙述。下文从思想史的角度，对瑜伽行派的身、智思想进行梳理，以求真正认识其内在发展理路。

瑜伽行派通过“转依”建立起实践论与解脱论，由转依而得涅槃、菩提。《大乘庄严经论》说：“佛体与最上圆满白法相应，尔时依转得二道成就：一、得极清净出世智道；二、得无边所识境界智道，是名转依。”[①]佛的“自性”是一切种智，“白法所成身”即无漏清净善法所成身，也即法身。佛身是转依而得，根本无分别智证清净真如，后得无分别智缘无边境界，所以佛的一切种智所摄一切白法，与真如无有差别，是真如清净所显，不是妄分别。

《大乘庄严经论》所说的三身中，“自性身”是转依所成的，“微细难知”；而为众所见的，在净土中受用法乐的，是“受用身”；种种变化利益众生的，是“变化身”。自性身重于契证清净法界，而受用身与变化身是约自利与利他说。[②]《摄论》的“受用身”则是教化成熟菩萨的，是利他的，与《大乘庄严经论》不同。对于三身的差别，《大乘庄严经论》是从“依”“心”“业”来加以说明：

---

① 《大乘庄严经论》卷三，《大正藏》第31册，第602页下—603页上。

② 《大乘庄严经论》卷三，《大正藏》第31册，第606页中。

由依故，一切诸佛自性身平等，法界无别故；由心故，一切诸佛食身平等，佛心无别故；由业故，一切诸佛化身平等，同一所作故。复次一切诸佛悉同常住，由自性常故，一切诸佛自性身常住，毕竟无漏故；由无间常故，一切诸佛食身常住，说法无断绝故；由相续常故，一切诸佛化身常住。[1]

诸佛的自性身平等，这是依“法界”无差别，是自利、利他功德所依；佛自利的受用身，刹土、众会、佛号、佛身体都有不同，但是其“心”平等；佛利他的变化身，虽然有种种机缘的不同，但都是教化众生之“业”，同一所作，这是平等的。从佛身常住来说，三身亦各有差别，自性身是自性常，受用身是不间断常，变化身是相续常。

至于三身与四智的关系，《大乘庄严经论》说：

[梵文]adarśajñānaṃ acalaṃ trayajñānaṃ tadāśritam | samatā-pratyavekṣāyaṃ kṛtyanuṣṭhana eva ca || 37 ||[2]

[今译]镜智不动，三智之依止，平等性、妙观察，成所作是。

从梵文偈颂的原意来说，在四智中，唯大圆镜智是不动的，其余三智皆动，并且以大圆镜智为依止。但是，波罗颇密多罗将此偈译为：“四智镜不动，三智之所依，八七六五识，次第转得故。”[3]这可能与论文之中在梵文偈及注释文的共同内容之外增补的解释有关，依其所说，转第八识得大圆镜智，转第七识得平等性智，转第六识得妙观察智，转前五

① 《大乘庄严经论》卷三，《大正藏》第31册，第606页下。
② Sylvain Lévi (ed.), *Mahāyānasūtrālaṃkāra*, Paris, 1907, p.46.
③ 《大乘庄严经论》卷三，《大正藏》第31册，第606页下。

识得成所作智。[1]当然，从梵文颂中，三智皆动并且以大圆镜智为所依的观点来看，则若转第八识，必须转舍染污意、六识、前五识，进而反映出转八识成四智的思想。[2]

对于三身与四智的关系，颂文并没有明确解释，但是世亲的释文予以阐明，大圆镜智、平等性智配属自性身，妙观察智配属受用身，成所作智配属变化身。[3]在四智中，后三智以及受用身、变化身，都是依大圆镜智而生起。而且，大圆镜智与自性身具有相当的意义，不过自性身是约无漏界为所依止说，大圆镜智则是约与真如无差别的一切种智说。

从《大乘庄严经论》来说，虽然对“转识成智”未作充分、明确的解说，但是已经揭示了其内在发展的必然性。这种情况亦体现在《摄论》中，由法身之自在而得自在于色、受、想、行、识之净化状态，特别是转识蕴依之时处自在而得四智。诸译本都提到转识蕴成四智，但是八识与四智之间，并没有明确的配对。[4]而且，从世亲《摄论释》的翻译来说，真谛译与笈多译、玄奘译相同，只是解释四智，并未提及八识。[5]

---

① 《大乘庄严经论》卷三，《大正藏》第31册，第606页下—607页上。

② 马定波：《印度佛教心意识学之研究》，台北：正中书局，1975年，第308页。印顺引用宇井伯寿的观点，认为汉译本补充转八识成四智，是因为译者波罗颇蜜多罗在那烂陀寺亲近戒贤论师，而以当时那烂陀寺的唯识学补充了《大乘庄严经论》。见《印度佛教思想史》，台北：正闻出版社，1994年，第345页。

③ 《大乘庄严经论》卷三提到“此前二智即是法身”“此观智即是食身”“此作事智即化身”。见《大正藏》第31册，第607页中。

④ 译本对照如下：

佛陀扇多译	真谛译	笈多译	玄奘译
镜、观见、作事、忆持智自在事，转回识阴故。	显了、平等、回观、作事智自在，由转识阴依故。	镜、平等、观、作所应作智自在，由转识聚依故。	圆镜、平等、观察、成所作智自在，由转识蕴依故。

⑤ 真谛译：《摄大乘论释》卷十三，《大正藏》第31册，第253页中；笈多译：《摄大乘论释论》卷九，《大正藏》第31册，第314页上；玄奘译：《摄大乘论释》卷九，《大正藏》第31册，第372页上。

无性的《摄论释》则明确提出转八识成四智的思想：

> 由转阿赖耶识等八事识蕴，得大圆镜智等四种妙智……转阿赖耶识故，得大圆镜智……转染污末那故，得平等性智……转意识故，得妙观察智……转五识故，得成所作智。[①]

无性确立了八识与四智相应的思想，而且得到护法一系的唯识今学的发扬光大。

唯识今学对于佛陀果德的阐明，基本特点在于“智如二分”，正智是无漏智，是依他性，不是真实性所摄。于是便出现圆满大觉佛果是成就“五法”的说法，玄奘译《佛说佛地经》说：“有五种法摄大觉地。何等为五？所谓清净法界、大圆镜智、平等性智、妙观察智、成所作智。”[②]“清净法界”是真如的异名，此处明确区别了清净法界与四智。[③]同时，《佛地经论》会通《大乘庄严经论》与《摄论》的不同说法，将“受用身”分为“自受用”与“他受用”，而且明确转八识得四智，成为唯识今学的主要思想。[④]

结　语

转依是观行的过程与结果，使自我存在的基础(依他性、八识)从质上产生变化，最后成就真实的、清净的主体与世界。如来藏系以如

---

① 玄奘译：无性《摄大乘论释》卷九，《大正藏》第31册，第438页上。

② 《佛说佛地经》，《大正藏》第16册，第721页上。

③ 如《佛地经论》卷三说：“无为功德，净法界摄”，“有为功德，四智所摄”。见《大正藏》第26册，第301页下。

④ 印顺指出，《佛地经论》与无性的《摄大乘论释》，是世亲以下，陈那、护法、戒贤的系统；玄奘杂糅而成的《成唯识论》，所说转依的意义，就是依此而作更圆满的安立。见《印度佛教思想史》，台北：正闻出版社，1994年，第347页。

来藏为“依因”，所谓“转依”就是使有垢真如(如来藏)“转”为无垢真如，其转依原语为āśraya-parivṛtti。依《成唯识论》，瑜伽行派的转依有两种：一是指“种子等之消灭、活动停止、非显现”，这是从认识论方面诠释“转依”；二是指“所依的全体之变貌”，这是从存在论方面诠释“转依”。或者说，前者是指转舍染分别性而转得真实性，是唯识学主张的转依；后者是指法界是生死涅槃所依，是如来藏说主张的转依。

从瑜伽行派的典籍来说，“转依”的原语有两种：āśraya-parivṛtti和āśraya-parāvṛtti。《瑜伽论》的“转依”原语是āśraya-parivṛtti，“转依”最早是指瑜伽师的禅观修习带来身心体验的转变。瑜伽行派引入“转依”，使其实践论发生重要转向，即从禅定的修习转向智慧的获得；而且，以“转依”的层级概念诠释了解脱道的降升过程，从解脱身、法身的不同表现出如来、声闻、缘觉的优劣。《瑜伽论》的“转依”(āśraya-parivṛtti)包含认识论与存在论两种意义，将阿黎耶识的杂染种子等之消灭、活动停止和非显现，转化成“所依的全体之转变”；灭阿黎耶识，而显现离垢真如。从“转依”的成就来说，认识论意义的“转依”以无分别智为体；而存在论意义的“转依”以离垢真如为体。

安慧在注释《中边分别论》时，转依的原语为āśraya-parāvṛtti，他以法界清净、空性、心性清净、真如来解释“转依”，强调悟入“非识”与“识”平等的无分别智，离二边行的无心、无思、无意、无识，远离我与无我的执著的中道无分别智，此论中存在着“转依”二义的说明。《大乘庄严经论》的“转依”原语有āśraya-parivṛtti、āśraya-parāvṛtti，二者确实存在一定的区别，如世亲以āśraya-parivṛtti解释觉者性、圣种性，这是以唯识思想的立场来融会如来藏说，已经融会了转依的存在论侧面；但是，只及于如来藏的“真如无差别”一义，而未及“彼灭”之后所显的转依是万德具足和显现本有。从修行次第与解脱来说，则倾向于āśraya-parāvṛtti，即转依的认识论侧面，这是《大乘庄严经论》转依思想的重点。但是，二者仍然存在交叉使用现象，所以区分不是非常明显。

对于“转依”的原语与二义，学界曾经进行热烈的讨论。从我们的考察结果来看，āśraya-parivṛtti 比较倾向于“转依的依之全体之变貌”，即转依的存在论侧面，是如来藏系的主要用语；āśraya-parāvṛtti 倾向于“转依的种子等之消灭、活动停止、非显现”，即转依的认识论侧面；但是区分二者是很难的，综合各种瑜伽行派典籍来看，āśraya-parivṛtti、āśraya-parāvṛtti 都具有转依二义。

瑜伽行派的转依，是以三性说为基础的菩萨道，由于唯识古学、今学三性思想不同，其转依思想势必会有不同的展开。唯识今学重视转依的认识论意义，其思想的重点在于“所依转变”；真谛的唯识古学，融合如来藏的转依思想，即在“所依转变”的基础上，吸收“转变所依”，从而建构其独特的转依思想。唯识今学强调种子与阿黎耶识都是实有的，所以转舍与转得的“转变”，正是阿黎耶识的体之“用”的变化，而其体并没有变化。真谛的“中间路线”在转依思想上有所体现，他一方面以闻熏习来阐明认识论意义的转依，即减舍杂染习气，增长闻熏习，也即所依转变；另一方面，以解性黎耶、阿摩罗识、四德种子等来诠释存在论意义的转依，即转阿黎耶识为阿摩罗识，这是自我存在之基体的全然的改变状态。最后，在转依位次差别上，《成唯识论》与《摄论》的六分转依各有同异。

瑜伽行派的解脱论主要涉及涅槃、菩提、转识成智、三身等问题。而且，随着瑜伽行派的发展，对行果逐渐形成了缜密的阐释。真谛继承原始佛教、部派佛教的有余依、无余依涅槃的思想，综合般若、中观学派的自性涅槃以及世间、涅槃无差别的思想，提出四种涅槃。同时，瑜伽行派将“自性涅槃”作为成立诸法无自性的最后结果，以真实性、真如诠释之，最终将涅槃定义为真如离障而施设。无著、世亲依龙树的“生死即涅槃”，提出“无住处涅槃”，并依无分别智建立生死、涅槃的无差别。“生死即涅槃”的“即”当中包含“相互否定对立二者的同一(无差别)”的矛盾,这是无分别智同时进行否定与肯定的表现。

由于转依有“前后”与“一时”的差别,导致分别性与真实性“二分”在依他性上也有如此的差别。从“前后”的依他性说,断生死根本烦恼,虚妄分别性的识及其种子悉皆断尽,即是本识或生死的完全否定;从“一时”的依他性而言,在转依位中,不舍离生死即是为了舍离生死,本识的否定即肯定,这是生死即涅槃的同时的依他性。依“二分依他”的“前后”与“同时”特点,则能圆满建立认识论与存在论意义的转依。

真谛的涅槃思想具有多重意义,包括本有与始有、有为道果与无为道果等。同时,依道后真如、三无性理等诠释无住涅槃,强调无分别智为无住涅槃的体性,故其是道果(即四种涅槃之一),亦非道果(相对无分别后得智而言)。解脱与涅槃在于无分别智,这是“解脱诠释学”的特色,恰好对“批判佛教”所谓解脱与涅槃立足于“我论”的观点,给予了有力的批判。

初期唯识以及唯识古学对于行果缺乏明确的阐明,《大乘庄严经论》与《摄论》都未曾提出八识与四智的关系,无性的《摄论释》则清楚地提出这一点,并且经过《佛地经》《佛地经论》,最后在《成唯识论》中作更圆满的安立。

第八章　摄论学派与中国佛教

摄论学派从真谛开始，前后只有一百年左右。真谛之后，经过昙迁、道尼、靖嵩三人北上弘扬，摄论学派从南至北而弘至全国，对隋末唐初佛教产生了重大影响。玄奘译出《成唯识论》后，其师徒一直努力弘扬自宗，批判旧译，摄论学派由此衰败。

南北朝佛教学派是隋唐宗派佛教形成的前奏，前者以经论的学问研究相承为主，后者则强调理论与实践的统一。[①]摄论学派经过一百年的师资相传，其思想最终渗透入隋唐宗派佛教，天台、三论、华严、唯识、净土等宗派都对其理论进行了批判与吸收。唐末五代时期，永明延寿力图调和唯识古学、今学的矛盾。延至民国时期，梅光羲依灵润的观点，撰成《相宗新旧两译不同论》[②]，引起很大反响，太虚、守培、印顺、正果等一批学者加入讨论，这场持续三年之久的争论，为后来的学者正视唯识古学提供了契机。[③]

我们将从思想史的角度，梳理摄论学派的思想体系对后来中国佛教的影响，以期重现摄论学派在中国佛教史上的地位。

---

① 镰田茂雄：《隋唐の仏教》下，载《中国仏教史》第6卷，东京：东京大学出版会，1999年，第534页。

② 梅光羲：《相宗新旧两译不同论》，《海潮音》第12卷第4期，1931年；收入《现代佛教学术丛刊》第28册，1978年。

③ 后来，印顺对唯识古学颇为同情。见陈一标：《印顺导师对新旧译唯识的定位与评析》，载《印顺思想：印顺导师九秩晋五寿庆论文集》，台北：正闻出版社，2000年。

第一节 三法轮与四教
——摄论学派的判教思想

判教作为一种思想结构，代表着中国佛教教理体系的形成，对于时代流行的学说、经典的研究以及宗派的成立，都有至为重要的影响。[①]真谛的一生，不断地译经、教化弟子，同时著有不少注疏、义记。这些注疏、义记如今大多已经不传，但是，在隋唐佛教的著作中，仍然保存了真谛的判教说，真谛曾提出“三法轮”“四教”与“渐、顿二教”三种判教说。而北地的摄论师由于受到地论学派的影响，在判教思想方面发生了一定的变化。

一 三法轮与转、照、持

判教的基本旨趣在于，对卷帙浩繁的三藏典籍以及法门教义给予高低优劣的评价与定位。圆测《解深密经疏》引用真谛的《解节经疏》说：

> 复次如来三转法轮为三种人：一者初度声闻于波罗奈鹿园仙人集处，初转法轮，即第一时，转四谛法轮。是法轮不可思议，是法轮不了义，有上有难有争。次如来得道已第七年，在舍卫城给孤独园，即是第二时，为度大乘行人，显一切法无自性无生无灭、本来寂静、自性涅槃，显说轮相，名转法轮。转法轮者，波罗蜜、十地等。是法轮希有不可思议，一切人天所不能转；是法轮不了义，亦有上有难有争。去孤独园五里有江，人饮浴者，悉得智慧，

① 有关隋唐宗派判教的研究，见王仲尧：《隋唐佛教判教思想研究》，成都：巴蜀书社，2000年。

> 昔人号云：施智慧所，故佛于此地说大乘般若。江名沙罗底，此翻为智慧如河。此是女人所住处也。次佛未涅槃前，成道后三十八年，在毗舍离国鬼王法堂，为真实菩萨说《解节经》《维摩》《法华》等。此第三时，世尊为度三乘行人，为显一切法无自性、无生无灭、本来寂静、自性涅槃，显无分别相轮。是法轮最清净、希有、不可思议，是法轮了义，无上、无难、无争。为众生根钝，如来次第说法轮。①

现存真谛译《解节经》一卷中并没有提到"三转法轮"，但是，《解节经》为《解深密经》的节译本，在菩提流支和玄奘所译的足本中有此记载，而且与上引《解节经疏》文字相近。②"三转法轮"是佛陀因众生根机愚钝，所以分为三阶段说法：第一时"四谛法轮"。这是佛陀得道后，在波罗奈国的鹿野苑，为小乘的声闻人演说四谛的道理。真谛评价此法轮所开演的教义，并不是究竟终极，会引起责难和争议。第二时"转法轮"。这是佛陀得道七年后，在舍卫国的给孤独园，为大乘修行者演说一切法没有自性、无生无灭、自性空寂、本性与涅槃无异的道理，代表经典为《般若经》和《十地经》。此法轮虽然显示大乘与小乘有不同之处，但是其教义仍然非究竟终极，会引起责难和争议。第三时"无分别相轮"。这是佛陀得道后三十八年、涅槃前七年，在毗舍离国的鬼王法堂，为能领悟真常教旨的菩萨，演说一切法没有自性、无生无灭、本性空寂的道理，代表经典为《解节经》《法华经》和《维摩经》等。此法轮进一步说明佛陀是为了度化三乘行人，所以安立施设小乘、大乘各种不同教学，其实这些教学的旨归并没有分别。此法轮所演述为究竟终

---

① 《解深密经疏》卷五，《卍续藏》第34册，第824页下—825页上。

② 廖明活：《地论师、摄论师的判教学说》，《中华佛学学报》第7期，1994年，第138页。

极之义，不会引起责难和争议。法藏《华严经探玄记》所载的真谛“三时教”，与此基本相同。[①]

另外，圆测《解深密经疏》又引真谛的《部执论记》，来阐明另一种“三法轮”之说：

> 若依真谛《部执论记》第二卷说：小乘三藏名初法轮，唯小非大；《大涅槃经》名第二法轮，通为大、小；《华严》《般若》名第三法轮，唯大非小。故彼《记》云：佛教自有三种法轮：一、小乘法轮，即是三藏教；二、大乘法轮，说大乘与小乘异，如《涅槃经》合明大小乘义；三、一乘法轮，明大小无异，如《华严》等经，诸《般若经》明三乘人同观二空理，同修真实智，故知大、小无异也。[②]

真谛《部执论记》所提到的“三法轮”，与《解节经疏》差别较大。第一，小乘法轮，说小乘教法，代表经典为小乘三藏，这与“四谛法轮”相同；第二，大乘法轮，兼说大、小乘，并且阐明大乘与小乘不同之处，代表经典为《涅槃经》，相应的“转法轮”代表经典则为《般若》《十地》；第三，一乘法轮，阐明一乘的教义，融通大乘、小乘教义的分别，代表经典为《华严经》《般若经》。

《解节经疏》的“三法轮”是依佛陀说法的先后顺序，即依“时”而立；而《部执论记》的“三法轮”是依教义的深浅，即依“法”而建立。二者价值系统不同，对经典的判摄自然有异。窥基《阿弥陀经通赞疏》卷上，记载真谛分如来一代时教为三时：一、“有教”，这是佛陀成道七年以后所说，第五年度化五俱轮，第六年度化舍利弗，第七年度化三迦

---

① 《华严经探玄记》卷一说：“依真谛三藏记云：佛成道七年后，说诸部般若，是第二时教。又云：三十八年后，说《解节经》，当第三时教。”见《大正藏》第35册，第115页中。

② 《解深密经疏》卷五，《卍续藏》第34册，第825页下—826页上。

叶；二、“空教”，佛陀成道第八年至三十八年之间，总说八部《般若》；三、“非空非有教”，从三十九年至涅槃前，说非空非有的教义，代表经典是《法华》《楞伽》《思益》。[①]这与《解节经疏》基本相同，只是第三时的代表经典有微小的差异。

同时，真谛曾译《金光明经》，著有《金光明经疏》，于是便有真谛立“转”“照”“持”三法轮的说法。慧苑《刊定记》说：

> 真谛三藏依《金光明经》，立转、照、持三法轮教。谓佛二月八日成道，四月八日于波罗奈鹿野苑中，为声闻众，转四谛法轮。后于成道第七年中，在舍卫国去祇园五里智能江边，为诸菩萨及二乘众，说《般若》等经。此时具二，谓转、照法轮。又于成道三十年后，未涅槃前，在毗舍离国鬼王法堂，为真常菩萨，说《解节经》。此时具有转、照、持等三种法轮也。[②]

这与《解节经疏》相近之处颇多，都是阐明佛陀在第一、二、三时，分别说四谛教义、《般若经》与《解节经》。“转”“照”“持”三法轮只见于真谛译《金光明经》[③]，慧苑《刊定记》对“三法轮”缺乏解释，澄观《华严经疏》则阐明其内容：“谓七年前说四谛，名转法轮；七年后说《般若》，具转、照二轮，以空照有故；三十年后具转、照、持，以双照空、有，持前二故。”[④]综合慧苑、澄观对“转”“照”“持”三法轮的论述，第一

---

① 《阿弥陀经通赞疏》卷上，《大正藏》第37册，第330页中。

② 《华严经略疏刊定记》卷一，《卍续藏》第5册，第16页下—17页上。

③ 坂本幸男著，释慧岳译：《华严教学之研究》第一部，台北：中华佛教文献编撰社，1971年，第209页。《合部金光明经》卷二说：“现在十方世界已得阿耨多罗三藐三菩提者，转法轮，照法轮，持法轮；雨大法雨，击大法鼓，吹大法螺，出微妙声；竖大法幢，秉大法炬，为欲利益安乐众生故。”见《大正藏》第16册，第368页中。

④ 《大方广佛华严经疏》卷一，《大正藏》第35册，第508页下。

时为“转法轮”，说四谛的教法；第二时为转、照法轮，教义中心是“空教”，照见四谛教法所剖析的各种存在的本性是空的；第三时为转、照、持三法轮，教义是“非空非有教”，双照前二时所说的空和有观念，契入中道的真理。

上述内容与窥基、《解节经疏》所说的“三时教”有相同之处，亦有不同之处。首先，因为“转”“照”“持”三法轮，并非各各分属一时，“转”法轮通于三时，“照”法轮通于第二和第三时；其次，《刊定记》所说第二时的听众包括菩萨和二乘，而且第三时开始的时间是佛陀成道后第三十年，与《解节经疏》、窥基所说第二时的教化对象为大乘人，以及第三时开始时间为佛陀成道后第三十八年，有明显的出入。

唐宝达《金刚暎》亦记载真谛的“转”“照”“持”三法轮：

> 梁朝真谛三藏立三时教，第一，如来成道七年已还，唯说四谛法轮，名转法轮，即四《阿含》等也。第二时者，即七年已后、三十八年已前，说《般若》等，显法空理，照破前有，名照法轮。三时，三十八年已后、未涅盘前，说《深密》等，余遣边疑，住持中道，不失自相，名持法轮也。[①]

《金刚暎》是将转、照、持各各分属一时，而且第三时开始的时间是佛陀成道后第三十八年，这与《刊定记》所说完全不同，但与窥基、《解节经疏》等所说的“三时教”相配。

---

① 《金刚暎》卷上，《大正藏》第85册，第60页中。

二　四教与顿渐

隋唐佛教不仅传承了真谛的三时判教，而且还传承了“四时教”。[①]圆测《解深密经疏》提及：“真谛判别四种教或说四教，所谓四谛、无相，或说法相，如《楞伽》等；或说观行，如《华严》等。”[②]窥基《成唯识论料简》详细叙述“四时教”：

> 有立四时，如真谛三藏。一、四谛法轮，谓《阿含》等；二、无相大乘，谓《般若》等；三、法相大乘，如《楞伽》等，广明五法、三种自性、八识、二无我；四、观行大乘，如《华严》等，广明四十二贤圣观故。[③]

窥基批评“四时教”，认为从教法的前后来说，“观行大乘”的《华严经》是最初所说，如此则不合理。其实，“四时教”是依教法的深浅而言，并非依教法的前后。一、四谛教，阐述小乘的四谛道理，代表经典是《阿含经》；二、无相大乘教，阐明诸法本性是空、无相的道理，代表经典是《般若》；三、法相大乘教，这是指瑜伽行派的唯识思想，阐明名、相、分别、正智、真如五种迷染和觉悟之法，显示分别性、依他性、真实性三种存在的性相，叙述阿黎耶识、意、意识等八种心识，申明人无我、法无我等道理，其说见于《楞伽经》；四、观行大乘教，广陈菩萨修行所经历的十住、十行、十回向、十地、等觉、妙觉四十二阶位，代表经典是《华严经》。

---

① 坂本幸男认为，法藏、慧苑、澄观等的华严宗系统，传承真谛的三时教判；圆测及窥基法师等的法相宗系统，传四时教。见释慧岳译：《华严教学之研究》第一部，第210页。这种观点过于绝对化，圆测《解深密经疏》、窥基的著作中都可以发现这两种判教方法。

② 《解深密经疏》卷一，《卍续藏》第34册，第596页上。

③ 《成唯识论料简》卷上，《卍续藏》第76册，第935页上。

但是，“四时教”是否为真谛的判教学说，则引人质疑。因为唐宝达《金刚暎》在列举“转”“照”“持”三法轮后，举出隋代笈多三藏立“四时教”，文字与窥基所说相同。[①]另外，道液《净名经关中释抄》与宝达《金刚暎》一样，主张真谛立“转”“照”“持”三法轮，笈多三藏立“四教”。[②]

“四时教”可以进一步收摄为“顿渐”二教，法藏《探玄记》说：

> 陈朝真谛三藏等，立渐、顿二教。谓约渐悟机，大由小起，所设具有三乘之教，故名为渐，即《涅槃》等经。若约直往顿机，大不由小，所设唯是菩萨乘教，故名为顿，即《华严》等经。[③]

依此说，真谛判立之“渐教”的教化对象，是“渐悟”根机的众生，这些众生的学习历程，乃由小乘进至大乘，因此“渐教”包括了三乘的教法，代表经典有《涅槃经》等；“顿教”的教学对象，是“顿悟”根机的众生，这些众生直接学习大乘，不用经历小乘教的熏陶，因此“顿教”只包括菩萨乘的教法，代表经典为《华严经》等。[④]

所以，隋唐佛教记载的真谛判教思想可以分为三种：三法轮、四教与顿渐。其中，“三法轮”的记载各有出入，中心在于以三法轮配佛陀说法的三时；“四教”与“顿渐”的判教，我们推测可能是北地摄论师的观点，因其受到地论学派的影响，对《华严经》极其推崇，且以《楞伽经》而非《解节经》作为“法相大乘”的代表经典。

---

① 《金刚暎》卷上，《大正藏》第85册，第60页中。

② 《净名经关中释抄》卷上，《大正藏》第85册，第507页上。

③ 《华严经探玄记》卷一，《大正藏》第35册，第110页下。

④ 屈大成指出，真谛的“顿渐”判教与慧诞极其相似，而且行文极为相近。见《中国佛教思想中的顿渐观念》，台北：文津出版社，2000年，第123—126页。

三　二藏与四宗

由于摄论学派文献不全，所以很难真正清楚地了解摄论学派的判教思想。敦煌本《摄大乘论抄》是弥足珍贵的文献，值得重视。《摄大乘论抄》在“第二次明藏摄分齐”中，将阿毗达磨藏分为声闻藏与菩萨藏。《摄大乘论抄》说：

> 声闻钝根，约分别性立于三藏；为成声闻行法故，判为声闻藏。由声闻所立十一种色、十四不相应、四十七心心法，及三无为，此七十五法悉是事法，故属分别性也。对菩萨利根，通约分别、依他、真实性立于三藏，为成菩萨行法故，判为菩萨藏。①

声闻藏的施设，是依分别性而建立三藏，《摄大乘论抄》将各种存在分为七十五法，声闻所通达的七十五法都属于分别性。利根菩萨通达三性，依三性而建立三藏。缘觉似闻他音而觉悟，所以判入声闻藏，这就是平常所说的“缘觉声闻”。

同时，《摄大乘论抄》继承北地慧光以来的四宗判，在声闻藏立“立性教”“破性教”，在菩萨藏立“显示教”“秘密教”。但是，其与地论学派的判教亦有同有异。“立性教”的思想，是“以其人于和合阴内解无神我，于阴等别法计有定性，如说色色自性、心心自性执，三世一切法皆有定性，以未达法空故也”。②这是声闻藏内根机最钝的，通达人我空，但是未通达法我空，仍然执著诸法各有自性。“破性教”的根机稍利，不但能够通达人无我，而且知道万法是缘起无自性，但并不否认无自性“假相”的存在，其空观不彻底。声闻藏的二教是小乘的教理，与

---

① 《摄大乘论抄》，《大正藏》第85册，第1000页上。
② 《摄大乘论抄》，《大正藏》第85册，第1000页上。

地论学派的“立性宗”(因缘宗)、“破性宗”(假名宗)比较一致。[1]

“显示教”与“秘密教”指的是大乘的思想,《摄大乘论抄》说:

> 菩萨藏内有二:一是显示教,此遣分别性内所有诸法,如经说色空乃至涅槃毕竟体空,此即无相大乘,亦名显示教门;二就依他真实,说如实因缘、如如真实无垢等法,此即缘起大乘自性住乘,亦名秘密教门。此二所诠,虽相有浅深,同为菩萨利根,进成大行而悟大果故,总判为菩萨藏。此论二教中通二教,若说三无性空等即显教,若说初相等即是秘密摄也。[2]

“显示教”与“秘密教”是依三性而建立,这与地论学派完全不同,是摄论学派的传统。而且,就三性之间的关系来说,“显示教”是依般若无分别智遣除分别性的现象界诸法,通过诸法达至涅槃毕竟自性空寂,即是“无相大乘”,与地论学派的“破相宗”(不真宗)相同。“秘密教”是通达分别性、依他性同一无性,即是真实性、智如合一、无垢清净,这是“缘起大乘”“自性住乘”,是依自性住佛性与法界真理而说,与地论学派的“显实宗”(真宗)完全不同。《摄大乘论抄》对《摄论》的位置提出自己的看法,依三性与三无性的关系来说,依三性通达三无性空即是“显示教”,依三无性空而通达三性宛然则是“秘密教”。

所以,《摄大乘论抄》与地论学派的不同之处在于:一、《摄大乘论抄》依三性而建立菩萨藏的二宗,地论学派是依如来藏、佛性而施设“显实宗”(真宗);二、地论学派在菩萨藏内立顿教、渐教,这是慧光以

---

① 《大乘义章》卷一,《大正藏》第44册,第483页上。

② 《摄大乘论抄》,《大正藏》第85册,第1000页上—中。

来最重要的判教思想，但是《摄大乘论抄》并没有采纳。[1]因此，《摄大乘论抄》的“二藏”“四宗”虽然受到地论学派的影响，但其核心思想仍然坚持了摄论学派的传统。

真谛的判教思想当时并未为人广泛接受，而且未能融摄《摄论》，对于摄论学派建宗立派是非常不利的。摄论学派北传后，又受到地论学派的影响与冲击，但是我们仍然可以从摄论师的判教说中看到他们创建自宗的努力。

第二节　摄论学派与隋唐佛教

汤用彤曾经说：“隋唐佛教，承汉魏以来数百年来发展之结果，五花八门，演为宗派。且理解渐精，能融会印度之学说，自立门户。”[2]摄论学派虽然在唐初遭到玄奘师徒的极力批驳，但是其思想深深地影响到隋唐诸大宗派；而且，唐初有关佛性的论争，如圆测与窥基、灵润与神泰、法宝与慧沼之争，其实都是唯识古学与今学论争的体现。

一　摄论学派与天台宗

天台宗是智𫖮(538—597)所开创的佛教宗派，智𫖮师事慧思(515—577)，因此考察天台宗与摄论学派的关系，必须首先从历史上考证二人接触摄论学派思想的因缘，然后阐明他们的教理体系中的《摄论》思想。

1. 慧思、智𫖮与慧旷

在慧思、智𫖮与摄论学派的因缘中，慧旷(534—613)、法泰是关键

① 织田显祐：《敦煌本〈摂大乗論抄〉について》，《印度學佛教學研究》第38卷第2号，1990年，第692页。

② 汤用彤：《隋唐佛教史稿》，北京：中华书局，1982年，第2—3页。

性的人物。

557年，智𫖮依慧旷学习大乘经典，并受具足戒。后来，慧旷与僧宗、慧恺、法准等投真谛学《摄大乘》《唯识》等论及《金光明》等经。真谛圆寂(569)后，慧旷与同学僧宗等回庐山，教化于湘州、郢州。陈至德元年(583)归襄阳，敕住兴国寺，隋秦孝王亲奉归戒，后来隋炀帝敕住摄山栖霞寺。①

陈天嘉元年(560)，智𫖮入光州大苏山，向慧思学习禅法。智𫖮证悟"法华三昧"后，慧思便令代讲《大品般若经》，当时慧旷亦在场。《隋天台智者大师别传》说："慧旷律师亦来会坐。思谓曰：老僧尝听贤子法耳。答云：禅师所生，非旷之子。又曰：思亦无功，法华力耳。"②慧旷与慧思同为智𫖮的老师，亦可见二人的法谊深厚。但是，慧旷从广州回来后，是否见过慧思，则无从知晓。

陈代光大二年(568)，慧思带徒众四十余人前往湖南，入住南岳。陈地信众望风归附，陈主迎他到建康，住栖玄寺，讲《大品般若》。他感慨当时南地佛学界偏重理论，轻视禅观，于是双开定慧两门，日间谈理，夜间修禅，同时讲说禅波罗蜜，陈主尊他为大禅师，倾动一时。后又还住南岳，继续传授禅法。而智𫖮于陈太建元年至七年(569—575)，于瓦官寺弘法。慧思到达建康后，"尝往瓦官"③，或许这是慧思与智𫖮师徒从大苏山离别以来，有缘相见的唯一机会，能够交流彼此的境遇、教界的动向等。④

真谛虽然偏居广州从事翻译工作，但是其学说在他在世时，便已经传到建康。弟子僧宗、慧恺曾想送真谛回到建康，遭到建康学者的

---

① 《续高僧传》卷十，《大正藏》第50册，第503页中—下。

② 《隋天台智者大师别传》，《大正藏》第50册，第192页上。

③ 《续高僧传》卷十七，《大正藏》第50册，第563页下。

④ 池田鲁参：《南岳慧思伝の研究——〈大乗止観法門〉の撰述背景》，载《天台教学の研究：多田厚隆先生頌寿記念論文集》，东京：山喜房佛书林，1990年，第18页。

反对。陈太建三年(571),真谛的弟子法泰回到建康,开讲《摄论》《俱舍论》等经论,靖嵩向他学习《摄论》,后来回到北方加以弘扬。慧思、智𫖮在建康弘法时期,可能会接触到摄论学派的思想。[①]

智𫖮长期在南方弘法,对南方佛教界的动态一直甚为关注。而且,他在至德三年(585),应陈后主的邀请,再度来到金陵,开始全面弘传天台佛法。他在讲《仁王般若经》时,僧正慧暅、僧都慧旷、长干慧辩都奉敕激扬问难,当时"似冬冰峨峨共结解,犹夏日赫赫能消",可见思想碰撞之激烈。[②]这时,慧旷可能是从襄阳到金陵,前来与智𫖮会面,于是智𫖮更有机会接触摄论学派的思想。[③]

真谛圆寂后,摄论师从南至北开始弘传,使摄论学派成为当时非常有影响力的学派。而且,《摄论》独特的唯识思想与止观体系,对强调"定慧双开"的慧思、智𫖮来说,无疑具有一定的吸引力。因为慧思《大乘止观法门》争议比较大,我们不拟讨论其与摄论学派在思想方面的交流,而专门讨论智𫖮的天台思想与摄论学派的关系。

从智𫖮的著作来看,《次第禅门》没有明显引用《摄论》;但是,后期著作《维摩经玄疏》《四教义》《法华文句》《法华玄义》《摩诃止观》《金光明玄义》《四念处》等则加以引用,而且从天台的立场予以批判。

---

① 池田鲁参提到,慧思接触摄论学派的另一条线索,是智璀向慧思请教禅法,而且智璀曾经在昙迁避难金陵时,与其共谈"唯识义"。见《南岳慧思伝の研究——〈大乗止観法門〉の撰述背景》,载《天台教学の研究:多田厚隆先生頌寿記念論文集》,东京:山喜房佛书林,1990年,第18—19页。但是,这条线索在时间上很难成立。因为,北周武帝在577年破坏北齐佛教,昙迁才会避难南方;而577年,慧思在南岳圆寂。除非昙迁在577年前,便已经来到金陵,这条线索才能成立。有关智璀的资料,见《续高僧传》卷二十,《大正藏》第50册,第596页下—597页上;《续高僧传》卷十三《慧因传》,《大正藏》第50册,第522页上;《续高僧传》卷十八《昙迁传》,《大正藏》第50册,第572页上。

② 《隋天台智者大师别传》,《大正藏》第50册,第194页中。

③ 关于智𫖮与隋王朝的因缘,慧旷或许起到一种桥梁的作用。因为慧旷在襄阳时,隋文帝第三子秦孝王杨俊"亲奉归戒",隋炀帝杨广亦是对他尊重有加。所以,当金陵为隋军占领时,智𫖮"策杖荆湘",最后来到庐山,杨俊遣使邀请。

我们将从心识、判教、修道论、佛身论等方面，深入探讨二者的交涉。[①]

2. 心意识与非三非一

智顗对心意识的理解，基本上受摄论师的影响。[②]但是，他对心意识的论述，是从批判的角度契入。[③]在智顗的论著中，所谓的"心"，往往是指众生当下之一念心。此一念心，也可称之为"意"或"识"。[④]如《摩诃止观》说："心是惑本，其义如是。若欲观察，须伐其根，如炙病得穴，今当去丈就此，去尺就寸，置色等四阴，但观识阴。识阴者，心是也。"[⑤]在观察阴界入境时，以识阴为心。《觉意三昧》以"意之实际"即是"心源"，并且以"意"代表心、心数。[⑥]智顗说："对境觉知，异乎木石，名为心；次心筹量，名为意；了了别知，名为识。"[⑦]"心"即是阿黎耶识，"意"即是末那识，"识"指前六识。可见，智顗认为心、意、识三者是共通的，三者的关系是"一法论三，三即是一"。真谛的"一意识论"主张意识含摄阿黎耶识，因为二者是同类的，《显识论》说三品意识：(1) 细品意识，即阿黎耶识；(2) 中品意识，即末那识；(3) 粗品意识，即平常所说意识。[⑧]真谛基于八识一体，一意根统摄八识，于是心、意、识便有"一法论三，三即是一"的关系。智顗继承、深化了真谛的"一心

---

① 池田鲁参曾经从语义及教义、心识说、教判、修道论、行位说方面，探讨智顗与摄论学派的关系。见《天台智顗の地論摂論学について》，《印度學佛教學研究》第30卷第2号，1981年，第45页。

② 李四龙指出，智顗青年时期受到地论师的影响，认为阿赖耶识是净识；后期则受摄论师的影响，认清了阿赖耶识染污的性质，但同时接受了真谛所说的阿摩罗识。见《天台智者研究》，北京：北京大学出版社，2003年，第171页。

③ 《妙法莲华经玄义》卷九上说："如地论有南北二道，加复摄大乘兴，各自谓真，互相排斥，令堕负处。"见《大正藏》第33册，第792页上。

④ 陈英善：《慧思与智者心意识说之探讨》，《中华佛学学报》第11期，1998年，第164页。

⑤ 《摩诃止观》卷五上，《大正藏》第46册，第52页上—中。

⑥ 《释摩诃般若波罗蜜经觉意三昧》，《大正藏》第46册，第621页上、下。

⑦ 《摩诃止观》卷二上，《大正藏》第46册，第14页下。

⑧ 《显识论》，《大正藏》第31册，第879页上—中。

论”或“一意识论”与“三真如”，但是从止观的实践与“非三非一”对摄论学派进行批判。

同时，“一法论三，三即是一”的关系也表现在分别识、阿黎耶识、阿摩罗识之间。《法华玄义》说：

> 若阿黎耶中，有生死种子，熏习增长，即成分别识。若阿黎耶中有智慧种子，闻熏习增长，即转依成道后真如，名为净识。若异此两识，只是阿黎耶识。此亦一法论三，三中论一耳。[①]

“生死种子”即是名言熏习种子，因为众生在生死流转中，依名言熏习与现行分别识，轮回于生死中。“智慧种子”是真谛依“法身遍满义”，强调真如法身具有常等四德，经过闻熏习而成就信等四法种子、五分法身种子建构而成，贯通了如来藏思想。而且真谛独自提出“三真如”的说法，真理的显现是依烦恼的厚薄状态而定。烦恼未能断尽，即是道前真如、道中真如；烦恼已经全部断尽，便是转依成道后真如，即是“阿摩罗识”“净识”“无垢清净”。

所以，智𫖮并非取消“阿摩罗识”，把阿黎耶识当作“和合识”[②]；反而，“一法论三，三中论一”是对真谛的三性思想最好的总结。在三性思想中，“分别识”即是分别性，“阿黎耶识”即是依他性，“道后真如”“净识”即是真实性，真谛主张分别性、依他性无所有呈现的同一无性，即是真实性，三性是一；而且，真实性是智如合一的，这与玄奘系

---

① 《妙法莲华经玄义》卷五下，《大正藏》第33册，第744页中—下。

② 李四龙指出，与当时把阿赖耶识要么当作染污、要么当作真净的做法不同，智𫖮把阿赖耶识当作“和合识”，取消另立阿摩罗识的必要性。见《天台智者研究》，北京：北京大学出版社，2003年，第171页。这种观点值得商榷，智𫖮是继承、深化真谛的“一意识论”以及其三性思想，而提出“一法论三，三即是一”。

的唯识今学不同。[1]真谛以依他性统一了三性思想，从依他性的两种态度：一、执著的态度，即熏习增长生死种子，而成就分别识；二、如实、智慧的态度，即熏习增长智慧种子，于是成就“净识”“阿摩罗识”。所以，真谛的依他性是立体式的“染净二分依他”，这是非连续的，与《起信论》的平面式、和合的“染净二分依他”完全不同。

智顗还用“三轨”进一步解释三者之间的关系，阿摩罗识即是真性轨，阿黎耶识即是观照轨，阿陀那识即是资成轨。[2]不但如此，他还将“三真如”的理论引申为“无分别智”：

> 庵摩罗识名无分别智光。若黎耶中，有此智种子，即理性无分别智光；五品观行，无分别智光；六根清净，相似无分别智光；初住去，分真无分别智光；妙觉究竟，无分别智光。[3]

阿摩罗识既然是“智如合一”，便可以依无分别智的状态去描述由凡成圣的过程。阿黎耶识虽然有智慧种子，但是未能熏习增长，即是“理性无分别智光”，即“道前真如”。在五品观行位、六根清净位，无分别智光尚未完全生起，只是相似，即“道中真如”。从初地开始，无分别智亲证真如，但仍然断一分无明，证一分真如，所以是“分真无分别智光”；最后妙觉究竟，则无分别智光完全显现。从初地到妙觉，都是“道后真如”。真谛是依皮、肉、心三烦恼而立“三真如”，智顗则依此而引向无分别智。

另一方面，智顗对当时摄论学派与地论学派的争论表示关注，并

---

① 玄奘系的唯识今学主张，于依他性上远离分别性，即是真实性，因此三性彼此有分际，不可混同。真实性即是真如，无分别性是依他性、智如二分。

② 《妙法莲华经玄义》卷五下，《大正藏》第33册，第744页中。

③ 《妙法莲华经玄义》卷五下，《大正藏》第33册，第744页下。

且表达了自己的立场：

> 若地人明阿黎耶，是真常净识摄。大乘人云：是无记无明随眠之识，亦名无没识；九识乃名净识，互诤云云。今例近况远，如一人心复何定？为善则善识，为恶即恶识，不为善恶即无记识。此三识何容顿同水火，只背善为恶，背恶为善，背善恶为无记，只是一人三心耳。[①]

“九识”的说法不是真谛的本意，是北地摄论师的观点，于是才会与地论师争论阿黎耶识为染或净。智𫖮依真谛的立体式的“染净二分依他”，认为吾人之心是难以定夺的，为善则成善识，为恶则成恶识，不为善不为恶则是无记识。或许智𫖮跟从智旷学习，能够较好地理解真谛思想的本意。

同时，智𫖮举《摄论》金土藏的比喻，说明三者的关系：就土之染而言，即六识(应包括阿陀那识)；就土之净(金)而言，即净识(庵摩罗识)；就土本身而言，即阿黎耶识。另外，又引《法华经·五百弟子授记品》之系珠喻：有人至亲友家，醉酒而卧不知身上系有宝珠，譬喻阿黎耶识；以不知故起诸诳惑分别识，到处乞求，譬喻阿陀那识；后遇亲友告示其衣中之宝珠，譬喻借由闻熏得知阿摩罗识，此阿摩罗识即是无分别智。

智𫖮不但依“一法论三，三即是一”，继承、深化了真谛的“一意识论”、立体式的“染污二分依他”；而且，从止观的实践与“一念三千”出发，提出“非三非一”，从而对真谛之说加以批判。智𫖮是从“觉”来把握心、意、识三者的关系[②]，《摩诃止观》说：

---

① 《妙法莲华经玄义》卷五下，《大正藏》第33册，第744页中。

② 陈英善：《慧思与智者心意识说之探讨》，《中华佛学学报》第11期，1998年，第169页。

> 觉者，了知心中非有意，亦非不有意；心中非有识，亦非不有识。(了知)意中非有心，亦非不有心；意中非有识，亦非不有识。(了知)识中非有意，亦非不有意；识中非有心，亦非不有心。心、意、识非一，故立三名；非三，故说一性。若知名非名，则性亦非性。非名，故不三；非性，故不一。非三，故不散；非一，故不合。不合，故不空；不散，故不有。非有，故不常；非空，故不断。若不见常断，终不见一异。若观意者，则摄心识，一切法亦尔。若破意，无明则坏，余使皆去。故诸法虽多，但举意以明三昧。[①]

智顗对“觉意三昧”的理解类似慧思的“随自意”[②]，“意”指“心数”，以意可以摄心、识；“觉意三昧”即是于意起时，反照观察其根源、终末、来去处等皆不可得。心、意、识三者并非对立的，彼此有极密切的关系，因为心是非意、非识，同时亦是非非意、非非识；换言之，以意或识明心皆不可，但亦不离意、识而显心，余者亦然。心、意、识之关系，是“非一非三”。因为非一，所以立心意识三名；因为非三，所以心意识同一性。因为非名而立名，同样地，亦是非性而立性。三名一性皆是假名而立，实亦是非名非性。既是非名，所以“不三”；既是非性，所以“不一”。若能了心意识之关系是非三非一，则知三者不散不合、不空不有、不常不断。[③]这样，才能泯除种种差别见，才是所谓的“觉”。

“一而三，三而一”是天台佛性论的基本结构，此基本结构必须落

---

① 《摩诃止观》卷二上，《大正藏》第46册，第14页下。

② 释大寂指出，觉意三昧在《大般若经》中译为觉支三摩地，觉意三昧是《大品般若经》的译法。这两种翻译的不同，导致理解的不同，因为觉意的译法，可以运用中文而理解为“觉自意”——觉照自己的意念，觉支的译法则不会被理解为“觉自支”。见《非行非坐三昧之修学——以〈摩诃止观〉〈觉意三昧〉〈随自意三昧〉为文献依据》，台北：百善书房，2004年，第112页。

③ 陈英善：《慧思与智者心意识说之探讨》，《中华佛学学报》第11期，1998年，第170页。

实到“一念无明法性心”，由此则变成“非三非一”或“不纵不横”，在当下一念心中圆具一切法，最后绝对主体为“一念三千”。[①]依“解脱诠释学”，佛教的存在论必须在实践论、解脱论的脉络下才有可能建立起来。《摩诃止观》说：

> 若无心而已，介尔有心，即具三千。亦不言一心在前，一切法在后；亦不言一切法在前，一心在后。……若从一心生一切法者，此则是纵；若心一时含一切法者，此即是横；纵亦不可，横亦不可；只心是一切法，一切法是心故。非纵非横，非一非异，玄妙深绝，非识所识，非言所言，所以称为不可思议境。[②]

人若不生起一念心，便不必说。只要猝然生起一念心，便可流连于三千或更多的境域，因而是具“三千”。一念心总与三千种境域的其中一种同时生起、同时沉降。“从一心生一切法”是先有心，然后才生起一切法，这是从心下贯下来，是纵的方向，不是同时的关系；“心一时含一切法”是先有心的种子含藏一切法，然后这些种子依缘而现起一切法，再带动心的生起。这是以心的种子含藏一切法为主，是横的方向，心与法也不是同时关系。故“纵亦不可，横亦不可”，二者都不能交代心与法的同时生起、同时沉降的关系。通过一念心与一切法的同时现前和同时沉降，心在法在，心不在法不在，法随心转，即心或一念心具诸法。

吴汝钧曾指出，一切法是“客体性”，而一念心为主体性，客体性

---

① 赖贤宗从存在论来理解“一念三千”，认为天台佛学的本体诠释学表现为三个环节：(1) 一而三，三而一；(2) 不纵不横；(3) 一念三千。见《佛教诠释学》，台北：新文丰出版公司，2003年，第133—134页。

② 《摩诃止观》卷五上，《大正藏》第46册，第54页上。

随主体性运转，是在功夫实践、救赎意义下进行的；进言之，在智𫖮的体系中，并无独立的存有论，他的存有论是在工夫论、救赎论的脉络下建立起来的。[①]所以，天台的“一念三千”不仅表现了观行境，而且阐述了圆满之教理，使天台教观一致的理论发挥至极致、圆熟。在展现“一念三千”时，智𫖮对地论师和摄论师各执一端的偏执提出深刻的反省与批判。摄论师认为法性不为烦恼所染，也不为真所净，独立于染净之外，不能作为一切法之依持。所以，只能以阿黎耶识(无没无明)为一切法之依持，即“缘具一切法”。[②]因为阿黎耶识摄藏一切种子，诸法必须有种子为因及其他缘的具足，才得生起，所以说“缘具”。智𫖮批判摄论师的主张：“若言法性非依持，黎耶是依持。离法性外，别有黎耶依持，则不关法性；若法性不离黎耶，黎耶依持，即是法性依持。何得独言黎耶是依持？”[③]智𫖮从存在论的进路，把现实的一切法全部收入实相。他认为，现实的一切法不能采取思议方式(即理性的进路)来建立根源：不可归结为“心具”，亦不可归结为“缘具”；不可归结为法性，亦不可归结为阿黎耶识。因为，无论是心生、缘生，法性依持或阿黎耶识依持，都是通过我们的理性要求，对现象来源作一根源性的交代，是人的思想能力在因果范畴下活动的结果，只是“思议境界”。既然是“思议境界”便有相对性，无法进入“不思议境界”。

而且，智𫖮依四悉檀施设，论证了《摄论》的十殊胜相不及《法华经》的“十妙”。他说：“《摄大乘》明十胜相义，咸谓深极，使地论翻宗。今试以十妙比之，彼有所漏。且用理妙，比依止胜相，明不思议因缘，

① 吴汝钧：《法华玄义的哲学与纲领》，台北：文津出版社，2002年，第78页。吴氏的观点与“解脱诠释学”完全相合。

② 《摩诃止观》卷五上说：“摄大乘云：法性不为惑所染，不为真所净，故法性非依持。言依持者，阿黎耶是也，无没无明盛持一切种子。……若从摄师则缘具一切法。”见《大正藏》第46册，第54页上。

③ 《摩诃止观》卷五上，《大正藏》第46册，第54页中。

四句破执，岂留黎耶、庵摩罗为依止耶？”[①]十妙的第一“境妙”，与十种胜相的第一“依止胜相”相比较而言，《摄论》是随情智的方便，故立阿黎耶识为一切法的依止，而且其因缘观不及《法华》的不思议、不生不灭境。

在一念心中，无明与法性并存，无明与法性因相即而转化，但转化的前提是现实世界中个体的止观修习。所以，智𫖮在继承真谛的“一意识论”与三真如的同时，从止观实践与“一念三千”的体系出发，从“非三非一”的角度对之进行提升与批判。

3. 别教与通申

天台智者以“五时八教”建构起规模宏大、影响甚巨的判教思想，《摄论》作为“别教”被纳入其判教体系中。《四教义》说：“通申大乘经论者，如《地持论》《摄大乘论》《唯识论》《中论》《十二门论》等，并是通申诸大乘经所明别、圆两经也。”[②]《摄论》以十种殊胜广摄一切大乘佛法，所以是总摄阐明大乘的教理。智𫖮在《四教义》中，将《摄论》判入“别教”，以说明别教菩萨的位次差别。[③]而且，他说：“别教明观行有二种：一者，不共二乘说，如《华严》《十地论》《地持》九种戒定慧，及《摄大乘论》……”这是指《摄论》的止观实践体系不与二乘共，突出大乘的殊胜义。

智𫖮的著作中没有对《佛性论》的直接评论，但提到了《佛性论》中的观点。《佛性论》融摄如来藏的思想，而其基本思想是瑜伽行派的。《法华文句》说：

> 摄大乘师云：如理智如量智。今理量不二，故名为悟，即十回

---

① 《妙法莲华经玄义》卷二下，《大正藏》第33册，第704页下。

② 《四教义》卷十二，《大正藏》第46册，第768页中。

③ 《四教义》卷九，《大正藏》第46册，第752页上。

> 向小赤位也。入者事理既融，自在无碍，自在流注，任运从阿到茶，入萨婆若海。如摄大乘师云：如理如量，通达自在。如量知见能持众德，如理知见能遮诸惑，即是十地大赤位也。然圆道妙位，一位之中，即具四十一地功德，只开即具示悟入等，更非异心，但如理知见，无有分别浅深之相。欲显如量知见故，分别四位耳，发心毕竟二不别。[1]

“如理智”与“如量智”是摄论学派特有的观点，前者缘真如，后者缘一切法。[2]《佛性论》详细解释了二者的差别：“如理智”见众生界自性清净，没有执著，灭尽业障、烦恼障、报障，是“清净因”，能够作生死和涅槃之因；“如量智”通观无量无边法界，无有障碍，知如来具足成就真俗等法，三德圆满，是“圆满因”。[3]

赖贤宗曾经指出，《佛性论》是“带圆意之如来藏说的圆教式知识论”[4]，这其实通用于整个摄论学派的思想。因为，摄论学派强调“智如合一”“以如如智称如如境”，而且更强调“境如”，这与天台“在不断断中，存在论圆具一切法”是一致的。摄论学派在“如理修”“如量修”中，在“自性成就真实性”“清净成就真实性”中，都更强调后者；对于四种清净，中心在于“至得道清净”和“道生境界清净”；所以，重视“行”是摄论学派乃至整个瑜伽行派的中心。[5]同时，在实践论与认识论中，“如量修”或“道清净”“境界清净”能够成为“有垢真如”转换

---

① 《妙法莲华经文句》卷四上，《大正藏》第34册，第51页中。

② 真谛译：《摄大乘论释》卷九，《大正藏》第31册，第217页中。

③ 《佛性论》卷三，《大正藏》第31册，第802页中。

④ 赖贤宗：《如来藏与唯识的交涉——以〈佛性论〉为中心的比较研究》，《国际佛学研究》创刊号，1991年，第212页。

⑤ 赖贤宗：《如来藏与唯识的交涉——以〈佛性论〉为中心的比较研究》，《国际佛学研究》创刊号，1991年，第214页。

为“无垢真如”的中介，这是依于“染净二分依他”的存在论而建立的。所以，摄论学派、天台宗乃至整个佛教，意不在建构存在论、认识论等，而是要以瑜伽行或禅观的实践论、解脱论为中心，从而融摄存在论、认识论，最终建构一套“解脱诠释学”的体系。

4. 十殊胜与十广

智𫖮对中国佛教的贡献在于，提倡教观并重、止观双修，这对结束南北朝佛教学派之争以及理论与实践不平衡发展的历史，具有重大意义。《摄论》的十殊胜，不但有严谨的次第，而且是从唯识行证的立场，来统摄大乘的一切。印顺说：“十种殊胜，不是为了理论的说明，是为了大乘的修行而开示的。”[①]从知三性出发，转染成净，以契入应知自性的真智为道体。这样，依加行、根本、后得三种无分别智，契入平等法界，修习六度，理证与事行互相推进。于是，从离障证真便有十地，从智体的前后相生次第便有戒、定、慧三学，修习的圆满便是涅槃与菩提。所以，《摄论》的十殊胜是开示大乘修行的次第。

《摄论》严谨的修行次第，对于重视禅观的智𫖮来说，无疑是具有吸引力的。《摩诃止观》以“五略十广”为其基本结构，“十广”即是：一、大意；二、释名；三、体相；四、摄法；五、偏圆；六、方便；七、正观；八、果报；九、起教；十、旨归。智𫖮对其“十广”结构解释说：

> 所谓无量劫来，痴惑所覆，不知无明即是明，今开觉之，故言大意。既知无明即明，不复流动，故名为止；朗然大净，呼之为观。既闻名得体，体即摄法，摄于偏圆。以偏圆解，起于方便。方便既立，正观即成。成正观已，获妙果报。从自得法，起教教他，自他俱安，同归常寂。[②]

---

① 印顺：《摄大乘论讲记》，载《妙云集》上编之六，台北：正闻出版社，1990年，第6页。

② 《摩诃止观》卷一上，《大正藏》第46册，第3页中。

“十广”的结构次第，首先亦是“知”，知无明即是明；了知真理后，便起止观方便，成就正观，获得殊妙果报。因此，“十广”亦可归纳为境、行、果，与《摄论》的十殊胜相十分相似。[①]

《摩诃止观》是智𫖮于594年即其五十七岁时讲述，由灌顶笔录而成。而且，其间经过三次修治。其实智𫖮在金陵瓦官寺时代，便讲述《释禅波罗蜜次第法门》(即《次第禅门》)。《次第禅门》以禅波罗蜜统括佛道修行的实践，而且依浅深次第建成组织体系。《次第禅门》亦是以十门为其组织结构：大意、释名、明门、诠次、简法心、方便、修证、果报、起教、归趣，与《摩诃止观》的“十广”非常相似。[②]

多田孝正推测，慧思有可能接触到佛陀扇多译《摄大乘论》，而将此组织体系传授给智𫖮，于是智𫖮在瓦官寺讲说《次第禅门》。[③]但是，我们推测，智𫖮是通过慧旷或法泰接触到真谛译《摄论》及《摄论释》的。

5. 一乘与佛身

智𫖮以《摄论》为“别教”，而且在实践论与解脱论方面给予了统摄与批判。真谛提出“究竟一乘”，依三义阐明立场。《法华玄义》引述说：“《摄大乘论》乘有三：一、乘因，谓真如佛性；二、乘缘，谓万行；三、乘果，谓佛果也。”[④]真谛指出，乘因是真如法性，是无差别的立场；乘缘

---

① 湛然引用《大智度论》的照了、开出、指示、分别、显现、说法、解释、折重、浅易九种，解释智𫖮的十广分类的旨趣。见《止观辅行传弘决》第一之二，《大正藏》第46册，第158页上。但是，日本的宝地坊证真《摩诃止观私记》已经指明其矛盾之处。见多田孝正：《摂大乗論と摩訶止観》，载《仏教の歴史と思想：壬生台舜博士頌寿記念》，东京：大藏出版，1985年，第556—557页。

② 関口真大：《天台止観の研究》，东京：岩波书店，1979年，第21—22页。

③ 多田孝正：《摂大乗論と摩訶止観》，载《仏教の歴史と思想：壬生台舜博士頌寿記念》，东京：大藏出版，1985年，第564—565页。

④ 《妙法莲华经玄义》卷八上，《大正藏》第33册，第779页下。

是修行的方便，即是十度万行；乘果是修行的果位，即是四德佛果。[①]

智𫖮将此一乘的三义解释成三轨，而且加以批判：

> 《摄大乘》明三种乘：理乘、随乘、得乘。理者，即是道前真如；随者，即是观真如慧，随顺于境。得者，一切行愿熏习，熏无分别智，契无分别境，与真如相应。此三意一往乃同于三轨，而前后未融。何者？九识是道后真如，真如无事。智行根本种子，皆在梨耶识中熏习成就，得无分别智光，成真实性。是则理乘本有，随、得今有道后真如，方能化物，此岂非纵义。若三乘悉为黎耶所摄，又是横义。又滥冥初生觉，既纵既横，与真伊相乖。[②]

这是从“三真如”的角度诠释“一乘”，道前真如是客体性的真理存在，故为“理乘”；“道中真如”是加行无分别智能随顺观照真如境，故为“随乘”；“道后真如”则是依一切有为行愿的闻熏习而成就无分别智，契入无分别境，与真如相应，故为“得乘”。

智𫖮进而以三轨来解释一乘的三义，“理乘”即是真性轨，“随乘”即是观照轨，“得乘”即是资成轨。[③]他认为真谛的一乘三义是别教，因为真如不能起作用，而无分别智与六度万行都是有为法，前后未能圆融。在智𫖮看来，“理乘”是本有，“随乘”“得乘”则是始有，成为纵义；理、随、得三乘皆为阿黎耶识所摄，则成为横义。这样，真谛的一乘三义既纵又横，不能“不纵不横”，因而无法证入圆教的境界。

在佛身论方面，智𫖮讲述、灌顶编录《金光明经文句》《金光明经

① 参考真谛译：《摄大乘论释》卷十五，《大正藏》第31册，第264页下。
② 《妙法莲华经玄义》卷五下，《大正藏》第31册，第742页中。
③ 《妙法莲华经玄义》卷五下，《大正藏》第31册，第745页上。

玄义》，则吸收了真谛译《金光明经・三身分别品》的三身说。[①]所谓三身，即是化身、应身、法身。"化身"是如来依往昔修行力而得自在力，时时随众生心，随众生行，处所相应，显现种种身，或称为"应化身"，即是法、报、应三身的"应身"。"应身"，具三十二相、八十种好，为诸菩萨通达生死涅槃一味，故说胜义谛，这一切是依"如如如如智愿力"而得成就，即是"报身"。"法身"是菩萨为了灭除一切烦恼等障和具足一切善法，"惟有如如如如智"。在真谛译《金光明经》中，法身为"如如如如智"，这是其与天台思想的关联所在。同时，化身、应身是假名有，法身是真实有，是前二身的根本，因为"法如如如如智，摄一切佛法"。[②]

化、应、法三身，是由真谛译《金光明经・分别三身品》首次译出的。灌顶编述《金光明经玄义》在论述三譬喻时说："真谛三藏云：三字譬三种三法，一譬三身，三譬三德，三譬三位。譬三身者，金体真实以譬法身，光用能照以譬应身，明能遍益以譬化身。"[③]这是用"金光明"三字譬喻三身、三德、三位。尤其是在譬喻三位时，金性是先有，如道前位的正因佛性；光能融照显现体性，如道中位的了因佛性；明没有任何瑕垢，如道后位的缘因佛性。

灌顶引用真谛三藏的料简，并且指出智𫖮的批判："法身是实，二身不实。法身具四德，般若解脱各具二德。正因是本有，了因是现有，缘因是当有。大师谓三三之释，三义不了：一、因果不通，二、乖圆别，三、不称法性。"[④]真谛认为法身是真实的，而化身、应身是非真实、假有

---

① 塩入良道：《天台智顗禅師における仏身論の形成——〈金光明経〉三身説の解釈をめぐって》，载《天台教学の研究：多田厚隆先生頌寿記念論文集》，东京：山喜房佛书林，1990年，第26页。

② 《合部金光明经》卷一，《大正藏》第16册，第362页下—363页上。

③ 《金光明经玄义》卷上，《大正藏》第39册，第2页上。

④ 《金光明经玄义》卷上，《大正藏》第39册，第2页上。

的；而且，依三真如立三佛性，正因佛性是本有，了因佛性是现有，缘因佛性是当有。智𫖮批判真谛的“三三之释”，提出三个方面的不了义：一、因果不通，主要是三真如与三佛性的设立，存在果上与性德的矛盾；二、违背圆教、别教，法身与般若、解脱是相应的，因此法身具四德与般若、解脱具二德是矛盾的；三、不称法性，法性不能有本有、始有之分，应该是“道前圆性德，道中圆分德，道后圆究竟”。[①]

智𫖮将真谛的三身说判为“别教”。《金光明经玄义》说：

> 若依真谛师云：法身真实，二身不真实。此则三身体相各异，乃是别教中一途，非今所用。若言三身皆真实，至理是法身，契理之智是报身，起用是应身，应身是实佛所化，皆实不虚。[②]

智𫖮认为三身都是真实的，客体性的至理是法身，契入真如理的无分别智是报身，而从如如如如智发起作用的是应身；因为应身是真实的功德所化，所以三身都是真实不虚的。真谛主张法身是真实，而报身、应身不真实，所以三身的体相是有差别的，则成为“别教”的一种说法。

智𫖮的三身说核心在于“如如如如智”，这一概念恰好来自真谛译《金光明经》。《法华文句》说：

> 如来者，《大论》云：如法相解，如法相说，故名如来。如者，法如如境，非因非果，有佛无佛，性相常然，遍一切处而无有异为如，不动而至为来，指此为法身如来也。法如如智，乘于如如真实之道，来成妙觉，智称如理，从理名如，从智名来，即报身如来。

---

① 《金光明经玄义》卷上，《大正藏》第39册，第2页上—中。

② 《金光明经玄义》卷上，《大正藏》第39册，第5页上。

> 故《论》云：如法相解，故名如来也。以如如境智合故，即能处处示成正觉。水银和真金，能涂诸色像，功德和法身，处处应现往，八相成道，转妙法轮，即应身如来。故《论》云：如法相说，故名如来也。[①]

这是引用“如如如如智”来解释《大智度论》的“多陀阿加陀”。[②]从《大智度论》本身的意思来说，是为了阐明“佛有二种身”。但是，智顗将“如”理解成法如如境、法如如智、如如境智合三句，依此而成立法身、报身、应身。

总而言之，随着摄论学派广泛传播而成为一代显学，智顗受到慧旷等的影响，对摄论学派的思想进行吸收与批判，将《摄论》的思想定位为“别教”。从心识论来说，智顗继承与深化真谛的“一心论”或“一意识论”与“三真如”，认为心、意、识三者的关系是“一法论三，三即是一”，而且用三轨来解释阿摩罗识、阿黎耶识、阿陀那识，但是又从止观的实践与“非三非一”对摄论学派进行批判。从止观的体系来说，《摩诃止观》的“十广”、《次第禅门》的“十章”，都有可能受到《摄论》的影响；另外，智顗以三轨解释真谛的一乘三义，“理乘”即是真性轨，“随乘”即是观照轨，“得乘”即是资成轨。在佛身论方面，智顗批判真谛的三身是“别教”，主张三身皆是真实，并引用真谛的“如如如如智”来解释三身。

二　摄论学派与三论宗

三论宗的创立者嘉祥吉藏(549—623)与真谛的因缘非常殊胜。吉

① 《妙法莲华经文句》卷九下，《大正藏》第34册，第128页上。

② 《大智度论》卷二说：“云何名多陀阿伽陀？如法相解，如法相说。如诸佛安隐道来，佛亦如是来，更不去后有中，是故名多陀阿伽陀。”见《大正藏》第25册，第71页中。

藏还在儿童时期，就被父亲带去参拜真谛(499—569)，真谛问他将来的志愿，并为他取名为吉藏。[①]真谛晚年，弟子僧宗、慧恺曾想送他回建康，但是遭到当时建康学者的反对，《续高僧传·拘那罗陀传》说："会杨辇硕望，恐夺时荣，乃奏曰：岭表所译众部，多明无尘唯识；言乖治术，有蔽国风，不隶诸华，可流荒服。帝然之。"[②]真谛圆寂于569年，当时吉藏才二十一岁，不可能对真谛的思想提出自己的批评。到嘉祥时，摄论学派已经传到北地，而且相当兴盛。真谛的弟子辈，如法泰、僧宗、慧旷、靖嵩、昙迁等人，也许不曾与吉藏有过交往，但其思想吉藏必定有所耳闻。[③]作为中土三论宗的理论大师，吉藏在继承印度中观思想的基础上，一方面对南北朝诸家师说作批判性的清理与贯通，另一方面又不可避免地受盛行中土的涅槃佛性学说和地论学派、摄论学派影响，对印度中观学说进行圆融的诠释。

陈朝末年，隋兵进攻建康，社会极为混乱。吉藏率学生前往各寺，搜集佛教文疏，存藏于三间堂内，乱事停止后加以整理。他涉猎典籍非常广泛，著述注引渊博，就是得力于此。吉藏的著作中不仅大量引用了真谛的著作，而且也引用当时摄论师的观点。根据平井俊荣的研究，吉藏《法华玄论》引用真谛译《摄论》与《摄论释》三十五次，《大乘唯识论》一次，《金刚般若论》一次；《净名玄论》引用《阿毗达磨俱舍释论》六次，《摄论》《摄论释》五次，摄论师的观点两次；《胜鬘宝窟》引用《摄论》二十次，《佛性论》十三次。[④]从文献的引述中可以看

---

① 《续高僧传》卷十一，《大正藏》第50册，第513页下。杨惠南考证，吉藏最可能见到真谛的时间是在5岁时，即梁元帝承圣二年(553年)。见《吉藏》，台北：东大图书，1989年，第30—31页。

② 《续高僧传》卷一，《大正藏》第50册，第430页中。

③ 杨惠南：《吉藏》，台北：东大图书，1989年，第98页。

④ 平井俊荣：《中国般若思想史研究——吉蔵と三論学派》，东京：春秋社，1976年，第515—525页。

出摄论学派对吉藏的影响。

1. 九识真妄与唯识无尘

吉藏以“无得正观”为中心，深观一切法体，了不可得，而且依此对摄论学派的心识说展开批判。《中观论疏》说：“摄大乘师以八识为妄，九识为真实。又云八识有二义：一妄，二真，有解性义是真，有果报识是妄用。”[①]吉藏所引述摄论学派的心识说有两种：第一种说法是真谛的思想，即八识都是生灭变化的有为心体，第九识才是真实的心真如性；第二种说法是北地摄论师的观点，即阿黎耶识是真妄和合识，“解性黎耶”是具有觉解性、胜解性、无生灭的如来藏，“果报黎耶”是虚妄的果报识。

而且，吉藏对于摄论学派的心识说，提出了批评：

> 《摄大乘》师明六道众生皆从本识来，以本识中有六道种子，故生六道也。从清净法界流出十二部经，起一念闻熏习，附著本识，此是反去之始。闻熏习渐增，本识渐减，解若都成，则本识都灭。用本识中解性，成于报佛。解性不可朽灭，自性清净心即是法身佛。解性与自性清净心常合究竟之时，解性与自性清净心相应一体。故法身常，报身亦常也。如此等人并计来有所从，去有所至，必定封执。[②]

吉藏认为，依阿黎耶识中的六道种子而生六道众生，听闻“清净法界”所流出的十二部经而形成“闻熏习”，闻熏习渐增则本识的染污性渐减，于是依解性成就报身，依自性清净心成就法身，二者是相应一体不离

① 《中观论疏》卷七本，《大正藏》第42册，第104页下。

② 《中观论疏》卷四本，《大正藏》第42册，第54页上。

的，这些观点都是某种意义的“来”与“去”，是龙树《中论》所批判的。

吉藏依无所得正观，将摄论学派的唯识思想纳入“单四句”与“复四句”中进行批判。他认为，“南方真谛之境，北方摩罗之心，皆明绝于有、无四句，故堕第二句中”[①]。依杨惠南的研究，“南方”是指摄论师，摄论师的三性中之“真实性”和三无性中之“无性性”都是胜义谛所摄，落在“复四句”中的第二句——“无”；“北方摩罗之心”是指净影慧远等兼学《摄论》的地论师及活动于北地的摄论师，主张第九阿摩罗识是真如，同样堕于第二句“无”。[②]此外，摄论学派主张“唯识无境”，这是“单四句”中的“亦有亦无”。[③]吉藏对唯识无尘作出自己的解释：“考天亲唯识之意者，盖是借心以忘境，忘境不存心，肃然无寄，理自玄会。非谓尘为横计，心是实有。未学不体其旨，故宜须斥之。”[④]他认为，世亲唯识思想的本意，在于将一切外境纳入心识所显现的表象，即“借心忘境”；此外，必须遣荡虚妄分别的心识，无境无识，即“忘境忘心”。其实，吉藏对“唯识无尘”的理解，完全符合真谛的本意，即“方便唯识”与“正观唯识”。[⑤]唯识无境是方便、世俗谛，而境无识无、境识俱泯是无所得的正观，这就证明了唯识的宗极与般若毕竟空义完全一致。

瑜伽行派是以经验的立场为立足点的，所以三性的思想是以依他性为中心，这与吉藏的“无所得正观”的立场是有矛盾的。《中观论疏》说：

---

① 《净名玄论》卷一，《大正藏》第38册，第858页中。

② 杨惠南：《吉藏》，台北：东大图书，1989年，第123—126页。

③ 摄论学派应该属于单四句的第三句，因为《净名玄论》卷一在说明“即世所行尘识四句”的第四句时曾说：“四、计无尘有识，如执唯识无有境界。”见《大正藏》第38册，第857页下。

④ 《净名玄论》卷一，《大正藏》第38册，第858页上。

⑤ 《十八空论》说：“依唯识义有两：一者、方便，谓先观唯有阿梨耶识，无余境界，现得境智两空，除妄识已尽，名为方便唯识也；二、明正观唯识，遣荡生死虚妄识心，及以境界，一切皆净尽，唯有阿摩罗清净心也。”见《大正藏》第31册，第864页上。

问：何等大乘人言烦恼属心耶？答：如摄论师一切烦恼，皆依本识是也。问：《摄论》是大乘，今云何破之？答：《摄论》明本识是依他性，即是从因缘生，因缘生无自性，即是寂灭。而摄论师云：依他性有假体，岂是解《摄论》耶？[①]

吉藏区分《摄论》与摄论师的观点，说明他所理解的《摄论》的观点与摄论师有差别。吉藏认为，《摄论》所说的阿黎耶识是依他性，这是从因缘生而言，既然是因缘生，即无自性，即是寂灭。而摄论师说依他性有"假体"，与《摄论》的思想不同。

吉藏从依他性"假体"出发，认为分别性是性空，是空无所有；而依他性是幻化有，是应世间法的需要而有。[②]大业初年，吉藏到长安后，试图用三论压制《摄论》。为了避免三论的"无所得正观"与《摄论》的"无尘"混同，吉藏在《百论疏·破尘品》中，特地增入《破尘品要观》，阐述二者的区别：

问：今此论明无尘，与《摄大乘》唯识何异？答：彼总相明无，今别相明无。又彼论由识变异，故成六尘，故有于识而无尘。今明非但无尘，亦无有识。所以然者？若有于尘可得生识，捡尘不得，识何由生？又今非但捡尘识有不得，捡尘识无亦不得。所以然者？尘识本自不有无，从何生无尘之妄。亦无真实，五句自去，不如他但住三无性理。故《中论·法品》云：一切实不实皆绝，即其证也。[③]

---

① 《中观论疏》卷九末，《大正藏》第42册，第146页中。

② 《中观论疏》卷九末说："三、《摄论》明境亦空，而彼论文云：若经文中，明空无所有者，此辨分别性空，即是无境；若明幻化，此明依他性，以世谛中，不无此法也。"见《大正藏》第42册，第146页下—147页上。

③ 《百论疏》卷中之下，《大正藏》第42册，第283页上。

吉藏认为,《百论》的“破尘”是就总相阐明无尘,悟尘境本空,识亦不有;而《摄论》的“无尘”是就别相诠释无尘,尘无而识有;既然《摄论》主张尘是非实、无所得,识是真实、有所得,自然就成为破斥的对象。

吉藏主张,三论的正观破想不破法,尘(意识的对象)由想立,想息而尘亡。本无有尘,想谓有尘,今破想即是破尘。人想计有尘,此尘由妄想生,故破尘先须破想,能彻底破尘,想外实无有尘。吉藏以《百论》“但破水想,实不破水”为依据,这样则心境同时俱破,不同唯识家义,但破外境,不破内心。因为心境是缘起相待而有,有心必有境,无境也不能生心。[①]吉藏认为摄论师的“唯识无尘”,是“借识破尘”“一往之言”“世谛”[②],若就圣智真理而言则尘识俱无,约凡情世谛而言即尘识俱有,不同摄论学派尘识一有一无。

2. 三性、三无性与四重二谛

真谛的二谛思想,是与其三性思想相连的。吉藏《净名玄论》说:“学《摄大乘》及《唯识论》人,不取三性,存[③]三无性理。三无性理即是阿摩罗识,亦是二无我理。”[④]依吉藏的观点,摄论师提出三性的目的在于阐明三无性的道理,亦即是为了说明阿摩罗识意义下之人、法二空的道理。真谛的二谛思想具有二重二谛的特征:第一重,分别性、依他性为世俗谛,真实性为胜义谛;第二重,三性都是世俗谛,三无性是胜义谛。

吉藏将真谛的二重二谛摄入其四重二谛思想中,并且加以批判:

---

① 《中观论疏》卷九本亦提到“《摄论》无尘并皆是识,更复立于识,以破尘故”。见《大正藏》第42册,第137页中。

② 《百论疏》卷上之上,《大正藏》第42册,第237页中。

③ “存”,《大正藏》底本《大日本续藏经》为“为”,但是甲本写本龙谷大学藏本为“存”,依甲本改。

④ 《净名玄论》卷六,《大正藏》第38册,第897页中。

> 三者，对大乘师依他、分别二为俗谛；依他无生、分别无相，不二真实性为真谛。今明，若二若不二，皆是我家俗谛；非二非不二，方是真谛。故有第三重二谛。四者，大乘师复言，三性是俗，三无性非安立谛为真谛。故今明，汝依他、分别二，真实不二，是安立谛；非二非不二，三无性非安立谛，皆是我俗谛。言忘虑绝，方是真谛。[①]

吉藏的第三重二谛是在批判摄论师的“三性说”，即真谛三藏的第一重二谛。吉藏认为，站在最高一重的立场，摄论师所说的二谛、三性，都只是世俗谛；只有泯除了三性，才是胜义谛。第四重二谛是在批判摄论师的三性、三无性说，即真谛的第二重二谛，吉藏以为这仍然有三种“无性”的执著，因此必须加以否定。[②]在吉藏看來，三无性与三性是相待而成立的，所以，“他家不遣三无性，今论遣三无性”[③]。

同时，吉藏认为摄论师的三性、三无性都是“有所得”，都是某种意义的“有”，而不是无所得的“空”。他批判三无性违背了世亲的本意：

> 问：《摄论(释)》亲明有三无性，今云何破之？答：天亲一往对破性故，言无性耳。而学人不体其意，故执三无性。二者、彼云无性者，明其无有性，非谓有无性。学人虽知无有性，而谓有无性，故不解无性语也。[④]

吉藏的意思是，世亲所说的三无性，是为了破除三性的执著而方便宣

---

① 《大乘玄论》卷一，《大正藏》第45册，第15页下。

② 《转识论》说：“此三无性，是一切法真实，以其离有，故名为常。”见《大正藏》第31册，第63页中。

③ 《大乘玄论》卷一，《大正藏》第45册，第24页中。

④ 《中观论疏》卷七本，《大正藏》第42册，第107页中。

说的，因此不可把三无性当作实有的三种“无性”，否则就违背了世亲的本意。[①]

吉藏的四重二谛是递次否定的，人们对真理的认识具有真俗二谛依次递进的四个层次，这是对认识主体的认识能力、过程和结果所作的多层次阐述，触及真理认识的二重性以至多级性问题。四重二谛最后归结为言亡虑绝的自我掏空、空寂灭尽的宗教境界。[②]吉藏与真谛的差别，是由中观与唯识的根本差异导致的。

3. 佛性与如来藏

吉藏的佛性论是在批判十一家佛性论的基础上成立的。他认为，“非真非俗”的“中道”，才是真正的“正因佛性”。在阐释佛性论的过程中，吉藏不断融通摄论学派的佛性思想，并且给予批判。

一阐提能否成佛，是佛性思想中的重要问题。《法华玄论》说：

> 有二种阐提：一、凡夫阐提；二、圣人阐提。凡夫不信出三界者，名凡夫阐提；二乘不信一乘，名圣人阐提。破凡夫阐提，始生小信；破二乘阐提，始生菩萨十信也。因此转悟方入菩萨道。[③]

吉藏将阐提分为两种：一、凡夫阐提，执著世俗的虚妄分别，而不信出三界解脱之道理；二、圣人阐提，虽已相信出离三界的道理，但是不信

---

① 吉藏在《十二门论疏》卷下本亦详细阐释此意：“又破性破摄论师三性，破无性破其三无性。理明不曾有三性，何有三无性？故正道非三不三，非性不性，如是五句。问曰：无著菩萨依经立三无性，云何破耶？答：此是一往对性，故言无性耳。性既无，无性即无。讲者不体论意，故宜破也。又论主明无性者，明无有性，非谓有无性。讲人乃明无有性，而有于无性，不识论意。问：《摄论》何处有此文？答：《论》有一句语：一切诸法以无所得为本。可细寻之。又破性者，破理外有所得大小乘，破无性者亦除理内无所得义。道岂是得、无得、内、外耶！”见《大正藏》第42册，第205页中。

② 方立天：《中国佛教哲学要义》下册，北京：中国人民大学出版社，2002年，第1178页。

③ 《法华玄论》卷八，《大正藏》第34册，第429页中。

一乘之教理。

吉藏的两种阐提说吸收了真谛的观点[①]，《法华义疏》说："真谛三藏云：阐提有二：一凡夫，二者二乘。凡夫阐提不信三一，二乘阐提信三不信一。今闻《法华》破三，始得入菩萨十信位。"[②]吉藏与真谛的观点完全相同，二乘阐提或说圣人阐提相信三乘的教理，但不信一乘的教理。因此，闻《法华》破三归一，方能舍去执著而转悟一乘，入菩萨十信位。

摄论师继承真谛的佛性思想，以阿摩罗识为中心，但是由于各自的理解不同，而提出了三种正因佛性：一、自性清净心；二、第一义空、真如；三、第九无垢识、阿摩罗识、解性。这正是吉藏所批判的第三类"以理为正因佛性"。吉藏在评破摄论师的基础上，结合客体性的"中道佛性"与主体性的"如来藏""阿黎耶识"，从而提出"理内""理外"的佛性论。"理"有两种，其中之一便是"唯识理"，依此而说"理内有佛性，理外无佛性"。所谓"唯识理"，是指如来藏自性清净心所代表的法性理体。由于此理能出生并含摄万法，所以说一切有情甚至于无情的草木皆有佛性。同时，此"理外"别无一法存在，故言"理外无佛性"。[③]吉藏提出"唯识理"的依据之一，便是《唯识论》。他说：

> 《唯识论》云：唯识无境界。明山河草木皆是心想，心外无别法。此明理内一切诸法依正不二。以依正不二故，众生有佛性，则草木有佛性。以此义故，不但众生有佛性，草木亦有佛性也。[④]

---

① 末光爱正：《吉蔵の成仏不成仏観(三)》，《駒澤大學佛教學部研究紀要》第46号，1988年，第238页。

② 《法华义疏》卷七，《大正藏》第34册，第534页中。

③ 释恒清：《佛性思想》，台北：东大图书，1997年，第238页。

④ 《大乘玄论》卷三，《大正藏》第45册，第40页下。

从偈颂“唯识无境界”来看，吉藏引用的应该是后魏瞿昙般若流支译《唯识论》[①]。吉藏从山河草木都是心识变现出来的表象出发，主张一切法皆在心识之“内”；从依正不二出发，推论众生有佛性，则草木亦有佛性。这确实不是“唯识无境界”的本意，而具有泛神论思想。

吉藏在阐释佛性、如来藏时，依《佛性论》把如来藏分为三种：一、所摄藏，即是自性佛性，一切众生处于如如境中，为如如智所摄，所以为如来所摄藏，吉藏称之为“以实摄妄”；二、隐覆藏，即是“道前真如”，虽然自性清净，但是为烦恼所覆藏，不能显现，吉藏称之为“以妄摄实”；三、能摄藏，即是“引出佛性”，众生位已具果地功德，这是从将来成佛的果位上而言，吉藏称之为“以实摄实”。[②]

吉藏认为“如来藏即佛性”，并且引《胜鬘经》和《佛性论》的“五藏”，来解释《法华论》中提到的五种“甚深”。[③]“五藏”之中，“如来藏”是指如来藏以真如为体，是“体甚深”；“法界藏”是指成佛的原因，是“依止甚深”；“法身藏”是指众生具有成佛的果德，是“至得甚深”；“出世间上上藏”是指如来藏能达到最高的成就，是“无上甚深”；“自性清净藏”是指如来藏是秘密法，难以了知，是“义甚深”。这“五藏”与《佛性论》中的“三藏说”又是一致的，“如来藏”相当于“所摄藏”，“法界藏”相当于“隐覆藏”，“法身藏”相当于“能摄藏”，而“出世间上上藏”“自性清净藏”是对如来藏的赞叹。吉藏强调，“一切诸法以真如为体，故无有一法出于如外”[④]，所以“如来藏”即是“自性”“真如”“如”的同义词，这与摄论学派依真如无差别诠释如来藏是完全相同的。吉

---

① 《唯识论》，《大正藏》第31册，第63页下。杨惠南认为，吉藏所引为真谛译《大乘唯识论》。见《吉藏》，台北：东大图书，1989年，第250页。但是，我们在《大乘唯识论》中并没有找到“唯识无境界”偈颂。

② 《胜鬘宝窟》卷下本，《大正藏》第37册，第67页中。

③ 《法华论疏》卷中，《大正藏》第40册，第801页下—802页上。

④ 《法华论疏》卷中，《大正藏》第40册，第801页下。

藏还把如来藏说与《佛性论》的三种佛性说统一起来：

问：何故但明五种不多不少？

答：初一是自性住佛性；第二依自性住佛性，起诸观行即是引出佛性；第三即是主得佛性；第四叹此三种世间所无；第五义甚深唯佛境界。此五摄一切佛事义尽。[①]

“如来藏”是“自性住佛性”，强调如来藏的真如体性；“法界藏”是“引出佛性”，是指众生具有成佛的可能，可由观行引出佛性；“法身藏”是指众生具有成佛后的果德，因此是“主得佛性”；“出世间上上藏”与“自性清净藏”都是对如来藏的赞叹。

关于吉藏对“如来藏”“佛性”的分类，我们列表如下：

表8.1 吉藏学说中“如来藏”与“佛性”分类表

五藏	三藏	三佛性	五种甚深义
如来藏	所摄藏	自性住佛性	体甚深
法界藏	隐覆藏	引出佛性	依止甚深
法身藏	能摄藏	主(应为“至”)得佛性	至得甚深
出世上上藏			无上甚深
自性清净藏			义甚深

另外，真谛三藏对“三藏”与“三佛性”的配属，亦列表如下：

表8.2 真谛学说中“三藏”与“三佛性”配属表

三真如	三藏义(悉有佛性)	三佛性
道前	隐覆藏	住自性性
道中	能摄藏	引出性
道后	所摄藏	至得性

① 《法华论疏》卷中，《大正藏》第40册，第802页上。

二者的重大差别，既反映出吉藏与真谛对《佛性论》三藏、三佛性的不同理解，亦是《佛性论》本身的差别。《佛性论·显体分》即是吉藏的配对，其中说："所摄名藏者，佛说约住自性如如"；"能摄为藏者，谓果地一切过恒沙数功德，住如来应得性时"。[①]依此文，自然会理解成是吉藏的说法。但是，《佛性论》解释了三佛性的位次差别："记曰：住自性者，谓道前凡夫位；引出性者，从发心以上，穷有学圣位；至得性者，无学圣位。"[②]这是依"三真如"以及修行的位次差别说"三佛性"的差别。吉藏亦曾引用《佛性论·辩相分》中类似的说法："引出佛性，从初发意至金刚心，此中佛性名为引出。引出者，凡出五住：一、出阐提；二、出外道；三、出声闻；四、出缘觉；五、出菩萨无明住地位。诸佛三身，即是至得佛性。"[③]在道前凡夫位，真如作为超越理体，被烦恼所覆藏，所以是隐覆藏的住自性性。

所以，真谛是瑜伽行派的立场，是"从下往上"，从经验入手而指向超越；吉藏则是继承《胜鬘经》的如来藏的立场，是"从上还下"，这是从悟到迷、从净到染、从慈悲到智慧的"还相"的慈悲模式。

三　摄论学派与华严宗

华严宗以继承地论学派为主，同时吸收各家的观点，形成独特的学说体系。摄论学派北传后，受到北方佛学的影响，摄论师逐渐关注《华严经》，从而对华严教学的成立产生重大影响。在摄论学派中，与《华严经》研究和流传关系密切的，有昙迁、法常、慧休、道删、道英、静琳、智正、弘智、道璨等。

昙迁(542—607)是著名的北地摄论师，精研《华严经》《十地经论》

① 《佛性论》卷二，《大正藏》第31册，第795页下—796页上。
② 《佛性论》卷二，《大正藏》第31册，第794页上。
③ 《胜鬘宝窟》卷下本，《大正藏》37册，第67页中。

《地持论》《起信论》等。周武帝时，南逃至金陵，学习《摄论》。开皇七年(587)入长安后，专弘《摄论》。著有《摄论疏》十卷、《亡是非论》，以及其他著述二十余卷，包括《起信论疏》《楞伽经疏》《华严明难品玄解》等。①昙迁在长安虽然并未专弘《华严经》，而是以讲《摄论》为主，但他是促动北方《华严经》与南方《摄论》相融合的重要代表。②昙迁根据郭象《庄子·齐物论注》，撰述《亡是非论》，对华严宗性起说的形成产生重大影响。③

法常(567—645)，十九岁时师事昙延，修学《涅槃经》。二十二岁时，学习《摄论》，而且研究《成实》《毗昙》《华严》《地论》的同异。著有《摄论义疏》八卷、《玄章》五卷、《涅槃疏》、《胜鬘疏》等。④

慧休(548—645)，出家后，向灵裕学习《华严经》。但是，慧休一直未能契入华严义海，未能融贯至理。因此，广参诸师，听昙迁、道尼讲《摄论》，而且撰写疏章。⑤

道删是静藏(571—626)的弟子，静藏向昙迁与净影慧远学习《摄论》和《十地经论》。而道删精通《地持论》，住终南山至相寺，在初唐时期非常有名。⑥

道英(557—636)，出家于并州智炬门下，学习《华严经》。后往长安胜光寺，向昙迁学习《摄论》。⑦

静琳(565—640)，师事昙猛，听觉法师讲《十地》，于邺都从智炬学

---

① 《续高僧传》卷十八，《大正藏》第50册，第571页中—574页中。

② 魏道儒：《中国华严宗通史》，南京：江苏古籍出版社，1998年，第96页。

③ 镰田茂雄：《中国佛教通史》第四卷，高雄：佛光出版社，1993年，第384页。镰田茂雄指出，从南北朝末到初唐，佛教思想受昙迁的影响极大，但因与隋唐成立的诸宗派并无直接关系，故其思想史的意义不受重视。

④ 《续高僧传》卷十五，《大正藏》第50册，第540页下—541页中。

⑤ 《续高僧传》卷十五，《大正藏》第50册，第544页中—545页中。

⑥ 《续高僧传》卷十三，《大正藏》第50册，第523页中。

⑦ 《续高僧传》卷二十五，《大正藏》第50册，第654页上—655页上。

《华严》《楞伽》《思益》。后到长安随昙迁学《摄论》。大业三年(607),于明轮、妙象寺讲《摄论》。①

智正(549—649),开皇十年(590)随其师昙迁入长安,住胜光寺。大业年中,智正慕至相寺渊法师,“道味江湖,不期而合,因留同住二十八年”。他平生讲《华严》《摄论》《楞伽》《胜鬘》及唯识等,不计其遍。著有《华严疏》十卷。②

弘智(595—655),住终南山至相寺,讲《华严经》《摄论》。③

道璨(生卒年不详),钻求《摄论》《华严》《十地》,住在胜光寺。④

由上可知,摄论学派对《华严经》的研究,主要集中在长安胜光寺、终南山至相寺,而且是以昙迁为中心人物。胜光寺是昙迁弘扬《摄论》的重镇,智正时期的至相寺则是全国弘扬《华严经》的中心,华严宗的学说正是在这里形成的。昙迁融合《摄论》与《华严经》的学风和摄论师对《华严经》的新解释,这对早期华严宗的形成无疑会产生重大的影响。⑤

1. 智俨与摄论学派

华严宗的形成,以杜顺(557—640)、智俨(602—668)、法藏(643—712)的师承为中心,并由此形成本宗的祖统说。⑥法藏是华严教学的集大成者,而智俨在吸收慧光以来华严学成果的基础上,融会当时各

① 《续高僧传》卷二十,《大正藏》第50册,第590页上—591页中。

② 《续高僧传》卷十四,《大正藏》第50册,第536页中—下。

③ 《续高僧传》卷二十四,《大正藏》第50册,第642页上—中。

④ 《续高僧传》卷二十六,《大正藏》第50册,第669页下。

⑤ 木村清孝指出,摄论学派并非只是因为摄论学而对华严教学形成有很大贡献;同时也是基于《摄论》研究,产生了一定的对《华严经》的新解释。见《中国華厳思想史》,京都:平乐寺书店,1992年,第48页。中译本见李惠英译:《中国华严思想史》,台北:东大图书,1996年,第49页。

⑥ 有关早期华严宗的传承,学界至少有两种说法:一、杜顺、智俨、法藏;二、智正、智现(或即为智俨)、法藏。见吕澂:《中国佛学源流略讲》,北京:中华书局,1979年,第354—355页。

派学说，从而基本完成了华严宗学说体系的整体框架。智俨受到摄论学派的影响，主要表现在师承关系上，他曾就多位摄论师学习。

《续高僧传》简单提及智俨，“《华严》《摄论》，寻常讲说”[①]，可见他继承了昙迁的学风。同时，道宣明确记载智俨是杜顺的弟子，《华严经传记》明确记载智俨随杜顺出家，入至相寺。后来，杜顺将智俨托付给自己的弟子“达法师”，令他来教导智俨。时隔不久，智俨随梵僧学习梵文。十四岁后，依“常法师”听《摄论》，“未盈数岁，词解精微”；与“辨法师”反复辩论，得到“天纵哲人”的美誉。受具足戒后，智俨广泛学习《四分律》《阿毗昙八犍度论》《成实论》《十地经论》《地持论》《涅槃经》等大小乘经典。其后又在“琳法师”处“广学征心，索隐探微，时称得意”，可见其广学多闻。最后，他树立了专门研究和弘扬《华严经》的志向，师从智正法师。

在智俨的师承关系中，“达法师”的资料最为缺乏，木村清孝假定为“通达”。[②]“常法师”应该即是法常，法常阐扬《摄论》时，“词义弘远，罕得其门”[③]，智俨乃听法众人之一。“辨法师”所指何人，则争议较大，可能是指大慈恩寺灵辨(586—663)，或是弘福寺僧辩(568—643)。[④]《华严经传记》记载“辨法师”的事迹：

> 时有辨法师，玄门准的。欲观其神器，躬自击扬，往复征研，辞理弥王。咸叹其慧悟，天纵哲人。进具之后，听《四分》《迦延

---

① 《续高僧传》卷二十五，《大正藏》第50卷，第654页上。

② 《续高僧传》卷二十五，《大正藏》第50册，第655页中—下。木村清孝：《初期中国華厳思想の研究》，东京：春秋社，1977年，第376—377页。

③ 《续高僧传》卷十五，《大正藏》第50册，第541页上。

④ 魏道儒认为是灵辨，见《中国华严宗通史》，南京：江苏古籍出版社，1998年，第119页。木村清孝则持犹豫态度，无法断定。见《中国華厳思想史》，京都：平乐寺书店，1992年，第115页；中译本见李惠英译：《中国华严思想史》，台北：东大图书，1996年，第77页。

毗昙》《成实》《十地》《地持》《涅槃》等经。[①]

"辨法师"是佛学大家，确认了智俨的根机与水平。智俨受具足戒后，听"辨法师"讲经律论，其时智俨应是二十岁，即武德四年(621)。从时间上推算，灵辨与僧辩都符合条件。

大慈恩寺灵辨，依《华严经传记》的记载[②]，十岁父亡，是地论师灵幹的侄儿，灵幹将他托付于昙迁教诲。灵辨十八岁讲《唯识论》《起信论》《胜鬘经》《维摩经》等，后又讲《仁王经》《十地经论》《地持论》《摄论》等。灵辨因为知道"一乘妙旨，无越《华严》"，便到终南山至相寺，从学于昙迁的弟子智正，"既卒师资之功，备举传灯之业"，撰述《疏》十二卷、《抄》十卷、《章》三卷。灵辨后来被选入慈恩寺译经场，社会影响力非常大。

弘福寺僧辩，七岁即日诵千言，十岁欣仰道法，通《维摩经》《仁王般若经》文义。十四岁，开皇元年(581)出家，师事智凝。大业元年(605)，奉召入禅定寺，曾听道岳讲《俱舍论》，而著《钞》三百余纸。僧辩著有《摄论》《中边分别论》《佛性论》《唯识论》等章疏。贞观年间，入玄奘译经场，任"证义"，可见其精通真谛的唯识学。

日本的凝然主张，"辨法师"应该是"僧辩"[③]，但其理由难以知晓。法常与僧辩一起入大禅定寺，智俨在跟随法常学习《摄论》后，或许为了深入研究而师事僧辩。智俨受具足戒时，灵辨三十六岁，僧辩五十四岁，从年龄上考虑，僧辩更适合充当智俨的老师。但是，"辨法师"是灵辨的理由更为充足：一、"辨法师"是"辨"而非"辩"，二者有别；二、灵辨与至相寺的关系更为密切，自然对智俨十分关心；三、智俨

---

① 《华严经传记》卷三，《大正藏》第51册，第163页下。

② 《华严经传记》卷三，《大正藏》第51册，第163页上—中。

③ 《法界义镜》卷下，载《日本佛教全书》第13卷，第34页。

听讲《四分律》《十地经论》《地持论》，听灵辨讲说的可能性更大；四、智俨能够吸收昙迁的思想，灵辨是重要的中介；[①]五、灵辨受学于智正，同门之谊，代师教诲，亦理所当然。所以，"辨法师"应该是灵辨。

"琳法师"是指静琳[②](565—640)，静琳与法常同受学于昙迁，而且义宁二年(618)，敕命入住大禅定寺；遗骸送终南山至相寺火化。

综上，智俨的师承有杜顺、达法师、法常、灵辨、静琳、智正。后四位皆曾受教于昙迁，因而都具有融合《摄论》与《华严经》的学风，而且法常、灵辨、静琳都曾入住大禅定寺。这些人的相同经历，对于智俨肯定会有很大影响。所以，智俨的学问是从《摄论》转向《华严经》，尤其是受慧光"别教一乘无尽缘起"的影响，以及受一异僧教以追究"六相"之义，终于了知一乘的真义。同时，智俨并没有舍弃《摄论》，曾著有《无性释摄论疏》四卷。

2.《亡是非论》与十甚深

昙迁精通《老子》《庄子》及《周易》，专研《胜鬘经》《华严经》等大乘经论，曾著有《摄论疏》十卷、《楞伽经疏》以及《华严明难品玄解》等二十余卷。但是，这些著作皆已佚失，现存唯一著作是《亡是非论》。智俨《孔目章》指出："此又顺性起，故录附之。"[③]《亡是非论》随顺性起思想，说明二者有本质的关联。至于《亡是非论》的撰述缘由，《续高僧传》说："迁既为帝王挹敬，侯伯邀延。抗行之徒，是非纷起。或谓滞于荣宠者，乃著《亡是非论》，以示诸已。"[④]开皇十年(590)，昙迁受隋文帝厚遇，结交皇族、官僚以及优秀学者，于是对其行为的批判、非难纷起，《亡是非论》可以说是他的辩解书。

---

① 木村清孝举出以上四条理由，见《初期中国華厳思想の研究》，东京：春秋社，1977年，第379—380页。

② 木村清孝：《初期中国華厳思想の研究》，东京：春秋社，1977年，第380—381页。

③ 《华严经内章门等杂孔目》卷四，《大正藏》第45册，第581页中。

④ 《续高僧传》卷十八，《大正藏》第50册，第573页上。

《亡是非论》的开头便指出，世间是非的产生在于"美己恶人"的成心与偏见。《亡是非论》分为十点：一、是非无适主；二、自性不定；三、彼我俱有；四、更互因生；五、互不相及；六、隐显有无；七、性自相违；八、执者情偏；九、是非差别；十、无是无非。[①]此论意在说明是非分别为虚妄，教人要无是无非，以丧彼我、去得失，达到"任放无为，逍遥物外"的境界。

《亡是非论》受郭象《庄子・齐物论注》的影响[②]，阐述了"亡是非""无心"的体悟过程。郭象"独化论"的哲学体系是以"崇有"为起点，"有"是郭象哲学体系中最基本的概念，是"惟一的存在"，事物的存在根据是其"自性"，但是又必须以"自生""无待""自然"为条件。进一步说，事物的存在虽然是"无待"，但是如果执著"无待"，则会成为"有待"，所以必须"无心"，无所执著，这样才是真正的"无待"。"无待"的绝对性，意味着任何事物的存在都是独立自足的。所以，"独化"是郭象哲学的终点。[③]《亡是非论》虽然引用了郭象"独化论"的自性、相因、无心，但是其起点在于中观的无自性，终点在于"无心"而"性起"，这是二者的不同之处。

《亡是非论》借用了郭象的"自性""相因"等概念，其中心在于探讨是非的无自性。是非的产生在于"彼此竞取"，而是非的本质是"自性不定""性自相违"。《亡是非论》说：

> 二、自性不定者，是性是于是，或复是于非。非性非于非，亦或非于是。然愚者窃窃唯言是是，不许是非；亦许非非，不论非是；

---

① 《华严经内章门等杂孔目》卷四，《大正藏》第45册，第580页中。

② 木村清孝曾将二者进行比较，见《初期中国華厳思想の研究》，东京：春秋社，1977年，第291—293页。

③ 汤一介：《郭象与魏晋玄学》(增订本)，北京：北京大学出版社，2000年，第245页。

自谓得理，不患其失。且共论之，若以是是于是，即有二是过：一、所是过，二、能是过。所是过者，所是若是，是已是，何用是？所是若非，是应言是非是，云何言是是？能是过者，待所故说能；所是既不立，能是亦不成；能所俱不成故，何处当有是也？若复非于非，其过亦如此。例是取悟，勿更分别。理尽于此，是以不可也。[①]

郭象“独化论”的“自性”是事物的质的规定性，凡事物的所作所为和应作应为，都是由其自身的性或者说本性所决定的，这是自然的也是必需的。《亡是非论》进而提出，“是”的本性可以是“是”本身，或者是“非”；“非”的本性是非于“非”，或者是非于“是”。愚痴的人将“是”“非”决然对立，以为“是”只能由“是”决定，而不能由“非”来决定，“非”也是这样。

昙迁指出，若“是”只能由“是”决定，便有两种过错：一、所是过，二、能是过。“所是”是指客体方面，“能是”是指主体方面。如果客体“所是”是“是”，这就说明“是”已经成立，也就不需要由“是”来决定；如果客体“所是”是“非”，这样的“是”应该说成“非是”，怎么能够说成“是”。主客相待、能所相待，客体的“所”既然不能成立，主体的“能”当然亦不能成立。

昙迁利用能所的关系来破除“是”的自性，这是中观的无自性的论证，是郭象《庄子·齐物论注》所没有的。龙树基于“自性”的假定，推导出两难；若欲避开两难，则要否定自性。[②]《中论颂》说：“此生若未生，云何能自生？若生已自生，生已何用生？”[③]在中观的论证中，构成两难的那两个可能，常是相反的意思，即是互相排斥的。

① 《华严经内章门等杂孔目》卷四，《大正藏》第45册，第580页下—581页上。
② 吴汝钧：《佛教的概念与方法》，台北：台湾商务印书馆，2000年，第49页。
③ 《中论》卷二，《大正藏》第30册，第10页上。

"是""非"的本性不但是不定的，而且二者是对立的，即昙迁所说的"性自相违"。《亡是非论》说：

> 七、性自相违者，是则性自违非，非乃性自害是。以我独欲立是定非，是既立已，必为多非非。一是是多非非故，一是那可是。以是不可是故，则非何所非。无所非故，非则自非矣。自非则无非，非是则无是。惑者確欲以是定非，用非非是者，未足然也。[①]

从本性上说，"是"与"非"是相互排斥、对立的两面，二者不能同时存在。如果在主观的虚妄分别中，建立"是"与"非"，便会在无形中自然地多了一个"非"。这样的话，建立一个"是"至少有两个"非"，即是"多非非"。"是""非"本来是对立的，在一"是"与"多非非"中，则会存在缺乏对象的"非"，"非"就不能成立。所以，由于"是""非"的本性相违，可以成立"无是无非"。

"是""非"产生的原因是"更互因生""执者情偏""是非差别""彼我俱有""隐显有无"，而其核心在于"相因"。现实的存在物能存在并能呈现出自己的存在，就是因为有它之外的他物存在着，他物是一物的存在条件和前提。郭象的"独化论"从"相因"即物与物之间相联系的意义上来谈"独化"，昙迁则通过"相因"而阐明缘起的无自性，其性本空。所以，郭象与昙迁使用同样的语言系统，却表达了不同的思想体系。我们将昙迁《亡是非论》"执者情偏"与郭象《庄子·齐物论注》比较如下：

---

① 《华严经内章门等杂孔目》卷四，《大正藏》第45册，第581页上。

表8.3　昙迁《亡是非论》与郭象《庄子·齐物论注》对照表

《亡是非论》	郭象《庄子·齐物论注》
八、执情偏者，夫物之偏也，皆不见彼之所见，唯自知其所知。以自知其所知故，因即以为是。不见彼之所见故，谓彼唯非。若乃见彼所见，谓之非者，或容可尔。既不见彼所见，而言彼非者，彼何必非也。若复自知其所知，因以自是者，此则是已私是。若为使他亦谓之是也，以此过故，无理可然。[①]	夫物之偏也，皆不见彼之所见，而独自知其所知。自知其所知，则自以为是。自以为是，则以彼为非矣。[②]

郭象与昙迁都主张，相因使得物物间呈现出了差别与不平等。但是，郭象的"独化论"强调，正是这种相因才能使每个物体如其自身所是那样存在着，即呈现出自己的个体之状。而昙迁依中观的无自性论证提出，因为事物的存在是"相因"，所以并没有如其自身的自性存在，二者的推论结果是相反的。

同时，昙迁借用"独化论"的"玄冥"与"无心"，阐明了"亡是非""丧彼我"的"无心"境界。[③]郭象《庄子·齐物论注》说：

> 今以言无是非，则不知其与言有者类乎不类乎？欲谓之类，则我以无为是，而彼以无为非，斯不类矣。然此虽是非不同，亦固未免于有是非也，则与彼类矣。故曰：类与不类又相与为类，则与彼无以异也。然则将大不类，莫若无心，既遣是非，又遣其遣。遣之又遣之，以至于无遣，然后无遣无不遣而是非自去矣。[④]

---

① 《华严经内章门等杂孔目》卷四，《大正藏》第45册，第581页上—中。

② 郭庆藩：《庄子集释》卷一下，第1册，北京：中华书局，1961年，第66页。

③ 木村清孝认为，昙迁的"无心""无遣"是佛教独有的主张。参考《初期中国華厳思想の研究》，东京：春秋社，1977年，第298页。其实，郭象"独化论"具有同样的思想。

④ 郭庆藩：《庄子集释》卷一下，第1册，北京：中华书局，1961年，第79页。

《庄子·齐物论》的思想在于“遣是非”，郭象则“既遣是非，又遣其遣”，最后“无遣无不遣而是非自去矣”，这正如佛教的“空”与“空空”，即“否定”本身亦必须否定。但是，这种“双遣”之后，并非一无所有，而是有所肯定。郭象的“独化论”肯定的是“玄冥”之境，它表征着绝对意义的“无”，是活着的“无”，即是“道枢”。“玄冥”既是一种境界，则必须用人的心去体悟，即是“无心”。郭象说“无心而无不顺”[①]，“无心”者并不是把“心”去掉，而是以无心为心，不人为地去驱使“心”，让“心”在自然存在中如其本然地有作有为。所以，“无心”实质上就是“心”的独化。当以“无心”为心地去随感而应时，人就自然地达到了与物冥，即主客合一的境界。

昙迁在《亡是非论》中表达了类似的思想：

> 十、无是无非者，若夫以是非为非，无是非为是者，彼且恶于是非，犹不免是非累也。而欲恶于其累，别更有所存者，然其所上，已存于心，亦未免于累也。将欲不累，莫若无心。以无心故，谁谓为是非，是非亡矣，彼我随丧。彼我丧故，得失亦无也。不然于然，不可于可，尔乃任放无为，逍遥累外耳。[②]

远离是非的束缚，实践方法在于“无心”。因为“无心”，所以是非、彼我、得失等一切的相对都已经消灭，从而逍遥于无为、自由的境界。

昙迁与郭象都提到“双遣”与“无心”，这是二者的相同之处。郭象是从存在论的立场，依“无遣”而遣除是非；昙迁是依实践论与解脱论的立场，将一切的虚妄归属于心的分别，而解脱在于主体的实践——

---

① 郭庆藩：《庄子集释》卷一下，第1册，北京：中华书局，1961年，第96页。

② 《华严经内章门等杂孔目》卷四，《大正藏》第45册，第581页中。

“无心”，这是二者的不同之处。昙迁借助郭象的“独化论”而论证了诸法的毕竟性空，其终点在于“亡是非”“无心”。智俨评价《亡是非论》随顺华严宗的性起思想，这是中观的缘起性空与华严宗有所关联的体现。[①]

“性起”观念源出六十卷本《华严经·如来性起品》，而此品所谓“性起”，基本上是指如来所显现的各种性相。此品分述如来所显现诸性相，在说明如来的智能性和觉性为无所不及时，提出一切众生悉具如来的智慧性和觉性。[②]这样，一切法都是从佛的真性流出，称性而起，如性而起；从本以来，如是如是，一分不增，亦一分不减，所以“起”其实亦即是“不起”，这就是“性起”。智俨《孔目章》解释“性起”说：

> 性起者，明一乘法界缘起之际，本来究竟，离于修造。何以故？以离相故，起在大解、大行、离分别菩提心中，名为起也。由是缘起性故，说为起；起即不起，不起者是性起，广如经文。此义是一乘。若证位在十地，若善巧在十回向，若应行即在十行，若应解即在十解，若应信即在十信终心胜进位中，若究竟即在佛果。[③]

智俨以“性”为真实法界，佛心所展现，是绝对纯净而不能有染的。所以，“性起”是最圆满的一乘教的教义，是关乎法界缘起之本际的观念。而且，这果地境界的绝对真实必须落实到“真心”，智俨说“一教唯一

---

① 吴汝钧从“龙树的空义与法藏的解空”“八不缘起与六相缘起”“相即相入”“事事无碍与两谛不离”等方面，探讨了龙树的中观思想与华严哲学的关系。见《佛教的概念与方法》，台北：台湾商务印书馆，2000年，第416—433页。另外，请参考Francis H. Cook, *Hua-yen Buddhism: The Jewel Net of Indra*, Sri Satgura Publications, Delhi, 1994, pp.37-44。

② 具体分析参考瘳明活：《华严宗性起思想的形成》，《中国文哲研究集刊》第6期，1995年，第31—35页。

③ 《华严经内章门等杂孔目章》卷四，《大正藏》第45册，第580页下。

心，显性起具德故”[①]，法界缘起之本际，无非是真心觉体。真心觉体远离分别相，是究竟的真实，非缘修所造。众生发起离分别的菩提心，生起大解、大行，这一切都是真心的起用。“性起”是对“缘起”的创造性诠释，因为“性起”的“起”是“起即不起”，其重点在于“净分缘起”，尤其是与“本有”“本有修生”二门有关。[②]

昙迁《亡是非论》的“亡是非”“无心”借用玄学的语言，阐释了中观的无自性。而《亡是非论》之所以被评价为“顺性起”，原因大概是“亡是非”“无心”与“性起”观念中的“离相”“不起”等观念相合。

昙迁对智俨的影响不但表现在《亡是非论》，更主要表现在，智俨以“十甚深”的结构对《华严经·菩萨明难品》进行解释，源自昙迁。[③]昙迁曾撰《华严明难品玄解》，提出“十甚深”，后来成为“今古同遵”的解释。[④]“十甚深”即是：一、缘起甚深；二、教化甚深；三、业果甚深；四、佛说法甚深；五、福田甚深；六、正教甚深；七、正行甚深；八、助道甚深；九、一乘甚深；十、佛境界甚深。[⑤]

3. 三乘终教与从始入终

智俨是从《摄论》转向《华严经》，所以他经常以《华严经》对《摄论》中的某些思想进行创造性的诠释，从而开创出独特的思想体系。

在判教思想方面，智俨没有明确提出“五教”的教相判释，但是他提出“渐、顿、圆”和“小乘、三乘、一乘”的判教，前者为地论师的传统

---

① 《华严五十要问答》卷上，《大正藏》第45册，第523页上。

② 中條道昭：《華厳の性起——智儼と法蔵》，《印度學佛教學研究》第36卷第2号，1988年，第744页。

③ 木村清孝：《中国華厳思想史》，京都：平乐寺书店，1992年，第48页；中译本见李惠英译：《中国华严思想史》，台北：东大图书，1996年，第49页。

④ 《大方广佛华严经随疏演义钞》卷三十一，《大正藏》第36册，第233页中。

⑤ 《华严经探玄记》卷四，《大正藏》第35册，第176页下。

判教，后者则来源于《摄论释》。[①]真谛的判教思想分为三种：三法轮、四教与顿渐，智俨并没有吸收这些判教思想，而是直接从真谛译《摄论释》引用："如来成立正法有三种：一、立小乘；二、立大乘；三、立一乘。于此三中，第三最胜，故名善成立。"[②]这是在平常所说的小乘、大乘之外，别出"一乘法"，以为佛法有小乘、大乘、一乘三种，而以一乘法最优胜。而且，真谛在"一性皆成"的佛性思想的基础上，提出"究竟一乘"。[③]

智俨吸收《摄论释》的小乘、大乘、一乘的判教思想，同时为其"一乘教"进行论证，将顿教与一乘教联系起来，简别二者的异同："问：顿悟与一乘何别？答：此亦不定，或不别，或约智与教别，又一浅一深也。一乘藏即下十藏也，相摄准之。"[④]智俨主张，顿教与一乘教的差别是"不定"的，或者说根本没有分别；当然，从一定意义上说，顿教侧重显示了"智"，而一乘教侧重显示了"教"；或者说前者较浅，后者较深。

另外，智俨经常以"三乘"代替"大乘"，显示了他有互用"三乘""大乘"的习惯。[⑤]如智俨在《五十要问答》论及各种"乘"的分类

① 有关智俨的判教研究，见鎌田茂雄《華厳学研究資料集成》所列的诸论文，东京：大藏出版，1993年，第555页。另外，参考木村清孝：《初期中国華厳思想の研究》，东京：春秋社，1977年，第430—441页；吉津宜英：《華厳禅の思想史的研究》，东京：大东出版社，1985年，第9—24页；Peter H. Gregory, *Tsung-mi and the Signification of Buddhism*, University of Hawaii Press, Honolulu, 2002, pp.117–127。廖明活：《智俨判教思想的形成——〈搜玄记〉和〈五十要问答〉的判教学说》，载《佛教思想的传承与发展——印顺导师九秩华诞祝寿文集》，台北：正闻出版社，1995年，第335—366页。

② 真谛译：《摄大乘论释》卷八，《大正藏》第31册，第212页中。

③ 真谛三藏在翻译《摄论释》的过程中，将《法华经》的"会三归一"思想增补进去，从而更好地说明了"究竟一乘"。见《摄大乘论释》卷十五，《大正藏》第31册，第266页上。

④ 《大方广佛华严经搜玄分齐通智方轨》卷一上，《大正藏》第35册，第14页中。

⑤ 廖明活：《智俨判教思想的形成——〈搜玄记〉和〈五十要问答〉的判教学说》，载《佛教思想的传承与发展——印顺导师九秩华诞祝寿文集》，台北：正闻出版社，1995年，第346页。

时，提到“小乘、三乘、一乘”的界别。[①]而且，智俨认为，小乘、三乘是一乘的方便[②]，《搜玄记》在赞叹《华严经·十地品》所说“法深密”时，说道：

> 地法深密，非粗智知。所以然者，为地教法，托彼诸乘及世间善事，以显阿含法义分齐。虽托显一乘理，仍三乘、小乘当宗自住，不失自宗。如盐成羹，盐自住性，而羹义得成。[③]

一乘教理假托三乘、小乘事法得以彰显；而三乘法和小乘法在彰显一乘理时，不失其宗本，这就像盐制成羹后，仍然保持盐之咸性。智俨将小乘、三乘、一乘的分类应用于因缘、见佛、涅槃等许多教义的解说上，为建立“别教一乘”与“法界缘起”进行论证。[④]

而且，智俨将三乘教分为初教、熟教(终教)两种，从而建立了“小乘教、三乘始教、三乘终教、一乘教”的判教体系。《华严五十要问答》卷上说：

> 小乘教于一时中，但菩萨一人慈悲爱行，依三十三心，次第作佛；余见行者，并不作佛，但得二种涅槃，住无余也。若依三乘始教，则半成佛、半不成佛；若直进及回心二人，修行满十千劫，

① 《华严五十要问答》卷下说：“三者，依《摄论》，一乘、三乘、小乘。谓于教门中，成机欲性，显法本末差别不同故。”见《大正藏》第45册，第528页下—529页上。

② 《大方广佛华严经搜玄分齐通智方轨》卷一下综述《华严经·光明觉品》文殊所说偈的来意时说：“五、文殊说偈，叹佛一乘，三乘、小乘法是一乘信法方便也。”见《大正藏》第35册，第26页下。

③ 《大方广佛华严经搜玄分齐通智方轨》卷三上，《大正藏》第35册，第49页下。

④ 具体考参考廖明活：《智俨判教思想的形成——〈搜玄记〉和〈五十要问答〉的判教学说》，载《佛教思想的传承与发展——印顺导师九秩华诞祝寿文集》，台北：正闻出版社，1995年，第346、350—352页。

住堪任地者，并皆成佛；若未至此位，则与一阐底迦位同，如此人等，并皆不成佛。……此如《瑜伽·菩萨地》说。若依三乘终教，则一切有情众生皆悉成佛；由他圣智，显本有佛性及行性故，除其草木等，如《涅槃经》说。依一乘义，一切众生，通依及正，并皆成佛，如《华严经》说。[1]

在智俨的晚年，玄奘已经译出《瑜伽论》《成唯识论》，开始传播唯识今学。为了能够含摄新译的诸经论，智俨将三乘分为三乘始教与三乘终教[2]，从而形成四教判。[3]四教在众生成佛方面有不同的阐释：小乘教以为在一时中只有菩萨一人能成佛，其他修行人只能证悟无余涅槃。三乘始教以为众生有能成佛者，有不能成佛者；在修行人中，有修行满十千劫，能够证得圆满菩提者；亦有不堪任圆满菩提者，与一阐提相同，永不能成佛。三乘终教以为一切众生皆能成佛，因为他们本来皆具有佛性，可作成就佛果之行；唯是草木等无情之物不能成佛。一乘教以为一切皆能成佛，不但一切众生能成佛，甚或作为众生依报的无情草木，在众生成佛时，亦依随众生一起成佛。

所以，三乘始教主张部分众生不能成佛，三乘终教主张一切众生皆能成佛。二者的心识说亦有差别，《华严五十要问答》说：

四、约诸识分别者，赖耶识起遍行五；末那识起九：遍行五及我见、我爱、我慢、无明；意识起遍行等六位所有法；五识则不定，或初五，或一切，由与意识或同体或异体故。……此约三乘始教

① 《华严五十要问答》卷上，《大正藏》第45册，第519页下。

② 如《华严五十要问答》卷上“转四识成四智义”，论及“若约三乘初教，此亦可尔，如《成唯识论》”。见《大正藏》第45册，第522页上。

③ 木村清孝：《初期中国華厳思想の研究》，东京：春秋社，1977年，第435页。

粗相说也。若约三乘终教论，则赖耶六识等皆具起一切所有法，由唯一识成十一识故。[①]

智俨以《瑜伽论》《成唯识论》为三乘始教，以《摄论》及摄论学派为三乘终教。[②]于是唯识今学与古学在心识上的差异便显现出来。玄奘所传的唯识今学主张“诸识现行”“别体别用”，阿黎耶识、末那识、意识和前五识并列，所以需要分述四类心识共起的心所法的种类和数目。真谛所传的唯识古学是“一意识论”，八识一体，以一意根统摄八识，建立了一识说、二识说、三识说、四识说乃至十一识说。

智俨的唯识学说采用玄奘新译唯识的术语，但是在思想上属于真谛三藏的摄论学派。[③]他以三乘初教(始教)、三乘熟教(终教)分判唯识今学与唯识古学，可见其扬古学而抑今学的态度。但是，智俨的三乘终教不仅包括摄论学派，还包括地论学派，他最终将唯识引向如来藏，这亦是他从《摄论》转向《华严经》的具体表现。

智俨在《孔目章·明难品初立唯识章》与《华严五十要问答·心意识义》中专门阐述了他的唯识思想。《孔目章·明难品初立唯识章》分为十门，在第一门“举数”中，智俨列出：一心、三法、八识、九识、十心、十一识、四识、无量心，共计八种。“一心”“十心”“无量心”是依《地论》，“九识”“十一识”“四识”是依《摄论》，“三法”“八识”是依《成唯识论》。始自“一心”，“一心即是第一义清净心”；终至无量心，“《地论》云：乃至无量百千种种心差别相”。[④]所以，智俨虽然列举了

---

① 《华严五十要问答》卷上，《大正藏》第45册，第525页下。

② 《华严经内章门等杂孔目章》卷一说：“《摄论》教兴在其熟教，所以知之，如下论智差别文。举十二甚深，显甚深义，不共声闻，当知教高，非是初教。”见《大正藏》第45册，第546页中。

③ 鎌田茂雄：《中国華厳思想史の研究》，东京：东京大学出版会，1965年，第507页。

④ 《华严经内章门等杂孔目章》卷一，《大正藏》第45册，第543页上—中。

《摄论》的种种心识说，但是其始终皆以《地论》的如来藏思想为根本，而且在第三门“出体”中说“究竟以如来藏为体”[①]，可见其唯识思想的本质与核心。智俨对“阿黎耶识”的论证有三种：一、《杂集论》《瑜伽论》的八义；二、《摄论》的三相八义；三、《显扬论》的十九门。对于末那识的论证，则是依《摄论》的六义而成。从对阿黎耶识、末那识的立论来看，智俨是以《摄论》为中心，最后摄入《地论》的一心，以之为旨趣。[②]

有关阿黎耶识与如来藏的关系，智俨说：“阿赖耶识即在事中，云何得知是如来藏？答：由如来藏不染而染，是其事相，无别有事故，是如来藏。故论云：离识以外，更无有法。”[③]阿黎耶识是现象界的根源，这是因为如来藏不染而染，阿黎耶识即是作为事相的如来藏。从存在论的观点看，如来藏真心是唯一真实的存在，这样就把一切染净诸法都归属如来藏之下；如来藏是众生的本质，自有其常恒性及清净性，但却随缘而造诸法，不染而染，这即是所谓“随缘不变”“不变随缘”。

智俨依真谛译《摄论》论证阿黎耶识的八种性质。阿黎耶识有所熏四义，《孔目章》论及其中的“无记”时说：“无记即是无分别义，如来藏中，方有此法。”[④]阿黎耶识的无记性，表示阿黎耶识的客体性；而智俨将“无记”解释为“无分别”，“无分别”自然是对分别的全面否定，这是从如来藏的主体性阐明其特点。[⑤]这种创造性诠释，已经将客体性的阿黎耶识转化为主体性的如来藏。阿黎耶识的所熏四义中，其

---

① 《华严经内章门等杂孔目章》卷一，《大正藏》第45册，第543页中。

② 高峯了州：《華厳思想史》，京都：百花苑，1976年，第180页；中译本见释慧岳译：《华严思想史》，台北：中华佛教文献编撰社，1979年，第128页。

③ 《华严经内章门等杂孔目章》卷一，《大正藏》第45册，第544页上。

④ 《华严经内章门等杂孔目章》卷一，《大正藏》第45册，第544页下。

⑤ 玉城康四郎：《唯心的追究》，载川田熊太郎等著，李世杰译：《华严思想》，台北：法尔出版社，1989年，第405页。

他三种也都可以解释成如来藏的特点，如“可熏义”，智俨说：“唯如来藏不守自性，随诸法缘起成似义，故是可熏。余法不尔，以被缘缚，何得更转受诸法熏，为此余法不成可熏。”[①]如来藏受熏的可能性，在于其“随缘不变”“不变随缘”的特点，如来藏守着自己的自性，即“不变”；同时，能随顺诸法的缘起，即“随缘”，这二者是同时进行的。

智俨依《大乘阿毗达磨杂集论》《瑜伽论》《摄论》而成立阿黎耶识，同时又进行创造性诠释，于是同时成立阿黎耶识与如来藏，从而开创出独特的思想体系。智俨虽然将摄论学派判为“三乘终教”，但是又隐约地指出摄论学派与地论学派存在一定的差别，因此智俨事实上是将《摄论》安置于始教、终教之间，以《瑜伽论》《显扬圣教论》《成唯识论》等唯识今学为始教，经过《摄论》的中介作用，最后进入《地论》《起信论》的终教；《地论》的如来藏思想，即容纳《摄论》，配置《华严经·性起品》而成心识说的体系。[②]所以，智俨在《华严五十要问答》中说：“此文在三乘，义通一乘用，由同法界故。又一教唯一心，显性起具德故，如“性起品”说。又说十心，欲显无量故，如第九地说，此据一乘别教言。”[③]可见，智俨将心意识的诸识差别归入三乘，通过《摄论》而纳入《地论》的一心，最后又由一心显无量心，最终趣入华严一乘别教。

后来，日本普寂说：“今此论本末所说正明始门，兼含容从始入终之密意，与隋唐译，颇有径庭。”[④]由此可知，普寂继承了智俨的观点，将《摄论》判为“从始入终之密意”，这种观点亦为我们所引用，从而展开对摄论学派的研究。依法藏的“四宗判”，唯识思想与如来藏缘起说的

---

① 《华严经内章门等杂孔目章》卷一，《大正藏》第45册，第544页下—545页上。

② 高峯了州：《華厳思想史》，京都：百花苑，1976年，第180页；中译本见释慧岳译：《华严思想史》，台北：中华佛教文献编撰社，1979年，第128页。

③ 《华严五十要问答》卷上，《大正藏》第45册，第523页上。

④ 《摄大乘论释略疏》卷一，《大正藏》第68册，第120页下。

不同在于，前者为“依理起事差别说”，为“始教”；后者为“理事融通无碍说”，为“终教”。[①]真谛的思想在虚妄与经验层面，是纯正的瑜伽行派的“阿黎耶识缘起”，属于“始教”；真谛的“二分依他”，在未转依之前只是“分别性”，唯有虚妄(生灭)，不能与真实性(真如)和合；转依之后，显现真实性，而且具有“相性融即”的特点，这种融通是“从事向理”“从相向性”的向度，即终教的“事彻于理”。但是，终教的“理彻于事”即“从理向事”的融通，在真谛的思想中是根本没有的。所以，真谛三藏的思想只能归入“从始入终”，而不是纯粹的终教。

4. 种子六义与因门六义

智俨从《摄论》转向《华严经》，对摄论学派的因缘义理进行发挥，依种子六义而成立“因门六义”。《搜玄记》说：

> 二、所依观门者，三性同上。因缘生理，因有决定用，缘有发果能，方得法生。若但因力，无缘发果能者，其因六义不现在前。何者为六义？一、念念灭，此灭是空有力，不待外缘；所以有力不待缘，为因体未对缘事，自迁动故。二、俱有，是空有力待缘，所以者？为得外缘，唯显体空，俱成力用也。三、随逐至治际，是有无力待缘；所以知为随他，故不可无，不能违缘，故无力也。四、决定，是有有力不待缘；所以知外缘未至，性不改自成故。五、观因缘，是空无力待缘，所以知者，为待外缘；唯显亲因，非有无力，能生果也。六、如引显自果，是有有力待缘；所以知得外缘时，唯显自因，得自果故。[②]

① 《大乘起信论义记》卷上，《大正藏》第44册，第243页中—下。

② 《大方广佛华严经搜玄分齐通智方轨》卷三下，《大正藏》第35册，第66页上—中。

智俨通过“空”（有力、无力）、“有”（有力、无力）、“缘”（待、不待）来解释种子六义，这是依真谛译《摄论释》而阐释的。[①]

“因门六义”是以因缘为主，依其“体”之有与空，“用”之有力与无力，其他三缘（次第缘、所缘缘、增上缘）的有待与无待，分为六个方面，说明“因”生起宇宙万物的复杂关系[②]。“种子六义”是说明种子作为具有功能的存在，必须具备一定的条件，亦是以因缘为主，这是“种子六义”能被诠释成“因门六义”的内在原因。

(1)“念念灭”是说明种子在刹那中才生即灭，而非常住；宇宙间的现象界亦是刹那坏灭，没有永恒真实的实体，所以是“空”；由于原因的消失而产生结果，这是“有力”；因消而果生不需要借助其他条件，故为“不待缘”。

(2)“俱有”是说明种子与所生的现行法同时出现，因果同时；从“空、有力、待缘”来说，原因与结果同时存在，证明原因不是真实的存在，所以其体是“空”；二者同时存在才能产生结果，故为“有力”；和结果并存，证明原因不能独自发挥产生结果的作用，必须依赖其他条件，故为“待缘”。

(3)“随逐至治际”，两刹那的种子的生灭，是无间隙、相类的，一直到金刚后心；由于原因随顺结果而变化，所以不可能是“无”，而是“有”；而且，不能逆转其他条件的作用，不具有产生结果的作用，这是“无力”“待缘”的表现。

(4)“决定”，种子与现行法之间的生起与熏习，性类是相同的；原因引生结果并没有改变自身的性质，所以是“有”；具有引生结果的作用，故为“有力”；而且，这并不是由于其他条件的作用，所以是“不

① 真谛译：《摄大乘论释》卷二，《大正藏》第31册，第165页下—166页上。
② 刘贵杰：《华严宗入门》，台北：东大图书，2002年，第108页。

待缘”。

(5)“观因缘”，种子生起现行，必须等待条件的成熟；所以，作为原因的事物本身并没有实体，本质上是“空”；原因不能独自产生结果，必须借助其他条件的作用才能引生结果，故为“无力”“待缘”。

(6)“引显自果”，每一种子只能生起自现行，而不会生起不同内容的现行；原因能够引生与自身性质相同的结果，所以为“有”；需要借助其他条件，故为“待缘”；只会产生自身性质的结果，而不会产生与其他条件性质相同的结果，故为“有力”。

智俨是从摄论学派的种子与现行的关系得到启发，从而将一切法的自他关系归纳为“因门六义”。但是，无论是“种子六义”，还是“因门六义”，都是对缘起法的进一步阐释。瑜伽行派与华严宗的诠释起点是相同的，都是从法与法之间的关系着眼；而华严宗还受到中观的影响，将一切法都融入自他的互摄中。[①]这样，空、有的意义依自他关系而定：能制约者是有，被制约者是空，于是一切法的存在都同时具有空、有二义；而且，法的相摄，亦通过自他的力用交彻——敞开与彻入，于是便具有有力、无力二义。一切法通过相即相入的关系而得圆融存在，这就是“法界缘起”。

5. 三性一际与同一无性

华严教义的立足点在于绝对真实，目的是与现实境界对扬而显示终极，所以必须扣紧真心。智俨说：“一教唯一心，显性起具德故。”[②]而且，智俨以“十玄门”解释“法界缘起”时，特别强调第九门“唯心回转善成门”，认为“前诸义教门等，并是如来藏性清净真心之所建立……

---

① 龙树是以否定的方式论缘起，瑜伽行派与华严宗都是以肯定的方式论缘起。至于龙树的中观思想对华严宗的影响，请参考吴汝钧：《佛教的概念与方法》，台北：台湾商务印书馆，2000年，第413—433页。

② 《华严五十要问答》卷上，《大正藏》第45册，第523页上。

生死涅槃皆不出心”[①]。可见，他是把整个法界的存在置于真心上说的。真心本体便于解释净法的生起，但是拙于解释染法为何仍然能依于真心而存在。[②]于是，法藏以《起信论》的真如随缘会通瑜伽行派的“三性”说，提倡本末“三性”。

真谛的三性、三无性思想有三大特点：一、从三性的整体来说，分别性以依他性为体，“识境合一”，分别性、依他性无所有即是真实性，体现了“性相融即”的思想；二、从真实性上说，强调“智如合一”，将此视为阿摩罗识；三、从三无性上说，以真实无性为中心，主张分别、依他同一无性即是真实性，坚持“一切法同一无性”，三性为安立谛，三无性为非安立谛，所以三性同时也是三无性。

智俨依三性观三无性，建立了“无相观”“无生观”“无性观”，他说：

> 观相云何？依依他性以遣分别性，依彼真如遣依他性。云何能遣？由名、义无所有，能分别亦不得是有。何以故？若所分别名、义是有，能分别缘此名、义可说是有；由名、义无所有，分别因缘既定是无，能分别体亦无所有。此中分别既无，言说亦不可得，则入依他无生性。菩萨见此有、无无所有，则入三无性非安立谛。此三性中，分别性是实、亦则空，依他性是假、非实非空，真实一性是实非空。[③]

在三性中，依他性是能缘、能分别，分别性是所缘、所分别。从唯识无境来说，所分别的名、义既然是无，能分别的识当然亦不能有。所分别

---

① 《华严一乘十玄门》，《大正藏》第45册，第518页中。

② 杨维中：《心性与佛性——中国佛教心性论及其相关问题研究》，高雄：佛光山文教基金会，2001年，第347页。

③ 《华严五十要问答》卷下，《大正藏》第45册，第529页下。

的“无”与能分别的“无”同时成立，即是境识俱泯而成立无分别智，即是真实性。同时，由此分别、依他同一无性即是真实性，则三性同一无性，所以三性为安立谛，三无性为非安立谛。从三无性反观三性，则分别性是实、亦空，依他性是假、非实非空，真实性是实、非空。智俨对三性三无性的理解，符合摄论学派的原义。

摄论学派与华严宗都是以肯定方式来诠释缘起，但是前者是从经验的立场，后者是从超越的真心立场，所以二者有同有异，这在法藏诠释“三性同异”时有充分表现。[①]法藏是以“法界缘起”诠释三性之间的关系，他的基本观点是：“三性一际，举一全收，真妄互融，性无障碍。”[②]法藏是从本、末的关系来观察三性，所以三性互相交彻而同一无异，唯是一理；而且，从三性的任何一性上都能把握整个三性，真如本体与染净万物彼此融摄，共成一大缘起，互不妨碍。

法藏将“三性”各自开为二义，并且进一步说明此二义各自又是不一不异的关系，统一于各自的自性之中，于是便成了“六义”，“六义”又可以从本、末的关系进行说明。我们列表如下：

表8.4　法藏学说中的“三性”“六义”关系表

	真实性	依他性	分别性
本三性	不变义	无性义	理无义
末三性	随缘义	似有义	情有义

---

① 杨维中概括了二者的区别：一、瑜伽行派是以依他起性为核心阐述三者关系，而华严宗是以圆成实性为核心的。二、出于上述缘故，瑜伽行派着力论说的是理体与心体之间的关系，以藏识为根本的依他起性就成为众生转变“心性”、成就佛果的枢机；而华严宗以圆成实性即真如理体为核心论说“三性”之间的关系，带有较明显的“本体论”特质。三、瑜伽行派“三性”说涉及的主要是“心体”的染净问题，而华严宗“三性同异”说主要致力于诠释“真如随缘”如何可能以及如何依真起妄的问题。见《心性与佛性——中国佛教心性论及其相关问题研究》，高雄：佛光山文教基金会，2001年，第349页。

② 《华严一乘教义分齐章》卷四，《大正藏》第45册，第501页下。

真实性的真如是真实不改、永恒不动的，所以为“不变义”；但是，又能随顺因缘条件而变现出染污或清净的事物，故为“随缘义”。从诸法因缘和合而言，法为“似有”，似有则当然无自性，无自性即“无性”。分别性是因众生的虚妄迷情而有，故为“情有”；但是其本质上是“无”，故为“理无”。

从真实性的“不变”、依他性的“无性”、分别性的“理无”等三种意义可知，三性是一致的，这是由不否定现象事物来彰显真如本体，即是“本三性”的三性同义，如《维摩诘经》说：“众生如实入涅槃，更无入涅槃。”[①]另外，由真实性的“随缘”、依他性的“似有”、分别性的“情有”，三性亦无有相违，即是“末三性”的三性同义，这是真如本体永恒不变而不断产生一切现象事物，如《不增不减经》说：“法身流转于五道者，称为众生。”[②]最后，法藏总结说：“真该妄末，妄彻真源，性相通融，无障无碍。”[③]真如本体含摄一切虚妄的事相，虚妄的事相则以真如本体为根源，而真实性与分别性也是融通无碍、彼此相贯的。法藏运用本、末概念来贯通三性的不一不异的关系，提出“三性一际”的观点，构成了“法界缘起”的理论根据。[④]

法藏对“三性同异”的诠释，表现出他与智俨的不同。木村清孝指出，法藏主要是基于《起信论》的真如思想，将三性说改造为证明一元论缘起世界之无碍的理论。[⑤]反之，智俨是基于《摄论》而阐释心识、三性思想等。法藏论证“三性一际”的方法，则是融贯吉藏与真谛的思

① 取意于《维摩诘经》卷上，《大正藏》第14册，第542页中。

② 取意于《不增不减经》，《大正藏》第16册，第467页中。

③ 《华严一乘教义分齐章》卷四，《大正藏》第45册，第499页上。

④ 刘贵杰：《华严宗入门》，台北：东大图书，2002年，第108页。

⑤ 木村清孝：《中国華厳思想史》，京都：平乐寺书店，1992年，第145页。中译本见李惠英译：《中国华严思想史》，台北：东大图书，1996年，第133页。

想而形成的。[①]吉藏在《胜鬘宝窟》中说：

> 有能藏所藏，故名如来藏。佛了了知能藏之法，从本已来，无生毕竟空。……佛知所藏中道佛性，具一切德，故名不空。……又空如来藏，即是明如来藏是中道义，空藏明烦恼毕竟空，故不可为有；不空藏具一切功德，故不可为无，非有非无，即是中道。[②]

吉藏是依能藏、所藏来论证空、不空如来藏的，如来藏的能藏是从本以来的无生毕竟性空的虚妄烦恼；而如来藏的所藏即是中道佛性，具一切功德的真实佛。而法藏以不可为有、不可为无的中道佛性立场，经过摄论学派思想的中介作用，最后归入《起信论》的如来藏缘起。

在摄论学派的三性思想中，分别性、依他性同一无性即是真实性，相无性的"无"与依他性的"似有"，是相对世界的无与有；二无性的同一无性，则是绝对世界的"无"。所以，三无性即是同一无性，亦即是真如理。相无性是"相对无"，而胜义无性是"绝对无"，胜义无性中包含相无性；"绝对无"超越了"相对无"，而且在"相对无"与"绝对无"之间，连续性乃至同一性不可或缺。从三无性同一无性来看，相无性与胜义无性之间存在着同一性。[③]分别性是以依他性为体，依他性的识是"无之有"，即包含相无性。而且，三性是以依他性为中心，因为识的"无之有"，包含三性的全体。《中边分别论·相品》的第一偈后半为"彼中唯有空，于此亦有彼"[④]，在虚妄分别中，远离能取、所取的空性，是有的；于空性中，也有虚妄分别。所以，虚妄分别体现出"真空妙有"

---

① 马定波：《中国佛教心性说之研究》，台北：正中书局，1980年，第342页。

② 《胜鬘宝窟》卷下本，《大正藏》第37册，第73页中—下。

③ 上田义文：《瑜伽行派における根本真理》，载宫本正尊编：《仏教の根本真理》，东京：三省堂，1978年，第496页。

④ 《中边分别论》卷上，《大正藏》第31册，第451页上。

的矛盾结构，是一种“无之有”的存在。而且，《中边分别论》又说“识以非识为自性”[①]，非识是识的自性，表现了识的自我否定性，即依他性的“因缘有”上以无性为自性，这不外是缘生即无性、无性即缘生。识的“有”是与“无”（绝对无）融即的有，而绝对无是无分别智、真如，因此所谓识的“生无性”当中，就有无分别（智与真如），从而显示了真实与虚妄交彻的矛盾性格。

在“空”的诠释上，中观用遮诠的方法，而瑜伽行派则是通过主体的彰显与建构性的表诠方法，这是二者的差异所在。而且，瑜伽行派的“空”是通过唯识观照见的“实体”，即我们所谓的“解脱诠释学”，并不是一种纯粹的存在论。上田义文指出，以法藏为代表的中国佛教徒对唯识说理解的致命缺陷，即在于不能了解识与境的关系是唯识说的中心，而这与唯识观（观境之无而遣虚妄分别的识）的实修是不可分的。[②]

法藏的时代，唯识今学已经非常流行了，但是法藏无形中抗拒着唯识今学，而倾向于唯识古学。《华严五教章》说：

> 问：依他似有等，岂同所执是情有耶？答：由二义故，故无异也。一、以彼所执，执似为实，故无异法；二、若离所执，似无起故，真中随缘，当知亦尔，以无所执，无随缘故。[③]

从玄奘所传的唯识今学来说，依他性的“似有”与分别性的“情有”是完全不同的有，因为“似有”是从“理”的立场即后得智的立场说；而“情有”非从“理”的立场，是从虚妄分别说为有，在“理”的立场则是

---

① 《中边分别论》卷上，《大正藏》第31册，第451页下。

② 上田义文：《瑜伽行派における根本真理》，载宫本正尊编：《仏教の根本真理》，东京：三省堂，1978年，第497页。

③ 《华严一乘教义分齐章》卷四，《大正藏》第45册，第499页上。

无。所以,“似有”是因缘有,而“情有”则体性全无,似有与理无,即有与无,是相反的而不能说为同一。法藏则主张“似有”与“情有”是同一的,与玄奘的唯识今学明显不同。法藏认为,“似有”是依真如之无明的起动,而“情有”则是执著“似有”为实;从真如起动的虚妄分别来看,“似有”与“情有”是同一立场,只是根本与枝末的不同而已。这样,“情有”是“似有”的展开,“情有”亦是真如随缘而有,是依他性缘生之有。

“似有”与“情有”的同一,是安慧与真谛的唯识古学的观点。依摄论学派的思想,依他性与分别性、识与境,或能分别与所分别,都是相对立的概念。真谛译《摄论释》说:“所分别一切法,离识无别体,故以依他为所分别。”[①]境无自体,以识为自己的体,表示识之外无境而只有识,同时也表示境和识是一体的。而且,境无而唯有识,看起来似乎表现境的否定和识的肯定,实际上同时也包含识的否定。[②]所以,依他性与分别性、识与境,具有同一性的意义。唯识古学是从唯识观的角度说,所分别的境既无,能分别的识亦无,即是境识俱泯,也即真如(真实性)。

分别性的“情有”是玄奘所传的唯识今学的观点,依虚妄分别的立场而主张“情有”。唯识古学不主张分别性为“情有”,分别性=境=无,依他性=识=有;依他性的识是“无之有”,即包含了分别性的“情有”,而分别性恒常为无,这是其与法藏的观点不同所在。再者,唯识古学主张“真妄交彻”,三无性同一无性,这是三无性与依他性之“似有”的交彻,即有无的同一。这点与法藏所说的“三性一际”是相同的,但是唯识古学的三性思想是以识与境的关系为基本,而法藏的“三性

① 真谛译:《摄大乘论释》卷五,《大正藏》第31册,第187页上。

② 上田义文著,陈一标译:《大乘佛教思想》,台北:东大图书,2002年,第92页。

一际”是以真如的不变随缘为基本，这是最根本的不同点。最后，法藏认为“真如随缘、依他似有、所执情有，由此三义，亦无异也”，但是唯识古学在转依前，以依他性的本识为依，真如并无随缘义，可见二者的不同。①

法藏通过吉藏接受中观的绝对与相对思想，通过真妄、性相、有空等相关概念，进行以真如本体为中心的诠释。弥勒、无著、世亲等瑜伽行派学者则通过识与境的关系论述“空”。法藏通过接受摄论学派的“三无性同一无性”，而提出“三性一际”，最后归入《起信论》的如来藏缘起，建立了“法界缘起”。

四　摄论学派与唯识宗

摄论学派的创立与传播，为唐代唯识宗创造了很好的思想基础。玄奘早年修学，正是以摄论学派为中心。玄奘在洛阳时，听严法师讲《摄论》。因为世乱，高僧多避居成都，于是前往成都学习。在途中，遇空、景二法师，向他们学习《毗昙》《摄论》。“空法师”不知何许人，“景”则是慧景。②玄奘入成都后，跟从道基(577—637)、宝暹学习《摄论》《毗昙》。道基十四岁依靖嵩学习《摄论》，慧景、宝暹则见于《续高僧传・道基传》的“附传”，或是道基的同门或弟子辈。③

玄奘离开成都后，在荆州自讲《摄论》《毗昙》各三遍。后来北上游学，学《杂心》《摄论》于相州慧休(548—？)，学《成实》于赵州道深。慧休曾向灵裕学《华严》《涅槃》，学明彦之《成实》、志念之《婆沙论》，

① 摄论学派主张，在转依前，以阿黎耶识为所知依；转依后，以真如为依。如真谛译《摄大乘论释》卷七说：“一切法以识为相，真如为体故。若方便道以识为相，若入见道以真如为体。”见《大正藏》第31册，第200页上。

② 《大慈恩寺三藏法师传》卷一，《大正藏》第50册，第222页上。

③ 《续高僧传》卷十四，《大正藏》第50册，第532页中—下。

从昙迁、道尼学《摄论》，并撰章疏。[①]玄奘大约在二十五岁时又回到长安，向道岳(568—633)学习《俱舍论》。道岳从志念、智通学习《成实》《杂心》，后来从道尼受法，于广州显明寺获得真谛《俱舍论疏》《十八部论》，于是专门弘扬《俱舍论》。[②]玄奘又在长安听法常(567—645)、僧辩(568—624)之《摄论》，亦曾向玄会(582—640)学习《涅槃》。僧辩、玄会是道岳的弟子，法常是昙迁的弟子，均属于摄论师。

玄奘在国内受学的十三师中，有八位属于摄论学派，他初从严法师学习《摄论》，后来发愿西游求法，意在求取《十七地论》，可见其偏重瑜伽行派的学问，这是来自摄论师的影响。[③]在成都求学时，玄奘从道基学习，接触到具有地论学派背景的《摄论》思想；后来便逐渐脱离了地论南道系的摄论学派，求访具有毗昙学派背景的摄论学派，从精通《毗昙》的慧休学习，直接问学于真谛门下道尼系所传的《摄论》。[④]从其学习《摄论》的经历来看，玄奘对当时以如来藏来理解《摄论》的风气非常不满。同时，不同背景的摄论师之间的理论分歧，也造成玄奘对唐初佛教思想界的纷争深有疑问，便有意前往印度求法。

玄奘回国后，摄论师便参与玄奘的译场，并继续传播旧译的学说。如道因(587—657)校定梵本，担任“证义”[⑤]；灵润亦曾“证义”[⑥]，并且与神泰展开新旧唯识的论争。玄奘译出《摄论》后，可能尚未有真谛译

---

① 《续高僧传》卷十五，《大正藏》第50册，第544页—545页中。

② 《续高僧传》卷十三，《大正藏》第50册，第527页上—528页下。

③ 汤用彤指出，玄奘未出国前，其学风有两个特点：一、偏重法相之学；二、未重般若之宗。见《隋唐佛教史稿》，北京：中华书局，1982年，第142页。

④ 吉村诚指出，玄奘受教于道尼门下的慧休和道岳，比起成都时代，显然更近于真谛，故其所探究的不是北道派的唯识学；而且玄奘在依《摄论》探究真谛所传的唯识思想的过程中，属于逐渐脱离地论南道系的摄论师。见《玄奘の摂論学派における思想形成》，《早稲田大学大学院文学研究科紀要》第42辑第一分册，1996年，第71页。

⑤ 《宋高僧传》卷二《道因传》，《大正藏》第50册，第717页中。

⑥ 《大慈恩寺三藏法师传》卷六，《大正藏》第50册，第253页下。

与玄奘译的区别，[①]但是，逐渐出现对二者的比较，如《续高僧传·法护传》说："自此校角《摄论》，去取两端。或者多以新本确削，未足依任。而护独得于心，及唐论新出，奄然符会。"[②]可见，法护（576—634）认为旧译与新译《摄论》是相应的。玄奘门下的圆测（612—696）十五岁（627）入唐，师事昙迁门人法常、道岳门人僧辩等，后来又师事玄奘，是经历新译、旧译《摄论》的重要人物。

摄论学派为玄奘创立唯识宗提供了思想上的根源与基础。但是，随着玄奘师徒对摄论学派的批判，学者的兴趣逐渐转向《成唯识论》，摄论学派的衰败是很自然的事情。玄奘之后，《摄论》思想成为一种潜流，继续在中国流传。

五　摄论学派与净土宗

摄论学派流行于陈隋至唐初，正是净土宗的转型与弘扬之期，而且二者存在着彼此消长的趋势。摄论学派对隋唐净土宗的影响，表现为两点：一、别时意趣；二、净土观。尤其是别时意趣，为隋唐净土宗会通与批判的焦点所在。

1. 别时意趣与净土往生

对于"别时意趣"，真谛译《摄论释》说：

> 论曰：二、别时意，譬如有说，若人诵持多宝佛名，决定于无上菩提不更退堕；复有说言，由唯发愿，于安乐佛土，得往彼受生。
>
> 释曰：若有众生，由懒惰障，不乐勤修行，如来以方便说。由

---

① 橘川智昭分析了智俨、慧沼、圆测等引用真谛译的情形，推测与圆测几乎同时代者使用《摄论》的情形，认为可能尚未有真谛译与玄奘译的区分。见《真諦訳・玄奘訳〈摂大乗論〉と円測》，《印度學佛教學研究》第43卷第1号，1995年，第236页。

② 《续高僧传》卷十三，《大正藏》第50册，第530页下。

> 此道理，于如来正法中，能勤修行方便说者。是懒惰善根，以诵持多宝佛名，为进上品功德，佛意为显上品功德。于浅行中，欲令舍懒惰勤修道，不由唯诵佛名，即不退堕决定得无上菩提。譬如由一金钱营，觅得千金钱，非一日得千，由别时得千。如来意亦尔，此一金钱为千金钱因，诵持佛名亦尔，为不退堕菩提因。如前应知，是名别时意。[①]

诸译本对此段的翻译，差别不大。[②]佛陀以“别时意趣”说法，对治众生懒惰和懈怠的障碍。《摄论》的“别时意趣”，主要的意思有二：一、“别时性”，即时间上的差异性，如持诵多宝如来的名号，就可种下成佛的善根；虽然暂时还不能直登不退，但将来一定会证得菩提。智俨说：“别时意，义在别时故。”[③]既在别时，即非同时。二、“方便说”，虽然说发愿为往生之因，念佛为不退之因，但是需要经历很长时间，并且要具足各种行持，于是便有一部分众生会因畏难情绪而心生退怯，不去修行；于是，佛就方便说法，强调念佛或发愿的功能，而淡去时间因素。依瑜伽行派的本意，“别时意趣”是第三地以前的菩萨与异生，生含极乐净土的多佛国土的清净世界。[④]

摄论师的著作已经大部分散佚，现存部分并没有发现对“别时意趣”的解释，因此我们无从讨论摄论学派的“别时意”说。然而“别时意趣”的方便说与别时性，确实与净土宗相违。净土宗强调，“往生净土”法门是“决定说”，“往生净土”在时间上符合“即生性”。所以，“别时意”说的流行，对净土的弘扬自然会带来很大的障碍。怀感说：“自

---

① 真谛译：《摄大乘论释》卷六，《大正藏》第31册，第194页上—中。

② 诸本的对照，参考王孺童：《别时意趣本义探源》，《法音》第5期，2005年。

③ 《华严五十要问答》卷下，《大正藏》第45册，第535页中。

④ 袴谷宪昭：《別時意説考》，《駒澤短期大學佛教論集》第5号，1999年，第49页。

《摄论》至此，百有余年，诸德咸见此论文，不修西方净业。”[①]可见，《摄论》的流行反而是净土宗的一大厄难。同时，对于重视学问辨析与阐释的摄论学派，道宣(596—667)在《续高僧传·道绰传》中评价说：“今有惰夫，口传《摄论》，惟心不念，缘境又乖，用之招生，恐难继想。”[②]道宣以自己的眼光，赞叹道绰(562—645)及门人虔诚的信念与修道，并反过来批判摄论师浮薄的风气与颓废的倾向。

无论如何，“别时意”毕竟是无著、世亲提出的思想，面对神圣的传统资源，道绰、迦才、善导、怀感等只能加以会通与创造性的诠释。净土宗的著作及其他宗派有关净土的论述中，记载有摄论师的一些说法。[③]智俨《孔目章·往生义》在探讨往生净土的因缘时说：

> 若论正生，彼因即简三界苦集因，无分别智为正行因；发愿求生为胜方便；临终乐欲生为次第缘，即是正胜欲；临终时善知识行及解者，为亲增上宿世善根。大准依经，成多善根，准现生中，一生所作相续大善根多少等者，即为正因，非别时意；降斯已下，是别时意。令生西方，至彼得不退，虽有前后，仍取不退，以为大宗。[④]

智俨继承摄论学派的观点，以弥陀净土为实报土。意欲往生净土，必须以无分别智为正行因，以发愿往生为胜方便；在临终时，能够正念相续为次第缘，而且有大善知识为其增上缘。四缘具足，一切善业回向，才能往生净土，所以必须成就众多善根之因。否则的话，便是“别时意”。

---

① 《释净土群疑论》卷二，《大正藏》第47册，第39页上。

② 《续高僧传》卷二十，《大正藏》第50册，第594页上。

③ 历代净土宗祖师都主张，“别时意”是约空发愿而无行持的人而立名；若行愿具足，即得往生。见望月信亨著，释海印译：《中国净土教理史》，台北：慧日讲堂，1974年，第109—110页。

④ 《华严经内章门等孔目章》卷四，《大正藏》第45册，第577页中—下。

依道绰记载，摄论师将临终十念往生判为“别时意趣”。道绰《安乐集》说：

> 古来通论之家，多判此文云：临终十念，但得作往生因，未即得生。何以得知？《论》云：如以一金钱贸得千金钱，非一日即得。故知十念成就者，但得作因，未即得生，故名别时意语。如此解者，将为未然。[1]

道绰、善导将摄论学派称为“通论之家”[2]，摄论师以临终的十念，只能成为往生之因，未能得即时生，这就是“别时性”与“即生性”的差别。道绰不同意摄论师之说，善导亦提出，摄论师错解《摄论》，错引下品下生之十声称佛为“别时意”，以为只可成为远生之因，却不能得即生。[3]

依智俨、道绰与善导的论述，可以看到摄论师对“别时意趣”有两种说法。怀感《释净土群疑论》说：“有释者言：念佛修十六观等，即是发愿。又有释言：论师虽举愿言，意亦取其念佛，亦是别时之意。”[4]摄论师解释《观经》之说为“别时意”，怀感总结有二家之不同：其一，念佛及修十六观等，都只能称为发愿，更无行者。这就是“别时意”，因为从凡夫起行，不能生于报土，将十六观等全部摄为发愿，而总括为别时意说。智俨对“别时意”的论述，与此相同。其二，《观经》下品所说的

---

① 《安乐集》卷上，《大正藏》第47册，第10页上。

② 名畑応顺：《迦才净土論の研究．論攷篇》，京都：法藏馆，1955年，第124页。

③ 《观无量寿佛经疏》卷一说：“《论》中说云：如人唯由发愿生安乐土者。久来通论之家不会论意，错引下品下生十声称佛，与此相似，未即得生。如一金钱得成千者，多日乃得，非一日即得成千。十声称佛亦复如是，但与远生作因，是故未即得生。道佛直为当来凡夫，欲令舍恶称佛，诳言道生，实未得生，名作别时意者。”见《大正藏》第37册，第249页下—250页上。

④ 《释净土群疑论》卷二，《大正藏》第47册，第39页上。

十念只是发愿，称为“别时意”，这与道绰、善导的论述相同。

2. 报、化净土与四种净土

《摄论》建立三身：自性身、受用身、变化身。自性身即是法身，是如来自己内证而得的真如理体；“受用身”即是依福德、智慧二行所得的果报，享受清净的净土与微妙大法而生大喜乐，这是在说法大会中为诸菩萨所见的佛的身体；“变化身”即是佛依其本愿自在力，为了救济众生而示现出来的种种变化的身体。真谛依无著、世亲的原意，强调“自性身”摄真如与无分别智，即是智如合一。真谛译《摄论释》说：“云何知此法依止法身，不离清净及圆智，即如如如如智故。”[①]真正的“如”是不能离开主体的智慧，称为“如如如如智”，即是智如合一的法身，融然一味，万德周圆，总持一切功德。

《摄论》对身、土的关系并没有明确阐释，但无著、世亲对净土的体、依止等进行了考察。真谛强调，依八地以上乃至佛地的无分别智、无分别后得智生起净土[②]，“唯识智”成为净土的体性[③]；而且，净土以“法界真如”为依止[④]。真谛对《摄论》的“十八圆净”进行创造性诠

---

① 真谛译：《摄大乘论释》卷十三，《大正藏》第31册，第249页下。

② 真谛译《摄大乘论释》卷十五说：“二乘善名出世，从八地已上乃至佛地，名出出世。出世法为世法对治，出出世法为出世法对治。功能以四缘为相，从出出世善法功能，生起此净土故，不以集谛为因，此句明因圆净。何者为出出世善法？无分别智、无分别后智所生善根，名出出世善法。”见《大正藏》第31册，第263页中。

③ 真谛译《摄大乘论释》卷十五说：“菩萨及如来唯识智，无相无功用，故言清净；离一切障无退失，故言自在。此唯识智为净土体故，不以苦谛为体。”见《大正藏》第31册，第263页中。

④ 真谛译《摄大乘论释》卷十五说：“以大莲华王，譬大乘所显法界真如。莲华虽在泥水之中，不为泥水所污，譬法界真如虽在世间，不为世间法所污。又莲华性自开发，譬法界真如性自开发，众生若证皆得觉悟。又莲华为群蜂所采，譬法界真如为众圣所用。又莲华有四德：一香，二净，三柔软，四可爱；譬法界真如总有四德，谓常、乐、我、净。于众华中最大、最胜，故名为王，譬法界真如于一切法中最胜。此华为无量色相功德聚所庄严，能为一切法作依止，譬法界真如为无量出世功德聚所庄严，此法界真如能为净土作依止。复次，如来愿力所感宝莲华，于诸华中最大、最胜，故名王，无量色相等功德聚所庄严，能为净土作依止。”见《大正藏》第31册，第264页上。

释[1]，可能是依《佛地经论》而进行增补。"受用身""变化身"各有自土，这是没有问题的。至于"法身"是否有土，依法身是"智如不二"，则应该有土；但是，净土是以真如为依止，则不可立法身净土。后代的摄论师依不同的理解，建立了不同的净土义。

吉藏《大乘玄论》引用摄论师的观点："摄论师云：识所变异是净土，以心为体"；"摄论师明，皆唯识为净土体"。[2]真谛是以"唯识智"为净土体，摄论师则以"唯识"或"心"为净土体。凝然《维摩经疏庵罗记》卷七记载，道基《摄大乘义章》卷十四中"净土义门"分为二种：一、报之净土；二、化之净土。报之净土是实修实证的净土，即自受用土，此中亦兼摄他受用之净土。化净土为二乘、凡夫所见之净土。道基不立法身净土，主张法性寂然，无相平等，真理湛然，所证之如如不可言说。[3]将报土分为自受用土与他受用土，虽然是凝然推测道基之意的解释[4]，但是真谛译《摄论释》本身便有此倾向。

同时，凝然《维摩经疏庵罗记》卷七中记载，摄论师法常建立四种净土，华严四祖至相大师亦立四种净土，师资芳郁，所立全同。[5]智俨《孔目章》卷一说：

> 依小乘义，无别净土。依三乘义，有别净土。略准有四：一、化净土，谓化现诸方所有净土；二、事净土，谓诸方净土众宝所成；三、实报净土，谓诸理行等所成，谓三空为门，诸度等为出入路；四、法性净土，所谓真如，谓以依无住本，立一切法。[6]

---

① 这些解释是玄奘译本所无，见玄奘译本卷十，《大正藏》第31册，第377页上—中。
② 《大乘玄论》卷五，《大正藏》第31册，第67页上、下。
③ 《维摩经疏庵罗记》卷七，载《日本佛教全书》第5卷，第194页。
④ 望月信亨著，释印海译：《中国净土教理史》，台北：慧日讲堂，1974年，第104页。
⑤ 《维摩经疏庵罗记》卷七，载《日本佛教全书》第5卷，第194页。
⑥ 《华严经内章门等杂孔目章》卷一，《大正藏》第45册，第541页上。

智俨是禀承法常的观点，“上件所录三乘净土异相”，充分说明这种分类并不是他的观点。“化净土”是指化现十方的所有净土；“事净土”是指佛众宝所成的十方净土，是以上妙七宝、以五尘为其土相，即《摄论》所说“佛世尊在周遍光明七宝庄严处”[①]，也即“十八圆净”中的“色相圆净”；“实报净土”是指由诸种理行等所成，以三空为门，以诸度等为出入之路的净土，即“路圆净”“乘圆净”“门圆净”等；“法性净土”是指真如，依此无住之本而建立一切法，即“依止圆净”。如望月信亨所说，法常的四土之中，法性等三土，是将《摄论》的受用土“十八圆净”之说细加判研，其实不外乎是一受用土之开衍。[②]

对于道基的报、化二土说与法常的四种净土说，道宣、道世以开合二门加以统摄，开则分为四种净土，合则为报、化二土。依摄论师的净土分类，弥陀净土当然属于报土，再加上“别时意趣”，便可判定《观经》“十念往生”为“别时意”，凡夫不能顺之往生西方。因此，净土宗必须加以会通与批判，才能扫清发展的障碍。

第三节　民国年间新旧唯识之论争

唯识古学与唯识今学在唐初佛教界的碰撞，引起巨大的反响与回应。唐末以后，随着唯识章疏的佚失，新旧唯识便显得混淆不清了。清末民初，唐代的唯识章疏开始流回我国，唯识学有了复兴的机运。[③]近代学者通过对唯识学的深入研究，对一些重要问题进行讨论与争

---

① 真谛译：《摄大乘论》卷下，《大正藏》第31册，第131页下。

② 望月信亨著，释印海译：《中国净土教理史》，台北：慧日讲堂，1974年，第107页。

③ 霍韬晦指出，中国近代唯识宗再兴的机运在于：一、唯识宗在东西文化对垒中的印度文化与东方文化的双重身份；二、唯识宗的学理能够与现代学术相应；三、唯识宗的学理能够独树一帜；四、唯识宗的学理究竟。见《绝对与圆融——佛教思想论集》，台北：东大图书，1994年，第28—36页。

辩。[1]1931年，梅光羲在《海潮音》发表了《相宗新旧两译不同论》，考证世亲学传来中土，先后有菩提流支、真谛、玄奘三系，而且探讨了三系思想的差异；太虚同时发表了《相宗新旧两译不同论书后》。于是引起当时佛学界的论争，守培写了《读唯识新旧两译不同论后的一点意见》，一一加以辨正，以为地论学派、摄论学派的思想正确，而玄奘所传的唯识今学不对；印顺则为唯识宗作辨，反其道而行之，主张“旧的都错，新的都对”，二人便有一段文字争辩因缘。[2]

关于这场新旧唯识之论争，印顺后来“觉得这活像两位近视眼，仰读‘文庙’而互争‘又庙’，纠缠不清一样。我与守老的争辩，空热闹一场，回想起来，当然是多余的了！”[3]但是，它确实为理解新旧唯识之间的同异提供了一次契机，同时亦反映出参与者的不同思想背景与价值本位，为我们更好地探讨近代中国佛教思想史提供了入门之路。

一　梅光羲与太虚

梅光羲(1880—1947)早年赴日留学，1907年至祇园精舍随杨文会研习佛学。他从《起信论》及《华严》、三论、净土诸经入手，至1910年后专研唯识，1920年出版《相宗纲要》一书。除了《相宗新旧两译不同

---

① 近代对唯识义理的论争，主要有：(1) 相宗新旧二译不同之辩；(2) 法相、唯识为二宗之诤；(3) 唯识学源流；(4) 相、见同种、别种之辨；(5) 对真如缘起说的批判。参考陈兵、邓子美：《二十世纪中国佛教》，北京：民族出版社，2000年，第249—260页。

② 梅光羲：《相宗新旧两译不同论》，《海潮音》第12卷第4期，1931年；太虚：《相宗新旧两译不同论书后》，《海潮音》第12卷第4期，1931年；守培：《读唯识新旧两译不同论后的一点意见》，《海潮音》第12卷第9期，1931年；印顺：《评破守培师之读唯识新旧两译不同论后的一点意见》，《海潮音》第13卷第4期，1932年；守培：《驳印顺师评破读唯识新旧两译不同论后的意见》，《海潮音》第13卷第10期，1932年；印顺：《答守培师驳评破读唯识新旧两译不同论后的意见》，《海潮音》第14卷第2期，1933年。这些文章都收入《现代佛教学术丛刊》第28册。

③ 印顺：《悼念守培上人》，载《华雨香云》，《妙云集》下编之十，台北：正闻出版社，1990年，第352页。

论》之外，他还撰有《相宗纲要续编》《大乘相宗十胜论》《相宗史传略录》《宗镜法相义节要》《法苑义林章唯识章句》《因明入正理论节录集注》等著作。

玄奘早年曾参学于摄论学派，所以他对唯识古学与唯识今学的差异是最清楚的。随着玄奘、窥基对摄论学派的批判，对二者同异进行辨别、归纳的工作亦逐渐开展。灵润曾经"造一卷章，辨新翻《瑜伽》等与旧经论相违"[①]，共总结出十四条不同之处。梅光羲依灵润的观点，概括为八条不同之处[②]，并概括摄论师的教义如下：

> 至彼所传之教义，则于空义立三空，于识义立九识，且谓第八识是无覆无记，是无明妄识；第三空之如来藏自性情净心，则是真如。真如受熏缘起而生一切法，能变之识唯第八识，真如则是佛性，即是九识，一切众生既皆有佛性，故一切众生应悉皆成佛，无有永不成佛者，此即真谛之教义也。[③]

梅光羲将真谛所传的思想概括为两大要点：一、三空；二、九识。"三空"是指三性的空义，如《大乘庄严经论》说："三空者，一、无体空，谓分别性，彼相无体故；二、似体空，谓依他性，此相如分别性无体故；三自性空，谓真实性，自体空自体故。"[④]唯识古学三性思想的特色在于，分别性、依他性同一无性即是真实性，所以三无性同一无性。同时，在唯识古学的思想体系中，真实性、空性、阿摩罗识、如来藏自性清净心，都是同义的，是指智如不二、境识俱泯、真如。关于九识问题，阿摩罗

---

① 《法华秀句》中本，《日本大藏经》第77册，第98页上。

② 梅光羲：《相宗新旧两译不同论》，《现代佛教学术丛刊》第28册，第91—93页。

③ 梅光羲：《相宗新旧两译不同论》，《现代佛教学术丛刊》第28册，第91页。

④ 《大乘庄严经论》卷七，《大正藏》第31册，第625页下。

识即是智如不二，真如即是自性住佛性。而且，唯识古学主张“一种七现”，《显识论》将心识分为“显识”与“分别识”，“显识”即是第八识，能够转作五尘四大等[①]，即具有能变的功能，其余诸识则无此功能。但是，梅光羲仍然是依《起信论》的“真如缘起”来理解阿摩罗识，强调真如受熏而生起一切法，这是他对唯识古学的误解之处。

梅光羲列举的旧译与新译的八条不同如下：

(1) 真谛译《摄论释》引用《法华经》阐明一乘，“定性声闻”更练根为菩萨，未定根性声闻，令直修佛道涅槃[②]；玄奘译则谓定性声闻永不回入大乘，即由声闻道而般涅槃。[③]

(2) 在三性思想方面，真谛强调分别、依他同一无性，即是真实性[④]，故分别性、依他性皆空，真实性为有；玄奘主张分别性空，依他性、真实性为有。

(3) 对于“生无性”，真谛谓依他性由分别性而成，分别性既无，成不由自成，故谓无生[⑤]；玄奘则谓依他性非自然生，故无生。[⑥]

---

① 《显识论》，《大正藏》第31册，第878页下。

② 真谛译：《摄大乘论》卷十五，《大正藏》第31册，第266页上。

③ 玄奘译《摄大乘论释》卷十说：“佛化作声闻乘等，如世尊言：我忆往昔无量百返依声闻乘而般涅槃。由此意趣，故说一乘。以声闻乘所化有情，由见此故，得般涅槃。故现此化，究竟故者，唯此一乘最为究竟，过此更无余胜乘故，声闻乘等有余胜乘。所谓佛乘，由此意趣，诸佛世尊宣说一乘。”见《大正藏》第31册，第378页上。

④ 《三无性论》卷上说：“一切诸法不出三性：一、分别性；二、依他性；三、真实性。分别性者，谓名言所显诸法自性，即似尘识分；依他性者，谓依因依缘显法自性，即乱识分，依因内根缘内尘起故；真实性者，谓法如如，法者即是分别依他两性，如如者即是两性无所有，分别性以无体相故无所有，依他性以无生故无所有，此二无所有，皆无变异，故言如如，故呼此如如为真实性。”见《大正藏》第31册，第867页中—下。

⑤ 《三无性论》卷上说：“依他性者，由生无性，说名无性。何以故？此生由缘力成，不由自成，缘力即是分别性。分别性体既无，以无缘力故，生不得立。是故依他性，以无生为性。”见《大正藏》第31册，第867页下。

⑥ 《显扬圣教论》卷十六说：“生无性，谓依他起自性由此自性缘力所生，非自然生故。”见《大正藏》第31册，第557页中。

(4)“七如如”第三，真谛以真如为阿摩罗识；玄奘谓真如只是清净识所缘之境。[①]

(5) 对于“能变识”，真谛谓显识有九种，色心诸法都是本识之所变，而不说诸识都是能变。[②]《成唯识论》主张三能变，诸识都是能变。

(6)《显识论》谓“一切三界但唯有识”，三界有显识、分别识二种识，以第八识为能变，前七识为能缘。[③]但是，《成唯识论》以心、心所皆有四分[④]，心、心所都有能缘的见分与所缘的相分。

(7) 旧译以阿陀那识为第七识，新译以阿陀那识为第八识的异名，第七识名为末那识。

(8) 旧译于第八识外立第九识为净识，新译不立九识。

梅光羲所列旧译与新译的八点不同，证据确凿，这是他通过详细研究真谛译的唯识典籍如《摄论释》《转识论》《显识论》《三无性论》，并与《成唯识论》进行比较的结果。其中，(5)(6)(7)(8)是心识思想方面的差异，唯识古学是“一种七现”“无相唯识”，唯识今学则是“诸识现行”“有相唯识”；(2)(3)(4)则是三性思想的差别，唯识古学主张分别性以依他性为体，分别性、依他性同一无性即是真实性，“智如不二”为真实性，“智如合一”“性相融即”是其特色；唯识今学则是三性各别，不遣依他性，真如为真实性，无分别智为依他性，“智如二分”“性相永别”为其特色。(1)是佛性、一乘思想的差异，唯识古学主张“皆有佛性”“究

---

① 《三无性论》卷上说：“先以唯一乱识遣于外境，次阿摩罗识遣于乱识，故究竟唯一净识也。”见《大正藏》第31册，第872页上。《显扬圣教论》卷十六说：“由胜义谛离一异性故，当知即是清净所缘性。何以故？由缘此境，得心清净故。”见《大正藏》第31册，第559页中。

② 《显识论》说：“显识者，即是本识，此本识转作五尘四大等……显识者有九种：一、身识；二、尘识；三、用识；四、世识；五、器识；六、数识；七、四种言说识；八、自他异识；九、善恶生死识。”见《大正藏》第31册，第878页下。

③ 《显识论》，《大正藏》第31册，第878页下。

④ 《成唯识论》卷二，《大正藏》第31册，第10页中。

竟一乘”，唯识今学强调“一分无性”“密意一乘”。

梅氏在列举旧译、新译的不同之后，探究二者不同之根源。他说：

> 世尊于般若会上言三无性，于深密会上言三自性，龙树本三无性以破有，无著本三自性以破空。承龙树学而推之以至其极厥有清辩，说缘生依他无，说圆成实亦空；承无著学而推之以至其极，厥有护法，说缘生依他与圆成皆有，惟遍计无。盖二谛立教，胜义一切空，空不至依圆皆空，空之门不净尽；三性立教，缘生一切有，有不至依圆皆有，有之门不善巧。依他是空，则不许杂乱识，而五种姓不立，惟独一乘；依他是有，则许有杂乱识，而五种姓独立，非独一乘。一切皆空，真如且不立，安有能所说正智为能缘，真如是所缘？一切皆有，体自是体之有，用自是用之有，故必有用之能缘正智，缘其体之所缘真如，凡此皆清辩护法必争之义。不争则不能独存，不异则不能同立，而实水火相显。一多相现，万物并育而不相害，道并行而不悖也。由破有而空，中间既经多级，始成其空；则由破空而有，中间亦必经其多级，始成其有。①

梅氏首先将二者不同的根源首先追溯到空有二宗的不同，清辨继承龙树的无自性空义，提出依他性与分别性一体，故以依他性为染；其次，清辨认为以世俗谛可以说三性有，但在胜义谛则无，即俗有真无。护法继承无著的思想，分别性为染，而依他性则无所谓染与不染；最后，护法认为分别性为无，依他性、真实性为有，即世俗谛为无，胜义谛为有。从不同的三性思想出发，清辨主张依他性是空，所以必须灭阿黎耶识，主张一切众生皆有佛性，无分别智与真如离能、所，为智如不二；

① 梅光羲：《相宗新旧两译不同论》,《现代佛教学术丛刊》第28册，第94页。

护法主张依他性是有，所以不灭阿黎耶识，主张“一分有性”与定性声闻，则是密意一乘，而且无分别智为能缘、依他性，真如为所缘、真实性，即“智如二分”。梅氏认为，正是通过论争，二者并行不悖，佛法的义理才得以发展。[①]我们可以看出，清辨的思想与唯识古学非常相似。吕澂先生指出，清辨的思想来源于《辩中边论》，虽然他表面上与瑜伽行派对立，但是骨子里还是与《辩中边论》有关。[②]

梅氏进一步指出，在《成唯识论》的十大论师中，安慧是“从空而之有”，但是他的思想与空宗不同，虽然主张不立阿黎耶识，但是强调唯识无境。安慧与护法的不同在于，不许依他性为有；与清辨的相同之处在于，五姓、三性、真如等皆同。所以，梅氏称安慧、真谛的唯识学为“过渡唯识学”[③]，这与我们所谓“中间路线”有异曲同工之妙。但是，我们所要强调的是安慧与真谛的同异，二者在“虚妄唯识”层面确实有许多相同之处；同时，真谛有意会通瑜伽行派与如来藏系，所以他的“中间路线”还表现为在瑜伽行派与如来藏系之间的取舍。

梅氏对护法的唯识学评价极高，认为经过安慧、难陀的一一破立，即经过多级的“加密”，唯识学至护法而“确然可立”“纯粹以精”，即护法是唯识学发展的最高阶段。反过来说，真谛的唯识古学，处于创始的粗糙阶段，未能穷尽唯识学的学级，“学不至护法”。梅氏把旧译、新译的不同，归纳为不同的发展阶段，这是可取的；而且，他强调“非真谛之故异护法，亦非其别有一途”，仍然将真谛的唯识古学摄入瑜伽

---

① 清辨对瑜伽行派三性思想的批判，见曹志成：《清辨对瑜伽行派的三性思想之批判的探讨——试以〈般若灯论〉第二十五章有关唯识学的附录部分为解释线索》，《东方宗教研究》第3期，1993年；同氏：《清辨〈中观心论〉及其〈思择炎〉对瑜伽行派三性思想之批判》，《东方宗教研究》第5期，1996年。

② 吕澂：《印度佛学源流略讲》，载《吕澂佛学论著选集》卷四，济南：齐鲁书社，1991年，第2249页。

③ 梅光羲：《相宗新旧两译不同论》，《现代佛教学术丛刊》第28册，第95页。

行派的体系，而不像有些学者将真谛归入真心派，亦是正确的。但是，梅氏存在着“厚今而薄古”的心态，以唯识古学为粗，以今学为精，这则是对唯识古学的误解。唯识思想在经验内省与心理分析的诠释方式下，发展至唯识今学的阶段是必然的。但是，无论是厚古而薄今，还是厚今而薄古，都是对唯识思想的错误理解，亦是对二者的伤害。

梅氏《相宗新旧两译不同论》是他二十余年致力于唯识研究的成果，理明辞晰，证据确凿，观点新颖，在当时受到佛教学者的普遍重视。即使到今天，对我们理解与研究新旧两译的同异仍然有指导意义。至于论中涉及的错误，在以后的论争中不断得到了其他学者的修正。

太虚读到梅氏《相宗新旧两译不同论》后，便在同期的《海潮音》发表了《相宗新旧两译不同论书后》，除了叙述与梅氏的因缘之外，还提出两点商榷意见。

一、世亲的年代，梅氏提到“菩提流支或是世亲同时之人”，太虚认为一种新兴学说的至广流布，必须经过五十年、百年方可。所以，世亲较早于罗什，陈那较早于真谛；而且，世亲应早菩提流支百年，早真谛百余年，早玄奘三百年。[①]关于世亲的生卒年代，异说纷纭，有公元420—500年、390—470年、320—400年、320—380年等不同说法。[②]菩提流支曾经译世亲的《十地经论》，他于永平元年(508)来华，宣武帝令住永宁寺，该寺是熙平元年(516)为灵太氏胡氏所建，道宣援用李廓《众经录》说，“三藏流支自洛至邺，爰至天平二十余年，凡所出经三十九部、一百二十七卷”[③]，可知天平年间(534—537)菩提流支仍然

---

① 太虚:《相宗新旧两译不同论书后》,《现代佛教学术丛刊》第28册，第98—99页。

② 详细考察参考Thomas A. Kochumuttom, *A Buddhist Doctrine of Experience: A New Translation and Interpretation of the Works of Vasubandhu the Yogācārin*, Motilal Banarsidass Publishers, Delh., 1999, pp.xi-xii; Ashok Kumar Chatterjee, *The Yogācārā Idealism*, Motilal Banarsidass Publishers, Delhi, 1999, p.36。

③ 《续高僧传》卷一,《大正藏》第50册，第428页下。

在邺都译经。真谛的生卒年代是499—569年，玄奘的生卒年代虽然有些争议，但是大约为600—664年。可见，太虚的考证，有一定的准确度。

二、传学之泛正。太虚主张，世亲的学问非常广博，所以继承与传播世亲的学者，所传不妨有差别。他认为菩提流支所传译为“泛世亲学”，所涉甚广，非专弘唯识；对真谛所传的唯识古学，则采取否定的态度：

> 至于真谛则传译《摄大乘》《世亲释》及《转识》《显识》《大乘唯识》诸论，似传译专宗唯识之正世亲学者，然细观其误阿陀那为第七末那一事，可见其学无根柢每多随意揣测为说。则其以阿摩罗(即菴摩罗)为第九识即真如，及第八阿黎耶为真妄和合识等，可知其亦由对于世亲学误解意揣而致此。[①]

太虚认为，真谛所传的唯识古学是“无根柢”的学问，多有对世亲学的误解与随意揣测，真正的世亲学应该以新译为准。他同意梅光羲的观点，即“唯识学至护法乃确然可立纯粹以精是也”。太虚特别提出旧译以阿陀那识为第七末那识，并曾著《阿陀那识论》，专门阐发阿陀那识的意义。依他所说，以阿陀那识名第八识，“最为允当”；而且“唯识宗之特胜点，即在第八识，明此阿陀那识，即自明一切法唯识”。可见，太虚以第八识为唯识宗的命根。唯识古学以阿陀那识为第七末那识，保持了“七、八二识未分”的传统；太虚则忠于玄奘所传的唯识今学，故对唯识古学持否定态度。

但是，我们在《相宗新旧两译不同论书后》一文中发现，太虚“不

① 太虚：《相宗新旧两译不同论书后》，《现代佛教学术丛刊》第28册，第100页。

顾史实”之处颇多，如不加考证便推测“扇多即禅宗初祖菩提达磨，而慧光即二祖慧可神光”；他否定唯识古学，认为“不应以旧译之异于新译者，为亦系正传世亲唯识学者”，可见他对旧译的成见。

二 守培与印顺

近代佛教对于旧译、新译唯识真正的论争，在守培与印顺之间展开。守培(1884—1955)家境贫困，父母早逝，幼年读过数年私塾，学问并没有根底。出家后习唱诵，住禅堂，未读过佛学院。但天赋绝高，加以刻苦力学，勤于自修，在佛法义理的解悟上有相当的成就。当时，社会上把印光、兴慈、守培合称为三大师，可见其道誉之隆。[①]守培精通《金刚》《维摩》《楞严》《起信》等大乘经论，20世纪30年代，支那内学院偏弘唯识，评斥《楞严》《起信》，守培于是取《地论》《摄论》等法相旧义与之对决，甚至“语侵世亲”。[②]守培的佛学思想源于《楞严经》与《起信论》，以“真常唯心”为主，有自己的特殊见解。

印顺(1906—2005)，当代的佛学泰斗，不预设任何成见，不囿于宗派立场，同情与支持真谛所传的唯识古学，认为真谛开创了一条不同于《起信论》，而能融合真常与瑜伽二派的“中间路线”。[③]但是，早年的印顺在与守培的论争中，持反对旧译的立场[④]；晚年的印顺在《起信论与扶南大乘》一文中，舍弃了“中间路线”，以《摄论》的“解性黎耶”

① 于凌波：《中国近现代佛教人物志》，北京：宗教文化出版社，1995年，第105页。

② 印顺：《〈守培全集〉序》，载《华雨集》五，台北：正闻出版社，1993年，193页。

③ 具体论述参考陈一标：《印顺导师对新旧译唯识的定位与评析》，载《印顺导师九秩晋五寿庆论文集》，台北：正闻出版社，2000年。

④ 印顺在《华雨集》“序”中说：“《华雨集》所没有编集的，就是我所不要保留的，无论说得对与不对，都不再是我的了，如旧物与而已被丢弃了一样。”见《华雨集》一，台北：正闻出版社，1993年，第2页。因而印顺对自己早年反对旧译的立场，是不认同的。

是《起信论》的“本觉”。[①]可见印顺的一生对旧译的态度变化。

在二人的论争当中，守培的基本观点是“旧译无一非处，新译无一是处”[②]，而印顺的基本观点则相反，即“旧的都错，新的都对”[③]。守培是以《起信论》为参照系，比照与解释旧译、新译的思想。所以，他说：“马鸣始作《大乘论》，惟依佛法，不参己见，是为纯清洁白之大乘法。至无著天亲等，则稍带彩色矣。由护法后，则玄色满面，大乘真相完全不见矣。”[④]守培以《起信论》为最高佛法、纯清洁白的大乘法；无著、世亲的唯识思想则稍带彩色；护法更次之，完全掩盖了大乘佛法的真相。

守培对梅光羲提出的旧译、新译之八点不同与灵润的十四点不同，引经据典，一一进行详细论证。综观其论证，有如下几个方面的特点：

一、守培依《起信论》《楞严经》《楞伽经》等解释旧译的思想，加以自己的理解。他以《起信论》的“分别事识”与“意”解释《显识论》的“分别识”与“显识”，认为“显识”是第七识，显现其境相；“分别识”是第六识，分别境相。他完全不顾《显识论》所说“显识者，即是本识”[⑤]，强调“本识”即是《起信论》所说不生灭的“心真如门”。《读唯识新旧两译不同论后的一点意见》说：

> 问曰：云何不言八识耶？答：八识是和合性，有名无实，无所作为故不言也。如《起信论》云：不生灭与生灭和合，非不非异，名阿赖耶识。不生灭即本识，生灭即前七识。七识生，真妄和合，

---

① 印顺：《起信论与扶南大乘》，《中华佛学学报》第8期，1995年。

② 守培：《读唯识新旧两译不同论后的一点意见》，《现代佛教学术丛刊》第28册，台北：大乘文化出版社，1978年，第121页。

③ 印顺：《悼念守培上人》，载《华雨香云》，《妙云集》下编之十，台北：正闻出版社，1990年，第352页。

④ 守培：《读唯识新旧两译不同论后的一点意见》，《现代佛教学术丛刊》第28册，台北：大乘文化出版社，1978年，第101页。

⑤ 《显识论》，《大正藏》第31册，第878页下。

> 名阿赖耶生，实则生无所生；七识转，圆成本识，名阿赖耶灭，实则灭无所灭。以三界有二种识，熏习不断故。[①]

守培依《起信论》所说，真如理体(不生不灭)与妄念心识(生灭)和合，名为阿黎耶识，主张“本识”是不生灭的真如理体，“显识”“分别识”为前七识，完全割裂了《显识论》的观点。这样，当前七识生起，即妄念心识现前，便真妄和合，成为阿黎耶识；而转识成智时，则灭去阿黎耶识，成为真如(即阿摩罗识)。

对于阿陀那识为第七识，守培引用《楞伽经》的“藏识海常住，境界风所动，种种诸识浪，腾跃而转生”[②]，这是以大海比喻八识，以波浪比喻七识；又《楞严经》说“陀那微细识，习气成暴流”[③]，阿陀那识既然是习气，当然不是含藏识——第八识，而且用暴流作比喻，而非大海。所以，正好能够证明阿陀那识为第七识。

对新译唯识的“四分”，自证分缘见分，自证分缘证自证分及证自证分缘自证分，守培认为都是“以心缘心”。他引用《楞严经》的“七处征心”，心不可得；“十番辨见”，见不能及，以此证明“以心缘心”是错误的。[④]

而且，守培以《起信论》等同于旧译，他说“旧译云：心真如者，是一法界大总相法门体”[⑤]，这其实是《起信论》所说“真如缘起”[⑥]。真如

① 守培:《读唯识新旧两译不同论后的一点意见》,《现代佛教学术丛刊》第28册，第110页。

② 《楞伽阿跋多罗宝经》卷一,《大正藏》第16册，第484页中。

③ 《首楞严经》卷五,《大正藏》第19册，第124页下。

④ 守培:《读唯识新旧两译不同论后的一点意见》,《现代佛教学术丛刊》第28册，第113页。

⑤ 守培:《驳印顺师评破读唯识新旧两译不同论后的意见》,《现代佛教学术丛刊》第28册，第165页。

⑥ 《大乘起信论》,《大正藏》第32册，第576页上。

心是一切现象得以产生的根本，亦是一切现象的共相。守培以“真如缘起”为“天然的唯识观”，一切法从真如起，法法皆是真如，真如即识性。[①]

可以看出，守培虽然依《起信论》《楞严经》解释旧译的思想，但是确实如印顺所说，“并不附和一般《楞严》《起信》的注疏”，他对佛法有一整套看法。[②]因此，有些牵强附会之处，亦是其独特看法的表现。

二、守培对新译唯识成见太深，以为“凡新译不同旧译者，皆无是处”，而且“印度大乘佛法至护法时间，满面玄黄，不见本来面目”[③]。如对新译的“五种性”，他认为有情有五种不同，有高有下，不平不等，有成佛有不成佛，是违佛言亦违至理的。从思想史的角度来看，一般认为无著建立三性以破空执。但是，守培引用《唯识三十颂》“此诸法胜义，亦即是真如，常如其性故，即唯识实性”[④]，证明无著亦是以三无性为本；而且，世亲亦是于唯识性上刷洗得干干净净，不但所缘之境不容有，能缘之智亦不容有，直得能所俱尽，二边全空，始许唯识义成。这样的话，护法误谬唯识真空而谓之有，自立有宗，反对清辨，推尊世亲，乃是“假世亲之名，破世亲之法”[⑤]。因此，守培强调依他性是空，而以新译谓依他性有为无根据的妄见。更有甚者，守培认为，护法“说依圆是有，则违佛说三无性故；说遍计是无，则违佛说三自性有”[⑥]，二边

① 守培：《驳印顺师评破读唯识新旧两译不同论后的意见》，《现代佛教学术丛刊》第28册，第165页。

② 印顺：《悼念守培上人》，载《华雨香云》，《妙云集》下编之十，台北：正闻出版社，1990年，第352页。

③ 守培：《读唯识新旧两译不同论后的一点意见》，《现代佛教学术丛刊》第28册，第121页。

④ 《唯识三十论颂》，《大正藏》第31册，第61页上。

⑤ 守培：《读唯识新旧两译不同论后的一点意见》，《现代佛教学术丛刊》第28册，第105—106页。

⑥ 守培：《读唯识新旧两译不同论后的一点意见》，《现代佛教学术丛刊》第28册，第105页。

俱违。

守培以护法违背世亲的本意，批判护法唯识思想的错误；但是，所谓世亲的本意亦只是他自己的“我意”理解。《唯识三十颂》说“彼依识所变，此能变为三，谓异熟思量，及了别境识”[①]，守培解释“彼依识所变”的“识”为本识，因为真谛主张能变唯有本识，能转变以下三种心色诸法，即异熟(第八识)、思量(第七识)、了别(第六识)。[②]守培以真如为“本识”，依真如生起种种法，亦可以归纳为八识。可见，守培是以“我意”诠释世亲的思想，然后再以此去批判护法的。印顺批判守培“然彼非真能知真谛者，第假真谛之名，欲以笼统之圆融，摧精微之法相耳”[③]，是有一定道理的。

印顺当时在闽南佛学院，他对守培的印象受到闽院师生的影响。因为守培与象贤争辩唯识空有，对唯识宗采取敌对的态度，在解说《八识规矩颂》时，依照自己的观点而强解一番，所以当时闽院师生都称他为知见不正的“外道”。[④]印顺正是在这种风气影响下对守培进反驳。印顺批判守培《读唯识新旧两译不同论后的一点意见》，分为三个方面。一、“不顾史实”，这是批判守培对印度佛教史的误解，如以《起信论》为“纯清洁白”大乘、护法则“玄色满面”；二、“未穷教理”，批判守培在教义理解方面的不足；三、“成见太深”，批判守培将所有错误尽归于护法。

印顺维护新译唯识的正确性，主张“约毕竟无性而说，则无佛性

---

① 《唯识三十论颂》，《大正藏》第31册，第60页上。

② 守培：《读唯识新旧两译不同论后的一点意见》，《现代佛教学术丛刊》第28册，第108页。

③ 印顺：《评破守培师之读唯识新旧两译不同论后的一点意见》，《现代佛教学术丛刊》第28册，第124页。

④ 印顺：《悼念守培上人》，载《华雨香云》，《妙云集》下编之十，台北：正闻出版社，1990年，第350页。

言，是究竟了义之说，非方便也”[①]，批判旧译“若立真如名阿摩罗识，应有生灭，应是有为所摄，名为识故”。印顺当时是从三论、唯识入门，1931年，他学习太虚的融贯方法，创作《抉择三时教》，对于智光的三时教、唯识宗的三时教，抉择而予以融贯。[②]因此，印顺在阐释唯识的思想时，融贯中观的立场。他从诸法实相出发，一切诸法所知性相，离于言说及假智诠，法尔如是，绝待绝待，有尚不有，岂容言空，迴绝二边，归无所得，是则有空，皆戏论也。印顺说：

> 依他起，即是法相；彼圆成实，即是法性。法性法相，二不相离，相不离体，体不离相，无相之体，世所无有。……依他起法，亦有亦空。云何名有？唯识所现性之相故。地上量智正所缘故，非惟俗有真不无故，毕竟空中宛然有故。云何名空？胜义谛中虚妄假故，法体离言非情有故，非有似有如幻事故，宛然有中毕竟空故。无著依初，龙树依后，有空虽别，无所争竞。若言定有，则堕小乘，执有相法。若言定空，有所得大，恶取空见。[③]

印顺以法相与法性的关系来解释依他性与真实性。这样，依他性为毕竟空中宛然有，真实性为宛然有中毕竟空，真空不碍妙有，妙有不碍真空，最后落实到无著与龙树则无所竞争，二者都是从不同方面诠释诸法实相。

而且，印顺从中观的立场解释三性、三无性，认为二者体一而义二，非互相破，而是互相成。三自性是表诠门，三无性是遮诠门。依他性、

---

① 印顺：《评破守培师之读唯识新旧两译不同论后的一点意见》，《现代佛教学术丛刊》第28册，第131页。

② 印顺：《游心法海六十年》，载《华雨集》五，台北：正闻出版社，1993年，第6页。

③ 印顺：《评破守培师之读唯识新旧两译不同论后的一点意见》，《现代佛教学术丛刊》第28册，第132页。

真实性是真实的法体，从理上自不可言，非有非无、非非有非无、非亦有亦无，性相具足，真实不虚而不是空花。凡情不能正确理解，于是在依他性、真实性之外增益成分别性；而诸圣者慈悲，说三无性，遣除增益的邪见，显现诸法实相。

在守培与印顺之争中，二者的基本立场不同：守培是从《起信论》《楞严经》等真常唯心思想出发，对旧译进行解释，对新译进行批判；印顺则是从中观的缘起性空出发，对唯识进行融贯与诠释。二者的论争是重“信”与重“解”的论争，一位耆宿僧宝，见解独特；一位学界新秀，崭露头角，敢于挑战权威。这次论争的结果，引起印顺内心的反省：

> 这是千百年来的老问题，旧译与新译的思想对立，难道都出于译者的意见？还是远源于印度论师的不同见解，或论师所依的经典不同呢？这是佛法中的大问题，我没有充分理解，又那里能够决了！①

印顺对守培的评论，虽然具有一定的理论依据，却也有很大一部分是出于意气。这次论争让他反思到自己对旧译的认识不足，亦让他生起自求充实的愿望，所以才到普陀山阅藏。

同时，这次论争引发了印顺对旧译的重视与同情。1941年，印顺为演培、妙钦、文慧讲《摄论》时，便渐渐树立了他的“中间路线”：

> 尝以今之学者，多偏据奘传之说，于《摄论》本义多昧，乃亦乐为一谈。依《世亲释》通无著《论》，间取《中边》《庄严》为之证。如种识辨三相，陀那即末那，染意缘种子，自心为本质，见相

① 印顺：《游心法海六十年》，载《华雨集》五，台北：正闻出版社，1993年，第8页。

成唯识，遍计依他等如幻，依他具二分，镜智体常住：异义纷披，每异奘传之说。①

印顺在《摄大乘论讲记》《如来藏之研究》等书中表达了他对旧译的看法：真谛将如来藏学糅入瑜伽学，如《摄论释》；将瑜伽学糅入如来藏学，如《佛性论》。总之，真谛存有调和二系的意图，而他调和二系的基本原理出于《摄大乘论》，他将《摄大乘论》的微言引申而充分地表显出来。②

印顺出版《摄大乘论讲记》后，请教于守培；守培回了一封信，表示他的意见。另外，守培亦曾批评印顺《中观今论》为“中道的方法论”，并且引用了“不偏之为中”“未发之为中”来解释中道。法义的论争，互相问难，反使佛法的真义发扬光大。

结　语

我们从思想史的角度梳理了摄论学派的思想体系对后来中国佛教的影响，力求重现摄论学派在中国佛教史上的地位。在隋唐佛教的各种著述中，可以看到真谛有三法轮、四教、顿渐等三种判教学说。三法轮的判教，即以三法轮比配佛陀说法的三个时段，是真谛判教思想的中心。“四时教”则争议较大，未能确定是真谛或隋笈多三藏的判教。另外，真谛就修学者的根机判别顿、渐，这与地论学派依教法的不同而判教，有明显的分歧。北地摄论师受到地论学派的影响，提出“二藏四

---

① 印顺：《〈摄大乘论讲记〉弁言》，载《华雨集》五，台北：正闻出版社，1993年，第192页。

② 印顺：《论三谛三智与赖耶真妄》，载《华雨集》五，台北：正闻出版社，1993年，第115页。

宗”，其中二藏以及“立性教”“破性教”的思想，与地论学派有较多一致之处；而“显示教”与“秘密教”依三性建立，可见摄论学派的传统。

智𫖮受到慧旷等的影响，对摄论学派的思想进行吸收与批判，将《摄论》的思想定位为“别教”。从心识论来说，智𫖮继承与深化了真谛的“一心论”或“一意识论”与“三真如”，认为心、意、识三者的关系是“一法论三，三即是一”，而且用三轨来解释阿摩罗识、阿黎耶识、阿陀那识，但是又从止观的实践与“非三非一”对摄论学派进行批判。从止观的体系来说，《摩诃止观》的“十广”、《次第禅门》的“十章”，都有可能受到《摄论》的影响；另外，智𫖮以三轨解释真谛的一乘三义，“理乘”即是真性轨，“随乘”即是观照轨，“得乘”即是资成轨。在佛身论方面，智𫖮批判真谛的三身是“别教”，主张三身皆是真实，并引用真谛的“如如如如智”来解释三身。

吉藏本着三论宗的“无所得正观”，对摄论学派的思想进行融通与批判。他认为摄论学派的八识、九识以及转依都是某种意义的“来”“去”，而且三性、三无性是“复四句”的“无”，“唯识无境”是“单四句”的“亦有亦无”。吉藏对“破想不破法”与“唯识无境”作出自己的区分，其实他所阐释的“唯识无境”是摄论学派的“方便唯识”，而“破想不破法”的无所得正观，与摄论学派的“真实唯识”相通。同时，吉藏将真谛的二重二谛纳入其四重二谛的第三、第四重中，加以评破。吉藏依“唯识理”，提出“理内有佛性，理外无佛性”，而且依《佛性论》的“三藏”“三佛性”和《胜鬘经》的“五藏”诠释如来藏，他的诠释是基于如来藏系统的立场，与真谛的瑜伽行派立场不同。

摄论学派对《华严经》的研究主要集中在长安胜光寺、终南山至相寺，以昙迁为中心人物而展开。智俨师承杜顺、达法师、法常、灵辨、静琳、智正，后四位皆曾受教于昙迁，都具有融合《摄论》与《华严经》的学风的特征。昙迁《亡是非论》阐明“亡是非”“无心”，与“性起”

观念中的“离相”“不起”等观念相合，所以能够“顺性起”。

智俨认为《瑜伽论》《成唯识论》为三乘始教，而《摄论》为三乘终教，并且阐释二者心识思想的差别；但是，他又将《摄论》置于“从始入终”的位置，《瑜伽论》《显扬圣教论》《成唯识论》等唯识今学，经过《摄论》的中介作用，最后进入《地论》《起信论》的终教；《地论》的如来藏思想，即容纳《摄论》，配置《华严经·性起品》而成心识说的体系。而且，智俨依“种子六义”而建立“因门六义”，这是他从《摄论》转向《华严经》的表现。

摄论学派与华严宗都是用肯定方式来诠释缘起，但是前者是从经验的立场，后者则是从超越的真心立场，二者有同有异，这在法藏诠释“三性同异”时，充分表现出来。法藏继承摄论学派的“三无性同一无性”而提出“三性一际”，最后归入《起信论》的如来藏缘起，建立了“法界缘起”。此外，摄论学派不主张“情有”，在转依前无“真如随缘”义，亦是二者的差别所在。

摄论学派的创立与传播，为唐代唯识宗创造了很好的思想基础，玄奘早年的修学正是以摄论学派为中心的。摄论学派对隋唐净土宗的影响，表现为两点：一、别时意趣；二、净土观。净土宗必须对之加以会通与批判，才能扫清发展的障碍。

唯识学在近代得到复兴与弘扬，人们对唯识教典、义理有深入的整理、研究与阐述。继唐初关于新旧唯识不同的整理之后，新旧唯识的差异在民国年间引发了一场新的论争。1931年，梅光羲在《海潮音》发表《相宗新旧两译不同论》，太虚在《海潮音》同时发表了《相宗新旧两译不同论书后》，于是引起当时佛学界的论争。守培写了《读唯识新旧两译不同论后的一点意见》，一一加以辨正，以为地论学派、摄论学派的思想正确，而玄奘所传的唯识今学不对；印顺则为唯识宗作辨，反其道而行之，主张“旧的都错，新的都对”，二人便有一段文字争辩因缘。

梅光羲以安慧、真谛之学为“过渡唯识学”，护法之学则是唯识学发展的最高阶段。太虚以菩提流支所传译为“泛世亲学”，真谛则误传了世亲的思想。守培从《起信论》《楞严经》等的真常唯心思想出发，对旧译进行“我意”的解释，对新译进行批判。印顺则维护新译唯识的立场，从中观的缘起性空出发，对唯识进行融贯与诠释。这次论争引发了印顺对旧译的重视与同情，最终确立了他解释旧译唯识的“中间路线”。

摄论学派在真谛之后，深深地影响了中国佛教的思想，特别是为隋唐佛教宗派的兴起提供了吸收与批判的资源；而且，在受到玄奘、窥基师徒等的批判之后，它成为一种思想上的潜流，依天台宗、华严宗以及唯识宗，一直绵绵不绝地传承下来；至民国年间，又随着早佚唯识文献的回流，在佛教思想界激起一股热潮。

结语　比较与诠释
——以唯识古今学、如来藏与唯识交涉为中心

一　文献的发现与方法论的创新

摄论学派的研究之所以一百年以来很难有突破，文献的佚失是主要原因。我们收集文献资料有三种方法：第一，利用电脑检索《大正藏》，将所有有关真谛以及摄论师的零散资料进行整理，如吉藏、智顗、圆测等人的著作中所保存的资料。第二，充分利用日本的佛教文献。隋唐时期大量的日本僧人到达中国，在其著作中，保存了摄论学派的一些文献，如最澄《法华秀句》中所保存的灵润的资料、凝然《华严孔目章发悟记》所保存的道基《摄论章》。第三，利用敦煌文献中的《摄论》章疏，尤其是《大正藏》第85册所保存的资料。

《华严孔目章发悟记》引用的道基《摄论章》，为卷一、卷二、卷三；而大屋德城所藏敦煌写本《摄大乘义章》卷第四，能与前者相接。关于灵润的著作，最澄《法华秀句》提及的"一卷章"引人注目。除此之外，《摄论章》卷第一(S.2435)与S.6715亦是灵润的著作。依《摄论章》卷第一(S.2048)后面的题记，可以判断此写本为智凝的著作。另外，《摄论疏》卷五、卷七(S.2747)与地论学派有很大的关系；敦煌本《摄论抄》与华严宗智俨有很密切的关系，而且亦有地论学派的背景。

在方法论上，我们提倡"综合式研究方法"，包括语言文献、历史

考证、思想史、哲学诠释学、解脱诠释学，在研究过程中依不同的场合运用不同的方法。“过程存在论”与“解脱诠释学”，是我们提出的佛教思想之特色。佛教的存在论不同于西方的存在论，是将一切存在建构于“过程”与“关系”中，这是缘起法的核心特征。对于唯识思想来说，在现象界，存在论与认识论无法分开；在真理界，存在论与实践论、解脱论是密切相连的。因此，“解脱诠释学”强调佛教哲学的实践论与解脱论特色，其核心是“性修不二”的矛盾结构，即真理与修行的关系问题。

二 唯识古学与今学的比较

关于真谛所传唯识古学与玄奘所传唯识今学的不同，唐代灵润便曾举出十四点异义，民国年间，梅光羲概括为八义。这些异义的形成，主要是因为旧译与新译两家渊源的不同。从诠释学来看，真谛的翻译不忠实于原文，本身就是一种创造性的诠释。从唯识古学内部来说，真谛与安慧在“虚妄唯识”层面，确实有许多共同之处；但是，真谛有意对瑜伽行派与如来藏系进行会通，因而二者表现出不同的走向。

我们将真谛的思想界定为“从始入终之密意”，真谛的思想在虚妄与经验层面，是纯正的瑜伽行派的“阿黎耶识缘起”，属于“始教”；在转依的果位上，其主张“性相融即”“智如合一”与唯识今学的主张“性相永别”“智如二分”明显不同，具有“终教”的特点。真谛的思想是妄心派向真心派的过渡，是一种“中间路线”，但是其基本立场仍然是瑜伽行派。本书正是沿着这种基本思想，以阿黎耶识缘起、影像门唯识、三性三无性、转依等理论为中心，对唯识古学与今学进行详细的比较。

1. 一种七现与八识现行

对心、意、识三者之间关系的探索，部派佛教出现了主张名异体异的“多意识师”和主张名异体一的“一意识师”。瑜伽行派完善部派佛教的六识说而建立八识，也有“诸识差别”与“一心论”的不同主张。玄奘译《摄论释》主张，在一意识以外，另有阿黎耶识的存在。而真谛主张，意识含摄阿黎耶识，因为二者是同类的。依“一意识”而推展，即真谛译《显识论》的三品意识：(1) 细品意识，即阿黎耶识；(2) 中品意识，即末那识；(3) 粗品意识，即平常所说的意识。真谛基于八识一体，以一意根统摄八识，建立了一识说、二识说、三识说、四识说、十一识说。初期唯识的“一种七现”思想注重以阿黎耶识为中心，真谛则将初期唯识的一心论演绎成“一意识说”，强调以“意根”为中心，这是其唯识思想独特之处。

同时，真谛保留了初期唯识的古义，依阿陀那识原有的执取性来说明染污意的功能，并提出阿陀那识即是染污意。后期的论书对阿陀那识的含义进行区分，将其一分执取性、染污性立为“末那识”，而“阿陀那识”则是执持根身的作用，并作严密而详尽的解说与定位。玄奘虽然违背了早期《解深密经》对阿陀那识的定义，但是护法、玄奘一系使整个唯识系统在义理、组织结构上更趋严谨与圆熟。

真谛从种识不分的立场，主张种子是假而无体，阿黎耶识是实而有体，而种子的相续即是阿黎耶识的相续，不承认种子生种子。护法一系从诸识差别的立场，主张种子与阿黎耶识都是实有的，建构了种子生种子的异时因果与种生现、现熏种的同时因果。

可以看出，在虚妄唯识的层面，真谛继承了无著、世亲的唯识古义，从而与护法、玄奘一系有了不同的展开。从存在论与语言哲学来看，瑜伽行派建构阿黎耶识的主体观念，这是一种建设性的现象学，为描述性的现象与存在找到一个根据与起因，从而建立了具有认识论意义的存在论。

2. 无相唯识与有相唯识

在对“虚妄分别”的解释中，弥勒、安慧、真谛从“无相唯识”的立场，主张分别为因、虚妄为果，只有一层心理建构，强调“识境同一”；窥基从“有相唯识”的立场，强调虚妄与分别不同体，分别为能缘的依他起，虚妄为二取的分别性，因此必须有两层心理建构；同时，他还将“虚妄分别”解释成“虚妄的依他起”，强调染净二分的依他起。所以，依玄奘所传的唯识今学，虚妄分别但指依他性；依真谛所传的唯识古学，虚妄分别通依他性与分别性，这是“尘识理门”的思想。

唯识古学以“现熏种”“种生现”来诠释阿黎耶识缘起，以“虚妄分别显现”诠释影像门唯识理论。但是，世亲以“识转变”取代了“显现”，而且统摄了“现熏种”“种生现”，从而依“识转变”建立了整个唯识体系。从存在论进入认识论，再回归到存在论，“识转变”的意义经历了三个阶段：“一切种子识的转变”→“识即转变”→“识转变即分别”。安慧、真谛的唯识思想比较接近，但是安慧主张“异时因果”，真谛主张“同时因果”，从而有不同的展开。

现代学者对“识转变”的因果关系理解不同，上田义文以“异时因果”说明转变，横山纮一、长尾雅人、平川彰主张“同时因果”。我们通过对部派佛教时间观的探讨，发现“同时因果”与“异时因果”的争论原因，在于现在这一刹那是否有延续性。经量部及难陀、胜军等强调现在刹那有“生住灭”三相，是一种“延续性”的现在；护法一系主张时间只是一刹那的存在。依现象学的时间观来剖析因果之间的“同时”与“异时”，无论是依“刹那际”或“刹那相续”，“因果异时”的成立都没有任何困难。但是，依“刹那相续”成立“因果同时”十分勉强，新种与旧种之间的性质必须有变化，在一刹那的不同位相成立新种与旧种，这是难以成立的。因为“刹那”没有任何前后的延续性，护法一系成立“因果同时”必须依“刹那际”的无间性，所以护法说种生现、现熏种“如秤两头，低昂时等”或“如炷生焰，焰生焦炷”。

在认识论上，“无相唯识”强调心识生起时，心识无义但显现为义，这种“义”的显现是“无”增益为“有”，即心识(无义)→显现→义(外境)；在汉译中，经常指“似义显现”，即心识生起→似义性→显现→义(外境)。“有相唯识”系统强调心识与心识所显现的影像是“有所得”，即心识→显现→似义→义(外境)，凡夫执“似义”为“义”，于是现起分别性。二者的区别在于：“无相唯识”以为显现即是执取，而“有相唯识”认为显现不包含执取，是凡夫将“似义”的见、相分执取为“义”。

真谛试图在“似义显现”的无相唯识中，更好地说明见分、相分与能取、所取的关系，于是引入“变异”。在“无相唯识”的唯识古学中，“变异”虽然强调心识变异出见分、相分，但这是“似义显现”，并没有护法一系的“三分说”。

3. 方便唯识与真实唯识

我们将初期唯识的三性思想分为情事理门、尘识理门、染净通门，以阐释其内涵及差异。“情事理门”以语言来建立三种存在，可以分为“假言自性”与“离言自性”，分别性属于“假言自性”，依他性和真实性为“离言自性”。

“尘识理门”的主要特征是从认识论的角度探讨认识与存在的不同层面的关系，这方面的典籍有《大乘庄严经论》《中边分别论》《辨法法性论》。分别性、依他性无性即是真实性，真实性兼摄正智，是“智如合一”的性相融即。分别性是绝对无的主客对立的分别，依他性是“一切无而似有”，二者同为虚妄分别所摄，即“识境合一”。因此，整个三性摄入虚妄分别。真谛为了显示虚妄分别的迷乱性，故提出“乱识”或“乱识虚妄性”，并且强调“境不实故”“体不真实”等理由。玄奘强调“依他性不得为无”，是因为不以虚妄分别全为乱识。“尘识理门”的依他性包含两种：一、缘生依他；二、分别依他，即分别性所依。

以《摄论》为中心的“染净通门”，将对语言、认识、存在的阐明，回摄入主体的心识。《摄论》对依他性的探讨可以分为四种：缘生依他、唯识依他、分别依他、染净二分依他。前三者即虚妄分别的依他性，属存在论层面；后者由存在论转向实践论，从而用真实性来证成依他性。《摄论》的依他性思想有三大特色，这是以往“情事理门”“尘识理门”所没有的。第一，阿黎耶识缘起与依他性的结合，后二门的依他性都是“缘生依他”，但没有提到一切种子识作为因缘，《摄论》明确提出依他性是依缘于阿黎耶识的种子而生起。依他性是诸法的存在状态，即《摄论》中提到的十一种识；而阿黎耶识(即种子)是诸存在的潜势状态。第二，强调“染净二分依他”，其本意应该是“立体式”的二分，同时分别性与真实性的转换是非连续的；而《起信论》强调平面式的“一心二门”，阿黎耶识与法身之间的转换是连续的。但是，真谛在解释金土藏喻时，以本识解“界藏”，别立“解性黎耶”，无疑为“真妄和合”与“一心二门”提供了有力佐证。第三，提出“依他性是所分别”，这是“尘识理门”的三性思想所没有的，是后期护法一系对依他性的主要看法，但是真谛以分别性来解释所分别，继承了“尘识理门”的思想。

真谛与安慧都以八识为能分别，而护法则强调第六识、第七识为能分别；而且，护法主张见分、相分同属依他性，真谛、安慧则无此义。真谛主张分别性、依他性无所有而呈现的同一无性，即是真实性，因此三性是一；唯识今学主张于依他性上远离分别性，即是真实性，因此三性彼此有分际，不可混同。

真谛的三性思想有两大特点：一、从三性来说，分别性以依他性为体，“识境合一”，分别性、依他性无所有即是真实性，体现了“性相融即”的思想。二、从真实性来说，强调“智如合一”，这是继承自“尘识理门”的思想，也是“无相唯识”一系的思想；将此真实性视为阿摩罗识，则是其独特的思想。相反，护法一系主张“性相永别”“智如二分”，我、法二空所显的真如是圆成实性。

对于三性之间“不一不异”的关系，安慧与护法基于存在论的立场，以真实性与依他性的关系为中心，顺从《唯识三十颂》原颂梵文的意思而加以延伸；而真谛基于实践论的立场，从分别性与依他性的关系来加以诠释，与“两性未曾相离即是真实性”一致，即指“能所合一”的同一性。但是，他们的论证方法是相同的，都采取了龙树《中论》的论证方法。

瑜伽行派继中观而发展，对中观的许多命题进行新的诠释。《中边分别论》以虚妄分别或识的“无之有”的矛盾结构，显示了空性与虚妄分别的不一不异，成就了虚妄与真实的交彻；通过主体(识)的彰显，开拓了“真空妙有”的新途径。《中边分别论》的“空”思想，后来被真谛继承并加以发挥。

《瑜伽论》系的唯识思想强调“假必依实”，而实有唯事，“外无内有，事皆唯识”，显示了“他性空”的特点。真谛站在“性相融即”的立场，主张空是否定的对立同一，分别性无相，依他性无生，都须加以遣除，空与空性是同一的；玄奘站在“性相永别”的立场，主张空是无乃至否定，强调分别性是无，而不否定依他性，所以分别性是空，而真实性是空性，空与空性是有绝对区别的。

真谛强调三无性是以真实无性为中心，主张分别、依他同一无性即真实性，坚持“一切诸法同一无性”，三性为安立谛，三无性为非安立谛；根据这种诠释进路，三性同时也是三无性，三性与三无性是没有差别的。而唯识今学强调“三无性不离三自性”，这是在三性之外说三无性，即认为只谈三性会有所不足，所以才要再谈三无性。

安慧与真谛都主张二重二谛，安慧以立名、取行、显了三种俗谛来收摄三性，这样自然三无性是胜义谛；第二重是以真实性为胜义谛，分别、依他二性为世俗谛。真谛以分别性、依他性是世俗谛，真实性是胜义谛；以三性为安立谛，三无性为非安立谛。吉藏站在三论四重二谛的立场，对真谛的三性、三无性思想进行批判。窥基依《瑜伽论》《显扬圣教论》《成唯识论》形成唯识宗的四重二谛。护法站在道理世俗谛的立场，主张相分、见分为依他性，是实有的；安慧、真谛则仅限于二重二谛，站在胜义谛的立场，主张见分、相分为不实。

从唯识思想的发展来说，安慧、真谛确实属于唯识古学，传承弥勒、无著、世亲(早期、中期)的思想，以存在论为中心，建构存在世界的成立以及相续不断；而护法－玄奘是以世亲晚期《唯识三十颂》为起点，以认识论为中心，从存在论转向认识论，而且转变成“观念论”。唯识思想在经验内省以及心理分析的诠释方式下，发展至唯识今学是必然的。所以，我们不能厚古学而薄今学；同时，若以唯识今学为参照系，认为真谛所传唯识皆是错误，则又走向了另一种极端；这两种态度都是对唯识思想的错误理解，亦是对二者的伤害。

4. 所依转变与转变所依

转依是观行的过程与结果，使自我存在的基础(依他性、八识)从质上产生变化，最后成就真实的、清净的主体与世界。关于“转依”的原语与二义，国际学界曾经进行热烈的讨论。从我们的考察来说，āśraya-parivṛtti 比较倾向于“依之全体之变貌”，即转依的存在论意义，是如来藏系的主要用语；āśraya-parāvṛtti 则倾向于“种子等之消灭、活动停止、非显现”，即转依的认识论意义。但是，二者的区分是很难的，综合各种瑜伽行派的典籍来看，āśraya-parivṛtti、āśraya-parāvṛtti 都具有转依二义。

瑜伽行派的转依，是以三性说为基础的菩萨道，由于唯识古学、今学不同的三性思想，其转依思想势必会有不同的展开。唯识今学重视转依的认识论意义，其思想的重点在于“所依转变”；真谛的唯识古学，融合如来藏的转依思想，即在“所依转变”的基础上，吸收“转变所依”，从而建构其独特的转依思想。唯识今学强调种子与阿黎耶识都是实有的，所以转舍与转得的“转变”，正是阿黎耶识的体之“用”的变化，而其体并没有变化。真谛的“中间路线”在转依思想上有所体现，他一方面以闻熏习来阐明认识论意义的转依，即减舍杂染习气，增长闻熏习，也即所依转变；另一方面，以解性黎耶、阿摩罗识、四德种子等，来诠释存在论意义的转依，即转阿黎耶识为阿摩罗识，这是自我存在之基体的全然的改变状态。最后，在转依位次差别上，《成唯识论》与《摄论》的六分转依各有同异。

真谛继承原始佛教、部派佛教的有余依、无余依涅槃的思想，综合般若、中观学派的自性涅槃以及世间、涅槃无差别的思想，提出四种涅槃。同时，瑜伽行派将“自性涅槃”作为成立诸法无自性的最后结果，以真实性、真如诠释之，最终将涅槃定义为真如离障而施设。无著、世亲依龙树的“生死即涅槃”，提出“无住处涅槃”，并依无分别智建立生死、涅槃的无差别。“生死即涅槃”的“即”当中包含“相互否定对立二者的同一(无差别)”的矛盾，这是无分别智同时进行否定与肯定的表现。

同时，“二分依他”具有“前后”与“一时”的特点。从“前后”的依他性说，断生死根本烦恼，虚妄分别性的识及其种子悉皆断尽，即是本识或生死的完全否定；从“一时”的依他性而言，在转依位中，不舍离生死即是为了舍离生死，本识的否定即肯定，这是生死即涅槃的同时的依他性。依“二分依他”的“前后”与“同时”特点，则能圆满建立认识论与存在论意义的转依。

三　唯识与如来藏——经验立场与超越立场的不同

我们运用文献、历史、思想、哲学的综合方法，考察了“界”与“解性”在瑜伽行派与如来藏系各自的意义，并且对真谛的“中间路线”进行重新诠释，辨析了真谛与《起信论》思想的同异，得出一种基本判定：真谛的佛学思想是“从始入终之密意”，是妄心派向真心派的过渡；真谛的“识界”并非《起信论》的真妄和合识，但是真谛的佛学思想最终必定走向《起信论》，这是其思想的内在发展趋势。

1. 解性黎耶

对于“解性黎耶”，真谛之后的摄论师及现代研究者多以《起信论》的“本觉”思想进行诠释，认为“解性”即是阿黎耶识的超越性。由此进路，完全可以依《起信论》真妄和合识的思想来解释阿黎耶识。其实，依真谛的“中间路线”，在凡夫位，“界”是指阿黎耶识的清净法界——无差别的真如，阿黎耶识与真如之间形成“一体而又否定”的关系。诸法依阿黎耶识而生起，但是阿黎耶识不出真如，所以诸法亦是依“真如”而生；前者如牟宗三所说的“直接地顺承而有”，后者是“间接地曲折而有”。在出世转依位，涅槃的证得在于阿黎耶识灭去，显露“智如不二”的法身也即“解性”，所以可以依“界”而说证得涅槃，这是“直接地顺承而有”。

真谛使用“解性”一词，从断阿陀那识得的无漏智而言，是继承如来藏系的思想，并非其独创。真谛继承瑜伽行派“重理系”的传统，在出世转依位，真如与无分别智冥合为一，即是“究竟觉”；但是在凡夫位，真如仍是一种超越的存在，并没有摄入主体心识，真如与阿黎耶识之间是一种“立体式”“对立而又否定”的存在关系。这是因为真谛继承《摄论》的思想，将“三性说”作为自己的根本体系，在三性说中，只存在“识”与“境”的关系，并没有真妄的问题。《起信论》中不生不灭的真如理体与有生有灭的妄识是一种“平面式”“体用而和合”的关系，真如是阿黎耶识的一面，其强调的中心是真妄关系。

2. 阿摩罗识

真谛在果报黎耶、种子黎耶之外提出“解性黎耶”“阿摩罗识”，坚持“性相融即”“智如合一”，旨在解决“若种子新熏，如何生起第一念出世心”“一切法唯识”等问题，而且通过淡化如来藏“我”的色彩，融摄如来藏与阿黎耶识两系，解决瑜伽行派的内在矛盾与困境。真谛从其存在论出发，分别、依他无所有即是真实性，此真实性、境识俱泯即是阿摩罗识。他建构阿摩罗识，作为其解脱论与实践论的中心。从解脱论来说，阿摩罗识即是境智无差别、智如合一、如如智、转依。“转依”是一种主体的实践过程，阿摩罗识正是体现了“转依”的主体性与实践性，因其为自我与绝对真理合一的状态。从实践论来说，建立了“方便唯识”与“真实唯识”（或“正观唯识”）的实践次第。

从存在论与认识论来说，阿摩罗识必须是一种“过程”的存在。真谛从妄染的心识探究到心性的终极意义，约真如无差别而说“阿摩罗识自性清净心”，可以贯彻“一切法唯识”的要求；而最主要的原因在于从解脱论与实践论，对禅观经验进行普遍化的诠释，构成一种“实践存在论之纵贯系统”。而且，他从“解脱诠释学”出发，对如来藏进行去神秘化、非存在化的诠释。他的思想作为一种“中间路线”，并没有离开瑜伽行派的根本立场。

3. 五性各别与一性皆成

瑜伽行派依经验立场，针对部派佛教“修得佛性”的困境，建立了“种性”观念。瑜伽行派依“本有无漏种子”对“一切众生有如来藏”给予善巧解说，如来藏的本有是“超越本有”，而“本性住种性”则是“先验本有”，我们反对牟宗三、吴汝钧将本有无漏种子理解成“经验的肯定”。对于种性差别原因的探讨，《大乘庄严经论》和《菩萨地》中，已经具有“种子差别”“行差别”的两种类型；同时，还出现了法界无差别而种性差别的矛盾结构，这是“理佛性”“行佛性”的滥觞。瑜伽行派是一种“多元论”，并不是“批判佛教”所说的“发生论的一元论”。玄奘正是继承《瑜伽论》《大乘庄严经论》《佛地经论》的种性思想，提倡“五性各别”；窥基则提出三种“一阐提”，同时依“理佛性”和“行佛性”融通“一性皆成”与“五性各别”，最终引起唐初有关佛性的论争。

真谛佛性思想的特点如下：一、真谛仍然是坚持瑜伽行派“重理系”的传统，以真如来诠释如来藏、佛性，这是其最大的特点，亦是其“中间路线”的核心。二、真谛继承初期大乘“性修不二”的解脱诠释学，依“性立场”，真如即俗如；依“修立场”，乃有修行实践的位次差别。三、真谛的住自性性、引出性、至得性，是依道前、道中、道后三种真如而解释“佛性”；同时，依此建立隐覆藏、能摄藏、所摄藏解释“悉有佛性”义。四、真谛的佛性思想表现了“过程存在论”，表明了真如、佛性的动态性、过程性、非实体性，不是“一元实体论”，更不是一种“发生论”。五、真谛的佛性思想，与其三性思想、解性、阿摩罗识都是一贯而终的，他是依瑜伽行派的立场来融摄如来藏、佛性思想，其立足点是唯识古学，尤其是“智如不二”的真实性。在凡夫位中，真如与无明相隔，毫无作用；在“道后真如”处，智慧与真如相融，引起作用。六、在出世转依之前，真谛是以三性与阿黎耶识为中心，仍然坚持“虚妄唯识”的立场；但是，真谛的佛性思想内部有不一致的地方，很容易导向《宝性论》的如来藏思想。

从诠释模式来说，《宝性论》表现了“从上还下”的模式，即从悟到迷、从净到染、从慈悲到智慧，这是一种“还相”的慈悲模式；《佛性论》则相反，表现了“从下往上”的模式，即从迷到悟、从染到净、从智慧到慈悲，这是一种“往相”的智慧模式。这种诠释模式的区别与两大系统的契入点是相关的，《佛性论》是瑜伽行派的“经验立场”；《宝性论》则是如来藏系的“超越立场”。但是，真谛努力去连接这两大系统，他以“真实唯识”、真实性、智如合一、阿摩罗识去衔接“如来藏缘起”。同时，真谛继承阿毗达磨以及《宝性论》对“三信”的诠释，而且进行自己的建构。信仰本是宗教之入门，而真谛将之贯入佛道修行的整个过程，彻因彻果，这亦是佛教“解脱诠释学”的特色。真谛在存在论方面一直坚持瑜伽行派的立场，但是由于在“实践论”方面引进如来藏“三信”的“慈悲模式”，从而将自己导向如来藏“本觉式”的立场，这是其“中间路线”的陷阱。

《法华经》依“法性”连接了一乘与佛性，但这是一种间接的转化。而《胜鬘经》提出“一乘=真如法身=佛性”，继承了《法华经》的“理一乘”思想，从而建构了如来藏的一乘思想的谱系。瑜伽行派的“一乘”思想是以“密意一乘”为中心，主张“三乘真实、一乘方便”。但是，其“一乘”的理论基础是法界无差别或法性平等，融合、会通了如来藏系的“究竟一乘”的开放视域。真谛对“不定种性”的范围进行扩大，认为二乘都是不定种性，“密意一乘”由此便转化为“究竟一乘”，这并不违背瑜伽行派的立场。

四　从唯识走向如来藏——摄论学派的中国化

摄论学派以研究与弘扬真谛所传的唯识学为中心，其所依典籍主要是《摄论》及世亲《摄论释》。真谛一生译经事业颇为坎坷、曲折。在陈朝时，其学说在今广东以至江西、湖南等地传播兴盛。摄论学派北传后，因昙迁、道尼、靖嵩三人的努力，形成三大中心：一、徐州，这是靖嵩的弘法中心；二、四川，道基、道因、宝暹、慧景、慧熙等人在此弘法；三、长安，这是摄论学派最集中的地方，昙迁、道尼与靖嵩三系都曾在此弘法。同时，摄论学派北传，引起南北摄论师的分化。

从思想上看，昙迁一系与地论学派、涅槃学派的关系密切，是受如来藏思想影响比较大的一系；道尼系、靖嵩系与地论学派、成实学派、涅槃学派有关联，其思想亲承真谛与法泰，倾向于维持传统。昙迁一系其实是以地论学派为主、摄论学派为辅，也即融入了地论学派；靖嵩、道尼两系则是借助地论学派、成实学派的诠释语言、方法，对本学派的思想进行“适应性”的转化与诠释。

摄论师以心识论为大小乘差别的关键，探讨南北朝至唐初期中国佛教的心识思想，从而突出自己的学派特色，体现了其大乘意识与学派意识。灵润《摄论章》受到《起信论》“一心二门”的影响，依“无没识”而建构“识生灭门”和“识真如门”。灵润以真谛与俗谛、真与妄、不生灭与生灭来诠释真理界与现象界的关系。在转依之前，以真如为中心、八识为本末结构。转依之后，分别无相、依他无性即是真实性，也即阿摩罗识，智如无差别成为法身的自性；八识的了别作用成为无分别后得智，成为应化身的自性。从阿黎耶识、阿陀那识、六识的异名来说，道基综合、概括真谛所有的译典，全面继承了真谛的心识论概念，即使引用《楞伽经》《十地经论》，亦是选取其与虚妄唯识相应的一面；而灵润在以摄论学派为主的同时，融合地论师的心识思想，可以看出与慧远有很大的关联。

净影慧远以真妄、体用、本末来解释三性，尤其是依他性包含真妄，则其“二分依他”是平面式、连续的，是《起信论》“真妄和合识”的思维模式。而摄论师道基完全继承了真谛的三性思想，并依此对《楞伽经》《金光明经》等相关的三性思想进行摄论学派的解释。道基认为，妄境、妄心都是分别性；从认识论与存在论来说，依他性有缘生依他、唯识依他、分别依他；从实践论来看，则有“染净二分依他”，而且染依他、净依他都是有为法；真实性则以无变异义和不颠倒义为中心，以无为法摄有垢清净、无垢清净，以有为法摄道清净、正教清净。同时，他反对当时将三性视为同具有为与无为的观点，继承“同体别用”的思想，提出七识与第八识有差别而又无差别。

同时，隋唐时期摄论师对唯识典籍中的三性思想进行整理，文备有“九门解”，道奘有“七门分别”并最终归纳为“情事理门”“尘识理门”“染净通门”三门。三门中其实包含两种形态的三性思想：其一，真实性是前二无性，含有三无性的说明，所以三性同时即是三无性，亦即同一无性；其二，通过否定前二性而直接成真实性，并没有经历三无性的过程。而且，摄论师遣三性立三无性，而玄奘约三性立三无性，可见两种思想体系的不同。

从实践论来说，灵润提出“两重唯识观”：第一重是观无相舍外尘想，第二重是观无生舍唯识想；敦煌本《摄论疏》卷七(S.2747)依三无性建立“三重唯识观”；慧沼又提出摄论师有“四门”：一、随名义别体；二、摄义归名体；三、摄尘归识体；四、摄事归理体。“四门”以“理”对真实性或无性性进行创造性诠释，由此可见摄论学派的中国化历程。

综合摄论学派的传承及传播区域，再加上思想史的解明，可以确定“九识”说是北地摄论师的思想。另外，吉藏提到摄论师以“二无我真如”为阿摩罗识，及以智是无为法；灵润主张阿黎耶识具有真俗二谛；慧远以“心真如门”为阿摩罗识。因为受到中国的“体用”思想及《起信论》思想的影响，阿黎耶识“体无生灭，用有生灭”，成为摄论师的共同看法。

摄论师继承真谛以真如诠释佛性的传统，而且将第一义空、自性清净心、阿摩罗识、解性等都纳入佛性的思想体系。同时，摄论师逐渐背离了瑜伽行派的立场，而与“真常唯心”系合流，强调以佛性为中心。摄论师以“佛性”诠释“十胜相”，完全是以如来藏缘起来解读《摄论》，是摄论学派中国化的核心表现。摄论师还将真如、理等同起来，以诠释“本有”佛性的普遍性、内在性，依此而批评新译唯识的“无性”与“少分”；依三种佛性说“亦本亦始”，并依此而批评新译唯识的“理性平等，行性差别”。摄论师依佛性解释“究竟一乘”，亦完全是真常唯心的思想。

真谛确实是以如来藏思想来解决阿黎耶识缘起的难题，从而有一种“真心论”的倾向。后来的地论师以及吉藏、圆测等人则给出“如来藏缘起式”的解释。以佛性、本觉来解释“解性”，是隋唐佛教界的普遍观点。摄论师继承与弘扬真谛的学说传统，但是由于受到当时思想潮流的影响，亦会将阿黎耶识视为“真妄和合识”，这也是真谛思想的发展趋势。而中国思想中的“理”“体用”等思想，亦是摄论学派的中国化的思想背景。

五 “批判佛教”与“解脱诠释学”的诠释

20世纪80年代以来，在日本佛教界，以驹泽大学为中心形成了一股从原始佛教立场重新审视和解释印度大乘佛教、中国佛教、日本佛教的思潮。他们集中批判的作为中、日佛教传统主流的如来藏思想，特别是以《起信论》为代表的本觉论思想传统，与我们的研究密切相关；同时，唯识思想也是他们的批判对象。所以，我们必须在研究过程中有所回应。

松本史朗认为唯识思想亦有“基体论”，主要原因在于“依他性”为“基体”(locus)，其上则有“法”(super-locus)的分别性建构，若前者中无后者，则为真实性。若如此理解“依他性”，确实有某种“基体论”的危险；但依他性作为分别性、真实性转换的中介，是立体的、非连续的，并非同时的、连续的，所以并没有“批判佛教”所说的“基体论”。这种思维模式的区别，是最根本的区别。而且，唯识的种子论，保证了多元现象界的存在，于是有“十八界”的产生，无量因缘产生无量现象，这是一种“多元论”的存在论。

另外，“批判佛教”认为，无差别的“法界”就是“基体”，于是差别的三乘等种性就是安立在唯一的无差别的“基体”上。如此一来，瑜伽行派便有一个“批判佛教”所批判的对象——“基体”结构。但是，我们在真谛的思想中发现“法界”是“智如合一”的动态结构，超越理体能够与主体心性冥合，从而产生诸功德；此说含有多元论的因素，完全可以由无分别智的不同，引出三乘的差别。从存在论的角度来看，佛教存在论是一种“过程存在论”，一切存在建构于“过程”与“关系”中，如来藏、阿黎耶识、法身、法界等都是动态的存在，而不是不变、无差别的“基体”。因为，这些绝对观念是与“空性”紧密相连的。

宗教哲学都必须面对实践的问题，所以“实践论”是佛教存在论的最后归宿，这就是我们所谓“解脱诠释学”的意义。中观哲学未能从主体的构造诠释当前境界的升进之道，但是龙树以“般若波罗蜜”为核心，透过缘起相依的闻思修，从而产生自我与世界的“转换”，这是将“实践论”蕴含在“存在论”的言教中，以客观真实淹没主体。所以，佛教在穷尽存在论的意蕴之后，必然会再开出“佛性论”，以确立实践、价值之源。存在论、佛性论、实践论相互配合，成就一个“绝对善”的世界，这就是如来藏、唯识思想在中观之后兴起的根本原因。

正是依托于阿黎耶识、如来藏等“绝对观念”，佛教才产生了其文化、社会、心理等功能，即为个人或群体提供一个关于世界、自身及它们之间的关系的普遍而独特的概念的源泉。这种“绝对观念”的提出是佛教的核心，尤其是如来藏系的思想，符合中国人的“圆融”精神，从而使佛教在中国大地生根、发芽。所以，“存在论”必须走向“实践论”，才能开显建构“存在论”的意义。从佛教来说，“哲学解释学”必须走向“解脱诠释学”，才能表现出佛教的宗教性与教化性，才能摆脱“批判佛教”指出的困境。

六　摄论学派的现代诠释

我们依现象学、存在主义哲学、诠释学等对唯识思想进行现代诠释，期望以此作为转化佛教思想的契机。在存在论与语言哲学方面，瑜伽行派成立阿黎耶识的主体观念，这是一种建设性的现象学，即为描述性的现象与存在找到一个根据与起因，从而建立“具有认识论意义的存在论”。名言熏习种子生起世界，并由于不间断的现行维持世界的存在。因为，“能够理解的存在就是语言”，世界进入语言，才能表现为我们的世界。我们的世界是“分别识”的世界，由于虚妄分别活动，熏习成名言种子，于是“沉沦”进入海德格尔所说“非本真”的状态。

通过对唯识学与胡塞尔现象学意识结构的比较，可以发现二者的相同之处。同时，恰如胡塞尔现象学“层级方式”的反思，唯识学心识结构的“一分”“二分”“三分”“四分”，其实都是瑜伽行派论师通过“层级方式”的反思，而不断建构出的心识的内部结构。成立“唯识无境”，不外乎“唯识”的一分说和“二性”的二分说，而三分、四分是为了论究心识自知引起的。

在语言哲学的视野中，分别性是日常语言思量的世界，是由名言与意言互为因果的关系引出“存在”的主观与客观之对立。若要从迷染的世界转化到清净、觉悟的世界，必须断除语言活动及存在层面的“主体”“客体”，了解到一切存在只是语言，悟入依他性；真正断除语言的执著，即是真实性。从唯识观的实践来说，解构语言所示的“共相”，于是一切存在都成为孤独的“个体”——“自相”。此外，将存在的“个体”摄入主体精神世界，因为这些“个体”是从心识似现出来的。解构心识的种种活动，才能真正断除语言之根，进入言语道断、心行处灭——无分别智所证的境界。

我们依“综合式研究方法”与“解脱诠释学”，以唯识古学与今学的比较为中心，对摄论学派进行多层次的研究，希望能够重现真谛在印度、中国唯识思想史上的地位；同时希望指出，摄论学派对心识、佛性、二谛、判教、一乘等思想的诠释，深刻影响了唯识宗、天台宗、华严宗、三论宗，为其创立提供了理论基础。我们希望为唯识古学的弘扬尽一点力量，不负当年真谛来华弘传的愿望！

参 考 文 献

一　原始典籍

(一) 佛教典籍(以《大正藏》《卍续藏》经号为序)

T.1, no.71,《梵志頞波罗延问种尊经》一卷,东晋·竺昙无兰译

T.1, no.94,《箭喻经》一卷,失译

T.2, no.99,《杂阿含经》五十卷,刘宋·求那跋陀罗译

T.8, no.227,《小品般若波罗蜜经》十卷,后秦·鸠摩罗什译

T.9, no.262,《妙法莲华经》七卷,姚秦·鸠摩罗什译

T.9, no.270,《大法鼓经》二卷,刘宋·求那跋陀罗译

T.11, no.310,《大宝积经》百二十卷,唐·菩提流志译并合

T.12, no.353,《胜鬘师子吼一乘大方便方广经》,刘宋·求那跋陀罗译

T.12, no.374,《大般涅槃经》四十卷,北凉·昙无谶译

T.16, no.656,《菩萨璎珞经》十四卷,姚秦·竺佛念译

T.16, no.666,《大方等如来藏经》,东晋·佛陀跋陀罗译

T.16, no.668,《佛说不增不减经》一卷,元魏·菩提流支译

T.16, no.669,《佛说无上依经》,梁·真谛译

T.16, no.670,《楞伽阿跋多罗宝经》四卷,刘宋·求那跋陀罗译

T.16, no.671,《入楞伽经》十卷,元魏·菩提流支译

T.16, no.672,《大乘入楞伽经》七卷,唐·实叉难陀译

T.16, no.676,《解深密经》五卷,唐·玄奘译

T.16, no.677,《佛说解节经》一卷，陈·真谛译

T.16, no.681,《大乘密严经》三卷，唐·地婆诃罗译

T.16, no.682,《大乘密严经》三卷，唐·不空译

T.25, no.1509,《大智度论》，后秦·鸠摩罗什译

T.26, no.1530,《佛地经论》七卷，亲光菩萨等造，唐·玄奘译

T.26, no.1542,《阿毗达磨品类足论》，尊者世友造，唐·玄奘译

T.27, no.1545,《阿毗达磨大毗婆沙论》二百卷，唐·玄奘译

T.28, no.1546,《阿毗昙毗婆沙论》，迦栴延子造，北凉·浮陀跋摩共道泰等译

T.28, no.1550,《阿毗昙心论》四卷，尊者法胜造，晋·僧提婆共慧远译

T.28, no.1552,《杂阿毗昙心论》十一卷，刘宋·僧伽跋摩等译

T.28, no.1555,《五事毗婆沙论》二卷，唐·玄奘译

T.29, no.1558,《阿毗达磨俱舍论》，唐·玄奘译

T.30, no.1579,《瑜伽师地论》一百卷，唐·玄奘译

T.30, no.1584,《决定藏论》三卷，梁·真谛译

T.31, no.1585,《成唯识论》十卷，唐·玄奘译

T.31, no.1586,《唯识三十论颂》一卷，唐·玄奘译

T.31, no.1587,《转识论》一卷，陈·真谛译

T.31, no.1588,《唯识论》一卷，后魏·瞿昙般若流支译(案：应为菩提流支)

T.31, no.1589,《大乘唯识论》一卷，陈·真谛译

T.31, no.1590,《唯识二十论》一卷，唐·玄奘译

T.31, no.1593,《摄大乘论》三卷，陈·真谛译

T.31, no.1594,《摄大乘论本》三卷，唐·玄奘译

T.31, no.1595,《摄大乘论释》十五卷，世亲菩萨释，陈·真谛译

T.31, no.1596,《摄大乘论释论》十卷，世亲菩萨造，隋·笈多共行炬等译

T.31, no.1597,《摄大乘论释》十卷，世亲菩萨造，唐·玄奘译

T.31, no.1598,《摄大乘论释》十卷，无性菩萨造，唐·玄奘译

T.31, no.1599,《中边分别论》二卷，陈·真谛译

T.31, no.1600,《辩中边论》三卷,唐・玄奘译

T.31, no.1602,《显扬圣教论》二十卷,唐・玄奘译

T.31, no.1604,《大乘庄严经论》十三卷,唐・波罗颇蜜多罗译

T.31, no.1610,《佛性论》四卷,陈・真谛译

T.31, no.1611,《究竟一乘宝性论》四卷,后魏・勒那摩提译

T.31, no.1616,《十八空论》一卷,陈・真谛译

T.31, no.1617,《三无性论》二卷,陈・真谛译

T.31, no.1618,《显识论》一卷,陈・真谛译

T.31, no.1624,《观所缘缘论》,唐・玄奘译

T.32, no.1666,《大乘起信论》一卷,马鸣菩萨造,梁・真谛译

T.33, no.1705,《仁王护国般若经疏》五卷,隋・智顗说,灌顶记

T.33, no.1708,《仁王经疏》六卷,唐・圆测撰

T.33, no.1716,《妙法莲华经玄义》二十卷,隋・智顗说

T.34, no.1723,《妙法莲华经玄赞》二十卷,唐・窥基撰

T.35, no.1733,《华严经探玄记》二十卷,唐・法藏述

T.38, no.1769,《涅槃宗要》一卷,新罗・元晓撰

T.38, no.1780,《净名玄论》八卷,隋・吉藏造

T.39, no.1790,《入楞伽心玄义》一卷,唐・法藏撰

T.42, no.1824,《中观论疏》十卷,隋・吉藏撰

T.42, no.1828,《瑜伽论记》四十八卷,唐・遁伦集撰

T.43, no.1830,《成唯识论述记》二十卷,唐・窥基撰

T.43, no.1831,《成唯识论掌中枢要》四卷,唐・窥基撰

T.43, no.1832,《成唯识论了义灯》十三卷,唐・慧沼述

T.43, no.1834,《唯识二十论述记》二卷,唐・窥基撰

T.43, no.1835,《辩中边论述记》,唐・窥基撰

T.44, no.1843,《大乘起信论义疏》四卷,隋・慧远撰

T.44, no.1846,《大乘起信论义记》五卷,唐・法藏撰

T.44, no.1851,《大乘义章》二十六卷，隋・慧远撰

T.45, no.1853,《大乘玄论》五卷，隋・吉藏撰

T.45, no.1861,《大乘法苑义林章》七卷，唐・窥基撰

T.45, no.1863,《能显中边慧日论》四卷，唐・慧沼撰

T.45, no.1866,《华严一乘教义分齐章》四卷，唐・法藏述

T.45, no.1869,《华严五十要问答》二卷，唐・智俨集

T.46, no.1911,《摩诃止观》二十卷，隋・智颉说

T.46, no.1912,《止观辅行传弘决》四十卷，唐・湛然述

T.50, no.2049,《婆薮盘豆法师传》一卷，陈・真谛译

T.50, no.2053,《大唐大慈恩寺三藏法师传》十卷，唐・慧立本、彦悰笺

T.50, no.2060,《续高僧传》三十卷，唐・道宣撰

T.50, no.2061,《宋高僧传》三十卷，宋・赞宁等撰

T.54, no.2125,《南海寄归内法传》四卷，唐・义净撰

T.55, no.2154,《开元释教录》二十卷，唐・智昇撰

T.55, no.2177,《华严宗章疏并因明录》一卷，日本・圆超录

T.55, no.2183,《东域传灯目录》一卷，日本・永超集

T.55, no.2184,《新编诸宗教藏总录》三卷，高丽・义天录

T.66, no.2263,《唯识论同学钞》六十八卷，日本・良算抄

T.68, no.2269,《摄大乘论释略疏》五卷，日本・普寂撰

T.74, no.2367,《授决集》二卷，日本・圆珍述

T.85, no.2805,《摄大乘论疏》卷第五、第七(S.2747)

T.85, no.2806,《摄大乘论抄》一卷

T.85, no.2807,《摄大乘论章》卷第一(S.2435)

T.85, no.2808,《摄论章》卷第一(S.2048)

T.85, no.2809,《摄大乘义章》卷第四(大屋德城氏藏写本)

卍30,《胜鬘经述记》二卷，唐・窥基说、义令记

卍34、35,《解深密经疏》十卷，唐・圆测撰

卍35,《一切经音义》二十五卷,唐·玄应撰

卍74,《大乘四论玄义》十卷,唐·均正撰

(二)藏外典籍(包括梵文本及其译注)

《长部经典一·梵网经》,《汉泽南传大藏经》第6册,高雄:元亨寺妙林出版社,1994年。

《相应部经典二·因缘相应》,《汉译南传大藏经》第14册,高雄:元亨寺妙林出版社,1994年。

《增支部经典一》,《汉译南传大藏经》第19册,高雄:元亨寺妙林出版社,1994年。

道基:《摄论章》,载凝然:《华严孔目章发悟记》卷十四、十五、十六、十八,《大日本佛教全书》第122册。

法尊译:《辨法法性论》,载《唯识典籍研究(二)·唯识学专集之八》,《现代佛教学术丛刊》第30册,台北:大乘文化出版社,1981年。

法尊译释:《现观庄严论释》,《大藏经补编》第9册,台北:华宇出版社,1984年。

郭庆藩:《庄子集释》(4册),北京:中华书局,1961年。

黄永武主编:《敦煌宝藏》,台北:新文丰出版公司,1985年。

霍韬晦:《安慧〈三十唯识释〉原典译注》,香港:香港中文大学出版社,1980年。

蒋忠新编注:《梵本〈妙法莲华经〉写本》,北京:中国社会科学出版社,1988年。

欧阳渐:《解节经真谛义》,南京:金陵刻经处,1924年。

山口益译注:《安慧阿遮梨耶造中辺分別論积疏》,名古屋:破尘阁书房,1935年。

宋敏求:《长安志》,《四库全书》本。

最澄:《法华秀句》,《日本大藏经》第42册。

F. Th. Stcherbatsky (trans.), *Madhyānta-vibhanga: Discourse on Discrimination between Middle and Extremes Ascribed to Bodhisattva Maitreya and Commented by Vasubandhu and Sthiramati*, Moscow, 1936.

Sthiramati, *Madhyāntavibhāga-Ṭikā, exposition systématiqune du Yogācāravijñaptivāda*, ed. by 山口益 (Susumu Yamaguchi), Librairie Hajinkaku, Nagoya, 1934; Suzuki Research Foundation, Tokyo, 1966; 简称为MAVṬ.

Sylvain Lévi (ed.), *Mahāyānasūtrālaṇkāra*, Paris, 1907.

(三) 工具书

陈垣:《释氏疑年录》,中华书局,1964年。

慈怡主编:《佛光大辞典》(8册),北京:书目文献出版社,1989。

荻原云来:《汉译对照梵和大辞典》,台北:新文丰出版公司,1988年。

黄永武主编:《敦煌遗书最新目录》,台北:新文丰出版公司,1985年。

望月信亨:《望月佛教大辞典》,京都:世界圣典刊行协会,1955年。

(四) 敦煌文书

S.2048; S.2435; S.2743; S.2747; S.6715.

二 研究论著

(一) 中文论著

坂本幸男:

1971年,《华严教学之研究——特以慧苑大师教判论为中心》,释慧岳译,台北:中华佛教文献编撰社。

贝克莱:

1962年,《人类知识原理》,关文运译,北京:商务印书馆。

彼得·贝格尔：

1991年，《神圣的帷幕——宗教社会学理论之要素》，高师宁译，上海：上海人民出版社。

蔡瑞霖：

1992年，《法性与存有——弥勒法法性分别与海德格存有论区分的对比研究》，《国际佛学研究》第2期。

曹志成：

1993年，《清辨对瑜伽行派的三性思想之批判的探讨——试以〈般若灯论〉第二十五章有关唯识学的附录部分为解释线索》，《东方宗教研究》第3期。

1996年，《清辨〈中观心论〉及其〈思择炎〉对瑜伽行派三性思想之批判》，《东方宗教研究》第5期。

1997年，《"护法-玄奘"一系与真谛一系唯识学的"闻熏习"理论的思想意涵之探讨》，《法光学坛》第1期。

1999年，《〈中边分别论〉"真实品"的三性思想之探讨——以安慧〈中边分别论释疏〉为线索》，《圆光佛学学报》第3期。

陈兵、邓子美：

2000年，《二十世纪中国佛教》，北京：民族出版社。

陈嘉映：

2003年，《语言哲学》，北京：北京大学出版社。

陈寅恪：

2001年，《金明馆丛稿二编》，北京：生活·读书·新知三联书店。

陈英善：

1997年，《天台缘起中道实相论》，台北：法鼓文化。

陈一标：

1991年,《唯识学“虚妄分别”之研究》,《国际佛学研究》创刊号。

1994年,《真谛的“三性”思想——以〈转识论〉为中心》,《东方宗教研究》第4期。

2000年,《印顺导师对新旧译唯识的定位与评析》,《印顺导师九秩晋五寿庆论文集》,台北:正闻出版社。

2001年,《识的诠释——vijñāna与vijñapti》,《圆光佛学学报》第6期。

陈玉蛟:

1988年,《〈现观庄严论〉初探》,《中华佛学学报》第2期。

川田熊太郎等:

1989年,《华严思想》,李世杰译,台北:法尔出版社。

大寂:

2004年,《非行非坐三昧之修学——以〈摩诃止观〉〈觉意三昧〉〈随自意三昧〉为文献依据》,台北:百善书房。

丹·鲁索斯(Dan Lusthaus):

2002年,《20世纪西方唯识学研究回顾》,魏德东译,《法源》第20期。

董群:

2000年,《融合的佛教——圭峰宗密的佛学思想研究》,北京:宗教文化出版社。

法舫:

1934年,《阿赖耶缘起与如来藏缘起之研究》,《海潮音》第15卷第3期;收入《唯识思想论集(一)·唯识学专集之三》,《现代佛教学术丛刊》第25册,台北:大乘文化出版社。

方东美:

1981年,《华严宗哲学》(上、下册),台北:黎明文化。

1991年,《中国大乘佛学》,台北:黎明文化。

方立天:

1995年,《印度佛教心性思想述评》,《佛学研究》第3期。

1996年,《简论中印佛教心性思想之同异》,《佛学研究》第5期。

2002年,《中国佛教哲学要义》,北京:中国人民大学出版社。

福善:

1939年,《地摄两派与奘系法相》,《海潮音》第21卷第7期;收入《唯识学的发展与传承·唯识学专集之二》,《现代佛教学术丛刊》第24册。

傅伟勋:

1999年,《从创造的诠释学到大乘佛学》,台北:东大图书。

高峯了州:

1979年,《华严思想史》,释慧岳译,台北:中华佛教文献编撰社。

高崎直道等:

1985年,《唯识思想》,李世杰译,《世界佛学名著译丛》第67册,台北:华宇出版社。

1986年,《如来藏思想》,李世杰译,《世界佛学名著译丛》第68册,台北:华宇出版社。

高振农:

1992年,《大乘起信论校释》,北京:中华书局。

瓜生津隆真等:

1984年,《中观与空义》,台北:华宇出版社。

海德格尔:

1997年,《在通向语言的途中》,孙周兴译,北京:商务印书馆。

1999年,《存在与时间》,陈嘉映、王庆节译,北京:生活·读书·新知三联书店。

2001年,《路标》,孙周兴译,北京:商务印书馆。

韩镜清:

1936年,《净影八识述义》,《国学季刊》第6卷第2期;收入《唯识思想论集(二)·唯识学专集之四》,《现代佛教学术丛刊》第26册。

1994年,《唯识学的两次译传——〈大乘起信论〉为昙延所造》,《佛学研究》。

汉斯-格奥尔格·加达默尔:

2004年,《哲学解释学》,夏镇平、宋建平译,上海:上海译文出版社。

2004年,《真理与方法——哲学诠释学的基本特征》(上、下卷),洪汉鼎译,上海:上海译文出版社。

韩廷杰:

1999年,《摄论师的师承及其哲理》,《中华佛学学报》第12期。

1999年,《唯识宗简史简论》,上海:上海佛学书局。

2000年,《梵本〈唯识三十颂〉研究》,《法源》第18期。

恒清:

1991年,《初唐佛性论争——灵润与神泰为主》,《佛教的思想与文化——印顺导师八秩晋六寿庆论文集》,台北:法光出版社。

1993年,《佛性论之研究》,蓝吉富主编:《中印佛学泛论——傅伟勋教授六十大寿祝寿论文集》,台北:东大图书。

1997年,《佛性思想》,台北:东大图书。

2001年,《"批判佛教"驳议》,《哲学论评》第24期。

横山纮一:

2002年,《唯识思想入门》,许洋主译,台北:东大图书。

洪修平:

2002年,《国学举要·佛卷》,武汉:湖北教育出版社。

胡塞尔：

1992年，《纯粹现象学通论》，李幼蒸译，北京：商务印书馆。

黄夏年：

2001年，《二十世纪〈大乘起信论〉研究述评》，《华林》(第一卷)，北京：中华书局。

慧海：

1938年，《唯识学上转依义》，《海潮音》第19卷第9期；收入《唯识思想论集(二)·唯识学专集之四》，《现代佛教学术丛刊》第26册。

惠敏、关则富：

1997年，《大乘止观导论——梵本〈大乘庄严经论·教授教诫品〉初探》，台北：法鼓文化。

霍韬晦：

1984年，《佛性与如来藏》，《现代佛学大系》第54册，台北：弥勒出版社。

1994年，《绝对与圆融——佛教思想论集》，台北：东大图书。

杰米·霍巴德、保罗·史万森主编：

2004年，《修剪菩提树——"批判佛教"的风暴》，龚隽等译，上海：上海古籍出版社。

卡尔·雅斯贝尔斯：

2005年，《大哲学家》，李雪涛主译，北京：社会科学文献出版社。

克利福德·格尔茨：

1999年，《文化的解释》，韩莉译，南京：译林出版社。

赖贤宗：

1991年，《如来藏与唯识的交涉——以〈佛性论〉为中心的比较研究》，《国际佛学研究》创刊号。

1992年,《如来藏与唯识的交涉——〈中边分别论·相品〉及〈佛性论·显体分〉所呈现的“境的思路”》,《国际佛学研究》第2期。

2000年,《印顺的如来藏思想之研究——印顺如来藏学及其在对比研究中的特义》,《印顺思想:印顺导师九秩晋五寿庆论文集》,台北:正闻出版社。

2000年,《中国大乘佛学的本体诠释学》,载成中英主编:《本体与诠释》,北京:生活·读书·新知三联书店。

2002年,《“转依”二义之研究》,《中华佛学学报》第15期。

2003年,《当代台湾如来藏思想的诤议与响应——印顺之后的如来藏学诤议之评议》,《中华佛学学报》第16期。

2003年,《佛教诠释学》,台北:新文丰出版公司。

赖永海:

1999年,《中国佛性论》,北京:中国青年出版社。

1999年,《中国佛教文化论》,北京:中国青年出版社。

李广良:

2004年,《心识的力量——太虚唯识学思想研究》,上海:华东师范大学出版社。

李四龙:

2003年,《天台智者研究》,北京:北京大学出版社。

鎌田茂雄:

1993年,《中国佛教通史》(第四卷),佛光出版社译,高雄:佛光出版社。

廖明活:

1994年,《地论师、摄论师的判教学说》,《中华佛学学报》第7期。

1995年,《华严宗性起思想的形成》,《中国文哲研究集刊》第6期。

1999年,《净影慧远思想述要》,台北:学生书局。

刘贵杰:

2002年,《华严宗入门》,台北:东大图书。

刘元齐:

2001年,《净影慧远〈大乘义章〉佛学思想研究》,高雄:佛光山文教基金会。

龙慧:

1961年,《五姓各别与一性皆成的论争》,《海潮音》第42卷第9期;收入《唯识思想论集(三)·唯识学专集之九》,《现代佛教学术丛刊》第43册。

罗香林:

1954年,《摄论宗传授源流考》,《东方文化》第1卷第2期;收入《唯识学的发展与传承·唯识学专集之二》,《现代佛教学术丛刊》第24册。

吕澂:

1979年,《中国佛学源流略讲》,北京:中华书局。

1925年,《西藏传本摄大乘论》,《内学年刊》第2辑;收入《唯识典籍研究(二)·唯识学专集之八》,《现代佛教学术丛刊》第30册。

1991年,《吕澂佛学论著选集》(1—5卷),济南:齐鲁书社。

马定波:

1975年,《印度佛教心意识学之研究》,台北:正中书局。

1980年,《中国佛教心性说之研究》,台北:正中书局。

梅光羲:

1931年,《相宗新旧两译不同论》,《海潮音》第12卷第4期;收入《唯识学问题研究·唯识学专集之六》,《现代佛教学术丛刊》第28册。

牟宗三:

1997年,《佛性与般若》,台北:学生书局。

1999年,《心体与性体》,上海:上海古籍出版社。

木村清孝：

1986年，《中国华严思想史》，李惠英译，台北：东大图书。

倪梁康：

2002年，《自识与反思——近现代西方哲学的基本问题》，北京：商务印书馆。

平川彰等：

1998年，《法华思想》，林保尧译，高雄：佛光出版社。

屈大成：

2000年，《中国佛教思想中的顿渐观念》，台北：文津出版社。

任继愈主编：

1988年，《中国佛教史》第3卷，北京：中国社会科学出版社。

仁宥：

2004年，《摄论师所传的〈摄论〉思想——以道基、道奘、灵润为中心》，《中华佛学研究》第8期。

如定：

2001年，《慧沼对"一阐提"之见解及所持立场的探讨》，《中华佛学研究》第5期。

如实：

1981年，《唯识三系之研究》，《华冈佛学学报》第5期。

世光：

1946年，《法相唯识学中国所传》，《海潮音》第27卷第6—7期；收入《唯识学的发展与传承·唯识学专集之二》，《现代佛教学术丛刊》第24册。

上田义文：

2002年,《大乘佛教思想》,陈一标译,台北:东大图书。

舍尔巴茨基:

1994年,《大乘佛学——佛教的涅槃概念》,立人译,北京:中国社会科学出版社。

1997年,《佛教逻辑》,宋立道、舒晓炜译,北京:商务印书馆。

圣凯:

2003年,《1990年以来日本学界中国禅宗研究热点述评》,《中国禅学》第2卷,北京:中华书局。

水野弘元:

2000年,《佛教教理研究》,《水野弘元著作选集》二,释惠敏译,台北:法鼓文化。

守培:

1931年,《读唯识新旧两译不同论后的一点意见》,《海潮音》第12卷第9期;收入《唯识学问题研究·唯识学专集之六》,《现代佛教学术丛刊》第28册。

1932年,《驳印顺评破读唯识新旧两译不同论后的意见》,《海潮音》第13卷第10期;收入《唯识学问题研究·唯识学专集之六》,《现代佛教学术丛刊》第28册。

松本史朗:

2002年,《缘起与空——如来藏思想批判》,萧平、杨金萍译,香港:经要文化。

苏公望:

1936—1937年,《真谛三藏译述考》,《微妙声》第2—6期;收入《佛典翻译史论》,《现代佛教学术丛刊》第38册。

1937年,《真谛三藏年谱》,《微妙声》第1卷第7—8期,第2卷第1期;收入

《中国佛教史论集·四·汉魏两晋南北朝篇(下)》,《现代佛教学术丛刊》第13册。

汤用彤:

1982年,《隋唐佛教史稿》,北京:中华书局。

1983年,《汉魏两晋南北朝佛教史》(上、下册),北京:中华书局。

2000年,《汤用彤全集》(全七卷),石家庄:河北人民出版社。

汤一介:

2000年,《郭象与魏晋玄学》(增订本),北京:北京大学出版社。

T. R. Murti:

1985年,《中观哲学》(上、下),郭忠生译,《世界佛学名著译丛》第64、65册。

王孺童:

2005年,《别时意趣本义探源——别时意趣与净土教(一)》,《法音》2005年第5期。

2005年,《别时意趣流变概说——别时意趣与净土教(二)》,《法音》2005年第9期。

王仲尧:

2000年,《隋唐佛教判教思想研究》,成都:巴蜀书社。

万金川:

1998年,《中观思想讲录》,嘉义:香光书乡出版社。

望月信亨:

1974年,《中国净土教理史》,释印海译,台北:慧日讲堂。

魏道儒:

1998年,《中国华严宗通史》,南京:江苏古籍出版社。

魏善忱:

1936年,《真谛留华年谱》,《微妙声》第2期;收入《佛教人物史话》,《现代佛教学术丛刊》第49册。

吴汝钧:

1995年,《印度佛学的现代诠释》,台北:文津出版社。

1996年,《佛学研究方法论》(上、下册),台北:学生书局。

1999年,《龙树中论的哲学解读》,台北:台湾商务印书馆。

2000年,《佛教的概念与方法》,台北:台湾商务印书馆。

2002年,《法华玄义的哲学与纲领》,台北:文津出版社。

2002年,《中国佛学的现代诠释》,台北:文津出版社。

2002年,《唯识现象学(一)·世亲与护法》,台北:学生书局。

2002年,《唯识现象学(二)·安慧》,台北:学生书局。

吴学国:

2003年,《境界与言诠——唯识的存有论向语言层面的转化》,上海:上海人民出版社。

严耀中:

2000年,《江南佛教史》,上海:上海人民出版社。

颜炳罡:

1998年,《牟宗三学术思想评传》,北京:北京图书馆出版社。

颜尚文:

1998年,《隋唐佛教宗派研究》,台北:新文丰出版公司。

杨白衣:

1983年,《圆测之研究——传记及其思想特色》,《华冈佛学学报》第6期。

1984年,《摄论"界颂"之研究》,《现代佛学大系》第54册。

杨惠南:

1982年,《佛教思想新论》,台北:东大图书。

1989年,《吉藏》,台北:东大图书。

1997年,《佛教思想发展史论》,台北:东大图书。

杨维中:

2001年,《心性与佛性——中国佛教心性论及其相关问题研究》,高雄:佛光山文教基金会。

叶阿月:

1974年,《以中边分别论为中心比较诸经论的心性清净说》,《文史哲学报》第23期;收入《唯识思想论集(三)·唯识学专集之九》,《现代佛教学术丛刊》第43册。

1981年,《唯识思想的十二缘起说:以〈中边分别论〉为中心》,《哲学论评》第4期。

印顺:

1932年,《评破守培师之读唯识新旧两译不同论后的一点意见》,《海潮音》第13卷第4期;收入《唯识学问题研究·唯识学专集之六》,《现代佛教学术丛刊》第28册。

1933年,《答守培师驳评破读唯识新旧两译不同论后的意见》,《海潮音》第14卷第2期;收入《唯识学问题研究·唯识学专集之六》,《现代佛教学术丛刊》第28册。

1989年,《唯识学探源》,《妙云集》中编之三,台北:正闻出版社。

1990年,《大乘起信论讲记》,《妙云集》上编之七,台北:正闻出版社。

1990年,《摄大乘论讲记》,《妙云集》上编之六,台北:正闻出版社。

1990年,《以佛法研究佛法》,《妙云集》下编之三,台北:正闻出版社。

1990年,《华雨香云》,《妙云集》下编之十,台北:正闻出版社。

1989年,《佛法是救世之光》,《妙云集》下编之十一,台北:正闻出版社。

1992年,《如来藏之研究》,台北:正闻出版社。

1993年,《华雨集》(1—5册),台北:正闻出版社。

1994年,《印度佛教思想史》,台北:正闻出版社。

1995年,《起信论与扶南大乘》,《中华佛学学报》第8期。

2000年,《空之探究》,台北:正闻出版社。

雨昙:

1934年,《唯识学上之种子义》,《海潮音》第15卷第7期;收入《唯识思想论集(一)·唯识学专集之三》,《现代佛教学术丛刊》第25册。

张曼涛:

1998年,《涅槃思想研究》,台北:佛光文化。

张庆熊:

1996年,《胡塞尔现象学与熊十力哲学》,上海:上海人民出版社。

1999年,《自我、主体际性与文化交流》,上海:上海人民出版社。

张志强:

1999年,《略论唯识古、今学的分野——以虚妄分别为中心》,《佛学研究》第8期。

2002年,《初唐佛性诤辩研究——以窥基、慧沼与法宝之辩为中心》,《中国哲学史》第4期。

正果:

1964年,《在唯识学上新旧两译关于第七第八两识论点的分歧》,《现代佛学》;收入《唯识学问题研究·唯识学专集之六》,《现代佛教学术丛刊》第28册。

芝峰:

1946年,《摄大乘论与摄论宗》,《海潮音》第27卷第7—8期;收入《唯识典籍研究(二)·唯识学专集之八》,《现代佛教学术丛刊》第30册。

竹村牧男：

2003年，《觉与空——印度佛教的展开》，蔡伯郎译，台北：东大图书。

中村瑞隆：

1986年，《梵汉对照究竟一乘宝性论研究》，台北：华宇出版社。

中国佛教协会编：

1989年，《中国佛教》第3辑，上海：知识出版社。

（二）日文论著

阿理生：

1986年，《無住処涅槃について》，《印度學佛教學研究》第34卷第2号。

安井広済：

1970年，《中観思想の研究》，京都：法藏馆。

安藤俊雄、薗田香融：

1974年，《最澄》，东京：岩波书店。

坂本幸男编：

1974年，《法華経の思想と文化》，京都：平乐寺书店。

村上真完：

1981年，《インド思想史における心の問題》，《印度學佛教學研究》第30卷第2号。

长尾雅人：

1961年，《一乘・三乘の論議をめぐつて》，载《仏教史学論集：塚本博士頌寿記念》，东京：塚本博士颂寿纪念会。

1967年，《唯識義の基盤としての三性説》，《鈴木学術財団研究年報》第

4期。

1978年,《中观と唯識》,东京:岩波书店。

1989年,《摂大乗論:和訳と注解》,东京:讲谈社。

池田鲁参:

1981年,《天台智顗の地論摂論学について》,《印度學佛教學研究》第30卷第2号。

1990年,《南岳慧思伝の研究 -——〈大乗止観法門〉の撰述背景》,载《天台教学の研究:多田厚隆先生頌寿記念論文集》,东京:山喜房佛书林。

船山徹编:

2012年,《真諦三藏研究論集》,京都:京都大学人文科学研究所。

大竹晋:

2000年,《真諦訳〈摂大乗論釈〉における一識説・二識説・三識説・四識説について》,《印度學佛教學研究》第49卷第1号。

多田孝正:

1985年,《摂大乗論と摩訶止観》,《仏教の歴史と思想:壬生台舜博士頌寿記念》,东京:大藏出版。

福原亮厳:

1972年,《三性三無性の源流》,《印度學佛教學研究》第20卷第2号。

高峯了州:

1976年,《華厳思想史》,京都:百花苑。

高崎直道:

1974年,《如来蔵思想の形成——インド大乗仏教思想研究》,东京:春秋社。

1981年,《真諦三蔵の思想》,载《大乗仏教から密教へ:勝又俊教博士古稀記念論集》,东京:春秋社。

古贺英彦:

2000年,《宝性論管窺——仏性・如来蔵・衆生》,《禪學研究》第78号,花园大学禅学研究会。

関口真大编:

1977年,《仏教の実践原理》,东京:山喜房佛书林。

関口真大:

1979年,《天台止観の研究》,东京:岩波书店。

合田秀行:

1989年,《〈摂大乗論〉"入所知相分"における総法について》,《印度學佛教學研究》第37卷第2号。

横山纮一:

1972年,《唯識無境の理証》,《印度學佛教學研究》第21卷第1号。

吉村诚:

1996年,《摂論学派における玄奘の修学について》,《印度學佛教學研究》第45卷第1号。

1996年,《玄奘の摂論学派における思想形成》,《早稲田大学大学院文学研究科紀要》第42辑第一分册。

2001年,《真諦訳〈摂大乗論釈〉の受容について——三性三無性説を中心に》,《印度學佛教學研究》第49卷第2号。

吉津宜英:

1972年,《大乗義章八識義研究》,《駒澤大學佛教學部研究紀要》第30号。

1985年,《華厳禅の思想史的研究》,东京:大东出版社。

菅沼晃：

1974年，《入楞伽経の如来蔵説について》，《印度學佛教學研究》第22卷第2号。

结城令闻：

1952年，《敦煌文書による摂論宗義の研究》，《東方學》第3辑。

1985年，《唯識學典籍志》，东京：大藏出版。

久保田力：

1991年，《マナ識と〈楞伽経〉》，《印度學佛教學研究》第39卷第2号。

橘川智昭：

1995年，《真諦訳・玄奘訳〈摂大乗論〉と円測》，《印度學佛教學研究》第43卷第1号。

鎌田茂雄：

1965年，《中国華厳思想史の研究》，东京：东京大学出版会。

1993年，《華厳学研究資料集成》，东京：大藏出版。

1999年，《隋唐の仏教》（下），载《中国仏教史》第6卷，东京：东京大学出版会。

袴谷宪昭：

1999年，《別時意説考》，《駒澤短期大學佛教論集》第5号。

名畑応顺：

1955年，《迦才浄土論の研究．論攷篇》，京都：法藏馆。

木村邦和：

1981年，《真諦三蔵の学説に対する西明寺円測の評価——解深密経疏の場合》，《印度學佛教學研究》第30卷第1号。

1984年,《敦煌出土〈摂大乗論疏章〉に見られる唯識説(一)》,《印度學佛教學研究》第32卷第2号。

1985年,《敦煌出土〈摂大乗論疏章〉に見られる唯識説(二)》,《印度學佛教學研究》第34卷第1号。

木村清孝:

1977年,《初期中国華厳思想の研究》,东京:春秋社。

1992年,《中国華厳思想史》,京都:平乐寺书店。

平川彰:

1997年,《初期大乘仏教の研究Ⅰ》,《平川彰著作集》第3卷,东京:春秋社。

1997年,《初期大乗と法華思想》,《平川彰著作集》第6卷,东京:春秋社。

平川彰编:

1990年,《如来蔵と大乗起信論》,东京:春秋社。

R.アビト:

1977年,《〈大乗荘厳経論〉と〈究竟一乗宝性論〉の仏身論》,《印度學佛教學研究》第26卷第1号。

日本佛教学会编:

1980年,《仏教における修行とその理論的根拠》,京都:平乐寺书店。

上田义文:

1938年,《阿梨耶識の原始的意味》,《佛教研究》第2卷第1号。

1938年,《三性説の類型的考察——原始唯識説の根本立場 第二章》,《佛教研究》第2卷第6号。

1958年,《仏教思想史研究》,京都:永田文昌堂。

1972年,《大乗仏教思想の根本構造》,东京:百花苑。

1978年,《瑜伽行派における根本真理》,载宮本正尊编:《仏教の根本真理》,东京:三省堂。

1987年,《梵文唯識三十頌の解明》,东京:第三文明社。

申贤淑:

1977年,《円測伝の二三の問題について》,《印度學佛教學研究》第26卷第1号。

神谷麻俊:

1974年,《入楞伽経の"心"の一考察——集一切法品中心》,《印度學佛教學研究》第23卷第2号。

神谷信明:

1975年,《阿頼耶識と依他性との関係について》,《印度學佛教學研究》第23卷第2号。

胜又俊教:

1974年,《仏教における心識説の研究》,东京:山喜房佛书林。

水谷幸正:

1998年,《仏教思想と浄土教》,京都:思文阁。

水野弘元:

1972年,《心性本浄の意味》,《印度學佛教學研究》第20卷第2号。

松本史朗:

1994年,《禅思想の批判的研究》,东京:大藏出版。

藤田宏达:

1988年,《涅槃》,载《インド仏教2》,《岩波講座・東洋思想》第9卷,东京:岩波书店。

藤田正浩:

1986年,《パーリ上座部の心性本浄説について》,《印度學佛教學研究》第35巻第1号。

1987年,《部派佛教の心性本浄説について》,《禪學研究》第65号,花园大学禅学研究会。

武邑尚邦:

1977年,《仏性論研究》,京都:百花苑。

下川辺季由:

1977年,《安慧における識論について》,《印度學佛教學研究》第26巻第1号。

香川孝雄:

1956年,《勝鬘経の研究——特に如来蔵思想を中心として》,《仏教大学研究紀要》第32号。

小川弘贯:

1976年,《中国如来蔵思想研究》,东京:佛教书林中山书房。

小川一乘:

1991年,《仏性思想》,京都:文荣堂。

小谷信千代:

1984年,《大乘荘厳経論の研究》,京都:文荣堂。

篠田正成:

1964年,《自性清浄心とPrakrti-prabhasvara》,《干潟博士古稀記念論文集》,干潟博士古稀記念会。

岩田良三:

1972年,《攝大乗論と九識説について》,《印度學佛教學研究》第20巻第2号。

1972年,《真諦の三性説について》,《印度學佛教學研究》第21卷第1号。

岩田谛静:

1985年,《世親造〈攝大乗論釋〉の漢訳形態について》,《印度學佛教學研究》第33卷第2号。

1997年,《真諦訳〈摂大乗論世親釈〉における阿黎耶識説について》,《印度學佛教學研究》第45卷第2号。

2001年,《真諦の唯識説の特色について》,《印度學佛教學研究》第50卷第1号。

2004年,《真諦の唯識説の研究》,东京:山喜房佛书林。

塩入良道:

1990年,《天台智顗禅師における仏身論の形成——〈金光明経〉三身説の解釈をめぐって》,载《天台教学の研究:多田厚隆先生頌寿記念論文集》,东京:山喜房佛书林。

叶阿月:

1972年,《三性と五事との相互関係》,《印度學佛教學研究》第21卷第1号。

1975年,《唯識思想の研究:根本眞實としての三性説を中心にして》,东京:国书刊行会。

伊藤隆寿:

1972年,《〈大乗四論玄義〉の構成と基本的立場》,《駒澤大学佛教学部論集》第2号。

1972年,《慧均〈大乗四論玄義〉について(二)》,《印度學佛教學研究》第20卷第2号。

2002年,《中国仏教の批判的研究》,东京:大藏出版。

宇井伯寿:

1940年,《大乘庄严经论》,东京:岩波书店。

1965年,《印度哲學研究》第6卷,东京:岩波书店。

1966年,《摄大乘論研究》,东京:岩波书店。

1979年,《安慧、护法唯识三十颂释论》,东京:岩波书店。

1979年,《四訳対照唯識二十論研究》,东京:岩波书店。

月轮贤隆:

1927年,《小乘典籍に於ける阿頼耶》,《密教研究》第26卷。

早岛理:

1974年,《瑜伽行唯識学派における入無相方便相の思想》,《印度學佛教學研究》第22卷第2号。

斋藤明:

1989年,《一乘と三乘》,《インド仏教3》,《岩波講座 東洋思想》第10卷,东京:岩波书店。

真野竜海:

1972年,《現観荘厳論の研究》,东京:山喜房佛书林。

织田显祐:

《敦煌本〈摂大乗論抄〉について》,《印度學佛教學研究》第38卷第2号,1990年。

中村元、笠原一男、金冈秀友编集:

1976年,《漢民族の仏教——仏教伝来から隋・唐まで》,东京:佼成出版社。

中村元:

1995年,《大乘仏教の思想》,《中村元選集》第21卷,东京:春秋社。

中條道昭:

1988年,《華厳の性起——智儼と法蔵》,《印度學佛教學研究》第36卷第2号。

舟桥尚哉：

1971年,《世親と楞伽経との前後論について》,《印度學佛教學研究》第20卷第1号。

1972年,《五法と三性について》,《印度學佛教學研究》第21卷第1号。

1977年,《四自在と十自在——初期唯識論書を中心にして》,《印度學佛教學研究》第26卷第1号。

竹村牧男：

1974年,《〈摂大乘論〉の三性説——世親釈の名の理解を手がかりに》,《印度學佛教學研究》第23卷第1号。

1995年,《唯識三性説の研究》,东京：春秋社。

佐久间秀范：

1990年,《〈瑜伽師地論〉における転依思想》,《印度學佛教學研究》第39卷第1号。

佐藤俊哉：

1989年,《〈摂大乘論〉における出世間心の生起》,《印度學佛教學研究》第37卷第2号。

佐佐木隆子：

1975年,《転依についての一考察——世親を中心とした用例について》,《印度學佛教學研究》第23卷第2号。

（三）英文论著

Alex and Hideko Wayman,

1990, *The Lion's Roar of Queen Śrīmālā: A Buddhist Scripture on the Tathāgatagarbha Theory*, Motilal Banarsidass Publishers, Delhi.

Ashok Kumar Chatterjee,

1999, *The Yogācārā Idealism*, Motilal Banarsidass Publishers, Delhi.

Brian Edward Brown,

1994, *The Buddha Nature: A Study of the Tathāgatagarbha and Alayavijñana*, Motilal Banarsidass Publishers, Delhi.

Bunyiu Nanjio (ed.),

1956, *The Laṅkāvatāra Sūtra*, Kyoto.

C. W. Huntington, Jr with Geshe Namgyal Wangchen,

1989, *The Emptiness of Emptiness: An Introduction to Early Indian Mādhyamika*, University of Hawaii Press, Honolulu.

Dan Lusthaus,

2002, *Buddhist Phenomenology: A Philosophical Investigation of Yogācāra Buddhism and the Ch'eng Wei-shih lun*, Routledge Curzon, London.

Diana Paul,

1984, *Philosophy of Mind in Sixth-Century China: Paramartha's "Evolution of Consciousness"*, Stanford University Press, Stanford.

D. T. Suzuki,

1999, *The Laṅkāvatāra Sūtra*, Motilal Banarsidass Publishers, Delhi.

1999, *Studies in the Laṅkāvatāra Sūtra*, Motilal Banarsidass Publishers, Delhi.

Francis H. Cook,

1994, *Hua-yen Buddhism: The Jewel Net of Indra*, Sri Satgura Publications, Delhi.

Florin Giripescu Sutton,

1991, *Existence and Enlightenment in the Laṅkāvatāra-sūtra: A Study in Ontology and Epistemology of the Yogācārā School of Mahāyāna Buddhism*, State University of New York Press, Albany.

Heng-Ching Shih,

1998, The Significance of "Tathagatagarbha": A Positive Expression of "Sunyata", *Philosophical Review*, vol.11.

Kenneth K. Inada(稻田龟男),

1979, Problematics of the Buddhist Nature of Self, *Philosophy East and West*, vol.29, no.2.

1988, The Range of Buddhist ontology, *Philosophy East and West*, vol.38, no.3.

1991, A Review of Metaphysics: East & West, *Chung-Hwa Buddhist Journal*, vol.4.

Ming-Wood Liu,

1985, The Yogācārā and Mādhyamika Interpretation of the Buddha-nature Concept in Chinese Buddhism, *Philosophy East and West*, vol.35, no.2.

1989, The Early Development of the Buddha-nature Doctrine in China, *Journal of Chinese Philosophy*, vol.16.

Nobuyoshi Yamabe(山部能宜),

1990, Bīja Theory in Viniścayasaṃgrahaṇī, *Journal of Indian and Buddhist Studies*, vol.38, no.2.

Peter H. Gregory,

2002, *Tsung-mi and the Signification of Buddhism*, University of Hawaii Press, Honolulu.

Richard King,

1994, Early Yogācārā and Its Relationship with the Mādhyamika School,

Philosophy East & West, vol.44, no.4.

Sallie B. King,

1989, Buddha nature and the concept of person, *Philosophy East and West*, vol.39, no.2.

Thomas A. Kochumuttom,

1999, *A Buddhist Doctrine of Experience: A New Translation and Interpretation of the Works of Vasubandhu the Yogācārin*, Motilal Banarsidass Publishers, Delhi.

Yoshifumi Ueda(上田义文),

1967, Two Main Streams of Thought in Yogacara *Philosophy, Philosophy East and West*, vol.17, no.1.

后　记

窗外已是人声寥寂，孤月悬挂于迷蒙的高空，远处的灯火令人想起遥远的梦乡。偶尔汽车的急刹声，撕破一切宁静，将尘封的记忆一一开启。我成为深山里的一位小沙弥后，师父界诠法师从福建佛学院回来，开始指导我学习《中论》《十二门论》《维摩诘经》等空宗典籍，时间一久，竟然会对“空”生起恐惧感：既然万法皆空，业如何成立？生死、解脱如何可能？到中国佛学院学习时，一遇到唯识，便有“身心安顿”的感觉。所以，佛学院本科的四年，我对唯识下了很大的功夫。当时担任唯识课的讲师是正刚法师，他不苟言笑，讲话都是一板一眼，每句话对我而言都是无上的真理。那时非常刻苦，在课堂上先将他的每句话记下来，然后晚自习再整理笔记。这样四年下来，有关唯识的笔记本都是厚厚的几本，在临近毕业时，有同学到别的佛学院讲唯识，我便把自己的笔记本复印一份赠送给他。

当年我是被唯识严密的思想结构所吸引，通过学习唯识，解决了自己对宇宙、人生的许多疑惑。唯识是我修学道路上的指南针。从1993年到现在，我只写过两篇唯识的文章，一篇是有关转依的，另一篇则是考察真谛的唯识思想的。但是，1997年以后，有缘在自己的寺院开设各种唯识课程，讲读《八识规矩颂》《唯识二十颂》《唯识三十颂》《摄大乘论》等，教学相长，对唯识便有了进一步的体会。

以南北朝佛教学派作为自己的学术研究领域，灵感来自导师赖永海先生。他多次言及此领域的重要性以及其中的困难，正是在他的指导与鼓励下，我才鼓起勇气面对庞杂、深奥的文献。刚开始我对涅槃学派、地论学派非常感兴趣，而且已经开始阅读原始文献与研究著作，到博士论文选题时，便想以范畴为中心研究整个南北朝佛教学派的思想，并以此选题申报了“江苏省创新人才培养工程”，得到专家们的好评，获得了省教育厅的资助。

当论文进入写作阶段时，我发现自己根本无法完成计划，于是便想先研究其中的一个学派。选择摄论学派，是出于一种偷懒的心理，想以自己十年前那篇关于真谛唯识思想的文章为基础，增补、修改而完成写作。其实，我已经无法回到十年前，那篇文章一点儿都没有派上用场。人生就是这样，否定自己的过去，而又在开拓着自己的未来——希望在不久的将来，能够完成全部的南北朝佛教学派研究。

在南京大学的五年，一直得到导师的关心、指导与帮助。永远无法忘记，在寒冷的冬天，自己留校写博士论文，导师和师母特地为我准备了一大堆素食品，导师脸上憨厚的笑容、师母的关怀，温暖整个冬天，伴随我走过这一生一世。

能够完成五年的学业，应该感谢哲学系诸位老师——徐小跃老师、洪修平老师、孙亦平老师、杨维中老师、王月清老师。正是他们的传道授业，我才能走进宗教学、中国哲学的大门，才会对西方哲学产生兴趣。而且，系资料室、办公室等部门的老师对我都非常热情，为我提供种种方便。在此，对诸位老师的关心与培育，表示深深的感谢！

出家至今，已经十五年了。师恩难报，法乳的滋润是修学道路上前进的力量，两位师父——界诠师父、界静师父，一直是自己最有力的支持者。界诠师父以持戒严谨闻名海内外，但是他慈父般的心包容了我的选择。无论我漂泊、流浪多远、多久，我知道，师父那双明澈的眼睛一直关注着我，平兴寺永远是我的归宿。界静师父在美国亦是经常来电，问寒问暖。法乳之恩，师徒之情，令人感动。

五年的求学生涯，受过无数人的恩惠。中国佛学院的传印老法师，一位饱学饱参的老人家，惠赠书籍，呵护后学之心，无法忘怀。白光老法师已经年近八十了，他将自己的后半生都献给佛教教育，曾经的关爱，以及他那衰颓的背影，化成我心中一道风景线，留在记忆的深处。上海玉佛寺的觉醒大和尚、慧觉法师，真如寺的妙灵老法师，西林寺的悟端法师，都在生活方面给予了我许多方便与帮助。圣辉大和尚、学诚大和尚、宗性法师、觉乘法师、朗宇法师、门肃法师、姚长寿老师，新加坡佛教界的诸位大善知识，广声法师、传显法师、真源法师、李木源居士、陈友明居士、文韦坊居士、陈碧娟居士等，对我的学习与生活都非常关心。罗开富先生、鲁萍居士、刘秉会居士等人，多年以来一直非常护持我。双林寺的惟俨法师，一位严肃、纯朴的禅者，那巍峨的龙光宝塔，精美、庄严的殿堂，都是他的血汗建成的。五年以来，一直有缘在双林寺弘法，法师的关照与帮助，令人感动。

论文的完成，得到学术界诸位前辈、同仁的帮助与支持。北京大学的楼宇烈教授、湛如法师，中国人民大学的方立天教授，中国社会科学院的黄心川教授、杨曾文教授、成建华老师，中山大学的冯焕珍老师、肖平教授，复旦大学的王雷泉教授，上海师范大学的方广锠教授，上海社会科学院的刘元春老师，敦煌研究院的马德教授，中国藏学研究中心的李学竹先生等，都在资料收集、佛学研究方面给予我许多指导与帮助。日本大谷大学原校长小川一乘先生亲自惠赠大作，厦门大学的林观潮博士在收集日文资料方面提供了很大的帮助。黄夏年老师多年来在发表论文、出版书籍等方面，一直对我非常关心、照顾，在此表示感谢！宗教文化出版社的韩松老师、王志宏老师，在出版方面，给予了许多方便。

这篇论文献给所有关心、爱护我的人，愿法界有情，同修唯识观，同得唯识智。怀着一颗忏悔、感恩的心，栖息在这个多苦多难的世界，燃起心中的一盏灯，照亮自己，希望亦能照亮他人。

圣凯

2005年5月1日

于南京大学哲学系

出 版 后 记

窗外，传来隆隆的鞭炮声，远处高楼的万家灯火，带来阵阵暖意。已是元宵节了，2006年的春节就这样过去了。小屋内，飘荡着马头琴细腻、醇厚、深情的声音，仿佛听到马的嘶鸣与悲语，奔跑在茫茫、辽阔的草原。无有尽头，无有边际，无法停息……

本书的全部写作，就在喜庆的春节与悲壮的声音中告一段落，不得不停下来了。博士论文是从2004年9月开始写的，至次年3月，终于完成初稿的写作。其间曾经在新加坡度过了二十多天，算起来，前后可能最多只有六个月时间用来写作。4月至5月，作了第一次修改，并将前六章印出，寄呈诸位评委审查，提交学位论文答辩委员会质询与表决。从8月开始，又投入后两章的写作与全部论文的修改。

带着对六朝古都的思念，以及对导师赖永海教授、系主任徐小跃教授和诸位老师、同学的深情厚谊，我离开了生活五年的南京大学，来到清华大学哲学系从事博士后研究。合作导师王晓朝教授、系主任万俊人教授的关心与慈爱，为我提供了宽松的研究环境与自由的时间，让我有充分的时间完成摄论学派的研究计划。徜徉在荷塘月色下，踯躅在水木清华的牌坊下，我仿佛听到胡适、王国维、陈寅恪、朱自清等无数国学大师的声音，鼓舞着自己在学术的道路上不断地前进。

本书作为学位论文，曾有幸承蒙黄心川、楼宇烈、方立天、杨曾文、方广锠、陈兵、麻天祥、李书有、徐小跃、李承贵、卞敏、徐长安等先生评审或莅临答辩会，对他们的不吝指教与辛勤劳动表示衷心的感谢。

尤其是黄心川、楼宇烈、方立天、杨曾文四位老先生，对拙稿作出较高评价，使我深感前辈老先生敦厚博爱、仁宽诲人的胸襟及对中国佛学研究薪火相传的殷切希望。方广锠教授曾就敦煌文献问题，为我提供了宝贵的意见与有关信息，特此致谢！在论文修改过程中，还得到日本早稻田大学野川博之博士的支持，他为我复印了一批非常有价值的资料，为以后的研究提供了许多方便。二人素未谋面，只靠电子邮件往来，可见中日佛教的友谊。

写作计划告一段落，也终于能将成果呈现在读者面前。但是，仍有不少摄论学派文献收集与整理方面的成果，无法作为附录一起面世，只能等待机缘吧！有些未尽的部分，将会在地论学派、涅槃学派、成实学派等研究中，得到更深入的探讨。

拙作能够在这么快的时间内出版，要深深地感谢新加坡佛教总会主席、莲山双林寺的惟俨法师，他资助了出版资金，使我的梦想成为现实。同时，要感谢国家宗教事务局叶小文、蒋坚永、徐远杰、刘威等诸位领导的关心与鼓励，感谢宗教文化出版社陈红星、韩松、史原朋、王志宏等诸位老师的支持与善举。

圣凯

2006年2月12日凌晨

于清华大学哲学系

再版后记

博士论文是一位年轻学者学术生命的成长与凝结，也是后来进入社会生活的安身立命之本。我的博士论文《摄论学派研究》自2006年出版后，或许出于“昔者自在昔”的心理，自己很少再去完整地重读这部年轻时代的“作品”。这次借着阅读再版校样的机会，细读了当年的文字，同时与《南北朝地论学派思想史》进行比较，以《佛教观念史与社会史研究方法论》作为背景，将自己作为“读者”，对《摄论学派研究》进行自我反思与批判，与大家分享之。

佛学研究，尤其是佛教思想的写作，亦会出现哲学史、思想史与观念史，“照着讲”和“接着讲”的抉择困境。《摄论学派研究》在问题意识与方法论选择上，呈现出当年一种无意识的自觉。

一、唯识古学与唯识今学比较、唯识学与现代哲学阐释的哲学史写作。哲学史写作是以“接着讲”的哲学思辨为主，以“照着讲”的思想史为辅。本书以阿黎耶识缘起、影像门唯识、三性三无性、转依等理论为中心，充分讨论古学与今学对唯识学范畴的不同解释；在写作上，通过概念演变的梳理、文本的思想解释、现代哲学的对话，呈现出唯识哲学的思辨性与超越性。但是，作为“写作者”“评价者”，势必会对唯识古学有所同情与肯定，尤其阐发了“解脱诠释学”的视野，将真谛的思想界定为“从始入终之密意”，从而凸显出抽象概念背后的价值关怀。这种语文学、哲学史的写作，是《南北朝地论学派思想史》所未有的。文本的解读一定要“照着讲”，可是唯识古学与今学的比较、现代哲学的阐释则要“接着讲”，因为“解脱诠释学”的反思与应用，“照着讲”必须有“接着讲”的转化与创新。

二、摄论学派史意义上的思想史写作。思想史写作是以“照着讲”为主，而以“接着讲”为辅，因为梳理清楚思想脉络的变化现象与逻辑规律是思想史的中心任务。摄论学派与隋唐佛教宗派，乃至近代新旧唯识的争论等，是思想脉络的历史展开，涉及不同思想家之间不同观点的“互相映照”。思想史意味着时代思潮。摄论师继承与弘扬真谛的学说传统，受到当时“理”“体用”思想潮流的影响，而将阿黎耶识视为“真妄和合识”。但是，由于中国摄论师的文献散佚、摄论学派敦煌文献的整理与挖掘有待提高，有关这一部分的思想史写作，与《南北朝地论学派思想史》相比，则明显不足。

三、摄论学派作为佛教学派的观念史与社会史写作，本书则全然无法触及。“解脱诠释学”是我本人在博士论文写作过程中的“灵光一现”，多年来一直希望能够完成其构建性的写作。同时，因为“解脱诠释学”的视野，《摄论学派研究》能够在一定意义上彰显其佛教学派的宗教性特征。但是，由于文献匮乏的限制，摄论师修道生活历史记载的散失，摄论学派虽然呈现出思想义理的学问特征，却无法表现出其学术的社会影响力与宗教地位，这或许与唯识学的特征亦有内在的关联。

作为书写的“作者”与作为阅读的“读者”之间，有一种完全不同的内心预设：“作者”意味着以完成写作任务的预设为第一目标，这既需要一种学术的激情与冲动，更需要接受现实无奈的冷静，如资料匮乏、自身能力的有限性；“读者”意味着一种理想的预设，一种对更好作品的期待，对作者提出更高的要求。哲学史与思想史都需要历史意识与哲学思辨能力，但是哲学史意味着更好的概念建构能力与思想逻辑的梳理能力，呈现出一定意义的“独白”与沉思；思想史意味着需要更好的“对话”沟通能力与思想家“之间”同异的观察能力。所以,“作者”的内心一定充满着悖论、焦虑与无奈。激情与冷静、历史与思辨、对话与独白……这些“悖论”充斥着“作者”的生活;当然,研究与写作的创新动力也完全来自这种“悖论”之间的张力。“写作”是“作者”的力量彰显,这种力量是“读者”作为“他者”很难体会的;除非进入救赎式的“内在化”过程,否则“读者”与“作者”是很难合一的。这样一来,我也能理解自己为什么不愿意再读自己写过的书,那种来自读者的“挑剔”,是对“作者”权威与力量的“挑战”,也反映了“作者”的脆弱与有限性。

所以,作品的学术效应是“作者”内在力量的社会化过程,带有一种现象学意义上的“晕圈”效应,是作品作为主体的表象过程。从“作者”到“作品”,从“作品”到“阅读”,尤其是公共机构的“阅读”,则放大了表象过程的“他者”参与。作为“作者”,一方面要面对“作品”走向“他者”的焦虑与无奈,另一方面又渴望着“他者”参与所带来的表象过程。《摄论学派研究》在2006年出版后,呈现出一定的“表象”过程:先后获得南京大学、江苏省、全国优秀博士学位论文,2009年9月又获教育部高校人文社科优秀成果三等奖。“表象”意味着主体与“他者”的共在,“他者”的善意与力量推动着“表象”的方向,影响着“作品”的社会化过程。

在博士论文“作者”的学术生命中,导师是博士生的最大“他者”,也是某种意义上的“自己人”;这不仅具有学术共同体的社会“合作”意义,在“作者”生产“作品”的过程中,导师的责任与参与更是一种生命意义上的“舍身”。导师赖永海教授以“高高山顶立,深深海底行”的禅者智慧与胸襟,观察到《摄论学派研究》的社会“表象”对我的重大意义,一直督促与推进着这些“表象”的社会化过程。他参与到我的“生活”中:2005年7月26日,他向当时的清华大学哲学系主任万俊人教授写信推荐我前往做博士后；2006年11月，他又向南京大学领导们推荐我回校工作。赖老师珍惜语言的使用，他在谈话的最后，经常以“行”“可以”“就这样”三句结束，我们称之为“赖门三句”。因此，他老人家的诚心、善意作为冥冥之中的一种力量，终于让这些“表象”能够呈现出来。“表象”的社会化过程是一种行动系统，需要“行动”的付出、善缘的“可以”帮助、“就这样”的勇气与利落。在2005—2008年的三年里，围绕着博士论文的“表象”效应，一切皆缘于赖老师的行动、善缘与鼓励！

作为“作者”的我，对于“作品”的有限性有充分的了解与理解。写作时间既是“作者”的生活空间展开，更是“主体”的行动过程。《摄论学派研究》一书的写作与修改时间，是从2004年9月至2006年2月；在宗教文化出版社出版后，我一直有一种愿望——能够继续完善第一章。2016年1月，受中山大学哲学系的邀请，我前往参加“海上交通与佛教传播”国际学术研讨会，发表了论文《真谛三藏与“正量部”研究》，这篇论文作为最近十六年有关摄论学派的唯一研究成果，这次收入再版的书中。摄论学派文献的相关整理工作，则仍然期待于未来。

学术研究需要无尽的未来“期待”与现实的当下“善缘”，这构成了《摄论学派研究》再版的机缘。这次《摄论学派研究》能够纳入“中华当代学术著作辑要”丛书再版，要感谢商务印书馆的热心推动。同时，要感谢本书的责任编辑，统一文献引用的格式，修正常规字词和标点符号误用等问题，让本书增色不少；感谢我的博士生王帅认真通读全书，修订了一些错误。

延续三年的新冠大疫情，自由的流动成为人类最大的梦想。我在2018年8月从新加坡回北京后，未曾再踏入狮城。这次，借着秋季学期无课的机会，申请因公出国，才回到十分熟悉的新加坡。而陪伴我出国的最大任务，居然就是看完《摄论学派研究》的校样稿。听着窗外淅淅沥沥的雨声，安静地坐在桌前，重读十六年前的旧作，仿佛回到博士论文的写作时代——激情与冷静、历史与思辨、对话与独白交织着进行。

今天，我将八百页的校样稿寄回编辑部。十六年前，新加坡双林寺惟俨法师资助我出版博士论文；今天，我坐在双林寺的房间里看再版书的校样稿。在岁月的流动里，善缘仍在相续；在思想的对话里，思辨的独白仍然自由地展开。昔人、昔事，今人、今景，今昔同在，人事犹存；物不迁，信乎！

"写作"与出版生活，则将哲学思辨转化成观念世界，将历史"对话"转化成生活世界，于是哲学史与思想史成为观念史与社会史的"对象"，呈现在"作者"的生活中。哲学、思想与观念，历史与生活，作者与读者，缘起无尽，然乎！

圣凯

2022年12月7日

于新加坡莲山双林寺

图书在版编目（CIP）数据

摄论学派研究 / 圣凯著 . — 北京 : 商务印书馆 , 2023
（中华当代学术著作辑要）
ISBN 978-7-100-21233-5

Ⅰ . ①摄… Ⅱ . ①圣… Ⅲ . ①佛教史—研究—中国—南北朝时代 Ⅳ . ① B949.2

中国版本图书馆 CIP 数据核字（2022）第 093636 号

中华当代学术著作辑要

摄论学派研究

圣凯 著

商 务 印 书 馆 出 版
（北京王府井大街 36 号 邮政编码 100710）
商 务 印 书 馆 发 行
北 京 通 州 皇 家 印 刷 厂 印 刷
ISBN 978-7-100-21233-5

2023 年 6 月第 1 版 开本 710×1000 1/16
2023 年 6 月北京第 1 次印刷 印张 51

定价：198.00 元